엑스포지멘터리

선지서 개론

엑스포지멘터리 선지서 개론

초판 1쇄 발행 2012년 10월 5일
개정판 2쇄 발행 2025년 9월 15일

지은이 송병현

펴낸곳 도서출판 이엠
등록번호 제25100-2015-000063
주소 서울시 강서구 공항대로 222, 1014호
전화 070-8832-4671
E-mail empublisher@gmail.com

내용 및 세미나 문의 스타선교회: 02-520-0877 / EMail: starofkorea@gmail.com / www.star123.kr

ISBN 979-11-86880-61-6 93230

※ 가격은 표지 뒷면에 있습니다.

「이 도서의 국립중앙도서관 출판시도서목록(CIP)은 서지정보유통지원시스템 홈페이지(http://seoji.nl.go.kr)와 국가자료공동목록시스템(http://www.nl.go.kr/kolisnet)에서 이용하실 수 있습니다. (CIP제어번호:CIP2015000753)」

엑스포지멘터리

선지서 개론

| 송병현 지음 |

EXPOSItory comMENTARY

EM Exposi Mentary

한국 교회를 위한 하나의 희망

저의 서재에는 성경 본문 연구에 관한 많은 책이 있습니다. 그중에는 주석서들도 있고 강해서들도 있습니다. 그러나 그중에 송병현 교수가 시도한 이런 책은 없습니다. 엑스포지멘터리, 듣기만 해도 가슴이 뛰는 책입니다. 설교자와 진지한 성경 학도 모두에게 꿈의 책이 아닐 수 없습니다. 이런 책이 좀 더 일찍 나올 수 있었다면 한국 교회가 어떠했을까를 생각해 봅니다. 저는 이 책을 꼼꼼히 읽어 보면서 가슴 깊은 곳에서 큰 자긍심을 느꼈습니다.

이 책은 지금까지 복음주의 교회가 쌓아 온 모든 학문적 업적을 망라하고 있을 뿐만 아니라 한국 교회 강단이 목말라하는 모든 실용적 갈망에 해답을 던져 줍니다. 이 책에서는 실제로 활용할 수 있는 충실한 신학적 정보가 일목요연하게 제시됩니다. 그러면서도 또한 위트와 감탄을 자아내는 감동적인 적용들도 제공됩니다. 얼마나 큰 축복이며 얼마나 신나는 일이며 얼마나 큰 은총인지요. 저의 사역에 좀 더 일찍 이런 학문적 효과를 활용하지 못한 것이 아쉽기만 합니다. 진실로 한국 교회의 내일을 위해 너무나 소중한 기여라고 생각합니다.

일찍이 한국 교회 1세대를 위해 박윤선 목사님과 이상근 목사님의 기여가 컸습니다. 그러나 이제 한국 교회는 새 시대의 리더십을 열어야 하는 교차로에 서 있습니다. 저는 송병현 교수가 이런 시점을 위해 준비된 선물이라고 생각합니다. 진지한 강해 설교를 시도하고자 하는 모든 이와 진지한 성경 강의를 준비하고자 하는 모든 성경공부 지도자에게 어떤 대가를 지불하고서라도 우선 이 책을 소장하고 성경을 연구하는 책상 가까운 곳에 두라고 권면하고 싶습니다. 앞으로 계속 출판될 책들이 참으로 기다려집니다.

한국 교회는 다행스럽게 말씀과 더불어 그 기초를 놓을 수 있었습니다. 이제는 그 말씀으로 어떻게 미래의 집을 지을 것인가를 고민하고 있습니다. 이 〈엑스포지멘터리 시리즈〉는 분명한 하나의 해답, 하나의 희망입니다. 이 책과 함께 성숙의 길을 걸어갈 한국 교회의 미래가 벌써 성급하게 기다려집니다. 더 나아가 한국 교회 역사의 성과물 중의 하나인 이 책이 다른 열방에도 나누어졌으면 합니다. 이제 우리는 복음에 빚진 자로서 열방을 학문적으로도 섬겨야 하기 때문입니다. 이 책을 한국 교회에 허락하신 우리 주님께 감사와 찬양을 드립니다.

이동원 | 지구촌교회 원로목사

총체적 변화를 가져다줄 영적 선물

교회사를 돌이켜볼 때, 교회가 위기에 처해 있었다면 결국 강단에서 하나님의 말씀이 제대로 선포되지 못한 데서 그 근본 원인을 찾을 수 있습니다. 영적 분별력이 있는 사람이라면 모두 이에 대해 동의할 것입니다. 사회가 아무리 암울할지라도 강단에서 선포되는 말씀이 살아 있는 한, 교회는 교회로서의 기능이 약화되지 않고 오히려 사회를 선도하고 국민들의 가슴에 희망을 안겨 주었습니다. 백 년 전 영적 부흥이 일어났던 한국의 초대교회가 그 좋은 예입니다. 이러한 영적 부흥은 살아 있는 하나님의 말씀이 강단에서 영적 권위를 가지고 "하나님께서 이렇게 말씀하셨다"고 선포되었을 때 나타났던 현상입니다.

오늘날에는 날이 갈수록 강단에서 선포되는 말씀이 약화되거나 축소되고 있습니다. 이런 상황 속에서 출간되는 송병현 교수의 〈엑스포지멘터리 시리즈〉는 한국 교회와 전 세계에 흩어진 7백만 한인 디아스포라에게 주는 커다란 영적 선물이 아닐 수 없습니다. 이 시리즈는 하나님의 말씀을 쉽게 이해할 수 있도록 풀이한 것으로, 목회자와 선교사는 물론이고 평신도들의 경건생활과 사역에도 큰 도움이 될 것입니다. 무엇보다도 저는 이 시리즈가 강단에서 원 저자이신 성령님의 의도대로 하나님 나라 복음이 선포되게 하여 믿는 이들에게 총체적 변화(total transformation)를 다시 경험할 수 있는 계기를 마련해 주리라 확신합니다.

송병현 교수는 지금까지 구약학계에서 토의된 학설 중 본문을 석의하는 데 불필요한 내용들은 걸러내는 한편, 철저하게 원 저자가 전하고자 하는 메시지를 현대인들이 가장 잘 이해할 수 있도록 전하고자 부단히 애를 썼습니다. 이 시리즈를 이용하는 모든 이에게 저자의 이런 수고와 노력에 걸맞은 하나님의 축복과 기쁨과 능력이 함께하실 것을 기대하면서 이 시리즈를 적극 추천합니다.

이태웅 | GMTC 초대 원장, 글로벌리더십포커스 원장

주석과 강해의 적절한 조화를 이뤄낸 시리즈

한국 교회는 성경 전체를 속독하는 '성경통독' 운동과 매일 짧은 본문을 읽는 '말씀 묵상'(QT) 운동이 세계 어느 나라 교회보다 활성화되어 있습니다. 얼마나 감사한 일인지 모릅니다. 그러나 상대적으로 책별 성경연구는 심각하게 결핍되어 있는 것이 사실입니다. 때때로 교회 지도자들 중에도 성경해석의 기본이 제대로 갖춰져 있지 않아 성경 저자가 말하려는 의도와 상관없이 본문을 인용해서 자신이 하고 싶은 말을 하는 분들이 적지 않음을 보고 충격을 받은 일도 있습니다. 앞으로 한국 교회가 풀어야 할 과제가 '진정한 말씀의 회복'이라면 이를 위해 가장 중요한 것은 바른 말씀의 세계로 인도해 줄 좋은 주석서와 강해서를 만나는 일일 것입니다.

좋은 주석서는 지금까지 축적된 다른 성경학자들의 연구 결과가 잘 정돈되어 있을 뿐 아니라 저자의 새로운 영적·신학적 통찰이 번뜩이는 책이어야 합니다. 또한 좋은 강해서는 자기 견해를 독자들에게 강요하는(impose) 책이 아니라, 철저한 본문 석의 과정을 거친 후에 추출되는 신학적·사회과학적 연구가 배어 있는 책이어야 할 것이며, 글의 표현이 현학적이지 않은, 독자들에게 친절한 저술이어야 할 것입니다.

그러나 솔직히 말씀드리면, 저는 서점에서 한국인 저자의 주석서나 강해서를 만나면 한참을 망설이다가 내려놓게 됩니다. 또 주석서를 시리즈로 사는 것은 어리석은 행동이라는 말을 신학교 교수들에게 들은 뒤로 여간해서 시리즈로 책을 사지 않습니다. 이는 아마도 풍성한 말씀의 보고(寶庫) 가운데로 이끌어 주는 만족스러운 주석서를 아직까지 발견하지 못했기 때문일 것입니다. 그러나 제가 처음으로 시리즈로 산 한국인 저자의 책이 있는데, 바로 송병현 교수의 〈엑스포지멘터리 시리즈〉입니다.

송병현 교수의 〈엑스포지멘터리 시리즈〉야말로 제가 가졌던 좋은 주석서와 강해서에 대한 모든 염원을 실현해 내고 있습니다. 이 주석서는 분명 한국 교회 목회자들과 평신도 성경 교사들의 고민을 해결해 줄 하나님의 값진 선물입니다. 지금까지 없었던, 주석서와 강해서의 적절한 조화를 이뤄낸 신개념의 해설주석이라는 점도 매우 신선하게 다가옵니다. 또한 쉽고 친절한 글이면서도 우물 깊은 곳에서 퍼올린 생수와 같은 깊이가 느껴집니다. 이 같은 주석 시리즈가 한국에서 나왔다는 사실에 저는 감격하지 않을 수 없습니다. 이 땅에서 말씀으로 세상에 도전하고자 하는 모든 목회자와 평신도에게 이 주석 시리즈를 적극 추천합니다.

이승장 | 예수마을교회 목사, 성서한국 공동대표

시리즈 서문

"너는 오십세까지는 좋은 선생이 되려고 노력하고, 그 이후에는 좋은 저자가 되려고 노력해라." 내가 시카고 근교에 위치한 트리니티 신학교(Trinity Evangelical Divinity School) 박사과정을 시작할 즘에 지금은 고인이 되신 스승 맥코미스키(Thomas E. McComiskey)와 아처(Gleason L. Archer) 두 교수님께서 주신 조언이었다. 너무 일찍 책을 쓰면 훗날 아쉬움이 많이 남는다며 하신 말씀이었다. 박사학위를 마치고 1997년에 한국에 들어와 신대원에서 가르치기 시작하면서 나는 이 조언을 마음에 새겼다. 사실 이 조언과 상관없이 내가 당시에 당장 책을 출판한다는 일은 불가능한 일이었다. 중학교를 다니던 70년대 중반에 캐나다로 이민을 갔다가 20여 년 만에 귀국하여 우리말로 강의하는 일 자체가 당시 나에게는 매우 큰 도전이었으며, 책을 출판하는 일은 사치로 느껴졌기 때문이다.

세월이 지나 어느덧 나는 선생님들이 말씀하신 오십을 눈앞에 두었다. 1997년에 귀국한 후 지난 10여 년 동안 나는 구약 전체에 대한 강의안을 만드는 일을 목표로 삼았다. 내 자신에게 동기를 부여하기 위하여 내가 몸담고 있는 신대원 학생들에게 학기마다 새로운 구약 강해

과목을 개설해 주었다. 감사한 것은 지혜문헌을 제외한 구약 모든 책의 본문관찰을 중심으로 한 강의안을 13년 만에 완성할 수 있었다는 점이다. 앞으로 수년에 거쳐 이 강의안들을 대폭 수정하여 매년 2-3권씩을 책으로 출판하려 한다. 지혜문헌은 잠시 미루어두었다. 시편 1권(1-41편)에 대하여 강의안을 만든 적이 있었는데, 본문관찰과 주해는 얼마든지 할 수 있었지만, 무언가 아쉬움이 남았다. 삶의 연륜이 가미되지 않은 데서 비롯된 부족함이었다. 그래서 나는 지혜문헌에 대한 주석은 육십을 바라볼 때쯤 집필하기로 작정했다. 삶을 조금 더 경험한 후로 미루어 놓은 것이다. 아마도 이 시리즈가 완성될 때쯤이면, 자연스럽게 지혜문헌에 대한 책들을 출판할 때가 되지 않을까 싶다.

이 시리즈는 설교를 하고 성경공부를 인도해야 하는 중견목회자들과 평신도 지도자들을 마음에 두고 집필한 책들이다. 나는 이 시리즈의 성향을 exposimentary("해설주석")이라고 부르고 싶다. Exposimentary라는 단어는 내가 만들어낸 용어이다. 해설/설명을 뜻하는 expository라는 단어와 주석을 뜻하는 commentary를 합성하였다. 대체적으로 expository는 본문과 별 연관성이 없는 주제와 묵상으로 치우치기 쉽고, commentary는 필요이상으로 논쟁적이고 기술적일 수 있다는 한계를 의식해서 이러한 상황을 의도적으로 피하고 가르치는 사역에 조금이나마 실용적이고 도움이 되는 교재를 만들기 위하여 만들어낸 개념이다. 나는 본문의 다양한 요소와 이슈들에 대하여 정확하게 석의하면서도 전후 문맥과 책 전체의 문형(文形; literary shape)을 최대한 고려하여 텍스트의 의미를 설명하고 우리의 삶과 연결하려고 노력했다. 또한 히브리어 사용은 최소화했다.

이 시리즈를 내 놓으면서 감사할 사람이 참 많다. 먼저, 지난 25년 동안 나의 인생의 동반자가 되어 아낌없는 후원과 격려를 해주었던 아내 임우민에게 감사한다. 아내를 생각할 때마다 참으로 현숙한 여인을(cf. 잠31:10-31) 배필로 주신 하나님께 감사할 뿐이다. 아빠의 사역을 기도와 격려로 도와준 지혜, 은혜, 한빛에게도 고마운 마음을 표한다. 평생 기도와 후원을 아끼지 않은 친가와 처가 친척들에게도 감사하다는 말을 전하고 싶다. 항상 옆에서 돕고 격려해준 평생친구 장병환·윤인옥, 박선철·송주연 부부들에게도 고마움을 표하는 바이며, 시카고 유학시절에 큰 힘이 되어주셨던 이선구 장로님·최화자 권사님 부부에게도 이 자리를 빌려 평생 빚진 마음을 표하고 싶다. 우리 가족이 20여 년 만에 귀국하여 정착할 수 있도록 배려를 아끼지 않으신 백석학원 설립자 장종현 목사님에게도 감사하는 바다. 우리 부부의 영원한 담임목자이신 이동원 목사님에게도 고마움을 표하고 싶다.

2009년 겨울 방배동에서

감사의 글

스타선교회의 사역에 물심양면으로 헌신하여 오늘도 하나님의 말씀이 온 세상에 선포되는 일에 기쁜 마음으로 동참하시는 백영걸, 정진성, 장병환, 임우민, 정채훈, 송은혜, 강숙희 이사님들께 감사의 마음을 전하고 싶습니다. 이사님들의 헌신이 있기에 세상은 조금 더 살맛나는 곳이 되고 있습니다.

2018년 여름이 시작된 방배동에서

일러두기

엑스포지멘터리(exposimentary)는 '해설/설명'을 뜻하는 엑스포지토리(expository)라는 단어와 '주석'을 뜻하는 코멘터리(commentary)를 합성한 단어이다. 본문의 뜻과 저자의 의도와는 별 연관성이 없는 주제와 묵상으로 치우치기 쉬운 엑스포지토리(expository)의 한계와 필요 이상으로 논쟁적이고 기술적일 수 있는 코멘터리(commentary)의 한계를 극복해 목회현장에서 가르치고 선포하는 사역에 실질적으로 도움을 주는 새로운 장르다. 본문의 다양한 요소와 이슈들에 대하여 정확하게 석의하면서도 전후 문맥과 책 전체의 문형(文形; literary shape)을 최대한 고려해 텍스트의 의미를 설명하고 성도의 삶과 연결하고자 노력하는 설명서다. 엑스포지멘터리는 다음과 같은 원칙을 바탕으로 인용한 정보를 표기한다.

1. 참고문헌을 모두 표기하지 않고 선별된 참고문헌으로 대신한다.
2. 출처를 표기할 때 각주(foot note) 처리는 하지 않는다.
3. 출처 표기는 괄호 안에 하되 페이지는 밝히지 않는다.
4. 여러 학자가 동일하게 해석할 때는 모든 학자를 표기하지 않고 일

부만 표기한다.

5. 한 출처를 인용하여 설명할 때, 설명이 길어지더라도 문장마다 출처를 표기하지 않는다.

주석은 목적과 주 대상에 따라 인용하는 정보 출처와 참고문헌 표기가 매우 탄력적으로 제시되는 장르다. 참고문헌이 없이 출판되는 주석도 있고, 각주가 전혀 없이 출판되는 주석도 있다. 또한 각주와 참고문헌이 없이 출판되는 주석들도 있다. 엑스포지멘터리 시리즈는 이 같은 장르의 탄력적인 성향을 고려하여 제작된 주석이다.

선별된 약어표

개역	개역성경
개역개정	개역개정판
공동	공동번역
새번역	표준새번역 개정판
현대	현대인의 성경
아가페	아가페 쉬운성경
BHK	Biblica Hebraica Kittel
BHS	Biblica Hebraica Stuttgartensia
ESV	English Standard Version
CSB	Nashville: Broadman & Holman, Christian Standard Bible
KJV	King James Version
LXX	칠십인역(Septuaginta)
MT	마소라 사본
NAB	New American Bible
NAS	New American Standard Bible
NEB	New English Bible

NIV	New International Version
NRS	New Revised Standard Bible
TNK	Jewish Publication Society Tanakh
TNIV	Today's New International Version
AAR	American Academy of Religion
AB	Anchor Bible
ABD	The Anchor Bible Dictionary
ABRL	Anchor Bible Reference Library
ACCS	Ancient Christian Commentary on Scripture
AJSL	American Journal of Semitic Languages and Literature
ANET	J. B. Pritchard, ed., The Ancient Near Eastern Texts Relating to the Old Testament. 3rd. ed. Princeton: Princeton University Press, 1969.
ANETS	Ancient Near Eastern Texts and Studies
AOTC	Abingdon Old Testament Commentary
ASORDS	American Schools of Oriental Research Dissertation Series
BA	Biblical Archaeologist
BAR	Biblical Archaeology Review
BASOR	Bulletin of the American Schools of Oriental Research
BBR	Bulletin for Biblical Research
BCBC	Believers Church Bible Commentary
BDB	F. Brown, S. R. Driver & C. A. Briggs, A Hebrew and English Lexicon of the Old Testament. Oxford: Clarendon Press, 1907.
BETL	Bibliotheca Ephemeridum Theoloicarum Lovaniensium
BibOr	Biblia et Orientalia
BibSac	Bibliotheca Sacra

BibInt	Biblical Interpretation
BJRL	Bulletin of the John Rylands Library
BJS	Brown Judaic Studies
BLS	Bible and Literature Series
BN	Biblische Notizen
BO	Berit Olam: Studies in Hebrew Narrative & Poetry
BR	Bible Review
BRS	The Biblical Relevancy Series
BSC	Bible Student Commentary
BT	The Bible Today
BTCB	Brazos Theological Commentary on the Bible
BV	Biblical Viewpoint
BZAW	Beihefte zur Zeitschrift für die alttestamentliche Wissenschaft
CAD	Chicago Assyrian Dictionary
CBC	Cambridge Bible Commentary
CBSC	Cambridge Bible for Schools and Colleges
CBQ	Catholic Biblical Quarterly
CBQMS	Catholic Biblical Quarterly Monograph Series
CB	Communicator's Bible
CHANE	Culture and History of the Ancient Near East
DSB	Daily Study Bible
EBC	Expositor's Bible Commentary
ECC	Eerdmans Critical Commentary
EncJud	Encyclopedia Judaica
EvJ	Evangelical Journal
EvQ	Evangelical Quarterly
ET	Expository Times

ETL	Ephemerides Theologicae Lovanienses
FOTL	Forms of Old Testament Literature
GCA	Gratz College Annual of Jewish Studies
GKC	E. Kautszch and A. E. Cowley, Gesenius' Hebrew Grammar. Second English edition. Oxford: Clarendon Press, 1910.
GTJ	Grace Theological Journal
HALOT	L. Koehler and W. Baumgartner, The Hebrew and Aramaic Lexicon of the Old Testament. Trans. by M. E. J. Richardson. Leiden: E. J. Brill, 1994–2000.
HBT	Horizon in Biblical Theology
HSM	Harvard Semitic Monographs
HOTC	Holman Old Testament Commentary
HUCA	Hebrew Union College Annual
IB	Interpreter's Bible
ICC	International Critical Commentary
IDB	Interpreter's Dictionary of the Bible
ISBE	G. W. Bromiley (ed.), The International Standard Bible Encyclopedia. 4 vols. Grand Rapids: 1979–88.
ITC	International Theological Commentary
J–M	P. Joüon–T. Muraoka, A Grammar of Biblical Hebrew. Part One: Orthography and Phonetics. Part Two: Morphology. Part Three: Syntax. Subsidia Biblica 14/I–II. Rome: Editrice Pontificio Istituto Biblico, 1991.
JAAR	Journal of the American Academy of Religion
JANES	Journal of Ancient Near Eastern Society
JNES	Journal of Near Eastern Studies

JBL	Journal of Biblical Literature
JBQ	Jewish Bible Quarterly
JJS	Journal of Jewish Studies
JSJ	Journal for the Study of Judaism
JNES	Journal of Near Eastern Studies
JSOT	Journal for the Study of the Old Testament
JSOTSup	Journal for the Study of the Old Testament Supplement Series
JPSTC	JPS Torah Commentary
LCBI	Literary Currents in Biblical Interpretation
MHUC	Monographs of the Hebrew Union College
MJT	Midwestern Journal of Theology
MOT	Mastering the Old Testament
MSG	Mercer Student Guide
NAC	New American Commentary
NCB	New Century Bible Commentary
NCBC	New Collegeville Bible Commentary
NEAEHL	E. Stern (ed.), The New Encyclopedia of Archaeological Excavations in the Holy Land. 4 vols. Jerusalem: Israel Exploration Society & Carta, 1993.
NIB	New Interpreter's Bible
NIBC	New International Biblical Commentary
NICOT	New International Commentary on the Old Testament
NIDOTTE	W. A. Van Gemeren, ed., The New International Dictionary of Old Testament Theology and Exegesis. Grand Rapids: Zondervan, 1996.
NIVAC	New International Version Application Commentary

OBC	Oxford Bible Commentary
Or	Orientalia
OTA	Old Testament Abstracts
OTE	Old Testament Essays
OTG	Old Testament Guides
OTL	Old Testament Library
OTM	Old Testament Message
OTS	Oudtestamentische Studiën
OTWSA	Ou-Testamentiese Werkgemeenskap in Suid-Afrika
PBC	People's Bible Commentary
PEQ	Palestine Exploration Quarterly
PSB	Princeton Seminary Bulletin
RevExp	Review and Expositor
RTR	Reformed Theological Review
SBJT	Southern Baptist Journal of Theology
SBLDS	Society of Biblical Literature Dissertation Series
SBLMS	Society of Biblical Literature Monograph Series
SBLSymS	Society of Biblical Literature Symposium Series
SHBC	Smyth & Helwys Bible Commentary
SJOT	Scandinavian Journal of the Old Testament
SJT	Scottish Journal of Theology
SSN	Studia Semitica Neerlandica
TBC	Torch Bible Commentary
TynBul	Tyndale Bulletin
TD	Theology Digest
TDOT	G. J. Botterweck and H. Ringgren (eds.), Theological Dictionary of the Old Testament. Vol. I-. Grand Rapids:

	Eerdmans, 1974–.
TGUOS	Transactions of the Glasgow University Oriental Society
THAT	Theologisches Handwörterbuch zum Alten Testament. 2 vols. Munich: Chr. Kaiser, 1971–1976.
TJ	Trinity Journal
TOTC	Tyndale Old Testament Commentaries
TS	Theological Studies
TWAT	Theologisches Wörterbuch zum Alten Testament. Stuttgart: W. Kohlhammer, 1970–.
TWBC	The Westminster Bible Companion
TWOT	R. L. Harris, G. L. Archer, Jr., and B. K. Waltke (eds.), Theological Wordbook of the Old Testament, 2 vols. Chicago: Moody, 1980.
TZ	Theologische Zeitschrift
UBT	Understanding Biblical Themes
VT	Vetus Testament
VTSup	Vetus Testament Supplement Series
W–O	B. K. Waltke and M. O'Connor, An Introduction to Biblical Hebrew Syntax. Winona Lake: Eisenbrauns, 1990.
WBC	Word Biblical Commentary
WBCom	Westminster Bible Companion
WCS	Welwyn Commentary Series
WEC	Wycliffe Exegetical Commentary
WTJ	The Westminster Theological Journal
ZAW	Zeitschrift für die alttestamentliche Wissenschaft

차례

선별된 참고문헌

(Select Bibliography)

Abma, R. *Bonds of Love: Methodic Studies of Prophetic Texts with Marriage Imagery (Isaiah 50:1-3 and 54:1-10, Hosea 1-3, Jeremiah 2-3)*. SSN. Assen: Van Gorcum, 1999.

Abrams, M. H. *The Mirror and the Lamp: Romantic Theory and the Critical Tradition*. New York: Oxford University Press, 1953.

Achtemeier, E. *Minor Prophets I*. NIBCOT. Grand Rapids: Hendrickson/ Paternoster, 1996.

_____. "The Book of Joel." pp. 299–336 in *New Interpreter's Bible*, vol. 7. Nashville: Abingdon, 1996.

Ackerman, S. *Under Every Green Tree: Popular Religion in Sixth-Century Judah*. HSM. Atlanta: Scholars Press, 1992.

Ackroyd, P. R. "Isaiah I–XII: Presentation of a Prophet." pp. 16–48 in *Congress Volume: Göttingen 1977*. Ed. by J. Emerton. VTSup 29. Leiden: Brill, 1978.

_____. *Exile and Restoration: A Study of Hebrew Thought of the Sixth Century B. C.* OTL. Philadelphia: Westminster, 1968.

Ahlström, G. W. *Joel and the Temple Cult of Jerusalem*. VTSupp. Leiden: Brill, 1971.

Albertz, R. *A History of Israelite Religion in the Old Testament Period*. 2 vols. Trans. by J. Bowden. OTL. Louisville: Westminster/John Knox, 1994.

Albrektson, B. *Studies in the Text and Theology of the Book of Lamentations*. Studia Theologica Lundensia 21.

Allen, L. C. *Ezekiel 1-19*. WBC 28. Dallas: Word, 1994.

Allen, L. C. *Ezekiel 20-48*. WBC 29. Dallas: Word, 1990.

Allen, L. C. *The Books of Joel, Obadiah, Jonah and Micah*. NICOT. Grand Rapids: Eerdmans, 1976.

Allen, L. C. *The Books of Joel, Obadiah, Jonah and Micah*. NICOT. Grand Rapids: Eerdmans, 1976.

Alter, R. *The Art of Biblical Narrative*. New York: Basic Books, 1981.

Andersen, F. I. and D. N. Freedman. *Amos: A New Translation with Introduction and Commentary*. AB. Garden City, NY: Doubleday, 1989.

_____. *Hosea: A New Translation with Introduction and Commentary*. AB. Garden City, NY: Doubleday, 1980.

Auld, A. G. *Amos*. Sheffield: Sheffield Academic Press, 1986.

Baker, D. W. *Joel, Obadiah, Malachi*. NIVAC. Grand Rapids: Zondervan, 2006.

Baker, D. W.; T. D. Alexander; B. K. Waltke. *Obadiah, Jonah, Micah*. TOTC. Downers Grove: InterVarsity, 1988.

Baltzer, K. *Deutero-Isaiah: A Commentary on Isaiah 40-55*. Hermeneia. Louisville: Fortress, 2001.

Baron, S. *The Desert Locust*. New York: Scribner, 1972.

Barstad, H. *The Religious Polemics of Amos*. VTSup. Leiden: E. J. Brill, 1984.

Bartelt, A. H. *The Book Around Immanuel*. Winona Lake: Eisenbrauns, 1996.

Barton, J. "The Canonical Meaning of the Book of the Twelve." pp. 59–73 in *After the Exile: Essays in Honour of Rex Mason*. Ed. by J. Barton and D. J. Reimer. Macon. GA: Mercer University, 1996.

Barton, J. *Isaiah 1-39*. OTG. Sheffield: Sheffield Academic Press, 1995.

Barton, J. *Joel and Obadiah: A Commentary*. OTL. Louisville: Westminster John Knox, 2001.

Baumann, G. *Love and Violence: Marriage as Metaphor for Relationship between YHWH and Israel in the Prophetic Books*. Trans. by Linda M. Maloney. Collegeville, MN: Liturgical, 2003.

Ben Zvi, E. *A Historical-Critical Study of the Book of Obadiah*. BZAW. New York: Walter de Gruyter, 1996.

______. *Hosea*. FOTL. Grand Rapids: Eerdmans, 2005.

Bergant, D. *Lamentations*. AOTC. Nashville: Abingdon Press, 2003.

Berlin, A. *Lamentations: A Commentary*. OTL. Louisville: John Knox, 2002.

Bewer, J. A. *A Critical and Exegetical Commentary on Obadiah and Joel*. ICC. Edinburgh: T. & T. Clark, 1911.

______. *The Book of Jeremiah*. 2 vols. New York: Harper and Brothers, 1951, 52.

Bickerman, E. *Four Strange Books of the Bible*. New York: Schocken, 1967.

Birch, B. C. *Hosea, Joel and Amos*. Louisville: Westminster John Knox Press, 1997.

Blenkinsopp, J. *A History of Prophecy in Israel*. Philadelphia: Westminster, 1983.

_____. *Ezekiel*. Interpretation. Louisville: John Knox, 1990.

_____. *Isaiah*, 3 vols. AB. New York: Doubleday, 2000, 2002, 2003.

Blocher, H. *Songs of the Servant*. 5th ed. Downers Grove: InterVarsity, 1975.

Boadt, L. *Jeremiah 1-25*. OTM 9. Wilmington, Del.: Michael Glazier, 1982.

_____. *Jeremiah 26-52. Habakkuk, Zephaniah, Nahum*. OTM 10. Wilmington, Del.: Michael Glazier, 1982.

Bock, D. L.; Glaser, M., ed. *Gospel According to Isaiah: The Identity and Mission of the Messiah in Isaiah 53*. Grand Rapids: Kregel Publications, 2011.

Brichto, H. C. *Toward a Grammar of Biblical Poetics*. New York: Oxford University Press, 1992.

Bright, J. *Jeremiah*. AB 21. Garden City, NY: Doubleday and Co., 1965.

Broome, E. C. "Ezekiel's Abnormal Personality," JBL 65 (1946): 277-92.

Brown, W. P. *Obadiah Through Malachi. Westminster Bible Companion*. Louisville: Westminster John Knox, 1996.

Brownlee, W. H. *Ezekiel 1-19*. WBC 28. Waco: Word, 1986.

Brueggemann, W. *To Build and To Plant: A Commentary on Jeremiah 26-52*. Grand Rapids: Eerdmans, 1991.

_____. *To Pluck and To Tear Down: A Commentary on Jeremiah 1-25*. Grand Rapids: Eerdmans, 1988.

_____. *Tradition for Crisis: A Study in Hosea*. Richmond: John Knox,

1968.

Buss, M. J. *The Prophetic Word of Hosea: A Morphological Study*. BZAW. Berlin: Alfred Töpelmann, 1969.

Calvin, J. *Commentaries on the First Twenty Chapters of the Book of the Prophet Ezekiel*. Trans. by T. Myers. Grand Rapids: Eerdmans, 1948.

______. *Commentary on the Book of the Prophet Isaiah*. Trans. by W. Pringle. Edinburgh: Calvin Translation Society, 1850.

______. *Joel, Amos, Obadiah*. Edinburgh: Calvin Translation Society, 1896.

Carley, K. W. *The Book of the Prophet Ezekiel*. CBC. Cambridge: Cambridge University press, 1974.

Carr, D. M. "Reaching for Unity in Isaiah." *JSOT* 57 (1993): 61–80.

Carroll, R. *Jeremiah: A Commentary*. OTL. Philadelphia: Westminster, 1986.

Childs, B. S. *Introduction to the Old Testament as Scripture*, Philadelphia: Fortress, 1979.

______. *Isaiah and the Assyrian Crisis*. Naperville, IL: Alec R. Allenson, 1967.

______. *Isaiah*. OTL. Louisville: Westminter John Knox, 2001.

Clements, R. E. *Ezekiel*. WBC. Louisville: Westminster/John Knox, 1996.

______. *Isaiah 1-39*. NCB. Grand Rapids: Eerdmans, 1980.

______. *Isaiah and the Deliverance of Jerusalem*. JSOTSup 13. Sheffield: JSOT Press, 1980.

______. *Jeremiah*. Interpretation. Atlanta: John Knox, 1988.

Clifford, R. J. *Fair Spoken and Persuading: An Interpretation of Second*

Isaiah. New York/Toronto: Paulist, 1984.

Cody, A. *Ezekiel: With Excursus on Old Testament Priesthood*. OTM. Wilmington, Del.: Glazier, 1984.

Cogan, M. *Imperialism and Religion: Assyria, Judah, and Israel in the Eighth and Seventh Centuries B. C. E.* SBLMS 19. Missoula, Mont.: Scholars Press, 1974.

Coggins, R. J.; S. P. Re'emi. *Israel Among the Nations: Nahum, Obadiah, Esther*. ITC. Grand Rapids: Eerdmans, 1985.

Collins, J. J. "The Suffering Servant: Scapegoat or Example?" *Procession of the Irish Biblical Association* 4 (1980): 59-67.

Conrad, E. W. *Reading Isaiah*. OBT. Minneapolis: Fortress, 1991.

Cooke, G. A. *A Critical and Exegetical Commentary on the Book of Ezekiel*. ICC. Edinburgh: T. & T. Clark, 1936.

Cooper, L. *Ezekiel*. NAC. Nashville: Broadman and Holman, 1994.

Craigie, P. C. *Ezekiel*. DSB. Philadelphia: Westminster, 1983.

_____. *The Twelve Prophets*, 2 vols. DSB. Edinburgh: The Saint Andrew Press, 1984-85.

Crenshaw, J. L. *Joel*. AB. New York: Doubleday, 1995.

Cross, F. M. *From Epic to Canon; History and Literature in Ancient Israel*. Baltimore: Johns Hopkins University, 1998.

Cunliffe-Jones, H. *The Book of Jeremiah*. TBC. London: SCM Press, 1960.

Curtis, A. H.; T. Römer. *The Book of Jeremiah and Its Reception*. Leuven: Leuven University Press, 1997.

Daniels, D. R. *Hosea and Salvation History: The Early Traditions of Israel in the Prophecy of Hosea*. BZAW. Berlin: de Gruyter, 1990.

Darr, K. P. *Isaiah's Vision and the Family of God*. LCBI. Louisville:

Westminster John Knox, 1994.

Davidson, A. B. *The Book of the Prophet Ezekiel*. CBC. Cambridge: Cambridge University Press, 1893.

Davidson, R. *Jeremiah and Lamentations*. DSB. Philadelphia: Westminster John Knox, 1985.

Davies, G. I. *Hosea*. NCBC. Grand Rapids: Eerdmans, 1992.

Davis, E. F. *Swallowing the Scroll: Textuality and the Dynamics of Discourse in Ezekiel's Phrophecy*. JSOTSup. 78. Sheffield: Almond, 1989.

Dearman J. A. *The Book of Hosea*. NICOT. Grand Rapids: Eerdmans, 2010.

______. *Jeremiah/Lamentations*. NIVAC. Grand Rapids: Zondervan, 2002.

Delitzsch, F. J. *Biblical Commentary on the Prophecies of Isaiah*. Edinburg: T. & T. Clark, 1873.

Dicou, B. *Edom, Israel's Brother and Antagonist: The Role of Edom in Biblical Prophecy and Story*. JSOTSS. Sheffield: Sheffield Academic Press, 1994.

Dobbs-Allsopp, F. W. *Lamentations*. Interpretation. Louisville: John Knox Press, 2002.

______. *Weep, O Daughter of Zion: A Study of the City Lament Genre in the Hebrew Bible*. BibOr 44. Rome: Editrice Pontifico Istituto Biblico, 1993.

Duguid, I. M. *Ezekiel*. NIVAC. Grand Rapids: Zondervan, 1999.

Duhm, B. *Das Buch Jesaja*. HKAT 3.1. Göttingen: Vandenhoeck & Ruprecht, 1892.

Eaton, J. H. *Obadiah, Nahum, Habakkuk, Zephaniah*. TBC. London: SCM, 1961.

Eichrodt, W. *Ezekiel*. Trans. by C. Quin. OTL. Philadelphia: Westminster, 1970.

Ellison, H. L. *Ezekiel*: The Man and His Message. Grand Rapids: Eerdmans, 1956.

Emmerson, G. I. *Hosea: An Israelite Prophet in Judean Perspective*. Sheffield: JSOT, 1984.

_____. *Isaiah 56-66*. Sheffield: Sheffield Academic Press, 1992.

Evans, C. *To See and Not Perceive*. JSOTSup 64. Sheffield: JSOT Press, 1989.

Feinberg, C. L. *The Prophecy of Ezekiel: The Glory of the Lord*. Chicago: Moody, 1969.

Finley, T. J. *Joel, Amos, Obadiah*. WEC. Chicago: Moody, 1996.

Firth, D.; Williamson, H. G. M., ed. *Interpreting Isaiah: Issues and Approaches*. London: InterVarsity Press, 2009.

Fohrer, G. *Introduction to the Old Testament*. Nashville: Abingdon, 1968.

Franke, C. *Isaiah 46, 47, and 48: A New, Literary-Critical Reading*. Winona Lake, IN: Eisenbrauns, 1994.

Gaebelein, F. E. *Four Minor Prophets: Obadiah, Jonah, Habakkuk, and Haggai*. Chicago: Moody, 1977.

Garrett, D. *Hosea, Joel*. NAC. Nashville: Broadman and Holman, 1997.

Garrett, D.; P. R. *House. Song of Songs/Lamentations*. WBC. Nashville: Nelson, 2004.

Gileadi, A. *The Literary Message of Isaiah*. New York: Hebraeus, 1994.

Ginzberg, L. *Legends of the Bible*. Philadelphia: The Jewish Publication Society, 1956.

Gitay, Y. *Isaiah and His Audience: The Structure and Meaning of Isaiah 1-12*. SSN. Assen, The Netherlands: Van Gorcum, 1991.

_____. *Prophecy and Persuasion: A Study of Isaiah 40-48*. Bonn: Linguistica Biblica, 1981.

Goldingay, J. *Isaiah*. NIBCOT. Grand Rapids: Hendrickson, 2001.

_____. *The Message of Isaiah 40-55*. Edinburg: T. & T. Clark, 2005.

Goldingay, J.; D. Payne. *Isaiah*. 2 vols. ICC. Edinburg: T. & T. Clark, 2006.

Gottwald, N. K. *Studies in the Book of Lamentations*. London: SCM, 1954.

Gowan, D. E. "The Book of Amos." pp. 337–431 in *New Interpreter's Bible*, vol. 7. Nashville: Abingdon, 1996.

_____. *Daniel*. AOTC. Nashville: Abingdon Press, 2001.

_____. *Ezekiel. Knox Preaching Guides*. Atlanta: John Knox, 1985.

Grayson, A. K. *Assyrian and Babylonian Chronicles*. Locust Valley, N. Y.: J. J. Augustin, 1975.

Greenberg, M. *Ezekiel 1-20*. AB 22. Garden City, N. Y.: Doubleday, 1983.

Guenther, A. *Hosea, Amos*. Scottsdale: Herald, 1998.

Halo, W. W.; W. K. Simpson. *The Ancient Near East: A History*. New York: Harcourt Brace Jovanovich, 1971.

Halperin, D. J. *Seeking Ezekiel: Text and Psychology*. University Park, Penn.: Penn State University Press, 1993.

Hals, R. M. *Ezekiel*. FOTL 19. Grand Rapids: Eerdmans, 1989.

Hanson, P. D. *Isaiah 40-66*. Interpretation. Louisville: John Knox, 1995.

Harrison, R. K. *Introduction to the Old Testament*. Grand Rapids: Eerdmans, 1969.

Harrison, R. K. *Jeremiah & Lamentations: An Introduction & Commentary*.

TOTC. Downers Grove, Ill.: InterVarsity Press, 1973.

Hartman, L. P. and A. A. DiLella *The Book of Daniel*. AB. New York: Doubleday, 1978.

Hasel, G. F. *Understanding the Book of Amos: Basic Issues in Current Interpretations*. Grand Rapids: Baker, 1991.

Hayes, J. H. *Amos: The Eighth Century Prophet*. Nashville: Abingdon, 1988.

Hayes, J. H.; and J. K. Kuan. "The Final Years of Samaria (730-720)." *Bib* 72 (1991), 153-81.

Hayes, J. H.; and S. A. Irvine. *Isaiah, the Eighth-Century Prophet: His Times and His Preaching*. Nashville: Abingdon, 1987.

Herbert, A. S. *The Book of Isaiah*. 2 vols. CBC. New York: Cambridge University Press, 1973, 75.

Heschel, A. J. *The Prophets*. New York: Harper & Row, 1962.

Hess, R. *Israelite Religions: An Archaeological and Biblical Survey*. Grand Rapids: Baker Academic Books, 2007.

Hill, J. *Friend or Foe? The Figure of Babylon in the Book of Jeremiah MT*. Leiden: Brill, 1999.

Hillers, D. *Lamentations*. 2nd ed. AB. 7A. Garden City, NY: Doubleday, 1992.

Holladay, W. *Jeremiah*. 2 vols. Hermenia. Philadelphia: Fortress, 1986, 89.

Holt, E. K. *Prophesying the Past: The Use of Israel's History in the Book of Hosea*. JSOTSS. Sheffield: Sheffield Academic Press, 1995.

House, P. *The Unity of the Twelve*. JSOTSS. Bible and Literature Series. Sheffield: Almond, 1990.

Hubbard, D. A. *Hosea: An Introduction and Commentary*. TOTC.

Downners Grove: InterVarsity, 1989.

Huey, F. B. *Jeremiah, Lamentations*. NAC. Nashville: Broadman, 1993.

Jenson, R. W. *Ezekiel*. Brazos Theological Commentary on the Bible. Grand Rapids: Brazos Press, 2009.

Jeremias, J. *The Book of Amos*. Trans. by D. W. Stott. OTL. Louisville: Westminster John Knox Press, 1998.

Jones, B. A. *The Formation of the Book of the Twelve: A Study in Text and Canon*. SBLDS Atlanta: Scholars Press, 1995.

Jones, D. R. *Jeremiah*. NCBC. Grand Rapids: Eerdmans, 1992.

Joyce, P. *Divine Initiative and Human Response in Ezekiel*. JSOTSup 51. Sheffield: JSOT Press, 1989.

Kaiser, O. *Isaiah 1-12*. OTL. 2d ed. Trans. by R. A. Wilson. Philadelphia: Westminster, 1981.

Kaiser, O. *Isaiah 13-39*. OTL. Trans. by R. A. Wilson. Philadelphia: Westminster, 1974.

Kaminsky, J. *Corporate Responsibility in the Hebrew Bible*. JSOTSS. Sheffield: Sheffield Academic Press, 1995.

Keefe, A. A. *Woman's Body and the Social Body in Hosea*. JSOTSS. Sheffield: Sheffield Academic, 2001.

Keil, C. F. *Biblical Commentary on the Prophecies of Ezekiel*. 2 vols. Trans. by J. Martin. Grand Rapids: Eerdmans, 1950.

______. *The Twelve Minor Prophets*. 2 vols. Trans. by James Martin. Reprinted Grand Rapids: Eerdmans, 1977.

Keown, G. et al. *Jeremiah 26-52*. WBC. Waco, Tex.: Word, 1994.

Kidner, D. *Love to the Loveless: The Message of Hosea*. Downers Grove: InterVarsity, 1981.

Kidner, D. *The Message of Jeremiah: Against Wind and Tide*. Downers

Grove, Ill.: InterVarsity, 1987.

King, P. J. *Amos, Hosea, Micah: An Archaeological Commentary*. Philadelphia: Westminster, 1988.

Kissane, E. J. *The Book of Isaiah*. Vol. 1. Doublin: Browne and Nolan, 1960.

Klein, R. *Ezekiel: The Prophet and His Message*. Studies on Personalities of the Old Testament. Columbia: University of South Carolina Press, 1988.

Knight, G. A. F. *Isaiah 40-55: Servant Theology*. ITC. Grand Rapids: Eerdmans, 1984.

Koole, J. *Isaiah III*, 3 vols. Leuven: Peeters, 1997–2001.

Landy, F. *Hosea*. Readings. Sheffield: Sheffield Academic, 1995.

Leupold, H. C. *Exposition of Isaiah*, 2 vols. Grand Rapids: Baker, 1968, 1971.

Limburg, J. *Hosea—Micah*. Interpretation. Atlanta: John Knox, 1988.

Linafelt, T. *Surviving Lamentations: Catastrophe, Lament, and Protest in the Afterlife of a Biblical Book*. Chicago: University of Chicago Press, 2000.

Lucas, E. C. *Daniel*. Apollos. Downers Grove, Ill.: InterVarsity, 2002.

Lust, J., ed. *Ezekiel and His Book: Textual and Literary Criticism and Their Interpretation*. BETL 74. Leuven: Leuven University Press, 1986.

Macintosh, A. A. *A Critical and Exegetical Commentary on Hosea*. ICC. Edinburgh: T. & T. Clark, 1997.

Mackay, J. L. *Isaiah, vol.* 1. EP Study Commentary. Darlington, UK: Evangelical Press, 2008.

Magonet, J. *Form and Meaning: Studies in Literary Techniques in the Book of Jonah*. Sheffield: Almond, 1983.

Martin–Achard, R. *The End of the People of God: A Commentary on the Book of Amos*. ITC. Grand Rapids: Eerdmans, 1984.

Mason, R. *Micah, Nahum, Obadiah*. OTG. Sheffield: JSOT Press, 1991.

Mays, J. L. *Hosea*. OTL. Philadelphia: Westminster, 1969.

McComiskey, T. E. "Hosea." pp. 1–237 in *The Minor Prophets: An Exegetical and Expository Commentary* "Amos." pp. 267–331 in *The Expositor's Bible Commentary*, vol. 7. Ed. by F. E. Gaebelein. Grand Rapids: Zondervan 1985.

McKane, W. *A Critical and Exegetical Commentary on Jeremiah*. 2 vols. Edinburgh: T. & T. Clark, 1986.

McKeating, H. *Amos, Hosea, Micah*. CBC. Cambridge: Cambridge University Press, 1971.

McKenzie, J. L. *Second Isaiah: Introduction, Translation, and Notes*. AB. Garden City, NJ: Doubleday, 1968.

Melugin, R. *New Visions of Isaiah*. JSOTSup. Sheffield: Sheffield Academic Press, 2009.

______. *The Formation of Isaiah 40-55*. BZAW 141. Leiden: Brill, 1991.

Mettinger, T. *A Farewell to Servant Songs: A Critical Examination of an Exegetical Axiom*. Lund, Sweden: CWK Gleerup, 1983.

Mischall, P. D. *Isaiah*. Sheffield: JSOT Press, 1993.

Morris, G. *Prophecy, Poetry and Hosea*. JSOTSS. Sheffield: Sheffield Academic Press, 1996.

Motyer, J. A. *The Prophecy of Isaiah: An Introduction and Commentary*. Downers Grove, IL: InterVarsity, 1994.

Muckle, J. Y. *Isaiah 1-39*. London: Epworth, 1960.

Muilenburg, J. "Isaiah 40–66." In *Interpreter's Bible*, vol. 5, ed. G. Botterick et al., 381–773. Nashville: Abingdon, 1956.

Nelsen, Kirsten. *Yahweh as Prosecutor and Judge: An Investigation of the Prophetic Lawsuit (Rîb Pattern)*. Trans. by F. Cryer. JSOTSS. Sheffield: JSOT Press, 1978.

Nicholson, E. *Preaching to the Exiles: A Study of the Prose Tradition in the Book of Jeremiah*. Oxford: Basil Blackwell, 1970.

Nicholson, E. *The Book of the Prophet Jeremiah Chapters 1-25*. CBC. Cambridge: Cambridge University Press, 1973.

Niehaus, J. "Amos." pp. 315–494 in *The Minor Prophets*, vol. 1. Ed. by T. McComiskey. Grand Rapids: Baker, 1992.

Nielsen, K. *There is Hope for a Tree: The Tree as Metaphor in Isaiah*. JSOTSup 65. Sheffield: JSOT Press, 1989.

Nogalski, J. D. "Intertextuality and the Twelve." pp. 102–24 in *Forming Prophetic Literature: Essays on Isaiah and the Twelve in Honor of J. D. W. Watts*. Ed. by J. W. Watts and P. R. House. JSOTSS. Sheffield: Sheffield Academic Press, 1996.

Nogalski, J. D. "Recurring Themes in the Book of the Twelve: Creating Points of Contact for a Theological Reading." *Interpretation* 61 (2007), 125–36.

______. *Literary Precursors to the Book of the Twelve*. BZAW. Berlin and New York: Walter de Gruyter, 1993.

Nogalski, J. D.; and M. Sweeney, eds. *Reading and Hearing the Book of the Twelve*. SBLSymS Atlanta: SBL, 2000.

North, C. R. *The Second Isaiah: Introduction, Translation, and Commentary to Chapters XL—LV*. Oxford: Clarendon, 1964.

O'Brien, J. M. *Challenging Prophetic Metaphor: Theology and Ideology in the Prophets*. Louisville: Westminster John Knox, 2008.

O'Connell, R. H. *Concentricity and Continuity: The Literary Structure of*

Isaiah. JSOTSup 188. Sheffield: JSOT Press, 1994.

Odell, M. S; J. T. Strong, eds. *The Book of Ezekiel: Theological and Anthropological Perspectives*. Atlanta: Society of Biblical Literature, 2000.

Oestreich, B. *Metaphors and Similes for Yahweh in Hosea 14:2-9(1-8)*: A Study of Hoseanic Pictorial Language. Frankfurt: Peter Lang, 1998.

Ollenburger, B. C. *Zion the City of the Great King: A Theological Symbol of the Jerusalem Cult*. JSOTSup 41. Sheffield: JSOT Press, 1987.

Orlinsky, H. M. *The So-Called Suffering Servant in Isaiah 53*. Cincinnati: The Hebrew Union College Press, 1964.

Orlinsky, H. M.; Norman H. Snaith. *Studies on the Second Part of the Book of Isaiah*. VTSup 14. Leiden: Brill, 1967.

Oswalt, J. N. *The Book of Isaiah: Chapters 1-39*. NICOT. Grand Rapids: Eerdmans, 1986.

Parke–Taylor, G. H. *The Formation of the Book of Jeremiah: Doublets and Recurring Phrases*. Atlanta: Society of Biblical Literature, 2000.

Parunak, H. van Dyke. *Structural Studies in Ezekiel*. Ann Arbor: University Microfilms, 1983.

Paul, S. Amos: *A Commentary*. Hermeneia. Philadelphia: Fortress, 1991.

Pentiuc, E. J. *Long-Suffering Love: A Commentary on Hosea with Patristic Annotations*. Brookline, MA: Holy Cross Orthodox Press, 2002.

Perdue, L.; B. Kovacs, eds. *A Prophet to the Nations: Essays in Jeremiah Studies*. Winona Lake, Ind.: Eisenbrauns, 1984.

Pieper, A. *Isaiah II: An Exposition of Isaiah 40-66*. Trans. by Erwin E. Kowalke. Milwaukee: Northwestern Publishing House, 1979.

Polzin, R. *Biblical Structuralism: Method and Subjectivity in the Study of*

Ancient Texts. Philadelphia: Fortress, 1977.

Price, W. K. *The Prophet Joel and the Day of the Lord*. Chicago: Moody, 1976.

Prinsloo, W. S. *The Theology of the Book of Joel*. BZAW. Berlin: de Gruyter, 1985.

Prior, D. *The Message of Joel, Micah & Habakkuk*. BST. Downers Grove: InterVarsity, 1998.

Provan, Iain. *Lamentations*. NCB. Grand Rapids: Eerdmans, 1991.

Raabe, P. R. *Obadiah*. AB. New York: Doubleday, 1996.

Redditt, P. L. *Daniel*. NCBC. Sheffield: Sheffield Academic Press, 1999.

Redditt, P. L.; and A. Schart, eds. *Thematic Threads in the Book of the Twelve*. BZAW Berlin: de Gruyter, 2003.

Renz, T. *The Rhetorical Function of the Book of Ezekiel*. VTSup 76. Leiden: Brill, 1999.

Ridderbos, J. *Isaiah*. BSC. Grand Rapids: Zondervan, 1985.

Ringren, H. M*essiah in the Old Testament*. STB 18. Chicago: Alec R. Allenson, 1956.

Rosenbaum, S. N. *Amos of Israel: A New Interpretation*. Macon: Mercer University Press, 1990.

Rosenberg, A. J. *Jeremiah I-II*. New York: Judaica Press, 1985.

Rowley, H. H. *Darius the Mede and the Four World Empires in the Book of Daniel*. Cardiff: University of Wales Press, 1935.

Salters, R. B. *Lamentations*. ICC. London: T. & T. Clark, 2010.

Savitt, D. R. *The Book of Lamentations: A Meditation and Translation*. Baltimore: The Johns Hopkins University Press, 2001.

Schmitt, J. J. *Isaiah and His Interpreters*. New York/Mahwah: Paulist

Press, 1986.

Scullion, J. *Isaiah 40-66*. Old Testament Message. Wilmington: Michael Glazier, 1982.

Seitz, C. R. "Isaiah 1–66: Making Sense of the Whole." pp. 105–26 in *Reading and Preaching the Book of Isaiah*. Ed. by Christopher R. Seitz. Philadelphia: Fortress, 1988.

______. *Isaiah 1-39*. Interpretation. Louisville: John Knox, 1993.

______. *Zion's Final Destiny*. Minneapolis: Fortress, 1991.

Seow, C. L. *Daniel*. Westminster Bible Companion. Louisville: Westminster/Knox, 2003.

Shalom, P. *Isaiah 40-66*. Jerusalem: The Hebrew University Press, 2008.

Shea, W. H. "Darius the Mede: An Update." AUSS 20 (1982): 229–47.

Sheppard, G. T. "The Anti–Assyrian Redaction and the Canonical Context of Isaiah 1–39." *JBL* 104 (1985): 193–216.

Sherwood, Y. *A Biblical Text and Its Afterlives: The Survival of Jonah in Western Culture*. Cambridge: Cambridge University Press, 2000.

______. *The Prostitute and the Prophet: Hosea's Marriage in Literary-Theological Perspective*. JSOTSS. Sheffield: Sheffield Academic Press, 1996.

Simkins, R. *Yahweh's Activity in History and Nature in the Book of Joel*. Lewiston, NY: Mellen, 1991.

Simundson, D. J. *Hosea, Joel, Amos, Obadiah, Jonah, Micah*. AOTC. Nashville: Abingdon Press, 2005.

Smith, B. K. and F. S. Page. *Amos, Obadiah, Jonah*. NAC. Nashville: Broadman & Holman, 1995.

Smith, G. V. *Amos*. Mentor. Ross–shire, Great Britain: Christian Focus Publications, 1998.

______. *Hosea, Amos, Micah*. NIVAC. Grand Rapids: Zondervan, 2001.

______. *Isaiah 1-39*. NAC. Nashville: Broadman & Holman, 2007.

______. *Isaiah 40-66*. NAC. Nashville: Broadman & Holman, 2009.

Smith, M. S. *The Laments of Jeremiah and Their Contexts: A Literary Redactional Study of Jer 11-20*. Atlanta: Scholars Press, 1990.

Smith, S. *Isaiah Chapters XL-LV: Literary Criticism And History*. London: Oxford University Press, 1944.

Snyman, S. D. "Cohesion in the Book of Obadiah." ZAW 101 (1989): 59–71.

Soggin, J. A. *The Prophet Amos*. London: SCM, 1987.

Song, T. B. "The Loftiness of God, the Humility of Man, and Restoration in Isaiah 57:14–21: A Textlinguistic Analysis of Their Convergence." Ph. D. Dissertation, Trinity Evangelical Divinity School, Deerfeild, Ill., 1997.

Streane, A. W. *The Book of the Prophet Jeremiah Together with The Lamentations*. CBSC. Cambridge: Cambridge University Press, 1952.

Stromberg, J. *Introduction to the Study of Isaiah*. T. & T. Approaches to Biblical Studies. Edinburg: T. & T. Clark, 2011.

Stuart, D. *Hosea—Jonah*. WBC. Waco, TX: Word, 1987.

Stuhlmueller, C. *Creative Redemption in Deutero-Isaiah*. Rome: Biblical Institute, 1970.

Sweeney, M. A. *Isaiah 1-39*, FOTL. Grand Rapids: Eerdmans, 1996.

______. *The Twelve Prophets*, 2 vols. BO. Collegeville, MN: Liturgical Press, 2000

Taylor, J. B. *Ezekiel: An Introduction and Commentary*. TOTC. Downers Grove, Ill.: InterVarsity Press, 1969.

Thiele, E. *The Mysterious Numbers of the Hebrew Kings*. 3rd ed.; Grand Rapids: Zondervan/Kregel, 1983

Thompson, J. A. *The Book of Jeremiah*. NICOT. Grand Rapids: Eerdmans, 1980.

Tuell, S. S. *The Law of the Temple in Ezekiel 40-48*. HSM 49. Atlanta: Scholars Press, 1992.

Tull, P. K. *Isaiah 1-39*. SHBC. Macon, GA: Smyth and Helwys, 2010.

Van der Meer, M., ed. *Isaiah in Context: Studies in Honour of Arie van der Kooij on the Occation of his Sixty-Fifth Birthday*. Leiden: Brill Academic Publishers, 2010.

Van Dijk, T. A. *The Structures and Functions of Discourse. Introduction to Textlinguistics and Discourse Studies*. Amsterdam: University of Amsterdam, 1978.

Van Ruiten, J., ed. *Studies in the Book of Isaiah*. Leiden: Peeters, 1997.

VanGemeren, W. *Interpreting the Prophetic Word*. Grand Rapids: Zondervan, 1990.

Vawter, B.; L. J. Hoppe. *A New Heart: A Commentary on the Book of Ezekiel*. ITC. Grand Rapids: Eerdmans, 1991.

Vermeylen, J., ed. *The Book of Isaiah*. Louvain: Leuven University, 1989.

Von Rad, G. "The Origin of the Concept of the Day of Yahweh." *JSS* 4 (1959), 97–108.

Walker, L. L.; E. A. Martens. *Isaiah/Jeremiah and Lamentations*. Cornerstone Biblical Commentary. Wheaton, Ill.: Tyndale House, 2005.

Waltke, B. K.; M. O'Connor. *An Introduction to Biblical Hebrew Syntax*. Winona Lake, IN: Eisenbrauns, 1990.

Walton, J. H. et al., ed. *Isaiah, Jeremiah, Lamentations, Ezekiel, Daniel*.

ZIBBC. Grand Rapids: Zondervan, 2009.

Ward, J. *Hosea: A Theological Commentary*. New York: Harper and Row, 1966.

Watts, J. D. W. *Isaiah 1-33*, 2 vols. WBC. Waco, TX: Word, 1985, 87.

_____. *Obadiah: A Critical and Exegetical Commentary*. Grand Rapids: Eerdmans, 1969.

_____. *The Books of Joel, Obadiah, Jonah, Nahum, Habakkuk, and Zephaniah*. CBC. New York: Cambridge University, 1975.

Westermann, C. *Basic Forms of Prophetic Speech*. Philadelphia: Fortress, 1967.

_____. *Isaiah 40-66*. OTL. Trans. by D. G. M. Stalker. Philadelphia: Westminster, 1969.

_____. *Lamentations: Issues and Interpretation*. Trans. by Charles Muenchow. Minneapolis: Fortress, 1994.

Whybray, R. N. *Isaiah 40-66*. NCB. Grand Rapids: Eerdmans, 1981.

Wiklander, B. *Prophecy as Literature: A Text Linguistic and Rhetorical Approach to Isaiah 2-4*. Stockholm: Liber Tryck, 1984.

Wildberger, H. "Jesajas Verstndnis der Geschichte." VTSup 9. Leiden: Brill, 1962.

Williamson, H. G. *Isaiah 1-5*. ICC. Edinburgh: T. & T. Clark, 2006.

Wiseman, D. J. *Chronicles of the Chaldean Kings*. London: British Museum Publications, 1956.

_____. *Nebuchadrezzar and Babylon*. Oxford: Oxford University Press, 1985.

_____. *Notes on Some Problems in the Book of Daniel*. London: Tyndale, 1965.

Wolf, H. M. *Interpreting Isaiah: the Suffering and Glory of the Messiah*. Grand Rapids: Zondervan, 1985.

Wolff, H. W. *Hosea*. Trans. by G. Stansell. Hermeneia. Philadelphia: Fortress, 1974.

_____. *Joel and Amos: A Commentary on the Books of the Prophets and Amos*. Trans. by Waldemar Janzen et al., Philadelphia: Fortress, 1977.

_____. *Obadiah and Jonah*. Trans. by M. Kohn. CC. Minneapolis: Augsburg, 1986.

Yadin, Y. et al. *Hazor II: An Account of the Second Season of Excavations, 1956*. Jerusalem: Magnes Press, 1960.

Yee, G. *Composition and Tradition in the Book of Hosea: A Redaction Critical Investigation*. SBLDS Atlanta: Scholars Press, 1987.

Young, E. J. *The Book of Isaiah*. 3 vols. NICOT. Grand Rapids: Eerdmans, 1965–72.

Zimmerli, W. *Ezekiel 1: A Commentary on the Book of the Prophet Ezekiel Chapters 1-24*. Trans. by R. E. Clements. Hermeneia. Philadelphia: Fortress, 1979.

엑스포지멘터리

선지서 개론

서론

EXPOSItory comMENTARY

서론

Ⅰ. 소개

내가 가는 이 길이 어디로 가는지
어디로 날 데려가는지
그곳은 어딘지 알 수 없지만
오늘도 난 걸어가고 있네
사람들은 길이 다 정해져 있는지
아니면 자기가 자신의 길을 만들어 가는지
알 수 없지만 이렇게 또 걸어가고 있네
나는 왜 이 길에 서있나
이게 정말 나의 길인가
이 길의 끝에서 내 꿈은 이뤄질까
(god의 "길" 중에서)

수년 전에 상당한 인기를 누렸던 이 노래는 신앙인들의 고민을 잘 표현해 준다. 믿음과 확신에 차 있을 때에는 별 문제가 없지만, 신앙이 연약해질 때에 우리는 하나님이 우리를 위하여 계획하신 길을 잘 가고 있는지, 혹시 잘못 가고 있는 것은 아닌지 불안해질 때가 있다. 또한 우리가 걷고 있는 길이 하나님이 이미 예비해 놓으신 것인지, 아니면 우리가 스스로 만들어 가고 있는지에 대하여도 확신이 서지 않는다. 더 나아가 우리가 걷고 있는 길을 다 걷고 나면 우리가 정말 행복하고 만족할 수 있을까에 대하여도 자신 있게 말할 수 없다.

우리는 구약의 선지자들은 하나님과 항상 교통하며 하나님의 지시에 따라 말씀을 선포하고 행동했던 사람들이었기 때문에 한 번도 이와 같은 고민을 하지 않았을 것이라고 생각한다. 그러나 사실은 그렇지 않다. 참선지자들에게도 하나님의 뜻을 분별하는 것은 결코 만만치 않은 일이었으며 많은 기도와 묵상을 필요로 하는 일이었다. 먼저 나단의 경우를 생각해 보자. 하루는 다윗 왕이 나단을 불러 하나님의 법궤가 머물 수 있는 성전을 건축하고 싶다며 선지자의 생각을 물었다. 나단은 하나님이 기뻐하실 일이라며 그를 격려하고 돌아갔다(삼하 7:3). 그러나 그날 밤 하나님이 나단에게 나타나셔서 다윗이 아니라 그의 아들이 성전을 지을 것이라며 다윗을 말리도록 했다. 다음날 나단은 다윗을 찾아가 자신이 전날 한 말을 번복하는 하나님의 뜻을 전했다(삼하 7:17). 참선지자 나단의 체면이 말이 아니었다!

예레미야도 비슷한 경험을 두 차례나 했다. 시드기야가 유다의 왕이 되어 다스린 지 4년째 되던 해(594 BC)에 하나냐라는 선지자가 성전에서 제사장들과 백성들이 지켜보는 가운데 예레미야에게 2년 안에 바빌론이 유다에게 지워준 멍에가 꺾일 것이며, 느부갓네살이 성전에서 탈취해 간 성전 기구들과 인질로 끌려간 모든 백성이 다시 예루살렘으로 돌아올 것이라고 예언했다(렘 28:1-4). 듣고 있던 예레미야는 자신도 그렇게 되기를 바라지만, 옛적부터 하나님이 주신 말씀은 그것이 아니라고 반론을 제기했다(6-9절). 그러자 하나냐는 예레미야에게 다가와 예레미야가 바빌론의 억압을 상징하며 지고 다니던 멍에를 꺾어 버리며 다시 한 번 하나님이 2년 내에 바빌론을 꺾으실 것을 선언했다(10-11

절). 하나냐가 확신에 차 당당하게 메시지를 선포하자 순간적으로 혼란에 빠진 예레미야는 아무 말 없이 그 자리를 떠났다(11절). 얼마 후 하나님의 말씀이 예레미야에게 임했으며, 하나님은 하나냐가 예언이라고 선포하는 것이 모두 다 거짓이라고 말씀하셨다(13-14절). 예레미야는 분명 참선지자였지만, 한참 기도해 보아야 하나님의 뜻을 분별할 수 있었던 것이다. 곧바로 예레미야는 거짓 선지자 하나냐를 찾아가 거짓 예언으로 사람들을 현혹시킨 죄를 물어 그의 집안에 저주를 선언했다. 하나냐는 그해 7월에 죽었다(17절).

예레미야는 비슷한 경험을 한 번 더 했다. 유다가 바빌론의 손에 멸망한 후 바빌론 사람들은 소수의 주둔군만 남겨 두고 약탈한 물건들과 유다 사람들을 인질 삼아 바빌론으로 돌아갔다. 바빌론 사람들은 유다 사람들 중 덕망이 높은 그달리야를 총독으로 삼아 유다를 다스리게 했다(40장). 얼마 후 암몬 왕의 사주를 받은 이스마엘이라는 사람이 유다의 총독 그달리야와 주변 사람들을 암살하고는 바빌론 주둔군까지 죽이고 도망갔다(41장). 유다 사람들은 바빌론의 보복을 두려워했다. 바빌론 사람들 입장에서는 누가 바빌론 주둔군을 죽였는가보다는, 그들이 어디서 살해되었는가가 더 중요한 이슈였기 때문이다.

그래서 유다 사람들은 이집트로 피난가기로 결정했다(41:16-18). 이러했던 그들이 예레미야를 보자 마치 이집트로의 피난이 아직 결정된 일이 아닌 것처럼 하나님의 인도하심을 바라는 기도를 부탁했다(42:1-6). 예레미야가 기도를 시작한 지 열흘째 되던 날, 하나님은 그들이 이미 이집트 행을 결정한 상황이지만 여전히 유다에 남도록 권면하라고 하셨다(42:7-22). 이번에도 예레미야는 한참 기도한 후에야 비로소 하나님의 뜻을 깨닫게 되었다. 물론 그 사람들은 예레미야를 통한 하나님의 경고를 무시한 채 선지자마저 인질로 삼아 이집트로 끌고 갔다(43장).

나단을 포함한 구약 시대에 활동했던 참선지자들, 심지어 우리에게 책을 남긴 참선지자 예레미야마저도 한참 기도해 보아야만 하나님의 뜻을 분별할 수 있었다면, 도대체 우리 주변에 도사리고 있는 "하루 24시간 직통 계시를 받는다"는 선지자들을 어떻게 보아야 하는가? 물론 아직도 예언의 은사는 존재한다. 그러나 우리가 생각하는 것처럼 흔한 일은 아니다.

게다가 하나님께로부터 계시를 받았다는 자들이 왜 그렇게 자주 맞지 않는가? 더욱이 참선지자들도 한참 기도해보아야 하나님의 뜻이 구별되는데, 왜 이 사람들은 항상, 아무 때에나 하나님이 즉흥적으로 자신들에게 계시를 주셨다고 하는가? 그리고 성령님이 얼마나 한가하시기에 이들이 식사할 때면 찾아와 누가 식탁의 어느 자리에 앉을 것인가까지 결정해 주시는가? 이렇게 하는 사람들은 대부분 거짓이다. 성령의 은사를 빌미로 점쟁이질을 하고 있는 것이다. 그들은 이렇게 해야 자신들의 영적 권위가 살아난다고 생각한다. 그러나 영적인 권위는 하나님의 말씀을 제대로 선포하고 가르칠 때 생기는 것이지 이처럼 은사를 빌미로 사람들을 현혹시키거나 속박함으로써 생기는 것이 아니다.

하나님의 이름으로 사역을 한답시고 무당질을 하는 사람들에 대하여 놀랄 필요는 없다. 예수님이 이미 이런 사람들에 대하여 경고하신 적이 있기 때문이다.

> "나더러 '주님, 주님' 하는 사람이라고 해서, 다 하늘 나라에 들어가는 것이 아니다. 하늘에 계신 내 아버지의 뜻을 행하는 사람이라야 들어간다. 그날에 많은 사람이 나에게 말하기를 '주님, 주님, 우리가 주님의 이름으로 예언을 하고, 주님의 이름으로 귀신을 쫓아내고, 또 주님의 이름으로 많은 기적을 행하지 않았습니까?' 할 것이다. 그 때에 내가 그들에게 분명히 말할 것이다. '나는 너희를 도무지 알지 못한다. 불법을 행하는 자들아. 내게서 물러가라.'"(마 7:21–23, 새번역)

실제로 '방언과 치유' 등을 동반한 카리스마파 운동(charismatic movement)은 기독교에만 일어나는 현상이 아니다. 이슬람교에서, 불교에서, 힌두교에서도 이런 현상이 일고 있다. 게다가 갖가지 토속 종교에 속한 점쟁이들과 무당들도 이런 일을 한다. 아프리카의 주술사(witch doctor)도 병든 사람을 치유한다. 그러므로 '은사'를 가지고 그 사람의 믿음이 하나님께로부터 온 것인지를 가늠하는 것은 무리가 있다.

그렇다면 은사/예언 사역을 한다는 사람이 하나님이 세우신 종인지, 아닌지를 어떻게 구분한단 말인가? 이 이슈에 대한 성경의 가르침은 간단하면서 확고하다. 사람들이 하나님의 이름으로 행하는 기적으로 판단하지 말고, 이런 이적을 행하는 사람의 삶을 보라는 것이다. 그가 삶에서 하나님을 경외하여 그의 말씀에 순종하여 성령의 열매를 맺고 있다면, 그는 하나님이 세우신 종이지만, 그의 삶이 거짓과 죄로 얼룩져 있다면, 의심할 필요가 있다. 성경은 우리가 하나님의 참백성으로서 맺어야 할 성령의 열매로 사랑, 기쁨, 화평, 인내, 친절, 선함, 신실, 온유, 절제 등을 언급한다(갈 5:22). 삶에 이런 열매들이 있다면, 그 사람은 하나님의 종이다. 그러나 아무리 은사를 행한다 할지라도 그 사람의 삶에 성령의 열매가 없다면 그 사람은 하나님이 세우신 자가 아니라고 확신해도 된다. 나무는 열매로 판단해야 하기 때문이다(눅 6:42-45).

성경이 왜 은사가 아닌 열매로 사람들을 판단하라고 하는가 하면 은사는 하나님이 필요에 따라 선물로 주시는 것이기 때문이다. 그러므로 은사는 신앙의 성숙도나 상태에 상관없이 아무에게나 임할 수 있다. 돈에 매수되어 가나안을 향해 가는 이스라엘을 저주하러 왔다가 오히려 하나님의 '은사'를 받아 축복하고 떠난 발람을 생각해 보라. 반면에 열매는 오랫동안 꾸준히 노력하며, 경우에 따라서는 실패를 거듭하면서 맺는 것이다. 또한 사람이 삶에서 맺는 열매는 그가 어떤 신을 믿는가를 보여 주는 가장 좋은 예다. 그러므로 성경은 열매로 영성을 판단하라고 하지, 은사로 영성을 판단하라고 하지 않는다.

선지자들은 무엇보다도 삶에서 드러나는 열매를 통해 자신들이 선포하는 메시지가 하나님께로부터 온 것임을 입증했다. 입으로는 거룩과 경건을 선언해 놓고 자신들이 그렇게 살지 않으면 누가 그 메시지를 듣고 그들을 보내신 거룩하신 하나님을 믿을 수 있겠는가? 그러므로 선지자들은 자신들이 선포한 신탁의 진정성을 거룩하고 경건한 삶을 통해 증명했던 것이다.

II. 선지자

각 선지서의 개별적인 서론을 시작하기 전에 먼저 구약의 선지자가 어떤 사람이었으며, 그가 남긴 책은 어떤 것인가에 대하여 간략하게 정리하고자 한다. 이 섹션에서는 선지자와 연관된 이슈들로 다음 사항들을 생각해 볼 것이다. (1) 제도의 시작, (2) 활동 시대, (3) 호칭과 용어, (4) 소명, (5) 사역 방법, (6) 정신 건강, (7) 거짓 선지자, (8) 사상과 삶.

1. 제도의 시작

성경에 언급된 인물 중 처음으로 선지자라고 불리는 사람은 에녹이다(유 14절). 창세기는 에녹에 대하여 자세하게 언급하지 않고 간략하게 "에녹이 하나님과 동행하더니 하나님이 그를 데려가시므로 세상에 있지 아니하였더라"(5:24)라고만 기재하고 있기 때문에 그가 어떤 사역을 해서 유다서가 그를 선지자로 부르는지 알 수는 없다. 다만 위경(pseudepigrapha)에 속한 에녹 1서에 그가 하나님이 머지않아 인류를 심판하실 것(viz., 노아의 홍수를 통해)이라는 계시를 받아 그 메시지를 선포하고 백성들에게 회개를 권면하고 중보했다는 기록이 있을 뿐이다.

성경에서 에녹 다음으로 선지자로 거론되는 사람은 아브라함이다. 아브라함은 이집트에 내려가 자기 아내 사라를 여동생으로 왕을 속여 위기에 처했다가 하나님의 극적인 개입으로 그 위기를 모면한 적이 있다(cf. 창 12장). 아브라함은 이번에도 아비멜렉을 상대로 같은 거짓말을 했다. 이번에도 다행히 하나님이 개입하셔서 문제를 해결해 주셨다. 하나님이 사라를 아내로 취할 뻔했던 아비멜렉과 그의 집안에 재앙을 내리시고 아브라함이 중재하지 않으면 그 진노가 풀리지 않을 것이라고 말씀하신 것이다. 아브라함은 '선지자'이기 때문에 아비멜렉은 아브라함의 중보를 받아야만 위기를 면할 수 있다고 하셨다(창 20:7). 그렇다면 선지자의 가장 기본적인 목적은 하나님의 자비를 구하는 자들의 중재와 중보에 있음을 알 수 있다. 이런 면에서 오늘날 사역자들을 포함한 모든 그리스도인은 선지자의 사역을 하고 있는 것이다.

아브라함 이후에도 많은 선지자들이 있었다. 이삭, 야곱, 요셉 등 이스라엘의 선조들도 예언을 남기고 죽었다. 모세, 미리암 등도 예언자의 대열에 끼어 있다. 그러나 이들은 개인적인 차원에서 예언을 했다고 할 수 있다. 이처럼 이스라엘의 선지자들은 산발적으로 등장했다가 사라지곤 했으며, 사무엘 시대부터는 선지자 제도가 전문화되기 시작한다. 요즈음 말로 표현하자면 사무엘 시대를 지나며 "선지자 노조"가 형성되었으며, "선지 동산"(viz., 선지자 훈련 학교)이 세워진 것이다. 우리는 이 같은 사실을 사무엘이 사울을 왕으로 세우면서 준 증표에서 알 수 있다. 사무엘은 사적인 자리에서 사울에게 기름을 부어 이스라엘의 왕으로 세운 다음, 하나님이 그를 왕으로 세우신 증표로 몇 가지를 언급한다(삼상 10:1-7). 이중 하나가 사울이 거문고를 타고 소고를 치고 피리를 불고 수금을 타면서 예배 처소에서 내려오는 예언자의 무리를 만나 함께 어울리며 예언하는 일이다(삼상 10:5-6). 이 증표가 우리에게 주는 중요한 의미는 성경에서 선지자들이 무리를 지어 집단 생활을 하고 있는 모습이 이곳에서 처음으로 포착되고 있다는 사실이다. 이스라엘 역사에서 사무엘 시대에 선지자 제도가 본격적으로 궤도에 올랐던 것이다.

선지자 제도가 사무엘 시대에 전문화되었다는 사실이 시사하는 바가 무엇일까? 이 시대에 출범한 이스라엘의 또 하나의 제도인 왕정 제도를 생각해 보면 선지자 제도의 중요성을 쉽게 포착할 수 있다. 선지자로서 사무엘은 왕을 세우는 킹메이커(kingmaker)였다. 그래서 그는 하나님의 명령에 따라 사울을 이스라엘의 왕으로 세웠다. 모세는 이미 선지자 제도와 왕정 제도에 대한 율법을 남겼다(cf. 신 17-18장). 율법은 선지자 제도와 왕정 제도가 이상적인 관계를 유지하기를 기대하는 듯하다. 이상적으로 생각할 때 선지자는 하나님의 말씀을 왕에게 전달해 주고, 선지자를 통해 하나님의 뜻을 전달받은 왕은 그 뜻에 따라 주의 백성을 통치해야 한다. 왕과 선지자는 서로 협력하여 하나님의 공의와 정의가 주의 백성을 다스리도록 하기 위하여 소명을 받은 것이다. 그러나 이 두 제도가 거의 400여 년 동안 출범하지 못하다가 사무엘 시대에 동시에 출범하는 것은 이 두 제도의 숙명적인 갈등 관계를 암시하는 것이 아닐까?

신앙적/신학적인 관점에서 보면 선지자와 왕 중에서 한 수 위에 있는 사람은 분명 선지자다. 이스라엘 종교에서 선지자는 왕에게 하나님의 말씀을 대언해 주고, 왕은 선지자를 통해 중계된 하나님의 말씀에 순종할 책임이 있었기 때문이다. 또한 이스라엘의 초대 왕들인 사울, 다윗, 솔로몬 모두 선지자가 인준했다는 것도 이 같은 사실을 뒷받침한다. 더 나아가 선지자 사무엘이 하나님의 말씀을 따르지 않은 사울을 상징적으로 폐위시킨 킹브레이커(kingbreaker)였다는 것도(cf. 삼상 19:19-24) 이러한 사실을 뒷받침한다.

그러나 현실 속에서 왕권은 절대적인 권위와 권력을 상징한다. 특히 하나님의 권위를 인정하지 않는 왕에게 하나님을 대변하는 선지자는 귀찮은 존재일 뿐이다. 선지자들은 하나님의 뜻대로 주의 백성을 통치하지 않는 왕들을 반대했고, 왕들은 반대하는 선지자들을 처형함으로 응징했다. 세속적인 권력을 상징하는 왕에게 선지자의 목숨은 파리 목숨과도 같았던 것이다. 그럼에도 불구하고 부패한 왕권 앞에서 하나님의 최종적인 비난과 심판을 선언할 수 있는 사람은 역시 선지자뿐이었다. 즉, 하나님은 선지자 제도가 왕정 제도를 견제하기를 원하셨으며 이로써 때로 선지자들을 왕들에게 보내 최후통첩 수단으로 사용하셨던 것이다.

그렇다면 선지자 제도가 궤도에 오르기 몇백 년 전에 이스라엘 종교 속에 뿌리내린 제사장 제도는 이러한 역할(viz., 권세가들을 향한 하나님의 최후통첩 수단)을 할 수 없었는가? 제사장들은 두 가지 이유에서 이러한 역할을 감당할 수 없었다. 첫째, 간접적인 이권 개입이 있었기 때문이다. 제사장들은 성전을 중심으로 살았다. 그런데 성전은 궁전과 매우 가까운 위치에 있었을 뿐만 아니라 전통적으로 왕을 포함한 귀족들은 가장 큰 예물들을 성전에 들여놓는 예배자였다. 이런 상황에서 제사장이 잘못된 왕과 귀족들에게 바른말을 해 줄 가능성이 얼마나 되겠는가? 이미 이권이 개입되어 있기 때문에 쉽지 않은 일이었다. 둘째, 신분적으로 제사장은 상류층이다. 당시 사회에서 제사장들은 왕족들과 함께 사회의 상류층을 형성했다. 이스라엘 사회에서 제사장은 '부르주아'였던 것이다. 권력이 부패하면 항상 서민들과 힘없는 자들이 당하게 되어 있다. 이러한 상황에서 자신들도 지배층에 속한 제사장들이 사회적인 개혁과 권력 개혁을 추구하고 나설 확률이 얼마나 되겠는가? 그러므로 자연히 왕권을 견제하는 역할은 선지자들에게 주어진 몫이었다.

이처럼 선지자 제도가 필요에 따라서는 왕권을 견제해야 한다면 평소에 선지자들은 어떠한 삶을 살아가야 하는가? 검소하고 서민적으로 살아야 할 뿐만 아니라, 기득권자들과는 거리를 유지하며 독립적으로 살아야 한다. 선지자가 왕이나 권세가들의 녹을 먹기 시작하면 그들의 애완용 동물밖에 되지 않기 때문이다. 아합과 여호사밧이 군대를 일으켜 시리아를 상대로 전쟁에 나갈 때 아합의 "애완용 선지자들"과 참선지자 미가야의 차이를 생각해 보라(왕상 22장). 더 나아가 선지자 이사야는 사회의 권세가들과 그들과 놀아나는 선지자들을 개로 비유하는데 권세가들은 머리요, 거짓 선지자들은 꼬리로 표현하고 있다(사 9:15). 즉, 이러한 애완용 선지자들은 꼬리치는 개를 연상시킨다는 것이다.

참선지자들은 권세가들의 애완용 짐승이 되지 않으려고 그들과 거리감을 두기 일쑤였다. 평상시에는 권력가들의 조언자로, 전략가로 친근하게 활동하기도 했지만, 결정적인 순간에 순수한 하나님의 음성을 들려주기 위해서 그들은 왕을 포함한 어떤 권력가들도 함부로 할 수 없는 경외심과 영성을 갖기 위해 노력하였다. 선지자들은 이러한 "거룩한 거리감"을 유지하기 위하여 가난을 자처하기도 했다. 당시 사회의 대부분 사람들이 글을 읽고 쓰지 못하는 상황에서 선지자들은 가장 많이 배운 사람 층에 속했다. 만일 그들이 사람들을 대신해서 계약서를 작성해 주는 등의 대필만 하더라도 생활하는 데는 큰 어려움이 없었을 것이다.

열왕기하 4장은 선지자들의 가난한 삶에 대하여 증언하는 두 사건을 회고하고 있다. 하나님의 심판으로 이스라엘 땅에 기근이 임했을 때, 집단 생활을 하던 선지자들이 먹을 것이 부족하여 들에 나가 나물을 캐다 삶아 먹었는데, 그 나물에 독이 있어서 혼이 난 적이 있었다(38-40절). 또 한 번은 선지자 수련생이 빚을 남기고 죽었는데, 그 빚 때문에 아들들이 노예로 팔려갈 위기에서 엘리사가 기적을 베푼 적이 있다(1-7절). 선지자들은 이처럼 가난을 자처하면서까지 권력가들과 거리를 두려고 했다. 그래야만 하나님의 순수한 음성을 들려줄 수 있었기 때문이다.

구약 시대에는 세 가지의 주요 제도가 있었다. 왕권, 선지자권, 제사장권이다. 이중 오늘날의 목회자/사역자 제도가 가장 확실하게 맥을 이어가고 있는 제도는 어떤 것인가? 선지자권이다. 그렇다면 목회자/사역자들은 검소하게 살아야 할 의무가 있다. 세상에서 누릴 것 다 누리고 즐길 것 다 즐기게 되면 세상에서 소외당하고 고통당하는 자들을 대변할 수 없기 때문이다.

2. 활동 시대

대체로 학자들은 구약의 선지자들이 활동했던 때를 일곱 시대로 나눈다(cf. VanGemeren). 첫째, 사무엘 이전 시대(Pre-Samuel Period)다. 이스라엘의 선조들이 있기 전에는(Pre-Patriarch) 에녹이 선지자로 활동했다(cf. 유다서 14절). 이스라엘의 선조들 중에는 아브라함, 이삭, 야곱 등이 선지자 역할을 했다. 그러다가 모세 시대에 접어들면서 모세, 아론(출 7:1), 발람, 미리암(출 15:20), 엘닷, 메닷, 이스라엘의 70장로들(민 11:24-29) 등이 예언을 했다. 사사 시대에는 드보라(삿 4:4), 마노아와 그의 아내(삿 13:3, 10, 21) 등이 선지자 역할을 했다.

둘째, 통일왕국 시대와 그 이전 시대(Pre- and United Kingdom Period)다. 이때 활동했던 선지자들 중에는 사울을 왕으로 세운 사무엘, 성전 터에 대하여 다윗에게 조언을 했던 갓, 밧세바 일로 다윗을 책망했던 나단 등이 선지자로 활동했다. 또한 제사장이기도 했던 사독, 많은 시편을 남긴 다윗과 솔로몬(cf. 행 2:25, 30), 성전에서 음악을 지휘했던 아삽, 헤만, 여두둔(대상 25:1-5), 에단(시 89:1) 등도 있었다.

셋째, 분열왕국 시대의 초기(Early Divided Kingdom)라 할 수 있는 주전 9세기다. 이 시대에 활동했던 선지자로는 엘리야와 엘리사가 있으며(왕상 18장-왕하 10장), 여로보암에게 솔로몬의 나라에서 열 지파를 이끌고 나가 나라를 세우라며 자신의 옷을 찢어 열 조각을 준 아히야가 있다. 또한 남왕국의 르호보암이 북왕국의 여로보암을 상대로 전쟁을 하려 할 때 하나님의 뜻이 아니라며 그를 말렸던 스마야, 아사 왕에게 종교 개혁을 추진하라고 권고했던 예로는, 오뎃의 아들 아사랴 등이 있었다. 이 시대에 활동했던 하나니 선지자는 아사 왕이 이스라엘 왕 바아사에게 포위되자 시리아에게 도움을 청한 것을 비난하다가 감옥에 갇히기도 했다(대하 16장). 이 외에도 미가야, 야하시엘, 여호야다, 여호야다의 아들 스가랴 선지자가 이 시대에 활동했다.

넷째, 이사야 선지자로 대표되는 주전 8세기다. 이때 본격적으로 글을 남긴 선지자들(writing prophet) 시대가 열린다. 호세아, 아모스, 미가, 요나 등이 이 시대에 활동했다. 이들이 선포한 핵심 메시지는 주의 백성이 회개하지 않으면 머지않아 재앙이 임할 것이며, 그들이 모두 인질이 되어 타국으로 끌려갈 것이라는 경고였다. 물론 백성들은 그들의 메시지를 귀담아 들으려 하지 않았다. 결국 이들이 사역하던 시대에 북왕국 이스라엘이 아시리아로 끌려갔다.

다섯째, 예레미야가 사역했던 주전 7세기다. 이 시대에 활동하고 책을 남긴 선지자로는 예레미야, 하박국, 스바냐, 나훔 등이 있다. 이들은 유다에 임박한 심판에 대하여 경고하며 회개를 권고했다. 또한 이 선지자들은 먼 훗날 바빌론으로 끌려간 주의 백성이 다시 여호와를 찾으면 하나님이 꼭 그들을 다시 고향으로 데려오실 것이라고 확신했다.

여섯째, 유다가 포로가 되어 바빌론으로 끌려가기 전후에 사역했던 선지자들의 시대다. 이 시대를 대표하는 선지자로는 에스겔, 다니엘 등이 있으며, 일부 학자들은 오바댜도 이 시대에 포함한다. 이 시대 선지자들은 유다의 멸망을 직접 목격하며 아픔을 토로했다. 그들은 바빌론으로 끌려간 주의 백성에게 지금이라도 회개하면 여호와께서 그들을 고향으로 데리고 가실 것이라고 선언했다.

일곱째, 바빌론으로 끌려갔던 주의 백성이 조국으로 돌아온 귀향 시대다. 이 시대에 활동했던 선지자로는 학개, 스가랴, 말라기 등이 있다. 일부 학자들은 오바댜를 이 그룹에 포함하기도 한다. 이들은 주로 성전 재건과 주의 백성의 회복에 대한 말씀을 선포했다.

3. 호칭과 용어

이스라엘의 선지자들에게 적용된 용어를 살펴보자. 학자들은 이스라엘의 선지자 제도의 시조를 모세로 간주한다. 그러므로 우리는 모세에게 적용된 표현들을 통해 선지자가 지닌 정체성을 알 수 있다. 첫째, 선지자는 "하나님의 사람"이다. 이 호칭은 모세에게 처음 사용된다(신 33:1). 이 호칭은 하나님에게 속한, 혹은 하나님과 같은 부류임을 뜻한다. 즉, 모세는 하나님의 자격으로 자기 백성에게 임했던 것이다. 모세가 백성에게 그랬던 것처럼 목회자/사역자가 윤리적으로, 영적인 권위면에서 신도들보다 월등해야 할 필요가 있다. 친구/동역자 관계도 중요하지만 영적 거리감이 반드시 유지되어야 하는 것이다.

둘째, 선지자는 "여호와의 종"이다. 이 명칭 역시 모세에게 처음 사용되었다(수 1:1; cf. 민 12:6–8; 신 34:10–12). 이 용어는 열왕기서, 에스라, 느헤미야에서 선지자들에게 흔히 사용된다. '종'은 창조주이자 우리의 주인이 되신 하나님과의 특별한 관계를 강조하는 단어로 결코 수치스러움을 자아내는 용어가 아니다. 통치자이신 하나님의 종이 된다는 것은 인간이 누릴 수 있는 최대의 특권이자 축복이다. 피조물에게 창조주의 종이 되는 것보다 더 위대하고 고상한 것이 있을까? 또한 구약 안에서의 종 개념은 주인에게 더 많은 책임을 떠안도록 요구했다. 주인은 종의 의식주를 책임져야 했다. 주인은 종에게 일을 시키기 전에 먼저 그를 가르치고 훈련시킬 의무가 있었다. 종의 잘못으로 얻어진 결과는 모두 주인이 감수해야 했다. 또한 '주–종'은 무엇보다도 관계를 강조하는 개념이다.

셋째, 선지자는 "언약의 중보자"다(cf. 출 19:3–8; 20:18–19). 모세는 시내 산 언약과 앞으로 지속될 이스라엘과 그 나라 백성의 삶을 의도적으로 연관시켰다. 이 전통은 선지자들의 메시지를 통하여 지속되었다. 이스라엘 선지자들의 주요 메시지는 무엇이었는가? 하나님과의 언약을 준수하라는 것이다. 목회자/사역자의 사명은 무엇보다도 성도들이 하나님과의 관계를 잘 유지할 수 있도록 가르치고 양육하는 것이다.

넷째, 선지자들은 종말론적인 안목을 지닌 사람들이다(신 18:15-22; 히 3:5). 모세는 우리가 당면하고 있는 현세가 실체의 모든 것이 아니라는 사실을 가르쳤다. 이같이 미래를 의식하는 시각은 선지자들 사이에서 지속됐다. 사역자는 종말론적인 관점에서 목회를 해야 하고 성도들을 위로해야 한다. 죄 많고 슬픔 많은 이 세상이 전부가 아니다. 만약에 이것이 전부라면 우리의 인생이 얼마나 억울한가! 천국에 대한 소망이 현실의 아픔을 이기는 데 힘이 되어야 할 것이다.

성경은 선지자를 묘사하면서 다양한 히브리어 개념을 사용하는데, 이중 가장 중요하고 흔한 것 세 가지는 선지자(נָבִיא), 선견자(רֹאֶה), 선견자(חֹזֶה)다. 이 세 용어는 분명 비슷한 말들이며 의미와 뉘앙스에 있어서 서로 겹치는 부분이 많다. 그러므로 서로 비슷한 낱말로 사용해도 무리는 없다. 그러나 굳이 차별를 두자면 다음과 같은 차이를 보인다.

선지자의 가장 기본적인 활동을 묘사하며 우리말 성경이 "선지자"로 번역한 히브리어 단어(נָבִיא)는, "지명하다, 부르다, 알리다"(נבא)라는 의미를 지닌 아카디아어 동사 nabû와 연관 있는 것으로 이해된다(HALOT). 이 단어의 수동적(passive)인 의미는 "부름을 받은 자"며 능동적(active)인 의미는 "알리는 자"다. 이 단어는 출애굽기 7:1; 4:14-16에서 이러한 의미를 정의하면서 사용된다. "볼지어다. 내가 너로 바로에게 신 같이 되게 하였은즉 네 형 아론은 네 대언자가 되리니… 그가 너를 대신하여 백성에게 말할 것이니 그는 네 입을 대신할 것이요 너는 그에게 하나님 같이 되리라."

우리말 성경이 "선견자"로 번역한 히브리어 단어(רֹאֶה)는 "보다"라는 의미를 지닌 동사(ראה)에서 유래하였다. 사무엘상 9:9에 의하면 이 단어는 "나비"(נָבִיא)보다 오래된 단어다. 사무엘 시대 이전까지 이 단어가 선지자를 일컫는 단어로 더 많이 쓰인 것 같다. 구약에서 열 번 사용되며, 이중 여섯 번은 사무엘에 연관되어 사용된다. 선지서에서는 단 한 번, 이사야 30:10에서 이 단어가 사용된다. 이 개념은 '역사 의식'과 연관이 있어 보이며, 선지자들이 역사의 흐름을 읽고 대안을 제시하는 일과 연관이 있다.

우리말 성경이 "선견자"로 번역한 두 번째 히브리어 단어(חֹזֶה)는 "환상을 보다"라는 의미를 지닌 동사(חזה)에서 유래한 명사다. 사무엘하 24:11에서 갓(다윗의 선지자)에게 처음으로 이 호칭이 적용되었으며 동사로는 출애굽기 24:11, 민수기 24:4에서 이미 사용되었다. 이 용어의 기본적인 의미는 꿈과 환상 등을 통하여 미래에 대하여 예언하는 것에 있다. 여로보암이 벧엘에 세운 성소의 책임자였던 아마샤가 아모스를 "선견자"(חֹזֶה)라고 부른다(암 7:12).

역대상 29:29은 이 세 단어를 동시에 사용한다. "다윗 왕의 행적은 처음부터 끝까지 선견자(הָרֹאֶה) 사무엘의 글과 선지자(הַנָּבִיא) 나단의 글과 선견자(הַחֹזֶה) 갓의 글에 다 기록되고…" 선지자(נָבִיא)는 하나님의 메시지를 선포하고 가르치는 주님의 대사(ambassador), 혹은 대언자다. 현실에 대한 역사적 안목이 있는 선견자(רֹאֶה)에게는 과거, 현재, 미래에 대한 통찰력이 있었다. 선견자(חֹזֶה)는 환상을 통하여 하나님의 계시를 받았다. 우리도 이같이 다양한 역할의 균형을 유지하는 지도자들이 되어야 한다.

4. 소명

선지자들 중에는 예레미야처럼 어렸을 때부터 하나님의 부르심을 받은 사람도 있지만, 대부분 다양한 직업에 종사하다가 하나님의 부르심을 받았다. 다니엘은 정치인으로 활동하다가, 아모스는 사업을 하다가 소명을 받았다. 요엘은 성전에서 사역하다가 선지자로 부름을 받았고, 에스겔과 다니엘은 타국에 인질로 끌려갔다가 하나님의 부르심을 받았다. 하나님은 매우 다양한 배경과 정황에 처한 사람들에게 선지자 소명을 주셨던 것이다.

이사야 선지자의 경험을 토대로 하나님이 선지자에게 소명을 주시는 과정을 보면 크게 네 단계로 구성되어 있음을 알 수 있다. 현현(顯現), 문제 해결, 위임, 메시지다. 첫째, 하나님이 선지자에게 소명을 주기 위하여 그를 찾아오신다. 이사야의 경우 여호와는 보좌에 앉은 왕의 모습으로 선지자를 찾아와 자신을 보여주셨다. 사무엘도 하나님의 육성을 들었다. 둘째, 하나님은 소명을 주기 전에 선지자의 부족한 부분을 채워주신다. 이사야의 경우 그의 부정한 입술을 정하게 하셨고, 예레미야에게는 그의 어린 나이가 문제가 되지 않도록 조치를 취해 주셨다. 셋째, 하나님은 선지자에게 자신의 권위를 위임해 주신다. 사무엘도 이런 경험을 했다(삼상 3:20). 백성들에게 하나님을 대신해서 그의 말씀을 선포할 수 있는 권한을 주시는 것이다. 넷째, 백성들에게 전달할 메시지를 주신다. 하나님은 선지자에게 권위를 위임하실 뿐만 아니라, 그들이 위임받은 권위를 사용하여 전할 메시지까지 주시는 것이다. 그러므로 선지자는 무엇을 전할까에 대하여 걱정할 필요가 없었다. 하나님이 그들에게 주신 메시지를 전하기만 하면 되었기 때문이다.

소명을 받은 선지자의 반응도 다양하다. 이사야 선지자처럼 하나님이 소명을 주시자마자 곧장 순종하는 사람이 있는가 하면, 예레미야같이 그 자리에서 자신은 감당할 능력이 부족하다며 반론을 제기한 자도 있었다. 에스겔은 며칠 동안 고민한 후에 순종했다.

하나님이 그들과 함께하신다고 해서 선지자들이 쉽게 사역한 것은 아니다. 예레미야는 배신감에 시달렸고, 암살 음모를 두 번이나 경험했다. 에스겔은 하나님이 그에게 충분한 담대함을 주시고 나서야 사역을 감당할 수 있었다. 이사야는 완전히 실패한 사역자였다. 요나는 타국으로 도망갔다.

선지자는 자신들이 선포하는 예언이 언제, 어떻게 성취될 것인가에 대하여 어느 정도 알고 있었을까? 이 질문에 대한 두 가지 극단적인 견해가 있다. 첫째, 일부 학자들은 선지자들은 자신이 선포하는 예언에 대하여 모든 것을 알았다고 한다. 둘째, 선지자들은 우리와 같은 인간이었기 때문에 하나님이 지시한 대로 선포하고 기록했지만, 자신이 선포하는 예언이 무엇에 대한 것인지는 모르고 있었다는 주장이 있다.

이 두 가지 입장은 모두 배제되어야 한다. 메시아에 대한 선지자들의 예언을 예로 생각해 보자. 베드로전서 1:10-11에 의하면 선지자들은 메시아가 고통을 당하실 것이라는 사실과 영광을 받으실 것이라는 사실을 알고 있었다. 또한 선지자들은 메시아가 먼저 고통을 당하시고 난 후에 영광을 받을 것이라는 순서에 대해서도 알고 있었다. 그러나 선지자는 정작 언제(시간) 어떤 상황(방법)에서 이 일이 성취될 것인가에 대하여는 알지 못했다. 우리가 예수님의 재림에 대하여 확신하면서도, 정작 언제, 어떤 상황에서 재림하실 것인가에 대하여는 모르는 것도 이 같은 이유에서다.

5. 사역 방법

선지자들은 대체로 하나님께로부터 육성을 통해, 혹은 환상과 꿈을 통해 받은 메시지를 백성들에게 중계하는 사역을 했다. 그래서 그들은 많은 신탁을 선포했으며, 이 신탁들을 요약하고 노래로 표현하여 오늘날 우리가 그들의 책을 통해 접하는 메시지를 남겼다.

또한 선지자들은 자신의 행동을 통해 메시지를 선포하기도 했다. 죽음이 임박한 엘리사를 찾아와 눈물을 흘리며 슬퍼하는 요아스 왕에게 선지자는 활을 쏘라고 했으며, 요아스가 창밖으로 활을 쏘자 그것이 바로 왕이 시리아를 상대로 승리할 것을 상징하는 행동이라고 풀이해 주었다(왕하 13:14-17). 선지자 아히야는 솔로몬의 나라가 나누어질 것을 상징하여 자신의 옷을 열두 조각으로 찢어 그중 열 조각을 북왕국의 창시자 여로보암에게 주었다. 호세아는 창녀 고멜과의 결혼을 통해 하나님과 이스라엘의 관계에 대하여 메시지를 선포했다(cf. 호 1-3장). 이사야는 아들들에게 "스알야숩"(viz., "남은 자는 돌아온다")과 "마헬살랄하스바스"(viz., "노획물이 속히 사라진다")라는 이름을 주어 백성들에게 다가오는 심판에 대하여 경고했다(cf. 사 7:3; 8:3). 미가는 사마리아가 멸망할 것이라며 옷을 벗고 다녔다(미 1:8).

행동을 통해 메시지를 선포한 선지자들 중에 에스겔은 단연 독보적이다. 그는 예루살렘의 포위를 상징하여 벽돌 위에 성을 그렸다(4장). 에스겔은 북왕국 이스라엘의 죄를 상징하며 꽁꽁 묶인 채로 왼쪽으로 누워 390일을, 유다의 죄를 상징하며 오른쪽으로 40일을 보냈다. 또한 이 기간 동안 환난 때 음식이 귀하게 될 것을 의미하여 영양실조에 걸릴 정도로 적은 양의 음식을 먹었다(4장). 더 나아가 에스겔은 이스라엘이 당할 수치를 상징하여 머리와 수염을 깎았으며(5장), 깎은 머리털을 메시지를 선포하는 데 사용했다. 에스겔은 이 머리털 중 1/3을 태우는데, 이는 질병과 흉년을 의미했다. 또한 전쟁을 상징하며 1/3을 칼로 쳤다. 나머지 1/3은 바람에 날렸는데, 이 행동은 도망과 망명 등으로 열국에 흩어질 이스라엘 사람들을 상징했다. 이 외에도 에스겔은 벙어리 행세를 해야 했으며, 이스라엘의 부정함을 상징하기 위하여 소똥 말린 것을 연료로 삼아 밥을 지어야 했다(cf. 4:12-15). 에스겔은 사랑하는 아내가 죽었을 때에도 마치 아무 일도 없었던 것처럼 태연하게 행동하여 하나님과 이스라엘의 관계를 조명해야 했다.

6. 정신 건강

선지자들은 종종 "정신 이상자들"이란 누명을 쓰기도 했다. 이사야는 겉옷을 벗고 맨발로 3년 동안 거리를 방황했다(사 20:2). 예레미야는 "술주정뱅이"로 취급당했다(렘 23:9). 선지자들은 때로는 이상한 망토를 쓰기도 했고(슥 13:4), 가죽띠를 착용하거나(대하 1:8), 자원해서 피를 흘리며 자해하기도 했다(슥 13:6; 왕상 20:35). 선지자들의 특이한 행동에 있어 대표적인 인물로 에스겔이 꼽힌다. 에스겔은 정신 분열자(Schizophrenic)로 판명받기도 했다. 그의 행동을 생각해 보자.

에스겔서에 기록된 선지자의 행동 중에는 매우 특이하게 여겨지는 것이 많다. 전통적으로 이러한 선지자의 행동은 하나님의 특별한 지시에 의하여 진행된 "행동 예언"(acted out prophecy)으로 여겨졌다. 그러나 20세기에 접어들면서 심리학자들이 그를 바라본 시각은 그렇게 곱거나 간단하지 않았다. 심리학자들이 관찰한 에스겔의 이상한 행동에 대하여 다음 도표를 참고하라.

1	움직이지 않고 오랜 시간을 보낸다(4:4–7)
2	오랜 기간 동안 벙어리가 되어 말을 못한다(3:24–27; 24:25–27; 33:22)
3	아내의 죽음에 대하여 어떠한 감정도 표현하지 않는다(24:15–27)
4	"입신"경험을 한다(8:1–4)
5	특이한 환상들을 본다(1–3; 8–11; 15–18; 21; 23–24; 37–48)
6	마른 소똥으로 익힌 음식을 먹는다(4:14)
7	영양실조에 걸릴 양의 음식을 먹으며 생명을 지탱한다(4:9–11)
8	예루살렘 성의 모형도를 만들어 놓고 그 앞에 누워 430일 동안을 성을 주시하며 지낸다(4:5–6)
9	머리털을 깎아 1/3은 불에 태우고, 1/3은 칼로 치며, 1/3은 바람에 날린다(5:1–4)
10	평안한 곳에서 피난민 보따리를 가지고 다닌다(12:3–5)

위에 기록된 선지자의 특이한 행동을 정신질환의 증세들로 보는 학자들은 에스겔이 앓고 있었던 병에 대하여 그가 보인 증세만큼이나 다양한 소견을 내놓았다. 다음 도표를 참고하라(cf. Block).

1	정신분열증 환자(schizophrenic)
2	간질병 환자(epileptic)
3	정신병 환자(psychotic)
4	긴장병 환자(catatonic)
5	과대망상증 환자(paranoid)
6	무당/점쟁이(psychic)

가장 극단적인 판정 두 개가 더 있다. 첫째, 브룸(E. C. Broome)은 프로이드(Freud)계 심리학자였는데, 그에 의하면 "에스겔은 진짜 정신병자였다. 그의 증세는 대립된 자기애(自己愛)-마조히즘(자신을 학대하거나 학대당하고 쾌감을 느끼는 것)이며 증세로는 거세(castration)에 대한 환상과 무의식적인 성적 퇴보로 나타났다"(Ezekiel was a true psychotic characterized by a narcissistic-masochistic conflict, with attendant phantasies of castration and unconscious sexual regression). 둘째, 할페린(D. J. Halperin)은 에스겔이 앓고 있는 병에 대하여 다음과 같이 말한다.

> 본인은 의식하지 못했지만 에스겔의 행동은 그의 내부에서 활활 타올랐던 여자들에 대한 증오에서 비롯되었다. 그는 여자들을 매우 잔인하고 강하며, 반역적이고 유혹적인 존재들로 생각했다. 그의 내부 더 깊숙한 곳에는 남자들에 대한 강한 분노가 숨겨져 있었다. 아마도 어렸을 때 남자(들)에게 경험했던 성폭행 때문이었을 것이다. 에스겔과 같이 심각한 심리적인 병을 앓는 사람은 흔하지 않으며 그의 경험은 매우 독특하다. 그는 자신의 병을 이미지의 능력을 통하여 표현하고 있다.

이와 같은 주장에 대하여 우리는 어떠한 평가를 내려야 하는가? 선지자들의 삶과 사역에서 하나님을 제외하면 이처럼 평가될 수 있다. 그러나 에스겔의 특이한 행동은 하나님의 특별한 지시에 따른 것이다. 선지자는 신탁뿐만 아니라, 행동을 통해 메시지를 선포하도록 부르심을 입었기 때문이다. 소위 "기독교 신학자들"이 기적과 이상의 가능성을 배제하고, 성경에서 하나님을 삭제하는 처사는 매우 불행한 일이다. 또한 그가 정녕 정신병자였다면 유다에서 끌려온 포로민들을 대표하는 장로들이 왜 지속적으로 그를 찾았던 것일까?(8:1; 14:1; 20:1) 그들은 정신병자를 찾아가 하나님의 뜻을 구할 정도로 어리석었단 말인가! 게다가 유대인들은 어찌하여 정신병자가 기록한 책을 하나님의 말씀이라고 한 것일까? 위 학자들의 진단이 전혀 터무니없다는 것을 우리는 역사와 전통을 통해 쉽게 알 수 있다.

7. 거짓 선지자

율법은 다섯 가지의 참선지자 분류법을 제시한다(신 18:15-21; cf. 13:1-5). 첫째, 하나님의 이름으로 말씀을 선포하는가? 둘째, 하나님의 백성 중 하나인가? 셋째, 가까운 미래와 먼 미래를 예언할 수 있는가? 넷째, 이적을 행할 수 있는가? 다섯째, 이미 주어진 계시에 순종하는가? 이 다섯 가지 중 한 가지라도 "아니오"라면 그는 거짓 선지자다. 그러므로 참선지자는 "이스라엘인이며, 하나님의 부르심을 받았고, 성령의 권능을 부여받은 자"다. "그는 하나님의 대언자로 활약하고 하나님으로부터 권위와 계시를 받으며, 하나님의 양 떼의 선한 목자고, 표징으로 하나님의 말씀과 사명을 증명하는 사람"이다(VanGemeren).

반면에 예레미야 23:9-40에 의하면 선지자가 다음 네 가지 중 하나라도 지녔으면 거짓이다. (1) 부도덕함/음란함(11, 14절), (2) 인기를 탐함(16-17절), (3) 자신의 망상과 하나님의 계시를 혼돈함(15, 25, 26, 28

절), (4) 표절(plagiarism)(30절). 더 나아가 에스겔은 거짓 선지자들은 바보들이며, 자신의 영에 지배를 받는 자들이며, 파괴자이고, 자신을 착각하거나 망상증에 빠진 자라며 맹렬하게 비난한다(겔 13:1–16).

학자들은 거짓 선지자는 다음 두 가지 특성을 지닌 자들이라고 한다(cf. VanGemeren). 첫째, 정치적인 기회주의자들이다. 그들은 현존하는 정치적–사회적 구조나 정권이 좋다면 조금만 노력하면 모든 사람이 행복할 수 있다고 생각하여 지지한다. 그래서 그들은 어느 시대이든 맹목적으로 정권을 지지하기 일쑤였다. 현존하는 정권을 지지해 주는 대가로 권력자들로부터 다양한 후원과 지원을 받기도 한다. 학자들은 이러한 현상을 "현실 정치"(Realpolitik)라고 한다. 거짓 선지자들은 현실 정치에 능한 사람들인 것이다.

둘째, 하늘의 소리(vox Dei) 보다는 민중의 소리(vox populi)에 집중하는 사람들이다. 일반적으로 선지자가 민중의 소리를 의식하는 것은 좋은 일이지만, 학자들이 거짓 선지자들에게 이 용어를 적용할 때에는 다른 의미를 갖는다. 쉽게 말해서 거짓 선지자들은 하나님이 백성들에게 주시고자 하는 메시지보다는, 백성들이 듣고자 하는 메시지에 관심을 갖는다는 뜻이다. 주의 백성이 들어야 하는 메시지보다는 백성이 듣고자 하는 메시지를 선포한다. 그렇다 보니 그들은 하나님께 받은 메시지가 아니라 자신들이 만들어 낸 메시지를 선포한다. 사욕과 인기에 대한 탐심이 빚어낸 결과다.

8. 사상과 삶

선지자들이 그들의 삶에서 지향했던 가치관과 사상은 여러 면에서 오늘을 살아가는 우리에게 도전과 자극이 된다. 몇 가지를 생각해 보자. 첫째, 선지자는 최고의 선(善)을 갈망했다. 선지자는 현실에 대하여 항상 불만을 품고 비난한 사람들이 아니다. 그렇다고 해서 현실에 만족한 사람들도 아니다. 그들은 끊임없이 더 나은 세상을 꿈꾸며 말씀을 선포했다. 다윗, 히스기야, 요시야 등은 이스라엘 역사에 길이 남을 훌륭한 왕들이다. 그러나 다윗 시대에 활동했던 나단, 히스기야에게 말씀을 전했던 이사야, 요시야 때 사역했던 예레미야 등은 이들에 대하여 한 마디의 칭찬도 하지 않았다. 이사야의 경우 오히려 히스기야의 외교정책을 맹렬하게 비난했다.

왜 그랬을까? 선지자들은 이들처럼 훌륭한 왕들이 통치하는 세상에서 살게 된 것에 감사하며 살았다. 그러나 그들은 항상 더 나은 세상에 대한 대안을 마음에 품고 살았다. 다윗 왕이 훌륭한 정치인-신앙인이 되어 주의 백성을 다스리는 것에 대하여 감사했지만, 다윗이 다스리는 세상보다 더 아름답고 나은 세상을 꿈꾸었던 것이다. 왜냐하면 사람이 다스리는 세상은 아무리 훌륭해도, 더 좋아질 수 있는 가능성(room for improvement)을 지니고 있기 때문이다. 최고가 되는 일에서 가장 큰 걸림돌은 차선(次善)에서 안주하는 것이라는 사실을 생각해보면 선지자들이 왜 항상 최고의 선을 추구했는지 이해가 갈 것이다. 선지자들의 이 같은 최고를 갈망하는 열망은 메시아가 직접 통치하시는 세상이 도래할 때만 충족될 것이다.

둘째, 선지자는 이론이나 철학보다는 현실적인 문제에 민감했다. 물론 선지자들에게 철학과 이론도 중요했다. 이런 것들이 사람의 가치관과 이성을 형성하기 때문이다. 그러나 아무리 훌륭한 이론을 지니고 있다고 할지라도 그것을 실천하지 않으면 별 의미가 없다. 또한 가치관과 논리가 현실에 당면한 문제에 적용되지 않는 것은 더 큰 문제다. 예를 들면 이스라엘은 하나님의 공의와 정의를 추구하는 것을 사회의 지침으로 삼았다. 이런 상황에서 만일 장사꾼들이 폭리를 취하고, 재판하는 사람들이 편파적인 판결을 내놓으면 어떻게 되겠는가? 그래서 선지자들은 장사꾼들이 술에 물을 타거나, 힘없고 연약한 사람들이 억울한 판결을 받으면 하나님의 분노를 쏟아냈던 것이다.

셋째, 선지자들은 큰일보다는 작은 일에 더 민감하고 예민했다. 사회가 부패해 가는 과정에서 제일 먼저 그 증상이 드러나기 시작하는 곳은 어디일까? 어떤 사람들은 리더십에서 제일 먼저 부패 증상이 시작될 것이라고 생각한다. 맞는 말이지만, 리더들은 숫자적으로 소수며, 권력의 오용과 남용은 은밀히 행해지기 일쑤기 때문에 리더십 부패는 사람들의 눈에 잘 띄지 않는다. 오히려 부패한 권력과 리더십(큰일) 자체보다는 이것이 초래하는 증상(작은 일)이 더 쉽게 눈에 띈다. 가령 그 사회에서 가장 연약하고 힘없는 자들이 착취를 당하고 그들의 인권이 유린되는 현상 등이다. 그래서 선지자들은 과부와 고아의 인권이 짓밟힐 때 하나님의 유황불을 퍼부었던 것이다.

넷째, 선지자들은 우상숭배와 형식화된 종교를 배척했다. 선지자들이 우상숭배를 왜 문제 삼았는지에 대해서는 설명이 필요 없을 것이다. 다만 옛날처럼 오늘날에도 우상숭배 문제는 불신자들뿐만 아니라 하나님의 백성에게도 이슈가 된다는 사실을 기억해야 한다. 매주 교회에서 예배를 드리는 그리스도인도 우상을 숭배할 수 있다는 것이다. 생각해 보자. 성경은 우리의 삶에서 하나님이 차지하셔야 할 자리를 차지하는 것이 있다면, 그것이 바로 우상이라고 한다. 예를 들면, 자식에 대한 사랑과 열정이 하나님을 향한 우리의 자세를 앞서면 자식이 우상이 되는 것이다. 또한 그리스도인이 가장 흔히 숭배하는 우상은 '2퍼센트 부족한 하나님'이다. 분명 하나님과 거의 동일하고 비슷하지만, 성경이 계시하는 하나님이 아니라, 자신의 취향에 따라 정의하거나 제한해 버린 하나님을 참하나님으로 예배하는 것이다. 예를 들면, 구약의 여호와는 너무 잔인하기 때문에 신약이 말하는 하나님이 아니다라고 주장하는 사람들이 있다. 이것은 분명 이단이나 할 소리다. 또한 하나님은 사랑의 하나님이기 때문에 자녀들인 우리를 절대 벌하지 않으신다고 주장하기도 한다. 이것 역시 잘못된 주장이다. 겉보기에는 하나님 같지만, 따져보면 '하나님이 아닌 하나님'을 숭배하는 사람들이 교회 안에 너무나도 많다. 선지자들은 이런 하나님을 우상이라고 한다.

선지자들은 노골적인 우상숭배만큼 나쁘지는 않지만, 형식화되어 버린 여호와 종교도 심각한 문제임을 지적한다. 처음에는 열정과 감동으로 종교생활을 하다가 시간이 지나면서 열정과 감동은 사라지고 기계적인 반복만 남는 것을 형식화되어 버린 종교라 한다. 예를 들면, 처음에는 하나님께 예배드리고 예배를 통해 하나님과 교통하는 것이 좋아서 주일이 기다려졌는데, 어느 순간부터 그런 기쁨이 사라지고, 단지 하나님께 예배드릴 시간이 되었기 때문에 교회를 간다. 전에는 선포되는 하나님의 말씀 때문에 예배를 드렸는데, 이제는 더 이상 그런 것은 중요하지 않고 단지 예배에 참석하는 것에서 의미를 찾는 것도 형식화되어 버린 종교의 한 단면이다. 즉, 우리의 신앙생활에서 본질은 사라지고 외형적인 예식만 남는 것을 뜻한다.

시간이 지나면서 왜 이런 일이 벌어지는 것일까? 사람은 본질적으로 익숙해지는 것을 좋아한다. 그래서 처음에 낯선 것을 접하면 불편하고 긴장하게 되는데, 이것도 잠깐, 몇 번 반복하면 익숙해지고, 익숙해지면 편안해진다. 문제는 편안해지면 본질을 놓치기가 쉽다는 사실이다. 그래서 예배에 익숙해지면 마음이 편안해지고, 마음이 편안해지면 왜 예배를 드리는지, 예배를 통해 무엇을 추구해야 하는지 등을 놓치기가 쉽다. 이스라엘 사람들이 그러했다. 세월이 지나면서 왜 하나님께 예배와 제물을 드리며, 갖가지 종교 예식을 통해 무엇을 추구해야 하는지를 알지 못하고 예배드릴 때가 되면 별 생각 없이 드렸던 것이다. 선지자들은 본질을 놓쳐버리고 기계적인 반복만 남은 형식화된 종교를 맹렬하게 비난했다. 하나님에 대한 모독이었기 때문이다.

다섯째, 선지자들은 종교적-사회적 부패와 몰락에 대하여 책임 추궁은 소수에게, 책임은 모두에게 지게 했다. 종교와 사회가 부패하는 것은 그 누구보다도 지도자들의 책임이다. 그래서 선지자들은 종교 지도자들인 제사장들과 거짓 선지자들에 대하여 맹렬한 비난을 퍼부었다. 또한 사회의 부패에 관하여는 장로 등 원로들과 유지들을 비난했다. 문제는 이들의 잘못된 리더십으로 인해 초래된 결과(종교적-사회적 부패와 하나님의 심판)는 사회를 구성하고 있는 모든 사람이 감당해야 할 몫이라는 사실이다. 마치 한 교회의 목사가 죄를 지으면 그 목사 개인의 문제로 끝나는 것이 아니라, 온 공동체가 피해를 입게 되는 것처럼 말이다.

여섯째, 선지자들은 심판과 회복, 절망과 소망 등 '채찍과 당근'을 함께 제시했다. 선지자들은 죄에 대한 하나님의 심판을 숨기려 하거나 미화하려 하지 않았다. 그들이 하나님께 받은 대로 전해 주었다. 또한 회개하고 하나님께 돌아오면 어떤 회복과 축복이 임할 것인가도 분명하게 알려 주었다. 회개에 대한 인센티브를 정확하게 제시한 것이다. 그러나 결국 선택은 백성들의 몫이었다. 백성이 '당근'을 선택할 것을 간절히 바랐지만, 선지자들이 백성을 대신해서 선택해 줄 수는 없었던 것이다. 사역을 하다 보면 이런 부분이 가장 안타까울 것이다. 성도들이 올바른 선택을 하도록 격려하고 최선을 다하지만, 잘못된 선택을 할 때 사역자의 마음은 찢어진다.

일곱째, 선지자들은 외로운 삶을 살았다. 이와 같은 가치관을 추구하는 사람들은 사회에서 환영받지 못한다. 심지어 하나님을 가장 사랑한다고 자부하는 믿음 공동체에서도 따돌림당하기 일쑤다. 선지자의 삶과 사역에 대하여 헤셸(Heschel)은 다음과 같이 말한다. 세상은 이런 사람을 싫어한다.

> 예언자란 본인이 살고 있는 사회에 대하여 '아니다'를 말하고 그 습관과 억지 주장, 자기 만족, 고집스러움, 적당한 혼합주의에 대하여 비난을 퍼붓는 사람이었다. 그는 가끔 자기가 마음 속으로 생각하고 있는 것의 반대를 주장해야만 할 때도 있었다. 그의 근본적인 목적은 인간과 하나

님의 화해였다. 왜 이 둘은 화해를 해야 하는가? 아마도 그 원인은 인간의 잘못된 주인 의식, 자유의 남용, 공격적이고 안하무인 격인 교만, 역사에 하나님이 개입하는 것을 불쾌하게 여기는 마음 탓이리라.

Ⅲ. 선지서

예언자들이 선포한 신탁(神託)들 중에서 엄선하여 하나의 책으로 묶은 것이 선지서다. 이 섹션에서는 선지서들의 성향에 대하여 생각해 보고자 한다. 구체적으로 (1) 계시와 예언, (2) 예언서와 역사서, (3) 구성, (4) 특성, (5) 예언과 신약, (6) 예언의 은유적 이해 등에 대해서 살펴 보고자 한다.

1. 계시와 예언

많은 사람들이 선지자들을 미래를 바라보며 앞으로 될 일을 환상과 이상을 통해 예언한 자들이라 생각한다. 그러나 실제로 이스라엘의 선지자들은 과거를 바라보며 미래에 있을 일을 예언했다. 어떻게 이런 일이 가능한가? 선지자들에게 가장 중요한 권위는 이미 주어진 하나님의 계시(말씀)였기 때문이다. 선지자는 이미 하나님이 주신 말씀(계시)으로 자신들이 살던 시대를 조명하며 해석했다. 음악에 비유하자면 선지자는 이미 작곡가들이 정해준 악보에 따라 오케스트라를 지휘하는 것이었지, 결코 악보를 편집하거나 바꾸지는 않았던 것이다.

선지자들은 하나님이 이미 그들을 앞서간 성경 저자들을 통해 주신 말씀으로 자신들이 살던 시대를 평가하고 공동체의 미래를 예언했다. 엘리사 시대에 있었던 일을 예로 들어 생각해 보자. 북왕국의 수도 사마리아는 시리아 왕 벤하닷에 포위된 상황에서 매우 어려운 시간을 보내고 있었다(왕하 6장). 성안에 비축해 놓았던 비상 식량은 동난 지 오래 되었고, 성으로 들어오는 길목은 시리아 군이 막고 있었으므로 백성들은 굶주렸다. 이런 상황에서 아사 상태에 놓인 두 여인이 자신들의 아이들을 잡아먹기로 합의했다. 먼저 한 여인의 아이를 잡아먹고, 아이의 살코기를 모두 먹을 때까지 시리아 군의 포위가 풀리지 않으면 다른 여인의 아이를 잡아먹기로 했다. 첫 아이를 모두 먹고 난 후에도 포위는 풀리지 않았으며, 두 번째 아이를 잡아먹을 때가 되었을 때 아이의 엄마가 계약 이행을 거부하여 사건이 왕에게 상소되었다.

이튿날, 북왕국의 일간지 "사마리아 일보" 1면에 이 사건이 대서특필로 보도되었다. "한 여인 오리발 내밀다!" 만일 사마리아에 참선지자가 있었다면, 이 글을 읽자마자 단번에 떠오른 하나님의 옛적 말씀이 있었을 것이다. 신명기 28–31장에 기록된 언약적 축복과 저주다. 특히 신명기가 선언하는 저주에 의하면 이스라엘이 불순종하면 하나님이 먼저 기근을 주실 것을 경고한다. 그 다음에는 여러 가지 전염병을 포함한 재앙들이 그들을 괴롭힐 것이다. 그래도 회개하지 않으면 원수 나라들의 손에 넘겨질 것이다. 그래도 주의 백성이 죄의 길에서 돌이키지 않으면, 그들은 자기 자식들의 살코기를 먹게 될 것이다. 그래도 회개하지 않으면 하나님은 마지막 방편으로 주의 백성이 거할 땅에서 내치실 것이다. 이 말씀을 사마리아가 당면하고 있는 현실에 적용해 보면 어떤 결론이 내려지는가? 만일 이스라엘이 회개하고 하나님께 돌아오기를 거부하면 유일하게 남은 것은 타국으로 끌려가는 것뿐이라는 사실이다.

그래서 선지자들은 주의 백성이 회개하지 않으면 아시리아로, 바빌론으로 끌려갈 것을 예언했다. 그러나 선지자들의 예언은 이것으로 끝나지 않았다. 이스라엘이 타국으로 끌려가더라도 진정으로 회개하고 하나님을 찾으면, 하나님은 그들을 용서하시고 다시 약속의 땅 가나안으로 그들을 인도하실 것이라고 예언했다. 선지자들이 확신을 가지고 이렇게 예언할 수 있었던 것 역시 신명기 28-31장을 근거로 한다(cf. 30:1-5). 그렇다면 선지자들은 범죄한 이스라엘이 타국으로 끌려갈 것과 많은 세월이 지난 다음 다시 돌아오게 될 것이라고 예언하는 일에 있어서 오직 이미 주신 하나님의 말씀을 근거로 자신들의 시대를 조명하고 피할 수 없는 결과를 선포한 것뿐이다. 즉, 그들은 과거를 보며 미래를 예언했던 것이다. 물론 종종 미래를 향하면서 앞으로 될 일을 예언하기도 했지만, 이러한 경우는 매우 제한적이며, 선지자들은 대부분 과거를 보면서 미래를 예언했다. 그들은 역사적인 안목을 가지고 하나님의 말씀에 비추어 자신들이 살고 있는 시대를 석의했던 것이다.

2. 예언서와 역사서

기독교는 구약 정경을 오경(창세기-신명기), 역사서(여호수아-에스더), 지혜문헌(욥기-아가서), 선지서(이사야-말라기) 등 네 가지로 분류하지만, 유대인들은 오경, 선지서, 성문서 등 세 가지로 구분한다. 유대인들은 선지서에 기독교인들이 역사서라고 부르는 책들 대부분(여호수아-열왕기하, 룻기는 제외)과 예언서로 분류하는 책들 대부분(이사야-말라기, 다니엘서 제외)을 넣었다. 그들은 이스라엘의 역사를 정리하고 있는 역사서들을 전(前)선지서, 미래에 대한 예언을 담고 있는 예언서들을 후(後)선지서라고 불렀다. 다음 도표를 참고하라.

전(前)선지서	후(後)선지서
1. 여호수아	1. 이사야
2. 사사기	2. 예레미야
3. 사무엘상-하	3. 에스겔
4. 열왕기상-하	4. 소선지서 열두 권

유대인들이 이와 같이 역사서와 예언서를 전선지서와 후선지서로 부르며 하나(viz., "선지서")로 묶은 것은 두 가지 중요한 사실을 전제하는 듯하다. 첫째, 역사는 우연히 일어난 일의 연속이 아니다. 역사는 하나님이 태초에 계획하신(viz., 예언하신) 일이 적절한 때에 따라 하나씩 성취되어 가는 무대에 불과하다. 이런 면에서 역사는 예언적이다. 유대인들에게 역사는 성취된 예언인 것이다.

둘째, 역사서와 예언서를 하나로 묶은 것은 모든 예언은 구체적인 역사적 정황에서 선포되었으며, 예언을 해석하는 일에 역사가 가장 큰 비중을 차지해야 한다는 것을 뜻한다. 오늘날 많은 이단들이 예언을 해석한답시고 역사적 정황을 완전히 무시한 채 단어나 문장의 문자적 의미만을 주장하는데, 유대인들이 역사와 예언을 함께 "선지서"로 묶어놓은 것은 이런 식의 해석은 용납될 수 없다는 것을 강조하기 위해서다.

한 예로 필자는 어렸을 때 이런 경험을 한 적이 있다. 이단으로 알려진 "여호와의 증인"을 열심히 믿던 아주머니가 어느 날 나에게 남한과 북한이 전쟁을 하면 꼭 북한이 승리하게 될 것이라고 했다. 이유는 성경이 그렇게 예언하고 있다는 것이다. 그러면서 예레미야 1장에 기록된 한 환상을 그 증거로 제시했다. 예레미야는 환상을 통해 북쪽에서 남쪽으로 기울어진 솥을 보았다. 이 솥은 팔팔 끓는 물로 가득했는데, 솥이 남쪽으로 기울어져 있기 때문에 뜨거운 물이 남쪽으로 쏟아지는 환상이었다. 이것은 곧 장차 있을 남한과 북한의 전쟁에 관한 예언이라고 했다. 그러면서 그 아주머니는 남북이 전쟁을 했다가 북쪽이 이긴 두 개의 사례를 역사적 증거로 제시했다. 미국의 남북 전쟁에서 북군이 승리한 것과, 월남(남쪽)과 월맹(북쪽)이 전쟁하여 북쪽이 승리한 베트남전을 예로 삼았다.

예레미야에게 이 환상이 주어진 역사적 정황을 고려하면, 이 말씀은 머지않아 바빌론이 유다를 침략할 것을 경고할 뿐 한반도 정세와는 전혀 상관없는 것이다. 유대인들이 예언과 역사를 함께 묶어놓은 것은 결코 이런 식으로 예언을 해석해서는 안 된다는 사실을 강조하기 위해서다. 안타깝게도 오늘날 교회 안팎에서 상당수의 사람들이 이런 식으로 예언을 해석하고 적용한다. 이들은 하나님의 예언자들이 아니라 말씀을 가지고 점을 치는 자들에 불과하다.

3. 구성

하나님이 선지자들에게 소명을 주신 것은 크게 두 가지 일을 수행하도록 하기 위해서였다. 첫째, 미래에 대하여 예언하도록(prediction; foretelling) 하기 위해서다. 선지서를 분석해 보면 예언이 차지하는 비중은 크지 않다. 구약의 선지서 중 예언이 차지하는 분량은 10%에 불과하다(Fee & Stuart). 나머지 90%는 사람들에게 옳고 그름을 지적하는 등 주의 백성이 지향해야 할 삶의 방향과 자세 등에 관한 가르침이다.

선지서에서 10%의 비중을 차지하는 예언들 중 새 언약과 새 언약 공동체(viz., 남은 자 공동체)에 관한 것이 5%를 차지하는데, 이 새 언약과 새 공동체에 대한 예언은 거의 모두 교회를 통해 이미 성취되었으며, 예수님의 재림 때 아직 성취되지 않은 일부가 완전히 성취될 것이다. 나머지 5% 중 새 언약 공동체의 머리가 되시는 메시아에 관한 것이 2%에 달한다. 예수님의 초림을 통하여 이 예언들 역시 대부분 성취되었다. 이제 남은 3% 중 선지자들의 관점에서는 미래에 있을 일이지만, 우리의 관점에서는 이미 성취된 역사적 사실들(viz., 바빌론으로 끌려갔다가 돌아올 것이라는 예언 등)이 2%를 차지한다. 그러므로 이 예언들의 경우 역사서가 가장 중요한 해석적 역할을 한다. 마지막으로 남은 1%만이 아직도 성취되지 않은 미래에 대한 것이며, 이 1%의 대부분은 여호와의 날에 관한 것이다. 선지자들에 의하면 여호와의 날은 양면성을 지닌 날이다. 그날은 주를 사랑하는 자들에게는 위로와 소망의 날이지만, 주께 반역하는 자들에게는 심판과 응징의 날이다. 또한 여호와의 날은 예수님의 초림 때 상징적으로 이 땅에 임한 적이 있다. 그러므로 여호와의 날이 주님의 재림 때 완전히 성취되겠지만, 우리는 이미 이 날이 어떤 날이고 무슨 일이 있을지에 대하여 잘 알고 있다.

선지서의 90%는 삶에 있어서 하나님의 뜻을 제시하는 가르침(forth-telling)으로 구성되어 있다. 죄 많은 이 세상에서 하나님의 백성으로서 어떻게 살아야 하는가를 가르치고 권면하는 것이 선지서의 대부분을 차지한다. 여기에는 선지자들의 사회적 문제들에 대한 다양한 언급도 포함되어 있다. 이것들이 포함된 것은 사회의 질서와 정의가 하나님을 향한 우리의 태도와 반응이기 때문이다. 복음이 없는, 하나님과의 관계가 강조되지 않는 정의의 부르짖음은 의미가 없을 뿐만 아니라 선지자들의 사상에 잘 어울리지 않는다.

우리는 예언서의 99% 이상을 확신을 가지고 해석할 수 있다. 그러므로 예언서는 일부에서 주장하는 것처럼 신비로 가려진 책이 아니다. 또한 예언서의 99%가 성도의 삶에 대한 가르침과 이미 성취된 예언으로 구성되어 있다는 사실은 선지서 해석에서 역사가 얼마나 중요한 것인가를 암시한다. 이스라엘의 역사를 제대로 알면, 선지서의 99%는 큰 어려움 없이 해석할 수 있다. 유대인들도 이 같은 사실을 의식했기 때문에 역사와 예언을 하나로 묶은 것이다. 예언은 역사를 근거로 해석되어야 한다.

4. 특성

선지서는 다음과 같은 성향을 지녔다. (1) 시(詩), (2) 선집(選集, anthology), (3) 반복, (4) 심판-회복 구조다. 이 네 가지를 하나씩 생각해 보자.

(1) 시

선지자는 본질적으로 시인이다. 그들은 하나님께 받은 메시지를 최대한으로 창의력을 발휘해서 주의 백성에게 전했다는 면에서 시인이다. 선지자들은 또한 그 당시 히브리 시에 대하여 깊은 조예가 있던 사람들이며 이 장르를 통하여 자신들의 메시지 대부분을 선포했다는 점에서 시인이다. 실제로 선지서의 80-90%가 시가체로 구성되어 있다. 어떤 작품이든 해석하기 전에 그 작품의 장르를 판단하는 것은 매우 중요하다. 시를 내러티브처럼 해석하거나, 내러티브를 시로 해석하는 것은 올바른 접근법이 아니기 때문이다. 그래서 시와 내러티브는 표기법도 다르다. 시는 표기할 때 줄(line)을 중앙에 두거나(centering), 왼쪽으로 붙이는 반면, 내러티브는 양쪽을 빼곡하게 채운다.

오늘날 우리가 전수받은 선지서가 대부분 시가체로 구성되었다는 사실과 선지자들이 맨 처음 백성들에게 선포한 메시지는 어떤 관계가 있을까? 분명 선지자들이 시를 읊듯이 메시지를 선포하지는 않았을 것이기 때문에 선지서 형성 과정에 대한 이 질문은 매우 중요하다. 오늘날 목사들이 말씀을 선포하듯 선지자들은 하나님께 받은 메시지를 백성들에게 선포하며 필요에 따라서는 부수적인 설명을 추가했을 것이다. 이후 선지자들은 자신들이 선포한 메시지를 시로 요약하여 보존하기에 이르렀고, 세월이 지나서 자신들의 이름으로 책을 남기게 되었을 때 이 시적(詩的) 요약 중 일부를 선별하여 책을 구성한 것이다.

오늘날 선지서에 기록된 내용이 구두로 선포된 메시지의 시적 요약문이라는 것을 어떻게 확신할 수 있는가? 학자들은 선지서를 논할 때 "디스코스"(discourse)라는 용어를 사용한다. 디스코스를 오늘날 용어로 가장 쉽게 설명하자면 "한 편의 설교 요약문"이다. 각 디스코스가 선지자들이 구두로 선포했던 하나의 통일성 있는 메시지의 요약이라는 의미다. 예를 들면 이사야서의 첫 번째 디스코스는 1:2-31이다. 이 첫 번째 디스코스가 선지자들이 선포한 한 편의 메시지라는 것은 텍스트가 지니고 있는 통일성과 흐름에서 역력하게 드러난다. 또한 이 말씀이 요약문이라는 사실은 두 가지를 생각해 보면 확실하게 드러난다.

첫째, 이 디스코스는 한 편의 시(詩)다. 만일 우리가 선지자의 신탁을 목사의 설교에 비유한다면, 어떤 목사가 매주 강단에서 한 편의 시로 설교를 대신하겠는가? 한두 번은 가능하고 심지어 목사의 "팬"(fan)이 생길 수 있을지 몰라도, 자주 반복되면 장로들을 중심으로 결성된 "목회자 청빙 위원회"가 출범할 것이다!

둘째, 분량을 생각해 보면 요약문이라는 것을 쉽게 알 수 있다. 이 디스코스를 읽어 내려가는 데 몇 분이나 걸릴까? 아마도 2-3분이면 될 것이다. 만약 매주 강단에 올라가 2-3분 설교를 하면 성도들은 어떤 반응을 보일까? 특별한 행사가 있을 때에는 이런 일이 가능하겠지만, 이런 일이 반복되면 또다시 "목회자 청빙 위원회"가 출범할 것이다.

그러므로 우리는 디스코스가 한 편의 메시지를 반영하고 있는 요약문이라고 하는 것이다. 시적(詩的) 요약과 보존의 가장 큰 장점은 외우고 기억하기가 쉽다는 점이다. 시는 인간의 감성을 자극하고, 이미지와 상상력을 동원하는 언어이기 때문이다. 그래서 선지자들이 디스코스를 시로 요약한 것은 필기 도구가 흔하지 않고 매우 비싼 상황에서 가장 이상적인 보존 방법이라 할 수 있다.

(2) 선집

선지자들이 평생 사역하면서 선포한 메시지(신탁)들이 모두 그들이 남긴 책에 기록되어 있는가? 예를 들면, 이사야는 40-50년 동안 사역을 한 것이 확실한데, 그가 선지자로 사역하면서 선포한 모든 메시지가 이사야서에 담겨 있는가? 현실적으로 생각할 때 그렇지는 않을 것이다. 생각해 보라. 일반적으로 한국 목사들은 매주 설교를 한다. 대부분의 경우 매주 한 편의 설교가 아니라 여러 편의 설교를 한다. 반면 이사야가 50년을 사역하는 동안 매달 한 편의 메시지만을 선포했다 할지라도, 총 600개가 되는데, 일반적으로 이사야서가 60-80개의 디스코스로 구성되었다는 것이 대부분 학자들의 지론이다. 그렇다면 선지자들이 책을 집필할 때 자신들이 평생 선포한 메시지를 모두 반영한 것이 아니라 일부만을 선별하여 책을 구성했다는 것을 확신할 수 있다. 우리는 이런 유형의 책을 선집이라고 한다. 많은 선지자들이 평생 사역을 했지만, 그들이 남긴 책들은 소수의 디스코스로 구성되었다는 사실을 생각해 보면 대부분의 선지서들은 선집이라 할 수 있다. 예를 들면 호세아는 50년 동안 선지자로 사역했는데(cf. 호 1:1) 남긴 것은 고작 14장으로 구성된 짧은 책이다. 호세아는 자신의 책에 실은 것 외에도 더 많은 신탁을 선포한 것이 확실하다. 평생 선포한 메시지를 모아 자신의 사역을 가장 잘 반영한 책을 남기는 과정에서 그는 극히 일부만을 선별하여 책을 구성한 것이다.

선집은 두 가지 특성을 지녔다. 첫째, 선집은 메시지 전개, 플롯 발전 등에서 매끈한 흐름을 보이지 못할 수도 있다. 선지자는 여러 디스코스를 모아 책을 구성했는데, 각 디스코스를 한 편의 신탁을 반영하고 있는 것으로 이해한다면, 선지자들이 아무리 최종 편집 과정에서 각 디스코스의 연계성을 극대화한다고 해도 선집의 본질상 한 디스코스에서 다음 디스코스로의 연결과 흐름이 그다지 매끄럽지 않을 수 있다. 실제로 선지서를 읽다가 가장 당혹스러운 것은 아무런 예고 없이 혹은 주제의 변화가 필요 없어 보이는 상황에서 갑자기 주제가 바뀌거나 전(前) 섹션과 후(後) 섹션이 플롯 발전에서 어떠한 진전도 보이지 않고 비슷한 말만 반복하고 있을 때다. 선지서들이 이러한 현상을 보이는 것의 상당 부분은 선지자들이 남긴 책이 선집이라는 특성에서 비롯된 것으로 설명할 수 있다.

둘째, 선집에 기록된 메시지들의 순서가 이 메시지들이 선포된 시대적 순서를 따르지 않을 수 있다. 예를 들면, 선지자의 50년 사역을 반영하고 있는 이사야서에서, 이사야가 선지자 사역을 시작한 직후 선포한 메시지가 1장에 등장하고, 66장에 기록된 메시지가 선지자가 가장 최근에 선포한 메시지라고 전제할 필요는 없다. 선집의 특성상 시대적인 순서보다는 선지자가 책을 통해 최종적으로 선포하고자 하는 메시지를 구성하는 일에 있어서 각 디스코스의 역할이 고려되어 순서가 정해졌기 때문이다. 실제로 자신의 책에 기록된 여러 디스코스에 대하여 "나는 이 신탁을 __년 __월 __일에 받았다"라며 하나님께 메시지를 받은 날짜를 표기하고 있는 에스겔의 날짜들을 종합해 보면, 상당수의 신탁이 선지자가 하나님께 받은 시대적 순서와 상관없이 나열되어 있음을 알 수 있다. 오히려 선지자가 책을 정리하기 직전, 곧 가장 최근에 받은 신탁이 책의 제일 앞부분에 오는 경우가 허다하다. 무엇보다도 시사성을 고려해서다. 가장 최근에 받은 메시지가 선지자가 책을 정리할 시대의 화두와 이슈에 관한 것이기 때문에 독자들의 더 많은 관심을 끌기 위해서라도 앞에 두는 것이다. 또한 각 선지서의 앞부분에는 책 전체에서 전개될 테마와 메시지, 해석적인 열쇠 등이 포함되어 있다. 그래서 선지서를 묵상할 때에는 앞부분에 시간을 투자하여 충분히 연구할 필요가 있다.

(3) 반복

선지자가 자신이 선포한 수많은 신탁들 중 일부를 선별하여 모아 놓은 것이 선지서라면, 선지자는 분명 어떤 목적을 두고 디스코스를 모아서 하나의 책으로 묶었을 것이다. 선지서는 분명 편집적인 의도와 목적을 가지고 정리된 디스코스의 조합이라는 것이다. 선지자의 편집 의도는 여러 형태로 책에 반영되어 있으며, 그중 하나가 반복이다. 거의 모든 선지서가 같거나 비슷한 내용을 여러 차례 반복하는 현상이 곳곳에서 포착된다. 그래서 선지서(특히 이사야서나 예레미야서처럼 긴 선지서)를 처음부터 끝까지 본문을 건너뛰지 않고 설교하거나 묵상하는 것은 어려운 일이 될 수 있다.

왜 선지자는 자신의 책에서 같은 내용을 여러 차례 반복하는 것일까? 선지서는 선집이라고 했다. 선지자들이 디스코스를 엄선하여 책을 편집하는 과정에서 반복을 통해 당대의 화두를 반영한 것이다. 그러므로 신탁의 핵심 메시지가 무엇이든 간에 적용 부분에서, 혹은 한 디스코스에서 다음 디스코스로 넘어가는 과정에서 쉬어가라는 뜻에서 같은 내용을 반복한다. 예를 들면 유다 사람들이 바빌론으로 끌려가기 바로 전에 사역했던 선지자들은 어떤 주제로 메시지를 선포하든 간에 메시지 어디엔가 바빌론으로 끌려갈 것이라는 경고를 반영한다. 당대에 가장 중요한 화두이자 이슈가 바로 그것이기 때문이다.

이러한 현상은 옛적에만 있었던 일은 아니다. 2010년 봄 한국 사회를 충격에 빠뜨린 일이 있었다. 북한군이 연평도 근처에서 천안함을 격침시킨 사건이다. 한국 사회는 이 일에 대하여 어떻게 대응해야 하는가에 대하여 갈팡질팡했고, 성도들은 이 사건을 통해 하나님이 무엇을 말씀하시고자 하는가에 귀를 기울이려고 노력했다. 그해가 다 갈 때까지 지속적으로 목회자들은 어떤 주제와 본문으로 설교하든 간에 천안함 사건에 대해 직접적으로 혹은 간접적으로 언급했다. 당연한 일이다. 그해 우리 사회의 화두이자 이슈가 천안함 사건이었기 때문이다. 선지자들도 마찬가지로 어떤 주제로 신탁을 선포하든 간에 당시 사회의 이슈를 반복적으로 언급했던 것이다.

그렇다면 많은 반복을 내포하고 있는 선지서를 어떻게 묵상하고 설교하는 것이 좋을까? 필자는 두 가지를 제안하고자 한다. 첫째, 긴(長) 선지서는 한꺼번에 처음부터 끝까지 묵상하거나 설교하지 말고 섹션으로 나누어 설교하고 묵상하라. 예를 들면, 이사야서 1-66장을 한꺼번에 몇 년(달)에 거쳐서 설교하고 묵상하는 것보다, 1-12장, 13-23장, 24-33장 등으로 나누어 한 섹션을 설교한 다음에 다른 책으로 갔다가 시간이 한참 지난 후에 다시 돌아와 다음 섹션을 묵상하고 다시 떠났다가 돌아오는 것이다. 이렇게 하면 반복의 무료함을 극복할 수 있다. 둘째, 만일 몇 달(몇 년)이 걸리든 간에 1-66장을 한꺼번에 설교하고 싶다면 중간에 중복되는 부분은 과감하고 뛰어넘는 것이 바람직하다. 경우에 따라서는 몇 장을 간략하게 요약하고 흐름을 잡아준 후, 다음 섹션으로 뛰어넘는 것도 바람직하다.

(4) 심판-회복 구조

선지서 대부분은 매우 비관적이고 심판과 비난으로 가득한 메시지로 책을 시작한다. 회복과 위로의 메시지는 거의 찾아볼 수 없다. 그러나 책이 전개됨에 따라 점차로 심판이 차지하는 비중은 줄어들고 대신 위로와 소망의 메시지가 더 큰 비중을 차지한다. 그래프로 표현하자면 다음과 같다.

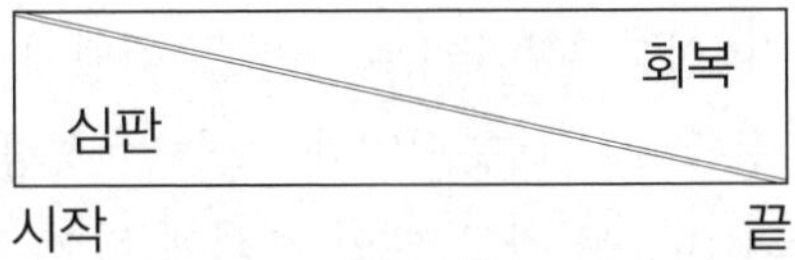

선지자들은 주의 백성의 범죄에 대하여 매우 강렬한 비난으로 책을 시작한 후 점차로 심판 수위를 낮추고 대신 위로와 회복 수위를 높여 가다가 끝에 가서는 거의 모든 공간을 위로와 회복의 메시지로 채운다. 그들이 이런 방법으로 책을 전개해 나가는 것은 자신들의 메시지에 독자들의 관심을 집중시키기 위해서다. 선지서는 율법을 지키려고 노력하며 나름 신앙생활을 한다는 사람들을 대상으로 한 책이다. 이런 사람들에게 "당신들이 지금도 잘 하고 있지만, 이런 점들을 보완하면 하나님이 더 기뻐하실 것입니다"라는 메시지는 그다지 큰 힘을 발휘하지 못할 것이다. 반면에 자신들은 다른 사람들에 비해 신앙생활을 잘 하고 있다고 자부하는 사람들에게 "그 따위를 신앙생활이라고 하는가? 차라리 집어 치워라!"는 메시지는 엄청난 충격과 힘을 발휘할 것이다. 선지자들이 이와 같은 방식으로 책을 전개해 나가는 것은 사람들의 관심을 하나님의 말씀에 집중시키기 위해서다.

5. 예언과 신약

보수적인 그리스도인들이 생각하고 이해하는 형태의 메시아 예언이 구약에 있는가? 전통적으로 기독교에서는 예수 그리스도를 통하여 구약에 나오는 모든 메시아에 대한 예언이 성취되었다고 믿어 왔다. 이런 정황에서 "구약-신약"의 관계는 "예언-성취"로 간주되어 왔다. 신약 저자들은 예수님에 대한 자신들의 해석과 신학적인 입장을 구약의 예언에 근거하여 정리해 나갔다는 의미다. 그러나 최근에 와서 많은 학자들이 이러한 신약 저자들의 관점을 배척하고 있으며 어떤 학자들은 구약에는 메시아에 대한 예언이 전혀 혹은 거의 없다고 주장한다.

이 같은 논란은 '예언'과 '성취'라는 개념을 어떻게 정의하며 이해해야 하는가에 대한 논쟁에서 비롯되었다. 오늘날 성경해석학에서 가장 문제가 되는 구약의 이슈는 바로 예언 해석에 관한 것이다. 비평적인 입장의 학자들은 초자연적인 현상(예, 기적 등)이란 없다고 전제하기 때문에 예언(앞을 내다보며 미래에 성취되기를 기다리는 것)은 없다고 생각한다. 반면에 보수적인 입장을 취하는 사람들은 예언은 하나님이 구약의 선지자들뿐만 아니라, 오늘날에도 일부 성도들에게 주시는 은사라고 생각한다.

구약에서 선지자들이 선포한 메시아에 대한 예언과 예수 그리스도와 교회의 관계에 대하여 어떻게 이해할 것인가? 역사적으로 많은 사람들이 다양한 견해를 쏟아냈다. 학계는 다음과 같은 단계를 거쳐 오늘날에 이르렀다. 흐름을 간략하게 살펴보자.

구약의 메시아에 대한 예언이 예수 그리스도를 통해 모두 성취되었다는 전통적인 견해에 제일 먼저 문제를 제기한 사람은 콜린스(Anthony Collins)였다. 그는 1724년에 출판된 저서 *Discourse of the Grounds and Reasons for the Christian Religion*과 1727년에 출판된 후편 *The Scheme of Literal Prophecy Considered*에서 신약 저자들이 예수님께 적용한 구약의 여러 메시아 예언들은 저자의 의도를 무시하고 무리하게 사용된 것이라고 주장했다. 그는 신약 저자들이 역사적, 문법적 배경을 무시하고 자신들의 신학을 투입했다고 비난했다. 콜린스는 구약의 예언을 해석할 때 예언이 선포된 역사적인 정황을 고려한 문자적인 해석만이 정당한 해석이자 적용이라는 주장을 펼쳤다. 그의 관점에서 신약 저자들의 구약 적용을 보면 상당히 무리가 있다. 예를 들면 호세아 선지자가 "내가[여호와] 내 아들[이스라엘]을 이집트에서 불러냈다"(11:1, 새번역)고 할 때에는 출애굽 사건을 회상하는 것이지 마태가 주장하는 것처럼 메시아를 이집트로 보냈다가 불러냈다는 뜻이 아니다(2:15). 이것은 분명 마태가 구약의 예언을 잘못 적용한 사례라는 것이다.

콜린스 이후 그와 견해를 달리하는 학자들이 구약에 나오는 예언의 성격에 대하여 다양한 모델을 제시했다. 셜록(Thomas Sherlock)은 1732년에 출판된 *The Use and Intent of Prophecy*에서 예언을 이중적 의미로 해석할 것을 제안한다. 셜록은 콜린스가 주장한 역사적—문법적 정황에서 문자적으로 해석하는 것의 중요성을 인정했다. 그러나 구약 예언들은 문자적 성취보다 더 완전하게 실현될 수 있으며, 설령 구약의 텍스트가 원래는 메시아적 예언을 내포하고 있지 않다 할지라도, 훗날 메시아적 해석과 적용이 이 텍스트에 더해질 수 있다고 주장했다. 셜록의 주장은 매우 많은 인기를 누렸으며, 오늘날에도 광범위한 지지를 받고 있다.

18세기 중반과 후반에 헤르더(J. G. Herder)와 아이호른(J. G. Eichhorn)은 셜록의 주장에 대하여 정면으로 반박했다. 그들은 구약의 모든 예언은 오직 한 가지 의미만 가지고 있기에 한 가지로만 해석되어야 한다고 주장했다. 그들은 신약 저자들이 구약의 예언이 장차 오실 메시아에 대하여 증언하고 있다는 생각은 그들의 교리적인 입장에서 성경에 투입(impose) 혹은 투영(project)한 것에 불과하다고 주장했다. 예언은 예언을 선포한 선지자가 살던 시대에 연관하여 한 가지 의미를 지녔다고 했다. 그러므로 아이호른은 1793년에 "지난 30년이 구약에서 메시아를 백지화시켰다"라고 자신 있게 말했다. 아이호른은 예언의 역할에서 "미래에 있을 일"을 강조하는 것 대신 미래에 대한 선지자들의 '소망'을 강조했다. 아이호른의 주장은 구약 본문에서 선지자로 그 초점을 돌리는 결과를 초래했으며, 예언은 미래에 대한 각 선지자들의 희망사항(wishful thinking)으로 평가절하되었다.

폰헹스텐베르그(E. W. von Hengstenberg)는 1829–1835년 사이에 3권으로 출판되었다가, 1854–1858년 사이에 4권으로 개정되어 출판된 저서 *Christology of the Old Testament and a Commentary on the Messianic Predictions*을 통해 구약 예언의 신약적 해석을 주장했다. 그는 먼저 구약의 모든 메시아에 관한 예언을 시대별로 구분하여 나열했다. 이어 폰헹스텐베르그는 이 예언들의 의미를 신약과 연결하여 해석했다. 신약과 연관하여 해석하기 어려운 예언들에서는 신약 저자들의 해석을 그대로 도입했다.

에발드(H. G. A. Eward)는 1883–1886 사이에 8권으로 번역된 *The History of Israel*을 통해 예언의 신학적 의미(Theological Meaning)를 주장했다. 그에 의하면, 신약에서는 예수 그리스도를 신학적인 관점에서 구약 역사의 종말로 보았다. 그러므로 구약 예언에 숨겨져 있는 메시아적인 요소들이 신약이 구약을 석의하는 관점을 성립하는 데 기여했던 것이다. 에발드는 이런 차원에서 신약의 교회는 구약의 이스라엘의 완성(consummation)이라고 주장했다.

구약 주석으로 유명한 델리츠(Franz Delitzsch)는 1891년 저서 *Messianic Prophecies in Historical Succession*에서 예언의 발달적 의미(Developmental Meaning)를 제시했다. 그는 구약의 예언 해석은 두 가지 조건을 갖추어야 한다고 주장했다. 먼저 예언은 그 예언을 선포한 선지자의 사역 시대와 역사적 정황에서 해석되고 적용되어야 한다. 이 과정에서 중요한 것은 예언의 단 하나의 성취만 허락되어야 한다는 점이다. 성취는 모형적(typological) 혹은 영적(spiritual) 적용이 가능하지만 둘 중 하나만 허락되어야 한다고 주장했다. 더 나아가 예언은 본질적으로 발달적인 것이다. 그러므로 구약의 메시아 예언들이 모두 예수 그리스도의 초림을 통해 완전하게 성취될 필요는 없다. 다만 이 예언들의 의미가 신약에 와서 더(more) 완전해졌을 뿐이다. 구약의 메시아 예언은 앞으로도 더 완전하게 성취될 날이 올 것이다. 예수님의 재림 때다.

키르패트릭(A. F. Kirpatrick)은 1897년에 자신의 책 *The Doctrine of the Prophets*을 통해 예언의 목표적 의미(Goal meaning)를 강조했다. 그는 그리스도가 구약 예언의 목표/목적이라고 주장했다. 그러나 이 목적은 윤리적-도덕적인 것이다. 그리스도는 구약에 나오는 자신에 대한 예언을 완전하게 성취하지는 않았다. 다만 그가 예언의 목적을 달성한 것은 그를 통하여 구약의 여러 예언이 성취됐기 때문이다.

6. 예언의 은유적 이해

최근에 성경의 문학성이 강조되면서 성경 해석에서 성경의 언어들이 은유(metaphor)적으로 많이 연구되고 있다. 이 과정에서 구약의 예언을 은유법으로 표현, 이해하는 학자들이 날이 갈수록 늘어나고 있다. 구약 예언을 은유적으로 설명하는 것은 이해가 쉬울 뿐만 아니라, 예언의 다양성을 강조한다는 장점을 갖고 있다. 다음 은유들을 생각해 보

자. 어떤 이들은 본인은 시인하지 않지만, 예언을 해석하는 관점이 마치 하나의 은유법을 이용하는 것과 같아 본의 아니게 다음 그룹 중 하나에 속하는 이도 있다.

첫째, 예언은 하나의 던져진 돌이다. 이 관점은 예언을 하나의 예측(forecasting)으로 본다. 선지자는 미래에 있을 일에 대한 대본(scenario)을 저작했다. 예언의 성취 여부는 시간이 흐름에 따라 이 대본대로 일이 진행되는지 안 되는지를 관찰하면 된다. 선지자는 돌(예언)을 던지는 자, 돌이 공중에 날면서 그리는 곡선은 시간, 돌이 부딪치는 벽이나 착륙하는 곳은 예언의 성취가 된다. 이 은유에 의하면 우리의 말은 우리의 입을 떠나는 순간 하나의 던져진 돌과 같다. 우리는 그 돌을 던진 자들이다. 우리의 말은 계속 시간의 흐름(공간) 속에 움직인다. 우리의 말은 착륙하는 곳/부딪치는 곳에 영향을 미친다.

이것은 가장 간단하고 단순한 모델이다. 예언들 중 한 번 성취되는 것들을 설명하는 데 매우 보편화되어 있다. 비평학자들 사이에서도 생각 외로 보편화되어 있다. 다만 차이점이라면 보수적인 학자들은 돌멩이가 잘 조준되어서 표적을 정확히 맞춘다고 생각하지만, 비평학자 대다수는 이 돌이 짧은 거리에 가서 떨어졌기(성취되었기) 때문에, 신약까지 멀리 오지는 않았다고 주장한다.

둘째, 예언은 환상이다. 예언(prophecy)은 미래를 보는 것(foreseeing)과 비슷한 말이다. 선지자들의 환상과 통찰력의 중요성을 강조한다(왕상 22:17; 사 30:10; 렘 1:11-3; 4:22-26; 겔 40:4; 암 7:1, 4, 7; 8:1). 하나님이 선지자들에게 앞으로 일어날 일에 대하여 환상으로 보여 주신 것이 예언이다. 선지자들은 이 환상을 먼발치에서 보았다. 또한 실물 대신 그림자를 보았을 뿐이다(골 2:17; 히 10:1). 선지자들의 세계에서는 3차원(3D)이 2차원(2D)으로 보인다. 그러므로 선지자들의 예언은 완전하지 못하다. 먼발치에서 바라보는 첩첩산중을 생각해 보라. 멀리서 바라보면 산이 붙어 있는 것 같다. 그러나 직접 가보면 계곡도 있고 산봉우리

사이에 상당한 거리가 있을 수 있다.

이 은유는 여호와의 날과 같은 유형의 예언을 설명하는 데 적합하다. 구약은 여호와의 날에 이스라엘은 회복되고, 열방은 심판을 받을 것이라고 한다. 선지자들이 여호와의 날에 대하여 예언할 때 그들은 심판과 위로가 같은 날에 임할 것으로 말한다. 그러나 신약은 이날에 대하여 두 가지로 분류한다. 초청/설득의 날이 있는가 하면 심판의 날이 있다. 이 비유에 따르면 선지자들은 하나님의 심판의 날과 회복의 날이 같은 날에 임하는 것으로 보았다. 그들은 여호와의 날에서 하나의 산봉우리를 본 것이다. 그러나 실제로 교회는 예수님의 초림(회복)과 재림(심판)이란 두 개의 '산봉우리' 사이에 놓여 있다. 세월이 지나 예언의 성취에 가까이 와 보니 먼 곳에서 보았을 때에는 하나로 보이던 것이 둘로 보이게 된 것이다. 마치 하늘의 별을 보면 모두 다 비슷한 거리에 있는 것 같이 보이지만, 실제로 이 별들 사이에 몇 백 광년의 거리가 있듯이 선지자들이 본 미래와 실체의 차이가 이러하다. 이 비유는 예언에 유동성을 부여하는 장점을 지녔다.

셋째, 예언은 암호다. 이 은유에 의하면 예언을 해석하려면 암호를 풀 수 있는 열쇠를 찾아야 한다. 어떤 예언은 처음부터 숨겨지거나 봉인됐다. 선지자들은 일부러 이런 기술을 사용하였으며 얼마나 잘 숨겼는지 몇 백 년 동안의 연구가 지난 후인 지금도 아주 잘 숨겨져 있다는 것이다. 그러므로 그 예언을 밝게 비출 수 있는 불빛이 필요하다. 그러므로 예언을 해석하는 사람은 모든 상징적 언어의 열쇠를 찾아야 한다. 마치 광을 열기 위하여 반드시 열쇠가 필요한 것처럼 말이다.

이 열쇠를 찾는 것이 해석자가 할 일이다. 그러나 열쇠는 절대 쉽게 보이지 않는다. 신약의 저자들은 자신 있게 구약의 예언을 해석한다. 예수 안에서 이 열쇠를 발견했다고 생각하기 때문이다(cf. 마태의 호세아 11:1 사용[Barton]). 이 관점은 하나님의 말씀을 시사성에 맞추어서 해석할 수 있다는 장점을 지녔다. 구약의 모든 예언이 이 비유를 통해 오늘날에도 적절하게 적용될 수 있다.

넷째, 예언은 하나의 흐르는 물줄기다. 돌멩이는 하나다. 한 방향만 볼 수 있을 뿐 아니라 딱 하나의 성취가 있을 뿐이다. 반면에 물줄기 은유는 진행되고 있는 예언의 전통에 강조점을 두며, 시작과 끝, 그리고 그 과정을 전혀 무시하지 않는다. 성경에 나오는 예언들은 오랜 세월을 거치는 동안 주어진 수없이 많은 예언 중 일부일 뿐이다. 구약을 살펴보면 우리는 아주 위대한 역사적인 흐름 속에 있다는 것을 알 수 있다. 그 강물은 약속에서 성취를 따라 흐르고 있다. 어떤 곳에서는 많은 양의 물이 빠르게 흐르는 강을 이루기도 하고 어떤 곳에서는 호수와 같이 잔잔함을 보이기도 한다. 그러나 이 강은 분명히 시야에 들어오지 않는 저 머나먼 곳에 있는 성취를 향해 흘러가고 있다(Zimmerli).

가나안 정복의 이야기와 사사기가 전개되는 것을 보며 그 밑에 메시아적인 소망이 숨겨져 흐른다는 것을 상상할 수 있다. 왕권시대가 끝나고 포로시대가 시작되는 예레미야서와 에스겔서를 관찰해 보면 이 물줄기가 이제는 지상으로 솟아오르며 성취를 향하여 빠른 속도로 흘러가고 있음을 보게 된다(Becker). 성취를 한순간으로나 여러 개의 변화(movements of fulfillment)로 말하는 것보다 하나의 발전(progress)으로 표현하는 것이 더 좋다. 성취는 여러 단계가 있으며 각 단계는 구속의 발전(progress of redemption)에 연관되어 있다. "지속성에 있어서 성취는 흐르는 강과 같다. 때로는 급히 흐르고, 때로는 거의 흐르는 것 같지 않은 그런 강이다"(vanGemeren). 이 비유는 예언을 상당히 융통성 있게 보는 장점을 지녔다.

다섯째, 예언은 한 그루의 나무다. 하나님의 백성의 이야기는 성경에서 포도나무, 혹은 보통 나무로 비유된다(시 80:8-16; 사 5:1-7; 롬 11:16-24). 선지자는 이 나무의 일생을 설명/묘사하며 때로는 주해를 해가며 계속 관심 있게 이 나무를 바라보는 자다. 메시아적 예언을 구약에서 찾는다는 것은 마치 이 나무의 뿌리를 찾는 것과 같다. 뿌리가 자라고 순을 내보내는 시대가 다름에 따라 그 순의 모습이 다를 수 있으나 근본적으로 이 나무의 뿌리는 다 하나로 연결되어 있다.

시편에 전개되는 메시아에 대한 예언들을 서로 연결성 없는 산발성을 지닌 것으로 간주해서는 안 된다. 이 모든 예언은 한 뿌리와 줄기에서 자라나는 여러 개의 순과 가지로 이해되어야 한다. 그 줄기는 바로 '메시아적 약속–역사'다(Walter Kaiser). 예언의 '연결성'과 '통일성'에 공정하기를 원하면서 동시에 이 예언들의 역사적, 문화적 위치도 긍정하려고 노력하는 것이다. 여러 예언들이 역사 안에서 부분적으로 계속 성취되지만 전체적으로 미래에 올 메시아 시대에 있을 완전한 성취를 향해 간다. 이 주장은 예언이 주어진 역사적 배경을 감안하는 것이 장점이다. 또한 구약의 모든 예언을 하나의 통일성 있는 연결로 보는 점이 매력적이다.

여섯째, 예언은 한 마리의 새다. 예언은 한 번 문서화되거나 선포되면 새와 같다. 그 예언은 저자의 의도와 상관없는 독립된 삶을 시작한다. 새처럼 예언은 주위의 환경 변화에 예민하다. 모든 환경이 변하지 않으면 새가 둥지에 오래 앉아 있듯이 예언도 그러한 성격을 띤다.

예언의 성취는 역사적, 문화적 여건들에 의하여 좌우된다. 환경이 변하면 새가 날아 다른 둥지를 찾듯이 예언도 변한다. 열왕기의 여러 왕들과 메시아 사상의 관계가 좋은 예로 지적된다. 메시아 예언은 한 마리의 새가 되어 왕이 변질되거나 죽을 때까지 그에게 머문다. 그러다가 왕에게서 비(非) 메시아적인 요소가 보이면 순식간에 날아가 버린다. 매우 융통성 있는 모델이며 예언의 역사적인 적용을 쉽게 만든다.

일곱째, 예언은 음악 악보다. 음악가는 역사의 흐름 속에서 전수받은 악보를 조심성 있게 읽는다. 그는 먼저 악보에 대한 전통적인 해석과 이해에 익숙해지려고 노력한다. 그 다음 창의력을 사용하여 새로운 해석을 추구한다. 이와 같이 성경 저자들은 자신들에게 전수된 정경 말씀을 읽을 때 전통적인 해석에 스스로를 연결하는 동시에 창의력을 사용하여 새로운 해석을 해나간다는 것이다. "위대한 연주는 텍스트나 전통에 묶일 수 없다. 창조적인 재능이 허락되어야 한다. 학문적 연구의 결과에 의하여 전통에 도전을 하든지, 전통을 새로운 문화적 배경에서 해석해야 한다"(Francis Young).

수많은 연주가들과 지휘자들이 같은 악보를 보고 각자 다르게 해석하듯이 성경의 예언 또한 "이것이 바로 그 유일한 의미다"라고 주장할 수 없다는 것이다. 마태가 바로 이런 연주자의 모습을 띤다. "신약에서 모형(type)으로 사용하고 있는 구약은 결코 단순한 반복이 아니다. 본래 없었던 의미를 첨부하거나 어떤 것들은 더 강력하게 보강한다"(E. E. Ellis). 선지자들은 이미 주어진 악보(말씀)를 가지고 다르게 해석하고 연주하는 음악가와 같다. 개개인의 배경과 환경, 시간의 도장이 찍히면서도 동시에 같은 주제를 노래하는 통일성을 유지한다(Jenson). 예언자들에 대한 이 같은 이해는 그들에게 많은 자유를 주며 그들의 창의력과 독립성을 인정하는 장점이 있다.

> 넓게 말해서, 성경 본문의 언어는 예언자적이다. 다시 말해서 성경 본문의 언어는 우리들의 매일 매일의 인습들을 넘어서서 존재하는 실체들, 즉 우리가 모든 것을 당연시 여기며 살아가고 있는 이 세계를 초월하여 존재하는 실체들을 예기케 하며 그러한 실체를 불러낸다. 이러한 의미에서 우리는 성경 본문의 언어가 예언적이라고 부르는 것이다. … 시인/예언자는 정착되고 안주된 실체를 산산조각 내는 목소리며, 귀담아 경청하는 회중들 속에 새로운 가능성을 자극하여 불러내는 소리이기도 하다. 설교란 이러한 위험천만한 언어 습관, 그러나 반드시 필수적이어야만 하는 언어 습관을 계속하는 행위다. 본문에 대한 시적(詩的) 연설, 설교의 시적 선포는 사람들이 모든 것을 당연시 하는 이 세계를 넘어서는 새로운 세계를 예언자적으로 구성하는 것이다(Brueggemann).

7. 예배

우리 가운데는 아직도 선지자들에 대한 여러 가지 오해가 존재한다. 이 오해들 중 하나는 선지자들이 제사(예배)에 대하여 어떻게 생각했느냐와 관련된 것이다. 선지자들이 주로 윤리와 사회정의에 메시지의 초점을 맞춘 것을 근거로 그들은 다만 무너진 정의와 공평이 회복되는 사회를 꿈꾸었을 뿐, 예배에는 별 관심이 없었던 사람들로 취급된다. 선지자들이 예배와 예식에는 별 관심이 없었으며, 제사를 중심으로 형성되었던 이스라엘 종교의 본질을 도덕과 윤리를 중심으로 대체 내지는 개혁해 나갔던 반(反)예식주의자들(anti-ritualist)이었다는 견해는 선지서에 대한 제한된 이해에서 비롯된 오해다. 그들이 문제삼았던 것은 변태적 종교 행위와 본질과 목적을 상실해버린 예배였지, 온전한 예배까지 배척했던 것은 아니었다.

선지자들은 진정한 예배를 통하여 여호와와 백성들이 교통할 수 있고, 주의 백성들이 형제애를 즐길 수 있다고 생각했기 때문에 미래에 도래할 하나님의 나라는 예배의 회복을 바탕으로 세워질 것을 확신하고 예언했다. 심지어 그들이 외쳤던 타락한 사회의 공의와 정의의 회복도 예배가 회복될 때 가능하다고 생각했다. 그러므로 선지자들에게는 참예배야 말로 그들이 꿈꾸는 모든 회복의 결정체였다.

선지자들은 이스라엘이 여호와께 드렸던 제사에 대하여 많은 논평과 평가를 남겼다. 어떤 것은 긍정적이기도 하지만, 대체로 부정적이고 비판적이다(cf. 사 1:10-15; 66:1-3; 호 6:6; 암 5:21-23). 이스라엘의 예배가 결코 하나님을 만족하게 할 수 없었던 형태로 변질되었기 때문이다. 특히 이사야와 아모스는 그 누구보다도 강한 문제의식을 가지고 이스라엘이 드렸던 예배를 논했던 사람들이다.

이사야서에서 백성들이 드리는 예배와 제물에 대한 하나님의 거부감이 가장 강력하게 표현된 곳은 1:10-15이다. 선지자는 자신들은 율법의 요구에 따라 적절한 예배와 제물을 제때 드리고 있다는 백성들의 안일한 생각에 핵폭탄을 던졌다. 나름대로 여호와의 율법을 잘 준수하며 살아가고 있다고 자부하던 이스라엘 사람들이 남녀노소, 빈부귀천을 막론하고 하나같이 "율법의 '율'자도 모른다"는 것이었다(1:10). "너희 소돔의 관원들아 여호와의 말씀(히. 다바르)을 들을지어다 너희 고모라의 백성아 우리 하나님의 법(히. 토라)에 귀를 기울일지어다." 이어지는 말씀(11-15절)을 통해 이사야는 하나님이 이스라엘의 예배와 신앙생활을 총체적으로 거부하셨다는 사실을 세 가지로 예를 들어 설명한다.

첫째, 하나님은 그들이 가져온 온갖 제물들을 거부하셨다. 구약에서 이 구절들같이 각종 다양한 제물들에 대한 언급으로 가득 찬 곳도 없다. 다음 문구들을 생각해 보라. 무수한 제물(11절), 숫양의 번제(11절), 살진 짐승의 기름(11절), 수송아지의 피(11절), 어린 양의 피(11절), 숫염소의 피(11절), 제물(13절), 분향(13절). 하나님은 이 모든 것을 거부하셨다. 오늘날의 용어로 하면 여러 가지 헌금과 헌물을 의미한다. 비록 성전에서 일하는 제사장들과 레위 사람들은 하나님을 대신해서 백성들의 제물을 받았을지 몰라도 하나님은 이들의 제물을 전혀 받지 않으셨다는 것이다. 하나님을 즐겁고 기쁘게 해야 할 선물들이 오히려 그분에게 큰 짐이 되었기 때문이다.

둘째, 하나님은 이스라엘의 모든 형태의 종교적 모임을 거부하셨다. 다음 문구들을 생각해 보라. 내 앞에 보이러 오는 것(12절), 월삭(13, 14절), 안식일(13절), 대회로 모이는 것(13절), 성회(13절), 정한 절기(14절). 이스라엘 사람들이 생각할 수 있는 모든 종교적 모임들을 나열하고 있다. 오늘날의 교회생활에서 본다면 각종 예배, 부흥회, 사경회 등이 될 것이다. 하나님은 이처럼 이스라엘이 그분의 이름으로 그분을 위하여 가졌던 모임에 대하여 염증을 느끼고 계셨던 것이다.

셋째, 하나님은 이들이 예배를 통해 드리는 모든 기도에 귀기울이기를 거부하셨다. 기도가 모든 종교의 가장 순수한 행위라는 점을 감안하면 이 일은 이스라엘 사람들에게 가장 큰 충격으로 다가왔을 것이다. 다음 문구들을 생각해 보라. '팔을 벌리고 기도하는 것'(15절), '많은 기도를 하는 것'(15절). 오늘날의 신앙생활에 비교한다면 '각종 기도 모임'과 '묵상생활'(QT) 등이 된다. 선지자 이사야는 이처럼 이스라엘의 예배를 전적으로 비판적인 시각에서 바라보는 듯하다.

이사야가 이스라엘이 성전에서 드리는 예배에 대하여 불편한 심기를 토로했다면, 아모스는 아예 백성들이 성지(聖地)로 예배 드리러 가는 것 자체를 막았다. 그 당시 이스라엘 백성들이 여호와께 예배 드리기 위하여 끊임없이 찾았던 벧엘, 길갈, 브엘세바에 대하여 다음과 같이 선언했다(5:5). "벧엘을 찾지 말며 길갈로 들어가지 말며 브엘세바로도 나아가지 말라." 아울러 선지자는 이미 비아냥거리는 투로 이 성지들에서 드려지는 예배와 제물들이 모든 의미를 상실했을 뿐만 아니라 오히려 하나님 앞에 죄를 범하는 행위라고 경고했다(4:4-5). "너희는 벧엘에 가서 범죄하며 길갈에 가서 죄를 더하며 아침마다 너희 희생을, 삼일마다 너희 십일조를 드리며 누룩 넣은 것을 불살라 수은제로 드리며 낙헌제를 소리내어 광포하려무나"(새번역).

학자들은 이 아모스 텍스트를 구약에서 제사와 예배에 대한 가장 강력한 비난으로 간주한다. 여호와를 기념하고 찬양하기 위하여 드리는 예배라도 얼마나 잘못될 수 있는가를 지적해 주는 말씀이기도 하다. 어떻게 생각하면 선지자의 발언은 마치 신성모독(blasphemy)처럼 들린다. 현대적인 감각을 더한다면, "교회에 가서 죄 짓고, 기도원에 가서 반역하라! 새벽기도 때마다 헌금 드리고, 예배 때마다 십일조를 드려 보아라. 또, 드리는 감사 헌금에 대하여 남들에게 떠벌려라. 하나님이 잘 해주실 것이다!"

이 본문이 이스라엘의 역사와 선지자들의 가르침에 어떤 영향을 미쳤는가는 폴(Shalom Paul)에 의하여 적절하게 설명된다. "토라의 문헌과 고전적 예언자들 이전의 예언자들의 글들 속에 표현된 옛 전승들, 다시 말해서 한 국가의 궁극적 운명을 결정짓는 근본적 범죄는 우상숭배의 죄라고 강조한 옛 전승들과는 달리 고전적 예언자들의 등장과 함께 한 국가의 운명을 결정짓는 새로운 기준이 나타나게 되었다. 새로운 기준이란 '도덕적 청렴'(moral rectitude)이었다. 이스라엘의 장래와 운명은 본질적으로 그들의 근본적인 도덕적 자세에 의해 결정되었다. 부도덕과 비윤리적 행위들은 궁극적으로 한 국가를 파멸로 인도할 것이다."

이스라엘의 예배에 대한 선지자들의 문제 제기는 결코 일찍 사역한 선지자들에만 국한되어 있는 것은 아니었다. 주전 400년대에 예루살렘에서 사역했던 말라기 역시 선배 선지자 아모스와 같은 심정으로 아모스만큼 강도 높게 비난한다. "그런 식으로 예배를 드리려면 차라리 성전 문을 닫아버려라!"(1:10) 선지자들은 이스라엘의 예배에 대하여 끊임없이 문제의식을 가졌고 자신들의 우려를 지속적으로 표현했다. 그렇다면 선지자들은 이스라엘 종교의 중심이었던 제사와 예식을 도덕과 정의의 실행으로 대체했단 말인가? 즉, 이들이 이스라엘 종교에 새로운 패러다임을 지시한 것으로 간주해야 하는가? 이렇게 속단하기 전에 선지자들의 메시지를 다른 각도에서 살펴볼 필요가 있다.

선지자들이 이스라엘이 하나님께 드리는 제사에 대하여 강력한 불만과 비난을 표시했다 해서 예배의 중요성을 인정하지 않은 것은 아니었다. 오히려 그들은 순수하고 진정한 예배의 중요성을 인정하고 갈망했다. 선지자들의 이러한 예배에 대한 이해가 그들의 글을 통해 다양하게 전개되고 있지만, 무엇보다도 미래에 회복될 공동체의 모습에 대한 그들의 예언에서 역력하게 드러난다.

이사야는 자신의 책을 통해 이스라엘과 인류의 미래에 대한 여호와의 거대한 비전(grand vision)을 전개해 나가고 있다(2:1–4; 11:1–9; 12:1–19:25 등). 이 비전은 이스라엘의 회복뿐만 아니라 온 인류가 여호와를 예배하는 것을 전제한다. "그 날에 애굽 땅 중앙에는 여호와를 위하여 제단이 있겠고… 그들[이집트인들]이 압박하는 자들로 말미암아 여호와께 부르짖겠고 여호와께서는 그들에게 한 구원자이자 보호자를 보내사 그들을 건지실 것임이라… 그 날에 애굽이 여호와를 알고 제물과 예물을 그에게 드리고 경배할 것이요"(19:19–21). 이사야의 비전이 절정에 달하면서 최종적으로 제시되는 66장 역시 여러 가지 예배와 연관된 언어와 이미지를 사용하며 미래를 묘사하고 있는데(특히 18–23절), 그는 이 거대한 비전을 결론지으며 이렇게 선언한다. "여호와가 말하노라 매월 초하루와 매 안식일에 모든 혈육이 내 앞에 나아와 예배하리라"(23절). 이사야는 자신의 거대한 비전의 핵심을 열방과 이스라엘이 하나 되어 여호와께 예배드리는 것으로 묘사하는 것이다.

선지자들 중 그 누구보다도 민족주의적인 성향을 띤 자로 여겨지는 눈물의 선지자 예레미야는 이스라엘의 일명 "위로의 책"(30–33장을 일컫는 이름)을 통하여 이스라엘의 미래에 대한 비전을 제시한다. 비록 바빌론의 손에 의하여 멸망하게 될 것은 기정사실이지만, 훗날 유다가 한 국가로서 발돋움할 뿐만 아니라 예전의 영광을 다시 누리며 확고히 설 것이라는 것이 그의 확신이었다. 이러한 사실을 확인하는 과정에서 예레미야는 이스라엘의 회복된 미래를 두 제도의 영구적 지속으로 묘사하고 있다. "이스라엘 집의 왕위에 앉을 사람이 다윗에게 영원히 끊어지지 아니할 것이며 내 앞에서 번제를 드리며 소제를 사르며 다른 제사를 항상 드릴 레위 사람 제사장들도 끊어지지 아니하리라"(33:17–18). 이스라엘의 회복을 예언하고 있는 예레미야 역시 민족의 회복을 예배의 회복과 지속으로 표현하는 것이다. 그 역시 여호와께 드려지는 지속적인 예배와 무관한 이스라엘의 회복은 상상할 수도 없었다.

예배의 회복에 대하여 가장 확고하고 상세한 비전을 제시한 선지자는 에스겔이다. 그는 자신이 쓴 책의 1/4을 성전과 제사에 필요한 각종 도구들의 복원과 예배 회복에 대한 예언에 할애한다(40–48장). 선지자는 이 섹션에서 미래에 건축될 새 성전의 구조와 모습을 구체적으로 설명하는가 하면, 어떤 절기들과 예식들이 다시 지켜지는가를 묘사하기도 하고, 다양한 예배의 회복을 언급하기도 한다. 그가 제시하는 이스라엘의 회복에 대한 비전에 있어서 제사와 예식의 회복이 매우 큰 비중을 차지하고 있는 것이다. 아마도 선지자가 이스라엘이 하나님의 백성으로 선별되었던 근본적인 목적이 그들의 하나님 여호와를 진정으로 사랑하고 예배하는 데 있음을 인식한 것에서 비롯되었을 것이다. 그러므로 미래관에 있어서 에스겔의 절대적인 관심사는 바로 제사와 예배의 회복이었다. 그의 논리에 의하면 비록 이스라엘 민족이 회복된다 해도 만일 그들의 예배가 회복되지 않는다면 이스라엘은 또 하나의 회복을 기다릴 수밖에 없다.

이처럼 선지자들은 하나같이 이스라엘과 인류의 복된 미래를 여호와께 드리는 예배와 연결한다. 이 점을 감안할 때, 이스라엘의 선지자들이 예배의 중요성을 무시하거나 이스라엘 종교의 중심을 예식에서 윤리로 대체했다는 주장은 별로 설득력이 없다. 다만 그들은 자신들의 시대에 성행했던 제사와 예배가 본래의 모습과 의미를 상실한 것에 문제를 제기했을 뿐이다.

선지자들이 이스라엘의 예배가 본질을 잃어가는 것을 안타까워하며 진정한 예배의 회복에 많은 관심을 가졌던 것은 그들이 바빌론 포로생활을 어떻게 묘사하고 있는가에서도 드러난다. 유다가 포로가 되어 바빌론으로 끌려간 일은 무엇보다도 하나님을 순종하지 않은 것에서 비롯된 죗값이었다. 그러나 바빌론 포로생활은 잘못 드려지는 예배의 종결을 의미하기도 했다. 선지자들은 엉터리 예배는 차라리 드리지 않음만도 못하다고 주장했다. 여호와께 예배를 드리기 위하여 성소로 향하는 성도들을 향해 아모스 선지자는 벧엘, 길갈, 브엘세바 등 이들이 찾는 예배 처소를 버리고 여호와를 찾는 것만이 살 길이라고 외쳤다(암 5:5-6). 이 처소들에서 드리는 예배는 오히려 그들의 죄를 가중시킬 뿐이었다(암 4:4).

이스라엘의 멸망이 바로 몇 해 후의 일로 다가와 있던 시대에 사역하던 예레미야는 평소에 어떻게 살아가든 상관없이 정한 절기에 성전을 찾아와 제물을 바치고 예배를 드리면 모든 것이 형통할 것이라는 생각에 젖어 있었던 백성들에게 큰 충격을 안겨 주는 선언을 했다. 마치 성전이 그들의 부조리와 죄를 덮고 액운이나 때우는 부적(符籍) 정도로 생각하고 있던 자들에게 "하나님께서 이곳에서 드려지는 예배에 염증을 느끼셨으므로 머지않아 이곳을 옛적 실로의 꼴로 만드실 것이다"라고 경고했던 것이다(렘 7장; 26장; cf. 32장).

포로기 이후 시대를 살았던 말라기 역시 비슷한 메시지를 외쳤다. 말라기 선지자는 위선과 왜곡으로 얼룩진 예배를 드리는 자들에게 "너희가 내 제단 위에 헛되이 불사르지 못하게 하기 위하여 너희 중에 성전 문을 닫을 자가 있었으면 좋겠도다"라는 하나님의 솔직한 심정을 토로했다(말 1:10). 선지자들의 진정한 예배에 대한 열망은 이스라엘의 멸망의 예배에 관하여 하나의 의미를 부여했다. 바로 잘못 드려지는 예배가 종식되었다는 것이다. 이러한 차원에서 선지자들은 바빌론 포로생활을 포함한 민족적 위기와 쇠퇴를 예배의 순수성을 회복하는 첫 단계로 간주하였던 것이다.

선지자 다니엘의 세상 종말에 대한 예언에서 매우 중요한 요소로 부각되어 있는 "70주 예언"(단 9:24-27) 역시 예배의 부흥과 황폐 등을 중심으로 전개된다. 안티오쿠스 에피파네스를 적그리스도의 모형으로 삼아 말세에 있을 일을 예고하고 있는 11장 역시 그가 어떻게 주의 백성들이 여호와께 드리는 예배를 파괴하고 그들에게 우상숭배를 강요할 것인가를 골자로 한다(cf. 단 11:31-39). 다니엘서의 종말론에서도 예배의 비중이 이처럼 크다. 선지자들의 종말론과 미래관은 그들의 예배관과 밀접한 연관이 있다는 주장이 결코 과언이 아닌 것이다.

지금까지 살펴본 것처럼 선지자들이 제시하는 미래 공동체에 대한 예언들이 하나같이 회복된 참예배를 중심으로 형성되고 있다면, 그들은 자신들의 가르침이 예배의 중요성을 인정하지 않거나 약화시킨다고는 생각하지 않았을 것이다. 오히려 그들은 자신들의 외침이 부패와 부조리로 얼룩진 제사와 예배에 대하여 환멸을 느끼던 주의 백성들에게 대안을 제시함으로써 소망을 선사하는 것으로 여겼을 것이다. 그렇다면 자신의 시대에 드려졌던 제사와 예배의 모습을 강력하게 비난했던 선지자들이 갈망했던 참예배는 어떤 것이었을까?

선지자들이 꿈꾸었던 진정한 예배는 어떤 것이었을까? 예루살렘 성전에서 드려졌던 예배는 무엇이 문제였단 말인가? 물론 모든 선지자들이 이스라엘의 예배의 모든 것을 비판하거나 거부한 것은 아니다. 그들의 글에 때로는 '달리는 말에 채찍을 가하는' 성향도 역력하다. 그러나 대체로 그들은 이스라엘의 예배에 대하여 심각한 문제와 위기의식을 가지고 있었다. 그 당시 성전에서 드려졌던 예배의 문제점들을 조명해 봄으로써 선지자들이 갈망했던 예배를 생각해 보자.

선지자들이 자신들의 저서에서 윤리적인 이슈를 문제삼은 가장 근본적인 이유는, 예배가 백성들의 경건하고 의로운 삶의 연장이 아니라 그들의 부도덕한 행위를 덮어주고 액운이나 때워주는 수단으로 간주된 것에 있었다. 율법은 이스라엘 백성들이 하나님께 드리는 예배에 대한 규정과 격식만을 논한 것이 아니다. 율법은 세상에서 하나의 공동체를 형성하며 어떻게 서로를 대하고 질서를 유지할 것인가에 대한 규례와 원칙들을 함께 제시했다. 이스라엘은 사회적인 집단이기 전에 종교적인 목표와 의미를 지니고 형성된 공동체였다는 점을 감안할 때, 사회와 질서에 대한 규례들은 이 공동체에 속한 모든 사람이 철저하게 준수해야 했다. 한 백성으로서 함께 모여 여호와께 올바른 격식과 규례에 따라 제사를 드리는 것만큼이나 일상생활에서 한 공동체로서 서로를 공의와 공평으로 대하는 것도 중요했던 것이다.

그러나 이스라엘은 곧 서로에 대한 도덕적, 공동체적 책임을 등한시하거나 회피하기 시작했다. 반면에 예식과 제사에 관한 율법만을 중요시 여기는 성향이 예배를 드리던 성소들을 중심으로 온 나라에 팽배해졌고 급기야는 예배와 제사가 율법의 모든 것처럼 여겨지기 시작했다. 우리에게 처음으로 책을 남긴 선지자였던 아모스의 시대(주전 760년대)에 이르러서는, 아무런 거리낌 없이 남에게 돈을 빌려주며 담보로 잡아 두었던 옷을 제단 옆에 펼쳐 놓고 그 위에 누워 서민들로부터 벌금과 세금으로 거두어들인 포도주를 즐기기에 이르렀다(암 2:8). 이스라엘은 거리낌 없이 신앙과 삶을 이분화했던 것이다.

삶에서 신앙을 괴리시키는 행위는 모세 율법의 목적과 의도를 망각하는 것이었고 이스라엘 공동체의 본질을 위협하는 요소였다. 그러므로 선지자들은 잠잠할 수 없었다. 그들은 공동체에 속한 가난하고 불쌍한 자들에 대한 배려와 긍휼에 인색하고 오히려 세상에서 가장 연약한 자들에게 착취한 것들을 여호와께 드릴 제물로 둔갑시켜 성전에 들여놓았던 자들에게 하나님의 거룩한 진노를 쏟았다. 선지자들은 의롭고 경건한 삶이 뒷받침하지 않는 예배는 위선이요 가증함으로 간주했던 것이다.

그러므로 그들은 이들에게 차라리 예배를 드리지 말라고 권면했다. 그들은 예배는 삶의 연장이요 결정체여야 한다고 간주했기에 예배가 순수하고 정결하여 하나님께 열납되려면 드리는 자의 신실하고 의로운 삶이 함께해야 한다고 생각했다. 우리는 이미 이사야가 어떻게 하나님이 이스라엘 예배의 3대 요소들—제물, 예배, 기도—을 거부했는가를 살펴 보았다(사 1:10-15). 그는 백성들에게 다음과 같이 요구한다. "너희는 스스로 씻으며 스스로 깨끗하게 하여 내 목전에서 너희 악한 행실을 버리며 행악을 그치고 선행을 배우며 정의를 구하며 학대 받는 자를 도와 주며 고아를 위하여 신원하며 과부를 위하여 변호하라 하셨느니라"(사 1:16-17). 예배나 제물, 심지어 기도보다 더 중요한 것은 의를 추구하는 삶의 자세인 것이다. 아모스 역시 이렇게 외치고 있다. "너희는 악을 미워하고 선을 사랑하며 성문에서 정의를 세울지어다 만군의 하나님 여호와께서 혹시 요셉의 남은 자를 불쌍히 여기시리라"(암

5:15) "오직 정의를 물 같이, 공의를 마르지 않는 강 같이 흐르게 할지어다"(암 5:24). 예배자가 하나님께 드리는 제물은 바로 그의 삶의 상징이 되어야 했다.

선지자들이 이스라엘의 제사에서 의식했던 또 하나의 문제는 형식과 절차가 예배의 본질과 의도를 대체해 간다는 것이었다. 예배의 본 목적은 평소에 경건하게 살려고 노력하는 자들이 그렇게 살 수 없는 자신의 한계를 시인하여 상한 마음을 안고 나아와 용서와 치유를 경험하고 이러한 은혜를 베푸시는 여호와 하나님의 임재를 체험하는 것이었다. 그러나 세월이 지나면서 예배의 본 목적은 잊혀져 갔고 어떤 제물이 언제, 어디서, 어떤 예식에 따라 드려지는가가 사람들의 관심사가 되었다. 하나님은 이러한 이스라엘의 모습에 대하여 "이 백성이 입으로는 나를 가까이하며 입술로는 나를 존경하나 그 마음은 내게서 멀리 떠났다"라고 탄식하실 수밖에 없었다(cf. 사 29:13).

외형적인 것들이 내적인 것들을 대체해 버린 것이다. 다시 말하자면 결코 그 무엇으로도 대체할 수 없는 무형(無形)적인 것들의 자리를 유형(有形)적인 것들이 차지한 것이다. 물론 밖으로 드러나는 형식이 전혀 중요하지 않다고 하는 사람은 없을 것이다. 그러나 외형적인 것들이 내적인 것들을 대체하는 예배는 더 이상 예배가 추구하고자 하는 효과를 거둘 수 없다. 그러므로 선지자들은 분노했다.

선지자들은 이처럼 외형적인 것에 치우치지 않고, 결코 그 무엇으로도 대체할 수 없는 것을 추구하는 예배를 갈망했다. 또한 경건한 삶의 연장선에서 일상생활에서 끊임없이 공평과 의를 추구하는 사람들이 드리는 제물로 가득 찬 제사를 요구했다. 선지자들이 인간의 연약함과 죄를 초월할 수 없는 본성을 인정하기를 거부하는 매정한 이상주의자들이었기에 고결하다 못해 심지어 비현실적인 예배를 강요했는가?

그들이 남긴 글들이 인간의 한계와 본능적인 문제들에 대한 깊은 이해를 반영하고 있는 점을 감안할 때 선지자들이 고지식한 원리론자들이어서 이러한 예배를 추구한 것이 아니었다. 아무리 좋은 세상에서 살더라도 더 좋은 세상을 꿈꾸었던 것이 그들의 본능이었던 것처럼 그들은 더 이상적이고, 더 순수한 예배를 끊임없이 갈망했다. 음악적인 용어로 말하자면 그들은 항상 세상 사람들보다 한 옥타브 위의 노래를 불렀다. 그들은 결코 포기할 수 없는 것에 대한 열망을 그들의 예배관을 통하여 불태웠다.

선지자들의 예배에 대한 가르침이 우리 한국 교회에 주는 교훈을 생각해 보자. 먼저 선지자들은 예배에 있어서 양보다는 질을 중요시 여겼다는 사실이다. 일부 교회에서 성도들에게 직분을 주면서 "공적 예배는 모두 참석하는 것"을 조건으로 제시하는 것을 본다. 기도원에서 "하루 한 시간 기도하는 성도는 평범한 성도, 두 시간 기도하는 성도는 우수한 성도, 세 시간 기도하는 성도는 초월한 성도" 등의 표어를 본 적도 있다. 물론 교회 지도자들에게 예배 참석이나 기도생활에서 타의 모범이 되어야 한다는 것을 강조하고, 요구하는 것은 당연한 것이다. 그러나 자칫 잘못하면 본의 아니게 외적으로 드러나는 것, 즉 양으로 질을 대체하게 될 위험이 도사리고 있다. 만일 예배 참석이 즐겁고, 예배를 통해 위로와 치유를 경험하고 하나님의 임재를 체험하는 것이 아니라, 내키지 않은 마음으로 자신의 지위나 남의 시선 때문에 참석하게 된다면 우리는 이미 예배의 참의미를 잊어 버린 것이다. 선지자들은 이런 예배는 하나님이 받으실 수 없을 뿐만 아니라 오히려 그분 앞에 범죄하는 것이라고 단언한다. 예배 하나하나는 온 마음으로 드려지는 온전한 것이 되어야 한다. 더불어 한국 교회의 예배가 갱신되려면 양과 질의 균형이 심각하게 논의되어야 할 것이다.

선지자들은 예배가 경건한 삶의 연속이어야지 결코 그것을 대신할 수는 없다는 사실을 상기시켰다. 제물은 평소에 신실하게 살려고 노력한 자들의 마음의 표현이지 신실하게 살지 못한 것에 대한 사죄나 대가가 아니라는 것이다. 오늘날 우리 주변에는 헌금을 마치 하나님의 진노를 달래는 제물 혹은 하나님의 요구대로 살지 못한 것에 대한 '벌금' 정도로 생각하는 사람들이 있다. 이러한 태도는 하나님을 마치 어린아이들의 과자나 빼앗아 먹고 흡족해 하는 형편없는 어른 정도로 간주하는 것과 같다. 그러나 하나님은 결코 돈에 매수당하는 분이 아니다. 헌금은 형편에 따라 많이 드릴 수도 있고 적게 드릴 수도 있다. 심지어 드리지 못할 수도 있다. 하나님이 모든 성도들에게 요구하시는 진정한 '헌금'은 일상생활에서 그분의 말씀대로 살아가려는 의지와 노력이다. 이러한 의지와 노력이 동반되지 않은 예배는 위선이고 가증스러운 것이다. 그러므로 교회는 성도들에게 헌금보다는 신실하고 진실한 생활을 가르치고 강요해야 할 것이다.

선지자들은 예배를 드리는 행위가 결코 예배자의 의가 되어서는 안 된다는 사실을 지적했다. 예배는 하나님과 예배자의 개인 관계이자 하나님과 공동체의 교제다. 개인 관계적인 차원에서 그 누가 하나님 앞에 의롭다고 하겠는가! 그러므로 예배의 필수 요건은 자신의 죄를 의식하는 무기력함과 하나님의 말씀대로 살지 못해 비통해져 있는 상한 심령이다. 함께 모여서 드리는 공동체적 예배에서도 똑같은 마음 자세가 요구된다.

그 누구도 하나님 앞에 당당한 사람은 없을 것이다. 다만 공동체가 예배 드릴 때에 본인들도 의식하지 못하는 상황에서 각 개인의 지위와 헌신 정도에 따라 함께 예배 드리는 자들 앞에서 당당하고 떳떳하게 행동하는 자들을 목격하고는 한다. 이들에게는 얼마나 자주 예배에 참석하고 예배드릴 때마다 얼마나 많이 헌금하는가가 사람들 앞에서의 의가 되는 것이다. 이처럼 자신이 하나님께 드린 제물을 헤아리고, 드린 예배의 횟수를 남들 앞에 드러내고자 하는 자들을 향하여 선지자들은 예배가 하나님을 경배하고 만나는 체험이 되어야지 결코 예배자의 의가 되어서는 안 된다는 점을 강조한다. 성도들의 신앙을 판가름할 때 예배 참석의 빈도수와 헌금 액수를 전적으로 배제할 수는 없을 것이다. 그러나 이러한 것들을 초월해서 그들의 영성과 지도력을 더 주의 깊게 보아야 할 것이다.

선지자들은 성도들이 모든 개인적인 필요와 고민을 내려놓고 예배에 참여하기를 권면했다. 예배가 우리의 필요나 채우는 도구로 이용되어서는 안 된다는 것이다. 예배를 통해 당면하고 있는 문제에 대한 실마리를 찾고 하나님의 치유를 경험하는 것은 매우 바람직하고 기대할 만한 일이다. 그러나 이런 것이 예배의 목적이 되어서는 안 된다. 예배를 통해 우리는 먼저 하나님과 그의 보좌를 바라보아야 한다. 그리고 그분에게 모든 시선을 집중해야 한다.

한 예로 오늘날 한국 교회에서 성행하고 있는 찬양 예배를 생각해 보자. 찬양 예배를 통하여 많은 사람들이 치유를 경험하고 변화를 체험한다. 당연한 것이다. 말로는 형용할 수도, 어루만질 수도 없는 인간의 깊은 부분을 음악은 만질 수 있기에 하나님의 말씀이 곡조화되면 그만큼 강력한 능력으로 임하여 상한 마음과 찌든 영혼을 치유할 수 있다. 그러나 만일 우리가 예배에 참석하고 찬양을 드리는 목적이 하나님을 경배하고 감사의 제단을 쌓는 것에 있지 않고, 개인적인 치유와 위로를 체험하는 것에 있다면 문제가 있다. 치유와 위로는 부수적인 것이지 본 목적이 될 수 없다.

예배의 본 목적은 하나님을 경배하고 찬양하는 것이다. 즉, 아무런 조건 없이 하나님의 임재와 그분만을 즐기는 것이 예배에 임하는 자들의 자세가 되어야 한다. 이런 자세로 예배에 임하면 먼저 우리의 예배가 그만큼 순수해질 것이요, 또한 하나님이 치유해 주시면 감격하겠지만, 치유하시지 않아도 감사할 수 있는 것이다. 오늘날 많은 성도들이 "하나님께 실망했다"는 자세를 취하는 것은 이처럼 하나님을 우리의 필요와 간구로 얽어맨 결과가 아닌가 싶다. 예배에서만이라도 하나님으로 하여금 하나님이실 수 있도록, 우리의 모든 이권에서 자유하시도록 해야 한다.

위의 내용과 연결하여 우리는 또한 형식에 얽매이는 예배의 위험을 생각해 보아야 할 것이다. 우리는 목회자가 새 임지에서 성급하게 예배 순서나 틀을 바꾸려 하다가 교회에서 쫓겨났다는 이야기를 한 번쯤은 들어 보았을 것이다. 물론 내면적으로는 목회자와 교회 간에 여러 가지 갈등이 있다가 예배 순서나 틀을 바꾼 것이 동기부여를 한 것뿐일 것이다. 그럼에도 불구하고 한 가지 예배 방식만이 올바른 것이라고 주장하는 자체가 매우 고지식하고 안타까운 일이라는 생각을 떨구기는 어렵다. 고지식함을 초월해서 이러한 태도의 가장 위험한 요소는 어떤 것인가? 무엇보다도 예배가 추구하고자 하는 내적인 것—결코 그 무엇으로도 대체할 수 없는 그것—을 외형적인 것이 대체하는 결과를 초래하는 일이다. 예배의 순서와 틀에서 만족감을 찾는다면 예배 드리는 것 자체가 예배의 목적이 되는 위험을 안고 있다고 말할 수 있다.

예배의 틀과 순서는 예배의 본 목적—하나님의 임재를 체험하고 그분과 교제하는 것—을 이루는 도구에 불과하다. 또한 선지자들은 백성들이 예배에 "익숙해지는 것"에 강력한 문제 제기를 했던 사람들이다. 오늘날의 언어로 말하자면 특정한 곳에서만 드리는 예배가 편안하고, 일정한 방식으로만 진행되어야 예배 드린 것 같은 느낌이 드는 것은 일종의 위험 신호라 할 수 있다는 것이다. 오늘날 일부 교회에서 진행되고 있는 예배당의 사치화와 구약적인 개념에서의 제단화, 그리고 성도들에게 강요되고 있는 교회에서 드리는 예배 중심의 성도생활 등에 대하여 선지자들은 안타까움의 한숨을 내몰아쉴 수밖에 없다. 내가 드리는 예배가 중요하고 소중한 만큼 다른 사람들의 예배 방식도 존중할 줄 알아야 하며, 어떠한 경우에도 한 스타일에 안주하고 익숙해지는 것은 바람직하지 않다. 형식과 순서로 예배의 질을 판가름하는 것은 매우 안타까운 관행인 것이다.

선지자들은 결코 이스라엘의 예배를 무시하거나 예식을 윤리로 대체하고자 했던 사람들이 아니다. 그들은 오히려 형식주의에 물들어 있던 이스라엘의 예배에 갱신을 촉구했던 하나님의 세밀한 음성이었던 것이다. 이러한 사실은 그들의 영적 예배의 회복을 중심으로 형성된 미래관에서 역력히 드러난다. 그들은 형식을 무시하지 않으면서도, 그것에 치우치지도 않는 예배, 짐승의 살코기가 아닌 성도들의 상한 심령이 제물로 드려지는 예배, 예배를 드리는 것이 드리는 자의 의가 아닌 예배, 자유로운 마음으로 하나님께 아무 것도 바라지 않고 그분의 임재만을 갈망하고 즐기는 예배를 소망했다. 그렇다면 우리는 과연 어떻게 해야 이러한 예배를 드릴 수 있단 말인가? 요엘은 옷을 찢지 말고 마음을 찢어야 이런 예배가 가능하다고 선포하고 있으며(욜 2:13), 이사야는 오직 마음이 가난하고 심령에 통회하며 하나님의 말씀으로 인하여 떠는 자라야만이 이런 예배를 드릴 수 있다고 주장한다(사 66:2-3).

엑스포지멘터리

선지서 개론

이사야

EXPOSItory comMENTARY

이사야

[6] 한 아기가 우리에게 났고
한 아들을 우리에게 주신 바 되었는데
그의 어깨에는 정사를 메었고
그의 이름은 기묘자라, 모사라, 전능하신 하나님이라,
영존하시는 아버지라, 평강의 왕이라 할 것임이라
[7] 그 정사와 평강의 더함이 무궁하며
또 다윗의 왕좌와 그의 나라에 군림하여
그 나라를 굳게 세우고 지금 이후로
영원히 정의와 공의로 그것을 보존하실 것이라
만군의 여호와의 열심이 이를 이루시리라
(9:6-7)

[5] 그가 찔림은 우리의 허물 때문이요
그가 상함은 우리의 죄악 때문이라
그가 징계를 받으므로 우리는 평화를 누리고
그가 채찍에 맞으므로 우리는 나음을 받았도다

[6] 우리는 다 양 같아서 그릇 행하여 각기 제 길로 갔거늘
여호와께서는 우리 모두의 죄악을 그에게 담당시키셨도다
(53:5–6)

1. 선지자

선지자의 히브리어 이름 "예사야후"(יְשַׁעְיָהוּ)는 "여호와는 구원이시다"라는 의미다. 그는 유다의 운명이 풍전등화(風前燈火)와 같았던 주전 701년 아시리아 왕 산헤립의 유다 침략 때 매우 중요한 역할을 했던 선지자다. 우리는 하나님의 말씀을 대언하는 선지자가 정치인을 포함한 사회 지도층을 상대로 사역하다 보면 종종 필연적으로 정치에 개입하는 상황이 발생할 수 있음을 생각할 수 있다. 이사야는 이러한 사례의 대표적인 선지자라 할 수 있다. 이사야 선지자가 유다 정치에 깊이 관여했다는 것은 그가 나단처럼 왕궁을 자유자재로 드나드는 것에서 알 수 있다.

이사야가 선지자 사역을 시작한 시기부터 유다 정치에 깊이 관여했지만, 아하스의 외교 정책에 관여한 후부터(cf. 7장) 히스기야 왕 때까지 더 이상 정치에 관여하지 않은 것으로 생각된다. 그는 다른 선지자들처럼 유다가 다른 나라, 곧 아시리아(cf. 7장), 이집트(cf. 2, 20장), 바빌론(cf. 39장)과 손잡는 것을 반대했다. 그는 이스라엘은 하나님만을 의지하며 그분만이 구원자라는 것을 외교 정책을 통해서도 고백해야 한다고 생각했던 것이다. 이사야는 시온, 유다/예루살렘, 그리고 미래의 다윗 자손의 왕위 계승에 깊은 관심을 표명하며 책을 전개한다.

상당수의 그리스도인은 교회나 교인들이 정치에 참여해서는 안 된다고 생각한다. 우리가 추구하는 왕국은 이 세상의 나라가 아니기 때문이며, 이 세상의 정치와 사회는 갈수록 부패할 수밖에 없기 때문이라는 논리를 펼친다. 그러나 제도를 개혁해 나감으로써 사회가 부패하는

것을 예방하거나 속도를 억제할 수 있다면, 그것도 세상에서 빛과 소금이 되는 일이 아닌가? 물론 교회나 교단, 혹은 목회자가 정치에 개입하는 것은 옳지 않다. 그러나 교회와 목회자는 훌륭한 성도들을 양육하여 세상에서 그들이 좋은 정치를 할 수 있도록 도와야 한다.

이사야는 예루살렘에서 태어나 자라고 교육받은 것으로 추정된다. 유대인들의 유래에 의하면 이사야의 아버지 아모스(אָמוֹץ)는 아마샤(אֲמַצְיָה, 796–767 BC) 왕의 형제였다. 사실성이 있는 주장일까, 아니면 선지자 이사야가 자유자재로 왕궁을 드나들던 것을 보고 추정한 것일까? 정확히 알 수는 없지만 그가 유다의 정치에 깊이 연관되어 있었던 것은 사실이다.

이사야는 웃시야 왕이 죽은 해인 주전 740년에 선지자 소명을 받았다(cf. 6장). 그는 예루살렘에서 50년을 사역했으며, 이 기간 동안 북왕국 이스라엘이 아시리아의 손에 멸망하는 것을 목격했다. 또한 남왕국 유다도 산헤립에 의해 건국 이후 가장 큰 위기를 맞는 것을 지켜보았으며, 곤경에 처한 히스기야를 하나님의 말씀으로 위로했다.

선지자는 결혼을 했고(cf. 8:3), 최소한 두 명의 아들을 두었다. 그의 아내도 "여선지자"(נְבִיאָה)(우리말 성경에는 "아내"로 해석됨)로 불렸다(8:3). 그녀가 선지자 활동을 해서였는지, 아니면 단지 남편이 선지자이기 때문에 주어진 명칭("사모"라는 의미로)인지(Smith) 확실치는 않다. 그러나 성경에서 선지자의 아내가 결혼 때문에 여선지자라고 불리는 예가 없는 것을 감안하면, 이사야의 아내도 선지자 사역을 했던 것으로 해석하는 것이 바람직하다.

선지자의 두 아들의 이름은 상징적인 예언을 의미했다. 첫째 아들 "스알야숩"(שְׁאָר יָשׁוּב)은 "남은 자는 돌아오리라"(remnant will return)라는 뜻을 지닌 이름이다. 표면적으로는 회복을 약속하는 좋은 이름이지만, 남은 자가 있으려면 먼저 전쟁과 심판이 있어야 하는 점을 감안할 때, 심판 후에 임할 하나님의 구속을 예언하고 있는 이름이다. "마헬살랄하스바스"(מַהֵר שָׁלָל חָשׁ בַּז)는 "먹이가 서둘러 사라진다, 노획물이 빨리 없어진다"(prey hastes, spoil speeds)라는 의미다. 이사야는 유다가 바빌론의 손에 망할 것이라고 하는데, 바빌론은 유다를 대적해서 싸우러 오는 것이 아니라, 약탈하러 올 것을 암시한다. 유다는 결코 강대국 바빌론을 상대로 싸워 자신을 보호할 수 없다는 사실을 경고하고 있는 것이다.

이사야는 선지자의 소명을 받기 전에 어떤 일에 종사했을까? 또한 그가 사역하는 동안에는 다른 일을 겸하고 있지는 않았던 것일까? 앤더슨(Anderson)은 이사야가 서기관이었다는 설을 내놓았는데 상당히 설득력이 있어 보인다. 성경을 살펴보면 여러 선지자들이 왕들에 대한 실록을 남긴 사실이 기록되어 있다(대하 12:16; 13:22; 20:34). 이사야도 웃시야 왕의 역대기를 정리했다(대하 26:22). 만일 그가 웃시야 왕의 서기관이었다면, 그는 왕실의 아이들을 가르치는 선생(tutor) 역할을 했을 가능성이 크다.

그렇다면 8:16에서 언급하고 있는 "제자들"은 누구인가? 그가 가르치던 왕족의 아이들인가? 할로(Hallo)는 28:9-13의 내용의 요지인 "이사야가 사람들 대하기를 선생이 어린아이들을 가르치는 것 같이 하려 한다"를 그의 직업을 비꼬는 말로 해석한다. 또한 젠센(Jensen)은 "이사야는 자신을 선지자보다는 하나님의 율법(Torah)을 가르치는 선생으로 보았다"라고 평가하고 있다.

유대인들의 전승(바빌론 탈무드와 예루살렘 탈무드)에 의하면 이사야는 므낫세 왕 초기에 그에 의하여 톱으로 잘려 순교했다. 위경에 "이사야의 승천기"(The Ascension of Isaiah)라는 책이 있는데, 이 책 역시 므낫세가 이사야를 죽인 것으로 기록하고 있다. 이 문헌들에 기록되어 있는 상황을 종합해 보면, 이사야는 다음과 같이 죽음을 맞이한다. 히스기야가 나이 들어 죽게 되었을 때 이사야는 히스기야의 아들 므낫세가 결코 아버지와 같지 않을 것이며 하나님께 반역할 것이라고 경고했다.

이때 이사야는 백발이 성성한 노인이었다. 히스기야가 죽자 왕위에 오른 어린 므낫세는 이사야가 예언한 대로 악한 왕이 되었다. 당시 이사야와 몇몇 선지자들은 광야에서 생활하고 있었는데, 거짓 선지자 벨키라가 이사야가 역모를 꾸미고 있다고 고발했다. 므낫세는 부하들에게 그를 잡아들이라고 했다. 므낫세의 부하들로부터 도주하던 이사야는 길가에 거목이 있는 것을 보게 되었는데, 그 거목은 가운데가 텅 빈 것이었다. 선지자는 그 거목 안으로 몸을 피했다. 그런데 신기한 일이 일어났다. 거목의 껍질이 자라나 이사야를 숨긴 것이다.

부하들은 왕에게 돌아가서 이사야가 거목에 숨어 있다는 사실을 알렸다. 므낫세는 그 거목을 통째로 잘라 오라고 명령했다. 부하들이 그 나무를 잘라 왔으며, 므낫세는 이사야가 들어 있는 부분을 찾아 가운데를 자르라고 했다. 이렇게 해서 이사야는 므낫세의 종들이 휘두르던 톱에 의하여 두 동강이 나 죽었다는 것이다. 어디까지 사실이고 어디서부터 허구인가? 히브리서 11:37은 톱에 잘려 순교한 사람을 언급한다. 혹시 이사야가 아닐까? 오늘날까지 알려진 유대인들의 전승에서 톱에 잘려 순교한 것으로 기록된 사람은 이사야가 유일하다는 점을 고려할 때 히브리서가 이사야의 순교를 염두에 두고 이같이 기록했을 가능성이 높다.

2. 이사야서와 비평학

구약 연구에서 비평학이 가장 큰 영향을 미친 것은 오경이며, 그 다음이 이사야서다. 이사야서를 읽다 보면 39장과 40장 사이에 깊은 간극이 있음을 알 수 있다. 두 장의 분위기, 주제, 스타일에 있어서 차이를 발견하게 된다. 이러한 차이가 시발점이 되어 많은 학자들은 이사야서가 한 사람의 작품이 아니라 여러 사람의 작품이라는 입장을 취했다. 이사야서를 관심 있게 연구해 본 사람이라면 "이사야서는 역사적으로 독립적인 책으로서 저자가 다른 세 권의 책이 하나로 합해져 형성된 책이다"라는 주장을 들어 보았을 것이다. 이 주장은 독일 학자 둠(Duhm)에게서 유래한 것이다. 그는 1892년에 출판된 주석에서 1–39장을 제1이사야서(Proto–Isaiah), 40–55장을 제2이사야서(Deutero–Isaiah), 56–66장을 제3이사야서(Trito–Isaiah)라 불렀다. 둠은 이 책들이 각기 다른 시대와 공동체에서 살았던 저자들에 의하여 집필된 것이라 주장했다.[1] 구약학계는 그의 주장을 곧바로 받아들였고, 그것은 모세오경의 문서설과 함께 비평학의 가장 으뜸가는 정설로 자리를 잡기에 이르렀다.

둠에 의하면 이사야서에서 제일 먼저 문서화된 부분은 제2이사야서(40–55장)다. 이 책은 바빌론에 형성된 유대인 포로민 촌에 살았던 이름이 알려지지 않은 선지자에 의하여 주전 538년 이전에 문서화되었다. 이 선지자가 40–55장을 집필하고 편집한 목적은 주전 538년에 있었던 고레스 왕의 "포로민들은 각자의 고국으로 돌아가 선조들의 신(神)을 섬길 수 있다"는 선포(cf. 대하 36:22–23; 스 1:1–4) 때문이었다. 선지자는 바빌론에 살고 있는 이스라엘 사람들 중 최대한 많은 사람이 이 칙령에 힘입어 조상의 나라 유다로 돌아가도록 선동할 목적으로 책을 저작했다. 이스라엘 사람들은 비록 포로 신분으로 바빌론까지 끌려왔지만, 상당수가 바빌론에 정착하여 잘살고 있었기에 대다수의 사람들이 예루살렘으로 돌아가려 하지 않았다. 이 상황에서 되도록 많은 사람이 유다로 돌아가도록 선동했던 선지자는 제2이사야서에서 바빌론을 떠나 예루살렘으로 가는 길은 제2의 출애굽 사건과 같으므로, 첫번째 출애굽 사건처럼 하나님의 큰 축복이 속히 임할 것이라는 메시지를 책의 중심 테마로 삼았다.

그 다음 문서화된 부분은 제3이사야서(56–66장)다. 이 책은 바빌론에

---

1 둠의 이러한 주장은, 이미 18세기 후반부터 이사야서의 단일성에 대하여 문제를 제기하기 시작했던 비평학계의 분위기를 체계적으로 정리한 것이다. 도더라인(Döderline)이 1775년에, 아이혼(Eichhorn)이 1780년대에 이미 이사야서의 단일 저작권에 대하여 문제를 제기했다.

서 돌아와 예루살렘을 재건하려 했던 귀향민들 중 이름이 알려지지 않은 어느 선지자에 의해 주전 5세기경에 저작되었다. 귀향민들은 여호와의 도성 예루살렘으로 돌아왔지만, 제2이사야서 저자의 예언과는 달리 하나님의 복은 임하지 않았다. 오히려 바빌론에서 경험하지 못했던 혹독한 빈곤과 고통이 그들을 맞이했을 뿐이다. 귀향민들은 곧 실의의 늪에 빠졌다. 이때 선지자는 걷잡을 수 없는 좌절감에 사로잡힌 하나님의 백성들에게 이 세상의 것이 삶의 전부가 아니라는 새로운 비전을 제시했다. 선지자는 이 세상에서 끝까지 신실한 자는 다음 세상을 기대할 수 있다는 소망으로 귀향민들에게 도전한 것이다. 그러므로 이 책에서는 새 하늘과 새 땅 등 앞으로 임할 것들로 중심 메시지를 형성하고 있다.

세 이사야서들 중 가장 나중에 문서화된 것은 제1이사야서(1-39장)다. 이 책의 상당 부분은 주전 8세기 선지자 이사야로부터 유래되었지만, 오랜 세월이 지나면서 새로운 메시지가 더해졌는가 하면, 수많은 편집과 수정을 거쳤다. 그리고 마카비 시대(주전 2세기 중반)에 이르러서야 최종적으로 정리되었다. 이 책의 최종 편집 목적은 마카비 정권이—주전 170-164년에 있었던 시리아의 안티오쿠스 4세의 만행에서 이스라엘을 해방시켰던 마카비 집안을 중심으로 출범함—구약의 오랜 전통을 통해 형성된 메시아 사상의 실체라는 것을 암시함으로써 그 정권에 종교적인 정당성을 부여하기 위함이었다. 그렇기 때문에 이 책 안에서 메시아 사상이 매우 중요한 테마로 발전되고 있다는 것이다.

이와 같이 각기 다른 시대를 살았던 저자들에 의하여 저작된 세 권의 책이 특별한 편집을 거치지 않고 한 권으로 묶여 현재의 이사야서가 되었다. 이것이 100여 년 전에 둠이 주장한 "세 이사야서" 설(說)의 골자다. 둠이 "세 이사야서" 설을 제시한 후 이 학설은 최근까지 이사야서 비평학계를 지배하다시피 했다. 이사야서 연구의 새로운 돌파구를 모색하고 있던 비평학계가 그의 주장을 전적으로 수용했기 때문이다.

둠의 영향은 이사야서 연구를 세분화하는 결과를 초래했다. 그 한 예로, 지난 100여 년 동안 출판된 이사야서 주석들을 살펴보면, 이사야서 전체를 대상으로 하는 주석들보다는 위에 언급된 세 부분(1–39; 40–55; 56–66장) 중 한 부분만을 연구하여 출판한 것이 훨씬 더 많다. 또한 이 주석가 중 대다수는 자신들이 연구한 이사야서 섹션의 내용과 연구하지 않은 다른 이사야서 섹션들을 역사적으로나 신학적으로 연결시켜야 한다는 필요를 느끼지 못했다. 결국 이사야서는 삼등분이 되어 서로 연관성이 전혀 없는 책으로 취급되고 만 것이다.

둠의 "이사야서는 오랜 세월에 걸쳐 발전된 책"이란 학설은 이사야 학계의 양식 비평(Form Criticism)의 시작을 예고했다. 양식 비평가들은 둠의 주장을 근거로 주전 8세기에 예루살렘에서 살았던 아모스의 아들 이사야로부터 유래되었을 구절들을 찾아 나섰다. 그들은 이사야서는 여러 시대와 출처에서 비롯된 글들을 특별한 편집을 거치지 않고 모아 놓은 책이므로 면밀하게 연구하면 이사야의 원(原)메시지를 찾을 수 있을 것이라고 믿었다. 그들은 또한 선지자의 메시지는 매우 간단명료한 문장들로 이루어졌으며, 몇 가지 통상적이고 형식적인 틀에 준하여 메시지를 구성했다고 전제했다.

이러한 학문적 선입관으로 이사야서를 연구한 결과는 긍정적인 면도 있지만, 실망스러운 부분이 더 많았다. 양식 비평가들은 미리 정의된 양식을 도구로 사용하여 본문을 관찰했다. 만약에 양식에 맞지 않는 부분이 포착될 경우, 훗날 삽입된 불순물로 단정하고 그 부분의 신뢰성을 부인했다. 그러나 양식 비평가들의 이러한 편견은 저자/편집자의 창의력을 부인하는 것에 불과했다. 어떠한 "삶의 정황"(Sitz im Leben)을 기초로 삼은 양식이라 해도, 특별한 의미를 부여하기 위해서는 편집자가 의도적으로 틀을 벗어난 형태를 사용할 수 있다는 사실을 인정하려 들지 않은 것이다. 결국, 양식 비평가들은 이사야서 안에서 발견되는 여러 디스코스(discourse)의 독특성을 부인하기에 이르렀던 것이다.

양식 비평이 지나간 자리에는 너무나도 많은 문장들이 신뢰성을 거부당한 채 버려져 있었다. 양식 비평은 이사야서 텍스트를 시대적으로 세분화하는 데는 일가견이 있었지만, 모든 텍스트를 분해한 후에 다시 원상태로 복구하여 이사야서 전체의 메시지를 간파하는 일에서는 무력했다. 이것이 양식 비평의 한계였다. 이러한 양식 비평의 한계점을 보완하려는 것이 편집 비평(redaction criticism)이다.

편집 비평가들은 양식 비평가들이 불순물로 여겼던 문장들에 각별한 관심을 표했다. 그들의 논리에 의하면, 양식 비평가들이 식별할 수 있었던 시대적—상황적으로 서로 다른 텍스트들이 모여 이사야서를 형성하는 과정에서, 이 불순물들이 여러 텍스트를 묶는 '풀' 혹은 '실밥' 역할을 했다는 것이다. 그러므로 이 '실밥'들을 한데 모아 연구하여 이사야서를 정리한 편집자(들)의 의도와 신학적 필요를 밝히는 것이 편집 비평의 목적이었다.

이사야서 연구에 있어서 편집 비평가들은 세 부류로 나누어진다. 첫째, 둠의 "세 이사야서" 구분을 전적으로 수용한 학자들이다. 그들은 편집자(들)가 텍스트를 많이 편집했다고 생각하지 않으며, 각 책의 경계 부분에 특별한 관심을 두었다. 예를 들면 1-35장과 40장 이후를 하나로 묶어 주는 36-39장의 역할이 이들의 가장 큰 관심을 끌었다. 둘째, 둠의 "세 이사야서" 구분을 거의 논하지 않으며, 각 책들이 서로에게 상당 수준의 편집상의 영향을 미쳤다고 주장하는 학자들이다. 이들이 이사야서를 연구하면서 인식했던 것은 세 권의 이사야서가 둠이 주장한 것만큼 문맥적으로나 신학적으로 독립적이 아니며, 각 책이 다른 책들을 의식하며 상당 수준의 편집을 거쳤다는 것이다. 예를 들면 광야가 꽃밭으로 변하고 그곳에 시온을 향한 대로가 있을 것이라고 노래하는 35장은 아무리 연구해 보아도 제1이사야서보다는 제2이사야서와 더 가깝다는 것이 학자들의 결론이다. 그래서 일부 학자들은 35장의 저자를 제2이사야라고 한다(Tucker; cf. Childs; Clements). 이 외에도 이사야서 전체를 배경으로 진행/발전되는 주제들, 반복적으로 사용되는 단어들, 심지어 반복되는 동일한 구조들을 감안할 때 이 세 권의 책이 서로 독립적으로 존재했다가 임의적으로 하나가 되었다고 보기는 어렵다는 것이 학자들의 결론이다. 결과적으로 이들의 연구는 둠의 "역사적으로 각각 존재했던 세 이사야서" 설의 기초를 흔들기 시작했다. 셋째, 세 이사야서는 처음부터 주전 8세기에 예루살렘에서 사역했던 이사야 선지자의 가르침을 보완하기 위하여 그의 예언을 염두에 두고 저작되었다고 주장한 학자들이다. 클레멘츠(Clements)는 심지어 "제2이사야서 저자는 이미 문서화된 이사야 선지자의 예언을 참고하면서 자신의 책을 저작했다"라고 주장했다. 그러므로 이들은 세 권의 이사야서는 처음부터 서로를 의식하며 읽도록 구상된 책들이므로 각 책의 독립성을 강조하는 것은 저자들의 의도와 상충되는 것이라고 강조했던 것이다.

처음에는 둠의 "독립적인 세 이사야서" 주장을 대환영했던 비평학계가 왜 점차로 그의 주장을 멀리하며 독립성보다는 이사야서의 통일성과 각 책의 상호적 의존도를 강조하게 되었는가? 그것은 세 이사야서를 독립적으로 이해하기에는 너무나도 많은 문제들이 제기되었기 때문일 것이다. 한 예를 생각해 보자. 40-66장에서는 우상숭배의 어리석음이 매우 중요한 테마로 부각된다. 둠에 의하면 이 부분은 바빌론 포로시대와 포로후기시대에 저작되었다. 그러나 그 당시(포로시대-포로후기시대) 바빌론에 형성된 이스라엘 공동체나 예루살렘으로 돌아온 귀향민들이 우상숭배를 완전히 버렸다는 사실은 역사적으로 쉽게 입증할 수 있다. 그렇다면 저자가 더 이상 문제가 되지 않는 주제에 온갖 관심과 공간을 투자한다는 것을 어떻게 납득하겠는가? 한편 우상숭배의 무모함은 1-39장에서도 중요한 위치를 차지하는 테마다. 따라서 이 테마는 책에 상당한 통일성을 부여하는 역할을 하고 있다.

또 하나의 중요한 예는 1장과 65-66장의 관계다. 대부분의 학자들이 공감하는 것은 이 두 텍스트의 구조와 주요 단어들의 반복 순서가 우연이라고 하기에는 심각할 정도로 지나치게 일치한다는 것이다. 그러므로 이 두 텍스트는 서로 맞물리게 편집되었다는 것이 학자들의 견해다. 이 외에도 많은 테마와 반복되는 개념, 단어들이 비평가들로 하여금 점차로 둠의 주장을 멀리하게 만들었다.

둠 이후의 상황을 정리해 보자. 편집 비평은 편집자의 '바느질'이 서툴다는 것을 전제로 시작되었다. 그렇기 때문에 대개의 경우 어느 부분이 실밥인지를 한눈에 파악할 수 있다는 것이 그들의 주장이었다. 그러나 편집 비평가들은 시간이 지날수록 편집자의 바느질이 아주 잘 되어 있으며 '실밥'과 '헝겊'을 구분하는 것이 쉽지 않음을 인식하게 되었다. 급기야 편집자를 자유롭고 창조적인 '저자'라는 관점에서 논하게 되었다. 편집자가 저자만큼이나 창의력을 발휘하여 그들에게 전수된 텍스트를 창조적으로 재해석하면서 편집했다는 것이다. 처음에는 편집 비평이 양식 비평을 보완하고자 시작되었다가 결과적으로 두 방법론이 대립하고 만 것이다. 양식 비평은 많은 '불순물'을 분류해 냈고 편집 비평은 이 불순물을 연구하기 시작했다. 차츰 시간이 지나면서 이들을 자세히 연구한 결과 이것들은 불순물로 취급할 수 없을 뿐만 아니라, 분류 작업 자체에 문제가 있다는 것을 발견하게 되었다. 따라서 최근의 편집 비평가들은 편집자들이 저자와 다를 바가 없다고 주장한다. 그리하여 편집 비평에서 편집자는 사라져 버린 것이다. 편집 비평은 바톤(Barton)의 표현을 빌리자면 "편집자가 사라지는 요술"(the trick of disappearing redactor)을 목격하게 된 것이다.

결국 비평학계는 둠이 "세 이사야서"를 주장한 이후 100여 년 만에 제자리로 돌아온 셈이 되었다. 물론 그것이 비평학자들이 이사야서의 단일 저작권을 수용하게 되었다는 말은 아니다. 그들은 아직도 각기 다른 시대에 다른 저자들에 의하여 제작된 둘 혹은 세 권의 책들로 구성되었다고 주장한다. 그러면서 동시에 그들은 이사야서가 결코 세 권의 독립적인 책으로 이해되고 연구되는 것은 의미가 없다는 것을 시인한다. 처음부터 서로를 보완하며 집필되었다는 것이다. 즉, 저자가 몇 명이었던 간에 우리가 전수한 책을 구성하고 있는 66장 전체를 한 권으로 간주하고 해석하는 것을 전제로 한다는 것이다.

처음부터 이사야서의 일부를 저작했다는 저자의 수는 설득력 있는 자료에 의해 수립된 것이 아니라 학자들의 편견에 의한 상상력에 의하여 좌우되었다. 예를 들면, 스위니(Sweeney)는 1장을 여섯 부분으로 나누어 이중 세 부분만 이사야 선지자에게서 비롯된 것이라고 주장했는가 하면, 빌드버거(Wildberger)는 같은 장을 다르게 나눌 뿐만 아니라 각 부분의 저자들에 대하여도 뚜렷한 견해 차이를 두고 있다. 이러한 현상은 학자들의 판단이 객관적인 근거에 의한 것이 아니라 매우 주관적인 판단에 의한 것이라는 점을 잘 보여 준다. 그동안 이사야서 연구에 있어 보수적, 진보적 성향의 학자들로 나뉘게 했던 책의 통일성–섹션별 독립성 논란은 이제 '통일성' 주장이 학계를 평정한 것으로 볼 수 있다.

이사야서 66장이 한 권으로 간주되고 연구되어야 한다는 학계의 분위기는 차일즈(Childs)의 대표작(magnum opus) 『구약개론』에서 큰 힘을 얻었다. 그는 양식 비평, 편집 비평 등의 공헌을 절대 무시할 수는 없지만 근본적으로 우리가 전수받은 성경의 최종적인 형태와 내용을 포괄적으로 수용하여 메시지를 찾아야 한다고 주장했다. 이렇게 활성화된 "이사야서의 통일성 강조"는 매우 인상적인 결과를 초래했다. 최근에 사이츠(Seitz)는 둠이 이사야서를 삼등분한 것은 "매우 불행한 일"이라고 하는가 하면, 어떤 학자는 "제1, 제2, 제3이사야서는 잘못 붙여진 이름"이라고까지 선언하기에 이른 것이다. 비평학자들의 이러한 이해는 지난 2천여 년 동안 이사야서 전체는 한 저자에 의하여 집필되었고, 한 권으로 간주되며, 한 권으로 해석되어야 한다는 전제하에 책을 연구해 온 보수적인 학자들의 입장과 크게 다르지 않은 것이다. 그러므로 결국 이사야서의 비평학계는 100여 년 만에 제자리로 돌아온 셈이 되고 말았다. 역사주의 비평(historical criticism)이 한계에 도달하면서 새로운 돌파구를 찾으려는 학자들의 갈망은 날이 갈수록 더해갔다.

둠의 학설에 대한 문제 제기는 사해 사본(Dead Sea Scrolls)의 등장과도 어느 정도 연관이 있다. 1947년부터 발굴된 사해 사본들 중에서 완벽하게 보존된 이사야서 두루마리가 발견되었다. 이 사본은 주전 2세기에 제작된 것으로 간주되었으며, 학자들은 둠의 주장을 테스트하는 좋은 기회로 삼았다. 학자들은 둠이 주장한 대로 주전 2세기 중반까지 세 이사야서가 한 권으로 묶여 순환되지 않았다면, 이 사본에 그러한 사실을 암시하는 힌트가 있을 것이라는 기대를 했던 것이다. 특히 39장과 40장 사이에서 무엇인가 발견될 것이라는 생각이 지배적이었다. 그러나 실제로 이렇다 할 단서가 전혀 발견되지 않았다. 39장과 40장 사이에도 증거가 될 만한 것은 아무것도 없었다. 오히려 33장과 34장 사이에 마치 책을 두 부분으로 구분하는 듯한 많은 공간(6줄)이 있을 뿐이었다.

브라운리(Brownlee)는 1960년대에 사해 사본이 33장과 34장 사이에 큰 공간이 있다는 점에서 힌트를 얻어 이사야서의 구조를 1-33장과 34-66장이 테마적으로 평행을 이루고 있다는 "이등분설"(bi-fid structure)을 내놓기에 이르렀다. 에반스(Evans)는 80년대에 그의 주장을 수용했으며, 90년대에 와서는 길리아디(Gileadi)가 자신의 주석에서 그것을 활성화하였다. 물론 브라운리의 주장은 많은 문제를 안고 있다. 그러나 일단 이사야서를 1-39장과 40-66장으로 구분짓던 학계의 정서에 정면으로 도전했다는 점에 그 중요성이 있다. 그리고 80년대에 WBC의 이사야서 주석 집필자 왓츠(Watts)가 자신의 주석을 두 권으로 나눌 때 1-33장과 34-66장으로 구분했다는 점은 이사야서 학계의 미래의 방향을 예고하는 듯한 상징적 의미를 내포한다는 것이 몇몇 학자들의 견해다. 앞으로 출판될 주석들의 상당수가 이사야서를 1-39장, 40-66장으로 구분하지 않고 1-33장, 34-66장으로 구분한다 하더라도 전혀 의아해할 필요가 없다.

역사주의적 비평(historical criticism)의 한계가 드러나면서 이 방법의 학계 평정 시대가 막을 내렸다. 그리고 그 비평의 뒤를 이어, 온 학계를 주도해 나갈 만한 방법은 나타나지 않았다. 설령 그러한 방법이 있다 하더라도 학자들은 더 이상 한두 가지 방법이 학계를 주도해 나가는 것을 용인하려 들지 않을 것이다. 다양성을 미덕으로 생각하는 포스트모던(post–modern)시대의 분위기가 결코 한 가지 방법론이 군림하는 학계를 용납할 수 없기 때문이다.

현 이사야 학계의 지평선에서는 여러 가지 새로운 본문 해석 방법이 떠오르고 있다. 새롭게 부각되는 방법들은 매우 다양하다. 그러나 이 방법들의 공통점이 있다면 과거의 방법들보다 더 많은 관심을 텍스트 자체에 집중한다는 점이다. 또한 새로이 형성되고 있는 방법들 중 대부분은 문예 비평의 영향을 받았다. 과거의 방법들이 저자의 사고와 그의 세계에 관심을 두고 텍스트를 해석했다면, 새로운 방법들은 텍스트 자체와 독자에게 더 큰 비중을 두고 있는 것이다.

이사야 학계는 둠이 제시했던 "세 이사야서" 이후 시대(post–Tripartite Isaiah)를 맞이했다. 물론 모세오경 연구에서 문서설이 더 이상 많은 영향력을 발휘하지 못하고 있지만 아직도 JEDP 용어 체계가 사용되는 것 같이, 앞으로도 제1, 제2, 제3이사야서라는 용어들이 사용될 것이다. 그러나 둠이 이 용어들에 부여한 의미와는 상관없이 사용될 것이다.

현재 이사야 학계는 구약학계 전체와 같이 방법론적인 변화를 경험하고 있다. 물론 혼란스럽게 느껴질 수도 있다. 그러나 변화는 가능성을 의미한다. 특히 다양성을 추구하는 포스트모던의 시대적 분위기가 비(非)서양적(non–Western) 해석과 연구에 정당성을 더하고 있다. 이제는 한국 신학도 세계 기독교 학계에 기여할 수 있는 시대가 되었다. 한국 신학과 정서에 기초한 새로운 해석 방법, 새로운 본문 이해 등이 정정당당하게 세계에 제시될 시대가 온 것이다. 이렇게 흥분된 시대를 살아가는 우리는 참으로 할 일이 많다. 한국 교회가 유능하고 참신한 신학자들을 배출하는 데 많은 기여를 했으면 한다.

3. 역사적 정황

학자들은 이사야가 활동했던 시대 유다를 통치했던 왕들의 연대에 현저한 차이가 존재한다고 문제를 제기한다. 경우에 따라서 학자들 사이에 10년 이상의 차이가 나는데, 이의 문제는 히스기야의 통치를 어떻게 보느냐에 달려 있다. 히스기야는 산헤립이 주전 701년에 유다를 침략했을 때 가까스로 살아남게 된 왕이었다. 그 즈음에 그는 심하게 앓아 누웠으며, 하나님의 특별한 배려로 15년의 수명을 연장받게 된다. 그렇다면 히스기야는 주전 685년 정도까지는 살아 있어야 한다. 성경은 그가 왕이 되었을 때가 북왕국의 호세아가 통치를 시작한 지 3년째 되던 해(730 BC)였으며, 그가 25세였을 때라고 한다. 히스기야는 29년 동안 유다를 통치했다고 하는데(왕하 18:1-2), 만일 그의 29년 통치의 끝맺음을 주전 685년에 맞춘다면 그가 왕으로 취임하던 해는 주전 714년이 된다. 그러나 이 연도는 이미 북왕국이 주전 722년에 멸망했다는 점을 감안할 때 잘 맞지 않는 것이다. 만일 히스기야의 29년 통치를 주전 730년에 시작한 것으로 간주한다면, 그는 701년에 죽어야 한다. 그러나 그렇게 된다면 그가 하나님의 말씀에 따라 생명을 15년 연장받아 주전 687년경에 죽는 것과 맞지 않게 된다. 히스기야의 즉위 기간을 시작과 끝에 맞추는 것에 따라 연대는 현저한 차이를 두며, 그 차이는 어떠한 계산과 방법으로도 설명되지 않는다. 학자들의 견해에 따라 다음과 같이 현저한 차이를 보이게 된다.

왕	Hayes/Hooker	Thiele	Bright	Cogan/ Tadmor
아사랴(웃시야)	785–760(734)	792–740	783–742	785–773

요담	759–744	750–732	750–735	758–743
아하스	743–728	735–716	735–715	743–727
히스기야	727–699	716–687	715–687/6	727–698
므낫세	698–644	697–643	687/6–642	698–642

보수적인 학자들이 가장 선호하는 연대는 딜레(Thiele)의 연대다. 가장 큰 이유는 그의 연대가 고대근동의 역사를 조명하는 일에 있어서 성경에 기록된 정보를 최대한 반영했던 올브라이트(Albright)의 연대와 가장 비슷하기 때문이다. 또한 아시리아 왕 산헤립의 유다 침략(cf. 36–37장) 사건은 지금까지 발굴된 역사적 자료들을 통해 주전 701년에 있었던 일로 밝혀졌으며, 그 사건을 근거로 히스기야가 15년의 수명을 연장받게 된 점을 반영하고 있기 때문이다. 고대근동의 역사적 자료들에서 밝혀진 이사야서와 연관 있는 연대들은 다음과 같다.

사건	연대(주전)
아시리아 왕 디글랏빌레셀 통치	744–727
시리아–이스라엘 대 유다 전쟁	734–732
아시리아 왕 살만에셀(Shalmaneser V) 통치	726–722
아시리아 왕 사르곤(Sargon II) 통치	721–705
히스기야가 앓아 누움	704
바빌론의 므로닥발라단 왕의 사절단 방문	703
북왕국 이스라엘의 멸망	722
아시리아 왕 산헤립 통치	704–681
산헤립의 유다 공략	701

이사야가 사역한 주전 8세기말 근동 지역에서는 아시리아가 제국을 형성하며 군림하고 있었다. 아시리아는 다른 민족들에게 매우 혹독한 정책을 펼쳤던 것으로 알려져 있다. 그들은 정복하는 곳마다 민족성을 말살시키려고 갖은 노력을 했다. 그러다 보니 많은 악을 자행하게 되었으며, 그들의 만행과 잔인성은 전 근동 지역에 잘 알려진 사실이었

다. 아시리아 군은 정복한 나라의 임신부들의 배를 갈라 아이를 죽이기도 하고, 산 사람의 가죽을 벗기기도 하였으며, 날카로운 창을 세워 둔 다음 그 위에 사람을 매달아 놓은 끈을 조금씩 풀어서 창에 묶인 사람의 항문에서부터 등까지 관통하도록 하여 극한의 고통 속에서 죽어 가도록 했다. 그러므로 혹 한 나라가 아시리아에 대하여 반역을 꾀하려면 최악의 경우를 각오해야만 했다.

이 시대 유다의 영적 삶은 완전히 초비상 상태에 접어들었다. 나라의 주체성을 위협하고 국가 종교를 뿌리째 흔들어 놓는 상황이 전개되고 있었던 것이다. 특히 여호와를 유일신으로 인정하지 않고 동시에 다른 신들을 섬기는 영적 혼합주의(syncretism)가 자리를 굳히고 있었다. 이러한 영적 몰락은 주전 722년에 북왕국을 멸망시키고 남왕국의 생존까지 위협하게 되었다. 그러나 유다 사람들은 그들의 자매 나라의 운명에서 그 어떠한 교훈도 배우지 못했다. 회개하고 여호와께 돌아오지 않았던 것이다.

이러한 영적 분위기는 아하스 왕이 아시리아의 신들을 숭배하면서 더 악화되었다. 시내 산 언약을 중심으로 이루어졌던 유다 종교의 도덕적, 종교적, 사회적 책임 등은 점점 잊혀져 갔다. 유다 사람들의 종교생활에서 여호와는 단순히 유다 땅의 수호신으로 군림할 뿐이며, 그의 축복과 보호를 받기 위해서는 모세오경에 기록된 예배 의식에 따라 절기를 잘 지키고 헌물을 잘 드리기만 하면 된다는 생각이 자리를 잡았다(cf. 사 1:10-20). 이 불미스러운 영적 불이 타오를 때 옆에서 부채질하는 요인들이 있었다. 바로 잘못된 신학들이었다. 무엇보다도 시온의 불가침(inviolability)설과 다윗 언약의 영원 불변성이 가장 큰 걸림돌이 되었다.

첫째, 시온의 불가침 사상을 생각해 보자. 이스라엘 사람들은 자신들의 영적 생활이나 상태와는 상관 없이 예루살렘은 결코 적군에게 망할 리 없다는 안일하다 못해 교만한 생각에 사로잡혀 있었다. 예루살렘은 여호와의 성전이 있는 곳이므로 결코 어떤 상황에서도 무너지지 않을 것이라고 자부했던 것이다. 여호와가 지킬 것이기 때문이었다. 실제로 마치 이러한 설을 뒷받침이나 하듯 예루살렘은 적은 수로도 많은 군대를 물리칠 수 있는 천연의 요새였다.

둘째, 다윗 언약의 영원 불변성을 생각해 보자. 예루살렘이 결코 무너질 수 없는 또 하나의 이유는 하나님이 다윗에게 주신 언약 때문이었다(cf. 삼하 7장). 그들은 다윗과 그의 후손이 영원히 이스라엘을 통치한다는 의미는, 중간에 공백 기간이 없이 다윗 왕조가 지속되는 것을 말한다고 생각했던 것이다. 그래서 그들은 하나님이 다윗과의 약속을 지키기 위해서라도 결코 예루살렘을 망하게 하지 않으리라 확신했던 것이다. 나라의 존재 여부가 더 이상 광야에서 세워진 언약에 근거한 것이 아니라, 다윗에게 주어진 무조건적인 약속에 근거를 둔 것으로 생각하게 되었던 것이다.

물론 모두 옳은 주장이다. 그러나 이들의 가장 기본적인 문제는 이 모든 것이 여호와와 그들의 관계가 정상적일 때에만 가능하다는 사실을 무시한 채 자신들이 편리한 대로 하나님이 주신 축복과 약속을 해석하고 이용했다는 점이다. 일종의 영적 편식이었던 것이다. 자신들의 책임은 나 몰라라 하고, 오직 하나님의 보호와 은혜만을 기대하는 이기주의적 신학 사상인 것이다. 그러나 그들의 문제가 진정 그들에게만 제한된 문제는 아닐 것이다. 역사는 오늘도 되풀이되고 있다. 우리 주변에도 '입'과 '머리'만 살아 있는 자들이 얼마나 많은가! 이사야 시대에 국제 정세가 급속히 악화되면서 "여호와께서 다윗과 맺으신 언약이 이 나라의 장래를 보장하겠는가?"라는 질문이 사람들 사이에서 일기 시작했다.

이사야는 웃시야 왕이 죽던 해에 사역을 시작했다(6:1). 유다는 웃시야 왕의 통치 하에 획기적인 경제 부흥을 경험했다(cf. 대하 26:6-15). 웃시야의 통치는 주전 792-740년 동안 지속되었으며(Thiele), 이 기간 동안 유다는 안정적인 정치를 기반으로 모든 분야에서 눈부신 발전을 누릴 수 있었다. 유다가 이 시대에 이처럼 놀라운 성장을 이룬 것은 당시 근동의 슈퍼파워였던 아시리아의 내부적 갈등이 일조했기 때문이었다. 웃시야가 유다를 다스리는 동안 아시리아를 지배했던 살만에셀(Shalmaneser IV, 783–773 BC), 아술단(Asshur–dan III, 773–754 BC) 아술니라리(Asshur–nirari V, 754–746 BC) 등은 매우 약한 리더십을 소유한 왕들이었다(Smith). 게다가 기근, 반역 등이 끊이지 않으므로 아시리아는 국제적인 무대로 눈을 돌릴 여력이 없었다. 이 같은 상황이 웃시야가 마음껏 활동할 수 있는 여건을 조성해 주었던 것이다.

웃시야는 경제적 부흥에 박차를 가하기 위하여 엘랏이라는 항구를 새로이 개발했으며(왕하 14:22) 농업을 적극적으로 권장했다(cf. 대하 26:10). 이스라엘의 경제가 부흥하자 웃시야는 예루살렘 성벽과 성문들을 수리했고(대하 26:9), 30만명 이상의 훈련된 정예군을 두었다(대하 26:13). 또 온갖 새 무기도 만들었다. 히스기야는 국제무대에서도 유다의 입지를 구축하고자 했다. 그는 블레셋, 마온 사람들(Meunites), 아랍 사람들, 암몬 지역 등을 쳐서 복속시켰다(대하 26:6–8). 성경은 웃시야의 성공적인 통치에 대한 신학적인 이유를, 그가 스가랴 선지자를 통해 선포된 하나님의 말씀에 순종했기 때문이라고 한다(cf. 대하 26:5). 하나님이 순종하는 웃시야를 축복하신 것이다.

그러나 웃시야는 말년에 문둥병에 걸려 비참한 종말을 맞이한다. 그는 왜 문둥병을 앓게 되었는가? 제사장 역할을 자신이 하겠다고 고집하다가 하나님께 심판을 받았다! 그의 일을 생각하면 매우 안타깝다. 통치 초기의 그는 열심히 여호와를 섬기던 왕이었기 때문이다. 그랬던 그가 자신의 분수와 위치를 망각하고 다른 것을 넘보자 이러한 운명을 맞게 되었던 것이다.

이어 이사야는 요담 왕(750–732 BC) 시대에도 사역했다. 요담은 문둥병을 앓은 아버지 웃시야와 함께 통치했고, 나중에는 그의 아들 아하스와 함께 통치했던 것으로 알려졌다(Thiele). 요담은 물질적으로는 풍요로운, 그러나 도덕적으로나 종교적으로는 타락한 나라를 물려받았다. 요담은 이렇다 할 획기적인 종교개혁을 시도하지 않았고, 계속 악화되어 가는 유다의 영성을 방관하기만 했다. 요담의 뒤를 이어 왕이 된 아하스(735-716 BC)는 종교적으로 매우 타락한 왕이었다. 이런 불신이 유다가 당면하고 있던 국제적 문제의 원인이 되었다. 역대기 저자는 아하스의 통치에 대하여 다음과 같이 기록하고 있다.

> 1 아하스가 왕위에 오를 때에 나이가 이십 세라 예루살렘에서 십육 년 동
> 안 다스렸으나 그의 조상 다윗과 같지 아니하여 여호와 보시기에 정직하
> 게 행하지 아니하고 2 이스라엘 왕들의 길로 행하여 바알들의 우상을 부
> 어 만들고 3 또 힌놈의 아들 골짜기에서 분향하고 여호와께서 이스라엘
> 자손 앞에서 쫓아내신 이방 사람들의 가증한 일을 본받아 그의 자녀들을
> 불사르고 4 또 산당과 작은 산 위와 모든 푸른 나무 아래에서 제사를 드
> 리며 분향하니라 5 그러므로 그의 하나님 여호와께서 그를 아람 왕의 손
> 에 넘기시매 그들이 쳐서 심히 많은 무리를 사로잡아 다메섹으로 갔으며
> 또 이스라엘 왕의 손에 넘기시매 그가 쳐서 크게 살륙하였으니 6 이는 그
> 의 조상들의 하나님 여호와를 버렸음이라 르말랴의 아들 베가가 유다에
> 서 하루 동안에 용사 십이만 명을 죽였으며 7 에브라임의 용사 시그리는
> 왕의 아들 마아세야와 궁내대신 아스리감과 총리대신 엘가나를 죽였더라
> (대하 28:1-7).

아하스는 또한 하나님의 약속이 아니라 자신의 정치적 능력과 활동에 나라의 운명을 맡긴 사람이었다. 그는 시리아 왕 르신과 이스라엘 왕 베가가 연합군을 형성하여 주전 738년부터 가나안 국가 대부분에게 씌워진 아시리아의 멍에를 벗어버리고 독립국이 되자는 계획에 동조할 것을 요청하자, 이를 거부하고 독자적으로 친아시리아 정책을 펴

나갔다. 당시 유다는 아시리아의 종속국이 아니었기 때문에 이들의 계획에 동조할 필요를 느끼지 못했던 것이다. 그러자 시리아와 이스라엘은 아하스를 몰아내고 그의 자리에 다른 인물을 세우고자 유다를 침략했다. 이에 아하스는 무척 두려워했다(7장). 선지자 이사야가 그를 찾아가서 두려워 말라고 권면하지만 그는 선지자와 그의 하나님을 무시하고 아시리아의 왕 디글랏빌레셀(Tiglath-pileser)에게 사신과 돈을 보내 도움을 청했다(대하 28:16). 디글랏이 그를 도와(왕하 16:7) 다마스쿠스를 파괴하고 북왕국 이스라엘에게는 엄청난 벌금을 요구했다(cf. 왕하 15:29; 16:7-9; 대하 28:19; 사 8:7-8). 또한, 욕심 많은 디글랏은 아하스와 유다마저도 속국으로 삼아 조공을 바칠 것을 요구했다(대하 28:20-21). 훗날 호세아 왕이 아시리아에게 조공을 바치지 않자 디글랏의 아들 살만에셀(Shalmaneser V, 727-722 BC)이 주전 725년에 북왕국을 점령하고 사마리아를 포위했다. 사마리아가 포위된 상황에서 살만에셀이 죽고 그의 아들 사르곤(Sargon II)이 대를 이었으며, 그는 주전 722년에 사마리아를 완전히 초토화시켰고 백성들을 강제로 끌고 갔다. 이때 이스라엘 백성 중 많은 사람들이 아시리아의 진노를 피해 남왕국 유다로 피난해 왔다. 얼마나 많은 사람이 이주해 왔는지 이때 유다의 인구수가 상당히 늘었다고 한다(Broshi).

히스기야(716-687 BC) 왕은 이사야서에서 마지막으로 모습을 드러내는 유다의 왕이다. 히스기야는 하나님을 경외하는 왕이었으며 정치적으로나 개인적으로 어려운 시대에 이사야를 찾으며 하나님의 뜻을 구한 믿음의 모범이 되는 왕이었다. 그는 대대적인 종교개혁을 추진했다(왕하 18:4, 22). 망해 버린 북왕국 백성을 예루살렘으로 초대하여 성대하게 지킨 유월절(대하 30장) 행사는 히스기야의 하나님을 향한 믿음을 드러내는 대표적인 사건이었다.

히스기야는 아시리아 왕 사르곤(Sargon II, 721-705 BC)에게 조공을 바쳤다. 사르곤이 죽자 이집트의 "군사적 도움 약속"에 힘입어 블레셋과 합세하여 아시리아에 반역했다(왕하 18:7). 그러자 사르곤의 아들 산헤립(Sennacherib)이 주전 703–701년에 유다 땅을 침범했고 46개 도시를 점령했다. 산헤립은 한 문서에서 이때의 일을 이렇게 기록하고 있다. "유다 왕 히스기야는 나에게 반기를 들었으며 그 대가로 내가 46개 도시를 빼앗았고 20만 150명과 수없이 많은 짐승을 노획물로 접수했다"(ANET). 그러나 산헤립은 히스기야의 항복을 받지 못한 것이 확실하다. 산헤립은 다음과 같이 회고한다. "나는 새를 새장에 가두듯이 히스기야를 예루살렘에 가두었다. 성 둘레로 파수꾼들을 세워 그 누구든 성을 빠져 나오는 자는 다 죽였다." 그러나 정작 그가 성읍에 들어갔다는 기록은 없다. 학자들은 일반적으로 매우 과장이 심했던 그 당시 기록의 성향을 감안할 때 산헤립이 예루살렘에 입성하지 못했던 것이 분명하다고 생각한다.

4. 신학적 이슈들

이사야서를 정확하게 해석하려면 여러 가지 신학적 이슈들에 대한 이해가 필요하다. 그중 몇 가지를 정리해 보자.

(1) 7장과 36–39장의 관계

이사야는 웃시야, 요담, 아하스, 히스기야, 므낫세 등 유다의 여러 왕들이 군림하던 시대에 사역했지만, 유독 아하스(7장)와 히스기야(36–39장)에 대해서만 자세하게 언급한다. 또한 이 두 왕의 이야기는 여러 가지 공통점과 차이점을 공유하는 한 쌍(pair)이 되어 이사야가 전하고자 하는 중요한 메시지를 구성하고 있다. 두 이야기의 가장 기본적인 공통점은 이야기가 같은 장소에서 진행된다는 점이다. 7:3은 "윗못 수도 끝 세탁자의 밭 큰 길"을 언급한다. 36:2 역시 "윗못 수도 곁 세탁자의 밭 큰 길"이라는 구체적인 장소를 회고한다. 이 장소는 두 이야기의 진행에 있어서 중요한 위치를 차지한다. 이 장소가 예루살렘 포위와 연관이 있기 때문이다. 또한 이 장소는 두 이야기를 대조하는 계기를 제공하기도 한다.

더 나아가 콘라드(Conrad)는 이 두 왕의 이야기를 "두려워 말라"라는 "전쟁 오라클"(war oracle)의 한 부분으로 연구한 후, 서로 많은 연관성이 있음을 밝혔다. 그의 연구 결과 중 주목할 만한 점은 히스기야 이야기에서 중요한 발언들을 하는 랍사게(cf. 36장)가 10장에 기록되어 있는 아시리아 사람들의 교만을 그대로 드러내고 있다는 것이다. 그는 다음과 같은 공통점을 발견했다.

1. 두 이야기 속에서 모두 유다 땅이 외국군에게 침략을 받았으며 이 외국군은 예루살렘을 위협하고 있다.
2. 유다의 왕 아하스와 히스기야에게 이러한 사실이 전해지자 그들은 심히 두려워한다.
3. 이러한 군대를 통한 예루살렘 성읍의 위협과 왕들의 두려움에 대응하여 이사야가 "두려워 말라"는 위로의 메시지를 두 왕에게 전한다.
4. 두 왕에게 하나님의 계획이 그대로 이루어질 것을 보장하는 징표(אוֹת)가 주어진다(7:10-16; 37:30-32). 히스기야에게는 또 하나의 징표가 주어지며(38:7) 그는 또 다른 하나의 징표를 구한다(38:22).
5. 왕과 예루살렘 성은 화를 면한다. 그러나 두 이야기 모두 불길한 선언으로 끝을 맺는다. 두 이야기를 맺으면서 이사야는 지금 이 왕들이 당면하고 있는 위기보다 훨씬 더 큰 위기가 침략하는 왕들에 의하여 올 것임을 선언한다.

이 외에 콘라드는 히스기야 이야기에서 선포되는 여러 가지 사항들이 아하스 이야기에서 예상되고 있음을 포착했다. 첫째, 아시리아 군에 의한 유다의 파괴가 아하스 이야기(7:14-25)에 예고되었으며 다시 한 번 하나님이 이사야에게 확인시킨 적이 있다(8:6-8). 둘째, 랍사게가 백성들의 마음을 동요시키기 위하여 "여호와가 보내서 왔다"라고 발언한 것(36:10)은 하나님이 "나의 진노의 막대기 아시리아의 왕"을 보내서 유다를 파괴하고 노략하게 하겠다는 말씀(10:5-6)의 성취다. 셋째, 아시리아 왕의 "혹시 히스기야가 너희에게 이르기를 여호와께서 우리를 건지시리라 할지라도 속지 말라. 열국의 신들 중에 자기의 땅을 앗수르 왕의 손에서 건진 자가 있느냐… 열방의 신들 중에 어떤 신이 자기의 나라를 내 손에서 건져냈기에 여호와가 능히 예루살렘을 내 손에서 건지겠느냐 하셨느니라"(cf. 36:18-20; 37:10-13)라는 교만한 발언은 산헤립이 등장하기 오래 전인 10:8-14에 이미 예고되었다. 넷째, 여호와의 아시리아에 대한 심판 선포(37:22-29)는 아하스 이야기에서 예고되었다(10:15-19). 마지막으로 10:15-19의 여호와의 선포(특히 16절)는 37:36-38에서 언급되는 아시리아 왕의 멸망을 예측하고 있다.

이와 같은 아하스, 히스기야 이야기의 공통점은 이 두 이야기를 함께 읽혀지게 하려는 저자의 의도였던 것으로 간주된다. 물론 서론에서 살펴 보았듯이 각 사건은 본문의 주변 상황 속에서 중요한 역할을 하고 있다. 그러나 동시에 이 두 사건은 많은 공통점을 지닌 한 쌍의 이야기로서 이사야서의 전체적인 기록 목적을 암시하는 듯하다.

이 두 이야기는 많은 공통점을 지니고 있기도 하지만 차이점도 많다. 가장 큰 차이점은 등장인물들이 어떻게 묘사되는가 하는 것이다. 유다의 왕들—히스기야와 아하스—과 침략군의 왕들—르신과 베가, 그리고 랍사게의 발언을 통하여 묘사되는 산헤립—의 모습이 대조를 이루고 있다. 36-39장에 등장하는 산헤립과 히스기야는 확실한 주연(fully developed characters 혹은 rounded character)으로서 무대 중앙에서 대사 분량도 많다. 반면에 르신과 베가는 무대에 등장도 못한다. 이 두 왕들의 무기력함은 아하스 이야기의 첫 부분에 언급된다. "웃시야의 손자요 요담의 아들인 유다 왕 아하스 때에 아람의 르신 왕과 르말리야의 아들 이스라엘의 베가 왕이 올라와서 예루살렘을 쳤으나 능히 이기지 못하니라"(7:1). 비록 연합군을 이끌고 예루살렘으로 쳐들어왔지만 이들의 위협은 그다지 심각한 것이 아니었다. 이것을 이야기의 첫 부분에서 밝히는 것은 그만큼 이들의 침략은 볼품없었을 뿐만 아니라 이 침략을 주도한 자들도 중요한 인물이 못 된다는 것을 의미한다.

위 왕들과 대조를 이루고 있는 산헤립과 히스기야가 본문에서 어떻게 묘사되고 있는가를 생각해 보자. 히스기야 이야기의 첫 부분부터 산헤립은 그의 대변인 랍사게를 통하여 무대의 중앙을 장악하며 사건을 주도하고 있다. 그는 히스기야와 예루살렘 거주민들에게 항복을 권할 뿐만 아니라 자신은 그들이 섬기는 여호와의 명령을 받고 이 땅을 침략했다고 주장한다(36:4-10). 그는 또한 예루살렘 사람들에게 히스기야에게 속지 말라고 경고한다(36:14-17). 더 나아가 산헤립은 유다 주민들에게 여호와께 속지 말라는 망언을 한다(36:18-20). 그러다가 에티오피아 왕 디르하가가 자신을 대적해서 싸우러 온다는 전갈을 받고 산헤립은 예루살렘 포위를 포기해야 했다(37:8-9). 그러나 그는 조용히 물러간 것이 아니라 히스기야에게 여호와께 속지 말라고 권면하고 떠난다(37:10-13). 즉, 그는 많은 양의 대사를 소화하고 무대에서 내려오는 것이다. 랍사게, 르신과 비교될 수 없는 주요 등장인물이다.

히스기야 역시 아하스보다 훨씬 더 활동적이다. 아하스는 등장 후 겨우 한 마디만 하고 무대에서 내려온다. "나는 구하지 아니하겠나이다. 나는 여호와를 시험하지 아니하겠나이다"(7:12). 반면에, 아시리아의 위협을 전해 들은 히스기야는 성전을 통하여 하나님께 나아가고(37:1), 이사야에게 메시지를 보낸다(37:2-4). 이사야로부터 메시지를 전해 들은 그는 다시 성전을 찾으며, 산헤립의 위협이 서신을 통하여 새로이 제시될 때 그는 하나님께 기도한다(37:16-20). 또한 질병으로 죽게 되었을 때도 여호와께 눈물로 기도함으로(38:3) 자신의 생명을 15년간 연장시킨다(38:5). 또한 회복의 약속이 주어졌을 때 그는 잠잠치 않고 여호와께 감사의 노래를 드린다(38:10-20). 아하스는 하나님이 허락하시는 하나의 징표를 거부했다(7:12). 히스기야는 징표를 받고도 (38:38:7-8) 또 하나의 징표를 원한다(38:22). 아하스는 한 마디의 대사 후 즉시 무대에서 사라지지만 히스기야는 이야기의 마지막 대사까지 다하고 무대에서 내려온다(39:8). 그러므로 산헤립과 히스기야는 둘 다 베가, 르신, 그리고 아하스보다 이야기의 세계 속에서 더 중요한 위치에 있는 것이다.

두 사건을 묶고 있는 또 하나의 단서가 38:8에서 발견된다. 이사야가 히스기야가 죽지 않고 다시 회복될 것이라고 선포한 후 그에게 징표로 주는 것은 "아하스의 해시계에 나아갔던 해 그림자를 뒤로 십 도를 물러가게 하는 것"이었다. 정확히 해시계가 어떤 것인지, 이 해시계가 시간의 흐름을 어떻게 표시했는지 알 수는 없다. 필자가 질문하고 싶은 것은 "하필이면 왜 '아하스'의 해시계인가?"라는 점이다. 물론 우연의 일치라 생각할 수도 있다. 이 해시계는 히스기야의 아버지 아하스 시대에 만들어졌던 것이기 때문에 그의 이름과 연결하여 언급되고 있다고 생각할 수도 있다.

반면에 우연이 아닐 수도 있음을 배제할 수는 없다. 이사야서 구조에서 이 두 사건은 매우 중요한 역할을 한다. 이 상황에서 간단히 "앞뜰에 있는" 해시계라 할 수도 있는데 구체적으로 "아하스의" 해시계라고 밝히는 것은 저자가 다른 의도를 밝히고 있는 듯하다. 아하스의 해시계가 십 도 되돌아가는 것은 마치 아하스의 불신으로 시작된 하나님의 심판이 잠시 동안 보류되었다는 것을 암시한다. 그러나 뒤로 돌아간 해시계의 그림자가 그 순간부터 다시 지기 시작하는 해의 움직임을 알려주는 것과 같이 유다에 임할 하나님의 심판 역시 계속 그 시간을 향해 가고 있음을 의미한다.

만약에 본문에서 이러한 해석이 여기에서만 가능하다면 너무 비약이라는 비평이 있을 만하다. 그러나 히스기야의 생명 연장을 생각해 보자. 먼저 놀라운 점은 히스기야는 자신의 생명 연장을 위하여 기도했는데 이사야를 통하여 전해진 하나님의 응답은 그의 생명뿐만 아니라 예루살렘의 생명까지 연장해 주고 있다는 점이다. "내가 네 기도를 들었고 네 눈물을 보았노라. 내가 네 수한에 십오 년을 더하고 너와 이 성을 앗수르 왕의 손에서 건져내겠고 내가 또 이 성을 보호하리라"(38:5-6). 이 발언에 근거해서 많은 학자들이 히스기야의 질병과 회복은 예루살렘 운명의 모형(type)이라고 생각한다(Seitz). 그러나 여기서 중요한 것은 왜 "15년인가?"하는 점이다. 간단히 "회복하리라"로 끝날 수 있었을 텐데 구체적으로 15년을 언급한 이유는 무엇일까?

이는 히스기야의 운명과 예루살렘의 운명이 모형적으로(typologically) 묶여 있기 때문이다. 1장에서부터 계속 선포된 내용을 살펴보면 유다는 이미 돌이킬 수 없는 운명에 접어들었다. 이 나라의 미래에 다가올 것은 오직 심판뿐이다. 그러므로 히스기야의 믿음은 다가오는 심판을 잠깐 보류할 수는 있어도 완전히 없앨 수는 없다. 15년의 새 삶을 받았지만 그 15년이 지나면 어떻게 되는가? 또한 연장된 15년은 이 말씀을 받는 순간부터 또 흐르기 시작하지 않는가? 이와 같이 예루살렘의 운명은 잠시 동안은 화를 면하지만, 하나님이 이미 오래 전부터 선포하신 심판이 장차 이 성읍에 꼭 임할 것임을 암시한다.

이 두 왕의 이야기에서 드러나는 차이점들이 강조하는 것은 비록 이 두 이야기가 다같이 외부군의 침략에 의하여 발단이 되는 공통점을 지녔지만 그 강도(強度)에 있어서는 비교될 수 없는 차이를 지녔다는 점이다. 이사야서는 아시리아 군의 침략이 시리아-에브라임(이스라엘) 연합군의 침략보다 훨씬 더 심각한 위기를 가져왔던 사건이었다고 표현하고 있다. 그러므로 이 두 사건을 통하여 가르치고자 하는 점은 확실하다. 여호와를 의지하지 않은 자(viz., 아하스)는 심각하지 않은 위기 앞에서도 그의 마음이 "숲이 바람에 흔들림 같이 흔들렸던 것"(7:2)을 체험했다. 반면에 여호와를 신뢰하고 의지한 자(viz., 히스기야)는 유다가 국가적으로 큰 위기를 맞이했을 때도 전혀 요동하지 않았는데 이는 하나님이 그를 보호하셨기 때문이었다는 점이 분명히 드러나고 있다. 선지자는 아하스와 히스기야 이야기를 통해 유다를 통치하고 있는 다윗 왕조에게 있어 하나님을 의지하는 일이 얼마나 중요한 것인가를 강조하고 있는 것이다.

(2) 선지자의 소명(6장)

선지자들은 보통 책의 첫머리에 하나님께 받은 소명을 언급한다. 그런데 이사야의 경우에는 6장에 가서야 자신이 어떻게 소명을 받았는가를 회고한다. 이사야서는 왜 6장에 가서야 소명에 대해 언급하는 것일까? 일부 주석가들이 주장하는 것처럼 사본을 필사하는 과정에서 실수로 순서가 뒤바뀐 것일까? 아니면 이것이 이사야가 선지자 사역을 시작한 지 한참 지난 후 있었던 재(再)소명일까?

모든 것을 고려할 때 6장은 선지자가 사역을 시작하기 전에 받았던 소명을 회고하고 있는 것이 확실하다. 그렇다면 왜 이사야의 소명이 1장이 아니라 6장에 가서야 실려 있는 것일까? 이는 무엇보다도 선지자의 소명이 너무 충격적이기 때문에 소명의 배경적인 설명(1-5장)이 필요해서다. 하나님이 선지자에게 주신 소명의 근본적인 문제는 그분의 백성들에게 회개할 기회조차도 주지 않으시고, 심판이 계획되었으니 백성들로 하여금 그들의 하나님께로 돌아오는 것을 막으라는 여호와의 일방적이고 확고부동(確固不動)한 의지에 있다.

하나님의 강한 의지는 이사야서를 읽어 내려가는 독자들에게 심각한 신학적 질문들을 낳게 한다. 하나님은 이스라엘이 회개하는 것을 원하지 않으시는가? 만약에 그렇다면, 이스라엘의 죄가 얼마나 심각하기에 하나님이 그들에게 아예 회개할 기회조차도 주지 않으시는가? 이사야 선지자에게 주시는 이 소명은 구약 성경의 다른 곳에서 묘사되고 있는 무한한 용서와 자비의 하나님의 이미지를 손상시키고 있는 것은 아닌가? 1-5장의 내용이 선지자가 플롯 제시(plot presentation)를 하는 단계에서 어떤 위치를 차지하고 있는가를 파악한다면 이와 같은 질문들은 아주 적절한 답을 통하여 해결될 수 있을 것이다. 따라서 1-5장과 6장의 관계를 생각해 볼 필요가 있다.

'하나님은 왜 이스라엘이 회개하는 것을 원하지 않으시는가?' 하는 질문을 생각해 보자. 선지자는 책이 시작되는 1장에서 이 백성이 회개하고 돌아오기만 하면 여호와께서는 분명히 용서와 자비로 그들을 대하실 것을 강조한다. 선지자는 책의 서두에서 이스라엘이 마치 평생을 사랑과 은혜로 양육해 온 부모에게 등을 돌리는 반역하는 자식과 같이 그들의 은인이신 여호와께로부터 등을 돌렸다고 했다(1:2-4). 이 일은 자연의 이치에도 어긋날 정도로 어이없는 일이라는 것이 여호와의 평가였다(1:3). 이들의 반역은 그들과 그들의 영토까지 황폐하게 하는 결과를 초래하였다(1:5-9).

이 같은 상황에서 그들은 여호와께 제물을 드리고, 종교적인 모임을 갖고, 심지어 기도까지 해 보았지만 하나님은 이들의 모든 종교 행위를 가증스러운 것으로 여기셨다(1:10-15). 의로운 삶이 동반되지 않는 종교 행위는 여호와 종교를 부적과 같이 사용하는 것과 같기 때문이다. 그러므로 이들의 종교 행위는 여호와의 인격을 완전히 모독하는 것과 다름없었다. 그러나 하나님은 이러한 모독을 당하시면서도 그들이 돌아오기를 간절히 바라셨다. "오라 우리가 서로 변론하자 너희의 죄가 주홍 같을지라도 눈과 같이 희어질 것이요, 진홍 같이 붉을지라도 양털 같이 희게 되리라"(1:18).

하나님은 이들을 이미 이 땅에서 포로로 내보낼 것을 작정하셨음에도 불구하고, 이 순간에라도 그들이 회개하고 돌아온다면 그들은 "땅의 아름다운 소산을 먹을 것"을 약속하신다(1:19). 이와 같은 선언은 아직도 심판을 피할 수 있는 길이 열려 있음을 의미한다. 또한 1-5장이 거의 모두 다가오는 심판을 경고하고 있지만, 중간에 작은 회복과 소망의 메시지가 비치는 것은 분명 회개를 유도하려는 목적도 포함하고 있음이 분명하다(1:25-27; 2:2-4; 4:2-6). 만약에 여호와께서 이들을 용서할 의향도 없으면서 이러한 메시지를 주셨다면 하나님은 이사야의 청중들을 우롱하고 계신 것이다.

하나님이 이 백성을 용서할 뜻을 가지고 있으시다는 것은 1-5장에 전개되어 있는 경고들이 갖는 역할을 통해서도 역력하게 드러난다. 여호와께서 백성들에게 다가오는 심판에 대하여 경고하시는 목적은 무엇인가? 단순히 이들의 운명에 대하여 미리 예언하시고자 한 것뿐인가? 그렇지 않다. 그들로 하여금 회개하도록 하여 깨어진 관계를 회복하려는 목적에서 경고하신다. 만약에 하나님이 백성들의 회개를 전혀 바라지 않으시면서 미래의 심판에 대하여 말씀하신다면 하나님은 성경의 다른 부분에서 비쳐지는 것과는 달리 아주 잔인한 징벌의 신에 불과하다. 만일 하나님이 진정 이스라엘 백성의 회개를 원하시는 분이라 한다면, 이스라엘의 죄가 얼마나 심각하기에 하나님은 그들에게 아예 회개할 기회조차도 주지 않으시는 것인가? 이 질문에 대한 선지자의 답은 확고부동하다. 이스라엘은 소돔과 고모라를 방불케 할 정도로 심각하게 부패했으며, 소돔과 고모라의 모든 사람들이 타락한 것같이 이스라엘의 남녀노소 모두가 범죄했다는 것이다(1:10). 여호와의 영광으로 가득 차야 할 이스라엘 땅이(cf. 6:3; 2:2-4) 온갖 가증스럽고 하나님이 싫어하는 것으로 가득 찼다(2:6-9a). 여호와께서는 가장 좋은 땅에 가장 좋은 포도나무 종자를 심고 정성스럽게 그 나무들을 가꾸며 좋은 포도가 생산되기를 기대하는 농부처럼 이스라엘을 보살폈다(cf. 5:1-7). 그러나 하나님의 기대와는 달리 이스라엘은 악과 폭행으로 가득 찬 들포도를 생산할 뿐이었다(5:4; cf. 5:8-24).

들포도는 질이 좋지 못한 포도보다 더 나쁘다. 들포도는 사람의 보살핌이 없이도 저절로 자라고 열매를 맺는다. 그렇다면 이스라엘이라는 포도나무가 "들포도"를 맺은 것은 농부인 하나님의 모든 정성과 노력을 완전히 시간 낭비로 돌려버리는 일이다. 이 일은 하나님의 사역에 대한 모독이다. 그러므로 포도원 비유를 통해 선지자는 이스라엘의 죄의 심각성을 극적으로 묘사한다. 이들의 죄가 얼마나 큰지 선지자는 하나님께 탄원한다. "그들[이스라엘]을 용서하지 마옵소서"(2:9). 선지자는 이스라엘 죄의 심각성을 생각할 때 결코 하나님이 그들을 용서해서는 안 된다고 생각하는 것이다. 만약에 이런 자들을 용서하시면 공의와 정의의 하나님으로 알려진 여호와의 명예가 훼손되기 때문이다.

선지자의 발언은 이스라엘의 타락이 어느 정도인지를 극명하게 드러내고 있다. 이스라엘의 타락의 정도는 더 이상 하나님의 용서를 바랄 수 없을 정도가 되어 버렸던 것이다. 이러한 상황은 또한 1장에서 하나님이 이스라엘을 칭하는 단어의 변화에서도 역력히 드러난다. 하나님은 1:2에서 이스라엘을 "내가 양육한 자식들", 1:3에서는 "나의 백성"으로 부르신다. 사랑과 애정의 표현들이다. 그러나 1:24에 와서는 "나의 대적들", "나의 원수들"이라 부르신다. 어느새 이스라엘은 하나님의 백성이 아니라 원수가 되어 있었던 것이다. 모두가 그들의 죄 때문이다.

이와 같은 맥락에서 1-5장을 이해하고 해석할 때, 6장에서 선지자 이사야에게 주어지는 여호와의 일방적인 "회개하지 못하도록 하라"는 소명에 대해 이 책을 읽어내려 가는 독자들은 특별한 거부 반응을 보이지 않고 이를 기꺼이 수용할 수 있게 되는 것이다. 하나님은 모든 가능한 방법을 동원해서 이들을 돌이키려 하셨지만, 자신의 죄를 회개할 필요를 못 느끼는 자들에게는 아무런 도움이 되지 못했다. 그러므로 이들의 미래에는 심판만이 기다리고 있을 뿐이다. 그 심판을 속히 진행하기 위하여 하나님은 이들이 회개하고 돌아오는 것을 원하지 않으셨던 것이다.

그렇다고 해서 모든 것이 절망적인 것은 아니다. 마치 모든 것이 불타 까맣게 변해 버린 숲에 생기 가득한 새싹들이 파릇파릇 솟아나오듯, 심판이 휩쓸고 간 자리에 회복을 기대하는 소망이 싹튼다. 선지자를 통하여 혹독한 심판이 선언된 직후 여호와께서는 "밤나무와 상수리나무가 베임을 당하여도 그 그루터기는 남아 있는 것 같이 거룩한 씨가 이 땅의 그루터기니라"라는 소망을 주셨다(6:13). 하나님은 심판을 위한 심판을 염두에 두지 않으신 것이다. 심판이 지난 후 이스라엘을 회복하시려는 하나님의 계획은 이미 1:21-27에 잘 묘사되어 있다. 먼저 이 부분의 구조를 살펴보자.

내용	인칭
A. 시온이 창녀가 되었다(21절)	3
B. 너희와 너희 지도자들은 모두 썩었다(22-23절)	2
C. 해결책: 그러므로 내가 심판하리라(24절)	1
B′. 너희는 회복되리라(25-26절)	2
A′. 시온이 구속되리라(27절)	3

위 텍스트는 분명히 심판을 중심으로 형성되었다(C). 그러나 중요한 것은 이 심판이 가져오는 결과다. 이스라엘의 부패가 심판을 초래했지만 심판이 있은 후 이스라엘은 회복되고 있다. 즉, 선지자 이사야를 통해 선포된 심판은 궁극적으로 회복을 위한 하나님의 자비로우신 배려라는 것을 이미 1장에서 암시하고 있다. 그러나 이스라엘이 과거의 모습으로 돌아가기 전에 먼저 모든 것이 파괴되고 정화되어야 한다. 그러므로 하나님은 더 이상 그의 백성들에게 돌아올 시간을 주기를 원하지 않으신다. 심판이 빨리 이루어질수록 회복도 그만큼 빨라질 것이기 때문이다.

(3) 므낫세에게 헌정된 이사야서

마소라 사본이나 텍스트를 장르에 따라 다르게 표기해 놓은 번역본을 살펴보면 이사야서의 거의 모든 부분이 시가체(poetry)로 구성되어 있음을 알 수 있다. 주류를 이루고 있는 시가체 텍스트 사이에 간간이 이야기체 섹션이 삽입되어 있으며 이 섹션들은 책의 구조에 상당한 영향을 미친다. 이의 대표적인 예가 되면서 이사야서에서 발견되는 가장 긴 이야기체 섹션은 히스기야 이야기(36-39장)다.[2] 학자들은 36-39장에 펼쳐져 있는 히스기야 이야기는 1-35장의 적절한 결론 역할을 함과 동시에 40장 이후를 바르게 해석하도록 준비시키는 역할을 한다고 생각한다. 이사야 1-35장에서 지속적으로 언급되어온 하나님의 "진노의 막대기 아시리아"(10:5)를 통한 심판의 날이 36-37장에 임했다. 그러나 아시리아 왕의 망언으로 인하여 하나님은 예루살렘이 그들의 손에 망하는 것을 막으시고 아시리아의 자리에 대신 바빌론을 세우심으로, 앞으로 예루살렘의 멸망은 바빌론 군을 통해서 임할 것임을 선포하신다(39:5-7). 40장 이후의 내용은 이 바빌론 군을 통한 심판이 이미 진행된 것을 전제로 하고 전개된다.

두 번째로 긴 이야기체 섹션은 흔히 "이사야의 회고"(Memoir of Isaiah)라고 불리는 6-9장이다. 이 부분 역시 1-5장의 적절한 결론 역할을 할 뿐만 아니라, 6장의 선지자 소명에서 구체적으로 언급되며 책 전체의 중요한 사상으로 전개되는, "이스라엘의 맹인 테마"(Blind motif)의 실제적인 예를 7-9장이 제시하고 있는 것으로 평가된다. 1-5장은 "하나님의 백성인 유다에게 왜 여호와의 심판이 임해야만 하는가?"라는 질문에 답하고 있다. 도저히 개혁의 가능성이 없기에 철저한 심판을 통하여 이 나라를 파괴하고 새로이 시작할 수밖에 없는 상황이 전개되고

---

2 36-39장 전체가 다 이야기체로 기재되지는 않았고, 중간에 시가체가 사용되고 있다. 히스기야 이야기를 포함하고 있는 6-9장도 마찬가지로 중간에 시가체를 포함하고 있다.

있다.

6장은 이 심판이 매우 혹독할 것이며 하나님의 백성은 회개하고 싶어도 쉽게 회개할 수 없게 될 것임을 강조한다. "가서 이 백성에게 이르기를 너희가 듣기는 들어도 깨닫지 못할 것이요 보기는 보아도 알지 못하리라 하여 이 백성의 마음을 둔하게 하며 그들의 귀가 막히고 그들의 눈이 감기게 하라 염려하건대 그들이 눈으로 보고 귀로 듣고 마음으로 깨닫고 다시 돌아와 고침을 받을까 하노라"(9–10절).

이 같은 이사야의 소명이 적용되는 한 대표적인 예가 바로 7장 이후의 아하스 왕 사건이다. 유다의 왕으로서 그는 하나님 앞에 그의 백성을 대표하며, 그가 다스리는 백성들에게는 여호와의 통치를 상징한다. 그는 하나님의 말씀을 들어도 깨닫지 못하고 보아도 알지 못함으로 여호와의 은혜를 거부하는 불신을 보인다. 그리고 그의 불신은 이스라엘 역사에 치명적인 과오를 남긴다.

이사야서에 대한 이 같은 인식은 책이 언제 편집되었는가를 추정할 수 있게 해 준다. 이사야서는 선지자 사역이 약 50여 년 동안 지속되었음을 밝히고 있다.[3] 그는 노년에 자신의 사역을 정리하며 이사야서를 편집한 것으로 추정된다. 즉, 자신이 50여 년의 사역 동안 선포한 메시지들을 최종 정리하여, 하나님을 사랑하는 모든 자들이 이 책을 읽고 삶에 적용할 수 있도록 남겼던 것이다. 동시에 그는 자신의 책을 하나님을 믿고 의지하라는 권면으로 한 특정 인물에게 헌정했을 것이다.[4] 바로 므낫세 왕이다.

므낫세는 열두 살 때 왕이 되었다(왕하 21:1). 어린 므낫세에게 노년의 선지자는 죽기 전 최후의 권면을 했던 것이다. 이 책을 그에게 헌정하면서 이사야는 어린 므낫세에게 그의 아버지 히스기야와 할아버지 아

---

3 6:1은 그가 웃시야 왕이 죽던 해에 소명을 받았으며 1:1은 그가 요담, 아하스, 그리고 히스기야 시대에 사역했음을 밝히고 있다. 이 왕들의 연대는 학자들마다 현저한 차이가 있기는 하지만 대체로 50여 년을 사역했다는 점에는 거의 모두 동의한다.

4 비슷한 설이 사이츠(Seitz)에 의하여 주장되었다. 그의 Destiny of Zion을 참고하라.

하스를 예로 들어 믿음에 대하여 다음과 같은 교훈을 가르치고 있다. "어린 왕이여, 당신의 할아버지 아하스는 여호와를 의지하는 믿음이 없어서 아람-에브라임 군대가 쳐들어왔을 때 그다지 심각한 위기가 아니었는데도 심히 두려워하였으며 앗수르 군을 이 땅으로 초청하여 유다를 그 나라의 속국으로 바치는 결과를 초래했습니다. 반면에 왕의 아버지 히스기야를 보십시오. 그는 건국 이후 최악의 위기를 맞았지만 여호와를 의지하는 믿음으로, 하나님의 축복과 보호하심으로 그 위기를 모면했습니다. 어린 왕이여, 지금 국제 정세는 매우 혼란스럽고 이 나라에는 앞으로도 계속 위기가 찾아 올 것입니다. 누구와 같이 되시겠습니까? 믿음이 없어서 두려움 속에 떨던 할아버지 아하스같이, 아니면 여호와를 의지함으로 모든 일을 다 그분의 능력으로 해결했던 아버지 히스기야같이 되기를 원하십니까?" 물론 므낫세는 이사야의 이런 권면을 받아들이지 않았다. 위경(Pseudepigrapha)에 의하면 이사야는 므낫세에 의해 순교당했다.

그러나 필자의 이와 같은 주장에는 해명해야 할 부분이 있다. 만약에 이사야서가 므낫세 통치 초기에 그에게 헌정된 책이라면 왜 1:1에서 그의 이름이 언급되지 않았는가 하는 점이다. 이 문제에 대하여 필자는 다음과 같이 생각한다. 이사야는 50여 년 동안 사역했으므로, 그가 젊었을 때 소명(6장 참고)을 받았다 하더라도 므낫세가 왕위에 오를 무렵에는 이미 고령이 되었을 것이다. 40-50세가 당시 평균 수명이었던 점을 고려하면, 이때 선지자의 거동이 불편한 상태에까지 이르렀으리라는 것을 우리는 충분히 상상할 수 있다. 또한 이런 상황에서 실제 사역을 지속한다는 것은 불가능했을 것임을 생각할 수 있다. 므낫세 초기에 인생의 종말을 맞이한 이사야는 그의 저서를 통하여 마지막으로 이 어린 왕이 신앙으로 살도록 권면하였다. 그러나 므낫세 시대에 그가 지속적으로 사역하기는 어려웠을 것이며, 이 왕의 이름이 이사야서 안에 기록되지 않았던 것은 아마도 이 때문일 것으로 생각된다.

(4) 선지서의 관문인 1장

이사야 1장은 구약 선지서 전체의 관문 역할을 한다. 마치 시편 1-2편이 시편 전체에 대한 서론 역할을 담당하듯이 말이다. 선지자는 1장에서 이스라엘이 하나님께 등을 돌렸다고 탄식하며 여호와와의 언약을 준수하지 않음에 대해 탄식한다(1:2-4). 주의 백성들이 하나님과의 언약을 준수하지 않았기 때문에 그들의 삶은 하나님의 징계와 심판으로 인한 황폐함과 아픔으로 가득하게 되었다(1:5-9). 선지자는 이스라엘이 하나님과의 언약을 어떻게 파괴했는가에 대하여 세 가지 증거를 제시한다. (1) 형식화된 여호와 종교(1:10-20), (2) 부패한 사회정의(1:21-27), (3) 성행하는 우상숭배(1:28-31). 그런데 이사야 1장이 제시하는 이러한 문제들은 실제로 구약의 선지자들이 가장 문제로 삼았던 것들이기도 하다. 즉, 이사야 1장은 방대한 구약의 선지서 문헌들에 대한 기본적인 오리엔테이션 역할을 하고 있다. 그렇기에 이사야 1장을 읽다 보면 "미니 선지서" 혹은 "선지서 요약본"을 읽고 있는 느낌이 든다. 1장의 내용을 간략하게 살펴보자.

1장의 전반적인 메시지는 이스라엘의 죄에 대한 고발과 이미 진행되고 있으며 앞으로 더욱더 혹독하게 임할 하나님의 심판에 대한 선언들이 대부분이다. 그러나 희미하나마 용서와 회복의 빛이 두꺼운 심판의 구름을 뚫고 1장의 분위기를 소망적으로 유도하고 있다. 책 전체의 표제이자 1장의 표제인 1절을 제외한 서른 절 중에서 심판에 관한 분량은 스물한 절에 달하는 데 반해 소망에 관한 내용은 아홉 절에 불과하다. 그나마 아홉 절도 심판에 대한 내용으로 얼룩져 있다. 1장의 심판과 소망에 대한 메시지를 분류해 보면 다음과 같다.

심판(2-8절)	소망(9절)
심판(10-17절)	소망(18-20절)

심판(21–23절)	소망(24–28절)
심판(29–31절)	

① 하나님의 고발(1:1–9)

1장은 하늘 법정에서 펼쳐지는 재판에 대한 묘사다. 원고인 하나님이 피고인 이스라엘을 고발하신다. 먼저 배심원 역할을 할 하늘과 땅이 부름을 받는다(2절). 하늘과 땅이야말로 가장 공정한 판결을 할 수 있을 것이다. 그들은 이스라엘이 하나님과 언약을 맺을 때부터 가장 가까이서, 가장 정확하게 그들을 지켜봐 왔기 때문이다. 그래서 선지자들은 이스라엘과 하나님 사이에 소송이 진행될 때 자주 하늘과 땅을 증인으로 채택한다.

하나님의 진술(opening speech)은 이스라엘이 언약에 신실하지 않고 파괴했다는 내용을 골자로 한다(2–4절). 하나님은 이스라엘을 마치 아비가 자식을 양육하듯이 사랑과 인자로 보살펴 왔는데, 그의 백성은 고마워하기는커녕 오히려 그에게서 등을 돌렸다는 것이다. "아비–자식"은 부자 관계를 말하지만, 고대근동의 언약에서 자주 사용되던 표현이었다. "나라, 백성, 종자, 자식"(4절) 역시 언약과 관련 있는 단어들이다. 하나님이 이스라엘과 언약을 맺으면서 축복으로 주셨던 것들을 상징하고 있다. 그러나 이 단어들의 관형구인 "범죄한, 허물 진, 행악의, 행위가 부패한"은 이스라엘이 하나님이 허락하신 특권을 악을 행하는 데 가차 없이 사용했음을 고발한다. 이스라엘의 선지자들은 백성들의 특권 남용을 맹렬하게 비난한다.

그렇다면 하나님은 이스라엘이 타락하는 것을 지켜보고만 계셨는가? 하나님은 이 순간까지 이스라엘을 회개케 하기 위하여 꾸준히 징계해 오셨다. 5–6절은 이스라엘을 맞을 대로 맞아서 몸 어느 한 구석도 성한 곳 없는 한 인간의 모습으로 은유한다. 물론 가해자는 하나님이시다. 하나님이 이스라엘을 회개케 하기 위하여 이만큼 징계를 했건만, 그의 백성은 회개하고 돌아올 기미도 보이지 않았다. 징계가 한계점에 와 있는 것이다. 그러므로 이사야서를 읽으며 우리는 이러한 질문을 하게 된다. "하나님이, 아무리 징계를 해도 돌아오지 않는 그의 백성을 과연 어떻게 하실 것인가?" 이 질문은 이사야서의 메시지를 이해하는 데 매우 중요한 질문이며 후반부(40-66장)에 가서야 구체적인 답이 제시된다. 다른 선지서들도 역시, 징계가 아닌 새롭고 획기적인 '죄 해결책'이 주의 백성에게 임할 날을 노래한다.

② 첫번째 증거: 남용되고 있는 율법(1:10-15)

하나님이 이스라엘이 그와의 언약을 파괴한 것을 고발하셨다. 이제부터는 여호와의 주장을 뒷받침할 만한 물증들이 제시된다. 그 첫째가 바로 이스라엘이 율법을 오용했다는 것이다. 이러한 율법 오용은 사회의 한 부류에만 제한된 것이 아니었다. 선지자는 "관원들"과 "백성"을 동시에 비난함으로써 이스라엘 사회 전체가—신분에 상관없이 남녀노소를 총망라하여—하나님의 율법을 잘못 사용하고 있음을 강조한다(10절). 이스라엘 사람들은 하나님께 제물과 예배만 제때 잘 드리면 본인들의 책임은 다한 것으로 간주했다. 하나님은 세 가지 예를 들어 삶에서 동떨어진 이스라엘의 신앙생활을 총체적으로 거부하신다.

첫째, 하나님은 그들이 가져온 제물을 거부하신다. 구약에서 이 구절들처럼 각종 제물들에 대한 언급으로 가득 찬 곳도 없다. 다음 문구들을 생각해 보라. 무수한 제물(11절), 숫양의 번제(11절), 살진 짐승의 기름(11절), 수송아지의 피(11절), 어린 양의 피(11절), 숫염소의 피(11절), 제물(13절), 분향(13절). 하나님은 이 모든 것을 거부하셨다. 오늘날의 용어로 하면 각종 헌금들을 의미한다.

둘째, 하나님은 이스라엘의 각종 예배를 거부하신다. 다음 문구들을 생각해 보라. 나의 앞에 보이러 오는 것(12절), 월삭(13, 14절), 안식일(13절), 대회로 모이는 것(13절), 성회(13절), 정한 절기(14절). 오늘날의 교회 생활에서 평행을 찾는다면 각종 예배, 부흥회, 사경회 등이 될 것이다.

셋째, 하나님은 이들의 기도에 귀기울이시기를 거부하신다. 기도는 모든 종교의 가장 순수한 행위라는 점을 감안하면 이 일은 이스라엘 사람들에게 가장 큰 충격이었을 것이다. 다음 문구들을 생각해 보라. 팔을 벌리고 기도하는 것(15절), 많은 기도를 하는 것(15절). 오늘날의 신앙 생활에 비교한다면 각종 기도 모임과 묵상생활(QT) 등이 될 것이다.

하나님은 이스라엘의 종교 행위를 거부하심으로써 그들이 율법을 잘못 이해하고 있거나 오용하고 있음을 지적하신다. 그러므로 선지자는 여호와의 "말씀"과 "하나님의 법(율법)"에 귀를 기울이라고 두 번씩이나 훈계하시는 것이다(10절). 이 이슈 역시 모든 선지자들이 문제삼는 것이기도 하다.

③ 올바른 율법 준수(1:16-20)

그렇다면 하나님이 이스라엘에게 요구하시는 '율법 이행'은 어떤 것인가? 바로 16-17절에서 설명하고 있다. 16-17절은 매우 간단명료한 명령문 아홉 개로 형성되어 있다. 이중 16절을 구성하고 있는 네 개의 명령문은 모두 지금까지의 삶의 방식을 정리하라는 의도가 담겨져 있다. "스스로 씻으라", "스스로 깨끗케 하라", "내 목전에서 악한 행실을 버리라", "행악을 그치라". 반면에 17절을 구성하고 있는 다섯 개의 명령문은 모두 이 순간부터의 삶의 방향을 제시해 준다. "선행을 배우라", "정의를 구하라", "학대받는 자를 도와 주라", "고아를 위하여 신원하라", "과부를 위하여 변호하라". 이처럼 목회자들이 성도들에게 전해야 하는 메시지는 과거를 정리하는 것 그리고 그 후의 삶의 방향을 제시하는 것이 균형을 이뤄야 할 것이다.

비록 심각한 상황에 처한 이스라엘이지만 그들에게 아직은 하나님과의 관계를 회복할 수 있는 기회는 있다. 하나님은 간곡하다 못해 애절하게 그의 백성에게 회개하고 돌아오라는 권면을 하신다. 하나님은 이스라엘이 돌아오기만 하면 그들의 죄를 용서해 주실 뿐만 아니라(18절), 땅의 소산물을 먹게 될 것이라는 약속을 하신다(19절). 땅의 소산물을 먹게 된다는 것은 백성들이 이스라엘 땅에 거하게 될 것을 암시한다. 이미 오래 전에 이 백성의 포로생활을 작정하셨던 것을 감안하면 아주 파격적인 은혜다.

④ 두번째 증거: 윤리를 상실한 사회(1:21-27)

4절에서 슬픔의 노래로 이스라엘의 반역을 슬퍼하셨던 하나님이 21절에서는 탄식의 노래를 부르며 두 번째 고소 자료로 윤리가 무너져 내린 이스라엘 사회를 지적하신다. 이 부분은 주제와 인칭 사용에 있어서 다음과 같은 구조를 보이고 있다.

A. 시온의 창녀질(21절)	3인칭
B. "너희가 썩었다"(22-23절)	2인칭
C. 대책: 그러므로 내(여호와)가 심판하리라(24절)	1인칭
B′. "너희가 회복되리라"(25-26절)	2인칭
A′. 시온이 구속되리라(27절)	3인칭

위의 구조를 보아 이사야가 외치는 메시지는 근본적으로 심판의 메시지가 아니라 회복의 메시지라는 것을 알 수 있다. 이것은 이사야서만의 메시지가 아니라 모든 선지서들이 갖는 공통적인 것이다.

이스라엘의 부패는 하나님이 직접 개입하셔야 할 정도로 심각하다(24절). 이 과정에서 하나님은 이스라엘을 "내 대적"과 "내 원수"로 부르신다. 2절에서 이들을 "내 아들," 3절에서는 "내 백성"이라 부르시던 것과는 너무나도 대조적이다. 그만큼 하나님의 감정이 격해지셨다는 의미다. 그러나 하나님의 심판은 그들을 망하게 하기 위한 것이 아니다! 하나님이 그의 백성을 심판하기 시작하시니 두 가지 놀라운 결과가 초래된다. 첫째, 이스라엘 사회가 도덕성과 가치관을 회복하고 공의가 옛날과 같이 자리를 잡게 된다(25-26절). 둘째, 시온의 신실함이 회복되며, 하나님이 이 백성을 구속하신다(26절). 즉, 하나님의 심판은 위장된 하나님의 축복인 것이다.

⑤ 세번째 증거: 종교적 혼합주의(1:28-31)

하나님의 백성에 속해 있다고 해서 모두 하나님의 구속을 체험하는 것은 아니다. 분명히 회개한 자들만이 하나님의 구원을 체험한다. 이러한 측면에서 볼 때, 의미심장한 것은 1장이 끝나면서 모든 죄는 불의 심판을 받을 것을 경고하는가 하면, 이사야서의 마지막 절(66:24)에서는 선지자의 끊임없는 경고에도 불구하고 끝까지 회개하지 않아 불에 타죽는 자들의 모습이 그려지고 있다는 것이다.

29절에 제시되는 상수리나무와 동산은 가나안 사람들의 다산(多産) 종교들(fertility cults)과 연관된 것들이다. 이스라엘에 이러한 종교들이 자리를 잡고 있다는 것이다. 물론 이들이 전적으로 여호와를 버린 것은 아니다. 11-15절에서 본 것같이 그들은 하나님께도 꾸준히 제물을 드렸다. 따라서 하나님은 지금 이스라엘의 종교적 혼합주의를 세 번째 법정 증거물로 내놓으신다. 이스라엘은 전심으로 여호와를 사랑하라는, 모세오경에서 거듭 강조되는 경고를 저버리고 종교적 혼합주의를 추구했던 것이다. 이스라엘의 선지자들이 끊임없이 문제를 삼은 것은 백성들의 종교적 혼합주의였다. 이스라엘이 완전히 하나님께 등을 돌리고 오로지 우상만 좇은 때는 그렇게 많지 않다. 그들은 내내 여호와와 우상을 함께 숭배했다. 선지자들은 이 같은 이스라엘의 이중성을 맹렬하게 비난했던 것이다.

5. 주요 신학적 메시지

이사야서는 일명 "구약의 신학책"으로 불리기도 한다. 또한 많은 진보적 성향의 신학자들은 이 책의 신학사상, 용어 사용 등에 있어 저작 시기를 주전 8세기로 간주하기에는 그 발전의 정도가 상당히 높을 뿐만 아니라 정교하기까지 하다고 한다. 그만큼 이사야서의 신학적 주제와 깊이가 놀랍다는 것이다. 이사야 선지자가 제시하고 발전시킨 몇 가지 신학적 주제들을 생각해 보고자 한다.

(1) 메시아

크리스마스 시즌이면 울려 퍼지는 클래식 중에 헨델(George Fredrick Handel)의 오라토리오 "메시아"를 한 번쯤은 들어 보았을 것이다. 장장 세 시간 가까이 진행되는 이 오라토리오는 구약을 인용하여 예수 그리스도의 탄생, 사역, 수난, 승천을 묘사한다. 이 대작(大作)의 막을 올리는 첫 솔로는 이사야 40:1 말씀을 노래한다. "위로하라! 위로하라! 내 백성을 위로하라!" 메시아를 작사한 사람이 예수 그리스도가 이 세상에 오신 것을 선지서의—특히 이사야서의—예언과 연관시키는 것은 매우 의미심장한 일이라 할 수 있다. 그가 연주의 시작을 알리는 개막곡으로 이사야서의 말씀을 인용하는 것은, 주전 8세기에 살았던 선지자 이사야는 그 어느 선지자보다도 하나님께로부터 온(全) 인류의 구원을 위하여 이 세상에 태어나실 구세주에 대하여 많은 계시를 받아 기록하고 있음을 시사한다고 할 수 있다. 실제로 이사야는 메시아가 누구이시며 어떤 상황에서 오실 것인가에 대하여 많은 예언을 하고 있다. 그중 몇 가지만 요약적으로 살펴보자.

첫째, 선지자는 메시아가 매우 연약한 사람의 모습으로 오실 것이라고 한다. 이사야 선지자는 메시아를 생각하며 "싹"과 "아이"라는 이미지를 자주 사용한다(4:2; 7:14; 9:6; 11:1; 53:2). 싹과 아이는 새로움을 의미하기도 하지만 연약함을 뜻하기도 한다. 싹이 줄기보다 연약하고, 아이가 어른보다 힘이 없는 것처럼 말이다. 메시아가 왜 이렇게 연약한 자의 모습으로 와야 하는 것인가? 무엇보다도 그분이 구원하실 연약한 인간들이 매일 겪는 고통을 충분히 체험하기 위해서다. 만일 메시아가 인간의 연약함과 고통에 대한 충분한 이해 없이 사람들에게 구원을 베푸신다면, 그것은 죄 많고 연약한 인간과는 질적으로 다른 존재가 인류를 불쌍히 여겨 베풀어 준 자선사업에 지나지 않을 것이다. 이렇게 되면 구원의 대상이 되는 사람들도 자신들의 구원에 대하여 깊이 고마워하지 않을 수도 있다. 실제로 우리도 우리보다 훨씬 더 잘살고 능력 있는 윗사람으로부터 받은 선물보다, 우리와 같은 처지에 있는 친구에게서 받은 선물을 더 값진 것으로 생각하지 않는가? 그러므로 구원과 연관된 모든 것을 생각할 때, 메시아는 연약한 자로 와 "우리와 같은 분"이 되셔야 했다.

메시아가 연약한 사람으로 오시는 것은 세상을 겸손하게 하는 효과를 발휘하기도 한다. 우리 사회는 "이런 사람만이 대통령이 될 수 있다"는 조건을 규정하고 있지는 않다. 그러나 대통령 하면 일단 각 개인마다 기대하는 바가 있다. 경력, 학력, 나이, 고향, 신체 조건, 심지어 어느 당에 소속되어 있는가 하는 것까지 유권자들의 기대와 결정에 영향을 미친다. 구약 시대를 살았던 유대인들도 마찬가지였다. 그들도 "메시아는 이런 분이실 것"이라는 기대를 가졌다. 그들의 생각을 잠시 살펴보면 메시아는 매우 박식하고, 정치적으로도 뛰어난 재능을 겸비한 군사적인 전략가이자 지도자였다. 이런 메시아가 속히 오셔서 자신들을 괴롭히는 이방 국가들로부터 구원하실 것을 기대했던 것이다. 그러나 이사야는 메시아가 유대인들의 기대와는 달리 인간들 중에서도 매우 연약하고 보잘것없는 자의 모습으로 오심으로써 세상의 모든 사람들을 놀라게 할 것을 예언한다(53:2-3). 전혀 예상치 못한 곳으로부터의 메시아의 출현에 얼마나 놀랐는지 세상의 왕들이 도대체 입을 다물 줄 모른다(52:14-15).

이처럼 메시아가 세상의 기대와는 달리 전혀 예측하지 못한 연약함과 비천함의 옷을 입으시고 오신 것은 하나님의 가치관과 세상의 기준이 많이 다르다는 것을 암시한다. 또한 이 같은 사실은 우리에게도 가능성을 기대하게 한다. 흔히 사람들은 능력과 외모로 가능성을 판단한다. 그러나 메시아가 전혀 예측하지 못한 연약하고 비천한 인간으로 오셨다는 것은, 하나님 앞에서는 이 사회가 요구하는 조건이 전혀 갖추어지지 않은 사람들도 모든 것을 갖춘 사람들과 동등한 가능성을 가졌다는 의미다. 그렇다면 하나님은 어떤 기준에 의하여 사람의 가능성을 판단하시는 것일까? 무엇보다도 하나님을 향한 진실한 마음과 하나님 나라의 확장을 위하여 자신을 내놓는 유용성(availability)일 것이다. 하나님은 그분의 비전을 함께 나눌 진실한 마음의 소유자를 찾으신다. 그러나 아무리 하나님의 비전과 함께한다 해도 그 비전을 실현하기 위하여 물심양면으로 노력하겠다는 의지와 시간이 없다면 아무런 소용이 없다. 그래서 하나님은 이 두 가지를 염두에 두고 사람을 찾고 계신다.

둘째, 이사야는 메시아가 다윗의 후손으로 오실 것이라고 한다(11:1; 9:6). 메시아가 다윗의 후손으로 오시는 것은 이스라엘의 선조 야곱의 예언을 성취하는 일이다. 야곱이 죽기 전에 열두 아들을 모아 놓고 메시아가 유다 지파의 혈통을 통해서 태어나실 것이며, 그분이 와 이스라엘을 통치하실 때까지 유다 지파가 형제들을 다스릴 것을 예언했기 때문이다(창 49:8-12). 또한 메시아가 다윗의 후손으로 오신다는 것은 그의 왕족 신분을 암시한다(9:6). 비록 비천하고 연약한 인간의 모습으로 오시지만 동시에 이분은 이 세상 그 누구도 무시할 수 없는 위엄 있는 왕으로 오시는 것이다.

이사야는 메시아가 이 세상에 왕으로 오셔서 평등과 정의로 모든 민족들을 다스리실 것이라고 한다(9:7; 61:10; 63:1). 선지자가 이처럼 메시아가 통치하는 세상을 공평과 정의로 가득 찬 곳으로 예언하는 것은 하나님의 의지를 반영하고 있을 뿐만 아니라 메시아는 세상의 권력가들과는 질적으로 다르다는 것을 암시한다. 메시아는 우리 주변에서 흔히 볼 수 있는 권력을 남용하는 자가 아니라 정의와 평등을 지팡이로 삼아 세상을 공평하게 다스리며 희생적으로 섬기는 분이신 것이다. 그러므로 하나님 닮기를 원하고 이 세상에 작은 메시아가 되기를 원하는 사람이라면 공평과 정의를 이행하는 것을 삶의 중요한 부분으로 받아들여야 한다.

셋째, 메시아는 하나님이시다. 메시아는 비천하고 연약한 인간으로 오신다. 그러나 메시아가 인간이신 만큼 그분은 또한 하나님이시라고 이사야는 주장한다. 이사야는 이 사실을 명백하게 기록하고 있다. "한 아기가 우리에게서 태어났다. 우리가 한 아들을 얻었다. 그는 우리의 통치자가 될 것이다. 그의 이름은 '기묘자, 모사, 전능하신 하나님, 영존하시는 아버지, 평화의 왕'이라고 불릴 것이다"(cf. 9:6). "기묘자, 모사, 전능하신 하나님, 영존하시는 아버지, 평화의 왕" 등은 성경 안에서 유일하게 하나님께만 적용될 수 있는 호칭들이다. 이러한 이름들이 메시아에게 적용되는 것은 비록 그분이 인간으로 오시지만 하나님과 동일하신 매우 특별한 분이심을 암시하는 것이다.

이사야는 메시아가 "이새의 줄기"이자 "그의 뿌리"라고 한다(11:1). 이새는 다윗의 조상으로, 메시아가 그의 줄기라는 것은 그분이 다윗의 후손이자 인간이심을 강조한다. 그러나 메시아는 이새의 뿌리이기도 하다. 이새, 혹은 인간의 뿌리는 누구인가? 처음 인간은 아담과 하와였으며 그들이 하나님께로부터 비롯되었으니 인간의 뿌리는 바로 하나님이시다. 그러므로 선지자는 이 예언을 통하여 메시아의 이중적인 정체성을 다시 한 번 강조한다. 메시아는 분명히 사람이지만 동시에 하나님이시라는 것이 선지자의 선언이다. 메시아에 대한 예언 외에도 기독교는 우리가 쉽게 이해할 수 없는 신비하고, 경우에 따라서는 모순으로 생각되는 진리들을 선포하고 있다. 하나님은 한 분이시자 셋이라고 가르치는 삼위일체론, 마리아가 예수님을 잉태할 때에는 남자와 전혀 관계를 갖지 않았던 처녀였다는 예수님의 동정녀 탄생설 등이 세상의 눈에는 모순이라고 생각될 수 있는 것이다.

넷째, 메시아는 인간의 죄를 대속하기 위하여 오신다. 메시아는 세상에 공의와 정의를 실현하기 위하여 오신다. 그러나 그가 이 일을 실현하기 전에 해야 할 일이 있다. 죄로 인하여 깨져 버린 하나님과 인간의 관계를 회복하는 것이다. 그러므로 메시아가 받은 첫 임무는 하나님과 인간 사이의 간격을 좁혀 둘이 하나가 되게 하는 것이다. 그렇다면 메시아는 이 일을 과연 어떻게 감당할 것인가? 이사야 선지자는 메시아가 백성들의 죗값을 치르기 위하여 스스로 죽음을 맞이할 것이라고 한다(53:4-5). 이 일은 메시아가 자청한 일이기도 하지만(53:7-9), 또한 하나님의 계획이었다는 것이 선지자의 선언이다(53:10).

(2) 예배와 영성

이사야는 현실에 감사하면서도 항상 더 나은 세상을 갈망하는 비전가(visioneer)였다. 이사야가 사역하던 시대는 히스기야라는 훌륭한 왕이 통치하던 때였다. 히스기야는 대대적인 종교개혁을 단행한 자로서 대단한 믿음의 소유자였다. 그래서 열왕기 저자는 그를 "전무후무한 왕"이라고 극찬하였다(cf. 왕하 18:5). 그런데 정작 이사야는 그에 대해 한 마디의 칭찬도 하지 않는다. 오히려 그의 외교 정책을 맹렬하게 비난하였고(cf. 30장), 더 나아가 그의 자손들이 바빌론으로 끌려가 바빌론 왕을 섬기게 될 것이라고 예언하였다(39:5-7).

이사야는 왜 이스라엘 역사에 길이 빛나는 왕 히스기야에 대하여 칭찬은 고사하고 오히려 그의 정책을 비난했던 것일까? 무엇보다도 이사야가 더 나은 세상을 꿈꾸는 자였기 때문이다. 히스기야처럼 훌륭한 왕이 믿음으로 통치하는 것은 참으로 감사한 일이지만, 이사야는 더 나은 왕이 더 나은 세상을 통치해 나가는 시대를 꿈꾸었던 것이다. 마치 선지자 나단이 다윗의 통치에 대하여 하나님께 감사했지만, 이에 만족하지 않고 더 나은 세상을 꿈꾸었던 것처럼 말이다.

선지자들의 이 같은 비전은 메시아가 이 땅을 통치하실 때 비로소 실현된다. 그때까지 이사야 선지자 역시 현실에 감사는 하되, 결코 안주하지 않고 더 좋은 세상을 꿈꾸는 영성을 유지하고자 했던 것이다(cf. 2:1-4; 11:1-9; 12:1-19:25; 66:1-24). 우리가 1인자가 되는 데 가장 큰 방해 요소는 다름 아닌 2인자로 안주하는 사실이라는 점을 의식한다면, 선지자들이 왜 지속적으로 더 나은 세상을 꿈꾸었는지 이해가 갈 것이다. 우리의 영성도 마찬가지다. 안주하는 순간 우리는 죽어가기 시작한다. 그러므로 우리는 "죽는 날까지 하늘을 우러러 한 점 부끄러움이 없도록" 최선을 다해야 할 것이다.

이사야는 "구약의 신학자"로 불릴 정도로 메시지가 정교하고 체계적이며 논리적이라고 학자들은 평가한다. 그는 대단한 신학적 체계를 확립한 성경 저자로 자리매김했던 것이다. 그러나 우리가 더욱 주목할 것은 그의 신학이 이론에서 멈추지 않았다는 것이다. 그는 철저한 이론가이면서 동시에 현실의 문제에 매우 민감했던 실천가였다. 상인들이 저울을 속이고 술에 물을 타면 분노했고(1:22), 권세자들이 사회적 약자를 착취하거나 직위를 이용해 나쁜 짓을 할 때는 하나님의 진노를 쏟아냈다(1:23-26; 2:13-15; 5:8-30). 그는 우리의 믿음과 영성이 삶에서 열매로 나타나지 않으면 무용지물이라는 것을 그 누구보다도 잘 알고 강조했던 선지자였던 것이다. 이사야는 신학을 하나의 탁상공론 혹은 생명력 없는 이론 정도로 간주하는 자들에게, 신학은 삶에 영향을 미치는 영적인 행위가 되어야 한다는 사실을 상기시킨다.

하나님을 아는 지식은 반드시 실천으로 이어져야 한다는 선지자의 주장은 그의 예배에 대한 교훈에서 가장 뚜렷하게 드러난다. 우리는 성도의 믿음이나 영성을 평가할 때 예배에 얼마나 자주 참석하고, 헌금은 얼마나 드리며, 기도는 또 얼마나 하는가를 기준으로 삼는 경우가 많다. 그러나 이사야의 영성은 이 같은 기준을 거부한다. 이사야서에서 백성들이 드리는 예배와 제물에 대한 하나님의 거부감이 가장 강력하게 표현된 곳은 1:10–15이다. 선지자는 자신들은 여호와의 율법의 요구에 따라 합당한 예배와 제물을 제때에 맞게 드리고 있다고 자부하던 백성들의 안일한 생각에 핵폭탄을 던졌다. 나름대로 여호와의 율법을 잘 준수한다고 자부하는 이스라엘 사람들이 남녀노소, 빈부귀천을 막론하고 하나같이 율법의 '율'자도 모른다는 것이다. "너희 소돔의 관원들아 여호와의 말씀(דָּבָר)을 들을지어다 너희 고모라의 백성아 우리 하나님의 법(תּוֹרָה)에 귀를 기울일지어다"(1:10). 이어지는 말씀(11–15절)을 통해 선지자는 하나님이 이스라엘의 예배와 신앙생활을 총체적으로 거부하셨다는 사실을 예배, 제물, 기도 등 세 가지를 거부하셨다는 사실로 설명한다(cf. 신학적 이슈 섹션의 "선지서의 관문" 부분).

그러나 비록 이사야가 이스라엘이 하나님께 드리는 제사에 대하여 강하게 불만과 비난을 표시했다고 해서 예배의 중요성을 인정하지 않은 것은 아니다. 오히려 그는 순수하고 진정한 예배의 중요성을 인정하고 갈망했다. 선지자의 예배에 대한 이해는 이사야서를 통해 다양하게 전개되고 있지만, 무엇보다도 미래에 회복될 공동체의 모습에 대한 예언에서 자세하게 드러난다. 이사야는 자신의 책을 통해 이스라엘과 인류의 미래에 대한 여호와의 위대한 비전(grand vision)을 전개해 나간다(2:1–4; 11:1–9; 12:1–19:25 등). 이 비전은 이스라엘의 회복뿐만 아니라 온 인류가 여호와께 예배하는 것을 전제한다. "그 날에 애굽 땅 중앙에는 여호와를 위하여 제단이 있겠고… 그들[이집트인들]이 그 압박하는 자들로 말미암아 여호와께 부르짖겠고 여호와께서는 그들에게 한 구원자이자 보호자를 보내사 그들을 건지실 것임이라…그 날에 애굽이 여호와를 알고 제물과 예물을 그에게 드리고 경배할 것이요…"(19:19-21).

선지자의 비전이 정점에 다다르면서 최종적으로 제시되고 있는 66장 역시 여러 가지 예배와 연관된 언어와 이미지를 사용하며 미래를 묘사하고 있는데(특히 18-23절), 그는 이 위대한 비전을 마무리하며 이렇게 선언하고 있다. "여호와가 말하노라 매월 초하루와 매 안식일에 모든 혈육이 내 앞에 나아와 예배하리라"(23절). 이사야는 자신의 위대한 비전의 핵심을 열방과 이스라엘이 하나 되어 여호와께 예배드리는 것으로 묘사하고 있는 것이다.

이사야가 이스라엘의 예배를 문제삼은 근본적인 이유는, 예배가 백성의 경건하고 의로운 삶의 연장이 아니라 그들의 부도덕한 행위를 덮어주고 액운이나 때우는 수단으로 이용되고 있었기 때문이다. 모세를 통해 선포된 율법은 이스라엘 백성들이 하나님께 드리는 예배에 대한 규정과 격식만을 논한 것이 아니라 세상에서 하나의 공동체를 형성하여 어떻게 서로를 대하고 질서를 유지할 것인가에 대한 규례와 원칙들을 함께 제시했다.

이스라엘은 사회적 집단이기 전에 종교적 목표와 의미를 지니고 형성된 공동체였다는 점을 감안할 때, 이 공동체에 속한 모든 사람들은 사회 운영에 필요한 원칙들과 질서에 대한 규례들을 철저히 준수해야만 했다. 한백성으로서 함께 모여 여호와께 격식과 규례에 따라 제사를 드리는 것만큼 일상생활에서 한 공동체로서 서로를 공의와 공평으로 대하는 것도 중요했던 것이다. 그러나 이스라엘은 곧 서로에 대한 도덕적, 공동체적 책임을 등한시하거나 회피하기 시작했다. 반면에 예식과 제사에 관한 율법만을 중시하는 풍조가 예배를 드리던 성소들을 중심으로 온 나라에 팽배해졌고, 마침내 예배와 제사가 율법의 모든 것처럼 여겨지기 시작했다.

삶에서 신앙을 배제시키는 행위는 모세율법의 목적과 의도를 망각하는 것이고 이스라엘 공동체의 본질을 위협하는 요소였다. 그러므로 선지자는 잠잠할 수 없었던 것이다. 이사야는 공동체에 속해 있는 가난하고 불쌍한 자들에게 긍휼을 베풀지 않고 인색하며 배려하지도 않으면서, 오히려 세상에서 가장 연약한 자들에게서 착취한 것들을 여호와께 드릴 제물로 둔갑시켜 성전에 들여놓았던 자들에게 하나님의 거룩한 진노를 쏟아 부었다. 이사야는 의롭고 경건한 삶이 뒷받침하지 않는 예배는 믿음이나 영성이 아니라 위선이요 가증함이라고 선포하며 이런 이유로 위선적인 삶을 사는 자들에게 차라리 예배를 드리지 말 것을 권면했던 것이다.

선지자는 예배는 삶의 연장이면서 결정체이기 때문에 예배가 순수하고 정결하며, 하나님께 열납되려면 드리는 자의 신실하고 의로운 삶이 함께해야 한다고 생각했다. 이사야는 백성들에게 다음과 같이 요구한다. "너희는 스스로 씻으며 스스로 깨끗하게 하여 내 목전에서 너희 악한 행실을 버리며 행악을 그치고 선행을 배우며 정의를 구하며 학대 받는 자를 도와 주며 고아를 위하여 신원하며 과부를 위하여 변호하라"(사 1:16-17). 예배나 제물, 심지어 기도보다 더 중요한 것은 의를 추구하는 삶의 자세인 것이다. 예배자가 하나님께 드리는 제물은 바로 그의 삶의 표징이 되어야 했던 것이다.

이사야가 이스라엘의 제사에서 제기했던 또 하나의 문제는 형식과 절차가 예배의 본질과 의도를 대체하고 있다는 것이다. 예배의 본 목적은 평소에 경건하게 살려고 노력하는 자들이 그렇게 살 수 없는 자신의 한계를 시인하여 상한 마음을 안고 나아와 용서와 치유를 경험하고, 이러한 은혜를 베푸시는 여호와 하나님의 임재를 체험하는 것이다. 그러나 세월이 지나면서 예배의 본 의도는 잊혀져 갔고 어떤 제물이 언제, 어디서, 어떤 예식에 따라 드려지는가가 사람들의 관심사가 되었다. 하나님은 이러한 이스라엘의 모습을 보시며 "이 백성이 입으로는 나를 가까이하며 입술로는 나를 공경하나 그들의 마음은 내게서 멀리 떠났다"라고 탄식하실 수밖에 없었다(29:13). 외형적인 것들이 내면적인 것들을 대신해 버린 것이다. 다시 말하면 결코 그 무엇으로도 바꿀 수 없는 무형(無形)적인 것들의 자리를 유형(有形)적인 것들이 차지한 것이다. 물론 밖으로 드러나는 형식이 전혀 중요하지 않다고 말하는 것은 아니다. 그러나 외형적인 것들이 내면적인 것들을 대체하는 예배를 통해서는 더 이상 예배가 추구하고자 하는 효과를 거둘 수 없다. 이에 이사야는 분노했던 것이다.

선지자는 이처럼 외형적인 것에 치우치지 않고, 결코 그 무엇으로도 대체할 수 없는 것을 추구하는 예배를 갈망했다. 또한 경건한 삶의 연장선이라는 차원에서 일상생활 가운데 끊임없이 공평과 의를 추구하는 사람들이 드리는 제물로 가득 찬 제사를 요구했다. 이사야는 인간의 연약함과 죄를 초월할 수 없는 본성을 인정하기를 거부하는 매정한 이상주의자였기에 고결하다 못해 비현실적이기까지 한 예배를 강요했는가? 그가 남긴 글이 인간의 한계와 본능적인 문제들에 대한 깊은 이해를 반영하고 있는 점을 감안할 때, 이사야가 고지식한 원칙론자이므로 이러한 예배를 추구한 것은 아니었음을 알게 된다. 아무리 좋은 세상에서 살더라도 더 좋은 세상을 꿈꾸는 것이 그의 본능이었던 것처럼 이사야는 더 이상적이고, 더 순수한 예배를 끊임없이 갈망했던 것이다. 음악 용어로 말하자면 그는 항상 세상 사람들보다 한 옥타브 위의 노래를 불렀다고 말할 수 있다. 이사야는 결코 포기할 수 없는 것에 대한 열망을 그의 예배관을 통하여 불태웠던 것이다. 이사야 선지자의 예배관은 곧 그의 믿음의 표출이면서, 우리에게 예배와 영성이 어떤 조화로운 관계를 유지해야 하는가를 잘 보여 준다.

(3) 소명과 희생

이사야는 자신의 소명과 선포한 메시지를 희생과 헌신으로 뒷받침하는 영적 성숙을 보인다. 그는 하나님의 명령에 따라 이집트에 임할 운명을 경고하면서 3년 동안 벌거벗은 채 혹은 속옷만 걸친 모습으로 거리를 활보했다(20장). 선지자의 벌거벗은 모습을 본 사람들 가운데 하나님을 믿지 않는 사람들은 이사야를 정신이상자로 취급했을지도 모른다. 또한 하나님은 이스라엘에게 임할 포로생활에 대하여 지속적으로 경고하기 위하여 이사야의 아들들에게 "스알야숩"(viz., "남은 자가 돌아올 것이다")과 "마헬살랄하스바스"(viz., "노략이 속히 올 것이다")라는 이름을 주셨다. 이사야의 아내가 밖에서 뛰놀고 있는 아이들을 부르는 것을 상상해 보라. "'남은 자가 돌아올 것이다'야, '노략이 속히 올 것이다'야, 이제 그만 놀고 들어와 밥 먹어라!" 아이들의 이름이 불릴 때마다 다가올 민족의 운명을 경고하는 것은 좋지만, 아이들의 이름이라고 하기에는 억양이 좋지 않고, 마음도 편치 않은 것이 사실이다. 아마도 아이들은 이 이름으로 인해 놀림을 당하거나 구설수에 오르는 일도 허다했을 것이다.

그러나 이 모든 것 중에서 이사야가 소명에 부합한 삶을 살기 위하여 감수해야 했던 가장 큰 희생은 아마도 세상적인 성공을 포기하는 일이었을 것이다. 우리는 모두 성공하기를 원한다. 우리는 하나님이 주신 소명을 성공적으로 이행하기를 희망하면서 동시에 세상의 눈에도 성공한 사람으로 평가되기를 원한다. 만일 하나님의 요구와 세상의 기준이 일치할 때는 일석이조의 결과를 기대할 수 있다. 그러나 만약에 하나님이 주신 소명을 성공적으로 감당하기 위해서 세상적인 성공을 버려야 한다면 상황은 달라진다. 이사야에게 바로 이러한 소명이 주어졌다. "너는 가서 이 백성에게 '너희가 듣기는 늘 들어라. 그러나 깨닫지는 못한다. 너희가 보기는 늘 보아라. 그러나 알지는 못한다'하고 일러

라. 너는 이 백성의 마음을 둔하게 하여라. 그 귀가 막히고, 그 눈이 감기게 하여라. 그리하여 그들이 볼 수 없고, 들을 수 없고 또 마음으로 깨달을 수 없게 하여라. 그들이 보고 듣고 깨달았다가는 내게로 돌이켜서 고침을 받게 될까 걱정이다"(6:9-10, 새번역).

하나님이 선지자에게 주신 소명은 확고하다. "사람들이 회개하고 돌아오는 것을 막고 훼방하라!" 이 말씀은 우리뿐만 아니라 이사야 자신에게도 매우 충격적이었을 것이다. 더 나아가 이 말씀은 이사야에게 세상적인 관점에서의 성공을 포기하라는 요구를 내포하고 있다. 왜인가? 누가 회개를 방해하는 메시지를 좋아하겠는가? 이사야가 선포한 설교는 사람들이 좋아할 메시지가 결코 아니었기 때문에 결국 청중은 그의 곁을 떠났을 뿐만 아니라, 심지어 그를 기피하기까지 하였다. 실제로 이사야는 훗날 자신은 "실패한 사역자"라고 고백한다(49:4). 이사야는 하나님의 눈에 성공한 자가 되기 위하여 세상의 눈에는 실패한 자의 길을 선택했던 것이다.

많은 성도들과 목회자들이 세상에서 성공하는 것이 곧 하나님의 눈에도 성공하는 것이라고 억지를 쓰고 착각하는 오늘날, 우리는 이사야를 통해 신선한 충격을 받는다. 이사야는 진정한 성공은 곧 하나님께 인정받는 것이라는 사실을 알고 이를 갈망하는 영성을 가진 자였던 것이다. 우리도 이사야처럼 생각하고 살았으면 좋겠다. 세상의 인정을 받기보다는 하나님께 인정받는 일을 더 귀중하게 여기고, 세상의 가치관이 아니라, 하나님이 주신 가치관으로 판단하는 영적으로 맑고 깊은 사람들이 되었으면 좋겠다.

(4) 하나님

이사야에게 가장 강한 인상을 남긴 하나님의 모습은 "이스라엘의 거룩하신 이"(קְדוֹשׁ יִשְׂרָאֵל)로서의 하나님이시다. 이사야의 소명 체험이 이 사상의 기초를 세우고 있다(6장). "거룩, 거룩, 거룩"을 생각해 보라. 구약에서 "거룩" 이란 단어가 세 번 반복되는 곳은 여기뿐이다. "이스라엘의 거룩하신 이"라는 표현은 이사야서에서 총 25회 사용되었다(1-39장 [×12], 40-55장 [×11], 56-66장 [×2]. 그 외 구약의 다른 부분에서는 단지 여섯 번 밖에 사용되지 않았다. 즉, 이사야가 '특허를 낸' 표현인 것이다.

"거룩하다"(קדשׁ)의 기본적인 개념은 "구분하다, 분류하다"이다(cf. 레 11:44-45; 19:2; 20:7). "내가 거룩한 것 같이 너희도 거룩하라." 거룩함은 이스라엘과 하나님의 언약 관계에 근거하여 새롭게 형성된 이스라엘의 신분을 기초로 한 개념이다. 하나님은 이스라엘을 열방에서 구분하여 그의 백성으로 삼아 "거룩하게" 하셨던 것이다. 그러므로 이스라엘은 더 이상 열방처럼 살아서는 안되며, 분별된 삶을 통하여 하나님께 선택받은 백성의 복된 신분을 드러내야 하는 것이다.

광야생활과 모세 이후 시대에 '거룩'은 여호와 종교의 예식에 포함되었다. 이스라엘은 열방이 우상들을 숭배하는 것과 다른 차원의 예배를 여호와께 드려야 했던 것이다. 이후에는 '거룩'이 도덕적, 윤리적 의로움을 포함하게 된다(LaSor, Hubbard, Bush). 하나님의 선민인 이스라엘은 세상 민족들과 구분된 도덕적—윤리적 기준에 따라 살 것을 강요받았던 것이다. 이사야 6:5은 "나는 부정한 자"(도덕적인 용어)라는 고백을 통하여 하나님의 도덕적, 윤리적 완전성을 드러낸다. 자신은 하나님의 높은 윤리적 기준에 따라 살지 못하는 백성 중에 거하고 있음을 고백한 것이다. 이사야의 소명(6장)은 예배와 순종을 '거룩' 개념을 통하여 하나로 묶는다. "거룩한 나라"의 죄는 여호와의 말씀을 듣고 순종하지 않으려는 데 있었다(6:9; 1:2-6, 10-17). 이스라엘에 임한 하나님의 심판은 그들의 '부정함' 때문이었다.

"이스라엘의 거룩하신 이"이신 여호와는 유일하신 최고의 통치자(Supreme and Only Ruler)이기도 하시다. 이사야의 최고 신학은 확고한 유일신론(monotheism)이다. 그래서 이사야서의 저작권을 포로기 이후 시대로 주장하는 학자들은 이사야서의 신학이 "주전 8세기의 것으로 생각하기에는 너무 발전된 것이다"라고 말한다.

유일하시고 최고의 통치자이신 여호와에 대한 선언은 하나님의 영광이 온 천하에 가득한 것에 바탕(6:3)을 두고 있다. 절대적인 통치자이신 하나님에 비하면 다른 신들은 자연히 아무것도 아닐 수밖에 없다(2:8, 18, 20; 37:19). 여호와는 이스라엘의 하나님이실 뿐만 아니라 모든 열방을 지배하는 통치자이신 것이다(40:11, 13-17). 그래서 하나님은 이스라엘의 영역을 벗어난 동쪽에 한 지도자를 세우셨다(41:2). 이스라엘을 지으신 분(44:21)이 고레스 왕도 창조하셨던 것이다(44:28). 북쪽에서도 한 지도자를 부르셨다(41:25). 바빌론을 하나님의 백성을 치리하는 막대기로 임명하셨다(43:14). 또한 여호와는 지친 영혼에게 생기를 불어넣어 주는 창조주이시다(40:28f; 42:5). 그는 빛과 어두움을 창조하는 분이시다(45:7). 하나님은 또한 마지막 때에 새 하늘과 새 땅을 창조하실 것이다(66:22).

(5) 남은 자

하나님의 심판을 견뎌 내고 살아 남은 소수의 사람들이 남은 자들의 중심을 이룬다. 이들은 인류를 계승하거나 족속을 계승하게 된다. 여호와께서는 남은 자를 통해 하나님의 백성 중 "진짜와 가짜"를 가려내신다. 남은 자 사상은 하나님의 거룩하심을 강조한다. 이스라엘의 거룩하신 이가 죄인들을 곧 심판하리라는 예언적 의미를 내포하고 있다. 심판이 오지 않는다면 남은 자가 있을 수가 없기 때문이다. 그러므로 남은 자 사상은 한편으로 불투명한 주의 백성의 장래를 암시한다. 참외밭의 원두막(1:8-9), 밑동까지 잘려 버린 나무(6:13), 감람나무 꼭지에 남은 몇 개의 열매(17:4-6).

남은 자는 또한 하나님의 은혜를 강조한다(4:2-3; 11:1-16). 혹독한 심판 후에도 남은 자들은 돌아올 것이며 이들은 하나님께 의지할 것이다(10:20-23). 모든 것이 끝나 버렸다는 생각에 사로잡힐 수 있는 순간에 바로 새로운 역사가 시작될 것이라는 점을 강조하는 것이 남은 자 사상인 것이다. 심판이 지난 후 남은 자들은 예루살렘을 신실하고 의로운 도시로 만들어 나갈 것이다(1:21-26). 그들은 땅에 뿌리를 내리며 풍성한 삶을 이룩할 것이다(37:30-32). 이 사상과 연결해서 이사야 아들들의 이름의 중요성을 생각해 보라.

(6) 시온 사상

시온 사상은 시편 46, 48, 76편 등에 바탕을 둔 사상이다(cf. Ollenburger). 노트(Martin Noth)와 폰라드(Gerhard von Rad)가 처음 제시했으며 폰라드의 제자 로랜드(Edward Rohland)에 의하여 크게 발전되었다. 시온 사상의 주요 골자는 다음과 같다. 첫째, 시온은 북방(צָפוֹן) 산 중 가장 높은 산이다(시 48:3-4[2-3]). 둘째, 그곳에서부터 강이 흐른다(시 46:5[4]). 셋째, 여호와께서 그곳에서 흉용한 물("flood of chaos waters")을 누르셨다(시 46:3[2-3]). "땅이 변하든지 산이 흔들려 바다 가운데에 빠지든지 바닷물이 솟아나고 뛰놀든지 그것이 넘침으로 산이 흔들릴지라도 우리는 두려워하지 아니하리로다". 넷째, 시온에서 여호와께서 열방과 그들의 왕을 이기셨다(시 46:7[6]; 48:5-7; 76:4, 6-7). 빌트베르거(Wildberger)와 융커(Junker)는 "만국의 순례"(pilgrimage)가 시온 사상의 다섯 번째 요소라고 주장한다. 이들의 주장은 이사야 2:1-4에 근거를 두고 있으나 대부분의 학자들은 이들의 주장을 받아들이지 않는다.

로랜드(Rohland)는 위 네 가지 중 마지막 사항이 시온 사상의 가장 중요한 요소라고 주장했다. 여호와가 시온 성을 침략하는 열방을 물리치는 방법도 다양하다. 첫째, 하나님의 직접적인 현현(theophany)(시

48:6[5])으로 열방을 물리치신다. 하나님의 인격적인 개입을 강조하는 것이다. 둘째, 때로는 꾸짖음으로 열방을 물리치신다(시 46:7[6]; 76:7). 그분의 권위를 강조하는 것이다. 셋째, 아침이 오기 전에 모든 적을 물리치신다(시 46:6[5]). 오랜 시간이 아니라 짧은 시간 안에 적을 물리치는 능력을 강조한다. 넷째, 하나님은 전쟁 무기들을 다 부수시고 전쟁을 없애신다(시 76:4). 주님의 정의로운 통치를 의미한다. 나라들이 왜 싸우는가? 욕구불만이 있어서가 아닌가. 여호와께서 전쟁 무기를 부수시는 일을 통해 강조되는 것은 그의 통치가 너무나도 공정하고 의롭기 때문에 더 이상 전쟁을 할 필요가 없다는 것이다. 그러므로 시온 사상은 하나님의 왕권에 그 기초를 두고 형성되었다.

시온 사상은 언제 시작된 것인가? 두 개의 유력한 주장이 있다. 첫째, 다윗이 예루살렘을 점령하기 전부터 여부스 족(Jebusites) 사이에 유행했다. 이스라엘 민족은 가나안 정복시대에 예루살렘을 빼앗지 못했고 또 빼앗은 후에도 얼마 안 되어 다시 이방인들에게 빼앗겼다. 이스라엘은 다윗의 시대에(1003 BC?) 가서야 드디어 예루살렘을 완전히 소유할 수 있었다. 이 성이 가진 천연적인 요새로서의 조건들 때문에 예루살렘은 결코 무너지지 않는다는 믿음이 신화가 되어 여부스 족 사이에 나돌았을 가능성을 부각시키고 있다. 둘째, 통일왕국 시대, 특히 다윗 시대에 이 사상이 발전되기 시작했다. 다윗이 여부스 족을 물리치고 예루살렘을 취한 후 그곳에서 이스라엘을 통치했다. 이 과정에서 다윗의 왕권, 예루살렘의 존속성, 하나님의 보호 등을 주요 골자로 해서 이 사상을 발전시킨 것으로 추정된다.

이사야서에서 시온 사상은 여러 곳에서 보인다(cf. 28-32장). 그러나 이사야서에 나타나는 시온 사상은 구약의 시온 사상과 비교할 때, 다음과 같은 차이를 지니고 있다(von Rad). 첫째, 열방을 심판하시는 하나님이 이스라엘을 심판하는 분으로 변할 수 있는 가능성을 포함한다(29:1-8). 이스라엘 사람들은 이 점을 인정하지 않았다. 그러므로 선지자는 확실한 믿음을 요구하고 있다(7:1-9). 시온 사상은 거룩한 전쟁(Holy War)과 연결된다. 하나님이 우리를 대신하여 싸워 주시는 행위인 거룩한 전쟁의 필수 조건은 우리의 흔들리지 않는 믿음이다. 둘째, 이사야서는 그의 청중들에게 신학적 허세에 불과한 잘못된 시온 사상보다는 비밀스럽고 놀라운 하나님의 섭리와 계획을 믿으라는 것을 강조하고 있다(5:12, 19; 14:24-27; 28:21). 시온 사상의 성향과 중요성이 이사야서에서 변화하고 있는 것이다(Wildberger).

6. 구조와 개요

많은 사람들은 이사야서가 히스기야 이야기(36-39장)를 기점으로 두 섹션으로 나뉜다고 생각했다(cf. Seitz; Childs). 전반부(1-35장)는 주의 백성의 죄에 대한 비난과 심판을 선포하고 있으며, 히스기야 이야기(36-39장)를 전환점으로 삼아 후반부(40-66장)에서는 위로와 회복에 대한 메시지를 선포하고 있다는 것이다. 39장을 기점으로 책을 두 섹션으로 구분하는 것은 둠(Duhm)이 이사야서를 세 책으로 구분한 일을 통해 더욱더 확고해졌다.[5] 그래서 이사야서는 다음과 같은 구조를 지닌 것으로 간주해 왔다(cf. Jensen).

초점	비난의 예언				역사적 삽입	위로의 예언		
성구	1:1 – 13:1 – 24:1 – 28:1 – 36:1 – 40:1 – 49:1 – 58:1 – 66:24							
구분	심판 예언		예언		히스기야의 구원, 병, 죄	이스라엘의		
	유다	열방	주의 날	심판과 축복		구원	구원자	영화로운 미래

5 둠은 이사야서를 1-39, 40-55, 56-66장 등 세 권의 독립된 책으로 구분했다. 대부분의 학자들은 1-39장을 따로 다루는 것에는 동의했지만, 더 나아가 40-66장을 두 권으로 구분하는 것에는 처음부터 이의를 제기했다. 그래서 상당수의 학자들이 이사야서를 세 권이 아닌 1-39장, 40-66장 등 두 권으로 구분하기에 이르렀다.

주제	예언적	역사적	메시아적
	심판	변환	소망
위치	이스라엘과 유다		
시대	주전 740–680년경		

앞에서 언급한 것처럼 사해에서 책 전체가 보존된 이사야서 사본이 발견되었을 때 학자들은 이 사해 사본에 비상한 관심을 갖게 되었다. 만일 이사야서를 1–39장과 40–66장으로 구분하는 것이 자연스러운 일이라면, 사해 사본에 어떤 힌트가 있지 않겠냐는 추측 때문이었다. 게다가 둠은 세 권의 독립적인 책이 주전 2세기에야 하나로 묶여 이사야서가 되었다고 주장했고, 이사야서의 사해 사본이 주전 2세기의 것이었기 때문에 둠의 주장을 테스트해 볼 수 있는 기회가 되었던 것이다. 그래서 많은 사람들의 시선은 39장과 40장 사이에, 그리고 55장과 56장 사이에 집중되었다. 이사야서가 원래 세 권의 역사적으로 독립된 책이었음을 증명할 만한 어떤 특별한 물질적인 증거가 있을까 하는 호기심 때문이었다.

그러나 이 두 곳에는 특이할 만한 사항이 하나도 표시되어 있지 않았다. 반면에 33장과 34장 사이에 상당한 공간이 존재했다. 이사야서 사본을 구성하고 있는 글자 크기와 줄 간격을 바탕으로 계산해보니 최소한 여섯 줄 이상을 더 수록할 수 있는 공간이 33장과 34장 사이에 삽입되어 있었으며, 이 사본에서 이러한 물리적 현상을 보이는 곳은 여기뿐이었던 것이다. 그래서 상당수의 학자들은 이 같은 사실을, 만약에 주전 2세기 유대인들이 이사야서를 두 권 내지는 두 부분으로 나눌 수 있는 것으로 간주했다면 그들은 1–33장과 34–66장으로 나누었을 가능성을 보여주는 증거로 받아들였다.

이와 같은 가정(假定)에 힘입어 브라운리(Brownlee)는 이사야서 1–33장과 34–66장이 내용과 테마 전개에 있어서 평행적인 구조를 이루고 있다는 이분(二分)-구조설(bi-fid theory)을 주장하기에 이르렀다. 브라운리의 주장을 바탕으로 길리아디(Gileadi)는 더 나아가 다음과 같이 이사야서의 전체적인 구조를 제시한다.

Ⅰ. 패망과 새 탄생(Ruin and Rebirth—1-5장; 34-35장)
Ⅱ. 반역과 순응(Rebellion and Compliance—6-8장; 36-40장)
Ⅲ. 심판과 구출(Punishment and Deliverance—9-12장; 41:1-46:13b)
Ⅳ. 굴욕과 높임(Humiliation and Exaltation—13-23장; 46:13c-47:15)
Ⅴ. 수난과 구원(Suffering and Salvation—24-27장; 48-54장)
Ⅵ. 불충성과 충성(Disloyalty and Loyalty—28-31장; 55-59장)
Ⅶ. 권한 박탈과 상속(Disinheritance and Inheritance—32-33장; 60-66장)

그동안 브라운리의 설이 칼라웨이(Callaway), 해리슨(Harrison), 에반스(Evans) 등에 의하여 지지를 받아오다가 최근에 와서 길리아디의 저서를 통하여 구체화된 것이다. 조금 더 자세한 구조 제시에서 길리아디는 6-8장과 36-40장의 연관성을 다음과 같이 표현한다.

a—선지 소명(prophetic commission)(6:1-11)
  b—역사적 서론(historical preface)(6:12-13)
    c_1—왕의 반역(king's rebellion)(7장)
      d_1—백성의 반역(people's rebellion)(8장)
      d_2—백성의 순응(people's compliance)(36장)
    c_2—왕의 순응(king's compliance)(37-38장)
  b—역사적 서론(historical preface)(39장)
a—선지 소명(prophetic commission)(40장)

물론 길리아디의 제안을 그대로 받아들이기에는 너무도 많은 문제점들이 있다. 예를 들면 그가 제시하는 구조가 나름대로 반복되는 주요 단어(leitwort)와 테마의 발전이라고 주장하는 것은 어느 정도의 설득력이 있는 것으로 생각된다. 그러나 그의 주장이 지닌 약점은 많은 분량의 본문을 각 부분에 묶고 있다는 점이다. 예를 들면 그는 c2의 제목을 "왕의 순응"이라 하고 있으며 37-38장을 묶고 있다. 내용면에서 이 부분을 "왕의 순응"이라고 지정하기에는 어려운 점들이 있다. 또한 본문의 분량이 너무 광범위하기에 객관성이 결여되는 위험을 동반한다. 그러나 중요한 것은 최소한 그는 이 두 사건의 일관성을 지적하고 있다는 점이다. 즉, 상당수의 학자들이 이 두 사건이 이사야서의 전체적인 구조 안에서 독특한 위치를 차지하고 있다는 것을 인식하고 있는 것이다.

그러나 브라운리와 길리아디 같은 학자들의 제안이 기초가 되어 오늘날에는 이사야서를 1-33장, 34-66장 등 두 파트로 구분하는 일이 자주 목격된다. 대표적인 예가 WBC시리즈에 이사야서를 기고한 와츠(Watts)이다. 그는 두 권의 주석을 1-33장과 34-66장으로 나누고 있는 것이다. 사이츠(Seitz)도 책을 이렇게 두 파트로 구분할 것을 제안한다. 필자도 책을 이처럼 두 섹션으로 구분하는 것이 1-39장과 40-66장으로 구분하는 것보다 더 설득력 있다고 생각한다. 그러므로 필자는 이사야서를 1-33장과 34-66장 등 두 파트로 구분되는 한 권의 책이라는 점을 전제하고, 편리상 다음과 같이 본문을 구분하고자 한다.

Ⅰ. 유다와 예루살렘에 선포된 심판과 구원(1:1-12:6)
- 1장. 서론(1:1-31)
- 2장. 위대하신 하나님과 교만한 백성(2:1-4:6)
- 3장. 하나님의 기대와 실망(5:1-30)
- 4장. 선지자의 소명(6:1-13)
- 5장. 임마누엘 아이(7:1-9:7)
- 6장. 심판(9:8-10:19)

7장. 구원과 회복(10:20-12:6)

Ⅱ. 열방 심판(13:1-23:18)

1장. 바빌론과 왕(13:1-14:27)

2장. 블레셋(14:28-32)

3장. 모압(15:1-16:14)

4장. 시리아와 에티오피아(17:1-18:7)

5장. 이집트(19:1-20:6)

6장. 해변 광야(21:1-10)

7장. 두마(21:11-12)

8장. 아라비아(21:13-17)

9장. 환상의 골짜기(22:1-25)

10장. 두로(23:1-18)

Ⅲ. 이사야의 종말 환상(24:1-27:13)

1장. 세상에서 진행되는 하나님의 추수(24:1-13)

2장. 세상 사람들 중 남은 자들의 노래(24:14-16a)

3장. 악한 세상이 파괴됨(24:16b-20)

4장. 기다리는 세상(24:21-23)

5장. 파괴된 도시의 노래(25:1-5)

6장. 시온 산(25:6-12)

7장. 강건한 도시의 노래(26:1-27:1)

8장. 백성들 중 남은 자들의 노래(27:2-6)

9장. 백성 중에서 진행되는 하나님의 추수(27:7-13)

Ⅳ. 아시리아 침략 전야(前夜)(28:1-33:24)

1장. 이스라엘과 유다 비유(28:1-29)

2장. 예루살렘의 위기(29:1-14)
3장. 인간과 하나님의 계획(29:15-24)
4장. 어리석은 동맹과 심판(30:1-33)
5장. 예루살렘 보호(31:1-9)
6장. 약속과 경고(32:1-20)
7장. 소망(33:1-24)

Ⅴ. 에돔과 시온(34:1-35:10)
1장. 에돔에 대한 경고(34:1-17)
2장. 영화로운 시온(35:1-10)

Ⅵ. 이사야, 히스기야, 예루살렘(36:1-39:8)
1장. 산헤립의 위협과 여호와의 응답(36:1-37:38)
2장. 히스기야의 병(38:1-22)
3장. 바빌론 사절단(39:1-8)

Ⅶ. 귀향과 회복(40:1-31)
1장. 하나님의 큰 길(40:1-11)
2장. 회복 보장(40:12-31)

Ⅷ. 소송과 판결(41:1-48:22)
1장. 유일하신 하나님(41:1-29)
2장. 종의 소명(42:1-9)
3장. 여호와의 구원(42:10-17)
4장. 구원받는 어리석은 백성(42:14-25)
5장. 출애굽 재현(43:1-28)
6장. 창조주(44:1-23)

7장. 고레스와 열방(44:24-48:22)

Ⅸ. 여호와의 종과 열방의 빛(49:1-53:12)

1장. 종과 시온(49:1-26)

2장. 종의 훈련(50:1-11)

3장. 종의 노래(51:1-52:12)

4장. 종과 희생(52:13-53:12)

Ⅹ. 여호와께서 인정하신 종(54:1-62:12)

1장. 종이 이룬 결과(54:1-17)

2장. 은혜로운 반전(55:1-13)

3장. 거룩한 연합(56:1-8)

4장. 백성의 무능함이 치료됨(56:9-57:21)

5장. 의로운 파수꾼의 선언(58:1-59:21)

6장. 시온의 영화(60:1-62:12)

Ⅺ. 언약 백성(63:1-66:24)

1장. 여호와의 승리(63:1-6)

2장. 회고와 미래에 대한 기도(63:7-64:12)

3장. 최후 심판과 비전(65:1-66:24)

엑스포지멘터리

선지서 개론

예레미야

EXPOSItory comMENTARY

예레미야

[17] 저는, 웃으며 떠들어대는 사람들과
함께 어울려 즐거워하지도 않습니다.
주님께서 채우신 분노를 가득 안은 채로,
주님의 손에 붙들려 외롭게 앉아 있습니다.
[18] 어찌하여 저의 고통은 그치지 않습니까?
어찌하여 저의 상처는 낫지 않습니까?
주님께서는,
흐르다가도 마르고 마르다가도 흐르는
여름철의 시냇물처럼,
도무지 믿을 수 없는 분이 되셨습니다
(15:17–18; 새번역)

[31] 여호와의 말씀이니라 보라 날이 이르리니 내가 이스라엘 집과 유다 집에 새
언약을 맺으리라 [32] 이 언약은 내가 그들의 조상들의 손을 잡고 애굽 땅에서
인도하여 내던 날에 맺은 것과 같지 아니할 것은 내가 그들의 남편이 되었어
도 그들이 내 언약을 깨뜨렸음이라 여호와의 말씀이니라 [33] 그러나 그 날 후에

내가 이스라엘 집과 맺을 언약은 이러하니 곧 내가 나의 법을 그들의 속에 두며 그들의 마음에 기록하여 나는 그들의 하나님이 되고 그들은 내 백성이 될 것이라 여호와의 말씀이니라 [34] 그들이 다시는 각기 이웃과 형제를 가리켜 이르기를 너는 여호와를 알라 하지 아니하리니 이는 작은 자로부터 큰 자까지 다 나를 알기 때문이라

내가 그들의 악행을 사하고
다시는 그 죄를 기억하지 아니하리라
여호와의 말씀이니라
(31:31–34)

눈물의 선지자라고 알려진 예레미야는 성경적인 민족주의가 어떤 것인가를 삶을 통해서 보여준 사람이었다. 예레미야는 마치 석양처럼 유다가 역사의 지평선으로 사라져가는 것을 끊임없이 흐르는 눈물에 흐려진 시야로 지켜보아야 했다. 그 누구보다도 나라를 사랑한 유다의 한 시민이었기에 그는 유다의 운명을 괴로워했다. 그러면서도 하나님의 따스한 위로와 소망의 메시지를 듣고자 찾아온 백성들을 향해서는 "무모하게 적군과 싸우지 말고 항복하라. 그들의 포로가 되어 바빌론으로 가라"는 냉혹한 권면을 했다. 그래서 우리는 예레미야서에서 자기 백성과 나라를 매우 사랑했던 시민 예레미야와 그들에게 냉정하게 심판의 메시지를 선포해야 했던 선지자 예레미야의 끊임없는 갈등을 목격하게 된다. 그의 눈물은 연약함의 증거가 아니라, 백성을 끔찍할 정도로 사랑했던 민족주의자의 증거였다.

분량을 계산해보면 예레미야서는 선지서뿐만 아니라 성경에서 가장 많은 단어들로 구성되어 있는 가장 긴 책이다.[1] 실제로 예레미야서의

1 예레미야서는 21,673개의 히브리 단어로 구성되어 있다. 창세기는 20,512 단어, 시편은 19,479 단어, 에스겔서는 19,123 단어, 이사야서는 16,920 단어로 구성되어 있으며, 소

분량은 소선지서 12권을 모두 합한 것보다 많다. 또한 예레미야는 자신의 신상 정보와 개인적인 느낌과 감정에 대해 구약의 그 어느 선지자보다도 많은 분량의 글을 남겼다. 그는 아프면 아프다고 소리치고, 외로움을 느끼면 그 외로움을 토로하는 그 어느 선지자보다도 '인간적인 사람'이었다(Bright, cf. von Rad, Fretheim).

예레미야서의 매력 중 하나는 선지자가 하나님께 일명 '할 말, 못할 말'을 가리지 않고 솔직하게 자기 마음과 감정을 털어놓는다는 것이다. 그는 20:7에서도 "야훼여, 저는 어수룩하게도 주님의 꾐에 넘어갔습니다. 주님의 억지에 말려들고 말았습니다. 그래서 날마다 웃음거리가 되고 모든 사람에게 놀림감이 되었습니다"(공동)라며 개인적인 슬픔뿐만 아니라 하나님에 대한 원망까지 거리낌 없이 표현한다. 어떤 사람들은 성경에서 이런 말이 나오는 것에 대해 충격을 받을 수도 있겠지만, 예레미야는 상한 마음과 방황하는 감정을 헤아리시는 하나님 앞에서 거룩의 가면을 쓰지 않았다. 그는 솔직한 심정으로 하나님께 나아갔다.

예레미야는 평생 갈등 속에 살았다. 유다의 지도자들과 백성이 그에게 듣고 싶어 한 메시지는 하나님의 구원이 곧 임할 것이라는 축복과 소망의 말씀이었다. 예레미야도 그들이 듣고자 하는 메시지를 선포하고 싶었다. 그러나 그가 백성들에게 들려줄 수 있는 유일한 말씀(viz., 그들이 들어야 하는 메시지)은 유다는 곧 망할 것이고 생존자들은 포로가 되어 바빌론으로 끌려갈 것이라는 심판과 절망의 말씀이었다. 하나님이 예레미야에게 이 메시지밖에 주지 않으셨기 때문이다.

그래서 선지자는 그의 메시지를 받아들이기를 거부하는 청중과 갈등했다. 그의 고향 아나돗 사람들은 아나돗의 명예를 더럽힌다면서 그를 암살하려는 음모를 꾸몄다. 권력자들은 그에게 반역죄를 적용해 감옥에 가두기 일쑤였다. 실제로 예레미야는 사역을 시작한 지 얼마 지

선지서 12권은 14,355개의 히브리 단어들로 구성되어 있다(Even-Shoshan, cf. Freedman).

나지 않아 투옥되어 사역 기간 중 상당한 시간을 감옥에서 보냈다. 당시 정치 무대를 활보하던 [거짓] 선지자들은 예레미야의 선지자 자격을 문제 삼았다. 더 나아가 제사장들은 예루살렘 성전이 망할 것이라고 선언한 예레미야를 잡아 가두고 고문했다. 예레미야는 요즘 말로 '온 세상과 맞장을 떴다가' 비참하게 일방적으로 당하기만 한 것이다.

예레미야는 세상과의 갈등으로 매우 고통스러워 했지만, 하나님과의 끊임없는 갈등이 그의 고통을 가중시켰다. 하나님은 선지자에 대한 마음이 전혀 없던 예레미야에게 강압적으로 소명을 주셨다. 그리고 그와 항상 함께하며 그를 보호하겠다고 약속하셨다. 그러나 하나님의 '보호'는 예레미야가 기대한 것과 많이 달랐다. 그래서 그는 하나님을 믿고 나섰다가 여러 차례 낭패를 보았고 좌절을 경험했다. 선지자는 하나님께 강력하게 항의해보기도 했지만 별 소득이 없었다.

결국 선지자는 항상 슬픔에 젖어 사역을 했고, 눈물로 책을 써 내려갔다. 선지서를 '눈물로 쓴 편지'라고 하는데, 예레미야서는 특히 이러한 관점과 잘 어울린다. 그래서인지 예레미야서는 우리의 마음에 깊고 오랜 여운을 남긴다. 예레미야는 인간의 고뇌와 아픔을 직접 겪은 사람이었다. 그래서 우리는 장엄하고 거룩한 이상을 꿈꾸던 이사야, 철저하게 자신을 절제했던 환상가 에스겔, 불을 토해내던 아모스보다 이 선지자에게 더욱더 정감을 느낀다.

1. 선지자

선지자의 이름 예레미야(יִרְמְיָהוּ)를 문자적으로 풀이하면 '여호와가 자유하게 하신 자', '여호와가 존귀케 하신 자' 혹은 '여호와가 세우신 자'로 풀이된다(cf. Lundbom). 그는 예루살렘에서 북쪽으로 약 5㎞ 떨어져 있던 아나돗(Anathoth)에서 제사장 힐기야의 아들로 태어났다(1:1; 11:21, 23; 29:27; 32:7–9; cf. ABD). 예레미야의 아버지는 제사장이었지만, 예레미야도 제사장 사역을 했는지는 확실하지 않다. 당시 제사장직은 자손 대대로 이어지는 직업이었다. 그렇다면 예레미야가 제사장 사역을 시작하기 전에 소명을 받았다 할지라도 제사장이 받아야 하는 훈련은 모두 받았을 것이다.

예레미야는 아도니야를 다윗의 후계자로 세우려다 실패해서 솔로몬에게 숙청당한 제사장 아비아달(왕상 2:26)의 후손일 가능성이 매우 높다. 솔로몬이 아비아달을 예레미야의 고향 아나돗으로 추방한 후로 아나돗은 제사장의 마을이 되었기 때문이다. 또한 아비아달이 실로의 제사장 엘리(cf. 삼상 1-4장)의 자손이라면, 예레미야는 엘리의 계보를 통해 아론의 후손이 된다. 예레미야가 실로의 역사에 대해 언급하는 것(2:1-3; 7:12-14; 15:1)도 이러한 연관성에서 비롯되었을 것이다(Clements).

예레미야는 자신에 대해 성경의 그 어느 저자보다도 많은 정보를 남겼다. 그럼에도 불구하고 그의 어린 시절(주전 609년 이전)에 대해서는 별로 알려진 바가 없다. 선지자가 어린 시절에 대해 이렇다 할 정보를 남기지 않았기 때문이다. 다만 예레미야가 제사장 집안에 태어났다는 사실을 근거로, 그는 제사장이 되기 위해 어렸을 때부터 율법 교육을 철저하게 받았을 것으로 추측할 뿐이다.

예레미야는 참으로 아픔을 아는 사람이었다. 그는 파란만장한 유다 역사의 마지막 순간을 지켜보며 오열했던 선지자다. 예레미야는 선민이라는 이유 하나로 여호와께서 반드시 그들을 바빌론 사람들로부터 보호하고 지켜주실 것이기 때문에 유다는 영원할 것이라는 종교적이지만 맹목적인 민족주의(nationalism)의 허상이 백성들을 현혹하는 것을 지켜보았다. 그는 안타까운 마음으로 예루살렘 정계에서 치열한 공방을 펼치는 친바빌론파와 친이집트파의 정치, 외교적 줄다리기에 염증을 느꼈다.

예레미야는 유다의 정치, 종교 지도자들을 신랄하게 비난했다. 그대가로 선지자는 큰 고통을 당했다. 매를 맞았고(20:2), 재판장에서 반역죄를 뒤집어쓰기도 했다(26장; 37:11-16). 그를 암살하려는 시도가 두 차례나 있었다(18:18; 12:6). 사람들은 그를 빈 물 저장탱크(cistern)에 처넣기도 하고(38:1-13), 감옥에 감금하기도 했다(38:14-28). 예레미야는 그 어느 선지자보다도 혹독한 육체적, 정신적 고통과 수모를 경험했다.

예레미야는 자기 가족과 친척으로부터 따돌림을 받았다(11:21-23; 12:6). 생각해보면 별로 놀랄 일은 아니다. 예수님도 선지자는 고향에서 인정을 받지 못한다는 말씀을 하셨다. 게다가 선지자는 여호와를 섬기지 않고 오히려 우상숭배를 부추기는 제사장들을 신랄하게 비난했다. 그런데 그의 아버지도 제사장이었다! 보통 사람들에게조차 오해받고 비난 받은 예레미야가 가족들에게 핍박을 받는 것이 어쩌면 당연하지 않겠는가? 게다가 그가 주전 627년에 사역을 시작했다면, 요시야의 개혁에 협조한 것이 화근이 되었을 것이다. 그렇다면 개혁 대상이었던 그의 가족들과 사이가 멀어졌을 수도 있다(LaSor, Hubbard, Bush).

예레미야가 가장 힘들어했던 것 중 하나가 거짓 선지자들의 위선과 조작된 메시지였다. 하나님의 이름을 팔며 자신들이 마치 하나님의 대변인인 것처럼 떠들어대던 사람들이 한결같이 거짓 평안과 거짓 번영에 대한 메시지를 전한 것이다. 그러나 하나님은 그들을 보내신 적도 없고, 그들에게 말씀을 주신 적도 없었다. 모든 것이 그들의 자작극이었다. 그럼에도 불구하고 들어야 하는 메시지보다는 듣고 싶은 메시지에 열광하는 백성들은 거짓 선지자들이 만들어낸 메시지에 귀를 기울이고, 정작 참 선지자인 예레미야에게는 등을 돌렸다. 예레미야는 백성들이 달갑지 않게 생각했던 암울하고 어두운 미래에 대해 경고했지만, 거짓 선지자들은 "하나님의 축복이 곧 임할 것"이라는 메시지를 선포했기 때문이다. 예레미야와 하나냐의 충돌(28:1-17)은 참 선지자와 거짓 선지자의 갈등을 적나라하게 묘사한다.

이 모든 수난과 고통이 선지자가 하나님께 드리는 기도 속의 반항과 원망의 근거가 되었을 것이다(11:18-12:6; 15:10-21; 17:12-18; 18:18-23; 20:7-18). 예레미야는 때로는 하나님이 그를 버리셨다는 생각에 괴로워했고, 때로는 하나님께 자신의 '원수'에게 보복해달라고 매달리기도 했다. 그는 끊임없는 고통으로 신음하며 하나님의 선하심과 불변성을 의심하기도 했다. 그러나 그의 갈등은 불신이라기보다는 진솔함에서 비롯된 아픔에 대한 토로였다(15:17-20; 20:7). 그래서 하나님도 그를 책망하기보다는 품어주셨다. 그의 원망은 진심이 아니라 아파서 지르는 비명이라는 것을 잘 아시기 때문이다.

예레미야는 이와 같이 많은 핍박에도 불구하고 자신의 소명과 신념대로 살아간 용기 있는 사람이었다. 그칠 줄 모르는 핍박과 고통 중 그 어느 것도 그가 하나님께 받은 메시지를 전하는 일을 멈추게 하지는 못했다. 선지자는 백성들에게 회개하면 하나님이 용서하실 것이라고 외쳤지만, 사람들은 그의 메시지를 받아들이지 않았다. 선지자는 오히려 백성들의 협박과 공갈에 시달려야 했고 심지어 폭행까지 당했다. 그럼에도 예레미야는 묵묵히 자신의 길을 갔다.

오늘날의 기준으로 예레미야의 사역을 평가한다면, 그는 한없이 실패한 사람이다. 그는 40여 년 동안 하나님의 말씀을 선포했지만, 거의 모든 사람이 그가 하나님의 선지자라는 사실조차 인정하지 않았다. 예레미야는 세상의 기준으로는 철저하게 실패했지만, 하나님의 기준으로는 대단한 성공을 누린 선지자였다. 하나님의 기준은 딱 한 가지, 각자가 받은 소명과 말씀에 얼마나 순종했는가, 이기 때문이다. 때로 반항하기도 했지만, 아무리 어렵고 힘이 들어도, 그는 하나님께 받은 선지자 소명에 신실했고, 하나님의 말씀에 철저하게 순종했다.

2. 역사적 정황

예언서를 이해하려면 선지자가 메시지를 선포했던 시대의 역사적 정황을 고려해야 한다. 예레미야서의 경우 더욱더 그렇다. 책에 기록된 메시지의 상당 부분이 당시 국제 정세와 유다의 국내 정황과 직접적인 연관이 있기 때문이다. 간략하게나마 예레미야가 활동했던 시대의 급변하는 근동 정세, 유다가 처한 절박한 상황, 예레미야와 직접적으로 연관이 있는 유대인 디아스포라 공동체를 순서대로 생각해보자.

(1) 근동 정세

예레미야가 어느 시대에 사역했는가는 매우 쉽게 가늠할 수 있다. 그는 요시야 왕의 통치가 끝나갈 무렵 사역을 시작했으며, 예루살렘이 멸망한 후에도 계속 유다에 거하다가, 주전 581년에 강제로 이집트로 끌려가 그곳에서 일생을 마쳤다. 그러나 예레미야가 정확히 언제 태어났고, 언제부터 사역을 시작했는가는 1:2의 "유다 왕 요시야가 다스린 지 십삼 년에 여호와의 말씀이 예레미야에게 임[한 것]"을 어떻게 해석하느냐에 따라 좌우된다(cf. '이슈' 부분). 요시야는 8살 때(주전 640년) 왕위에 올라 31년 유다를 다스리다가 39세가 되던 해에 아시리아 패잔병을 돕겠다며 진군하는 이집트 왕 느고의 길을 막았다가 므깃도에서 사망했다.(cf. 왕하 23:29-30). 요시야는 죽을 때까지 평생을 여호와 종교를 개혁하는 일에 바친 믿음의 왕이었다. 일부 학자들은 예레미야 애가를 선지자가 요시야의 죽음을 애도하며 지은 노래라고 주장하지만, 정확하지는 않다. 예레미야서의 내용을 살펴보면 선지자는 요시야가 죽은 후에 본격적으로 사역을 시작한 것이 확실하다. 예레미야가 사역했던 시대를 전후로 한 주전 640-570년경의 근동 상황을 생각해보자.

이 시대의 근동 정세를 한 단어로 표현하면 '급변'이다. 지난 200여 년 동안 군주국으로 근동 지역을 호령해오던 아시리아의 세력이 급격히 약화되면서, 그 자리를 차지하기 위해 바빌론과 이집트가 꿈틀거리기 시작했다. 아시리아 제국의 마지막 대(大)군주 아술바니발

(Ashurbanipal)은 주전 627년에 죽었으며, 그의 죽음을 계기로 아시리아의 국제적 위상은 급격하게 쇠퇴하기 시작했다.

아시리아의 종말을 부른 것은 무엇보다도 그들의 지나친 욕심이었다. 바빌론에서부터 이집트에 이르기까지 펼쳐졌던 아시리아 제국은 그들만의 힘으로는 효율적으로 통치하기가 어려웠다. 아시리아의 종속국이 되어 매년 조공을 바치던 이집트의 프사메티쿠스 왕(Psammetichus I, 주전 664-610년)은 주전 655년경에 군주 아시리아에게 독립을 선언했다. 이집트의 독립선언이 있은 지 불과 3년 후인 주전 652년에는 아술바니발의 동생과 바빌론 왕 사마스숨우킨(Shamash-shum-ukin)이 공모해 반역을 일으켰다. 아시리아는 이 반역을 제압했지만, 그 과정에서 군사적, 경제적 손실을 크게 입었으며, 이러한 손실은 결국 제국의 쇠퇴로 이어졌다. 게다가 야만족으로 알려진 스키타이족(Scythians)과 키메리아족(Cimmerians)이 각각 동쪽과 북쪽에서 아시리아 제국에 압력을 가하고 있었다.

이러한 상황에서 느보(Nabopolassar)는 주전 625년에 바빌론에 신바빌론(Neo-Babylon)을 설립했다. 그는 지속적으로 아시리아에 군사적 압력을 가하다가 주전 616년에 쇠퇴해질 대로 쇠퇴해진 아시리아의 옛 수도 앗술(Ashur)을 향해 진군했다. 이번 기회에 아시리아를 완전히 몰아내고 바빌론이 근동의 군주로 자리매김을 하겠다는 야심 찬 행군이었다. 처음에는 양쪽이 어느 정도 팽팽하게 맞서는 것 같았지만, 전세는 메대(Mede)가 바빌론에 합세하면서 판가름 났다. 아시리아의 옛 수도 앗술이 주전 614년에 바빌론—메대 연합군의 손에 함락된 것이다. 이어 아시리아의 새 수도였던 니느웨(Nineveh)가 주전 612년에 연합군에 함락되면서 아시리아 제국은 사실상 막을 내렸다.

남쪽에서는 그동안 아시리아의 힘에 눌려 근동의 정치 무대에서 전혀 실력을 과시하지 못했던 이집트가 아시리아의 패망을 틈타 세력을 키우기 시작했다. 이집트의 프사메티쿠스의 후계자인 느고(Neco)가 아시리아의 패잔병들을 돕는다는 명목으로 주전 609년에 유프라테스 강 기슭의 갈그미스(Carchemish)로 대군을 이끌고 출동했다(cf. 대하 35:20; 왕하 23:29). 느고가 가나안 지방을 지날 무렵 그의 앞 길을 막는 왕이 있었다. 바로 유다 왕 요시야였다(왕하 23:29). 느고는 자신이 여호와의 부름을 받고 출동하는 중이라며 길을 비키기를 요구했다. 요시야는 끝까지 길을 비키지 않다가 결국에는 므깃도에서 느고의 칼에 맞아 죽었다(대하 35:20-22).

요시야는 왜 느고의 길을 막았을까? 무엇보다도 요시야는 아시리아의 근동 지배에 대해 염증을 느낀 것으로 생각된다. 지금까지 밝혀진 바에 의하면 아시리아는 고대 근동에서 가장 잔인한 제국이었다. 200년 동안 지속된 아시리아의 군림은 근동 지역에 많은 고통과 신음을 안겨주었다. 뿐만 아니라 아시리아 군주들은 종속국에게 그들의 종교까지 강요했다(cf. 왕하 16:10-13). 이런 상황에서 요시야는 아시리아의 쇠퇴를 의식하자마자 종교개혁을 단행했다. 그는 아시리아를 이미 기울어질 대로 기운 제국이자 다시는 부활해서는 안 되는 악의 상징으로 판단했다. 이러한 점들을 고려하면, 요시야가 느고의 앞을 가로막은 이유를 충분히 이해할 수 있다. 어떻게 해서든지 아시리아의 재기를 막아야 한다는 생각이 그를 움직였다. 다만 요시야는 이미 여호와께서 바빌론을 사용해 아시리아를 멸하려고 계획하신 것을 알지 못했다. 그래서 결코 이집트의 적수가 되지 못하는 데도 불구하고 무모한 모험을 하다가 죽은 것이다(cf. 사8-10장; 나훔서).

요시야가 죽자 유다 사람들은 23세인 그의 아들 여호아하스를 왕으로 세웠다(왕하 23:30). 느고는 곧바로 발길을 돌려 예루살렘을 공격해 벌금으로 금 1달란트(34Kg)와 은 100달란트(3,400Kg)를 요구했다(대하 36:2; 왕하 23:33). 또한 여호아하스를 왕위에서 끌어내려 이집트로 끌어가고, 대신 그의 형 엘리아스를 왕으로 세워 이름을 여호야김으로 바꾸어주었다(대하 36:4-5). 엘리아스가 25세 때의 일이다.

이집트와 아시리아 패잔병 연합군은 주전 605년에 바빌론과 근동의 통치권을 놓고 갈그미스에서 격전을 치른다. 바빌론의 대승으로 끝난 이 싸움은 바빌론이 근동을 다스리게 되는 계기가 되었다. 이때의 패배로 아시리아 제국은 지도에서 영원히 사라졌다. 이집트는 다시 한 번 국제 무대에서 패배를 맛보았고 '조용히' 숨 죽이고 지내야 했다. 그러나 이집트는 북쪽 이웃인 가나안 국가들에게는 계속 정치적인 영향력을 행사했다.

(2) 유다의 상황

약소국가인 유다는 바빌론과 이집트 사이에서 살아남기 위해 안간힘을 썼다. 여호야김은 그를 왕으로 세운 이집트에 충성을 약속했다. 그러나 이집트를 물리친 바빌론 군이 시리아-가나안 지역을 침략하자(주전 604-603년), 유다를 포함한 그곳의 모든 나라가 바빌론에 충성을 맹세했다. 협박과 위협의 결과였다.

바빌론은 주전 601년에 이집트 접경까지 내려가 이집트와 다시 한 번 싸웠지만, 승부를 내지 못하고 바빌론으로 돌아갔다. 여호야김을 비롯해 가나안의 약소국가들은 이 전투를 이집트가 앞으로 바빌론을 물리치고 근동의 강자가 될 것을 의미하는 조짐으로 받아들였다. 그래서 그들은 주전 601년 전쟁이 끝나자마자 곧바로 바빌론을 배반했다. 그러나 재정비한 바빌론 군은 가나안 지역의 반역을 응징하기 위해 주전 598년 12월에 침략을 감행했다. 가나안 지역은 순식간에 무너졌다. 유다 역시 예루살렘을 제외한 모든 영토를 빼앗기고 말았다.

예루살렘이 포위되었고 주전 598년 12월에 여호야김마저 죽었다. 그러나 많은 학자들은 유다의 정치인들이 침략자 바빌론과 원만한 협상을 타결하기 위해 여호야김을 암살했을 것으로 추정한다(cf. Huey). 여호야김이 죽자 그의 아들 여호야긴이 대를 이어 보좌에 올랐다. 그러나 그의 예루살렘 통치는 3개월 만에 막을 내렸다. 이듬해인 주전 597년 3월 15-16일에 예루살렘은 함락되었다. 바빌론 군은 약 8,000명의 포로와 많은 노획물을 끌고 돌아갔다(왕하 24:16). 그리고 유다 왕 여호야긴을 인질로 삼아 바빌론으로 끌고가는 대신 여호야긴의 숙부 시드기야를 왕으로 삼았다.

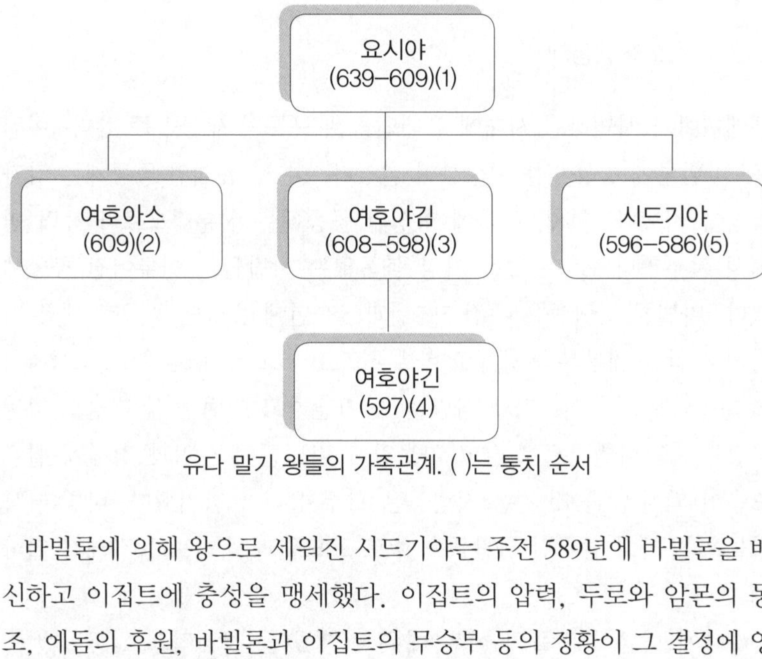

유다 말기 왕들의 가족관계. ( )는 통치 순서

바빌론에 의해 왕으로 세워진 시드기야는 주전 589년에 바빌론을 배신하고 이집트에 충성을 맹세했다. 이집트의 압력, 두로와 암몬의 동조, 에돔의 후원, 바빌론과 이집트의 무승부 등의 정황이 그 결정에 영향을 끼쳤다. 소식을 전해들은 바빌론은 다시 가나안 땅을 침범해 유다를 점령했다. 예루살렘은 포위된 상태에서 1년 이상 버티다 주전 586년 여름에 함락되고 말았다.[2] 시드기야는 성이 함락되기 며칠 전 야밤에 성 밖으로 도망쳤으나 결국 바빌론 군에 붙잡혀 리블라(Riblah)에 있던 느브갓네살에게 끌려갔다. 바빌론 군인들은 시드기야가 지켜

2 일부 학자들은 예루살렘 함락이 주전 587년의 일이라고 주장한다. 이 주석에서는 성의 함락을 주전 586년으로 표기한다(cf. Thiele).

보는 앞에서 그의 아들들을 모두 처형했다. 아들들의 처형을 지켜본 시드기야는 두 눈이 뽑힌 채 바빌론으로 끌려가 그곳에서 최후를 마쳤다(왕하 25:1-21; 렘 52:9-11). 두 달 후 느부갓네살의 장군 느부사라단(Nebuzaradan)은 예루살렘에 불을 질렀다. 그 불로 심지어 성전마저 흙더미가 되었다. 유다는 주전 586년에 이렇게 막을 내렸다.

(3) 디아스포라 공동체

예레미야가 사역하던 시대에 유대인들은 근동의 세 곳, 즉 유다, 이집트, 바빌론에 공동체를 형성하며 살았다. 이 세 유대인 공동체는 각자 특성을 지녔다. 첫째, 유다에 형성된 공동체는 신분적으로나 능력 면에서 자투리라 할 수 있는 가장 볼품없는 사람들로 이루어진 공동체였다. 바빌론 사람들은 주전 597년과 586년에 유다의 중류층 계급 이상의 사람들 대부분을 강제로 바빌론으로 끌고 갔다(cf. 왕하 25:11; 대하 36:20; 렘 52:15).[3] 이스라엘 사람들 중 가난하고 이렇다 할 기술도 없는 사람들, 즉 바빌론으로 끌고 가보았자 바빌론의 산업과 경제에 별로 도움이 되지 않을 것 같은 사람들은 모두 유다에 남겨졌다. 바빌론 사람들은 유다에 남겨진 사람들을 주로 포도원과 올리브 농장에서 일하게 했다.

유다에 남은 사람들의 삶은 매우 비참했다. 경제적으로 궁핍했고, 정치적으로 무기력했고, 영적으로 마비된 상태였다. 물론 새로운 지도층이 형성되었지만, 그들은 선조들처럼 허세와 영적 교만으로 가득 차 있었다. 에스겔 11:14-16에 의하면 당시 유다 지도자들은 자신들의 종교적인 가치와 전통의 탁월함을 의식하지 못했고, 바빌론에 포로로 끌려간 동포들에 대해 아파하는 마음도 전혀 없었다. 자신들이야말로 '참 남은 자들'이라며 사람들을 안심시켰다.

3 여기에 다니엘과 세 친구가 끌려갔던 주전 605년을 더할 수 있다(cf. 단 1:1).

둘째, 이집트에는 바빌론을 두려워해서 도피한 유다 사람들의 공동체가 형성되었다. 그들은 바빌론이 군주로 자리매김을 한 주전 605년 이전부터 이집트로 이주해갔다. 예루살렘이 함락된 주전 586년 이후에 바빌론을 두려워한 유다에 남아 있던 사람들 중 일부가 이집트로 망명했다. 주전 581년경에 이집트로 내려간 사람들은, 바빌론이 유다의 총독으로 세운 그달리야(Gedaliah)가 암살을 당하자 바빌론의 보복을 두려워해 유다를 떠났다(왕하 25:25-26; 렘 41:1-2). 이때에 예레미야도 강제로 끌려가 이집트에서 일생을 마쳤다(cf. 렘 43장). 이집트에서 유대인들은 바드로스(Pathros), 믹돌(Migdol), 타파네스(Tahpanhes), 멤피스(Memphis) 등지에 자리를 잡고 살았다(렘 44:1).

셋째, 바빌론에 형성된 공동체는 본인의 의지와 상관없이 유다에서 끌려간 인질들이 주류를 이루었다. 바빌론이 제국을 형성하기 전부터 메소포타미아 지역에는 강제로 끌려와 그곳에 정착한 유대인들이 있었다. 아시리아의 기록에 의하면 북 왕국 이스라엘에서 수십만 명이 끌려와 메소포타미아 전 지역에 흩어졌다. 바빌론의 느브갓네살도 비슷한 정책을 구상했다. 그는 유다에서 귀족들과 기술자 등을 모조리 끌어와 바빌론 주변에 정착시켰다. 무라슈 문서보관소(Murashu Archive)에서 발견된 기록(주전 5세기 후반)에 의하면 바빌론에 끌려온 유다 사람들은 적응이 매우 빨랐고 금융과 교역에 깊이 파고들어 바빌론 경제에 커다란 기여를 했다.

포로로 끌려온 유대인들은 바빌론 사회에 빨리 흡수되었지만 자신들의 민족적 정체성은 잃지 않고 유지했다. 그들은 장로제도를 그대로 유지했으며, 자신들의 족보도 계속 보존했다(cf. 스 2장; 느 7장). 또한 그들은 예루살렘이 함락되기 전까지 본국과 계속 연락을 취했다(렘 29장). 그들은 예루살렘에서 멀리 떨어져 있었지만 다양한 예식, 할례, 안식일 성수 등을 준수하며 항상 모세의 율법을 최대한으로 지키기 위해 노력했다(cf. 사 56:2-4; 58:13; 겔 44-46장). 그러나 에스겔에 의하면 그들의 영적 상태도 그다지 좋지는 않았다. 바빌론에 형성된 유대인 공동체는 배교적인 사고를 버리지 못했으며, 우상숭배와 온갖 종류의 사회적 악을 행했다(cf. 겔 18장).

(4) 책과 연관된 주요 연대

역사적 사건	연대(BC)	성경구절
요시야 즉위 13년	627년	렘 1:2
요시야 즉위 18년에 성전에서 율법책 발견	622년	왕하 22장
바빌론—메대 연합군의 아시리아 침략	617년	
아시리아의 옛 수도 앗술 함락	614년	
니느웨 함락	612년	
요시야의 죽음 (즉위 31년)	609년	왕하 22:1
여호아하스(살룸)의 3개월 통치	609년	왕하 23:31
이집트가 여호야김을 유다의 왕으로 세움	609년	왕하 23:34-36
갈그미스 전투	605년	
느부갓네살이 바빌론의 왕이 됨	605년	
바빌론이 유다와 여호야김을 위협함	605년	단 1:1
바빌론의 시리아-팔레스타인 원정	604-601년	
여호야김이 바빌론의 봉신(vassal)이 됨	604/603년	왕하 24:1
바빌론이 이집트 국경에서 패함	601년	
여호야김이 바빌론을 배신함	601년	왕하 24:1
여호야김의 죽음(즉위 11년)	598년	
여호야긴의 3개월 통치	597년	왕하 24:8
예루살렘이 바빌론에 포위됨	598/597년	왕하 24:10
예루살렘이 항복하고 여호야긴이 바빌론으로 끌려감	597년	왕하 24:12-16

바빌론이 시드기야를 유다의 왕으로 세움	597년	왕하 24:17-18
가나안 국가들이 예루살렘에서 바빌론에 대한 반역 모의를 함	594년	렘 27장
바빌론이 예루살렘을 포위함	588년	왕하 25:1; 렘 39:1
예루살렘이 시드기야 즉위 11년에 함락됨	586년	왕하 25:3-11
바빌론이 그달리야를 유다의 총독으로 임명함	586년	왕하 25:22
그달리야가 암살을 당함	582년	왕하 25:25; 렘 41장
예레미야가 이집트로 끌려감	582년	렘 43장
유다 사람들이 바빌론으로 끌려감	582/581년	렘 52:30
여호야긴이 바빌론 감옥에서 풀려남	560년	왕하 25:27
바빌론이 고레스에 의해 함락됨	539년	스 1:1; 단 5:31

3. 메시지

예레미야도 여느 선지자처럼 체계적이고 조직적인 신학책을 남긴 것은 아니다. 그는 자신의 삶과 체험 그리고 이미 그에게 전수되어온 진리에 기초해 하나님께 받은 메시지를 전하고 있을 뿐이다. 일부 학자들은 예레미야가 새로운 신학을 전개한다고 주장하지만, 선지자는 자신이 잊혀가는 전통적인 신학을 고수하고 있다고 생각했다(cf. 6:16; 2:13). 그는 자신의 책에서 이스라엘이 이때까지 경험한 일에 대한 신학적인 설명과 현재 어떻게 살아야 할 것인가에 대한 지침과 앞으로 미래에 있을 변화에 대해 상세하게 언급한다(Dearman). 이 과정에서 예레미야는 무엇보다도 출애굽 사건에 대한 말씀을 선포하는데 그것이 유다에게 시급히 필요한 영적 체험의 바탕이라고 생각했기 때문이다. 예레미야가 자신의 저서를 통해 선포한 다양한 메시지를 간략하게 정리하자면 다음과 같다.

(1) 주권자 여호와

예레미야는 유다의 하나님을 온 세계에 절대적인 주도권을 행사하시는 창조주로 묘사한다. 유다 백성은 여호와가 힘이 없어서 아시리아와 바빌론의 신들에게 그들을 내어주었다고 생각하지만, 선지자는 유다뿐만 아니라 이집트, 바빌론 등에서 벌어지고 있는 모든 일이 여호와의 주권 아래 진행되고 있다는 사실을 강조한다. 주의 백성에게 임한 어려움과 환난 역시 하나님이 목적을 두고 행하신 일이라는 것이다.

유다의 왕인 시드기야와 여호야김이 펼치던 '인간의 정치'도 하나님의 주권적인 계획에 맞아떨어질 때에만 성공한다는 것을 선지자가 거듭 강조하는 것도 같은 맥락이다. 심지어 바빌론의 왕 느브갓네살이 성공한 것도 그의 능력 때문이 아니라, 유다의 하나님이 그렇게 계획하고 진행하셨기 때문이다(cf. 27:6). 그러므로 선지자는 이스라엘에게 선포된 신명기 28-29장의 언약의 축복과 저주를 온 열방에 아무런 거리낌없이 적용한다. 온 세상에 대해 절대적인 주권을 가진 하나님이 필요에 따라서 얼마든지 계획을 바꾸실 권리도 지니고 있다는 것이다(18:7-10).

유다의 하나님 여호와께서는 온 우주의 창조주일 뿐만 아니라, 창조된 세상을 다시 파괴하실 수 있는 권한과 능력의 소유자이기도 하다. 선지자는 하나님을 자주 '물'로 비유한다(2:13; 17:7-8, 13). 예레미야는 우상들이 비를 부를 수도 없고(14:22), 구원할 수도 없다는 사실로, 가짜 신이라는 그들의 정체성을 드러낸다(2:27b-28; 11:12). 반면에 하나님은 온 우주를 채우고(23:24), 비를 보내며(5:24; 14:22b), 바닷물도 지배하신다(5:22). 심지어 하나님 자신이 '생수의 샘물'(2:13)이 되어 세상 만물에 생기를 주시기도 한다. 그러므로 여호와는 절대적인 권위로 자기가 원하는 사람들에게 땅과 사람을 주신다(27:5-6). 이 전능자는 결코 조용히 자리를 지키는 분이 아니라, 항상 일을 하는 '행동하시는 하나님'이다.

여호와 하나님은 또한 무한히 거룩하신 분이다. 선지자는 유다 백성의 죄성을 부각시켜 그들과 대조되는 하나님의 거룩하심을 강조한다. 그러므로 여호와 하나님은 백성들로부터 무한히 뛰어나고 멀리 계신 분이다. 하나님은 존재적으로, 본질적으로 이 세상의 그 무엇에도 비교될 수 없는, 모든 것을 초월하신 분이다. 그러나 동시에 하나님은 매우 가까운 곳에서 백성들을 지켜보시는 분이다. 여호와는 인류의 역사와 백성들의 삶에 직접 개입하고 간섭하시는 분이다. 주님은 정열적으로 유다를 사랑하고 끊임없는 자비를 베푸시는 하나님이다.

(2) 새 언약

예레미야는 인간의 마음(heart)을 깊이 이해한 선지자였다. 그는 오직 죄만이 유다의 반역을 설명할 수 있다고 주장했다. 백성의 죄는 무엇보다도 이성의 중심인 마음이 썩은 데서 비롯되었다(17:9). 이처럼 철저하게 썩어버린 마음은 인간의 힘으로는 도저히 치료할 수 없다. 마음의 할례가 동반하지 않는 한 신체적인 할례도 의미가 없다(4:4; 9:26). 심지어 요시야의 대규모의 개혁운동도 이 문제를 해결할 수 없었다. 선지자는 오직 새 언약만이 하나님과 백성의 관계를 회복할 수 있다고 결론짓는다(31:33).

새 언약은 과거에 유다가 너무나도 쉽게 파괴했던 하나님과의 '부부관계'보다 더 친밀한 관계를 요구한다(31:32). 예레미야는 새 언약이 옛 언약처럼 돌에 새기는 것이 아니라 죄의 온상이라고 할 수 있는 사람의 마음에 새겨질 것이라고 말한다(31:33). 마음에 새겨진 말씀이 사람의 삶을 지배할 때가 오리라고 기대하는 것이다. 이 언약은 하나님을 아는 참 지식에 근거를 두어야 하며(31:34), 그동안 쌓인 모든 죄 문제를 해결할 수 있어야 한다(31:34). 그렇지 않으면 새 언약을 체결할 의

미가 많이 희석되기 때문이다.

주의 백성이 미래에 기대할 만한 완전한 변화는 그들 마음에 새겨지는 율법을 중심으로 실현될 것이다. 하나님이 약속하시는 새 언약은 바로 이러한 내용을 골자로 하고 있다. 그런데 이 새 언약에는 다윗의 집안에 대한 직접적인 언급이 없다. 선지자는 '의로운 가지'(righteous branch)에 미래에 대한 기대를 걸고 있다. 그리고 이 가지는 다윗의 자리를 그대로 계승한다(23:5). 그러므로 미래는 새 언약, 새 율법, 새 왕, 이 세 가지가 조화를 이루는 낙관적인 곳이다.

선지자는 비록 유다에게 피할 수 없는 하나님의 심판을 선포하고 있지만, 그의 메시지 중 가장 중요한 것은 바로 미래에 대한 소망이다. 이러한 사실은 예레미야서의 구조에서도 암시되어 있다. 학자들이 일명 '위로의 책'(book of consolation; 30-33장)이라고 부르는 부분이 책의 가장 중심부에 있는 것이다. 선지자는 그 외 부분에서도 지속적으로 소망에 대해 이야기한다(1:10; 18:5-11; 24:6; 31:28; 42:10; 45:4; 3:15; 12:15; 52:31 등등).

예레미야는 하나님의 위로를 듣고 싶어 하는 백성들에게 그들이 바빌론에게 저항하지 않고 항복하고 살아서 바빌론으로 끌려가는 것이 유다를 향한 하나님의 뜻이며 그들이 누릴 수 있는 가장 큰 축복이라고 했다(cf. 27장). 그러고는 하나님의 명령에 따라 사촌에게서 땅을 샀다(32:6-15). 그것도 감옥에 갇혀 있으면서 말이다. 이 두 사건의 연계성이 잘 이해되지 않는다. 자칫 잘못하면 선지자는 "유다는 망할 것이고 바빌론으로 끌려갈 것이다"라는 유언비어를 유포한 후 민심이 동요해 땅값이 떨어지자 있는 돈을 다 털어 부동산 투기를 한 것이라고 비난받을 수 있는 상황이다.

선지자가 감옥에 갇혀 있는 상황에서 땅을 구입한 것은 언젠가는 유다 백성이 자기 땅에 대한 재산권을 행사하게 될 것이라는 상징적인 의미였다. 비록 오늘은 포로가 되어 바빌론으로 끌려가야 하는 암울한 순간이지만, 때가 차면 하나님이 그들을 다시 이 땅으로 이끌어오고,

땅을 허락하실 것이라는 의미다. 그 외에도 선지자는 주의 백성의 미래에 대해 하나님의 여러 가지 다양한 계획들을 언급한다(29:11; 31:31-34; 23:5-6; 33:15-16). 선지자는 암울한 현실이 지나야만 밝은 미래가 오기 때문에 백성들에게 좌절하지 말고 주님을 기다리라고 호소한다.

(3) 민족주의

우리는 '민족주의'를 별로 좋아하지 않는다. 심지어 민족주의가 성경적인 세계관을 위협한다고 생각하기도 한다. 하나님이 창조하신 다양한 민족들이 어우러져 살아가야 하는 세상에서 민족주의는 지나치게 폐쇄적인 사고방식처럼 생각되기 때문이다. 더 나아가 사람들은 민족주의를 자기 민족이 하는 모든 일을 맹목적으로 지지하는 것처럼 생각하기도 한다. 그래서 민족주의를 민족 우월주의로 착각하기 일쑤다. 그러나 예레미야의 민족주의는 절대 그런 것이 아니었다. 그는 건전한 민족주의는 이런 것이라는 걸 보여주는 듯한 삶을 살았다.

선지자는 민족주의가 자기 백성을 맹목적으로 지지한다는 생각을 처음부터 배제한다. 그는 한 번도 유다 백성이 지은 죄에 동조하거나 묵인하지 않았다. 그들의 죄를 합리화하거나 정당화하지도 않았다. 오히려 그들의 죄를 맹렬하게 비난하며 회개할 것을 촉구했다. 심지어 그를 매국노로 취급하는 백성의 오해와 비난을 받으면서도, 더 나아가 자신의 메시지 때문에 감옥에 갇히면서도 회개를 촉구했다. 유다를 가장 사랑하는 유다 시민으로서 예레미야는 그들이 듣고 싶어 하는 메시지보다 들어야 하는 메시지를 과감하게 선포하며, 그들이 하나님께 돌아오기를 호소했다. 진정한 민족주의자는 백성이 듣기 싫어하더라도 꼭 들어야 하는 하나님의 메시지를 전하는 사람이다. 그것은 결코 쉬운 일이 아니다. 그래서 선지자는 메시지를 선포하며 많은 비난과 핍박을 받았다.

선지자가 자기 백성의 죄를 비난하고 회개를 권하는 메시지를 선포했지만, 한 번도 그들을 비아냥거리거나 정죄하는 자세로 말씀을 선포하지 않았다. 항상 안타깝고 애틋한 마음으로 말씀을 전했다. 그도 분명 다른 [거짓] 선지자들처럼 백성들이 듣고 싶어 하는 메시지를 들려주고 싶었을 것이다. 그렇게 하면 백성들도 좋아하고 자기도 행복했을 것이다. 그러나 하나님이 그에게 주신 메시지는 사람들의 기대와 소망과는 거리가 멀었다. 여호와께서는 예레미야에게 유다를 향한 심판과 정죄의 메시지를 전하라고 하셨다. 선지자는 하나님이 주신 메시지, 곧 자기도 전하기 싫은 메시지를 전하며 많은 눈물을 흘렸다(cf. Skinner). 잠시 후 심판을 받아야 할 자기 백성이 너무나도 불쌍하고 안타까워서 한없이 울었다.

드디어 예루살렘이 바빌론 군에 함락되고, 성 안에서 살던 선지자도 전쟁 포로가 되어 라마까지 끌려갔다(40장). 바빌론 사람들은 포로들 중에서 예레미야를 찾아내 자유를 주었다. 전쟁 중에 예레미야가 유다를 비난하고 주의 백성이 바빌론에 항복하는 것이 하나님의 뜻이자 유다가 살길이라고 선포했다는 것과 그로 인해 그가 감옥살이까지 했다는 사실을 알게 된 바빌론 사람들이 그를 배려한 것이다. 그들은 예레미야에게 자유를 주었을 뿐만 아니라 여생을 어디에서 보낼지 선택권을 주었다. 선지자가 원하면 바빌론으로 그를 데려가서 여생을 책임지겠다는 것이다. 그러나 예레미야는 그들의 제안을 거부하고 유다에 남기를 선택했다. 그는 바빌론 편에 서서 그들을 위해 말씀을 선포한 것이 아니라, 주의 백성 유다를 위해 사역했으며, 그의 일편단심 사랑은 오직 하나님과 유다 백성을 향한 것이기 때문이다.

우리는 예레미야에게서 진정으로 민족을 사랑하고 나라를 사랑하는 것이 무엇인가를 배워야 한다. 진정한 애국은 무조건 나라와 민족이 하는 일을 지지하는 것이 아니다. 하나님의 뜻에 비추어볼 때 민족과 나라가 어떻게 하고 있는가를 과감하게 알려주는 것이 성경적 민족주의다. 하나님의 뜻에 따라 잘 가고 있으면 칭찬을 아끼지 않아야겠지만, 잘못 가고 있을 때에는 그것을 묵인하지 않고 가던 길에서 돌아오라고 경고해야 한다. 민족주의는 단기적인 안목이 아니라, 장기적인 안목을 추구해야 하기 때문이다. 또한 참된 민족주의는 백성의 잘못을 알려줄 때 정죄의 입장이 아니라, 안타깝고 애틋한 마음으로 백성의 일원이 되어 눈물을 흘리며 메시지를 전하는 것이다. 이것이 성경이 예레미야를 통해서 보여주는 진정한 민족주의자의 모습이다.

(4) 선지자와 하나님

처음부터 하나님이 주신 선지자의 소명을 순순히 받아들이려 하지 않았던 예레미야는 사역을 시작한 후에도 하나님과 많은 '갈등'을 빚는다. 한번은 선지자가 하나님의 명령에 따라 성전에 가서 말씀을 전하다가 성전을 관리하는 제사장에게 잡혀 감금당하고 다음날 매를 맞고 풀려난 일이 있다(19–20장). 예레미야는 보호를 약속해놓고 자기를 보호해주지 않으신 하나님을 원망한다(20:7–10). 그래도 분이 풀리지 않아 자기가 태어난 날을 저주했다(20:14–18). 하나님이 모든 피조물을 아름답게 창조했고, 모든 사람을 귀하게 만드셨다는 섭리에 문제를 제기한 것이다.

예레미야가 이처럼 하나님을 원망하는 이유는 무엇일까? 하나님이 그에게 주신 사역이 너무나 힘이 들고 어렵기 때문이다. 우리는 종종 하나님이 함께하시면 모든 일이 쉽게 해결될 거라고 생각한다. 그러나 성경을 다시 읽어보라. 이러한 생각은 착각에 불과하다. 하나님이 함께하신다고 해서 항상 일이 잘 풀리거나 고통이 없는 것은 아니다. 오히려 하나님이 함께하실수록 우리의 삶과 사역이 더 어려울 수 있다. 사탄의 방해가 그만큼 더 크기 때문이기도 하지만, 하나님은 우리가 그리스도의 고난에 동참할 정도로 성숙했다고 생각하시면, 때로 우리에게 그 고난에 동참할 수 있는 특권을 허락하시기 때문이다. 그러므로 이 세상에서의 성공은 하나님이 함께하신다는 증표이고, 고난은 우리의 죄 때문이라는 생각은 잘못된 것이다. 오히려 그 반대일 수 있다.

선지자는 하나님의 신뢰성에 문제를 제기하기도 했다(15:17-18). 그는 하나님이 절대 믿을 수 없는 분이라고 주장했다. 한 가지 특이한 것은 선지자의 맹렬한 비난에도 하나님은 그를 책망하거나 화를 내시는 일이 거의 없다는 사실이다. 이러한 현상을 어떻게 이해해야 하는가? 하나님의 선지자가 이처럼 하나님께 망언을 해도 되는 것인가?

일상적으로 선지자들은 하나님을 '세상에서 가장 거룩하신 분', '가까이 하기에는 너무나도 두려운 분' 등으로 여기기 때문에 하나님에 대한 접근을 스스로 상당히 제한한다. 이러한 정황에서 예레미야는 매우 예외적이다. 그는 하나님께 속된 말로 '할 말, 못할 말'을 다 했다. 다른 선지자들에게 하나님은 가까이 나아가기에는 너무나도 거룩하고 두려운 분이셨지만, 예레미야는 하나님을 마치 친부모 대하듯이 한다. 예레미야는 하나님의 품에 의지해 어려운 형편에 대한 감정을 실어 낱낱이 아뢰었다. 마치 시집간 딸이 고달픈 시집살이를 하다가 친정에 와서 부모에게 울며 넋두리를 하는 것처럼 말이다. 친정 부모가 이런 딸을 정죄하거나 비난하기보다는 오히려 끌어안고 위로하는 것처럼 하나님도 원망을 토해내는 선지자를 품으신다. 하나님은 우리가 아파서 지르는 비명 소리를 비난하지 않으신다.

예레미야와 하나님의 관계가 다른 선지자들과 하나님의 관계에 비교했을 때 덜 거룩하거나, 저속한 것이라고 할 수 있을까? 결코 아니다. 하나님은 그 어느 선지자보다 예레미야에게 가까이 오셨다. 주님은 선지자와 동행하고 부모의 심정으로 그와 호흡을 같이하신다. 힘들다고 불평을 토하는 선지자의 하소연을 받아주신다. 예레미야는 자신과 함께하시는 하나님을 통해 모든 아픔과 스트레스를 해소해가며 사역한다. 그는 선지자들 중 하나님의 함께하심을 가장 확실하게 체험하며 살았다. 이러한 차원에서 예레미야의 삶과 사역은 오늘도 하나님이 주신 소명을 힘들게 감당하며 살아가는 모든 사역자들에게 큰 위로와 소망이 된다.

(5) 예레미야와 모세

예레미야는 하나님께 선지자의 소명을 받을 때 자신은 너무 어리고 능력이 부족해 감당할 수 없다며 사양한다(1:6). 구약을 살펴보면 예레미야보다 앞서 한 쌍으로 하나님이 주신 소명을 격렬히 거부한 사람이 있다. 자기는 너무 어리고 능력이 없어서 소명을 받을 수 없다고 한 예레미야와 달리 모세는 자신이 너무 늙고 능력이 없어서 소명을 받을 수 없다고 말했다. 예레미야와 모세는 한 쌍으로 하나님의 소명을 감당하는 일에 그 누구도 너무 어리거나 늙지 않았으며, 그 누구도 무능해서 하나님의 일을 하지 못하는 일은 없다는 것을 강조한다. 하나님이 소명을 주실 때에는 그 소명을 감당할 만한 능력과 사람들을 붙여주실 것이기 때문이다. 우리는 하나님의 사역을 우리 힘과 능력으로 하는 것이 아니라, 하나님이 주시는 능력으로 한다는 것을 배워 나가야 한다.

이 외에도 예레미야서는 여러 가지 면에서 선지자를 마치 제2의 모세처럼 묘사한다. 이 두 사람 사이에는 다음과 같은 공통점들이 있다(Seitz).

1. 하나님이 자신의 말씀을 이들의 "입에 넣으셨다"(1:9; 신 18:18).
2. 이 두 사람은 열방에 보내진 선지자들이다(1:4, 10; 출 3:10).
3. 소명이 임했을 때 자신들의 무능력을 핑계로 사역을 거부했다(1:6; 출 4:10).
4. 모세에게는 여호수아가, 예레미야에게는 바룩이 있었다.
5. 두 사람 모두 이집트로 갔다.
6. 두 사람 모두 백성들을 위해 끊임없이 중보했다.

4. 이슈

예레미야서도 정경에 속한 다른 책처럼 해석에 어느 정도 영향을 미칠 수 있는 이슈를 가지고 있다. 이러한 이슈 중 중요한 것 몇 가지를 생각해보자: (1) 선지자의 소명 시기, (2) 예레미야서에 대한 비평학계의 해석, (3) 예레미야서의 마소라 사본과 LXX의 차이, (4) 사건들의 시대적인 순서와 메시지 전개 순서.

(1) 선지자의 소명 시기

예레미야는 언제 선지자의 소명을 받았을까? 이 질문에 대한 대답은 1:2의 "요시야 13년"(주전 627년)을 어떻게 이해하느냐에 따라 결정된다. 전통적으로 그리고 아직도 거의 모든 학자들이 이 연대를 예레미야가 선지자 소명을 받은 해로 간주한다(Lundbom, Clements, Brown). 그러나 최근 일부 학자들이 이때를 예레미야가 소명을 받은 해로 보기는 어렵다는 주장을 내놓았다(Holladay, Hyatt). 그들이 제시하는 이유를 정리해보면 다음과 같다.

첫째, 예레미야는 요시야의 종교개혁에 대해 이렇다 할 논평을 하지 않는다. 요시야의 종교개혁은 건국 이래 가장 광범위한 범위로 진행되었으며, 여러 가지 괄목할 만한 성과를 낳았다. 만일 예레미야가 주전 627년에 선지자 소명을 받고 사역을 시작했다면, 이같은 종교개혁에 대한 침묵을 어떻게 설명할 수 있겠는가. 그러므로 그는 요시야의 종교개혁이 아득한 과거에 묻힌 상황에서 사역을 시작했을 거라고 추측한다.

둘째, 예레미야는 요시야 즉위 18년인 주전 622년에 성전을 보수하다가 발견된 율법 책에 대해서도 전혀 언급하지 않는다. 만일 예레미야가 요시야 즉위 13년에 선지자의 소명을 받았다면, 이 율법 책의 중요성으로 보아 5년 후 성전에서 발견된 율법 책에 대해 분명히 어떠한 형태로든지 언급했을 것이다. 그러나 그것에 대해 어떤 언급도 없다는 점이 학자들을 당혹스럽게 만든다.

셋째, 선지자의 상당수의 신탁은 언제 선포된 것인지 정확하게 알려져 있지 않다. 시대가 구체적으로 표기된 첫 메시지는 여호야김이 왕위에 오르던 주전 609년에 성전에서 선포되었다(26:1). 그렇다면 예레미야는 소명을 받았던 주전 627년부터 이 해에 이르기까지 거의 20년 동안 무엇을 했냐는 것이다. 이 시대를 배경으로 한 신탁이 하나도 남아 있지 않다는 것은 그가 이 기간에는 사역을 하지 않았다는 것을 입증하는 증거가 된다.

넷째, 하나님은 유다에게 더 이상 회개의 기회를 주지 않겠다는 의지를 상징적으로 보여주기 위해 예레미야에게 결혼하지 말라고 명령하신다(16:1-4). 이 명령이 여호야김이 예레미야의 처음 책을 태워버린 사건(36:9; 여호야김 5년, 즉 주전 604년) 이후에 선지자에게 임한 것이 확실하다면, 예레미야의 나이가 문제가 된다. 만일 그가 주전 627년에 사역을 시작했다면 결혼을 하지 말라는 명령을 받았을 때 그의 나이는 이미 30대 후반에 접어들었을 것이다. 보통 10대 중후반이면 혼인을 하던 당시 문화에서 예레미야는 혼기를 완전히 놓친 노총각이 되어 있었다는 말이다. 그러므로 그에게 "결혼하지 말라"는 하나님의 명령은 별다른 의미를 발휘하지 못했을 것이다.

이런 문제들 때문에 학자들은 '낮은 연대'(Lower Chronology)를 주장한다. 이 주장에 의하면 1:2의 요시야 13년(주전 627년)은 예레미야가 사역을 시작한 해가 아니라, 그가 태어난 해다. 만일 선지자가 이때 태어났다면 예레미야서가 시대를 뒤흔들어놓았던 요시야의 종교개혁에 대해 이렇다 할 언급을 하지 않고 침묵하는 것을 충분히 설명할 수 있다. 선지자가 성장했을 때 요시야의 종교개혁은 이미 대부분의 사람들의 기억 속에서 잊힌 일이 되어 있었기 때문이다.

이 '낮은 연대'설에 따르면 성전에서 율법 책이 발견되었을 때 예레미야는 겨우 다섯 살이었다. 그러므로 그가 율법 책 발견에 침묵하는 것을 충분히 설명할 수 있다. 예레미야가 사역을 시작할 즈음에는 이 일마저도 옛일이 되어 있었던 것이다. 또한 요시야 즉위 13년(1:2; 주전 627년)을 예레미야가 태어난 해로 간주할 경우, 그가 사역을 시작한 나이는 18세 정도가 되는데 이때가 주전 609년쯤이다(26:1). 그렇다면 조금 늦기는 하지만, 결혼하는 데는 별 지장이 없었던 20대 중반의 나이에 '독신' 명령을 받았다(cf. 16:1-4). 그러므로 그가 받은 독신 명령이 하나님의 뜻을 구하던 백성에게 더 의미 있는 효과를 발휘할 수 있었을 것이다.

그러나 이 '낮은 연대' 주장을 액면 그대로 수용하기에는 여러 가지 문제가 있다. 비록 숫자가 많지는 않지만, 예레미야서는 선지자가 요시야 왕이 통치하던 시대에 받은 하나님의 말씀을 기록하고 있다(3:6-14). 만일 예레미야가 주전 609년에 사역을 시작했다면, 이 예언의 출처를 어떻게 설명할 것인가? 물론 요시야가 주전 609년에 죽었기 때문에, 그가 죽기 바로 몇 달(혹은 며칠) 전에 임한 말씀으로 간주할 수도 있다. 그러나 대체적으로 학자들은 그보다는 더 많은 시간이 필요하다는 견해를 고수한다.

유다의 외교 정책을 비난하고 있는 2:18을 살펴보면 아직도 아시리아가 군사적으로 중요한 위치에 있다는 것을 암시한다. 그런데 만약에 예레미야가 주전 609년에 사역을 시작했다면 그때 아시리아는 이미 패망한 나라였다. 물론 최종적인 종말은 주전 605년 갈그미스 대전에서의 패배로 비롯된다. 그러나 이 전투의 실질적인 의미는 이집트와 바빌론의 세력 다툼이지, 아시리아의 부활 여부가 아니었다. 게다가 "여호와의 말씀이 내게 임하니라"(1:4)는 말씀은 구약에서 100여 차례 이상 등장하는 매우 흔한 문구다. 그런데 이 구절은 항상 이미 소명을 받은 선지자들에게 하나님의 말씀이 임하는 것을 의미하지, 한 아이의 탄생을 의미하는 예로 사용된 적이 없다. 그러므로 어느 쪽이든 모든 사람을 충분히 설득하지 못하는 문제들을 지니고 있다.

위 두 가지 견해와 다른 제3의 가능성에 대하여 생각해보자. 1:2 말씀을 소명으로 받아들이되, 예레미야가 아주 어렸을 때 소명을 받았고, 실제적인 사역을 시작하기 전까지 상당한 훈련과 교육을 받았을 것이라는 해석이다(Lundbom). 선지자가 소명을 받고도 상당 기간 동안 침묵하는 것은 바로 이러한 훈련 기간으로 설명할 수 있다. 몇 가지 증거를 생각해보자.

첫째, 선지자는 하나님이 그를 부르실 때 "나는 말을 할 줄 모르는 아이입니다"라고 말하는데 이 고백은 아마도 그가 7-8세쯤, 혹은 이보다도 더 어린 나이였다는 것을 시사하는 듯하다. 게다가 하나님은 다른 선지자들과는 달리 유독 예레미야에게만 "내가 너를 모태에서부터 선지자로 세우려고 택하였다"라고 말씀하신다. 예레미야는 하나님이 각별히 준비해오신 길을 가기 위해 아주 어렸을 때부터 자기 사명을 점검하고 그 일을 감당할 수 있도록 만반의 준비를 갖추어야 했다.

하나님이 어린아이를 선지자로 부르시는 또 하나의 예가 성경에 나온다. 바로 사무엘의 이야기다. 그는 어머니의 서원에 따라 젖을 뗀 직후 아주 어린 나이부터 엘리 제사장의 견습생으로 훈련을 받았다. 사무엘이 하나님께 엘리 집안에 대한 말씀을 받았을 때는 상당히 어렸다. 그러나 알다시피 사무엘이 실제적인 사역을 시작한 것은 한참 후의 일이다. 아마 예레미야도 사무엘의 나이 정도에 소명을 받았고, 그의 훈련 과정도 사무엘과 비슷했을 것이다.

둘째, 예레미야는 매우 어린 시절에 소명을 받았기 때문에 요시야 왕의 개혁이나 성전에서 발견된 율법 책에 대해 뭐라 논평을 할 수 없었다. 그리고 그가 드디어 사역을 시작했을 때에는 이 일들이 이미 옛날 일이 되어 있었기 때문에 특별히 언급할 필요가 없었다. 그러므로 이 모델로 이 이슈에 대한 예레미야의 침묵을 충분히 설명할 수 있다.

셋째, 선지자가 만일 소명을 받은 때부터 10여 년 동안 훈련을 받고

18세쯤인 주전 617년에 사역을 시작했다면, 그가 요시야 시대에도 하나님의 말씀을 받았다는 사실을 쉽게 설명할 수 있다. 그렇다면 그가 남긴 책에서는 왜 이때 받은 말씀이 더 많이 포함되지 않았을까? 비록 예레미야의 사역이 요시야 시대에 시작되었지만, 사역의 초점이 예루살렘의 최후 시대에 맞추어져 있기 때문이다.

뿐만 아니라 선지자는 유다 멸망의 가장 큰 원인으로 왕을 포함한 리더들의 잘못을 지적한다. 여호야김, 시드기야 등은 그의 비난의 대상이었다. 반면에 요시야는 어떤 인물인가? 하나님을 경외하고, 말씀대로 살려고 노력했던 사람이다. 열왕기 기자는 요시야를 하나님의 말씀에 순종하는 일에서 전무후무(前無後無)했던 왕으로 평가한다(왕하 23:24-25). 그렇다면 신실한 왕이었던 요시야 시대에 심판과 경고의 메시지는 그다지 많지 않았을 것이다. 당연히 이 시대에 임했던 말씀은 뒷전을 차지할 수밖에 없었을 것이다. 게다가 다른 선지자들처럼 예레미야 역시 하나님의 모든 메시지를 문서로 남길 필요성을 느끼지 못했다. 선지자들은 하나님의 지시와 백성의 필요에 따라서 자신들이 선포한 메시지 일부를 선별해 문서로 남겼기 때문이다.

이러한 입장에서 보면 아시리아 문제도 쉽게 해결된다. 그가 사역을 시작했을 때 아시리아는 상당한 세력을 유지한 제국이었다. 시간이 지날수록 세력이 약화되고 있는 것은 사실이지만, 유다가 쉽게 대할 수 없는 강대국이었다. 바빌론과 아시리아 사이에서 유다의 외교적 저울질은 분명 한동안 계속되었을 것이다.

(2) 예레미야서에 대한 비평학계의 해석

예레미야서에 관한 비평학의 출발은 상당히 단순했다. 예레미야서는 시(詩)와 내러티브가 섞여 있는데, 이 두 장르의 차이를 근거로 어떤 부분을 예레미야가 저작하고, 나머지 부분은 다른 사람이 저작하지 않았을까, 하는 질문에서 비평학이 시작되었다. 그러나 비평학자들이 이러한 관점에서 책을 연구하면 할수록 다른 이슈가 불거졌다. 그러다 보니 예레미야서가 어떤 과정을 거쳐 현재의 형태를 취하게 되었는가에 대해 학자들 사이에 공감대가 전혀 형성되지 않고 있다: "예레미야서의 발전 과정과 문학적인 분석은 학계에서 가장 논쟁이 되고 있는 부분이다"(Perdue). 그래서 예레미야서를 연구하는 학계에서는 한 학자(viz., Bright)의 심오한 제안이 다른 학자(Achtemeier)에 의해 '교육된 추측'(educated guess)에 불과한 것으로 취급되기 일쑤다. 심지어 "예레미야서는 아무런 기준이 없이 수집된 메시지가 마구잡이 식으로 엮인 것"이라는 결론을 내리는 학자도 있다(Soggin, cf. Carroll). 또한 혼란스러운 면이 있는 건 분명하지만 "예레미야서는 치밀한 계획에 의하여 구성된 책"이라고 주장하는 사람도 있다(Eissfeldt).

예레미야서의 어느 부분을 선지자의 저작으로 볼 수 있는지에 대해서도 학자들의 견해 차이가 매우 크다. 예레미야서의 대부분이 예레미야 선지자에게서 유래했다는 입장을 고수하는 학자들이 있는가 하면(Holladay, Brown), 책에 기록된 거의 모든 메시지가 예레미야와 상관 없이 저작된 것이라고 주장하는 사람들도 있다(Carroll). 대부분 사람들은 이 두 극단적인 입장 사이에서 좀 더 균형 있는 중도 입장을 고수한다(Bruggemann, Fretheim).

예레미야서가 어떤 과정을 거쳐서 우리에게 전수되었는가가 이처럼 어려운 문제가 되어버린 것은 무엇 때문인가? 예레미야서 자체가 이러한 요인들을 제공하기 때문이다. 36장에 의하면 예레미야는 자신이 주전 605년 이전에 선포했던 메시지를 바룩에게 받아쓰게 했다. 그런데 이 두루마리를 여호야김이 파괴해버렸다. 예레미야는 다시 바룩에게 받아쓰게 하면서 새로운 메시지를 더했다고 말한다.

그렇다면 예레미야가 바룩에게 받아쓰게 한 책과 우리에게 전수된 예레미야서는 어떤 연관성을 지니고 있을까? 이 질문에 대한 답은 생각보다 복잡하다. 1–25장의 상당 부분은 바룩이 작성한 두 번째 책에서 유래한 것으로 여겨진다. 그리고 26–52장은 선지자를 지속적으로 3인칭으로 언급하고 있다. 이 부분은 훗날 누군가가 예레미야의 메시지를 모아서 편집한 것이 거의 확실하다. 시드기야 왕의 수석 보좌관이었으며 바룩의 형제로 추정되는 스라야도 예레미야의 사역을 도왔다(cf. 51:59–64). 이 두 형제가 예레미야를 따르던 제자들과 함께 책의 보존에 결정적인 역할을 했으며, 책이 그들에 의해 편집되었다고 추측하는 학자들이 많지만, 확실하지는 않다(cf. Lundbom, Dearman).

또한 예레미야서의 마지막을 장식하고 있는 52장은 열왕기 마지막 부분(왕하 24:18–25:30)을 거의 그대로 복사해서 첨부한 것이다. 43장을 보면 예레미야는 강제로 이집트로 끌려갔다. 그렇다면 일단은 그가 이 책의 최종적인 편집자는 아니라는 사실이 분명해진다. 예레미야서가 언급하고 있는 마지막 사건은 주전 597년에 바빌론으로 끌려가 감옥에 투옥되었다가 37년만인 주전 560년에 풀려난 여호야긴의 이야기다. 이후 여호야긴은 바빌론 사람들의 하사품을 먹으며 여생을 편안하게 살았다고 한다. 그러므로 예레미야서의 최종 편집은 아무리 빨라도 주전 550년대가 된다. 과연 누가 예레미야서를 편집했을까는 미스터리로 남을 수밖에 없다.

예레미야서는 특별한 역사적 순서를 염두에 두지 않고 엮인 책이다. 또한 선지자의 메시지 중 상당한 분량이 반복되어 나타난다(cf. Parke–Taylor). 게다가 예레미야서의 LXX와 마소라 사본(Masoretic Text) 사이에 상당한 분량과 순서의 차이가 있다. 또한 예레미야서의 특징은 시가체와 이야기체가 새끼줄 꼬이듯이 조화를 이루며 엮이는데 이 두 장르의 관계가 정확하지 않다. 이러한 상황에서 많은 학자들이 출처와 순서 등에 관심을 갖게 된 것은 당연하다. 크고 작은 이슈가 이 책의 형성 과정에 대한 연구에 대단한 영향력을 행사한 것이다.

예레미야서의 비평에 획기적인 발판을 마련한 사람은 독일의 둠(B.

Duhm, 1901년)이었다. 그는 예레미야서의 출처를 세 가지로 구분했다. 첫째, 그는 확실한 예레미야의 저작으로 시(詩) 부분을 지목했다. 그러나 시로 쓰인 모든 글이 예레미야의 저작은 아니었다. 둠은 시에서도 애가(哀歌)와 예레미야가 포로민에게 쓴 편지(29장)만이 예레미야의 저작이라고 주장했다. 둠은 예레미야서를 구성하고 있는 텍스트 중 280절만이 예레미야에게서 비롯되었다고 결론지었다.

둘째, 둠은 예레미야 전기(傳記)를 구성하고 있는 이야기체 부분은 바룩이 기록한 것이라고 주장했다. 바룩의 기록으로 간주되는 예레미야 전기에 속한 본문은 이야기체 부분 중 총 220절에 달한다. 나머지는 추가자(supplementer)에 의해 추가되었다.

셋째, 예레미야를 심판과 도덕의 선지자로 만들기 위해 추가자가 포로기 이후 시대에 보완한 자료가 있다. 둠은 이 자료가 첫째(예레미야의 시)와 둘째(바룩이 쓴 예레미야 전기)에 속하지 않은 모든 것을 포함하고 있으며 850절에 달한다고 했다(cf. Lundbom, Brown). 결국 예레미야는 자신의 이름을 지니고 있는 책의 20%(모두 시 양식을 지님)를 저작했고, 나머지는 모두 다른 사람들의 저작이라는 것이다.

모빙클(S. Mowinckel, 1914년)은 둠의 가설을 더 발전시켜 출처를 더 확실하게 구분했다(cf. Lundbom). (1) 예레미야의 저작이 확실한 출처(Source) A는 시가체의 형태를 띠고 있다. 특징은 '나'(1인칭)로 진행되며 1–25장에서 주로 발견된다. (2) 예레미야의 전기물을 구성하고 있는 출처 B는 이야기체의 형태를 띠고 있다(19:14–20:16). 이 부분은 예레미야를 직접 옆에서 지켜보았던 사람이 기록했다. 선지자의 전기물은 주로 26–29장, 34–45장에서 발견된다. (3) 신명기적 전통의 역사가가 편집해(redaction) 추가한 부분으로 구성된 출처 C의 상당한 부분(7:1–8:3; 44:1–14)은 선지자 예레미야로부터 비롯된 것이 확실하지만, 대체로 포로기 이후 시대에 삽입되었다. 이 문서들의 특징은 반복, 보충 설명 등을 통해서 선지자의 메시지를 이해시키려는 의도가 역력하다. (4) 언제, 어디서 유래되었는지 알 수 없는 출처 D의 말씀들(30–31장; 33장)은 예레미야서에서 가장 낙관적인 소망의 메시지를 형성하고 있다. 훗날(1946년) 그는 이것들의 명칭을 '출처'에서 '전통'(Tradition)으로 바꿨다. 상당수의 비평학자들이 아직도 둠의 학설을 받아들이고 있지만, 출처 D가 독립적으로 존재했다는 것에 대해서는 대부분 부정적인 입장을 취한다(cf. Rudolph, Hyatt).

루돌프(W. Rudolph, 1947년)는 모빙클의 A, B, C 구분을 그대로 사용하면서도 상당히 다른 견해를 제시했다. 모빙클이 C로 구분한 부분 중 상당한 분량을 B로 간주했다. 또한 C 섹션이 신명기적 역사관의 영향을 받은 것은 사실이지만, 거의 모든 내용은 예레미야에서 비롯되었다고 주장했다. 그는 C를 기록한 사람이 책에 묘사된 예레미야서의 모습을 결정했다고 주장했다. 루돌프의 학설이 그동안 예레미야서에 대한 학계의 기본 틀을 제시해왔다고 해도 과언은 아니다. 그 후 하이아트(J. P. Hyatt), 얀센(E. Janssen), 헤르만(Herrmann), 니콜슨(Nicholson), 티엘(Thiel) 등은 한결같이 신명기적 사가가 예레미야서의 최종적인 형태와 신학에 획기적인 기여를 했다고 주장했다.

그러나 많은 비평학자들이 이러한 가설을 받아들이지 않은 것도 사실이다(cf. Rietzschel, Weippert, Driver). 특히 브라이트(Bright, 1951년)는 모빙클의 B와 C는 구분이 쉽지 않다고 주장했다. 그는 또한 예레미야서의 이야기체 부분이 '신명기적 전통'과는 전혀 다른 성격을 띠고 있다고 했다. 책의 이야기체 부분은 주전 7세기(예레미야 시대)의 특성을 띠고 있어 예레미야에게서 비롯되었음을 알 수 있다고 주장했다. 최근 예레미야서에 대해 권위 있는 두 권의 주석을 펴낸 할라데이(Holladay, 1986–1989년) 역시 시가체, 이야기체를 통관하는 단어와 테마들이 너무 많기 때문에 모빙클과 둠의 구분은 별로 신빙성이 없다고 일축했다(cf. Wilson, Childs).

보수적인 학자들은 대체적으로 예레미야서가 어느 정도의 편집 과정을 거쳤지만, 비평학자들이 주장하는 만큼 그렇게 광범위하지도 않았고 오랜 세월을 거친 것도 아니라고 주장한다(Feinberg, Harrison, Thompson, Lasor, Hubbard & Bush, Huey). 또한 예레미야서가 신명기적 사가(Deuternomistic Historian)의 영향을 받아 편집된 것이 아니라, 선지자 예레미야가 신명기의 영향을 받았기 때문에 신명기 사상이 반영되었다고 생각한다.

(3) 예레미야서의 마소라 사본과 LXX의 차이

오늘날 성경의 기초가 되고 있는 마소라 사본(MT)의 예레미야서와 LXX의 예레미야서는 현저한 차이를 보인다. 기제브락트(Giesebracht, 1862년)는 LXX가 마소라 사본보다 약 2,600 단어(책 전체 분량의 1/8)가 짧다는 결론을 제시했다. 최근에 와서는 이 차이가 3,097 단어(책 전체 분량의 1/7)에 달한 것으로 밝혀졌다(Min, 1977년). 분량적으로 LXX의 예레미야서가 마소라 사본의 예레미야서보다 약 15%가량 짧다(cf. Brown). 이러한 차이는 구약의 그 어느 책보다 크다. 구약의 다른 책들의 분량이 차이 날 경우, 대체로 LXX가 마소라 사본보다 더 긴 데 반해, 예레미야서는 마소라 사본이 더 길다.

마소라 사본과 LXX가 지닌 차이점은 다음과 같다(Tov). 첫째, 어떤 것들은 본문의 뜻이나 해석에 영향을 주지 않는 범위 안에서 단어나 문구를 더하는 것에 그친다: (1) "여호와가 가라사대"; (2) 예레미야 이름 뒤에 '선지자'라는 명칭을 붙이는 것. (3) LXX의 '여호와'에 '만군의' 혹은 '유다의 하나님'을 더하는 것. (4) LXX의 '바빌론의 왕' 대신 '느브갓네살'로 표기하는 것 등이 이러한 사례들이다.

둘째, 어떤 것들은 본문의 뜻이나 해석에 직접적인 영향을 끼친다. 예를 들면, 마소라 사본의 11:7-8a은 이 전 세대가 "하나님을 불순종했기 때문에 여호와께서 어쩔 수 없이 모든 언약의 말씀[저주]이 이들에게 임하도록 했다"라고 설명하고 있는데 LXX에는 이 문장이 없다. 다만 LXX에는 사람들이 "언약을 잘 지키라"는 예레미야의 권면을 듣지 않았다는 기록이 나온다. 셋째, LXX에서는 반복되지 않는 구절들이 마소라 사본에서는 반복된다: (1) 6:13-15과 8:10b-12; (2) 30:10-11과 46:27-28.

넷째, 마소라 사본의 오류를 LXX가 바로잡고 있다. 마소라 사본(MT)은 27:1-32를 여호야김 시대에 있었던 일로 기록한다. 그러나 이 부분은 시드기야 시대의 이야기다(27:3, 12, 20). 반면에 LXX에서는 여호야김의 시대를 표기하는 부분이 없다. 25:15-32은 열방이 바빌론의 심판을 받을 거라고 선포한다. 그런데 26절에 바빌론 왕이 자신의 왕국에 '심판의 잔'을 가지고 오는 것으로 기록되어 있다. '세삭'은 암호로 사용한 바빌론의 이름이다. 히브리어의 22 알파벳을 거꾸로 풀이하면 된다(51:41에서도 사용됨).

다섯째, 구조적인 가장 큰 차이는 열방에 대한 심판(Oracles Against Nations=OAN)의 위치다. 마소라 사본은 책의 마지막 부분에 OAN을 가져다 놓는 데(46-51장) 비해 LXX는 책의 중심부인 26-31장에 OAN을 놓고 있다. 뿐만 아니라 나라들의 순서가 다르다. 마소라 사본은 지형적으로 서쪽에서 동쪽으로 향하는 움직임을 따르는 데 비해, LXX는 특별한 방향성을 사용하지 않는다. 다만 바빌론에 대한 예언이 가장 중심 부분에 있다. 사해 사본이 발굴된 쿰란 공동체는 예레미야서의 마소라 사본과 LXX를 함께 사용한 것으로 밝혀졌다. 마소라 사본과 LXX의 순서 차이에 대해서는 다음 도표를 참조하라.

마소라 사본(MT)	칠십인역(LXX)
1:1-25:13a	1:1-25:13a
25:13b-38	32:13b-38(몇 구절이 빠짐)
26장	33장
27장	34장(몇 구절이 빠짐)
28장	35장
29장	36장(몇 구절이 빠짐)
30장	37장(몇 구절이 빠짐)

31장	38장
32장	39장
33장	40장(몇 구절이 빠짐)
34장	41장
35장	42장
36장	43장
37장	44장
38장	45장
39장	46장(몇 구절이 빠짐)
40장	47장
41장	48장
42장	49장
43장	50장
44장	51:1–30
45장	51:31–35
46:1–2 이집트	26:2–25
46:27–28	26:27–28
47장 블레셋	29장
48장 모압	31장(몇 구절이 빠짐)
49:1–6 암몬	30:17–21/22
49:7–22 에돔	30:1–16
49:23–27 다마스쿠스	30:29–33
49:28–33 그달	30:23–28
49:34–39 엘람	25:14–20(절 순서가 섞임)
50–51장 바빌론	27–28장(몇 구절이 빠짐)
52장	52장(몇 구절이 빠짐)

(4) 사건들의 시대 순서와 메시지 전개 순서

구약의 여러 책을 보면 묘사하고 있는 사건이나 선지자들이 선포한 신탁이 시대 순서대로 전개되지 않는 경우가 많다. 예레미야서도 이러한 유형에 속한다. 선지자는 자신이 선포하는 신탁을 하나님께 받은 해에 대해 상당히 구체적으로 기록해두었다. 예레미야가 제공하는 정보를 바탕으로 그가 선포하는 메시지들을 시대적인 순서로 나열해보면 다음과 같다. 이 도표에서 역력하게 드러나는 사실 한 가지는 선지자가 하나님께 받은 메시지가 시대 순서에 따라 전개되지 않는다는 것이다. 예레미야에게는 그가 구상하고자 하는 메시지의 순서가 그것의 시대적 순서보다 더 중요했기 때문이다.

예레미야의 메시지 전개 순서

왕/지도자	즉위	연대	관련구절	사건
요시야	13	627BC	1:1–19	예레미야의 소명
여호아스	1	609	22:10–12	여호아스의 유배
여호야김	1(?)	608(?)	26:1–24	성전 파괴
	1–3(?)	608–5(?)	22:13–19	권력 악용
	4	605/604	25:1–30	진노의 잔
	4	605/604	46:1–49:33	이집트 등 열방에 대한 예언
	4–5	605–603	36:1–32	예언이 적힌 책을 태움
	4	605/604	45:1–5	여호와께서 바룩의 생명을 구하심
여호야긴	1	598	22:24–30	심판과 귀양
시드기야	1	597	24:1–10	좋고 나쁜 무화과
	1(?)	597(?)	49:34–39	엘람에 대한 심판 예언
	1	597	29:1–19	망명자들에게 보낸 편지
	4	594	51:59–64	유브라데 강에 던진 책
	9(?)	589	34:1–22	예루살렘의 함락 예언
	10(?)	588	37:1–38:28	느브갓네살에게 항복 권고
	10(?)	588	37:1–38:28	예레미야가 물통에 감금당함
	10	588	32:1–44	예레미야가 땅을 사들임
	10	588	33:1–26	회복의 확신
	11	586	39:1–40:7	예루살렘 함락; 예레미야의 석방
	11	586	52:1–30	예루살렘 함락; 포로 숫자
그달리야		586	40:8–41:16	총독 임명과 암살
요하난		586	42:1–22	나라 안에 머무르라는 권면
		585	43:1–13	예레미야가 이집트로 끌려감
		585	44:1–30	이집트 피난민들에게 마지막 설교
		560	52:31–34	에윌므로닥이 여호야긴을 석방

5. 개요

예레미야서의 전체적인 내용의 구조를 파악하는 일은 매우 어렵다. 그래서 주석가들도 가지각색의 분석을 내놓는다(Lundbom, Brown, Stulman, Miller). 선지자가 매우 다양한 장르와 메시지를 특별한 전략이 없이 나열하는 듯한 느낌을 주기 때문이다. 그럼에도 불구하고 어느 정도의 구조와 구분은 파악할 수 있다. 예레미야서는 크게 두 부분으로 나뉜다: (1) 이스라엘과 유다에 대한 심판을 중심으로 한 1–25장; (2) 소망의 메시지가 더해진 26–52장. 전반부(1–25장)는 거의 모두 선지자 예레미야의 저작으로 생각되며, 선지자가 언제 하나님께 이 신탁들을 받았는지에 대해 구체적인 날짜를 밝히지 않는 특징이 있다. 또한 25장은 전반부의 결론 역할을 하며, 예레미야서의 전반부를 마무리한다.

후반부(26–52장)는 26–36장, 37–45장, 46–52장 등 세 부분으로 구분된다. 첫 번째 부분(26–36장)의 26장과 36장은 이스라엘이 하나님의 말씀을 거부했다는 공통적인 주제로 구성되어 있으며, 한 쌍이 되어 책 받침대(bookends) 역할을 한다(Dearman). 이 첫 번째 부분에 책의 절정인 '위로의 책'(30–33장)이 포함되어 있다. 후반부의 두 번째 부분(37–45장)은 예루살렘 함락과 그 후에 있었던 이모저모 사건들을 회고하고 있다. 일부 학자들은 36–45장 대부분이 바룩의 손에 의해 기록되었다고 생각해 바룩 내러티브(Baruch Narrative)라고 부른다(Stulman). 마지막 부분의 대부분을 차지하는 46–51장은 열방에 대한 심판 선언(OAN)으로 구성되어 있으며, 마지막 장인 52장은 일종의 결말을 제시하는 역할을 한다. 이 주석에서는 다음과 같은 구조를 바탕으로 본문을 주해해 나가고자 한다.

I. 예레미야의 소명과 환상(1:1–19)
  A. 표제: 선지자의 시대(1:1–3)
  B. 소명(1:4–10)

C. 두 환상(1:11-16)
D. 하나님의 권면과 약속 (1:17-19)

II. 유다와 예루살렘에 대한 경고(2:1-6:30)
A. 하나님의 유다 책망(2:1-37)
B. 선지자의 호소: 돌아오라!(3:1-4:4)
C. 북쪽 침략자 경고(4:5-31)
D. 영적으로 몰락해 듣지 못하는 유다(5:1-31)
E. 다가오는 예루살렘 멸망(6:1-30)

III. 성전 설교 및 경고(7:1-10:25)
A. 성전에서 선포한 말씀(7:1-8:3)
B. 치유가 불가능한 유다(8:4-10:25)

IV. 언약 파괴와 선지자의 불평(11:1-15:21)
A. 파괴된 언약(11:1-17)
B. 예레미야 암살 음모(11:18-12:6)
C. 기업을 버리신 하나님(12:7-15:21)

V. 경고, 권면, 좌절(16:1-20:18)
A. 심판과 약속(16:1-21)
B. 경고와 권면(17:1-27)
C. 토기장이 방문(18:1-23)
D. 질그릇을 통한 교훈(19:1-15)
E. 선지자의 수치와 좌절(20:1-18)

VI. 비난과 심판(21:1-25:38)

A. 임박한 유다 멸망(21:1-14)

B. 왕들에 대한 선포(22:1-23:8)

C. 거짓 선지자 비난(23:9-40)

D. 무화과 두 바구니(24:1-10)

E. 하나님의 분노(25:1-38)

VII. 거짓 메신저들(26:1-29:32)

A. 성전 설교와 반응(26:1-24)

B. 여호와의 멍에(27:1-28:17)

C. 포로민들에게 보낸 편지(29:1-32)

VIII. 회복에 대한 소망(30:1-33:26)

A. 회복 약속(30:1-24)

B. 새 언약(31:1-40)

C. 땅을 사는 예레미야(32:1-44)

D. 회복 약속(33:1-26)

IX. 주전 605-586년의 사건과 메시지(34:1-39:18)

A. 배신과 신실함(34:1-35:19)

B. 선지자의 책을 찢은 여호야김(36:1-32)

C. 수감된 예레미야(37:1-21)

D. 물 저장 탱크에 갇힌 선지자(38:1-28)

E. 바빌론의 손에 함락된 예루살렘(39:1-18)

X. 예루살렘 함락 이후의 일(40:1-45:5)

A. 예레미야 석방(40:1-6)

B. 불안한 정세와 그달리야 암살(40:7-41:18)

C. 듣기를 거부하는 백성(42:1-43:7)
D. 이집트에서 선포된 메시지(43:8-45:5)

XI. 열방에 대한 심판 선언(46:1-51:64)
A. 이집트(46:1-28)
B. 블레셋(47:1-7)
C. 모압(48:1-47)
D. 암몬(49:1-6)
E. 에돔(49:7-22)
F. 다마스쿠스(49:23-27)
G. 아랍 족속들(49:28-33)
H. 엘람(49:34-39)
I. 바빌론(50:1-51:64)

XII. 역사적 자료 추가(52:1-34)
A. 시드기야의 최후(52:1-11)
B. 예루살렘 파괴(52:12-27)
C. 포로들의 숫자(52:28-30)
D. 여호야긴의 자유(52:31-34)

엑스포지멘터리

선지서 개론

예레미야 애가

EXPOSItory comMENTARY

예레미야애가

여호와여 보시옵소서
내가 환난을 당하여 나의 애를 다 태우고
나의 마음이 상하오니 나의 반역이 심히 큼이니이다
밖에서는 칼이 내 아들을 빼앗아 가고
집 안에서는 죽음 같은 것이 있나이다
(1:20)

19 내 고초와 재난 곧 쑥과 담즙을 기억하소서
20 내 마음이 그것을 기억하고 내가 낙심이 되오나
21 이것을 내가 내 마음에 담아두었더니
그것이 오히려 나의 소망이 되었사옴은
22 여호와의 인자와 긍휼이 무궁하시므로
우리가 진멸되지 아니함이니이다
23 이것들이 아침마다 새로우니
주의 성실하심이 크시도소이다
24 내 심령에 이르기를 여호와는 나의 기업이시니

그러므로 내가 그를 바라리라 하도다
25 기다리는 자들에게나 구하는 영혼들에게
여호와는 선하시도다
26 사람이 여호와의 구원을 바라고
잠잠히 기다림이 좋도다
(3:19–26)

가시나무새(thorn bird)에 대한 전설을 들어본 적이 있는가? 이른 봄에 알에서 깨어난 가시나무새는 둥지를 떠난 뒤 한순간도 가지에 앉아 쉬지 않는다. 이른 봄부터 가을이 여물어갈 때까지 새는 온 세상을 돌아다니며 가장 큰 가시를 찾아다닌다. 드디어 가장 큰 가시를 발견한 새는 온 힘을 다하여 그 가시를 향해 질주한다. 가시에 찔린 새는 두려울 정도로 슬프고 아름다운 노래를 부르며 죽어간다. 예레미야 애가는 주의 백성 이스라엘이 건국 이래 경험한 최고로 슬프고 충격적인 일(주전 586년에 바빌론 군에 의해 나라가 멸망한 일)에 대해 주체할 수 없는 슬픔으로 짓이겨진 가슴을 안고 하염없이 노래하며 죽어가는 가시나무새의 슬픈 노래와 같다. 예레미야 애가는 우리의 마음을 한없이 슬프게 하며 절망의 늪으로 빠져들게 한다. 그러면서도 하나님의 은혜의 전율에 사로잡히게 하는 반전을 지닌 책이다.

1. 역사적 정황

책이 곳곳에서 제공하는 여러 가지 정보를 고려할 때 애가는 주전 586년에 있었던 예루살렘 멸망을 역사적 배경으로 삼는다. 바빌론의 느부갓네살 왕은 예루살렘을 포위한 지 18개월 만인 주전 586년 여름에 성을 함락시킨다. 유다의 멸망은 갑작스러운 일은 아니다. 이스라엘 건국 이래 하나님은 수많은 경고와 권면을 통해 이런 날이 올 것을 예고하셨다. 예루살렘의 함락은 이스라엘이 하나님의 지속적인 경고를 귀담아 듣지 않은 결과다. 그럼에도 불구하고 바빌론의 공격에서 살아남은 사람들은 매우 고통스러워하고 괴로워한다. 얼마나 고통스러운지 생존자들은 과거를 회상하거나 미래를 계획할 여유가 없다. 그래서 애가는 오직 생존자들이 당면한 현재의 고통에만 초점을 맞추어 애가를 부른다(Berlin). 하나님의 도성이자 유다의 수도였던 예루살렘이 침략자들에게 함락된 일이 얼마나 충격적이고 중요한 사건이었는지, 구약 성경은 최소한 네 곳에서 이 일을 상세하게 기록한다. (1) 열왕기하 25장; (2) 예레미야 39:1-11; (3) 예레미야 52장; (4) 역대하 36:11-21. 이 사건에 대해 각 책이 제공하는 정보를 종합해보면 다음과 같다(Kaiser).

	정보	왕하 25장	예레미야서	애가
1	예루살렘 포위 시작	1-2절	39:1-3; 52:4-5	2:20-22; 3:5, 7
2	기근이 엄습함	3절	37:21; 52:6	1:11, 19; 2:11-12, 19-20; 4:4-5; 9-10; 5:9-10
3	왕과 군대가 도주함	4-7절	39:4-7; 52:8-11	1:3, 6; 2:2; 4:19-20
4	왕궁, 성전, 성이 불탐	8-9절	39:8; 52:13	2:3-5; 4:11; 5:18
5	성벽이 허물어짐	10절	33:4-5; 52:7	2:7-9
6	거주민이 끌려감	11-12절	28:3-4, 14; 39:9-10	1:1, 4-5, 18; 2:9, 14; 3:2, 19; 4:22; 5:2
7	성전 약탈	13-15절	51:51	1:10; 2:6-7
8	지도자들 처형	18-21절	39:6	1:15; 2:2, 20
9	유다가 종속국이 됨	22-25절	40:9	1:1; 5:8-9
10	오지 않은 외국의 도움	24:7	27:1-11; 37:5-10	4:17; 5:6

2. 저자와 저작 연대

유대인들의 가장 오래된 전통에 따르면 애가의 저자는 선지자 예레미야다. 바빌론 탈무드(B. Bat. 15a), 요세푸스 그리고 여러 교부들도 이 전통을 그대로 수용해 이 책을 예레미야의 저작으로 간주했다. 그래서 대부분의 번역본들은 책을 시작하는 1:1 앞에 "이스라엘이 포로로 끌려가고 예루살렘이 폐허가 된 후 예레미야가 앉아서 예루살렘에 대하여 슬픈 애가를 불렀다. 그가 이르기를"이라는 말을 붙인다(Provan; cf. LXX). 라틴어 역본인 불가타(Vulgate) 역시 이러한 입장을 취하고 있다. 아마도 이 책의 저자로 예레미야가 가장 적합하다는 생각에서 이 같은 전통이 시작되었을 것이다.

애가는 주전 586년에 바빌론 군에게 완전히 파괴된 예루살렘의 모습을 옆에서 지켜본 증인이 저작한 것이 거의 확실하다. 그렇다면 우리가 아는 인물 중에서 예레미야보다 더 적합한 후보가 누가 있겠는가! 뿐만 아니라, 역대하 35:25에 의하면 예레미야는 요시야 왕의 죽음을 슬퍼하는 애가를 지었다. 만일 그가 왕의 죽음을 애도하며 노래를 지을 수 있다면, 하나님의 도성 예루살렘의 파괴에 대하여는 더욱더 슬픈 노래를 지을 수 있었을 것이라는 추측도 이 전승이 형성되는 데 한몫했을 것이다. 전통적인 입장을 고수하는 학자들은 예레미야서와 애가에 대해 다음과 같은 공통/평행적 구절들을 증거로 제시했다. 애 2:14과 렘 5:31; 애 2:22과 렘 6:25; 애 3:14과 렘 20:7; 애 3:53과 렘 38:6; 애 4:17과 렘 2:36(Cannon; Wisemann).

예레미야의 저작권에 문제를 제기한 비평학의 첫 시도는 1712년에 있었다. 하르트(H. von der Hardt)는 애가가 다니엘, 사드락, 메삭, 아벳느고와 여호야긴의 저술이라는 주장을 내놓았다. 그 이후 몇몇 학자들이 다양한 학설을 제기했지만, 예레미야의 저작권을 인정하거나 부인할 근거는 어느 쪽도 충분하지 않다(cf. Hillers).

이 책에 대한 예레미야 저작권을 부인하는 사람들은 다음과 같은 문제를 제기한다. 첫째, 선지자를 비난하는 2:9c, 통치자를 칭찬하는 4:7, 예루살렘 멸망에 대한 슬픔을 노래하는 5:7 등은 예레미야서의 내용과 메시지에 잘 어울리지 않으며, 오히려 에스겔서, 제2이사야서, 시편 등과 더 어울린다는 것이다(Löhr). 그래서 학자들 중에는 이 책이 바빌론에서 주전 586년에 유다에서 끌려온 포로민에 의해 쓰였다고 주장하는 사람들도 있다(Hillers). 둘째, 애가의 처음 네 장은 알파벳 시(acrostic poem)로 구성되어 있는데, 예레미야처럼 슬픔에 잠긴 사람이 어떻게 자신의 슬픔을 알파벳 시로 표현할 여유가 있었겠느냐는 주장이다(Haller). 셋째, 예레미야는 바빌론을 하나님이 백성을 징계하기 위해 사용하신 도구로 간주하고 있는데(렘 24:5; 32:5; 38:18), 애가는 예루살렘의 고통에 대해 바빌론에 보복해달라고 외친다는 사실(3:64-66)도 예레미야의 저작권을 부인하는 증거로 제시되었다. 넷째, 애가에서 느껴지는 저자의 모습이 예레미야와는 많이 다르다는 주장이다(Kraus). 그러나 이 모든 문제 제기는 별 어려움 없이 설명될 수 있다(cf. Provan).

이미 언급한 것처럼 만일 성경에 언급된 사람이 이 책을 저작했다면 예레미야는 가장 가능성이 높은 후보다. 그러나 책은 예레미야의 저작권에 대해 구체적인 언급을 하지 않는다. 더 나아가 누가 이 책을 기록했는지 도무지 힌트를 주지 않는다. 아마도 저자가 자신에게 독자의 관심이 집중되는 것을 피하고, 책의 메시지에 모든 관심을 쏟도록 하기 위해서일 것이다. 결론적으로 말하자면, 아직까지는 저작권에 대하여 논할 만한 증거가 충분하지 않다(Provan). 그래서 대부분의 학자들은 책의 저자로 특정한 인물을 제안하지 않는다. 그러면서도 학자들은 예레미야가 이 책을 쓰지 않았다고 결론짓는다(Salters; cf. Dobbs-Allsopp). 이렇다 할 증거도 없으면서 전통적인 견해는 부인하는 것이다. 이러한 정황에서 그래도 가장 합리적인 입장은 설득력이 있는 새로운 제안이 제시될 때까지 전통적인 견해, 곧 예레미야의 저작권을 고수하는 것이다.

저자는 언제 이 책을 저작했는가? 저자가 예루살렘의 멸망에 대해 절제할 수 없는 슬픔에 잠겨 있음을 감안할 때, 그는 아마도 도성의 함락을 가까운 곳에서 목격했던 사람이었을 것이다. 그러므로 거의 모든 학자들이 애가는 주전 586년에 예루살렘이 바빌론의 손에 멸망한 것을 옆에서 지켜본 사람이 그 사건에 대한 기억이 생생하게 살아 있는 동안에 저작한 것으로 본다. 애가의 내용과 역사적 정황을 고려할 때 이 책은 아무리 늦어도 주전 550년 이전에 저작된 것이 확실하며(Harrison), 주전 580년대도 충분히 가능하다(cf. Hillers). 만일 예레미야가 저작했다면, 주전 586년 사건 직후에 예루살렘에서 이 책을 집필했을 것으로 생각된다. 물론 예레미야가 애가를 저작하지 않은 것으로 보는 사람들은 다른 시대를 제시한다. 그러나 그들도 이 책이 귀향민들이 성전을 재건하기 시작한 주전 520년 이전에 완성되었을 것으로 생각한다(cf. Salters).

3. 신학과 메시지

예루살렘은 여러 가지 이유 때문에 불가침한(inviolable) 도성으로 알려졌다(cf. Ollenburger). 첫째, 예루살렘은 3면이 절벽으로 둘러싸여 있던 지형적인 여건 때문에 적은 수로도 많은 군사들을 쉽게 대적할 수 있었다. 역사적인 예를 들자면 주전 586년에 바빌론이 대군을 이끌고 왔지만, 포위한 지 18개월 만에야 겨우 성을 함락할 수 있었다. 사실은 바빌론 군이 예루살렘을 함락했다기보다는 먹고 마실 것이 부족한 도성 스스로 붕괴했다고 하는 것이 더 정확하다. 둘째, 예루살렘은 여호와의 성전이 있는 곳이다. 그러므로 하나님은 자신의 명예를 지키기 위해서라도 절대 이 도성이 함락되도록 허락하지 않으실 것이라는 주장이 널리 퍼져 있었다. 셋째, 하나님은 다윗과 언약을 맺고 다윗의 후손들이 영원히 이스라엘을 통치할 것을 선언하셨다. 예루살렘은 다윗의 통치의 상징이기 때문에 하나님은 다윗과의 약속을 지키기 위해서라도 결코 예루살렘을 파멸에 이르게 하시지 않을 것이라는 주장도 있었다. 특히 주전 701년에 산헤립이 대군을 이끌고 와 예루살렘을 공략했지만, 결국 정복하지 못하고 큰 군대만 잃고 돌아간 일(cf. 사 37장)도 시온 불가침설을 굳건히 하는 데 한몫했다.

문제는 예루살렘의 파괴가 주전 586년에 역사적인 사실로 드러났다는 것이다. 믿기 어려운 일을 당한 그들에게 가장 받아들이기 힘든 것은 하나님이 자기 백성으로 선택한 사람들을 스스로 버리셨다는 사실이었다. 이 같은 현실은 주의 백성의 죄로 빚어진 결과이며(cf. 1:5; 2:14; 3:42; 4:13; 5:16), 진노한 하나님이 내리신 심판의 결과다(cf. 1:12; 2:1; 3:1; 4:11; 5:22). 백성은 자신들이 저지른 죄에 대한 대가를 받았음을 인정하면서도, 정작 자신들이 저지른 죄가 이처럼 가혹하게 처벌될 정도로 심각한 것인가에 대해서는 혼란스러워한다(Renkema). 그래서 저자는 예루살렘 멸망과 연관된 모든 파괴와 고통을 상세히 기록할 뿐만 아니라 영원히 기념하고자 하는 목적에서 이 책을 집필했다(Berlin). 아마도 후세대 사람들은 저자의 기념물에서 다시는 여호와를 진노케 하는 일은 없도록 하기 위해서일 것이다. 다행히 하나님이 범죄한 이스라엘을 버리셨다고 해서 모든 것이 절망적인 것은 아니다. 아직도 소망은 있다. 하나님은 의롭고(1:21-22) 자비로우신 분이기 때문이다(3:21-33).

그럼에도 불구하고 하나님께 버림받은 주의 백성은 신학적인 위기와 정신적 붕괴를 경험하고 있다. 그동안 그들이 영원불변의 진리로 여겼던 것들이 한순간에 무너져 내렸기 때문이다. 그래서 백성들은 통곡한다. 그들은 마치 자신들이 욥이 된 것처럼 고통스러워한다. 애가는 요시야 시대에 대대적인 종교개혁을 통해 하나님께 나아가려 했던 노력에도 불구하고 버림받은 주의 백성의 슬픈 노래다(Gottwald). 백성은 유다의 멸망이라는 역사적 현실과 그들이 믿어왔던 시온 불가침설의 관계에 대해 혼란스러워하며 눈물을 흘린다(Albrektson). 이런 상황에서 저자는 이 모든 일이 하나님의 은혜를 선하게 사용하지 못한 죄 때문에 일어난 일이라는 사실을 강조한다. 또한 비록 모든 것이 비관적이고 절망적이지만, 주의 백성이 진정으로 회개하고 죄의 길에서 돌이킨다면 하나님은 자비로 그들을 돌아보실 것을 확신한다.

저자는 이 모든 일을 여자의 음성을 통해 회고하는 기법을 사용한다. 예루살렘은 한때 공주였지만, 강간당하고 창녀로 전락한 비참한 여자다. 또한 예루살렘은 굶어 죽는 자식을 품에 안은 비극적인 여인이다. 일부 여성 신학자들은 이러한 저자의 기법을 맹렬히 비난한다(Guest; Graetz). 이러한 기법이 여자를 비하할 뿐만 아니라 여자에 대한 성폭력을 증강시킨다는 것이다. 그러나 어느 책이 성폭행을 당한 여자의 비극을 묘사했다 해서 여자에 대한 성폭력을 증강시킨다는 주장은 억측이다. 게다가 성경과 근동에서는 성읍을 여자로 의인화해 이야기를 진행하는 방식은 흔한 일이었다(cf. Berlin). 예루살렘을 성폭행당한 여자로 묘사하는 것은 이때 있었던 일의 비극과 참담함을 충격적으로 묘사하고자 하는 것뿐이다. 저자는 이 일을 성공적으로 해낸다(Berlin).

2600여 년 전에 근동에서 일어났던 사건을 배경으로 하는 이 책은 오늘날 우리에게 어떤 의미와 교훈을 주는가? 첫째, 우리가 의롭게 살지 못하면 우리 자신은 물론이요, 우리가 구성하고 있는 사회까지도 파멸의 길을 걷게 된다는 사실을 경고한다. 사회가 타락하는 것에 대한 책임은 그 사회를 구성하고 있는 각 개인에게 있다. 개혁도 마찬가지다. 각 개인이 개혁될 때, 사회가 개혁되는 것이다. 세상이 아무리 형편없고 윤리가 타락해도 우리 각 개인에게는 의를 행할 책임이 있다. 하나님은 소수를 통해서 세상을 바꾸어가기도 하시기 때문이다.

둘째, 과거에 하나님이 부어주셨던 축복이 결코 오늘날 우리가 죄의 길을 걷는 것을 정당화할 수는 없다. 사람들 중에는 "내가 옛날에는"이란 말을 하며 허세를 부리는 자들이 있다. 꼴불견이다. 그리스도인도 마찬가지다. "한 번 구원, 영원한 구원"을 외치며 이미 하나님의 구원을 받은 사람은 오늘 이 순간 어떻게 살아가든 상관없이 천국에 가서 하나님과 행복하게 살 것이라는 생각으로 살아간다면, 자신의 머리 위에 숯불만 쌓아갈 뿐이다. 하나님의 은혜는 결코 죄를 합리화하는 면죄부로 사용할 수 없기 때문이다.

셋째, 교회를 포함한 세상에 존재하는 모든 기독교 기관들이 하나님께 신실하지 못할 때는 하나님의 심판을 피해갈 수 없다. 하나님이 세상을 공정하게 심판하려면 무엇보다도 그분의 백성들을 공평하게 대하셔야 한다. 그래야 정의로운 심판주로서 죄 지은 세상에 할 말이 있지 않겠는가? 그러므로 성경은 하나님의 심판이 세상에 임할 때, 주님이 세우신 공동체들부터 먼저 심판을 받게 될 것을 선언한다. 교회, 선교 단체에 속한다는 사실 자체가 결코 그리스도인에게 구원을 줄 수도, 보장할 수도 없다는 사실을 기억해야 한다. 오히려 제구실 못하는 믿음의 단체들은 하나님의 진노의 대상이 될 뿐이다.

넷째, 하나님은 선포하신 말씀을 성취하시는 분이다. 하나님은 주전 586년의 멸망이 이들에게 임하기 전에 수차례 선지자들을 통해 경고하셨다. 지속된 경고를 무시한 것이 화근이 되었다. 그들은 '경고 불감증'을 앓고 있었다. 하나님의 말씀이 때로는 더디게 성취되는 경우도 있다. 그러나 확실한 것은 그분의 말씀은 꼭 성취된다는 사실이다.

다섯째, 우리의 모든 고통은 오직 하나님에 대한 믿음 안에서만 진정한 의미를 찾는다. 세상의 그 무엇도 우리를 치유할 수 없으며, 고통의 의미를 설명할 수 없다. 오직 하나님을 의지하는 믿음으로만 가능한 일이다. 그러므로 호세아는 하나님이 찢으신 사람이라도 주님께 돌아가는 것이 유일한 소망이라고 말한다(호 6:1). 저자는 살기 위해 몸부림치는 영혼의 노래들 중 애가를 가장 강력한 것으로 승화시킨다(Dobbs-Allsopp).

여섯째, 때로는 회개와 회심이 너무 늦을 때도 있다는 것을 경고한다. 이들은 끊임없이 주어졌던 경고에 별 반응을 보이지 않았다. 그리고 드디어 사건이 터진 날, 비로소 주님께 소리쳤지만, 재앙을 돌이킬 수는 없었다. 너무 늦게 깨달았고, 너무 늦게 반응한 것이다. 평소에 후회할 일은 하지 않는 것이 벌을 예방하는 최선의 방법이다.

4. 애가의 정경적 위치

이 책의 히브리어 이름은 원래 '퀴노트'(Qinot)로, 문자적으로 풀이하면 '애가들'(lamentations)이라는 뜻이다(Provan). 그러다가 유대인들은 이 책의 이름을 책을 시작하는 첫 단어인 '에이카'(אֵיכָה; 우리말 성경에서 '어찌하여', '아이고', '슬프다' 등으로 해석됨; 1:1; 2:1; 4:1)로 부르기 시작했다. 이 단어는 주로 장송곡/애가(哀歌)에서 사용되는 전문적인 용어이기도 하다. 즉 애가는 첫 단어에서부터 책의 성향을 잘 암시해주고 있다.[1]

기독교 정경과 칠십인역에서 애가는 예레미야서 다음에 등장하는 책이다. 아마도 정경의 순서를 정한 사람들이 예레미야가 이 책을 저술한 것으로 생각했기 때문에 애가는 예레미야서와 묶어 취급했을 것이다. 그러나 율법, 선지서, 성문서 등 세 가지로 분류되는 유대인 성경에서 애가는 세 번째 부분인 성문서에 포함되어 있다.[2] 성문서에서도 애가는 룻기, 아가, 전도서, 에스더서와 함께 어우러져 메길롯(Megilloth; viz., 문자적으로 풀이하면 '두루마리들')을 구성하고 있다.

메길롯은 이스라엘의 각 종교적 절기 때 읽히던 책들을 모아놓은 것이다(cf. 다음 도표). 그중 애가는 주전 586년에 바빌론 군에 폐허가 된 예루살렘을 기념하는 날에 읽히다가, 주후 70년 로마군에 다시 예루살

---

1 애가의 장르에 대해서는 베르린(Berlin)을 참조하라.

2 거의 모든 히브리어 정경이 이 같은 현상을 보이지만, 때로는 메길롯이 오경과 선지서 사이에 위치하기도 하고, 오경을 구성하고 있는 책들 사이에 나누어져 등장하기도 한다(Barton).

렘이 파괴된 후에는 이 두 사건을 함께 기념해 읽히게 되었다.

절기	히브리어 호칭	일자	관련된 성경구절	읽히는 책	기념 사건
유월절 (무교절)	פֶּסַח	니산월 14일	출 12장 레 23:4–8	아가서	애굽으로부터 구속
오순절	שָׁבֻעוֹת	시완월 6일	신 16:9–12 레 23:9–14	룻기	추수 감사
아브월 제9일	תִּשְׁעָה בְּיַוֹם	아브월 9일	직접적인 언급 없음	애가	성전 파괴 586 BC, 70 AD
속죄일	יוֹם כִּפֻּר	티쉬리월 10일	레 16장; 23:26–32		민족의 범죄를 위한 제사
장막절	סֻכּוֹת	티쉬리월 15–21일	느 8장 레 23:33–36	전도서	광야에서의 방랑 생활
수전절	חֲנֻכָּה	기슬르월 25	요 10:22		164 BC의 성전 건축
부림절	פּוּרִים	아다르월 13–14	에 9장	에스더	하만의 음모 실패

5. 개요

애가는 다섯 개의 노래로 구성되어 있으며 각 노래의 범위는 각 장이 구별하고 있다. 각 노래는 흐름에 있어서 앞, 뒤 노래와는 거의 연관성이 없는 독립성을 유지한다.[3] 그래서 양식 비평가들은 각 장의 장르에 대해 다양하게 제시했다. 한 예로, 궁켈(Gunkel)은 1, 2, 4장을 국가적 장송곡(national funeral songs)으로, 5장은 공동체 탄식시(communal lament)로, 3장은 개인 탄식시(indivual lament)로 규정했다. 그러나 다른 학자들은 3장이 개인 탄식시가 아니라 공동체 탄식시로 간주되어야 한다고 주장했다. 한 학자는 3장을 "억울하게 고통당하는 사람의 법적 상

3 각 노래의 핵심 내용 분석과 다섯 노래의 연관성에 대하여는 버르린을 참조하라.

소"(Legal complaint of the innocent sufferer)라고 부르기도 한다(Brandscheidt). 또한 학자들은 애가 전체가 "성전 파괴에 대한 탄식"(Lament over the ruined sanctuary)이라며 아카디아와 수메르에서 발굴된 파괴된 도시에 대한 탄식과 비교하기도 했다(Kraus; cf. Harrison).

각 장의 장르뿐만 아니라 애가가 정확히 몇 명의 음성(voice)으로 구성되어 있는가도 학자들의 논쟁거리가 되었다(cf. Bergant). 책에서 가장 많은 음성을 구분한 학자는 다음과 같이 여섯 개의 고유한 음성이 반영되어 있다고 한다(Wiseman). (1) 시온(1:9c, 11c–15b; 16, 18–22; 2:11–12, 20–22; 3:48–51, 59–66; 4:3–6, 7–10); (2) 진행자(1:1–6, 7–9b, 10–11b, 15c, 17; 2:1–10, 13–17; 4:1–2, 11–12; 5:11–14); (3) 백성(2:18–19; 3:34–38, 42–47; 4:17–20); (4) 예레미야(3:1–33, 39–41, 52–58; 4:13–16, 21–22); (5) 찬양대 1(5:1–5, 15–18); (6) 찬양대 2(5:6–10, 18–22). 다른 학자는 다섯 개의 음성을 구분한다(Lanahan). (1) 보고자(1:1–11b, 15a, 17; 2:1–19); (2) 시온(1:9c, 11c–22; 2:20–22); (3) 패배한 군인(3장); (4) 부르주아(bourgeois; 4장); (5) 공동체 전체(5장). 이 외에도 진행자, 시온, 공동체 전체 등 책이 세 가지 음성으로 구성되었다는 견해도 있다(Provan).

이처럼 책을 구성하고 있는 각 섹션의 장르에 대해 학자들 사이에 의견 차이가 있기는 하지만, 두 가지는 분명하다. 첫째, 애가는 슬픈 노래라는 사실이다. 둘째, 3장이 물리적으로도 책의 가장 중심에 있을 뿐만 아니라, 책의 메시지 구성에서 핵심적인 역할을 하고 있다는 점이다. 전반적으로 애가는 예루살렘의 패망에 대해 노래하고 있다. 책을 구성하고 있는 노래들은 때로는 개인적인 슬픔을, 때로는 범국가적인 탄식을 표현한다. 애가는 장송곡의 기본 성향인 키나(Qinah) 음률을 사용해 노래를 이어가고 있는데, 이 음률은 듣는 자들의 감정을 매우 극적으로 자극하는 소리를 구사하는 것으로 알려졌다.

1–2장은 히브리어에 22알파벳이 있는 것처럼 각기 22절로 구성되어 있으며, 각 절은 첫 단어를 시작할 때 히브리어 알파벳을 순서대로 사

용함으로써 시를 엮어가고 있다.[4] 중앙에 위치한 3장은 66절로 구성되어 있으며, 세 절이 한 그룹이 되어 히브리어 알파벳을 순서대로 사용한다. 4장은 1-2장처럼 22절로 형성되어 있으며, 히브리어 알파벳을 순서대로 사용하고 있다. 저자는 슬픔을 노래하면서 왜 이렇게 일률적이고 규칙적인 알파벳 형태를 취하는 것일까? 모든 알파벳을 사용하는 유희시는 무엇보다도 완벽함을 강조한다(cf. Hillers). 저자는 예루살렘의 파괴를 통해 주의 백성에게 임한 고통의 '완전함과 철저함'(complete and exhaustive)을 묘사하고자 한다. 동시에 철저한 회개와 고백을 통해서 온전히 정결하게 될 것을 갈망하고 있다(Gottwald).

5장 역시 22절로 구성되어 있으나, 알파벳을 순서대로 사용하는 유희시 형태를 취하지 않는다. 또한 5장은 키나 음률도 사용하지 않고 있다. 5장이 1-4장에서 보편화된 틀을 깨는 것은 혼란과 좌절을 강조하기 위해서일 것이다(Huey). 하나님께 버림받은 도성은 아무리 균형과 리듬을 유지하려 해도 혼란과 절망밖에는 없다는 것이다(cf. Dobbs-Allsopp). 책의 마지막 장은 '죄 지은 다음날'의 혼란과 비통함을 강조하고 있다. 애가는 다음과 같이 정리될 수 있다.

I. 예루살렘의 참담함과 황폐(1:1-22)
   A. 파괴된 하나님의 도성(1:1-11)
   B. 파괴된 도성의 탄식(1:12-22)

II. 도성에 임한 하나님의 심판(2:1-22)
   A. 파괴된 유다(2:1-10)
   B. 내레이터의 상황 보고(2:11-19)

---

4 1장은 오늘날 우리가 알고 있는 알파벳 순서대로 전개되지만, 2-4장은 16번째 알파벳인 아인(ע)과 17번째 알파벳인 페(פ)의 순서를 바꾸어 사용하고 있다. 이 같은 순서는 흔하지는 않지만, 성경 외 문서에서도 종종 사용되었던 것으로 알려졌다(Cross).

C. 시온의 간구(2:20–22)

III. 구원에 대한 소망(3:1–66)

A. 하나님의 자비와 언약에 대한 소망(3:1–24)

B. 심판에 대한 묵상(3:25–39)

C. 용서와 구원에 대한 간구(3:40–66)

IV. 포위에서 비롯된 백성의 슬픔(4:1–22)

A. 포위된 예루살렘(4:1–20)

B. 소망과 확신(4:21–22)

V. 자비와 구원을 위한 기도(5:1–22)

A. 공동체의 탄식(5:1–18)

B. 공동체의 구원 호소(5:19–22)

엑스포지멘터리

선지서 개론

에스겔

EXPOSItory comMENTARY

에스겔

[19] 내가 그들에게 한마음을 주고 그 속에 새 영을 주며 그 몸에서 돌 같은 마음
을 제거하고 살처럼 부드러운 마음을 주어 [20] 내 율례를 따르며 내 규례를 지
켜 행하게 하리니 그들은 내 백성이 되고 나는 그들의 하나님이 되리라 [21] 그러
나 미운 것과 가증한 것을 마음으로 따르는 자는 내가 그 행위대로 그 머리에
갚으리라 나 주 여호와의 말이니라(11:19-21)

[3] 그가 내게 이르시되 인자야 이 뼈들이 능히 살 수 있겠느냐 하시기로 내가
대답하되 주 여호와여 주께서 아시나이다 [4] 또 내게 이르시되 너는 이 모든 뼈
에게 대언하여 이르기를 너희 마른 뼈들아 여호와의 말씀을 들을지어다 [5] 주
여호와께서 이 뼈들에게 이같이 말씀하시기를 내가 생기를 너희에게 들어가게
하리니 너희가 살아나리라 [6] 너희 위에 힘줄을 두고 살을 입히고 가죽으로 덮
고 너희 속에 생기를 넣으리니 너희가 살아나리라 또 내가 여호와인 줄 너희
가 알리라 하셨다 하라(37:3-6)

선지자들은 하나님이 주신 소명을 따르기 위해 큰 대가를 치러야 했다. 선지자들은 주의 백성들에게 주로 정죄와 임박한 하나님의 심판을

선언했다. 백성들은 모든 것이 잘될 것이며 곧 여호와 하나님의 축복이 임할 것이라는 메시지를 선호했기 때문에 하나님의 참 음성을 듣기 싫어했다. 그래서 선지자들을 통해 선포된 하나님의 말씀에 순종하기는커녕 오히려 야유를 보냈다.

또한 선지자들은 자신들의 메시지와는 상반된 메시지를 하나님의 말씀이라고 선포하는 거짓 선지자들의 비난과 핍박도 감수해야 했다. 더 나아가 선지자의 정당성을 인정하지 않던 제사장들의 멸시와 천대를 이겨내야 했다. 선지자들은 암살의 위협에 시달려야 했고, 감옥에 투옥되기도 했다. 심지어 자신들이 선포한 메시지를 순교자의 피로 봉인하기도 했다.

선지자들은 하나님의 마음을 주의 백성들에게 전하기 위해 혹독한 대가를 치러야 했다. 온갖 고통으로 가득한 삶을 살았던 선지자들 중에서도 에스겔이 겪어야 했던 아픔은 특별하다. 에스겔은 하나님이 주신 소명을 감당하기 어려워 정신을 놓은 사람처럼 일주일을 보내고 나서야 하나님의 강압적인 부르심에 겨우 수긍했다.

선지자로 사역을 시작한 후 에스겔이 경험했던 고통은 이루 말할 수 없다. 하나님의 말씀에 따라 7년 동안 벙어리로 살았으며, 1년 이상 꽁꽁 묶인 채 갈증과 배고픔에 시달려야 했다. 사랑하는 아내의 갑작스러운 죽음 앞에서도 에스겔은 마음속 깊은 곳에 슬픔과 아픔을 묻어둔 채 마치 아무 일도 없었던 것처럼 냉정과 무관심한 모습을 보여야 했다. 훗날 사람들은 그가 정신적인 질환을 앓았다고 평가하기도 했다.

에스겔이 경험했던 가장 큰 아픔은 평생 삶의 목표로 삼고 준비해왔던 꿈이 한순간에 무너져내린 일이었다. 그는 제사장의 아들로 태어났다. 여호와 종교에서 제사장직은 자손 대대로 세습되는 직업이다. 에스겔도 어렸을 때부터 제사장으로 임직하는 것을 삶의 목표로 삼고 율법을 배우며 온갖 준비를 했다. 30세가 되면 제사장으로 취임할 것을 기대하며 율법으로 글을 배웠고 온갖 규례들을 뼛속에 새기며 자랐다.

유대인들의 전승에 따르면 제사장이 될 사람들은 20세 때부터 성전에 드나들며 견습생으로 훈련을 받다가 30세가 되면 제사장으로 취임했다. 에스겔도 20세가 되던 해부터 성전을 드나들며 훈련을 받았을 것이다. 그의 유일한 꿈과 소망은 30세가 되면 정식으로 제사장으로 취임하는 것이었다. 그러나 에스겔이 25세가 되던 해인 주전 597년에 그는 유다의 여호야긴 왕과 함께 인질이 되어 바빌론으로 끌려갔다(cf. 1:1-2). 다시 예루살렘 성전으로 돌아올 기약도 없이 타국으로 끌려갔다.

제사장이 되기 위해 평생을 준비해왔던 에스겔의 바빌론행은 그가 꿈꾸던 모든 것을 한순간에 무너뜨렸다. 성전에서 예배자들을 위해 하나님께 제사를 드리는 것이 주요 임무였던 이스라엘의 제사장이 성전을 떠나서는 할 수 있는 일이 별로 없었기 때문이다. 게다가 젊은 에스겔은 지난 5년 동안 견습생으로서 만반의 준비를 해왔다. 그런 그가 한순간에 아무 일도 할 수 없는 바빌론으로 끌려갔다. 에스겔이 계획하고 준비해왔던 미래가 완전히 파괴된 것이다!

바빌론에 끌려온 에스겔을 당장 선지자로 부르셨으면 좋았을 텐데, 하나님은 5년 동안 그를 내버려두셨다(cf. 1:1-3). 이 기간에 에스겔은 자기 세계가 무너지는 걸 목격했다. 얼마나 고통스러웠을까? 에스겔은 '나는 누구인가?'에서부터 '앞으로 바빌론에서 어떻게 살아야 하는가?'에 이르기까지 온갖 질문을 하나님과 자신에게 던졌을 것이다. 물론 만족스러운 답은 얻지 못하면서 말이다.

결국 선지자의 자존감과 자아의식은 완전히 무너져내렸으며, 깊은 좌절과 절망을 맛보았다. 사역을 시작한 후 하나님이 어떠한 명령을 내리셔도 그가 마다하지 않고 순종할 수 있었던 것은 이런 경험을 5년이나 했기 때문일 것이다. 에스겔은 뼈를 깎는 좌절을 통해 철저한 순종을 배웠다.

에스겔은 그 어느 선지자보다도 큰 시련과 연단을 경험했다. 그는 실로 좌절과 아픔을 아는 사람이었다. 그러므로 에스겔은 성경 저자들 중에서 그 누구보다도 이 땅에서 끊임없는 절망과 좌절을 경험하며 사는 우리를 잘 이해할 수 있는 선지자이다. 그래서 다른 선지자들에게 느끼지 못한 친근감과 위로를 에스겔에게서 느낀다. 더 나아가 절망의 늪에서 점점 의식을 잃어가던 에스겔에게 손을 내미신 하나님의 은혜가 바로 우리를 향한 자비로운 하나님의 손길이라는 사실을 깨닫는다.

1. 선지자

'에스겔'(יְחֶזְקֵאל, 1:3, 24:24)은 '하나님이 힘을 주시다'라는 의미 혹은 '하나님이 힘을 주시기를!'이라는 바람을 담은 이름이다. 이 이름의 어원은 '히스기야'(חִזְקִיָּהוּ, lit., '여호와께서 힘을 주신다')와 비슷하다. 자녀의 이름은 부모의 신앙 고백이기도 하다. 선지자의 이름은 그가 태어날 즈음 그의 부모들의 신앙 상태를 보여주고 있는 것이다.

'에스겔'은 역경에 처한 주의 백성들을 돌보고 힘을 주시는 여호와를 염원하며 부모들이 그에게 준 좋은 이름이다. 에스겔 선지자의 삶도 하나님의 도우시는 손길을 절실하게 필요로 했다(cf. 3:8).

에스겔이 책에서 제시하는 날짜들을 종합해보면, 그는 주전 622년경에 예루살렘에서 태어났다. 그는 25세 되던 해인 주전 597년에 여호야긴과 함께 바빌론으로 끌려갔다(cf. 왕하 24:11-16). 사회의 지도층에 속한 제사장이라는 신분 때문에 아마도 그는 포로 명단에 우선적으로 포함되었을 것이다.[1] 에스겔은 30세 되던 해에 선지자로서 소명을 받았다(cf. 1:1). 여호야긴이 바빌론으로 끌려간 지 5년째 되던 해였다(1:2). 여호야긴이 주전 597년에 바빌론으로 끌려갔으므로 에스겔이 선지자의 소명을 받은 해는 주전 592년이다.

1 고대 근동의 강대국들은 어느 나라를 정복하여 포로/인질들을 끌어갈 때에 아무나 닥치는 대로 잡아간 것이 아니라, 상류층과 귀족들과 장인(匠人)들을 선별하여 데려갔다. 물론 자기 나라의 발전을 위해서였다.

에스겔의 아버지는 부시(בּוּזִי)라는 이름을 가진 제사장이었다(1:3). 따라서 에스겔도 아버지의 대를 이어 제사장이 될 준비를 하고 있었을 것이다. 선지자는 제사장과 예식을 배척하는 사람, 항상 제사장을 반대하고 비난하며 그들과 대립하는 것으로 생각하는 사람들에게 에스겔은 생각할 거리를 던져준다. 에스겔의 삶과 사역을 통해 전통적인 선지자 제도와 제사장 제도가 하나가 되기 때문이다.

그래서 에스겔의 메시지에는 선지자보다는 제사장들에게 더 중요한 성결에 관한 율법들이 담겨 있다. 물론 그가 제사장 활동을 한 증거도 없고, 했을 가능성도 희박하다. 그러나 선지자가 자신을 제사장으로 묘사하는 것은 상당한 의미가 있다. 이런 면에서 에스겔은 훗날 예수님 안에서 이루어지는 제사장-선지자 역할 결합의 모형(type) 혹은 부분적 성취로 볼 수 있다.

에스겔은 예루살렘이나 그 근교에서 자랐으며, 어릴 적부터 제사장이 될 여느 아이들처럼 많은 교육을 받았다. 그는 모세 율법을 익히 알고 있었다. 유대인들의 전승에 따르면 제사장은 30세 때 등용되었다(cf. 민 4:3). 온 인류의 제사장이신 예수님께서 30세에 사역을 시작하신 일도 이 같은 사실과 연관이 있는 듯하다.

제사장이 될 사람들이 20세 때부터 견습생으로서 예배와 예식에 대한 훈련을 받았다는 사실을 감안하면 에스겔은 제사장이 되기 위해 받아야 하는 10년의 훈련 중 반(半)을 마치고 바빌론에 끌려간 것이다. 그래서 그런지 에스겔은 그 어느 선지자보다 예식과 성전에 대해 많이 알았다.

에스겔은 나름 행복한 결혼 생활을 했다(cf. 24:16). 주전 586년, 아내의 갑작스러운 죽음에 그는 굉장한 충격을 받았다. 하나님은 선지자에게 그 죽음에 대해 미리 알려주며 절대로 아내의 죽음을 슬퍼하지 말라고 명령하셨다. 선지자가 아내의 죽음을 마치 아무 일도 아닌 것처럼 냉담하게 지켜보는 것은 곧 예루살렘의 멸망을 지켜보시는 하나님의 모습을 상징하기 때문이다(cf. 24:15-24).

성경에서 죽은 사람을 위해 울지 않는 것은 그 사람과의 결별을 강조하는 행위다(레 10:6, cf. 삼상 25:1, 삼하 1:12, 11:26-27, 19:1, 5-6). 그러므로 에스겔의 침묵은 하나님이 예루살렘에 남아 있는 이스라엘 사람들과의 관계를 완전히 끊어버린 것을 상징한다. 사명을 감당하기 위해서 사랑하는 아내의 죽음 앞에서도 울지 못하는 슬픔을 감수해야 했던 에스겔의 모습은 우리의 마음을 아프게 한다. 그것은 전부 하나님을 버린 이스라엘에게 충격적인 메시지를 전하기 위한 상징적 행위였다.

사람들은 종종 사역에 대해 환상을 갖는다. 그러나 사역을 지나치게 낭만적으로 생각하는 것은 순진함을 넘어 무지의 소치다. 사역은 때로 상상을 초월하는 아픔과 희생을 요구하기 때문이다. 생각해보면 사역뿐만 아니라 삶에서 고통과 아픔을 피해 갈 수 있는 그리스도인은 없다. 예수님의 말씀만 생각해보아도 그 사실을 알 수 있다. 예수님은 주님을 사랑하는 사람은 모두 "십자가를 지고 나를 따르라"고 하셨다!

에스겔은 바빌론에 끌려온 유대인들의 포로민촌(Tel Abib near the Chebar Canal, 3:15)에서 살았다. 그는 포로민들 사이에 인정받은 선지자로 자리를 잡았다. 유다에서 끌려온 장로들이 상담/상의할 일이 있으면 그의 집을 찾았다(cf. 8:1).

에스겔은 바빌론에서 사역을 하고, 일생을 마친 것으로 생각된다. 하나님이 바빌론에 거하던 에스겔을 선지자로 세우시고 그를 통해 말씀하셨다는 것은 큰 의미를 지닌다. 전통적으로 유대인들은 하나님의 계시가 약속의 땅 이스라엘 영토에만 임한다고 생각했다. 이스라엘만이 거룩하고 다른 나라들은 하나님의 말씀이 임할 수 없는 부정한 곳이라고 생각했다. 이러한 상황에서 하나님이 바빌론에 거하던 에스겔을 찾아와 말씀하셨다는 것은 그들의 시각과 관점의 교정을 요구하는 일이라 할 수 있다.

2. 역사적 정황[2]

에스겔이 제사장 사역을 준비하고 있던 주전 7세기 말, 근동 지역의 국제 정세는 급격하게 변하고 있었다. 지난 200여 년 동안 근동 지역을 지배해오던 아시리아의 세력이 급격히 약화되고 그 자리를 차지하기 위한 바빌론과 이집트의 다툼이 시작되었다. 주전 627년, 아시리아 제국의 마지막 대(大)군주 아슈르바니팔(Ashurbanipal)의 죽음으로 아시리아의 국제적 위상은 급격하게 쇠퇴했다. 가장 큰 이유는 리더십 부재였다.

아시리아의 종말을 부른 것은 무엇보다도 그들의 과한 욕심이었다. 바빌론에서부터 이집트까지 펼쳐진 아시리아 제국은 그들만의 힘으로 효율적으로 통치하기에는 너무 거대했다. 아시리아의 속국으로 매년 조공을 바치던 이집트의 삼메티쿠스(Psammetichus I, 주전 664-610년) 왕은 주전 655년경에 독립을 선언했다.

불과 3년 후인 주전 652년에는 아시리아의 대왕 아슈르바니팔의 동생과 바빌론 왕 사마스숨우킨(Shamash-shum-ukin)이 공모해 반역을 일으켰다. 아시리아는 큰 대가를 치르며 겨우 이 반역을 제압했다. 또한 야만족으로 알려진 스키타이족(Scythians)과 키메리아족(Cimmerians)이 제국의 동쪽과 북쪽에서 지속적인 압력을 가하고 있었다.

이러한 상황에서 느보/나보폴라사르(Nabopolassar)는 주전 625년에 바빌론에 신바빌론(Neo-Babylon)을 설립했다. 그는 지속적으로 아시리아에 군사적 압력을 가하다가 주전 616년에 쇠퇴해질 대로 쇠퇴해진 아시리아의 옛 수도 앗술(Ashur)을 향해 진군했다. 이번 기회에 아시리아를 완전히 몰아내고 바빌론이 근동의 통치권을 차지하겠다는 야심 찬 행군이었다.

처음에는 양쪽이 어느 정도 팽팽하게 맞서는 것 같았지만, 메대/메

---

2 이 섹션에 기록된 내용은 예레미야서의 역사적 정황과 거의 동일하다. 예레미야와 에스겔 모두 같은 시대에 사역했기 때문이다.

디아(Mede)가 바빌론 군에 합류하면서 전세는 판가름 났다. 바빌론-메디아 연합군은 주전 614년에 아시리아의 옛 수도 앗술을 함락시켰다. 연합군은 여세를 몰아 주전 612년에 아시리아의 새 수도였던 니느웨(Nineveh)를 정복했다. 니느웨의 함락으로 아시리아 제국은 사실상 막을 내렸다.

남쪽에서는 그동안 아시리아의 힘에 눌려 근동의 정치 무대에서 이렇다 할 실력을 과시하지 못했던 이집트가 아시리아의 패망을 틈타 세력을 키우려고 움직이기 시작했다. 이집트에서 삼메티쿠스의 후계자인 느고(Neco)는 아시리아의 패잔병들을 돕는다는 명분을 앞세워 주전 609년에 유프라테스강 기슭의 갈그미스(Carchemish)로 대군을 이끌고 출동했다(cf. 대하 35:20, 왕하 23:29).

느고가 갈그미스로 가기 위해 가나안 지방을 지날 무렵 그의 앞길을 막는 한 가나안 지역 왕이 있었다. 바로 유다의 요시야였다(왕하 23:29). 느고는 자신이 여호와의 부름을 받고 출동하는 중이라며 요시야에게 길을 내주기를 요구했으나 요시야는 끝까지 비켜서지 않다가 므깃도에서 느고의 칼에 맞아 죽었다(대하 35:20-22).

요시야는 왜 무리를 하면서까지 느고의 길을 막았을까? 무엇보다도 그는 어떤 형태로든 아시리아 제국의 부활을 우려했던 것으로 생각된다. 밝혀진 바에 의하면 아시리아는 고대 근동에서 가장 잔인한 군주였다. 200년 동안 지속된 군주 아시리아의 행패는 근동 지역에 많은 고통과 신음을 가져왔다.

뿐만 아니라 그들은 속국들에게 자신들의 종교까지 강요했다. 이런 상황에서 요시야는 아시리아의 쇠퇴를 의식하자마자 종교개혁을 단행했다. 그는 아시리아를 이미 기울어질 대로 기운 제국이라고 판단했다. 또한 다시는 부활해서는 안 되는 악의 상징으로 생각했다.

이러한 점들을 고려할 때, 요시야가 느고의 앞을 가로막은 이유를 충분히 이해할 수 있다. 다만 문제는 이미 여호와께서 아시리아를 멸하실 것과 아시리아의 대를 이어 근동의 패권을 잡을 나라로 바빌론을 지목하셨다는 것이다(cf. 사 39:4-7). 하나님은 그 역사적 장소에 이집트를 끌어들여 함께 패배하도록 계획하셨다.

그러나 이집트 군의 길을 막은 요시야에게 느고는 "비켜라. 여호와의 명령을 받아 출정하는 길이다"라고 했다. 요시야는 무모하게 이집트의 원정 길을 막아서다가 여호와를 거역했다는 '오명'을 쓰고 죽음을 맞았다. 군사적으로 유다는 결코 이집트의 적수가 되지 못했다(cf. 사 8-10장, 나훔). 이집트를 대적하는 것은 처음부터 무리수였다.

요시야가 죽자 유다 사람들은 23세 된 그의 아들 여호아하스를 왕으로 세웠다(왕하 23:30). 느고는 곧바로 군사를 돌려 예루살렘을 공격해 벌금으로 금 1달란트(34kg)와 은 100달란트(3,400kg)를 요구했다(대하 36:2, 왕하 23:33). 또한 여호아하스를 왕위에서 끌어내려 이집트로 끌어가고, 그의 형 엘리아스 이름을 여호야김으로 바꾸고 그를 왕으로 세웠다(대하 36:4-5). 엘리아스(여호야김)가 25세 때의 일이다.

바빌론과 이집트-아시리아 연합군은 주전 605년에 근동의 통치권을 놓고 갈그미스에서 격돌했다. 바빌론의 대승으로 끝난 이 싸움은 바빌론이 근동을 다스리게 되는 계기가 되었다. 이 전쟁을 기점으로 아시리아는 지도 상에서 영원히 사라졌다. 이집트는 다시 한 번 국제적인 무대에서 '숨죽이고' 있어야 하는 패배를 맛보았다. 그러나 이집트는 이후에도 북쪽 이웃인 가나안 국가들에게 계속 정치적인 영향력을 행사했다.

(1) 유다

약소국가인 유다는 바빌론과 이집트 사이에서 살아남기 위하여 안간힘을 썼다. 여호야김은 이집트가 세운 왕으로, 이집트에 충성을 약속했다. 주전 605년에 갈그미스에서 이집트를 물리친 바빌론 군은 여세를 몰아 이집트 국경 지역까지 진군했다. 이때 바빌론 군을 지휘한 장군은 신바빌론 제국을 설립한 느보 왕의 아들 느부갓네살이었다.

바빌론 군이 이집트 국경에 진을 친 상황에서 느부갓네살은 아버지 느보가 죽었다는 소식을 듣고 왕이 되기 위해 급히 바빌론으로 귀국했다. 돌아가는 길에 가나안을 그냥 지나치지 않았다. 유다를 포함해 가나안 지역의 모든 나라가 근동의 새로운 군주가 된 바빌론과 느부갓네살에게 충성을 맹세했다. 이때 다니엘과 세 친구를 포함한 유다의 첫 포로민들이 바빌론으로 끌려갔다(cf. 단 1:1-4).

아버지의 대를 이어 바빌론의 왕이 된 느부갓네살이 대군을 이끌고 주전 601년에 이집트 접경 지역까지 진군하여 또 한 번 싸웠지만, 승부를 내지 못하고 바빌론으로 돌아갔다. 여호야김을 비롯한 가나안 지역의 약소국가들은 이 전투를 이집트가 앞으로 바빌론을 물리치고 근동의 강자가 될 것을 의미하는 조짐으로 여겼다. 그래서 그들은 곧바로 바빌론에게 반역했다. 가나안 지역 국가들의 반역에 대해 알게 된 바빌론 군은 주전 598년 12월에 가나안 원정에 나섰다. 유다는 순식간에 무너졌으며 모든 영토를 빼앗기고 오직 예루살렘만 남게 되었다.

여호야김은 예루살렘이 포위된 상태에서 주전 598년 12월에 병을 앓다가 죽었다. 그러나 많은 학자들은 바빌론과의 원만한 협상을 타결하기 위해 예루살렘의 정치인들이 여호야김을 암살했을 것으로 추정한다(Huey). 여호야김이 죽자 그의 아들 여호야긴이 대를 이어 보좌에 올랐다. 예루살렘은 이듬해인 주전 597년 3월 15-16일에 함락되었다. 여호야김의 대를 이어 왕이 된 여호야긴이 바빌론 군에 포위된 상황에서 어려움을 극복하지 못하고 항복한 것이다.

바빌론 군은 약 8,000명의 포로와 많은 노획물을 끌고 돌아갔다(왕하 24:16). 이때 바빌론 군은 유다를 3개월간 통치한 여호야긴을 인질로 바빌론에 끌고 갔다. 이때 선지자 에스겔도 함께 끌려갔다. 바빌론 사람들은 여호야긴의 자리에 그의 숙부 시드기야를 세웠다. 이 시대에 유다를 통치했던 왕들의 가족 관계는 다음과 같다. 괄호( )는 통치 순서이다.

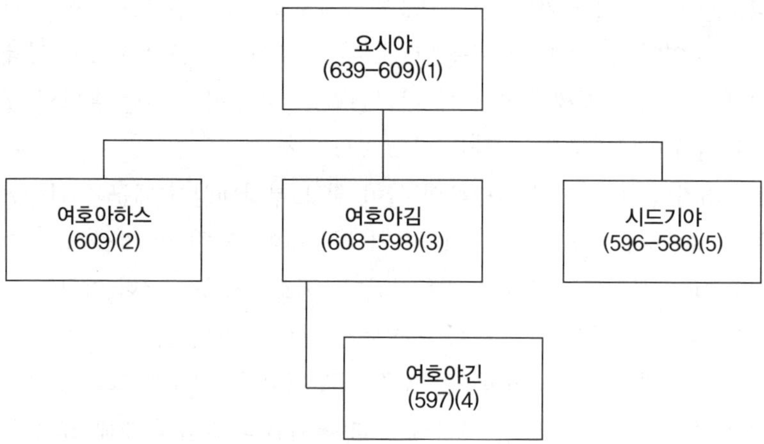

시드기야는 이집트의 꾸준한 정치적 압력, 두로와 암몬의 동조, 에돔의 후원, 또한 바빌론 군이 이집트 군을 쉽게 이기지 못한 점 등을 감안해 주전 589년에 바빌론을 배반하고 다시 이집트에 충성을 맹세했다. 시드기야보다 10여 년 전에 바빌론에게 반역을 꾀한 여호야김은 나름대로 반역의 명분을 갖고 있었다. 그를 왕으로 세운 고마운 세력은 바빌론이 아니라, 이집트였기 때문이다. 그러나 시드기야를 왕으로 세운 후원자는 바빌론이다. 그러므로 시드기야가 자기를 왕으로 세워준 바빌론에 반역한 것은 그를 믿고 인정해준 군주에게 반기를 든, 명분 없는 일이었다.

소식을 전해들은 바빌론은 다시 가나안 땅을 침략해 순식간에 유다를 점령하고 예루살렘을 포위했다. 예루살렘은 1년 이상 지속된 바빌론 군의 포위를 견뎌냈지만, 결국 주전 586년 여름에 함락되었다.[3] 시드기야는 야밤에 성을 버리고 도망했지만 바빌론 군에 붙잡혀 리블라(Riblah)에 있던 느브갓네살에게 끌려갔다.

바빌론 군은 시드기야가 지켜보는 앞에서 그의 아들들을 차례로 처형했다. 아들들의 처형을 지켜본 시드기야는 두 눈이 뽑힌 채 바빌론으로 끌려가 그곳에서 최후를 마쳤다(왕하 25:1-21, 렘 52:9-11). 두 달 후에 예루살렘은 느부갓네살의 장군이었던 느부사라단(Nebuzaradan)에 의해 불에 탔다. 이때 성전도 흙더미가 되었다. 이렇게 해서 유다는 한 나라로서 막을 내렸다. 주전 586년의 일이다.

(2) 디아스포라 공동체

에스겔이 사역하던 시대에 유대인들은 근동의 세 곳, 즉 유다, 이집트, 바빌론에 제법 규모가 큰 공동체를 형성하며 살았다. 이 세 유대인 공동체의 특성을 생각해보자. 첫째, 유다 공동체는 어떤 면에서 자투리 공동체라고 할 수 있는 가장 볼품없는 사람들로 이루어진 집단이었다. 바빌론 사람들은 주전 597년과 586년에 대부분의 유다 중류층 이상 사람들을 강제로 바빌론으로 끌고 갔다(왕하 25:11, 대하 36:20, 렘 52:15).[4]

바빌론 사람들은 이스라엘 사람들 중 가장 가난하고 이렇다 할 기술도 없는 사람들만 남겨두었다. 이런 사람들은 바빌론으로 끌고 가 보았자 제국의 산업과 경제에 별로 쓸모가 없다고 판단했기 때문이다. 유다에 남겨진 사람들은 주로 포도원과 올리브 농장 등에서 일하게 했다.

---

3 학자들은 이때의 유다 역사를 정리할 때 예루살렘 함락이 주전 587년의 일이라고도 주장한다. 엑스포지멘터리 주석 시리즈에서는 성의 함락을 주전 586년의 일로 표기한다(cf. Thiele).

4 여기에 우리는 이미 언급한 다니엘과 세 친구가 끌려갔던 주전 605년을 더할 수 있다(cf. 단 1:1).

유다에 남은 사람들의 삶은 매우 비참했다. 경제적으로는 궁핍했고, 정치적으로는 무기력했고, 영적으로는 마비된 상태였다. 새로운 지도층이 형성되었지만, 그들은 자기 선조들처럼 허세와 영적 교만으로 가득 차 있었다. 에스겔 11:14–16에 의하면 그들은 자신들의 종교적인 전통의 위대함을 전혀 의식하지 못했다. 또한 포로로 끌려간 동포들에 대해 아파하는 마음이 전혀 없었다.

둘째, 이집트에는 바빌론이 두려워서 도피한 유다 사람들의 공동체가 이미 존재했다. 그들은 바빌론이 군주로 자리매김을 한 주전 605년 이전부터 이집트로 이주해갔다. 예루살렘이 함락된 주전 586년 이후에 바빌론을 두려워한 유다에 남아 있던 사람들 중 일부가 이집트 망명에 합세했다. 이들은 바빌론이 유다의 총독으로 세운 그달리야(Gedaliah)가 암살을 당하자 바빌론의 보복을 두려워해서 이집트로 떠났다(왕하 25:25–26, 렘 41:1–2). 이때 예레미야도 강제로 이집트에 끌려가 그곳에서 일생을 마쳤다(렘 43장). 이집트에서 유대인들은 바드로스(Pathros), 믹돌(Migdol), 타파네스(Tahpanhes), 멤피스(Memphis) 등지에 자리를 잡았다(렘 44:1).

셋째, 바빌론에 형성된 공동체는 본인의 의지와 상관없이 유다에서 끌려온 인질들이 주류를 이루었다. 바빌론으로 끌려온 사람들은 유다에 남은 사람들이나 이집트로 내려간 사람들에 비해 상대적으로 낮은 자존감과 자격지심에 시달렸다. 자신들은 민족의 죗값으로 바빌론으로 끌려왔다고 생각했기 때문이다. 좌절한 그들은 "우리의 뼈들이 말랐고 우리의 소망이 없어졌으니 우리는 다 멸절되었다"라고 소리쳤다(37:11).

사실 바빌론이 제국을 형성하기 전부터 메소포타미아 지역에는 아시리아 제국에 의해 끌려온 많은 유대인들이 이미 살고 있었다. 아시리아의 기록에 의하면 북왕국 이스라엘에서 수십만 명이 끌려와 메소포타미아 전 지역에 흩어져 살았다.

바빌론의 느브갓네살도 비슷한 정책을 구상했다. 그는 유다에서 귀족들과 기술자 등을 모조리 끌어와 바빌론 주변에 정착시켰다. 무라슈 문서 보관소(Murashu Archive)에서 발견된 기록(주전 5세기 후반)에 의하면 바빌론에 끌려온 유다 사람들은 매우 빨리 적응했으며 금융과 교역에 깊이 파고들어 바빌론의 경제에 커다란 기여를 했다고 한다.

바빌론 사회에 빨리 적응한 유대인들은 자신들의 민족적 정체성을 잃지 않고 유지할 수 있었다. 그들은 장로제도를 그대로 보존했으며, 자신들의 족보도 계속 유지할 수 있었다(cf. 스 2장, 느 7장). 또한 예루살렘이 함락되기 전까지 본국과 계속 연락을 취했다(렘 29장). 비록 예루살렘에서 멀리 떨어져 있었지만 모세의 율법을 최대한 지키기 위해 다양한 예식, 할례, 안식일 성수 등을 준수했다(cf. 사 56:2-4, 58:13, 겔 44-46장).

그러나 에스겔은 그들의 영적 상태가 좋지 않았다고 말한다. 그들은 배교적인 사고를 버리지 못했으며, 바빌론에서도 우상숭배와 온갖 종류의 사회적 악을 행하고 있었다(cf. 겔 18장). 선지자들은 이스라엘의 우상숭배에 대해 지속적인 비난을 퍼부으며 이 같은 배교적인 행위가 이스라엘에 하나님의 심판을 초래했다고 주장했다. 그러나 이스라엘 사람들은 우상숭배와 상관없이 그들의 수호신인 여호와께서는 그들을 끝까지 지켜주어야 할 의무를 가지고 있다고 생각했다. 고대 근동의 전통에 따르면, 자신들의 수호신 여호와, 가나안 땅, 이스라엘 사람들은 떼어놓을 수도 없고, 외부 세력이 침범할 수도 없는 관계를 유지하고 있다고 생각한 것이다. 그들의 이러한 신앙적 교만은 구체적으로 다음과 같은 조건에서 형성되었다(Block).

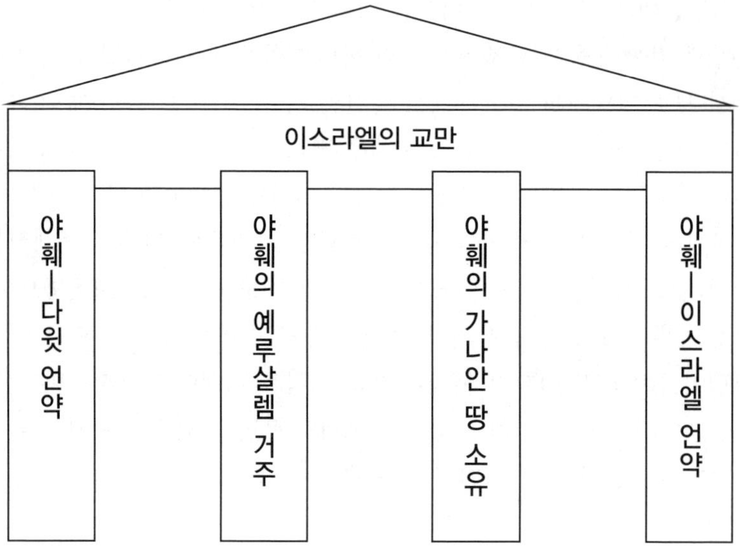

포로 생활이 초래한 영적인 결과는 육적인 결과보다 받아들이기가 훨씬 더 어려웠다. 에스겔은 신앙적으로 환멸, 분노, 배신감을 느끼던 청중을 향하여 하나님의 심판 메시지를 선포했다. 그러므로 선지자의 청중이 에스겔의 메시지를 달갑게 받아들일 리 없었다. 불행 중 다행은 하나님의 심판이 임한 후에 다시 주의 백성이 회복될 것이라는 메시지가 함께 임했다는 사실이다.

(3) 책과 연관된 주요 연대

역사적 사건	연대(B.C.)	성경구절
요시야 즉위 13년	627년	렘 1:2
요시야 즉위 18년에 성전에서 율법책 발견	622년	왕하 22장
바빌론-메디아 연합군의 아시리아 침략	617년	
아시리아의 옛 수도 앗술 함락	614년	

니느웨 함락	612년	
요시야의 죽음(즉위 31년)	609년	왕하 22:1
여호아하스(살룸)의 3개월 통치	609년	왕하 23:31
이집트가 여호야김을 유다의 왕으로 세움	609년	왕하 23:34-36
갈그미스 전투	605년	
느부갓네살이 바빌론의 왕이 됨	605년	
바빌론이 유다와 여호야김을 위협함	605년	단 1:1
바빌론의 시리아-팔레스타인 원정	604-01년	
여호야김이 바빌론의 봉신(vassal)이 됨	604/3년	왕하 24:1
바빌론이 이집트 국경에서 패함	601년	
여호야김이 바빌론을 배신함	601년	왕하 24:1
여호야김의 죽음(즉위 11년)	598년	
여호야긴의 3개월 통치	597년	왕하 24:8
예루살렘이 바빌론에 포위됨	598/7년	왕하 24:10
예루살렘이 항복하고 여호야긴이 바빌론으로 끌려감. 이때 에스겔도 함께 끌려감	597년	왕하 24:12-16
바빌론이 시드기야를 유다의 왕으로 세움	597년	왕하 24:17-18
가나안 국가들이 예루살렘에서 바빌론 반역 모의	594년	렘 27장
바빌론이 예루살렘을 포위함	588년	왕하 25:1, 렘 39:1
예루살렘이 시드기야 즉위 11년에 함락됨	586년	왕하 25:3-11
바빌론이 그달리야를 유다의 총독으로 임명함	586년	왕하 25:22
그달리야가 암살을 당함	582년	왕하 25:25, 렘 41장
유다 사람들이 바빌론으로 끌려감	582/1년	렘 52:30
여호야긴이 바빌론 감옥에서 풀려남	560년	왕하 25:27
바빌론이 고레스에게 함락됨	539년	스 1:1, 단 5:31

3. 에스겔서와 비평학

에스겔서의 히브리어 본문(MT)은 문법적으로 상당히 난해하다는 것이 대부분 학자들의 결론이다. 게다가 에스겔서에는 구약 성경에서 딱 한 번 사용되는(hapax legomena) 히브리어 단어가 130개나 된다(Zimmerli). 이 같은 어려움에도 불구하고 20세기 초까지 거의 모든 학자들은 에스겔서를 한 저자의 작품으로 간주했다. 칠십인역(LXX)의 에스겔서는 마소라 사본(MT)의 에스겔서보다 약 5% 정도 짧고, 순서가 뒤바뀐 부분들이 있는데도 이러한 결론을 내렸다는 사실은 주목할 만하다. 결과적으로 에스겔서는 구약의 선지서들 중 매우 독특한 위치를 차지했으며, 그레이(G. B. Gray)는 이미 1913년에 "책의 통일성, 저작권 등이 한 사람이 이 책을 저작했다는 사실을 뚜렷이 증거하고 있다"라고 단언했다.

그러나 1920년대에 접어들어 에스겔서 연구에서 비평학이 활기를 띠기 시작했고, 이때부터 책에 관한 다양한 논쟁이 시작되었다. 그 이후 오늘날까지 학자들 사이에 에스겔서 저작권에 대한 공통적인 여론은 형성되지 않고 있다.

비평학계는 에스겔서에서 여러 가지 주제와 요소들이 긴장을 형성하고 있다는 관찰로 논쟁을 시작했다. 일부 학자들에 의하면, 이 주제들과 성향은 한 사람이 동시에 유지하기에는 매우 상반된 성격을 띠고 있으며 일관성도 없다. 다음 사항들은 학자들이 주장하는 에스겔서가 안고 있는 문제들이다(cf. Block, Zimmerli).

첫째, 사회정의에 대한 관심과 예식과 성전에 대한 관심이 대립하고 있다. 전통적으로 사회정의에 대해 깊은 관심을 가진 선지자들은 성전과 예식을 등한시하는 경향이 있다. 반면 에스겔은 둘 다 중요하게 여기며, 이러한 에스겔서의 입장은 전통적인 선지 제도의 성향과 잘 맞지 않는다는 주장이다. 그러나 이 같은 주장은 별 설득력이 없다. 대부분 선지자들은 이 두 가지 이슈에 모두 관심이 있었다. 그럴 수밖에 없는 것이 선지자들은 자신들을 언약의 중보자들, 특히 시내 산 언약의 중보자들로 보았는데, 모세를 통해 선포된 시내 산 언약은 사회윤리에 관한 것들을 포함하고 있지만, 동시에 온갖 예식과 성전 규례에 대한 것들도 포함하기 때문이다.

그러므로 만일 에스겔이 이 두 가지를 중요하게 여기지 않는다는 논리를 펼친다면, 모세도 윤리적인 규례만을 선포했던지, 아니면 예배와 예식에 관한 율법만을 선포했다고 주장하는 것과 별반 다르지 않다. 특히 제사장이 되려고 평생을 준비하다가 선지자가 되었다는 사실을 생각해보면, 에스겔이 다른 선지자들에 비해 예식과 성결에 특별한 관심을 가지고 있었음은 당연하다.

둘째, 문체나 내용 면에서 에스겔서에는 선지자 예레미야가 선포했을 만한 메시지와 에스겔의 메시지가 동시에 발견된다. 문체와 내용으로 책의 저작권을 논하는 것이 매우 과학적이고 논리적인 것 같아서 한때 성경뿐만 아니라 인문 사회과학 분야에서도 광범위하게 사용되었지만, 이러한 방법이 정말 설득력이 있는가는 재평가되어야 한다. 사람의 필체와 문체는 꾸준히 바뀐다. 심지어는 다루는 주제에 따라 문체와 사용하는 단어들은 바뀔 수밖에 없다.

오늘날 우리가 전수받은 선지서들은 선지자들이 한순간에 저작한 것이 아니라, 수십 년의 사역을 대표하는 메시지들을 모아 만든 선집이다(cf. 『엑스포지멘터리 선지서 개론』 서론 부분). 그러므로 선지자들이 언제, 어디서, 누구를 대상으로 선포한 메시지를 책에 포함하고 있느냐에 따라 문체와 내용은 다를 수밖에 없다. 또한 선지자들은 선배 선지자들이 이미 선포한 메시지를 매우 중요하게 여겨 자신의 메시지에 반영하기도 했다. 따라서 에스겔이 선배 선지자인 예레미야의 메시지와 비슷한 문체와 내용을 선포했다고 해서 문제가 될 필요는 없다. 게다가 이 두 사람은 동시대에 사역했던 선지자들이다. 역사적-신학적 정황을 고려할 때, 두 사람이 비슷한 형태로 메시지를 전하는 것은 당연한 일이다.

셋째, 에스겔이 어디에서 사역했는지에 대해서는 정확한 지리적 정보가 없다. 선지자는 자신이 바빌론에 거주하면서 사역을 했다고 하지만, 그가 바빌론에만 살았다고 간주하기에는 예루살렘의 상황에 대해 너무나도 상세하게 잘 알고 있다는 것이다. 이 논리는 에스겔의 증언을 신뢰하지 못해서 빚어지는 현상이다.

에스겔은 자신이 하나님의 영에 사로잡혀 예루살렘 성전을 방문했다고 한다. 그는 또한 예루살렘이 함락되는 날 선지자는 하나님의 말씀을 통해 소식을 접했지만, 몇 달 후에 전령이 바빌론에 와서 예루살렘 소식을 전할 때까지 하나님의 명령에 따라 7년 동안 해왔던 벙어리 행세를 계속했다. 이러한 증언을 인정하지 않는 것은 곧 인간은 이러한 영적인 경험과 환상을 볼 수 없다는 전제에서 비롯된다. 따라서 영적 은사를 인정하는 우리에게는 별 설득력이 없는 문제 제기이다.

넷째, 에스겔은 자신이 포로기 시대에 바빌론에서 사역했다고 하지만, 자신이 살고 있던 시대에 대한 확실한 역사적 정황을 제시하지 않는다. 이러한 주장을 펼치는 학자들과는 달리 에스겔은 자신이 여호야긴과 함께 바빌론에 끌려가서 '그발 강' 근처 유대인 촌에 살다가 5년 만에 하나님의 소명을 받았다고 한다. 더 이상 얼마나 더 구체적인 증거가 있어야 그가 실제로 바빌론에 살았던 인물이라 할 수 있는가? 이러한 주장 역시 에스겔의 증언을 신뢰할 수 없다는 논리에서 비롯되었다.

다섯째, 에스겔은 이스라엘 백성 모두를 대상으로 설교하지 않는다. 선지자들은 대체적으로 사회 지도자들과 종교적 지도자들을 상대로 맹렬한 비난을 쏟아내며 책임을 추궁한다. 그러나 책임 전가는 모두에게 한다(cf. 『엑스포지멘터리 선지서 개론』 서론 부분). 에스겔도 예외는 아니다. 그러므로 에스겔서에서 제사장들과 정치인들이 특별히 비난과 정죄를 받는 것은 특별한 일이 아니다. 오히려 자연스러운 현상이다.

여섯째, 에스겔서에는 여러 가지 사건과 사항들이 같거나 비슷하게 여러 차례 반복된다. 그러나 비슷한 메시지가 반복된다고 해서 부정적으로 간주할 필요는 없다. 선지자들뿐만 아니라 성경 저자들은 '반복'을 하나의 기법으로 자주 사용한다(cf. 『엑스포지멘터리 역사서 개론』 서론 부분). 더 나아가 비슷한 유형의 사건들은 같은 순서에 따라 전개되는 것으로 묘사하기도 한다. 우리는 이것을 '모형 장'(type-scene)이라고 한다(cf.『엑스포지멘터리 역사서 개론』 서론 부분).

일곱째, 에스겔은 선지자의 행동으로 간주하기 매우 어려운 일들을 한다. 이러한 차원에서 에스겔이 다른 선지자들보다 특별한 것이 사실이다. 그는 쉽게 설명할 수 없는 일들을 한다. 그래서 일부 학자들은 그가 정신 질환을 앓았다고까지 주장한다. 그러나 에스겔은 자기가 왜 이런 일을 했는지 그 이유를 분명히 밝힌다. 하나님이 그에게 명령하셨기 때문이다. 에스겔은 정신병자가 아니라 철저히 하나님께 순종한 선지자다. 선지자가 이해하기 힘든 행동을 했다고 해서 문제가 되지는 않는다. 에스겔이 우리보다 훨씬 더 철저하게 하나님께 순종했을 뿐이다.

그러므로 위에 나열된 문제들 중에 충분히 설명되지 못하는 문제나 에스겔이 이 책의 유일한 저자라는 사실을 반박할 만한 증거나 논리는 없다. 그럼에도 불구하고 에스겔의 저작권을 거부하는 학자들은 위와 같이 다양한 견해를 제시했다. 어떤 역사적, 논리적 증거를 바탕으로 이 같은 견해가 제시되었다기보다는 에스겔을 유일한 저자로 간주하는 전통적인 견해에 대안을 제시하기 위한 목적이 학계의 노력의 근거가 되었다고 할 수 있다.

독일 학자 홀셔(Gustav Hölscher)는 1924년에 출판된 주석에서 에스겔은 시인이었으며 설화체(prose)를 사용하지 않았다는 주장을 펼쳤다. 이 같은 전제 하에 홀셔는 설화/산문체 부분 전부를 에스겔이 쓴 것은 아니라고 주장했다. 결과적으로 그는 책의 대부분이 에스겔이 아닌 다른 저자(들)에 의해 저작되었다며, 고작 21문단만을 에스겔의 것으로 받아들였다. 책을 구성하고 있는 1,273절 중 144절만을 에스겔의 펜에서 기록되었다고 간주한 것이다(Duguid).

비율로 계산하면 책 전체의 약 7분의 1만이 에스겔의 기록이라는 주장이었으며 나머지 7분의 6은 주전 5세기에 누군가가 책에 삽입했다고 간주했다. 홀셔에게 영향을 받은 얼윈(Irwin)은 1943년에 251절을 에스겔의 기록이라고 주장했다. 그는 홀셔보다 조금 더 관대하게 책 전체의 5분의 1을 에스겔이 기록했다고 인정했다. 그러나 생각해보면 문체나 사용하는 단어들을 기준으로 저작권을 판단하는 것은 매우 임의적이며 그다지 큰 설득력이 없는 논리이다(cf. Duguid).

홀셔가 주석을 출판한 지 6년 후인 1930년에 토레이(C. C. Torrey)는 에스겔서가 통일성 있는 작품으로 주전 230년경에 기록된 위경(pseudepigrapha)이라는 새로운 학설을 내놓았다. 그는 에스겔서를 주전 6세기 초에 사역을 시작한 선지자의 작품이 아니라, 주전 3세기에 예루살렘에서 살았던 한 제사장이 조작한 기록이라고 주장했다. 홀셔와 토레이의 학설은 1930, 1940년대에 에스겔서를 연구하는 학계에 많은 영향을 미쳤다(cf. Duguid). 그러나 최근에 와서는 어떠한 영향력도 행사하지 못한다고 해도 과언은 아니다(cf. Blenkinsopp).

몇 년 전에 헤르메니아(Hermeneia) 주석 시리즈에서 에스겔서에 대한 두 권의 주석을 출판한 시멀리(W. Zimmerli)의 에스겔서 연구는 학계의 새로운 기점으로 평가된다. 그는 에스겔서를 이스라엘의 전통적 선지적 양식(forms)과 비교하며 전승사적 비평(traditio-critical)을 적용해 텍스트를 해석했다. 시멀리는 에스겔의 사역 범위를 바빌론으로 제한했으며, 에스겔서는 선지자와 그의 제자들이 저작한 것이며, 훗날 에스겔이 최종적으로 정비한 것이라고 주장했다.

이러한 주장을 펼침으로써 시멀리는 에스겔서가 바빌론 포로 생활이 끝날 무렵 최종적인 형태를 지니게 되었다는 입장을 고수했다. 또한 에스겔이 자신에게 전수되어온 여러 가지 전승에 의존해 말씀을 선포했다고 한다. 소명, 역사적 재연(historical recital), 출애굽 사상, 선택 사상 등이 에스겔이 사용한 전승들에 포함되어 있었다고 한다.

시멀리는 또한 에스겔서의 사회적 이슈와 예식에 관한 관심의 배경은 '성결 규정'(Holiness Code, 레 17–26장)을 바탕으로 했다는 사실을 보여주었다. 그는 에스겔서를 저작할 때, 선지자는 자신의 책이 지속적으로 읽히고, 읽는 사람의 시대에 재해석되기를 바라며 집필했다고도 주장했다. 이 같은 책의 의도를 선지자의 제자들이 처음으로 이루었으며, 그들이 에스겔의 책을 계속 재해석, 재편집했다는 것이다. 시멀리는 책에서 많이 찾아볼 수 있는 반복적인 부분들이 바로 이러한 성향을 증명한다고 이해한다.

그린버그(M. Greenberg)는 자신의 『앵커바이블(Anchor Bible) 주석』에서 에스겔서 연구가 지향해야 할 방향에 대해 "우리가 전수받은 책의 짜임새와 모습에 중점을 두고 전체적인 흐름을 이해하려는 관점에서 연구가 진행되어야 한다"며 에스겔서의 최종 형태(viz., 우리가 전수받은 책의 모습)의 중요성을 강조했다. 그는 "오늘날 성경 학계가 주로 사용하고 있는 매끄러운 가정(assumption)과 협약(convention)에 중점을 두고 성경을 해석하는 것은 슬픈 일이다"라고 주장한다.

그린버그는 에스겔서의 거의 모든 것을 에스겔이 직접 집필했다는 주장을 펼쳤다. 블록(D. Block) 또한 비슷한 입장으로 두 권짜리 주석(NICOT 시리즈)을 출판했다. 이 두 학자들은 후대에 다른 사람들이 부분적으로 에스겔서를 편집했을 가능성을 전적으로 배제하지는 않지만, 거의 대부분을 에스겔 선지자와 그 주변 인물들이 저작했다고 주장한다(Greenberg, Block, cf. Duguid).

4. 이슈

에스겔서는 오래전부터 해석자들에게 어려움을 주는 책이었다. 특히 에스겔서를 시작하는 환상과 책을 마무리하는 새 성전에 대한 비전은 옛 랍비들을 매우 당혹스럽게 만들었다. 에스겔서 1장이 묘사하는 환상은 해석하기가 어려울 뿐만 아니라 신비로 간주되어 일부 신비주의자들의 주된 관심사였다. 더 나아가 이 환상은 심지어 위험한 것으로까지 여겨졌다.

랍비들은 한 아이가 선생에게서 빌려온 에스겔서를 읽다가 1:27의 '불'(חַשְׁמַל)을 뜻하는 단어를 이해하게 되자, 이 단어에서 불이 나와 그 아이를 태워버렸다는 이야기를 전한다(Duguid). 에스겔서는 매우 신비로운 것들이 많아, 어린아이가 읽는 것은 바람직하지 않고 위험할 수도 있다는 경고다. 그러나 에스겔서 1장의 환상은 저자의 의도에 따라 그가 정확히 무엇을 보고 있는가를 파악하는 것이 불가능할 정도로 혼란스럽게 묘사되어 있다.

책의 마지막 부분은 주전 586년에 바빌론 사람들이 불태운 성전이 먼 훗날 재건될 것을 예언하고 있다. 문제는 에스겔이 본 환상 속의 성전이 모세가 오경에서 제시한 것과 확연히 다르다는 것이다. 그래서 주후 90년에 개최되었던 얌니아(Jamnia) 회의에서도 이 문제는 논란이 되었다. 어떻게 선지자가 모세가 제시한 성전과 다른 성전을 제시할 수 있냐는 것이었다.

히스기야의 아들 하나니야(Hananiah ben Hezekiah)라는 사람은 오경에 제시된 성전의 조감도와 에스겔이 본 성전 환상의 차이를 해결하기 위해 다락방에 들어가 300배럴의 기름을 등불 연료로 태우며 이 주제를 연구했다고 한다(Duguid). 그의 노력은 결국 에스겔서가 정경에서 제외되는 일을 막는 결실을 맺었다. 안타깝게도 그의 피나는 노력의 결실은 남아 있지 않기 때문에 그가 어떻게 오경의 여러 율법과 에스겔서를 조화시켰는지는 알 수 없다.

이후 랍비들은 에스겔서에서 어려움을 접할 때마다 먼 훗날 엘리야가 다시 오면 그가 숨겨진 의미를 설명해줄 것이라고 둘러댔다. 에스겔서는 가장 많은 훈련을 받은 사람들에게도 당혹감을 안겨주는 책으로 알려져왔다. 그러나 좌절할 필요는 없다. 하나님이 우리의 해석을 도우실 것이며(요 16:13), 옛적보다 말씀 해석에 도움을 줄 만한 자료들도 많고, 수천 년 동안 진행된 학문의 열매들이 우리를 도울 것이기 때문이다.

이미 언급한 것처럼 에스겔은 다른 선지자와 비교했을 때에도 독특한 면모를 많이 지닌 사람이다. 그가 남긴 책도 다른 선지서에 비해 특이한 점을 많이 지니고 있다. 또한 에스겔의 개인적인 삶과 연관된 주제도 여러 가지가 있다. 학자들 사이에 아직도 논쟁이 되기도 하는 다음 주제들을 생각해보고자 한다. (1) 선지자의 거주지, (2) 에스겔의 정신 건강, (3) 행위 신탁, (4) 벙어리 생활, (5) 여호야긴 연대 사용, (6) 메시지 날짜.

(1) 선지자의 거주지

전통적으로 에스겔은 주전 597년에 바빌론으로 끌려가 그곳에 살면서 포로민들 사이에서 사역한 것으로 알려졌다. 그러나 상당수의 학자들은 에스겔이 선지자 사역을 하는 동안 바빌론에서만 살지 않고 다른 곳에서도 살았다고 주장한다.

첫째, 선지자가 세 곳에서 살았다는 설이 있다. 베르톨레(A. Bertholet)와 파이퍼(R. H. Pfeiffer)가 처음 주장했다. 그 주장은 에스겔이 바빌론에 살면서 어떻게 예루살렘의 상황을 그토록 잘 알 수 있었는가에 대한 문제 제기에서 비롯되었다. 그들에 의하면 선지자는 주전 592년에(cf. 2:3–3:9) 예루살렘에서 소명을 받았다. 그후 에스겔은 6년 동안 예루살렘과 유다에 대해 예언했다. 선지자는 바빌론 군이 예루살렘을 포위한 상황에서 유다의 어느 조그마한 마을로 이사했다(cf. 12:3). 이 마을에 있는 동안 그는 예루살렘 함락 소식을 들었다(33:21). 이 일이 있은 후 그는 곧 바빌론으로 떠났다. 에스겔은 바빌론에서 새로운 소명을 받았다. 그때가 바로 여호야긴 13년째 되던 해다(1:1, 30년을 13년으로 고침). 이때가 주전 584년경이다.

둘째, 에스겔이 두 곳에서 살았다는 설이 있다. 탈굼(Targum)과 주후 2세기에 저작된 출애굽기에 대한 미드라쉬 주석인 메킬타(Mechilta)

가 처음으로 제시했으며 근대에 와서는 오에스테르레이(W. O. E. Oesterley), 로빈슨(T. H. Robinson) 등이 동조했다. 이 설은 이스라엘의 선지자가 거룩한 땅 이스라엘을 떠나 부정한 이방 나라에서 하나님의 계시를 받는다는 것은 신학적으로 문제가 된다는 견해에서 비롯되었다. 그들은 선지자의 사역이 유다에서 시작되었으며, 이때 하나님의 말씀을 모두 받았고, 예루살렘이 멸망한 후 에스겔이 바빌론으로 옮겨가서, 이미 이스라엘에서 받은 메시지를 포로민들에게 선포한 것이라고 주장한다.

위 주장들은 어떠한 역사적 증거나 납득할 만한 논리에 근거했다기보다는 학자들의 선입견에 바탕을 두었다. 에스겔서는 선지자가 바빌론에 살면서 소명과 계시를 받은 것을 전제하고 있다. 에스겔 8-11장에 기록된 유다에 대한 정보를 에스겔이 회고하는 것처럼 그가 하나님의 영에 붙들려 예루살렘을 방문했을 때 얻은 것으로 간주하면 굳이 그가 여러 곳에서 살았다고 주장할 필요가 없다(cf. 8:3).

이 설들은 선지자가 하나님의 영에 붙들려 예루살렘을 다녀왔다는 초자연적인 현상(기적)을 부정하는 것에서 비롯된 것이지, 확고한 증거나 논리에 근거를 둔 것이 아니다. 게다가 이 학자들이 '부정한 땅'이라고 하는 바빌론에서 소명을 받고 사역했던 선지자가 또 한 명 있다. 바로 다니엘이다. 더 나아가 요나도 아시리아 땅에서 하나님의 말씀을 받았다. 욥도 이스라엘 땅이 아닌 곳에서 하나님의 말씀을 받았다. 그러므로 선지자가 이스라엘을 벗어나서는 하나님의 말씀을 받을 수 없다는 주장을 수용할 필요는 없다. 에스겔이 바빌론에 끌려온 유다 공동체에서 선지자 소명을 받았고 그곳에서만 사역했다고 보는 것이 가장 자연스러운 해석이다(Blenkinsopp).

(2) 에스겔의 정신 건강

에스겔서에 기록된 선지자의 행동들 중 참으로 특이한 내용이 많다. 전통적으로 이러한 선지자의 행동은 하나님의 특별한 지시로 진행된 '행동 예언'(acted out prophecy)으로 여겨졌다. 그러나 20세기에 접어들면서 심리학자들이 에스겔을 바라본 시각은 긍정적이거나 간단하지 않았다. 심리학자들이 관찰한 에스겔의 이상한 행동에 대해 다음 도표를 참조하라(cf. Block).

1	움직이지 않고 오랜 시간을 보낸다(4:4–7).
2	오랜 기간 동안 벙어리가 되어 말을 못한다(3:24–27, 24:25–27, 33:22).
3	아내의 죽음에 대하여 어떠한 감정도 표현하지 않는다(24:15–27).
4	'입신' 경험을 한다(8:1–4).
5	특이한 환상들을 본다(1–3장, 8–11장, 15–18장, 21장, 23–24장, 37–48장).
6	마른 소똥으로 익힌 음식을 먹는다(4:14).
7	영양실조에 걸릴 양의 음식을 먹으며 살아간다(4:9–11).
8	예루살렘 성의 모형도를 만들어놓고 그 앞에 누워 430일 동안 성을 주시하며 지낸다(4:5–6).
9	머리를 잘라 3분의 1은 불에 태우고, 3분의 1은 칼로 치며, 3분의 1은 바람에 날린다(5:1–4).
10	평안한 곳에서 피난민 보따리를 가지고 다닌다(12:3–5).

위에 기록된 선지자의 특이한 행동을 정신 질환의 증세로 보는 학자들은 에스겔이 앓고 있는 병에 대해 그가 보인 증세만큼이나 다양한 판결을 내놓았다. 다음 도표를 참조하라(cf. Block, Blenkinsopp).

1	정신분열증 환자(schizophrenic)
2	간질병 환자(epileptic)
3	정신병 환자(psychotic)

4	긴장병 환자(catatonic)
5	과대망상증 환자(paranoid)
6	무당/점쟁이(psychic)

가장 극단적인 판결 두 개가 더 있다. 첫째, 브룸(Broome)은 프로이트(Freud)계 심리학자였는데, 그에 의하면 "에스겔은 진짜 정신병자였다. 그의 증세는 대립된 자기애(自己愛)-마조히즘[자신을 학대하거나 학대당할 때 쾌감을 느끼는 것]이며 증세로는 거세(castration)에 대한 환상과 무의식적인 성적(性的) 퇴보로 나타났다"(Ezekiel was a true psychotic characterized by a narcissistic–masochistic conflict, with attendant phantasies of castration and unconscious sexual regression). 둘째, 할퍼린(Halperin)은 에스겔이 앓고 있는 병에 대하여 다음과 같이 말한다.

> 본인은 의식하지 못했지만 에스겔의 행동은 그의 내부에서 활활 타올랐던 여자들에 대한 증오에서 비롯되었다. 그는 여자들을 매우 잔인하고 강하며 반역적이고 유혹적인 존재들로 생각했다. 그의 내면 깊숙한 곳에는 남자들에 대한 강한 분노가 숨겨져 있었다. 아마도 어렸을 때 남자(들)에게 당했던 성폭행 때문이었을 것이다. 에스겔과 같이 심각한 심리적인 병을 앓는 사람은 흔하지 않으며 그의 경험은 매우 독특하다. 그는 자신의 병을 이미지의 능력을 통해 표현하고 있다.

이런 주장에 대해 우리는 어떤 평가를 내려야 하는가? 에스겔뿐만 아니라 다른 선지자들의 삶과 사역에서 하나님을 제외하면 선지자들에 대해 그처럼 평가할 수 있다. 그러나 에스겔의 특이한 행동은 하나님의 특별한 지시에 따른 것이다. 선지자들은 신탁뿐만 아니라, 행동을 통해 메시지를 선포하도록 부르심을 입은 사람들이었다.

소위 '기독교 신학자들'이 기적과 이상의 가능성을 배제하고, 성경에서 하나님을 삭제하는 처사는 매우 불행한 일이다. 또한 그가 정말로 정신병자였다면 유다에서 끌려온 포로민들을 대표하는 장로들이 왜 지속적으로 그를 찾았을까?(8:1, 14:1, 20:1). 그들은 정신병자를 찾아가 하나님의 뜻을 구할 정도로 어리석었단 말인가!

게다가 유대인들은 왜 정신병자가 기록한 책을 하나님의 말씀이라고 한 것일까? 이 학자들의 진단이 전혀 터무니없다는 것을 역사와 전통을 통해 쉽게 알 수 있다.

(3) 행위 신탁

에스겔은 최소한 네 가지 행동으로 머지않아 예루살렘에 임할 심판에 대해 선언한다. 선지자가 행동으로 하나님의 말씀을 선포하는 것이 에스겔에게만 제한된 특이한 현상은 아니다. 이사야는 3년 동안 벌거벗고 맨발로 다녔다(사 20장). 예레미야는 하나님의 명령에 따라 질그릇을 깼다(렘 19장). 호세아는 하나님의 명령을 받고 창녀와 결혼했다(호 1장). 그러나 에스겔의 행동은 그 어느 선지자의 행동보다 다양하며 충격적이다. "에스겔은 구약의 그 누구보다도 극적인 기술과 표현을 아주 효과적으로 잘 사용한다"(Clements).

선지자들의 이 같은 행동은 두 가지 원리를 바탕으로 진행된다. 첫째, 하나님과 특별한 관계를 유지하던 사람들에 의해 행해진다. 둘째, 하나님의 명령으로 시작된다. 또한 이 행동들은 선지자들이 사역하던 동시대 사람들이 유지하고 있는 하나님과의 관계를 조명하는 특별한 상황성을 지니고 있다. 이러한 맥락에서 선지자는 다음과 같은 행위로 메시지를 선포한다.

행동	의미/상징
벽돌에 예루살렘을 새기고 주변에 전쟁 무기 배치(4:1–3)	예루살렘이 적의 공격을 받아 멸망할 것을 예고함

왼쪽으로 누워서 390일, 오른쪽으로 누워서 40일 동안 벽돌에 새겨진 예루살렘을 지켜봄(4:4-8)	왼쪽으로 누워 지내는 390일은 북왕국 이스라엘의 죄를, 오른쪽으로 누워 지내는 40일은 남왕국 유다의 죄를 상기시킴
하루에 20세겔(230g)의 칼로리가 낮은 곡식과 6분의 1힌(610 ㎖)의 물로 연명(4:9-11)	430일 동안 영양실조에 걸릴 정도로 적은 음식과 탈수증을 앓게 될 만큼 소량의 물을 섭취하며 살아가는 것은 머지않아 예루살렘에 음식이 무척 귀한 시대가 임할 것을 경고함
쇠똥을 연료 삼아 요리(4:12-15)	원래 인분을 연료 삼아 요리해 이스라엘의 부정함을 상징해야 했지만, 하나님이 쇠똥으로 대체하는 것을 허락하심
삭발하여 머리털을 3분의 1씩 따로 처리(5:1-17)	예루살렘 주민 3분의 1이 전염병과 굶주림으로 죽음 예루살렘 주민 3분의 1이 전쟁에서 죽음 예루살렘 주민 3분의 1이 포로/피난민으로 끌려감

이 행위 신탁에 대해 몇 가지 질문을 해보자. 첫째, 에스겔은 평생 위와 같은 일을 한 것인가? 그렇지 않다. 이 행위는 모두 예루살렘 포위와 함락을 예언하는 것과 연관되어 있는 일이기 때문에 예루살렘이 함락된 이후에는 별 의미가 없다. 하나님이 에스겔에게 이 행위를 하라고 명령하신 때가 주전 592년인데, 하나님은 430일 동안 이 일을 하라고 말씀하신다.

둘째, 이 기간 동안 선지자는 하루 24시간 매일 이 규칙에 따라 살았는가? 그렇지 않다. 하나님은 선지자에게 이 일을 바빌론에 사는 포로민들이 볼 수 있는 곳(viz., 거리)에서 하라고 하신다. 선지자의 '행위 예술'은 그들에게 메시지를 주는 상징이기 때문이다. 에스겔은 아침이면 포로민들이 생활하는 거리로 나가 자리를 펴고 이런 일을 하다가, 해 질 녘이 되면 자리를 거두어 집으로 돌아왔다.

집으로 돌아온 에스겔은 낮에 사람들 앞에서 마시지 못했던 물을 마시고, 음식을 먹으며 필요한 수분과 영양을 보충했다. 하나님이 그에게 내리신 명령은 대낮에 사람들 앞에서 하는 일에 관한 것이지 퇴근

후의 삶과는 상관이 없기 때문이다. 또한 만일 그가 집에 돌아와서 충분한 물을 섭취하지 않고, 추가적인 영양 섭취를 하지 않았다면 얼마 못 가서 생명을 유지하기도 힘들었을 것이다. 하루 일과를 마치고 에스겔이 집에 돌아와 휴식을 취하고 있을 때 장로들이 하나님의 말씀을 구하기 위해 그를 찾아온 일도 책에 기록되어 있다(8:1).

이와 같은 행위 신탁이 종교 예식이나 마술에서 비롯된 것이거나, 심리적인 불안에서 시작되었다고 믿는 사람들도 있지만(Fohrer, Lang, Broome, Bron), 행위 신탁은 매우 효과적인 의사 전달 방법이라는 것이 학자들의 일반적인 견해다(Orth, Zimmerli, Blenkinsopp, Hals). 선지자들은 이 매체를 통해 자신이 선포하고자 하는 메시지를 '거리 극장'으로 가지고 나오는 효과를 얻었다. 또한 선지자들의 말씀이 주로 귀를 자극했다면, 그들의 행위 신탁은 청중의 모든 신경을 자극했을 것이다. 따라서 행동 예언은 그만큼 훨씬 더 효율적인 의사 전달의 수단이라고 생각할 수 있다.

(4) 벙어리 생활

선지자는 하나님께 소명을 받은 주전 592년 직후 벙어리가 되어 그의 백성을 책망하지 못하게 되었다(3:22). 이 일이 있은 지 7년 후 포위된 예루살렘에서 탈출자나 바벨론에 포로로 끌려온 사람이 예루살렘 함락 사실을 알릴 때까지 선지자는 벙어리로 살았다. 소식을 전한 사람이 바벨론에 도착하기 바로 전날에 에스겔의 입이 다시 열렸다(32:21-22, cf. 24:26-27).

그러나 7년 동안 진행된 선지자의 벙어리 생활은 4-32장을 통해 암시되는 그의 선포 사역과 일치하지 않는 점이 있다. 벙어리로 살아야 하는 선지자가 어떻게 하나님의 신탁을 선포하며 하나님의 말씀을 백성에게 알릴 수 있었는가 하는 점이다(cf. 11:25). 또한 장로들이 하나님의 말씀을 구하며 '벙어리'인 그를 찾아온 일(8:1)은 어떻게 설명되어야 하는가? 그러므로 에스겔의 '벙어리' 생활은 어떻게 해석되어야 하는가? 여러 가지 설이 있다.

첫째, 에스겔의 벙어리 생활은 그가 전혀 선지자로서 활동을 하지 않은 것을 뜻하며, 주전 592–586년 때의 침묵으로 이해해야 한다(Buttenwieser). 그러므로 1–32장에 기록되어 있는 예언은 모든 것이 성취된 후의 일(after the fact)로 간주해야 한다. 책에 기록된 사건들의 순서가 시대적인 순서를 따르지 않고 있다는 것이다.

둘째, 선지자가 벙어리가 될 것을 선포하고 있는 3:22–27이 원래 24장이나 33장에 포함되었는데, 전수되는 과정에서 3장에 삽입된 것이다(Eichrodt, Wevers, Zimmerli). 그러므로 선지자의 '벙어리' 생활은 아주 짧은 기간 동안 있었던 일로 보는 것이 바람직하다. 에스겔은 예루살렘 함락 바로 직전에 잠시 벙어리가 되었다.

셋째, 벙어리 증세는 에스겔의 사역 중 가끔 나타난 현상이었다(Skinner, Feinberg). 선지자가 책에 기록된 기간에만 벙어리 증세를 앓은 것이 아니라 평생 앓았다는 것이다. 학자들은 이 증세는 예루살렘이 함락되었다는 소식이 바빌론에 전해진 이후에 완전히 없어졌다고 한다.

넷째, 벙어리 증세는 선지자가 실제로 경험한 일이 아니고 환상 속에서 체험한 가상의 일이다(Hines, Howie). 벙어리 증세를 선포하고 있는 말씀은 아주 특이한 현상들의 연속으로 맥을 잇고 있는 3:22–5:17의 한 부분이다. 따라서 이 본문(3:22–5:17)에서 언급된 것들처럼 벙어리 증세도 환상 체험이지 실제 체험이 아니었다.

다섯째, 벙어리 증세는 '선포되지 않은 말씀'으로 해석되어야 한다(Wilson, Greenberg). 바빌론이 예루살렘을 함락시킬 때까지 하나님의 말씀은 이런 방식으로 비밀스럽게 에스겔에게 임했다. 더 나아가 윌슨(Wilson)은 에스겔이 벙어리가 된 것을 그가 여호와와 백성 사이에 중재인(arbitrator) 역할을 하지 못하게 되었다는 뜻으로 풀이했다. 이러한 해석이 가능했던 것은 윌슨이 '책망자'(מוֹכִיחַ)라는 단어를 법적인 용어인 중재인(변호사)으로 해석했기 때문이다. 칼뱅(Calvin)과 그린버그도 벙어리 증세가 그의 사역과 연관이 있는 것으로 보았다.

불록(Bullock)은 3:24의 "네 집에 들어가 문을 잠그라"가 이 말씀과 연관이 있다고 한다. 하나님은 선지자의 벙어리 증세를 통해 에스겔이 더 이상 공식적인 장소에서 이스라엘에게 회개하라는 권면을 하지 못하도록 하신 것이다. 그러므로 벙어리 증세는 선지자가 파수꾼(3:17-21) 활동을 멈추었다가 33:1-10에 가서 다시 시작하는 것으로 간주해야 한다고 주장한다. 우리가 전수받은 대부분의 선지서 문헌들은 먼저 선포되고 훗날 문서로 정리되어 남은 것으로 간주되는 반면, 에스겔서는 처음부터 수록된 형태로 바빌론에 끌려온 이스라엘 사람들에게 전해진 것으로 간주되어야 한다는 주장(McKeating)도 이 같은 이해를 바탕으로 하고 있다.

이 해석들 중 다섯 번째 주장이 가장 설득력 있어 보인다. 그러나 나는 조금 다른 견해를 가지고 있다. 3-4장 주해에서 더 자세하게 언급하겠지만, 에스겔의 벙어리 행동은 그가 사람들 앞에서 공개적으로 행해야 할 특이한 일들과 연관이 있다. 몸이 꽁꽁 묶인 채로 예루살렘을 상징하는 토판을 바라보며 누워 있는 일, 지극히 적은 양의 물을 마시고, 영양실조에 걸릴 만한 음식을 먹는 일 등이 모두 벙어리 행세와 맥을 같이하고 있다는 것이다.

하나님은 에스겔에게 이 일들을 사람들이 지켜보도록 거리에서 하라고 명령하신다. 포로민들에게 앞으로 예루살렘에 임할 심판에 대하여 자극적이고 충격적인 이미지로 알리기 위해 선지자에게 일종의 '행위 신탁/예언'(행위 예술과 비슷한 개념)을 요구하신 것이다. 그러므로 에스겔의 벙어리 행세는 낮에 사람들 앞에서 다른 행위들을 병행하면서 진행된 일이지, 하루 24시간 수년 동안 진행된 일로 해석할 필요는 없다. 저녁이면 거리에서의 사역을 마치고 퇴근 후 집에서는 말을 할 수 있었다는 의미다. 따라서 때로는 장로들이 그를 집으로 찾아와 하나님의 말씀을 구했다(cf. 8:1).

(5) 여호야긴 연대 사용

에스겔은 자신이 받은 신탁에 유다에 남아 있는 왕 시드기야가 아니라 그와 함께 바빌론으로 끌려온 여호야긴 왕을 기준으로 날짜를 붙인다. 선지자는 여호야긴이 왕이 된 지 5년째 되던 해(viz., 주전 592년)에 선지자 사역을 시작했다(1:1). 책 안에서 구체적인 날짜가 주어진 최종적인 예언은 여호야긴 27년에 주어졌다(주전 570년). 그러므로 에스겔은 자신의 책에서 최소한 22년간의 사역을 통해 받은 말씀을 정리하고 있다. 유다의 마지막 왕 시드기야가 아니라 포로로 끌려간 여호야긴을 기준으로 날짜를 표기하는 선지자는 에스겔뿐만이 아니다. 예레미야도 같은 방법으로 자신의 날짜들을 기록한다.

에스겔(또한 예레미야)은 왜 당시 유다의 왕이었던 시드기야가 아니고 바빌론에 포로로 끌려간 여호야긴 왕을 기준으로 자신의 사역과 신탁의 날짜를 정리하는 것일까? 아마도 시드기야 왕의 정당성을 인정하지 않았기 때문일 것이다.

선지자들이 시드기야를 유다의 정당한 왕으로 인정하기 어려운 것은 두 가지 이유 때문이다. 첫째, 시드기야는 유다가 세운 왕이 아니라, 바빌론이 세운 꼭두각시 왕이다. 둘째, 시드기야는 여호야긴의 아들이 아니라 숙부이다. 왕권이 아버지에게서 아들에게 이어지는 것이 관례였음을 감안할 때, 시드기야가 조카의 뒤를 이어 왕이 되는 것은 이러한 정서에 역행하는 일이다.

예레미야는 요시야가 므깃도에서 이집트 왕 느고에게 죽임을 당했던 사건을 이스라엘 포로 생활의 기점으로 삼은 듯하다. 이때 이스라엘은 자치권을 잃었기 때문이다. 므깃도에서 요시야를 저격한 느고는 예루살렘에 입성했다. 그는 아버지 요시야의 대를 이어 유다의 왕이 되었던 여호아하스를 강제로 이집트로 끌어가고 여호야김을 유다의 왕으로 세웠다. 이때부터 유다는 더 이상 자신의 의지대로 왕을 세우지 못하고 외국의 결정으로 왕들이 세워지는 시대를 맞이한 것이다.

여호야김은 고대 근동의 새로운 군주로 자리잡은 바빌론에게 충성을 맹세했다가 반역을 꾀했다. 결국 바빌론에 포위된 성에서 주전 598년 겨울에 죽음을 맞이했다(일부 학자들은 그가 친바빌론파 정치인들에 의해 암살당했다고 주장한다, cf. Huey). 유다 백성들은 여호야김의 대를 이어 그의 아들 여호야긴을 왕으로 세웠지만, 새로 왕이 된 여호야긴은 불과 3개월 만에 바빌론 군에게 항복했다.

이 일 때문에 유다 백성이 왕으로 세운 여호야긴은 포로가 되어 바빌론으로 끌려갔으며, 바빌론 사람들은 그 자리에 여호야긴의 숙부 시드기야를 세웠다. 이스라엘의 바빌론 포로 생활은 현실적으로 여호야긴이 끌려가면서 이미 시작된 것이다. 이러한 차원에서 에스겔은 유다의 마지막 왕인 시드기야가 아니라 바빌론에 포로로 끌려간 여호야긴을 중심으로 연대를 표기하는 듯하다.

(6) 메시지 날짜

에스겔서의 특징은 선지자가 신탁을 받은 날짜를 세세하게 기록하고 있다는 사실이다. 열방에 대한 심판 선언을 담고 있는 25-32장은 일곱 개의 날짜들을 포함하고 있다. 이 외에도 선지자의 삶에서 중요한 일들은 구체적인 날짜들과 연관해 기록했다(1:2-3, 3:16, 20:1, 24:1, 33:21, 40:1). 일부 날짜들은 미완성된 모습(viz., 월이 빠진 경우)을 보인다. 아마도 에스겔은 자신의 책에 모든 날짜들을 완벽하게 기록해두었지만, 보존과 전수 과정에서 누락된 것으로 생각된다. 선지자가 제시한 날짜들을 살펴보면 어떤 날짜는 시대적인 순서를 따르지 않는다. 또한 선지자가 날짜를 줄 때면, 그 이후에 등장하는 예언 중 어디까지가 이 날짜와 연관이 있는지 확실하지 않을 때가 있다.

에스겔은 날짜를 제시하는 방법에 있어서 두 가지를 사용한다. 첫째, 선지자의 사역과 가르침과 연관된 날짜들이다. 이 날짜들은 책 안에서 시대적인 순서대로 모습을 보인다. 둘째, 열방에 대한 심판 선언(Oracles Against Nations)과 연관된 날짜들이다. 선지자가 제시하는 날짜들을 보면 이 유형의 신탁은 시대적인 순서보다는 테마/주제별로 모아져 있다. 경우에 따라 시대적인 순서가 바뀌어 제시되었다. 에스겔이 자신의 저서에서 제시하는 날짜들은 다음과 같다(cf. Block).

구절	에스겔의 날짜	오늘날 날짜(B.C.)	신탁 내용
1:1	30년 4월 5일	593년 7월 31일	소명
1:2*	5년 4월 5일*	593년 7월 31일	소명
8:1	6/6/5	592/9/18	예루살렘에 대한 환상
20:1	7/5/10	591/8/14	장로들이 협의하러 찾아옴
24:1	9/10/10	587/1/5	예루살렘의 포위 시작
26:1	11/––/1	585/2/3	두로 심판 예언
29:1	10/10/12	587/1/7	이집트 심판 예언
29:17	27/1/1	570/4/26	두로 대신 이집트
30:30	11/1/7	586/4/29	바로를 심판하는 예언
31:1	11/3/1	586/6/21	바로를 심판하는 예언
32:1	12/12/1	585/3/3	바로를 심판하는 예언
32:17	12/––/15	585/3/18	이집트 심판 예언
33:21	12/10/5	585/1/8	예루살렘 탈출자 바빌론 도착
40:1	25/1/10	573/4/28	예루살렘 회복 환상

* 정확한 날짜는 주어지지 않으나 거의 확정적이다.

5. 신학적 메시지

선지자 에스겔이 책을 남긴 목적은 분명하다. 바빌론에 포로로 끌려온 그의 청중이 인식하고 있는 하나님과의 관계에 변화를 유도해 그들의 사고와 행동을 바꾸기 위해서다. 그렇다면 선지자는 자신의 목적을 어떻게 성취시키는가? 에스겔은 다른 선지자들보다 하나님의 강압적인 지시와 요구에 유난히도 강하게 사로잡혀 마치 자의(自意)와 상관없이 움직이는 꼭두각시처럼 비추어지기도 한다. 그러나 이것은 선지자를 극히 제한되고 잘못된 방식으로 이해한 것이다.

에스겔은 그 어느 선지자보다도 창의적이고 다양한 매체를 통해 메시지를 전하고 있다. 선지자는 청중들이 그의 메시지를 듣게 할 뿐만 아니라, 그들이 머릿속에 그림을 그릴 수 있도록 메시지를 다방면으로 시각화한다. 이러한 차원에서 에스겔은 다른 선지자들과 비교할 수 없을 정도로 독특하며 창의적이고, 시청각 교육의 선봉자라고 할 수 있다. 그의 청중이 설령 선지자의 신탁을 하나님의 메시지로 받아들이지 않는다 하더라도 그의 창의력과 메시지 전달 능력만은 인정한다(cf. 33:30-33).

에스겔은 청중의 이해를 돕기 위해 어떻게 메시지 전달 방법을 다양화했는가? 그는 구체적으로 네 가지 방법을 통해 메시지를 선포했다. 첫째, 선지자는 신탁을 선포함으로써 하나님의 말씀을 전했다. 그는 육성으로 하나님의 메시지를 포로들에게 직접 전한 것이다(11:25, 14:4, 20:3). 에스겔이 사용한 방법 중 가장 기본적인 것이다. 경우에 따라서는 메시지의 대상이 듣지 못하는 상황에서도 그들이 있는 쪽을 향해 말씀을 선포했다(4:4, 7, 6:2, 13:17, 20:46, 21:2, 25:2, 28:21, 29:2, 35:2, 38:2).

이 방법은 모세 시대 때부터 선지자들이 자주 사용해왔다(cf. 민 24:1, 왕하 8:11). 에스겔에게 큰 영향을 끼친 것으로 여겨지는 '성결 규정'(Holiness Code, 레위기 17-26장을 칭하는 이름)에서도 하나님은 이런 방식으로 말씀을 선포하셨다(cf. 레 17:10, 20:5).

둘째, 선지자는 자신이 본 환상을 통해 말씀을 선포했다. 에스겔은 여러 환상을 보았다. 다양하고 중요한 신학적 의미를 내포한 다른 모든 환상처럼 하나님이 에스겔을 통해 유다에게 전하고자 하셨던 메시지도 다양했다.

에스겔이 본 환상은 다음과 같다: (1) 병거 환상(1장), (2) 환상 속에서 방문한 예루살렘(8-11장), (3) 제2의 병거 환상(10장), (4) 마른 뼈 골짜기 환상(37장), (5) 새 성전 환상(40-48장). 이 환상들은 에스겔이 선포한 예언의 두 가지 중심 주제인 심판과 회복을 부각시킨다. 하나님은 이스라엘을 심판하시기 위해 병거를 타고 오셨다. 주님의 심판은 이스라엘의 파멸로 이어졌다. 그러나 이스라엘의 운명은 파멸에서 끝나지 않았다. 혹독한 심판이 있은 다음에 이스라엘은 회복되었다. 심판은 회복을 위한 필연적인 전제 조건이었다.

셋째, 선지자는 행동 신탁/예언을 통해 하나님의 말씀을 선포했다. 에스겔의 상징적인 행동은 그 어느 선지자보다 숫자가 많고 자극적이다. 예레미야, 이사야, 호세아 등도 상징적인 행동을 통해 하나님의 말씀을 예언했으나 에스겔을 통한 행동 예언(acting prophecy)은 하나의 예술적인 매체로 경지에 이른다는 느낌을 받는다.

행동적 예언에서는 메시지와 메시지를 전하는 이가 분리될 수 없는 하나가 된다. 시멀리의 말을 빌리자면 "에스겔은 다른 선지자들이 은유로 사용한 것을 직접 행동으로 옮긴다." 다음 예들을 생각해보라. (1) 예레미야의 '말씀을 먹다'(렘 15:16)와 에스겔이 두루마리를 삼키는 일(3:1-3), (2) 이사야의 '머리를 면도하다'(사 7:20)와 에스겔이 실제로 머리를 깎아 삼등분하는 일(5:1-4).

넷째, 에스겔은 선지적 담론(discourse)를 통해 말씀을 선포했다. 그는 시가체(poetry)와 이야기체(narrative) 형태를 취하고 있는 문서를 통해 말씀을 기록으로 남긴다. 에스겔의 담론은 두 가지로 구분될 수 있다. (1) 이스라엘의 역사와 종교를 조명하는 역사적-신학적 담론(16, 20, 23장 등), (2) 이스라엘의 죄를 하나의 이야기로 묘사해 나가는 풍유적 담론(15, 16, 17, 19, 23, 27, 37장 등).

에스겔이 담론에서 사용하는 언어는 매우 충격적이고 자극적이다. 종교적 복합주의(religious syncretism)의 혐오성을 드러내기 위해 그는 매우 성적이고 추한 이미지를 파격적으로 사용한다(viz., 6, 16, 23장). 그의 격앙된 감정이 때로는 미완성된 문장, 혹은 특이한 문체, 혹은 부적절한 문법을 통해 드러난다(viz., 1, 7장).

또한 에스겔은 단어를 사용할 때 매우 창의적인 성향을 보인다. 경우에 따라서는 같은 문단 안에서 한 단어의 의미를 현저하게 바꾸어 사용하기도 한다. 좋은 예가 37:1-14에서 사용되는 '영'(רוּחַ)이다. 선지자는 이 부분에서 '영'이라는 단어를 최소한 네 가지 의미를 가지고 사용한다. (1) 하나님의 영, (2) 생기, (3) 바람, (4) 사람.

이와 같이 다양한 매체를 통해 선지자가 선포한 메시지를 생각해보자. 에스겔은 하나님, 죄, 정통 신학의 재구성 등을 중심으로 말씀을 선포한다. 또한 그가 즐겨 사용하는 독특한 문구들도 선지자의 신학적 메시지를 담고 있다.

(1) 하나님

대부분의 선지자들(특히 이사야)과는 달리 에스겔은 하나님을 상당히 제한된 범위에서 묘사한다. 책의 시작부터 끝까지 독자들이 접하는 여호와는 이스라엘의 하나님이며, 이스라엘의 장래에 대해 모든 것을 걸고 기대하시는 분이다. 에스겔이 본 하나님은 온 우주를 지배하시는 분이며 하늘에 있는 보좌에 앉아 계시는 분이다(1:1-28). 그러나 여호와는 또한 예루살렘을 자기 거처로 삼고(4-48장), 자기 백성 속에 거하시는 분이다(48:35). 하나님은 열방에 자신의 주권을 행사하면서도(25-32장) 이 주권 행사의 초점을 그의 백성 이스라엘에 맞추고 계신다(28:24-26).

에스겔은 이사야가 자주 사용하는 '이스라엘의 거룩하신 이'라는 표현을 한 번도 사용하지 않지만, 여호와의 거룩하심에 대한 경외는 에스겔의 마음속 깊은 곳에 자리잡고 있다. 선지자의 이 같은 생각은 성전 설계에 대한 환상(40-43장)에서 절정에 이른다. 그가 설계하는 성전의 모든 것이 여호와는 "거룩, 거룩, 거룩"하신 분이라고 소리치는 듯하다.

여호와와 이스라엘의 관계는 거룩하신 하나님의 명예를 유지하는 데 기초를 두었다. 하나님이 이스라엘을 심판하셔야만 하는 이유는 그들이 우상숭배처럼 혐오스러운 짓으로 주님의 성전(5:11, 8:5-18, 23:38-39), 땅(36:16-18), 백성(20:7, 31, 43), 안식일(20:13, 21, 24), 그분의 이름(20:39)을 더럽혔기 때문이다.

소돔과 고모라처럼 타락한 주의 백성이 거룩한 하나님의 이름을 더럽혔기 때문에 하나님은 그들을 바빌론에 포로로 보내셨다. 이스라엘이 포로가 되어 타국으로 끌려갔다는 사실 자체가 주님의 이름을 욕되게 하는 일이다. 그러므로 에스겔은 여호와께서 이스라엘을 통해 자신의 거룩한 이름을 온 열방에 드러내기 위해서라도 훗날 이 백성을 회복시키실 것이라고 주장한다(20:41-42, 28:22, 25, 36:16-32, 38:16, 23, 39:7, 27).

에스겔은 여호와는 언약을 세우고 이행하는 자비로운 하나님이시라고 한다. '나의 백성'(25차례 사용됨), '언약'(하나님과 이스라엘 사이의 언약을 의미하며 11차례 사용됨), "나는 너희의 하나님이 될 것이요, 너희는 나의 백성이 될 것이다"(11:20, 14:11, 34:24, 30-31, 36:28, 37:23) 등의 표현을 통해 선지자는 이 사실을 확인한다.

반면에 선지자는 이스라엘이 주장하는 '영원하고 무조건적인 시내산 언약'을 1-24장을 통해 철저하게 반박한다. 여호와와 이스라엘 사이에 체결된 언약은 주의 백성의 순종으로만 유지될 수 있다는 것이다. 또한 에스겔은 이스라엘이 하나님과의 언약을 파괴했기 때문에(16:15-43) 레위기 26장과 신명기 28장 등이 언급하는 언약 파괴에 따르는 저주가 그들에게 임한 것이라고 주장한다.

에스겔은 여호와를 실천하시는 하나님으로 묘사한다. "나 여호와는 말하고 이루느니라"(אֲנִי יְהוָה דִּבַּרְתִּי וְעָשִׂיתִי, 17:24, 22:14, 24:14, 36:36)는 말씀은 하나님의 활동적인 성향을 잘 표현하고 있다. 그러므로 선지자는 과거에 출애굽의 놀라운 역사를 이루셨던 분이 미래에 자기 백성들을 위하여 제2의 출애굽을 연출하실 것을 기대하게 한다.

그러나 하나님의 모든 사역의 가장 기본적인 목적은 주님의 거룩하심을 드러내는 것이라는 점이 에스겔이 강조하는 핵심이다. 여호와께서 열방의 세력들을 땅으로 끌어내리시는 이유는 자신의 위대하심과 영광과 세상 신들과 비교할 수 없는 거룩하심을 드러내기 위해서라는 것이다. 하나님이 이스라엘을 회복시키시는 것도 자신의 거룩하심을 드러내기 위해서다(36:16-32).

에스겔은 이와 같은 하나님에 대한 이해에 기초해서 인류 역사의 흐름과 연관된 세 가지 사상을 중심으로 책을 펼쳐 나간다. 첫째, 이스라엘 백성들이 겪게 된 포로 생활은 인류의 역사를 주관하고 세상의 모든 나라를 통치하는 여호와 하나님이 직접 하신 일이다. 에스겔은 이러한 가르침을 통해 포로 생활이 이스라엘에게 어떤 의미를 제시하는가를 답하고 있다. 그들이 포로 생활의 의미를 찾지 못하면 한 민족으로서 정체성을 잊게 될 수밖에 없기 때문이다.

둘째, 에스겔은 하나님이 장차 이스라엘과 새 언약을 세우기 위해 하실 일들을 미리 보여준다. 이스라엘은 현재 왕, 성전, 자치권, 영토 등 한 나라로서 갖추어야 할 모든 것을 잃어버렸다. 이런 상황에서 에스겔은 미래에 대한 소망을 제시한다. 이스라엘에게 임한 모든 어려움은 새롭고 놀라운 것을 창조하기 위해 하나님이 하신 일이라는 것이다.

34–48장이 묘사하고 있는 말일(끝날)에 있을 회복에 대한 예언과 환상이 바로 이런 역할을 하고 있다. 그러므로 학자들은 에스겔서의 절정을 새 성전으로 상징되는 새로운 시작에 대한 소망이라고 주장한다(Blenkinsopp). 에스겔은 하나님이 절대 심판을 위한 심판을 하시는 분이 아니라는 것과, 심판 후에는 회복이 임할 것이라는 소망을 제시하는 전형적인 선지자다.

셋째, 에스겔은 심판과 회복을 통해서 미래를 이해할 수 있으며 주의 백성들이 미래에는 과거에 이스라엘이 범했던 실수와 동일한 실패를 피할 수 있다는 사실을 강조한다. 하나님이 모든 일을 계획하고 주관하시기 때문에 비록 성전이 망가지고 예배가 중단되더라도 하나님과 그의 백성의 관계는 계속될 것을 책이 시작될 때부터 전제한다.

에스겔은 더 나아가 미래를 예언하면서 두 가지에 초점을 맞춘다. 첫째, 변경할 수도, 피할 수도 없는 절대적인 심판이다. 선지자는 이스라엘이 하나님을 배신한 것에 대해 단호하게 말한다. 그들은 윤리적으로, 도덕적으로 하나님의 말씀에 불순종했다(7:10, 23, 18:7–9, 22:11–12). 에스겔이 강조하고자 하는 사실은 주의 백성이 하나님께 충성하지 않았기 때문에 심판이 임했다는 것이다.

이스라엘은 하나님께 등을 돌리고 이방 신들을 숭배했다. 이스라엘은 출애굽 첫날부터 하나님께 반역했으며(16, 20, 23장) 하나님께 온전히 마음을 주어본 적이 한 번도 없다. 에스겔서의 중요한 역할은 이스라엘의 역사를 하나님의 관점에서 정리하는 일이다. 이런 관점에서 특히 20장은 매우 중요한 위치를 차지한다. 그들은 거룩하신 하나님의 안식일을 범했다(20:12, 24). 또한 산당에서 다른 신들을 숭배했다(6:13, 20:28). 여호와의 성전마저 온갖 부정한 것들과 이방 종교 풍습들로 오염시켰다(23:37–38).

둘째, 포로로 끌려온 주의 백성이 회복을 기대할 수 있는 미래의 소망이다. 하나님의 심판이 혹독하지만, 끝에 가서 이스라엘은 주님의 심판을 견디어낼 수 있다고 선지자는 주장한다. 하나님이 그렇게 계획하셨기 때문이다. 또한 이스라엘이 포로 시대를 이겨내고 한 민족으로서 본국으로 귀향할 수 있었던 것은 에스겔과 같은 선지자들이 그들 중에 거하며 주의 백성을 주의 말씀으로 치유하고 위로했기 때문이다. 반면에 북왕국이 포로 생활에서 돌아오지 못한 것은 그들 중 선지자가 없었기 때문이다. 선지자는 미래에 대한 예언을 통하여 하나님의 계획이 이스라엘의 믿음을 새롭게 할 것이라는 사실을 강조한다.

(2) 죄

에스겔은 이스라엘이 총체적으로 타락했기 때문에 소수의 의로움으로 온 백성을 구할 수 있는 의로운 '남은 자'에 대해 거의 언급하지 않는다. 14:12-20은 자신들의 의로움으로 고작 자신들이나 구할 수 있는 소수에 대해 암시할 뿐이다. 소돔과 고모라는 의인 10명이 없어서 멸망했다. 롯과 두 딸만이 자신들을 구원할 수 있었다(cf. 창 19장). 에스겔은 똑같은 상황이 머지않아 이스라엘에서 일어날 것이라고 경고한다.

에스겔의 특징은 죄를 사회적, 종교적인 것들로 구분하지 않고 모두 제의(祭儀)적인 언어로 묘사하고 있다는 점이다. 그가 자주 사용하는 '가증한 일'(תּוֹעֵבָה), '더럽히다'(חלל), '부정한'(טָמֵא) 등은 모두 제의적인 용어들이다. 선지자는 무엇보다도 하나님 앞에서 죄지은 사람을 예식적으로 부정하게 하는 행위가 죄라는 사실을 강조하고자 한다.

그렇다면 부정한 사람이 거룩한 하나님 앞에 서기 위해서 어떻게 해야 하는가? 정결해져야 한다. 마치 부정한 사람이 정결 예식을 거쳐야만 성전에 나아갈 수 있는 것처럼 죄인은 정결해질 때만 하나님께 나아갈 수 있다. 이것이 에스겔의 주장이다.

이스라엘이 다시 하나님의 백성이 되려면 먼저 부정한 것들을 제거해야 한다. 문제는 지난 수백 년 동안 그들의 선조의 죄가 계속 쌓여

왔다는 사실이다. 백성들은 자신들의 노력만으로는 지난 수백 년 동안 쌓인 죄를 해결할 수 없다고 생각한다. 더 나아가 자신들이 조상의 죗값을 치르는 것이 억울하다고 주장한다. 그래서 "아비가 신 포도를 먹었으므로 아들의 이가 시다"(18:2, cf. 렘 31:29, 30)라는 말을 통해 불만을 토로했다.

그러나 선지자는 사람들이 죽음을 맞는 이유가 자신의 죄 때문이지 조상의 죄 때문이 아니라고 잘라 말한다(18:3-4). 성경은 아비의 죄 때문에 자식을 벌하거나, 자식의 죄 때문에 부모를 벌하는 '연좌'를 허락하지 않기 때문이다(cf. 신 24:16). 결국 에스겔과 예레미야는 모든 사람이 자신의 운명을 스스로 결정한다고 가르친다.

(3) 정통 신학의 재구성

에스겔은 자신의 메시지에서 이스라엘이 정통으로 간주하고 있던 여러 가지 신학적 기둥을 먼저 무너뜨리고, 다시 재건하는 작업을 한다(Block). 다음 도표를 참조하라.

정통 신학의 기둥	파괴 선언	재건 선언
이스라엘의 보호자이신 여호와께서 이스라엘과 영원한 언약을 맺으셨다.	3:16-21, 5:4, 16-17, 6:11-14, 14:1-23, 15:1-8, 16:1-60, 18:1-32, 20:1-44, 23:1-49, 33:1-20, 33:23-29	34:1-31, 36:16-32, 37-38, 37:1-14, 15-21, 25-28, 39:21-29
여호와께서 이스라엘에게 가나안 땅의 영원한 소유권을 주셨다.	4:1-3, 9-17, 5:5-15, 6:1-7, 11-14, 7:1-27, 11:1-21, 12:17-20, 14:12-23, 15:1-8, 16:1-63, 21:1-17, 18-27, 22:1-31, 23:1-49, 24:1-15	34:25-29, 35:1-36:15, 35:33-36, 38:1-39:20, 47:1-48:7, 23-29

여호와께서 예루살렘을 영원한 거처지로 삼으셨으며 그곳에서 백성에게 주권을 행사하신다.	7:20–24, 8:1–10:22, 11:22–25, 24:16–27	37:26–27, 40:1–46:24, 48:8–22, 30–35
여호와께서 다윗 집안에게 영원히 이스라엘을 통치할 수 있는 권한을 주셨다.	12:1–16, 17:1–24, 19:1–14, 21:15–27	34:23–24, 37:22–25

에스겔서의 특징은 책의 앞부분에서 특정한 주제를 언급한 후에 뒷부분에서 그 주제를 다시 언급하고 더 발전시켜 나간다. 책 안에서 반복적으로 전개되는 주요 주제들은 다음과 같다.

주제	텍스트
하나님의 영광과 보좌	1:1–28, 8:1–11:25, 43:1–9
선지자 에스겔의 파수꾼 임무	3:16–21, 33:1–9
선지자의 '벙어리 생활'	3:26–27, 33:22
가마솥으로 표현된 예루살렘의 안위	11:1–12, 24:1–14
창녀로 표현되는 이스라엘의 영적 간음	16장, 23장
자신의 운명에 대한 각 개인의 책임	18:1–32, 33:10–20

더 나아가 선지자는 앞에서 언급한 주제를 책 전체에서 지속적으로 전개하며 발전시켜 나간다. 대표적인 예가 6:8–10, 11:17–20, 16:60–63, 20:39–44에 전개되어 있는 '남은 자'들에 대한 언급이다. 에스겔서에서 이런 표현이 수십 번 사용된다. 그래서 이러한 현상을 잘못 이해한 사람들은 "에스겔은 자신이 이미 한 말을 지나치게 반복한다"는 비난까지 하게 된 것이다. 선지자가 같은 주제를 반복적으로 언급할 뿐만 아니라, 지속적으로 발전시켜 나간다는 사실을 감안할 때, 일부 주제를 다음과 같이 함께 묶어 연구하는 것도 괜찮은 방법이다(Block).

에스겔의 역할	말씀
여호와의 대변자	1:1-28a, 1:28b-3:15
파수꾼	3:16-21, 6:1-14, 7:1-27, 33:1-9
참 선지자	12:21-28, 13:1-23, 14:1-11, 22:23-31
메시지의 실제화	3:22-27, 24:15-27, 33:21-22, 33:30-33
환상가	8:1-10:22, 11:22-25, 43:1-14
연기자	4:1-5:17, 12:1-20, 21:23-21:18-27, 37:15-28
비유와 수수께끼 전달자	17:1-24, 19:1-14, 20:45-21:17, 22:17-22
논쟁자	11:1-13, 11:14-21, 18:1-32, 24:1-14, 33:10-20, 33:23-29
기소자	14:12-15:8, 16:1-63, 20:1-44, 22:1-16, 23:1-49
열방의 심판관	25:1-17, 26:1-21, 27:1-36, 28:20-23, 30:1-19, 32:17-32
왕들의 심리를 간파한 자	28:1-10, 28:11-19, 29:1-16, 29:17-21, 30:20-26, 31:1-18, 32:1-16
목자	34:1-31
복음 선포자	6:8-10, 11:14-21, 16:60-63, 28:24-26, 35:1-36:15, 36:16-38, 37:1-14
묵시자	38:1-39:29
새 모세	40:1-48:35

(4) 즐겨 사용하는 표현

성경 저자들은 자신들만 자주 사용하는 고유 표현들을 각자 가지고 있다. 예를 들자면 이사야는 하나님께 '이스라엘의 거룩하신 이'라는 호칭을 자주 사용하는데, 이 표현은 이사야가 '저작권자'라고 해도 과언이 아니다. 선지자가 자주 사용하는 표현을 연구해보면 그의 사상과 강조하고자 하는 메시지와 하나님에 대한 생각을 알 수 있기 때문에 중요한 연구 자료다. 에스겔도 그 자신이 '저작권'을 가진 표현 몇 가지를 자주 사용한다.

첫째, '인자'(בֶּן־אָדָם, '사람의 아들')라는 표현이다. 하나님은 에스겔을 부르실 때 그의 이름을 부르지 않고 대신 '인자'라는 호칭만을 사용하신다. 에스겔서에서 이 호칭은 93차례나 사용된다. 다니엘서 8:17도 '인자'라는 표현을 한 차례 사용하지만, 구약 다른 부분에서는 전혀 사용되지 않는 표현이다.[5]

구약에서 '아들'(בֵּן)이란 단어는 관계도 표현하지만 성향/본질을 표현하기도 한다(cf. HALOT). 나이를 말할 때 '25년의 아들'은 25세 되었다는 것이며, '진실의 아들'이라는 표현은 그 사람이 진실하다는 것을 의미한다. 에스겔서에서 '사람의 아들'이란 영존하시는 여호와의 대조적인 표현으로 언젠가는 죽어 없어질 인간의 보잘것없는 운명을 강조한다. 이러한 뉘앙스는 1–32장에 강렬하고 지속적으로 전개되는 이스라엘의 죽음 이미지에 잘 어울린다.

둘째, '주 여호와'(אֲדֹנָי יְהוִה)라는 표현이다. 성경의 다른 저자들도 이 용어를 사용한다. 그러나 에스겔처럼 이 표현을 많이 사용하는 성경 저자는 없다. 예를 들자면 에스겔서보다 훨씬 더 긴 책인 예레미야서는 이 표현을 고작 10차례 사용하는데, 에스겔서는 무려 217차례나 사용한다. 이중 208회는 담론(discourse)을 시작하거나 마무리 짓는 표시(discourse marker)로 사용한다.

'주 여호와'라는 표현은 하나님의 이름(여호와)과 그의 우주적인 위치(주)를 하나로 묶는다(cf. NIDOTTE). 선지자는 이 하나님의 성호를 통해 주 여호와의 대변자인 자신의 권위를 강조할 뿐만 아니라, 이스라엘의 가장 기본적인 죄를 비난한다. 이스라엘은 그들의 주인이신 여호와께 반역한 것이다.

셋째, '이스라엘 집안'(בֵּית יִשְׂרָאֵל)이라는 표현이다. 이 표현은 에스겔서에서 83회 사용되고 있으며 구약 전체에서 사용되는 횟수(146회)의

5 아이흐로트(Eichrodt)는 다니엘서가 에스겔서 2:1의 영향을 받은 것으로 간주한다.

57%를 차지한다. 반면에 '이스라엘의 아들들/자손들'(בְּנֵי יִשְׂרָאֵל)이라는 표현은 구약에서 638차례나 사용되고 있으나 에스겔서에서는 고작 11 차례만 사용된다. 아마도 에스겔이 하나님 앞에 한 민족(집안)으로 서 있는 이스라엘을 부각하기 위해 이 표현을 많이 사용하고 있는 듯하다 (Block).

넷째, '패역한 족속[반역한 집]'(בֵּית מְרִי)이다. 이스라엘에게 적용되는 표현이며 에스겔이 이스라엘을 비난하면서 사용하는 독특한 표현법이다. 상당히 자주 사용된다. 이스라엘–여호와 관계의 현실을 잘 묘사하는 표현이다.

다섯째, "보라, 내가 너희를 대적하나니"(behold, I am against you…)이다. 다른 선지자들도 종종 사용하는 표현이지만 에스겔은 이 표현을 보편적으로 사용한다. 이스라엘이 자신들의 '보호자/수호신'으로만 믿었던 여호와가 그들의 대적으로 제시될 때 얼마나 큰 충격을 받았을지 상상해보라.

여섯째, "나, 여호와가 말하느니라"(אֲנִי יְהוָה דִּבַּרְתִּי)이다. 선지자는 이 표현을 각 예언/선포의 마지막 문장으로 사용한다. 이 문장의 의미는 "여호와께서 말씀하셨으니 어찌 내가 전하지 않으리오"이다. 혹은 "하나님이 말씀하셨으니 어찌 그의 대변인이 잠잠할 수 있겠는가"(cf. 암 3:8)이다.

일곱째, "그들이 내가 여호와임을 알지라"(יָדְעוּ כִּי־אֲנִי יְהוָה)도 자주 사용된다. 동사 '알다'(ידע)는 에스겔서에서 72차례나 사용되며 선지자 사역의 가장 기본적인 목적을 암시한다. 에스겔은 사역의 주된 목적을 주의 백성이 여호와를 알고 인정하게 하는 것으로 삼았다.

이러한 목표를 염두에 둔 에스겔의 사역은 이스라엘의 여러 선지자의 전통적인 사상을 그대로 반영하고 있다. 예를 들자면, 이사야 선지자는 이미 이스라엘이 "여호와를 아는 지식이 없어서 타국으로 끌려갈 것"을 선포했다(사 5:13). 호세아도 "우리가 여호와를 알자. 힘써 여호와를 알자"라고 호소했다(호 6:3). 또한 아모스는 하나님의 심판이 시작되면 "여호와의 말씀을 듣지 못하는 기갈"(viz., 여호와를 아는 지식의 결여)이 임할 것이라고 경고했다. 우리의 모든 사역도 하나님을 아는 지식을 세상에 선포하는 데 초점이 맞추어져야 한다.

(5) 성전과 하나님의 영광

바빌론은 주전 586년에 예루살렘을 멸망시키고 성벽을 파괴하고 도시를 불태웠다. 이때 그들은 성전에 침입해 귀금속으로 만든 모든 성전 기구들을 바빌론으로 이송하고 성전에도 불을 질렀다. 신학적으로 잘 이해가 안 되는 일이다. 요세푸스에 의하면 성전은 매우 거룩한 곳이기 때문에 함부로 대하는 사람은 죽기 십상이었다. 특히 지성소는 얼마나 거룩한 공간이었는지, 대제사장도 1년에 한 번 속죄일에만 출입할 수 있었다. 그것도 며칠 전부터 시작된 정결 예식을 거친 다음에 갈 수 있었다.

속죄일이 되면, 대제사장은 허리에 방울을, 발에는 밧줄을 달고 지성소로 들어갔다. 대제사장이 지성소에서 나오는 일이 지연되더라도 방울 소리가 나면 밖에 있는 사람들은 기다렸다. 대제사장이 살아 있어 움직이면 방울 소리가 날 것이기 때문이다. 반면에 나올 시간이 지났는데도 방울 소리가 들리지 않으면 죽은 것으로 여겨서 대제사장의 발에 묶인 밧줄을 밖에서 당겨 시체를 치웠다. 지성소는 하나님의 임재가 함께하는 지극히 거룩한 공간이었기 때문에 시체를 치우는 사람들이라도 들어갈 수 없었다.

바빌론 사람들이 주전 586년에 성전을 약탈하고 불태울 때 어떻게 이 거룩한 공간을 마음대로 짓밟을 수 있었을까? 그 어떤 대가도 치르지 않고 말이다. 에스겔서는 이 신학적 문제에 대해 답을 제시한다. 선지자는 8-11장에서 자신이 하나님의 영에 사로잡혀 예루살렘 성전을 방문했던 일을 회고한다.

에스겔은 이때 성전에서 행해지는 온갖 죄를 목격했다. 하나님 임재의 상징인 주님의 영광은 사람들의 죄로 오염된 성전에 더 이상 머물 수 없었다. 그러므로 하나님의 영광이 법궤의 뚜껑인 속죄소(시은좌)에서 떠나 성전 뜰로 이동하고, 이어 예루살렘 동쪽에 있는 산(감람산)으로 옮겨가더니, 마침내 거룩한 땅 이스라엘을 떠나 동쪽으로 가는 것을 목격했다.

에스겔이 소명을 받은 때로부터 약 14개월이 지난 시점에 있었던 일이다. 그가 주전 592년에 소명을 받았으므로(cf. 1:1), 이듬해인 주전 591년경에 있었던 일이다. 그렇다면 하나님의 영광이 예루살렘 성전을 떠난 것은 바빌론 사람들이 예루살렘 성전을 약탈하고 불태우기 5년 전에 있었던 일이다. 이때 성전을 떠난 하나님의 영광은 훗날 말일에 예루살렘 성전이 회복된 다음에야 돌아온다(cf. 43장). 이 환상은 아직도 성취되지 않은 예언으로 남은 것이다.

범접할 수 없는 지극히 거룩한 예루살렘 성전을 짓밟은 바빌론 사람들이 왜 어떠한 대가도 치르지 않았는지 이제 이해할 수 있다. 성전이 약탈당하기 수년 전에 여호와의 임재의 상징인 그의 영광이 성전을 떠났다. 하나님의 영광(임재)이 떠난 성전은 그저 평범한 건물로 전락한다(cf. Wilson). 성전은 하나님의 영광이 머무는 동안에만 거룩한 공간이지 하나님의 영광이 떠나면 더 이상 특별한 의미를 갖지 못하기 때문이다.

하나님의 영광이 떠나 평범한 건물이 되어버린 성전은 더 이상 범접할 수 없는 거룩한 공간이 아니다. 아무라도 출입할 수 있고, 이방인들이 약탈할 수 있는 장소가 된다. 그러므로 바빌론 사람들은 어떠한 어려움도 겪지 않으면서 성전을 짓밟고 약탈할 수 있었다. 성경에서 이 주제에 대하여 언급하는 유일한 책이 바로 에스겔서다.

6. 개요

에스겔서는 다른 책들에 비해 상대적으로 쉽게 세 부분으로 나뉜다. (1) 심판 선언(1:1-24:27), (2) 열방에 대한 심판 선언(25:1-32:32), (3) 위로와 회복 선언(33:1-48:35). 중앙 열방에 대한 심판 선언(OAN, Oracles Against Nations)을 두고 대칭적인 구조를 지니고 있는 것이다.

A. 심판(1:1-24:27)
  B. OAN(25:1-32:32)
A′. 회복(33:1-48:35)

일부 주석가들은 OAN이 에스겔서의 다른 부분들과 별로 연관성이 없다며 이 부분에 어떠한 중요성도 부여하지 않는다(Hals). 그러나 OAN은 심판을 받은 주의 백성(A)에게 회복(A′)의 발판을 마련해준다. 이스라엘을 미워하는 열방이 주님의 심판을 받아 주의 백성의 재기에 매우 중요한 기여를 하기 때문이다.

에스겔서는 담론의 범위(discourse unit)를 구분하기가 매우 쉬운 책이다. 이 책은 총 50여 개의 담론으로 나누어진다. 이중 48개는 날짜에 대한 언급이나 "여호와의 말씀이 내게 임하니라"와 같은 선지적 표현(prophetic formula)으로 시작된다. 에스겔서는 다음과 같이 세분화할 수 있다.

Ⅰ. 에스겔의 소명(1:1-3:27)
  A. 시대와 정황(1:1-3)
  B. 여호와의 영광 비전(1:4-28)
  C. 에스겔의 소명(2:1-3:27)

Ⅱ. 유다와 예루살렘에 대한 심판(4:1-24:27)

A. 이스라엘 멸망에 대한 행동 예언(4:1-5:17)

B. 이스라엘 영토와 백성 멸망(6:1-7:27)

C. 여호와의 영광이 예루살렘을 버림(8:1-11:25)

D. 참 예언과 거짓 예언(12:1-14:11)

E. 심판과 포도나무 비유(14:12-15:7)

F. 음란한 여자들(16:1-63)

G. 독수리, 포도나무, 백향목 비유(17:1-24)

H. 악인의 멸망을 슬퍼하시는 하나님(18:1-32)

I. 유다 왕들에 대한 애가(19:1-14)

J. 하나님의 뜻과 인간의 반역(20:1-44)

K. 심판하는 칼(20:45-21:32)

L. 억울한 피눈물로 얼룩진 예루살렘(22:1-31)

M. 간음한 두 자매(23:1-49)

N. 더러운 솥 예루살렘(24:1-14)

O. 선지자의 아내가 죽음(24:15-27)

Ⅲ. 열방에 대한 심판(25:1-32:32)

A. 암몬(25:1-7)

B. 모압(25:8-11)

C. 에돔(25:12-14)

D. 블레셋(25:15-17)

E. 두로(26:1-28:19)

F. 시돈(28:20-23)

G. 열방 심판과 이스라엘의 구원(28:24-26)

H. 이집트(29:1-32:32)

Ⅳ. 유다와 예루살렘에 임할 축복(33:1–48:35)

A. 파수꾼 에스겔(33:1–33)

B. 이스라엘의 목자들(34:1–31)

C. 에돔 심판(35:1–15)

D. 이스라엘의 산에게 주는 예언(36:1–38)

E. 마른 뼈 계곡(37:1–14)

F. 하나가 된 두 막대기(37:15–28)

G. 곡과 마곡(38:1–39:29)

H. 회복된 예루살렘에 대한 환상(40:1–48:35)

엑스포지멘터리

선지서 개론

다니엘

EXPOSItory comMENTARY

다니엘

20 다니엘이 말하여 이르되

영원부터 영원까지 하나님의 이름을 찬송할 것은
지혜와 능력이 그에게 있음이로다
21 그는 때와 계절을 바꾸시며
왕들을 폐하시고 왕들을 세우시며
지혜자에게 지혜를 주시고
총명한 자에게 지식을 주시는도다
22 그는 깊고 은밀한 일을 나타내시고
어두운 데에 있는 것을 아시며
또 빛이 그와 함께 있도다
23 나의 조상들의 하나님이여
주께서 이제 내게 지혜와 능력을 주시고
우리가 주께 구한 것을 내게 알게 하셨사오니
내가 주께 감사하고 주를 찬양하나이다
곧 주께서 왕의 그 일을 내게 보이셨나이다

하니라(2:20-23)

[1] 그때에 네 민족을 호위하는 큰 군주 미가엘이 일어날 것이요 또 환난이 있으리니 이는 개국 이래로 그때까지 없던 환난일 것이며 그때에 네 백성 중 책에 기록된 모든 자가 구원을 받을 것이라 [2] 땅의 티끌 가운데에서 자는 자 중에서 많은 사람이 깨어나 영생을 받는 자도 있겠고 수치를 당하여서 영원히 부끄러움을 당할 자도 있을 것이며 [3] 지혜 있는 자는 궁창의 빛과 같이 빛날 것이요 많은 사람을 옳은 데로 돌아오게 한 자는 별과 같이 영원토록 빛나리라(12:1–3)

학자들은 에스겔을 구약 묵시문학의 아버지로, 다니엘을 그 묵시문학을 궤도에 올려놓은 선지자라고 주장한다(cf. Cook). 묵시문학은 선지서의 일부이다. 묵시도 예언처럼 하나님이 선지자들에게 주시는 말씀이다. 가장 기본적인 차이점은 묵시의 경우 하나님이 주신 말씀에 대하여 선지자에게 설명해주는 '안내자'(천사)가 있다는 것이다(cf. Collins, Hanson, Koch). 대체적으로 묵시는 미래에 대한 예언과 환상으로 이루어져 있기 때문에 선지자가 그 내용을 쉽게 이해할 수 없다. 그러므로 하나님이 보내신 안내자가 옆에 붙어 선지자가 보고 듣는 것이 무엇을 의미하는가를 설명해준다.

묵시문학은 주의 백성의 삶이 고통스럽고 미래가 불확실할 때 성행한다(cf. Nickelsburg, Sanders). 묵시는 자신들이 살고 있는 세상과 현실에 대한 불확실성 때문에 불안해하는 사람들에게 아직도 그들의 하나님이 세상을 지배하고, 주님이 계획하신 대로 인류 역사가 진행되고 있다는 사실을 강조하고 있기 때문이다. 그러므로 묵시는 현실과 미래에 대해 불안해하며 무언가 확고한 청사진을 갈망하는 주의 백성에게 주님은 아직도 건재하시니 아무 염려 말고 현실에 성실하게 임하라는 주님의 위로와 격려의 말씀이다.

주의 백성들에게는 다니엘의 시대가 참으로 혼란스럽고 불안한 때였다. 전능하신 여호와의 백성이라고 자부했던 이스라엘이 바빌론으로 끌려와 사는 것도 받아들이기 어려운 현실이었는데, 얼마 후 조국 유다가 멸망했다는 사실은 수긍하기 어려운 충격이었고, 포로민들의 미래를 미궁에 빠뜨리는 결과를 초래했다. 하나님은 낙심하고 혼란스러워하는 자기 백성을 그냥 내버려두지 않으셨다. 주님은 선지자 다니엘과 에스겔의 묵시를 통해 바빌론에 끌려온 주의 백성을 위로하셨고, 스가랴의 묵시를 통해 예루살렘으로 귀향했다가 낙심한 귀향민들을 위로하셨다.

다니엘은 이스라엘이 애초에 바빌론으로 끌려오게 된 일부터 종말에 이르기까지 일어날 모든 일의 주관자가 누구인지를 정확히 드러낸다. 이스라엘은 세상 사람들이 단정하는 것처럼 이스라엘의 하나님 여호와가 바빌론의 신 마르두크에게 패해서 멸망한 것이 아니다. 다니엘은 여호와 하나님이 자기 백성들의 죄 때문에 이스라엘을 망하게 하셨고 생존자들을 바빌론으로 보내셨다고 주장한다. 유다 사람들이 죄로 인해 바빌론에 끌려와 사는 것이 안타깝기는 하지만, 그것은 여호와의 무능함이나 통제 불능 상태를 의미하는 것이 아니다. 오히려 태초 때부터 하나님이 세우신 세세한 계획에 따라 역사가 진행되고 있다는 증거라는 것이다.

이러한 면에서 다니엘서는 관점의 차이에 대한 책이다. 세상의 관점과 선지자의 관점이 현저한 차이를 드러내고 있기 때문이다. 다니엘은 이런 사실을 1장에서만 세 차례나 강조한다. 첫째, 세상의 관점에 따르면 유대인들이 바빌론으로 끌려오게 된 것은 이스라엘의 하나님 여호와가 바빌론의 신 마르두크에게 무릎을 꿇어서이지만, 실제로는 여호와께서 자기 백성을 바빌론의 손에 넘기셨기 때문에 빚어진 일이다(1:2). 둘째, 세상의 눈에는 다니엘과 세 친구가 우상에게 바쳐진 고기를 먹지 않고도 살아난 것은 그들이 환관장과 좋은 관계를 맺고 있었기 때문으로 보일 테지만, 사실은 하나님이 이렇게 되도록 보이지 않는 곳에서 조정하셨기 때문이다(1:9). 셋째, 세상의 눈에는 다니엘과 세 친구가 바빌론의 지혜자들보다 훨씬 더 뛰어난 사람들이 된 것이 바빌론의 훌륭한 교육 시스템과 느부갓네살 왕의 배려에서 비롯된 결과로 보일 테지만, 실제로는 하나님이 이 소년들에게 지혜를 주셨기 때문이다(1:17).

다니엘은 자신의 책이 이 같은 관점에서 읽히기를 원한다. 비록 주의 백성이 당면한 현실이 혹독하고 곤혹스럽더라도 역사는 분명 보이지 않는 곳에서 모든 것을 주장하시는 여호와 하나님의 뜻과 계획에 따라 진행되고 있다는 사실을 깨닫고, 미래를 소망적으로 바라보기를 권면하기 위해서이다. 우리 눈에 보이는 것이 실체의 전부가 아니며, 우리의 눈에 보이는 것보다 보이지 않는 것(viz., 하나님의 사역)이 세상에 더 큰 영향을 미치기 때문이다.

1. 선지자

'다니엘'(דָּנִיֵּאל)은 '하나님이 나의 심판자' 혹은 '하나님이 심판하시다'라는 의미를 지닌 이름이다(cf. HALOT). 그는 분명 유다의 왕족이거나 귀족 출신이었을 것이다(cf. 1:3). 주전 605년 느부갓네살의 가나안 지역 원정과 예루살렘 침략 때 바빌론 왕은 여호야김에게서 성전 그릇들을 빼앗아 가져갔는데 그때 다니엘을 바빌론에 끌고 갔다(1:1–4, cf. 왕하 24:1–6). 이 해 바빌론 군은 갈그미스(Carchemish)에서 아시리아 패잔병들과 이집트 군들로 구성된 연합군을 상대로 대승을 거두었다. 바빌론 군은 여세를 몰아 가나안 남쪽 이집트 접경 지역까지 진군했다. 이집트까지 정복하기 위해서였다. 그러나 이집트 군은 격렬하게 저항했고, 전쟁은 결국 무승부로 끝났다. 느부갓네살 왕은 돌아가는 길에 예루살렘에 들러 유다의 충성 맹세를 받아냈고, 유다에서 많은 노획물과 인질들을 앞세우고 바빌론으로 돌아갔다.

요세푸스는 다니엘과 그의 세 친구인 사드락과 메삭과 아벳느고가 모두 시드기야 왕의 친척이었다고 주장한다(Antiquities, X, 10.1). 오래전부터 이스라엘에는 이사야 선지자가 히스기야 왕에게 그의 후손에 대해 내린 신탁(사 39:7)이 다니엘과 세 친구를 통해서 성취되었다는 전승이 남아 있었는데, 요세푸스가 이런 전승을 바탕으로 제시한 추측이라고 생각된다. 책이 어린 다니엘을 놀라운 헌신과 믿음을 지닌 소년으로 묘사하는 것으로 보아 그의 부모도 그를 신앙으로 키운 매우 헌신된 사람들이었던 것으로 생각된다. 책에 기록된 다니엘과 친구들의 이야기를 감안할 때 그들은 아마도 15세를 전후로 바빌론으로 끌려간 것으로 추정할 수 있다.

다니엘은 최소한 페르시아 제국의 키루스/고레스(Cyrus) 왕 초기 시대까지 살았다. 1:21은 그가 키루스 왕의 첫해(주전 539년)까지 바빌론 왕궁에 있었다고 하며, 10:1은 그가 키루스 왕 즉위 3년(536년)에 받은 계시를 기록하고 있다. 그렇다면 다니엘은 매우 오래 산 사람이다. 그가 포로로 끌려간 주전 605년에 15세였다고 가정한다면, 10장에 기록된 계시가 다니엘에게 임했을 때에는 그는 이미 83세의 노인이다. 그 당시 사람들의 평균 수명이 40-50세였다는 점을 감안할 때, 그는 매우 장수했으며 신(新)바빌론 제국의 흥망성쇠를 직접 목격한 사람이었다. 유대인들의 전승에 따르면 그는 바빌론에 있는 왕족 무덤에 묻혔거나, 페르시아 제국의 수도였던 수산(Susa)에 있는 유대인 회당에 묻힌 것으로 알려졌다(Judaica, cf. Millard, Slotki).

다니엘의 삶과 사역은 바빌론으로 끌려온 유다 포로민들에게 커다란 격려와 위로가 되었을 것이다. 자신들은 온 우주의 창조주이자 지배자이신 여호와의 선민이라고 자부하다가 포로가 되어 바빌론으로 끌려온 이스라엘 사람들이 겪은 신학적 충격을 상상해보라. 여호와께서 거하시던 예루살렘 성전은 불에 탔고, 유다도 더 이상 국가로 존재하지 않고 바빌론 제국의 주(州)로 편입되었다.

바빌론으로 끌려온 선지자들은 역할에서 많은 변화를 겪게 되었고, 제사장들은 직업을 잃었다. 게다가 그들의 눈에는 세상의 그 어떤 신보다도 전쟁에 능한 것으로 알고 믿었던 '전사 여호와'(Yahweh the Divine Warrior)가 바빌론의 신 마르두크에게 무릎을 꿇었다! 이스라엘이 여호와 하나님에 대해 알고 믿었던 모든 것이 혼란에 빠진 것이다. 그러므로 바빌론 생활이 주의 백성에게 안겨준 가장 큰 위기는 신학적 위기였다.

그러나 하나님은 다니엘을 통해 이방 국가인 바빌론과 페르시아에서도 자기 이름을 높이셨다. 포로로 끌려와 희망을 버린 채 하루하루를 살아가던 하나님의 백성에게 이방 왕들, 그것도 당대를 호령하던 바빌론 제국과 페르시아 제국의 왕들의 입술을 통해 이스라엘의 하나님 여호와께서 찬양을 받으신 것은 매우 의미심장하고 온몸에 전류가 흐르는 듯한 감동적인 일이었을 것이다. 이런 사실을 깨달은 사람들은 자신들이 바빌론에 끌려오게 된 것은 여호와가 마르두크에게 패해서가 아니라, 자신들의 나라 유다가 바빌론에 패했기 때문이라는 사실도 의식하게 되었을 것이다.

하나님은 다니엘을 통해 유대인들의 포로 생활이 고통스럽지 않도록 축복해주셨다. 흔히 포로민 하면 억압당하고 매우 어려운 생활을 한다고 여겨질 테지만 바빌론으로 끌려갔던 유다 사람들은 전혀 다른 생활을 했다. 바빌론 사람들의 배려로 그들은 좋은 농경지에서 살았고, 상당한 재산과 집을 소유하며 살았다. 그들은 이스라엘 종교 제도의 중심이 되었던 장로와 제사장과 선지자 제도 등을 유지했다. 대체적으로 외국에 나가면 거의 모든 사람이 조국의 것들을 그리워하며, 애국자가 된다. 바빌론에 끌려온 유다 사람들도 마찬가지였다. 심지어 조국에 남아 있는 생존자들과 계속 서신 왕래를 했다는 증거도 있다(Bright, Harrison, cf. 렘 25장).

바빌론으로 끌려온 유대인들이 상당히 관대한 대우를 받은 것에는 결정적으로 두 가지가 작용했다. 첫째, 신바빌론 제국의 외교 정책은 바빌론으로 끌려온 모든 족속들에게 상당히 관대했다. 이전에 이 지역을 통치했던 아시리아 제국과는 달리 바빌론은 끌려온 종족들에게 국제 결혼을 강요하지 않았으며, 각자 족속대로 촌(town)을 이루며 살아갈 수 있도록 배려했다. 또한 끌려와 강제로 정착한 사람들이 경제적으로 제국의 발전을 도모할 수 있도록 여러 가지 여건을 만들어주었다. 이런 상황에서 유대인들은 크게 번성했다. 유다 사람들 중 바빌론과 페르시아 제국 정치계의 거물로 등용된 사람들도 있었다(cf. 다니엘, 느헤미야, 모르드개/에스더).

둘째, 바빌론 정계에 입문한 다니엘 같은 사람들의 정치적 지위가 크게 작용했다(cf. Wills). 다니엘이 최소한 다리우스 바로 밑의 세 관리 중 하나였다는 점(6:1–3)을 감안하면, 그가 주전 538년에 스룹바벨과 세스바살이 지휘했던 제1차 귀향민 무리의 예루살렘 귀향에 상당히 긍정적인 영향력을 미쳤을 것으로 보인다. 하나님이 마치 야곱의 자손들을 보존하기 위해 먼저 요셉을 이집트로 보내셨던 것같이 유대인 포로민들의 미래를 생각하고 다니엘을 미리 보내신 것이다. 자기 백성들의 아픔과 신음으로 얼룩진 삶 속에 역사하시고 더 나아가 그들을 보호하시는 하나님의 '여호와 이레'적인 은총이 돋보인다.

다니엘의 삶은 여러 면에서 요셉의 삶과 비슷하다(cf. Collins, Hartman & Di Lella). 첫째, 요셉은 17세에 노예로 팔려 이집트로 갔고, 다니엘은 15세에 인질이 되어 바빌론으로 끌려갔다. 둘 다 어린 나이에 타국으로 끌려가야만 했던 기구한 운명의 소유자들이다. 둘째, 요셉과 다니엘은 우리가 성경에서 접하는 가장 의로운 사람들에 속하는 사람들이다. 두 사람 모두 남에게 해를 끼친 적이 없으며, 오히려 그들이 섬기던 상관들에게 여호와의 복을 가져다준 축복의 통로였던 사람들이다. 셋째, 다니엘과 요셉은 끌려간 나라들에서 이스라엘 백성들을 보존하는 데 매우 중요한 역할을 했다. 이 두 사람이 이처럼 지대한 영향력을 발휘할 수 있었던 것은 그들이 살던 나라에서 정치적으로 큰 영향력을 행사하고 있었기 때문이다. 두 사람 모두 다른 나라의 정치 무대에서 성공한 사람들이었다. 넷째, 요셉과 다니엘의 성공 비결은 여호와께서 주신 꿈과 해몽 능력이었다. 그들이 꾸고 해몽했던 꿈들은 그들의 백성들에게만 영향력을 미친 것이 아니라 그들이 섬기던 이방 나라들의 왕들과 백성들에게도 축복이 되었다. 다섯째, 요셉이 보디발의 아내의 유혹을 뿌리친 것처럼, 다니엘은 왕이 하사한 음식의 유혹을 뿌리쳤다(Hartman & Di Lella). 여섯째, 두 사람 모두 이방에서 일생을 마쳤다. 마지막으로 두 사람 모두 여호와께서 자기 백성을 회복시키실 날이 올 것을 확신했다.[1]

2. 역사적 정황

다니엘서는 이스라엘의 역사 중 가장 어려운 시기를 배경으로 전개된다. 100여 년 동안 가나안 지역의 약소국가들에게 온갖 폭력을 행사하고 북왕국 이스라엘을 멸망시킨 군주 아시리아가 바빌론의 손에 망하고 그 자리를 바빌론이 차지한 때였다. 옛 압제자가 사라졌다고 해서 기뻐할 일은 아니었다. 바빌론의 억압도 만만치 않았고 실제로 바빌론은 유다의 숨통을 끊어놓았기 때문이다. 이러한 상황에서 자신들은 하나님의 선민이기 때문에 결코 망하지 않는다고 자부하던 이스라엘이 오히려 그들의 신 여호와의 혹독한 심판을 받아 나라가 단계적으로 뿌리째 뽑혀가던 주전 605–586년을 역사적인 배경으로 이야기를 진행해 나가고 있다.

주전 7세기 말 근동 지역의 국제 정세는 급격하게 변해갔다. 지난 200여 년 동안 이 지역을 지배해왔던 아시리아의 세력이 아슈르바니팔(Ashurbanipal)의 죽음(주전 627년)으로 급격히 쇠퇴했다. 몰락하던 아시

---

1 다니엘과 요셉 이야기의 연관성 때문에 일부 학자들은 다니엘서가 요셉 이야기에 근거한 미드라쉬(midrash)라고 결론짓기도 하지만(Delcor, Hartman & Di Lella), 근거 없는 추측이다(cf. Collins).

리아의 자리를 차지하기 위해 바빌론과 이집트가 움직이기 시작했다. 이런 상황에서 그동안 아시리아를 군주로 섬기던 바빌론의 왕 나보폴라사르/느보(Nabopolassar, 주전 625–605년 통치)는 주전 625년에 아시리아에 독립을 선언했다.

몇 년 후인 주전 616년에 바빌론 왕 느보는 쇠퇴해질 대로 쇠퇴한 아시리아의 수도 아수르(Assur)를 향해 진군했다. 아시리아를 없애버리고 고대 근동의 군주 자리를 바빌론이 꿰차기 위해서였다. 바빌론이 근동의 새로운 군주가 되는 것을 원치 않았던 이집트 왕 삼메티쿠스(Psammetichus I)가 몰락한 아시리아의 군대와 합세해 바빌론에 대항했다. 처음에는 바빌론이 매우 불리했지만 메디아(Mede) 군이 바빌론 편에 가세하면서 전세는 금세 판가름났다.

이집트의 도움에도 불구하고 아시리아의 수도 아수르는 주전 614년에 바빌론–메디아 연합군의 손에 함락되었다. 이후 2년 후인 주전 612년에 니느웨(Nineveh)가 함락하면서 아시리아 제국은 사실상 막을 내렸다. 물론 아시리아의 패잔병들은 한동안 제국의 여기저기서 바빌론에게 대항해보았지만 무모한 짓이었다.

상황을 지켜보던 이집트가 한 번 더 움직였다. 이집트 왕 삼메티쿠스의 후계자인 느고(Neco)가 주전 609년에 아시리아의 패잔병들을 돕는다는 명목으로 유프라테스 강 기슭의 갈그미스로 대군을 이끌고 출동한 것이다(cf. 대하 35:20, 왕하 23:29). 느고가 가나안 지역을 지날 무렵 그의 앞길을 막는 사람이 있었다. 바로 유다의 요시야 왕이었다(왕하 23:29). 느고는 자신이 여호와의 부르심을 받고 출동하는 중이라며 길을 비키라고 요구했지만 요시야는 끝까지 느고의 요구를 거부하다가 므깃도에서 느고의 칼에 맞아 죽었다(대하 35:20–22).

요시야가 죽자 백성들은 23세인 그의 아들 여호아하스를 왕으로 세웠다(왕하 23:30). 요시야 왕의 일로 화가 난 느고는 아시리아 패잔병들을 돕고 난 후 돌아오는 길에 예루살렘으로 진군했다(Lucas). 그는 유다에 금 1달란트(34kg)와 은 100달란트(3,400kg)를 요구했다(대하 36:2, 왕하 23:33). 느고는 여호아하스를 폐위시켜 이집트로 잡아갔으며 대신 그의 형제 엘리아스를 왕으로 세우고 그의 이름을 여호야김으로 바꿔주었다(대하 36:4–5). 엘리아스의 나이 25세 때 일이었다.

얼마 후 느고는 다시 대군을 이끌고 아시리아 군을 돕는다는 명목으로(이때는 이미 아시리아가 폐망했다고 볼 수 있음) 출동했다. 메디아–바빌론 연합군은 갈그미스에서 주전 605년에 이집트 군과 근동의 패권을 놓고 최후의 경합을 벌였다. 전쟁은 바빌론–메디아 연합군의 대승으로 끝났다. 이 일로 소수의 패잔병만 남아 있던 아시리아는 영원히 사라졌고, 이집트는 다시 한 번 근동 정치 무대에서 1인자가 아닌 2인자로 '조용히' 숨죽이고 살아야 하는 신세가 되었다. 반면에 새로운 군주로 부상한 바빌론은 근동을 다스리게 되었다. 이집트는 가까이 있는 가나안 지방에는 계속 정치적인 영향력을 행사했다.

바빌론 군은 주전 605년에 갈그미스에서 이집트 군을 대파한 다음 여세를 몰아 이집트를 치기 위해 가나안 남쪽까지 진군했다. 이집트 군은 바빌론 군을 상대로 치열하게 저항했다. 이집트를 정복하는 일이 쉽지 않다는 것을 깨달은 바빌론 군은 조국으로 돌아가는 길에 유다–팔레스타인(Judah–Palestine) 지역의 약소국가들을 쉽게 정복했다. 이집트와 바빌론 사이에 완충 지역으로 위치한 가나안에서 이집트의 영향력을 완전히 뿌리뽑겠다는 생각이었다.

이 일로 유다는 바빌론에게 충성을 맹세한 속국이 되었으며 상당수의 주민들이 바빌론으로 끌려갔다. 바빌론 사람들이 끌고 간 무리는 귀족들과 박식한 사람들과 각 분야의 장인들로 구성되었다. 바빌론 사람들은 노예로 부리기 위해서 그들을 끌고 간 것이 아니다. 각 분야의 전문가들과 장인들을 바빌론으로 끌고 가 제국의 경제와 문화의 바탕을 튼튼하게 다지기 위해서였다. 다니엘과 세 친구도 이때에 바빌론으로 끌려갔다. 바빌론과 이집트는 한 번 더 이집트의 가나안 쪽 국경에서 주전 601년에 전쟁을 했지만 이때도 무승부로 끝이 났다.

유다는 두 강대국인 바빌론과 이집트 사이에서 살아남기 위해 안간힘을 썼다. 여호야김은 이집트가 세운 왕이며, 이집트에 충성을 약속한 왕이었다. 그러나 그는 바빌론 군이 시리아-가나안 지역을 침략한 주전 605년에 가나안의 여러 약소국가들처럼 바빌론에 충성을 맹세했다. 이런 상황에서 주전 601년에 바빌론 군이 이집트와 또 한 번 전쟁을 했지만, 이 싸움은 무승부로 끝이 났으며 바빌론 군은 얻은 것 없이 본국으로 돌아갔다. 자신을 유다의 왕으로 세워준 이집트에 항상 마음의 부담을 느끼고 있었던 여호야김은 바빌론과 이집트의 무승부를 이집트가 바빌론만큼이나 강해졌다는 의미로 풀이했다. 그는 이집트가 언제든지 유다를 도와줄 것이라고 착각하며 바빌론에게 반역했다.

본국으로 돌아간 후 재정비를 마친 바빌론 군이 가나안 지역의 반역 소식을 전해듣고 주전 598년에 다시 가나안 땅을 침략했다. 유다는 다시 한 번 소용돌이에 빠지게 되었다. 순식간에 모든 국토를 빼앗기고 유일하게 예루살렘만 함락되지 않고 포위된 상태로 몇 달을 지냈다. 여호야김은 성이 바빌론에 함락되기 3개월 전인 주전 598년 12월에 죽었다. 상당수의 학자들은 그가 친(親)바빌론 정치인들에게 암살된 것으로 생각한다.

여호야김이 죽자 백성들은 그의 아들 여호야긴을 왕으로 세웠다. 여호야긴은 바빌론에 포위된 예루살렘 성에서 약 3개월 동안 버티다가 항복했다. 이렇게 해서 예루살렘은 주전 597년 3월 15일경에 바빌론 왕 느부갓네살에 의해 함락되었다. 바빌론 군은 약 8,000명의 포로와 많은 노획물을 끌고 본국으로 돌아갔다(왕하 24:16). 이때 선지자 에스겔도 바빌론으로 끌려갔다. 바빌론 사람들은 항복한 유다 왕 여호야긴도 바빌론으로 잡아가고 그 자리에 여호야긴의 숙부 시드기야를 왕으로 세웠다.

이집트의 지칠 줄 모르는 압력과 두로와 암몬의 동조와 에돔의 권유

등으로 인해 유다의 마지막 왕 시드기야는 주전 588년에 자기를 왕으로 세워준 바빌론을 배반하고 이집트에 충성을 맹세했다. 두로와 암몬이 함께한 반역이었다(Lucas). 소식을 전해들은 바빌론이 다시 가나안을 침략했다. 바빌론 군이 쳐들어오면 도와주겠다던 이집트의 약속은 지켜지지 않았고 온 가나안 땅이 순식간에 바빌론 군 앞에서 모래성 무너지듯 무너져 내렸다.

예루살렘은 1년 이상이나 포위된 상태에서 버텨보았지만, 결국 함락되고 말았다. 이때가 주전 586년 7월이었다. 시드기야는 성이 함락되기 며칠 전 야밤에 도주했으나 바빌론 군에 붙잡혀 리블라(Riblah)에 있던 느부갓네살 왕에게 끌려갔다. 바빌론 군은 시드기야가 보는 앞에서 그의 아들들을 처형했다. 아들들이 살해되는 장면을 지켜본 시드기야는 두 눈이 뽑힌 채로 바빌론에 끌려갔다(왕하 25:1-21, 렘 52:9-11). 그러나 시드기야가 바빌론에 도착했다는 기록이 그 어디에도 없는 것으로 보아 그는 1,500㎞나 되는 길을 가는 도중에 죽었을 가능성이 높다. 이렇게 해서 유다는 한 나라로서 막을 내렸다. 이후 유다는 바빌론 제국의 한 주(州)로 편입되었다(cf. 왕하 25:22).

그 후 약 50년이 지난 다음 해방의 빛이 유다에서 끌려온 포로민들의 삶을 비추었다. 주전 539년에 페르시아의 키루스 왕이 바빌론을 공략해 바빌론 제국을 취하고 페르시아 제국을 출범시켰다. 이때 바빌론의 왕 나보니두스는 나라를 세자 벨사살에게 맡겨두고 데마(Teima)에서 10년째 살고 있었다. 벨사살의 통치는 방탕과 허세로 가득했으며(cf. 5장), 썩어빠진 정치가들에게 진절머리가 난 바빌론 사람들은 페르시아 군대가 쳐들어오고 있다는 소식을 듣고는 오히려 성문을 열어 키루스의 군대를 해방군으로 환영했다.

키루스 왕은 바빌론에게 억압을 받거나 강제로 끌려온 여러 민족들을 해방하는 이로서 의무를 다했다. 그는 대(大)바빌론을 별다른 저항이나 피를 흘리지 않고 정복한 일을 기념하기 위하여 칙령을 선포했다. 일명 키루스 실린더(Cyrus Cylinder)로 알려진 문서의 기록에 따르면 이 칙령은 강제로 바빌론으로 끌려와 살던 모든 민족에게 종교의 자유와 함께 본국/조상의 나라로 돌아갈 수 있는 거주의 자유를 주었다. 이때가 주전 538년이었다.

바빌론에 살던 유대인들의 경우 대부분은 경제적인 이유 때문에 바빌론에 남는 것을 선호했지만, 상당수의 사람들이 스룹바벨과 세스바살의 지휘 아래 예루살렘으로 돌아와 무너진 하나님의 나라와 백성을 재건했다. 바빌론에 남은 유대인들은 형제들의 귀환을 물질적으로 도왔다. 바빌론에 남아 있던 유대인들도 여호와 종교를 계속 믿었으며, 이 공동체에서 그 유명한 바빌론 탈무드가 탄생했다. 다니엘서와 연관된 주요 연대들을 정리하면 다음과 같다.

연대 (B.C.)	사건
627	아시리아 제국의 마지막 위대한 왕 아슈르바니팔의 죽음.
625	갈대아 지역 왕자 느보/나보폴라사르(Nabopolassar)가 바빌론 근처에서 아시리아 군을 물리치고 바빌론 왕이 됨. 메디아가 바빌론과 연합함.
614	아시리아의 수도 아수르가 메디아에게 함락됨.
612	아시리아의 니느웨가 바빌론–메디아에게 함락됨.
609	이집트 왕 느고가 아시리아의 패잔병들을 돕는다는 명목으로 유프라테스 강 기슭의 갈그미스로 대군을 이끌고 진군함.
	유다의 요시야 왕이 느고의 길을 막았다가 므깃도에서 죽임을 당함. 느고가 예루살렘으로 진군해 여호아하스를 이집트로 잡아가고 여호야김을 왕으로 세움.
605	느부갓네살의 바빌론 군이 이집트–아시리아 연합군을 갈그미스에서 대파함.
	이집트 국경에서 이집트와 바빌론이 전쟁함. 무승부로 끝이 남. 신바빌론 제국의 창시자 느보가 죽고 그의 아들 느부갓네살이 왕위에 오름.

	느부갓네살이 시리아-가나안 지역을 정복함. 유다에서 다니엘을 포함한 8,000여 명이 끌려가고 성전의 금 그릇 일부도 가져감.
597	예루살렘이 함락되고 많은 사람들이 바빌론으로 끌려감. 선지자 에스겔도 이때 끌려감.
586	바빌론 군이 예루살렘 성을 함락 시키고 성전을 불태움. 많은 사람들이 포로로 끌려감.
562–560	아멜마르둑(Amel-Marduk/Evil-Merodach, 왕하 25:27–30)이 바빌론의 왕으로 즉위.
560–556	느부갓네살의 사위 느리그리살(Neriglissar)이 바빌론의 왕으로 취임.
556	나보니두스가 바빌론의 왕이 됨. 얼마 후 그는 정치를 그만두고 달(月) 신을 숭배하기 위해 아라비아의 데마(Teima)로 거처를 옮김. 그의 아들 벨사살이 섭정함.
548	벨사살의 섭정이 시작됨.
539	페르시아의 키루스 왕이 바빌론을 정복함. 벨사살이 처형됨.
522	다리우스(Darius I)가 키루스의 후계자 캄비세스(Cambyses)의 뒤를 이어 페르시아 제국의 세 번째 왕이 됨.
516	수룹바벨을 중심으로 바빌론에서 예루살렘으로 돌아온 귀향민들이 성전을 재건해 헌당함.
336–323	알렉산드로스 대왕이 페르시아 제국을 정복함.
320	팔레스타인 지역이 이집트를 중심으로 형성된 프톨레마이오스 제국(Ptolemaic Empire)의 일부가 됨.
198	소아시아-시리아를 중심으로 형성되었던 셀레우코스(Seleucid) 왕조의 안티오쿠스 3세('the Great')가 팔레스타인 지역을 점령함.
175	안티오쿠스 4세(Epiphanes)가 왕위에 오름.
167	이집트 원정에 나섰던 안티오쿠스 4세가 로마에서 온 대사에게 수모를 당하고 돌아감. 가는 길에 유다를 쑥대밭으로 만듦. 예루살렘 성전에서 유대교 종교 예식과 예배가 중단됨. 12월 예루살렘 성전에 헬라의 신상을 세움.
164	12월에 마카비(Judas Maccabee)에 의하여 성전 재헌당식(수전절, Chanukah)이 행해짐.

이 외에도 다니엘서와 연관된 페르시아 제국의 키루스가 시작한 아케메네스(Achaemenid) 왕조와 알렉산드로스 대왕 이후로 이집트를 지배한 프톨레마이오스 왕조와 시리아 지역을 지배한 셀레우코스 왕조의 연대는 다음과 같다.

페르시아의 아케메네스 왕조	
연대(년)	왕
539–530	고레스/키루스(Cyrus)
530–522	캄비세스(Cambyses)
522–486	다리오/다리우스 1세(Darius I)
486–465/4	아하수에로/크세르크세스 1세(Ahasuerus/Xerxes I)
464–423	아르타크세르크세스 1세(Artaxerxes I)
423–404	다리우스 2세(Darius II)
404–359	아르타크세르크세스 2세(Artaxerxes II)
359–338	아르타크세르크세스 3세(Artaxerxes III)
338–336	아르세스(Arses)
336–331	다리우스 3세(Darius III)

헬라 제국의 알렉산드로스 대왕은 주전 334–331년 사이에 온 세상을 정복하다시피 했다. 그러나 그는 예기치 않은 열병으로 젊은 나이에 세상을 떠났다. 그가 죽자마자 알렉산드로스의 부하로 있던 장군들은 그의 제국을 네 개로 나누었다. 네 나라들 중 이집트와 시리아를 중심으로 한 두 나라가 두각을 나타냈으며 다니엘서와 깊은 연관이 있다.

이집트를 중심으로 한 프톨레마이오스(Ptolemy) 왕조	
연대(년)	왕
323–285	프톨레마이오스 1세(Ptolemy I)
285–245	프톨레마이오스 2세(Ptolemy II)
246–221	프톨레마이오스 3세(Ptolemy III)
221–203	프톨레마이오스 4세(Ptolemy IV)
203–181	프톨레마이오스 5세(Ptolemy V)

시리아를 중심으로 한 셀레우코스(Seleucid) 왕조	
연대(년)	왕
312–281	셀레우코스 1세(Seleucus I)
281–260	안티오쿠스 1세(Antiochus I)
260–246	안티오쿠스 2세(Antiochus II)
246–227	셀레우코스 2세(Seleucus II)
227–223	셀레우코스 3세(Seleucus III)
223–187	안티오쿠스 3세(Antiochus III, the great)
187–175	셀레우코스 4세(Seleucus IV)
175–164	안티오쿠스 4세(Antiochus IV)

3. 다니엘서의 비평학

다니엘서는 해석자들에게 성경의 그 어느 책보다도 많은 논쟁거리를 안겨준 책이다(Gowan). 선지서로 분류되지만, 담고 있는 내용은 다른 선지서의 내용과 굉장히 다르기 때문이다. 또한 오래전부터 유대인들은 다니엘을 가장 위대한 선지자로 여겨왔지만(Josephus, Antiquities, 10.11.4), 실제로 다니엘은 선지자 사역에 전념한 사람이 아니라 정치인이었다는 사실도 이 논쟁에 불을 지폈다.

많은 진보적인 학자들이 다니엘서는 주전 165년경에 쓰인 책이라고 주장한다(cf. Gowan). 이 같은 주장을 제일 먼저 펼쳤던 사람은 주후 3세기에 기독교를 신랄하게 공격했던 신플라톤주의 철학자(Neoplatonist philosopher) 포르피리우스(Porphyry of Tyre, 234–305년)였다(cf. Casey). 포르피리우스의 저서가 오늘날까지 전해지지는 않았지만, 그가 주장한 논지는 히에로니무스(Hieronymus Jerome)가 상당히 구체적으로 보존해왔다. 포르피리우스는 다니엘서가 예언을 하고 있는 것이 아니라 이미 일어난 일을 마치 미래에 일어날 일처럼 둔갑시켰을 뿐이라고 주장했다. 또한 다니엘서는 다니엘이라는 주전 7세기 사람의 저작이 아니라, 주전 2세기 중반에 예루살렘에서 살았던 어느 유대인의 저작이라고 주장했다. 이 익명의 저자는 안티오쿠스 4세(cf. 11장)가 이스라엘에 종교적인 핍박을 가하는 것을 목격한 후 이 사실을 후대에 알리기 위해 다니엘서를 저작한 것이라고 주장했다.

기독교와 유대교를 공격하기 위해 이러한 주장을 펼친 포르피리우스의 말은 별 호응을 얻지 못하고 1,500여 년 동안 묻혀 있다가 18세기에 와서 다시 주목받기 시작했다. 이때부터 반기독교적인 사고가 서구 사회에서 활성화되기 시작했기 때문이다. 또한 신학자들 중에서도 진보적인 관점을 지닌 사람들은 이쪽으로 쏠리기 시작했다.

그들이 지적하는 가장 큰 문제는 다니엘서가 안티오쿠스 4세(Antiochus Epiphanes) 시대까지의 고대 근동 역사를 상당히 자세하고 구체적으로 서술하고 있다는 사실이다. 사람이 미래에 대해 다니엘서가 기록한 것처럼 구체적이고 자세하게 예언하는 것은 불가능하다는 신학적 편견을 바탕으로 책을 해석하자면 이런 결론에 도달할 수밖에 없다. 그러므로 이런 편견을 지닌 사람들은 다니엘서를 집필한 사람은 책이 말하는 주전 6세기 예언자 다니엘이 아니라 주전 2세기에 안티오쿠스 시대를 살았던 사람이라고 주장한 것이다.

이런 견해를 가진 사람들 대부분은 다니엘서가 가명(pseudonym)으로 기록된 책이며, 책에 나오는 모든 역사적 사실은 이미 일어난 일들을 마치 앞으로 일어날 일을 미리 본 예언처럼 조작한 것에 불과하다고 주장한다(vaticinium ex eventu, Henze). 또한 그들은 다니엘과 세 친구 모두 실존 인물이 아니라, 가상 인물이라고 주장한다(Collins, Delcor, Gammie).

> 모든 환상은 이미 일어난 일을 마치 예언인 것처럼 조작한 것에 불과하다는 것(prophecy after the fact, vaticinium ex eventu)을 전제로 해야 한다. 왜? 인간은 몇 백 년 후의 일을 예측할 수 없기 때문이다. 다니엘이 몇 백 년 후의 일을 예측할 수 있었다는 것은(아무리 상징적인 계시에 의해 하나님의 천사가 설명해주었다고 하더라도) 미래를 예측할 수 없는 근본적이고 확실한

> 인간의 본질(human nature)과 정면으로 충돌하기 때문이다. 그러므로 여기[다니엘서]에 있는 것은 주전 6세기에서 바라본 미래에 대한 청사진이 아니라, 저자의 현실인 주전 167-164년에 서서 과거를 해명한 것일 뿐이다(Towner).

위에 소개된 학자(Towner)의 논리에 확연히 드러나 있듯, 다니엘서가 주전 2세기에 저작된 책이라는 주장은 그 어떤 그 역사적 증거를 바탕으로 제시된 것은 아니다(cf. Archer, Harrison, Longman). 오직 사람은 미래에 대해 예언할 수 없다는 편견을 바탕으로 했을 뿐이다. 그러므로 오늘날에도 하나님이 원하신다면 언제, 어디서든 온갖 기적과 예언의 은사를 내려주실 수 있다는 사실을 확고히 믿는 우리에게는 반박할 만한 가치도 없는, 어이없는 논리에 불과하다.

또한 비평학자들 사이에서도 지속적으로 대두되고 있는 문제 중 하나는 최소한 다니엘 1-6장은 아무리 늦어도 주전 3세기 이전에는 기록되었어야 한다는 주장이다(cf. Collins, Davies, Fewell). 우리는 안티오쿠스 시대를 포함한 주전 2세기 때 외국인에 대한 유대인들의 태도가 무척 부정적이었다는 사실을 역사적인 자료들을 통해 충분히 입증할 수 있다. 문제는 다니엘 1-6장은 이방 왕들인 느부갓네살과 벨사살과 다리오 등을 매우 긍정적인 시각에서 묘사하고 있다는 것이다(Collins, Wills, cf. 에스라-느헤미야서). 그러므로 이 왕들은 안티오쿠스의 모형(anti-type)이 될 수 없다. 게다가 다니엘은 이 이방 왕들의 지속적인 친구였을 뿐만 아니라 이 이방 왕들도 다니엘을 대단한 공경과 존경심을 가지고 대했다. 이 같은 다니엘 1-6장의 분위기와 정서가 주전 2세기의 역사적 정황과는 결코 어울리지 않는다는 것이 많은 학자들의 주장이다(cf. Huey, Leupold, Lucas).

성경을 떠나서는 다니엘서의 다니엘에 대한 최초의 언급이 외경에 포함된 마카비1서 1:60에서 발견되는데, 비평학자들도 이 책은 주전

100년대에 저작된 것이라고 한다(Fox). 이들의 주장을 따르자면 다니엘서는 제작된 지 불과 몇 십 년 사이에 정경으로 자리매김을 했다는 것인데, 왠지 충분한 시간이라는 느낌을 주지 못한다. 오히려 주전 6세기의 다니엘이 더 설득력을 지닌 듯하다(cf. Ferch).

다니엘서는 아람어와 히브리어를 사용하는 것 외에도 페르시아어에 바탕을 둔 단어 17개, 그리스어에 바탕을 둔 단어 세 개, 이집트어에 바탕을 둔 단어 한 개 등 총 21개의 외래어 단어들을 사용한다(Archer, Harrison, Kitchen, Leupold, cf. Collins). 이처럼 다니엘서가 많은 외래어 단어를 담고 있는 것이 이 책이 주전 2세기에 저작되었음을 입증하는 증거라고 주장하는 사람들도 있다. 그러나 정말 그런지 생각해보자.

첫째, 페르시아어 단어 17개 중 12개는 정치적 용어, 혹은 정치적 직위를 표현하는 것들이다(Leupold). 다니엘이 페르시아의 새 정부와 연관되었음이 책 안에서 밝혀지는 것(1:21, 10:1)을 감안하면 너무나도 당연한 일이다. 또한 다니엘서에서 사용되는 페르시아어는 고어(Old Persian)로 주전 300년대에 중기 페르시아어(Middle Persian)로 대체되었다(Kitchen). 그렇다면 다니엘서의 페르시아어 단어들은 다니엘서가 주전 2세기가 아니라, 그 이전(최소한 주전 4세기)에 수록되었을 가능성을 시사한다(cf. Archer, Kitchen).

둘째, 그리스어 단어는 세 개의 악기 이름으로 한정되어 있다. 그 당시에 그리스와 바빌론을 포함한 나라들 사이에 상당한 교역과 문화적 교류가 있었음은 고고학적인 자료들을 통해 입증되었다(Yamauchi). 문제를 제기하는 사람들의 말처럼 이 그리스어 단어들이 현재까지 발굴된 문서들 중에 헬라의 철학자 플라톤(Plato) 시대(주전 370년경)의 문서에서 발견되지 않은 것은 사실이다. 그러므로 플라톤 시대 이후에 사용된 단어들이다. 그러나 이러한 사실이 문제가 되지는 않는다. 현재 우리가 가지고 있는 고대 그리스의 문서는 원래 있었던 것의 10분의 1에도 못 미치기 때문이다(Archer). 그러므로 이런 논리는 큰 설득력이 없다.

셋째, 다니엘서 안에서 반복적으로 사용되는 이집트어 단어 '마술사'(חַרְטֻמִּים, hartummim, 1:20, 2:2, 10, 27, 4:4, 6)는 이미 창세기 41:8, 24에서도 사용되었다. 그러므로 다니엘이 이 단어를 사용한 것은 오래전부터 히브리 문학에 도입된 외래어를 사용한 것으로 문제가 되지 않는다. 또한 주전 6세기 바빌론에 이집트인이 거주했다는 증거가 많이 남아 있다(Yamauchi). 그러므로 다니엘 자신이 페르시아 시대 초기에 이 책을 기록했기 때문에 페르시아의 정치적 용어들과 이미 오랫동안 헬라 문화를 접했던 바빌론이 수입해 사용했던 헬라의 악기들의 이름 등을 사용하는 것은 오히려 그의 책이 주전 6세기에 기록되었다는 사실을 입증하는 증거가 될 수 있다(cf. Archer, Harrison, Huey).

넷째, 다니엘서 사본 여러 개가 쿰란에서도 발견되었는데 이 사본들의 연대는 늦어도 주전 1세기, 빠르면 주전 2세기로 추정된다. 비평학자들이 주장하는 것처럼 다니엘서가 주전 165년쯤에 저작되었다면, 이 짧은 시간 사이에 정경으로서 위치를 굳혔을 가능성은 그다지 커 보이지 않는다. 게다가 다니엘서에서 사용된 아람어가 주전 5세기 이전부터 사용되었던 제국 아람어(*Reichsaramaisch*)로 기록되었다는 사실(LaSor et al.)은 이 논쟁에서 어떤 역할을 해야 하는가?

다니엘서의 저작권 논쟁에서 가장 큰 논쟁이 되어야 하는 것은 본문 자체가 과연 어떤 주장을 하고 있는가 하는 문제이다. 이 문제가 중요한 것은 무엇보다도 성경의 진실성(integrity)과 연관이 있기 때문이다. 만일 다니엘서가 저작권에 대하여 구체적인 '진실 선언/주장'(truth claim)을 하고 있다면, 성경을 하나님의 진실한 말씀이라고 고백하고 믿는 우리는 이 주장을 액면 그대로 받아들여야 하기 때문이다. 그렇지 않을 경우 성경의 권위와 진실성에 큰 불신이 생길 수밖에 없다. 다니엘서는 다음 사실들을 내포하고 있다.

첫째, 최소한 7–12장은 다니엘이 저자임을 증언한다. 이 부분에서 다니엘이 지속적으로 '나'(1인칭 단수)로 서술해 나가고 있기 때문이다.

둘째, 천사는 다니엘에게 '그 책'을 보존하라고 명령한다(12:4). 셋째, 다니엘서는 신바빌론 제국과 페르시아 제국의 초기 역사에 대한 놀라운 수준의 지식을 담고 있다. 한 예로 4장에서 느부갓네살은 신바빌론 제국의 창설자로 묘사되는데, 이것은 벌써 오래전부터 입증이 되었다. 그의 아버지 느보는 바빌론 왕국을 세웠다. 그의 아들 느부갓네살이 그것을 제국으로 발전시킨 것이다.

이 같은 증거를 바탕으로 다니엘서는 주전 605년에 예루살렘에서 바빌론으로 끌려온 다니엘이 주전 6세기 말에 페르시아 제국의 수도 수사에서 저작한 것으로 보는 것이 바람직하다. 이런 결론이 다니엘서의 내부적인 증거와 주장을 고려하면 가장 설득력이 있는 견해로 생각되기 때문이다. 예수님도 다니엘이 실제 인물이었다는 것을 전제하고 말씀하셨다. 게다가 에스겔도 다니엘을 언급하는 것으로 보아 특별히 다른 견해를 선호할 필요는 없어 보인다.

4. 다니엘서와 역사

많은 학자들은 다니엘서가 언급하는 여러 가지 사건들에 역사적 오류가 있다고 주장한다(Redditt, Gowan, Seow, Smith–Christopher). 그들이 제시하는 가장 큰 문제는 다리오/다리우스에 관한 것이다(cf. Bulman, Colless, Grabbe, Shea). 바빌론이 페르시아의 키루스에게 멸망한 후 바빌론의 마지막 왕 벨사살은 처형을 당했고(5:30, 9:1), 그 뒤를 이어 페르시아의 다리우스가 왕이 되었다. 이때 그의 나이가 62세로 기록되어 있다(9:30).

다니엘서는 다리우스가 '메디아 사람'이었다고 말한다(6:1). 이 왕이 바로 다니엘을 사자의 굴로 보낸 왕이었다(6장). 문제는 다니엘서 안에서는 다리우스가 이처럼 중요한 인물이지만, 성경 외에는 이 왕에 대한 언급을 발견할 수가 없다는 사실이다. 또한 바빌론을 정복한 페르시아의 키루스 왕에게는 '바빌론의 왕'이란 타이틀이 주어지는 것이 당연하지만, 정체를 알 수 없는 이 다리우스에게 '바빌론의 왕'이라는 타이틀이 주어지는 것도 납득이 가지 않는 일이라고 한다.

학자들은 다니엘서에 등장하는 다리우스가 '희미한 기억의 산물'이라고 주장했다(Rowley, cf. Hartman and Di Lella, Lacocque, Montgomery, Porteus). 다니엘서는 사건이 일어난 지 몇 백 년 후에 쓰인 책(viz., 주전 2세기)이다 보니 역사적으로 존재하지 않았던 다리우스를 실수로 조작해낸 것이라는 주장이다. 그들은 페르시아 제국의 제2대 왕이었던 캄비세스가 주전 520년에 죽자 그 기회에 반역을 꾀해 바빌론을 재(再)정복했던 페르시아의 다리우스 히스타스페스(Darius Hystaspes)와 착각해 비롯된 실수라고 주장한다. 더 나아가 이 학자들은 다니엘서 저자의 혼돈은 여기서 멈추지 않고 다리우스 히스타스페스와 바빌론을 정복할 때 나이가 62세쯤 되었을 것으로 추정되는 키루스의 나이와도 혼돈했다고 한다.

뿐만 아니라 다리우스 히스타스페스와 키루스는 메디아 사람들이 아니라 페르시아 사람들이므로 성경이 큰 실수를 범하고 있다고 주장했다. 이런 실수는 바빌론이 페르시아가 아니라 메디아에게 멸망당할 것으로 예언한 예레미야 51:11, 28 등에 근거를 두었다고 주장했다. 이 학자들은 다니엘 9:1은 다리우스를 크세르크세스/아하수에로의 아들로 표기하는데, 실제적으로는 다리우스가 크세르크세스의 아버지였다는 점을 증거로 제시한다.

이에 대해 위트컴(Whitcomb), 와이즈맨(Wiseman), 셰이(Shea) 등은 더 합리적으로 설명한다. 이 학자들의 주장에 의하면 다리우스가 키루스 왕의 심복이었던 구바루(Gubaru/Ugbaru) 장군이거나, 키루스의 '바빌론 왕위' 이름(Babylonian throne name)이라는 것이다. 먼저 "다리우스는 키루스 왕의 심복 구바루 장군이었다"는 주장에 대해 생각해보자. 많은 학자들(Albright, Archer, Delitzch, Leupold, Shea, Whitcomb, Wilson, Wood)이 이 이론을 주장한다. 이중 셰이의 연구가 많은 주목을 받는다. 학자들이 제시하는 증거는 이러하다. 페르시아의 기록에 의하면 바빌론 공략은 키루스가 직접 한 일이 아니라, 그의 두 장군이 이룬 업적이었다. 역사적 자료에 의하면 키루스는 그의 군대가 바빌론을 점령한 이후 이듬해까지 약 14개월 동안 '바빌론의 왕'이라는 타이틀을 사용하지 않았다.

이 14개월 동안 키루스는 그의 심복을 총독으로 삼고 그를 통해 바빌론을 통치했다. 기록에 의하면 이 장군의 이름은 구바루였다(*ANET*, 306). 바로 이 심복이 메디아 사람 다리우스라는 주장이다. 그가 바빌론을 정복한 후 약 1년 3주 정도 살다가 죽었다는 기록이 남아 있다(Shea). 학자들은 구바루(다리우스)가 키루스의 심복이었을 가능성이 5:31과 9:1에 반복되는 "왕국을 받았다"는 표현에 담겨 있다고 생각한다. 그들은 9:1이 "메대 족속 아하수에로의 아들 다리오가 갈대아 나라 왕으로 **세움을 입던** 원년"이라고 기록하고 있는 점에 주목한다. 이 문장에서 다리우스가 왕으로 취임한 것(능동형)이 아니라 '세움을 입다'(수동형)라는 표현의 중요성이 부각된 것이다. 또한 5:31은 "메대 사람 다리오가 그 나라를 받았다"라고 한다.

문제는 총독이 왕으로 불릴 수 있는가 하는 점이다. 학자들은 충분히 가능하다고 주장한다. 옴스테드(Olmstead)는 이렇게 주장한다. "키루스 왕이 바빌론 사람들을 대할 때 그는 분명히 '바빌론의 왕, 온 땅의 왕'이라는 칭호를 사용했다. 그러나 키루스가 바빌론을 떠나면, 고브리아스(Gobryas, 구바루의 다른 이름)가 왕의 권위를 가지고 왕처럼 통치했기 때문에 그가 왕으로 불렸다." 또한 한 역사적 자료에 의하면 구바루가 죽고 난 후 얼마 지나지 않아 그의 아내가 죽었다. 그런데 이 자료는 구바루의 아내의 죽음을 '왕비의 죽음'으로 기록하고 있다(Shea).

학자들은 다리우스가 바빌론을 통치하기 시작할 때 62세였다는 사실에 주목한다(5:31). 크세노폰(Xenophon, 주전 4-5세기에 살았던 그리스 역사가)은 고브리아스가 바빌론을 점령했을 때 "나이가 매우 많았다"고 기록했다. 그러므로 성경의 다리우스와 페르시아 역사에 등장하는 구바루/고브리아스가 같은 인물이라는 주장이 상당히 설득력이 있는 것으로 제시된 것이다.

다리우스는 키루스의 '바빌론 왕위 이름'이었다는 주장에 대해 생각해 보자. 이 주장은 저명한 아시리아학의 권위자 와이즈맨을 중심으로 불맨(Bulman)과 볼드윈(Baldwin) 등이 제시한 설이다. 이 학자들에 의하면 한 왕이 두 개의 왕위 이름을 사용하는 것은 고대 근동에서 흔히 있었던 일이다. 그러므로 키루스와 다리우스는 모두 통치 이름이라는 것이다.

키루스는 메디아뿐만 아니라 페르시아의 통치자였다. 그러므로 페르시아를 통치할 때에는 키루스라는 이름을 사용했지만, 메디아를 통치할 때에는 '메디아 사람 다리우스'라는 타이틀을 사용해 자신은 메디아 사람들의 왕이기도 하다는 사실을 강조했다. 키루스의 육촌으로 주전 540–530년대의 페르시아 역사를 기록했던 역사가 나보니두스는 주전 546년에 이미 키루스를 '메디아의 왕'으로 불렀다(Wiseman). 주전 5세기에 살았던 그리스 역사가 헤로도토스(Herodotus)도 키루스가 바빌론을 함락시킨 이후에 '바빌론의 왕'이라는 타이틀을 사용했을 뿐만 아니라, 예전에 사용하던 '메디아의 왕'이라는 타이틀도 간간히 사용했다는 기록을 남겼다(*Histories* 1.206).

더 나아가 불맨은 다니엘서의 저자가 키루스보다는 다리우스라는 이름을 즐겨 사용하는 데는 그만한 이유가 있었다고 주장한다. 유대인들에게는 페르시아보다 메디아가 더 큰 의미가 있었다는 것이다. 이사야 선지자(cf. 사 13:17)와 예레미야 선지자(cf. 렘 51:11, 28)는 바빌론이 메디아에 의하여 망하게 될 것을 예언했다. 그러므로 다니엘이 이 선지자들의 예언이 성취되었다는 것을 강조하기 위해 키루스의 메디아 통치 이름을 선호하고 있다는 것이다(Bulman). 동시에 키루스와 그가 다스리는 세상의 관계를 알리기 위해 키루스라는 이름도 간간히 사용하고 있다.

다니엘서가 두 언어(아람어와 히브리어)로 구성되어 있는 점을 감안하면 같은 책 안에서 같은 인물의 다른 이름들이 사용되는 일이 그다지 부자연스러운 현상은 아니다. 게다가 다니엘과 세 친구들도 각자 두 개의 이름을 가지고 있지 않았는가? 또한 키루스의 나이가 다니엘서의 상황과 잘 어울린다. 로마제국의 역사가 키케로(Cicero, 주전 106-43년)에 의하면 키루스는 70세에 죽었다. 페르시아의 기록에 의하면 그는 바빌론을 정복한 후 9년을 통치하다가 죽었다(Bulman). 그렇다면 5:31에 언급된 주전 539년의 다리우스의 나이가 키루스의 나이와 일치한다.

어떤 견해가 역사적인 사실과 가장 가까운지 가늠하기란 쉽지 않은 문제이다. 그러나 한 가지 확실한 것은 다리우스는 주전 2세기에 살았던 다니엘서의 저자가 만들어낸 가상적인 인물이라는 주장이 생각보다 훨씬 더 설득력이 없어 보인다는 것이다. 또한 아직도 계속 새로운 고고학적 자료들이 발굴되고 있다. 19세기 중반까지 학자들은 다니엘서에서 바빌론의 마지막 왕으로 등장하는 벨사살도 가상 인물이라고 주장했다. 그 어디에도 이 왕에 대한 기록이 없었기 때문이다(cf. Grabbe). 그러다가 1854년에 발굴된 자료로 그가 바빌론의 마지막 왕인 나보니두스의 세자였다는 사실이 밝혀졌다(cf. Beaulieu). 벨사살은 아버지 나보니두스가 달(月)을 신으로 숭배하는 종교에 빠져 바빌론에서 약 1,600㎞ 떨어진 데마(Teima)라는 아라비아에 위치한 오아시스 촌에 가서 사는 동안 아버지를 대신해 바빌론을 10년 동안 통치했다(ANET, 313, cf. Wolters).

나보니두스가 바빌론의 왕이었지만, 바빌론에 머물지 못하고 데마까지 간 것은 종교적인 이유 때문이었다. 그는 신(Sin)이라는 달 신을 숭배했는데, 이때 바빌론의 중심 종교는 마르두크(Marduk)를 숭배했다. 이로 인해 나보니두스는 마르두크 종교 제사장들과 많은 마찰을 빚었고, 백성들도 그의 종교 성향을 지지하지 않았다. 그런 이유로 그는 세자인 벨사살에게 섭정을 맡기고 아라비아의 데마로 자기 우상을 따라 간 것이다.

더 이상 벨사살을 가상 인물이라고 주장하는 사람은 없다. 벨사살 왕은 5:7, 16, 29에서 자신의 꿈을 해몽해주는 사람을 자기 나라의 '제 3인자'로 높일 것을 약속한다. 그런데 왜 2인자가 아니고 3인자인가? 벨사살이 아버지 나보니두스를 대신해 바빌론을 다스리고 있는 자신을, 제국의 1인자가 아닌 2인자로 보았기 때문이다.[2] 다니엘서는 19세기 중반까지 그 어느 고서나 역사서에서 발견되지 않았던 사실을 증언하고 있었던 것이다.

이러한 맥락에서 앞으로 발굴될 자료들이 성경과 연관된 역사적 논쟁거리들을 더 확실하게 해명해줄 날이 올 수도 있다. 그러므로 지금은 성급하게 '이것이다'라고 결론을 지을 필요가 없다. 다만 다리우스는 실제 인물이었다는 증거들이 가상 인물이라는 주장보다 훨씬 더 설득력이 있어 보인다.

다니엘서에 등장하는 인물뿐만 아니라, 연대의 정확성에 대해서도 역사적 문제가 제기되기도 한다. 1:1은 "유다의 왕 여호야김이 위에 있은 지 삼 년에 바빌론 왕 느부갓네살이 예루살렘에 이르러 그것을 에워쌌더니"라고 기록하고 있다. 그런데 예레미야 25:1은 "유다 왕 요시야의 아들 여호야김 사 년 곧 바빌론 왕 느부갓네살 원년에…"라고 기록하고 있다. 이 두 구절이 1년의 차이를 보이고 있다는 것이다. 특히 다니엘이 예레미야의 70년을 언급하고 있다는 점을 감안할 때, 이 1년의 차이는 큰 논쟁거리가 될 수 있다. 이 1년의 차이에 대한 학자들의 설명은 다음과 같다.

---

2 이 외에도 학자들은 다니엘서가 벨사살을 '나보니두스의 아들'이 아니라 '느부갓네살의 아들'로 표기하고 있는 것을 문제 삼기도 하지만, '아들'이란 용어를 '후손'으로도 충분히 해석할 수 있기 때문에 별 문제는 없다. 또한 아버지와 섭정하는 세자를 왕으로 부르는 것이 문제가 된다고 하는 사람들도 있다. 그러나 이 또한 중요한 문제는 아니다(cf. Collins).

일부 학자들은 다니엘서를 저작한 주전 2세기 저자가 역대기하 36:6-7과 열왕기하 24:1을 연결하면서 실수한 것이라고 주장한다(Hartman & Di Lella). 가장 간단한 설명이지만, 성경의 신뢰성을 훼손하는 해석이다. 훨씬 더 설득력이 있고 합리적인 설명이 있다. 유대인들은 두 가지의 연대 표기법을 사용했다(Wiseman). 예레미야는 유다의 방법으로 연대를 표기했고, 다니엘은 바빌론의 방법에 따라 표기했다는 것이다. 바빌론의 표기 방식은 왕의 첫해를 '계승/즉위 해'로 불렀으며 그다음 해부터 숫자적 개념의 1, 2, 3년 등을 붙인 반면, 유다는 첫 해를 곧바로 제1년으로 표기하는 방법을 사용했다. 이 같은 사실에 바탕을 두고 하셀(Hasel)은 다음과 같은 도표를 제시했다(cf. Baldwin, Lucas, Mercer, Waltke). 다니엘이 바빌론 표기법을 쓰는 것은 주전 2세기 저자의 혼동이 아니라 그가 주전 6세기에 바빌론에 있었다는 사실을 간접적으로 입증하는 것이다.

계승 방법	계승 해	첫해	둘째 해	셋째 해	(단 1:1)
보통 방법	첫해	둘째 해	셋째 해	넷째 해	(렘 25:1, 9, 46:2)

5. 이슈들

이미 언급한 것처럼 다니엘서는 많은 논쟁거리를 안고 있는 책이다. 여러 가지 이슈들 중 책이 하나가 아닌 두 언어(히브리어와 아람어)를 사용하는 것과 다니엘서의 정경 위치와 다니엘과 다넬 논쟁과 책의 추가 부분들에 대해 논하고자 한다. 이 외에도 다니엘서에는 '한때 두 때, 반때'(7:25), '2,300저녁과 아침'(8:14), '70주'(9:24-27), '1,290일'(12:11), '1,335일'(12:12) 등 해석상 난제로 남아 있는 여러 개의 신비로운 숫자가 나온다. 이 숫자들에 대한 논쟁이 매우 복잡하고 다양한 해석을 빚기 때문에 각 본문을 주해할 때 연관된 논쟁거리들을 논하고자 한다.

(1) 두 가지 언어 사용

다니엘서가 지니고 있는 미스터리(mystery)는 책이 히브리어뿐만 아니라 상당 부분 아람어를 포함하고 있다는 점이다(Gowan). 다니엘서는 총 157½절의 히브리어 텍스트와 총 199½절의 아람어 텍스트로 구성되어 있다. 사용하는 언어를 기준으로 책을 구분하면 다음과 같은 구조를 지녔다. 히브리어 텍스트가 아람어가 사용된 부분을 감싸고 있다.

1:1–2:4a 히브리어
    2:4b–7:28 아람어
8:1–12:13 히브리어

한 권의 책이 두 개의 언어로 구성되어 있다는 사실은 성경에서뿐만 아니라, 일반 문헌들 중에서도 매우 특이한 형태이다.[3] 아람어는 오늘날의 영어처럼 당시 근동 지역의 통용어(*lingua franca*)였다. 저자가 왜 같은 책 안에서 두 가지 언어를 구상하고 있는가에 대해서는 학자들의 추측이 분분하다(cf. Archer, Collins, Hasel, Kitchen). 현재까지는 그 어느 가설도 학계의 절대적인 지지를 받지 못하고 있다. 학자들 사이에 난무한 추측들 가운데 비중 있는 몇 가지를 살펴보자.

첫째, 가장 전통적인 견해는 같은 저자(viz., 다니엘)가 유다 사람들을 위한 내용에는 히브리어로 기록했고, 이방인들을 위한 내용은 아람어로 저작한 것이라는 주장이다. 이 학설에 의하면 열방, 특히 바빌론에 대해 많이 언급하는 2–7장이 먼저 아람어로 저작되어 바빌론에 끌려와 살던 유대인들에게 위로의 메시지로 선포되었다. 여기에 훗날 수준

3 에스라–느헤미야서는 이방 왕들의 칙령과 서신 등을 그들이 이 문서들을 작성하면서 사용한 아람어로 보존하고 있다. 그러나 다니엘서처럼 두 언어를 사용해 책을 전개하지는 않는다.

이 높은 유대인 청중들을 위해 히브리어로 기록된 8-12장이 더해진 것이다(Harrison, Rowley). 책의 서론을 구성하고 있는 1장도 원래 아람어로 저작되었지만, 히브리어 부분이 더해질 때 1장이 히브리어로 번역되었다고 주장하기도 한다(Delcor, Porteus).

둘째, 저자는 책 전체를 히브리어로 저작했지만, 아람어로 진행된 대화를 기록할 때에는 아람어로 번역해두었다는 주장이다(Driver). 에스라 4:8-23, 5:1-6:18, 7:12-26에서도 이런 현상을 포착할 수 있다는 것이 이런 주장을 뒷받침하는 증거로 제시된다. 그러나 이 주장은 다니엘서가 제한된 범위가 아닌, 책의 2분의 1을 형성하고 있는 여섯 장씩이나 되는 광범위한 범위에서 아람어로 진행된다는 사실을 설명하지 못한다.

셋째, 저자는 원래 이 책을 한 언어로 기록했지만 중간에 부분적으로 다른 언어(아람어)로 대체되었다는 주장이다. 이 주장에는 두 가지 변형이 있다. 다니엘서 전체가 히브리어와 아람어 버전으로 동시에 유통되었는데, 히브리어 버전의 일부분이 분실되자 아람어 본으로 대체되었다는 설이 있고(Bevan, von Gall), 다니엘서는 처음에 아람어로 제작되었으며 이 책이 정경으로 받아들여지게 하기 위해서 첫 부분과 마지막 부분이 히브리어로 번역된 것이라는 주장이 있다(Ginsberg, Hartman and Di Lella, cf. Huetius, Buhl, Charles). 그러나 정경에 포함시키기 위해서 일부를 아람어에서 히브리어로 번역했다는 주장은 설득력이 없다. 유대인들이 책의 내용보다 겉 표지만 보고 정경 여부를 정하지는 않았기 때문이다(Lacocque).

넷째, 한 사람이 아니라 둘 혹은 여러 사람이 다니엘서를 저작했기 때문에 빚어진 결과라는 주장이다(Smith-Christopher). 어떤 사람은 히브리어로, 어떤 사람은 아람어로 기록해 종합한 것이 다니엘서라는 주장이다(Torrey, Montgomery). 이 학설에 의하면 다니엘서 편집자는 책의 최종 형태에 어떤 기여도 하지 않았으며, 그저 여러 조각의 글을 별 생각

없이 한곳에 모았을 뿐이다. 가장 설득력이 없는 제안이다. 이렇게 설명하기에는 다니엘서의 히브리어 부분과 아람어로 저작된 부분이 참으로 많은 통일성과 연결성을 유지하고 있기 때문이다.

한 가지 특이한 것은 여호와를 섬기지 않는 이방 왕들과 그들이 통치하는 이방 나라에 대한 이야기를 중심으로 형성된 2–7장은 당시 통용어인 아람어로 기록되어 있고, 여호와의 백성인 유다 사람들의 미래에 대한 예언은 히브리어로 기록되어 있다는 사실이다. 이 같은 구분이 완벽하지는 않지만, 대체적으로 설득력이 있다. 그렇다면 저자가 자기 책을 구성하고 있는 본문 내용이 누구에 관한 것인가에 따라 사용하는 언어를 구분했다는 것을 알 수 있다. 주의 백성을 주제로 한 메시지는 히브리어로, 열방을 주제로 한 메시지는 아람어로 저작한 것이다. 이러한 차원에서 다니엘서는 이방인들과 주의 백성을 구분하는 책이라 할 수 있다.

다니엘서가 두 언어를 사용하는 일에서 다음과 같은 사실을 확인할 수 있다. 첫째, 선지자 다니엘의 개인적인 회고(2–3, 5–6장)의 대부분이 아람어 본문에 등장한다.[4] 또한 책의 서론(1장)과 그가 본 환상 중 주의 백성과 직접적으로 연관이 있는 것들은 대부분 히브리어로 기록되어 있다.

둘째, 다니엘서의 아람어 부분(2–7장)은 뚜렷한 교차대구법적인 구조를 지니고 있다. 다음을 참조하라.

A. 여호와의 통제 아래 있는 네 개의 제국(2장)
　B. 핍박 중에도 신실한 주의 자녀들(3장)
　　C. 교만한 이방 왕이 겸손해짐(4장)
　　C′. 교만한 이방 왕이 겸손해짐(5장)
　B′. 핍박 중에도 신실한 주의 자녀들(6장)

4 1–6장을 구성하고 있는 장르 명칭에 대하여는 Smith–Christopher를 참조하라.

A′. 여호와의 통제 아래에 있는 네 개의 제국(7장)

위 구조에서 4장은 느부갓네살을, 5장은 벨사살을 중심으로 구성되어 있다. 바빌론의 정황을 고려할 때 이 왕들은 바빌론 제국을 상징하는 사람들이다. 느부갓네살은 처음 왕으로, 벨사살은 마지막 왕으로 간주될 수 있다. 그러므로 4–5장은 여호와 하나님이 세상 모든 권세에 대해 가지신 계획과 목적과 그들에게 내려주시는 은혜에 대해 경고하고 권면하는 기능을 지니고 있다.

셋째, 1–6장과 7–12장은 내용뿐만 아니라 장르에서도 현저한 차이가 있다(cf. Gowan, Lucas, Smith–Christopher). 1–6장은 여러 사건들에 대한 이야기로 구성된 일종의 회고록이며, 7–12장은 환상을 통해서 밝혀지는 미래에 대한 계시/묵시들이다. 다니엘의 회고로 간주되는 1–6장은 다니엘을 3인칭으로 묘사하고 있으며, 7–12장에서는 다니엘이 1인칭으로 이야기를 진행한다. 또한 1–6장은 느부갓네살(1–4장), 벨사살(5장), 다리우스(6장) 등을 중심으로 책을 전개해 나가다가 7–12장에서는 벨사살(7–8장), 다리우스(9장), 키루스(10장) 때에 받은 계시들로 연결되어 있다. 다니엘은 하나님께 받은 메시지를 시대적인 순서에 따라 자신의 책에 기록하지 않은 것이다.

(2) 정경 위치

유대인들은 벌써 오래전부터 다니엘을 '선지자'로 불렀다(cf. 마 24:15, 요세푸스 Ant. 10.11.7). 다니엘서는 칠십인역(LXX)에서 시작된 전례에 따라 기독교 정경에서도 대선지서 가운데 하나로 자리를 굳혔다. 그러나 유대인 정경에서 다니엘서는 선지서(viz., 후선지서)가 아니라 성문서에 속해 있다. 이 유대인 정경의 전체적 순위에 따르면 마지막에서 네 번째(에스라–느헤미야–역대기 바로 전)에 등장한다.

비평학자들이 이러한 현상을 보고 잠잠히 있을 리 없다. 히브리 사람들의 정경에서 선지서에 속하지 못하고 성문서에 속하기 때문에 다니엘서는 주전 6세기경에 기록된 예언서가 아니라, 마카비 형제들이 활동하던 시기인 주전 160년경에 저작되었다는 것이다. 정경의 선지서 부분에 속하기에는 너무 늦게 집필되었다는 것이다. 또한 다니엘서가 주전 2세기에 저작된 것은 이 책이 미래에 될 일을 환상 등으로 기록한 예언서가 아니라 이미 일어난 역사적 사건들을 마치 미래에 있을 일들처럼 묘사해놓은 역사서라는 증거라고 주장한다.

이 학자들에 의하면 다니엘은 주전 6-7세기에 바빌론과 페르시아에서 살았던 실제 인물이 아니라 다니엘서가 만들어낸 가상 인물에 불과하다. 그러나 복음서에 예수님이 다니엘의 예언을 풀이하시는 말씀이 두 차례 나온다(마 24:15, 막 13:14, cf. 단 9:27, 12:11). 이 과정에서 예수님은 다니엘을 과거에 살았던 실제 선지자로, 또한 다니엘서는 그가 기록한 책이라는 사실을 전제하신다.

신약이 예수님을 '인자'(son of man)로 칭할 때, 이 개념은 에스겔서가 아니라, 다니엘서 7장을 근거로 한다. 예수님의 가르침에서 자주 등장하는 '하나님 나라'(Kingdom of God)는 구약에서 자주 언급되지 않는 개념이다. 반면에 다니엘서는 이 개념을 자주 언급한다(2:44, 4:3, 34, 6:26, 7:14, 27). 천사 가브리엘(눅 1:19, 26)과 미가엘(유 9, 계 12:7)은 구약에서는 다니엘서에서만 모습을 보인다(단 8:16, 9:21, 10:13, 21, 12:1). 계시록은 다니엘서를 최소한 60차례 이상 인용한다(Gowan). 신약이 이처럼 다니엘서를 광범위하게 인용하는 것은 다니엘이 실제 주전 6세기 인물이었다는 것을 전제하기 때문이다. 게다가 히브리서 11:33에서 '사자의 입을 막은 믿음의 선진'을 언급할 때 다니엘을 염두에 두고 기록한 말씀인 듯하다. 예수님과 신약은 다니엘을 실제 인물로, 다니엘서에 기록된 사건들을 실제로 있었던 일로 증언하고 있다.

더 나아가 이 학자들은 다니엘서가 선지서 섹션에 포함되지 않은 것은 선지서를 구성하는 정경들의 범위와 순서가 이미 주전 3세기에 정리되었으므로 주전 2세기에 저작된 다니엘서는 성문서에 포함될 수밖에 없었다고 한다(cf. Beckwith). 그러나 구약의 선지서 섹션이 주전 3세기에 정경화되었다는 역사적 증거는 그 어디에도 없다. 또한 다니엘서가 주전 2세기에 예언서처럼 저작된 역사서라는 것은 반박할 필요도 없는 허무맹랑한 주장이며, 사람은 미래에 대해 예언할 수 없다는 신학적 선입견에서 비롯된 것이지, 뒷받침할 만한 어떤 증거도 없다.

다니엘서가 성문서에 포함되어 있는 이유는 다니엘의 직업과 바빌론에서의 그의 위치와 관련이 있다. 다니엘은 '전문 선지자'가 아니다. 그는 세상의 정치에 관여한 평신도였다. 더 나아가 그는 유대인들이 부정한 땅이므로 하나님의 말씀이 임할 수 없다는 편견을 지닌 바빌론에서 산 사람이다. 이 두 가지는 다니엘서를 선지서 섹션에 포함시키기 어려운 조건으로 작용했다.

선지서가 이 두 가지 조건 중 하나에만 해당하면 선지서 섹션에 포함되는 것이 문제가 되지 않았다. 첫 번째 조건(저자가 전임 선지자가 아닌 경우)에 해당하는 책이 아모스서이다. 선지자 아모스는 남왕국 유다의 드고아에서 사업을 하던 비즈니스맨이었다. 그는 하나님의 명령에 따라 짧게는 2주, 길게는 2개월 정도 북왕국 이스라엘로 '단기 선교'를 갔다. 그때 그가 북왕국 이스라엘 사람들을 상대로 선포한 메시지가 아모스서의 대부분을 차지한다. 비록 그가 전문 선지자가 아니고 비즈니스맨이었지만, 그의 책은 유대인 정경에서 선지서 섹션에 포함되어 있다. 이스라엘 땅에서 그에게 하나님의 말씀이 임했기 때문이다.

두 번째 조건(저자가 타국에서 받은 신탁)에 해당하는 경우는 에스겔서이다(나훔도 이 분류에 해당한다고 볼 수 있다). 에스겔서는 선지자가 바빌론에서 받은 말씀과 묵시를 기록한 책이다. 그가 하나님의 소명을 받은 후 선지자 사역에만 몰두했던 흔적이 에스겔서 곳곳에 남아 있다. 그러므로 그가 남긴 책이 유대인 정경의 선지서 섹션에 포함된 것이다.

일부 학자들은 에스겔의 경우 그가 환상 속에서라도 예루살렘을 방문했기 때문에 이 원리에 영향을 받지 않는다고 한다. 그러나 이런 주장은 큰 설득력을 지닌 것이 아니며, 이스라엘 땅을 지나치게 거룩하고 특별하게 간주하는 처사에서 비롯된 것에 불과하다. 그들이 주장하는 것처럼 이스라엘은 하나님이 창조하신 특별한 땅이다. 그러나 그 땅은 세상에 있는 여느 나라만큼 거룩하고 경건한 땅이지, 그 이상도 그 이하도 아니다. 한국이나 중국도 이스라엘만큼이나 거룩하고 특별한 땅이다. 창조주 하나님이 매우 특별하게 만드셨기 때문이다.

이러한 정황을 고려할 때 이 두 조건이 충족되면 유대인의 정경 중 선지서 섹션이 아니라, 성문서 섹션에 포함되었다. 그러므로 유대인들이 다니엘서를 선지서 섹션에 포함시키지 않은 것은 당연한 일이다.

(3) 다니엘(דָּנִיֵּאל)과 다넬(דָּנִאֵל)

다니엘은 매우 지혜로운 사람이었다. 에스겔 14:14, 20은 그를 노아, 욥과 함께 의에서 뛰어난 모범이 되는 삼총사로 기록하고 있다. 그런데 학자들 중에는 에스겔이 언급하는 '다니엘'은 우가릿 신화에 등장하는 '다넬'이라고 주장하는 사람들이 있다. 사실 히브리어로는 이 두 사람의 이름은 차이가 없다고 보아도 무관하기 때문에 혼란이 더 가중된다.

우가릿 신화의 다니엘은 반(半)이 신(demi-god)적인 존재였으며 지혜롭고 의로운 재판으로 유명했다(cf. Seow). 그는 고아와 과부를 송사했던 왕이었으며, 아캇(Aqhat)의 아버지였다(ANET, 149–55). 학자들은 에스겔 선지자가 이 신화적인 인물을 언급하고 있는 것이지, 다니엘서와 연관된 다니엘을 가리키는 것이 아니라고 주장한다. 그러나 이 학자들의 주장에는 그들이 설명하지 못하는 문제들이 있다.

첫째, 에스겔 선지자가 우상을 숭배하던 이교도 다니엘과 유대교 안에서 의를 상징하는 대표적인 인물인 노아와 욥을 동일시했다는 주장은 받아들이기가 쉽지 않다. 욥과 노아는 성경에 등장하는 인물들이라는 사실을 감안할 때, 에스겔처럼 이방 신들에 대해 극에 달하는 부정적인 시각을 가진 선지자가 이방 사람들의 종교적인 신화에나 등장하는 인물을 의의 모범 사례로 들었을 가능성이 얼마나 될까? 특히 우가릿 신화에 등장하는 다니엘이 실제 인물이었는지, 아니면 단순한 전설에 불과했는지도 확실치 않다. 반면에 성경은 욥과 노아는 실제 인물이었다는 것을 전제한다.

둘째, 에스겔이 언급하는 세 사람 중 노아와 욥은 성경에 등장하는 인물들 중에서도 매우 오래전 사람들이었다는 사실을 감안할 때, 다니엘서와 관련된 다니엘은 에스겔 시대에 살던 사람이었기 때문에 이 목록에 잘 어울리지 않는다는 것이 문제가 되기도 한다. 그러나 다음과 같이 생각해보자. 노아는 대홍수 전후로 살았던 사람이며 그가 죽은 후 얼마나 많은 세월이 흘렀는지 전혀 알 수도 없는 희미한 과거의 사람이다. 그러나 그를 통해 온 인류가 세상에 퍼졌다.

욥은 아브라함 시대의 사람이다. 그렇다면 그는 어느 정도 확신을 가지고 가늠할 수 있는 시대의 사람일 뿐만 아니라, 이스라엘의 창시자인 아브라함과 동시대를 살았던 사람이다. 욥은 이스라엘이 잉태되었을 때 살았던 의인인 것이다. 반면에 다니엘은 이스라엘의 최후 순간을 지켜본 사람이다. 그렇다면 에스겔이 노아–욥–다니엘을 언급하는 것에는 설득력 있는 논리가 있다. 그는 아득한 옛(viz., 태초) 시대를 대표하는 의인으로 노아를 지목하고 있으며, 이스라엘이 탄생하던 시대를 대표하는 의인으로 욥을, 이스라엘이 멸망한 시대를 대표하는 의인으로 다니엘을 지목하고 있다. 이런 논리에서 볼 때, 우가릿의 다니엘보다는 다니엘서의 다니엘이 이 목록에 훨씬 더 잘 어울린다.

셋째, 다니엘은 주전 605년에, 에스겔은 다니엘이 바빌론으로 끌려간 지 8년 후인 주전 597년에 바빌론으로 갔다. 다니엘은 어린 시절부터 바빌론 사회에 형성된 '유대인들의 사회'에서 매우 명성이 높았을 것이다. 에스겔이 처음으로 하나님의 계시를 받기 시작한 때가 주전 592년이다(cf. 겔 1:1–2). 그렇다면 에스겔이 계시를 받기 시작했을 때, 다니엘은 이미 바빌론의 정치계에 깊이 관여하고 있었을 가능성이 높고 그의 명성이 유대인들 사이에 매우 자자했을 수 있다. 에스겔이 자신의 책에 다니엘에 대해 자랑스럽게 기록했을 가능성이 더 높은 것이다.

넷째, 에스겔 28:3에서는 선지자가 다니엘을 의가 아니라 지혜의 상징으로 언급하고 있다. 물론 우가릿의 다니엘도 지혜를 겸비한 자였지만, 그는 의로움으로 더 많이 알려졌다. 그러므로 에스겔이 다니엘을 언급하면서 지혜를 더 부각시킨다는 것은 다니엘서의 다니엘에게 더 적합한 명성이다.[5]

(4) 추가 부분

다니엘서의 칠십인역(LXX)은 우리 성경에 포함되어 있지 않은 부분을 네 개나 더 지니고 있다. (1) 아자리야의 기도, (2) 세 소년의 노래, (3) 수산나 이야기, (4) 벨과 용. 가톨릭 성경은 이 이야기들을 외경에 포함했다.

첫째, 아자리야의 기도와 세 소년의 노래는 다니엘서 3:23과 3:24 사이에 삽입되어 있다. 내용은 다음과 같다.

5 우가릿 신화에 등장하는 다니엘은 에스겔이 모범 사례로 지목할 만한 지혜나 의로움을 지니지 않았다고 결론짓는 학자들이 있다(cf. Collins). 그렇다고 해서 이 학자들이 다니엘서의 다니엘을 대안으로 받아들이는 것은 아니다. 그들은 우가릿 신화와 전혀 상관 없는 또 하나의 다니엘 이야기가 존재했을 것으로 추측한다. 에스겔이 오늘날까지 전혀 알려지지 않은 다니엘을 언급하고 있다는 것이다. 그러나 이 다니엘에 대해 아직까지 아무것도 발굴되거나 알려진 바가 없다. 이 인물은 학자들의 상상 속에 존재할 뿐이다. 다소 안타까운 것은 학자들이 존재하지 않는 인물을 상상해낼지언정 다니엘서의 다니엘을 에스겔이 언급하는 다니엘로는 받아들일 수 없다고 선을 긋는 현실이다.

아자리야의 기도

24 그들은 불길 가운데를 걸으면서 하느님을 찬양하고 주님께 찬미를 드렸
다. 25 아자리야는 불 속에 우뚝 서서 입을 열어 이렇게 노래하였다. 26 우
리 조상들의 하느님이시며 공경하올 주님, 찬미받으소서. 당신의 이름이
영원히 찬미를 받으소서. 27 당신께서 우리에게 하신 모든 일이 옳았으며,
당신의 모든 약속은 어김없이 이루어졌사오며 당신의 길은 곧바르며 당
신의 심판은 언제나 올바르옵니다. 28 당신께서 우리들에게 내리신, 그리
고 우리 조상들의 거룩한 도시 예루살렘에 내리신, 모든 징벌에 있어서
당신의 판결은 옳았습니다. 당신께서 우리에게 이런 징벌을 내리신 것은
우리의 죄 때문이고 우리는 당신의 징벌을 받아 마땅하옵니다. 29 우리는
죄를 지었으며 당신을 떠남으로써 죄악을 저질렀습니다. 과연 우리는 큰
죄를 지었습니다. 우리는 당신의 율법이 명하는 것을 귀담아듣지 않았으
며 30 그것을 지키지도 않았습니다. 우리에게 잘 되라고 명령하신 것을 우
리는 지키지 않았습니다. 31 그러므로 당신께서 우리에게 내리신 모든 징
벌과 당신께서 우리에게 하신 모든 일은 정의로우신 처사였습니다. 32 당
신은 우리를 원수들의 손에 넘기셨으며 율법을 모르는 자들과 최악의 배
교자들 손에 넘기셨고 온 세상에서 가장 나쁜 불의한 왕의 손에 넘기셨
습니다. 33 그래서 오늘날 우리는 입이 있어도 말을 못하고 당신을 섬기고
경배한다는 우리들이 차지할 몫은 치욕과 불명예뿐입니다. 34 그러나 당
신의 이름에 의지하오니 언제까지나 우리를 저버리지 마시고 당신의 계
약을 외면하지 마소서. 35 당신의 친구 아브라함과 당신의 종 이사악과 당
신의 거룩한 백성 이스라엘을 보시고 당신의 자비를 우리에게서 거두지
마소서. 36 당신은 하늘의 별과 같이 무수하고 바닷가의 모래알과 같이 수
많은 자손을 약속하셨습니다. 37 주님, 이제 우리는 모든 민족 중에서 가
장 작은 민족이 되었고 오늘 우리는 세상 어디에서나 천대받는 백성이 되
었습니다. 이것은 우리의 죄 때문입니다. 38 지금 우리에게는 지도자도 예
언자도 왕도 없으며 번제물도 희생 제물도 봉헌 제물도 유향도 없고 첫

열매를 바칠 장소조차 없습니다. 39 그러니 어디에서 당신의 자비를 구할
수 있겠습니까? 그러나 우리의 뉘우치는 마음과 겸손하게 된 정신을 받
아주소서. 40 이것을 염소와 황소의 번제물로 여기시며 수많은 살진 양으
로 여기시고 받아주소서. 이것이 오늘 당신께 바치는 제물이오니 우리로
하여금 당신을 완전히 따르게 하소서. 당신께 희망을 건 사람들은 절대로
실망하지 않습니다. 41 이제 우리는 온전한 마음으로 당신을 따르렵니다.
그리고 당신을 두려워하며 당신의 얼굴을 다시 한 번 뵈옵기를 갈망합니
다. 42 우리로 하여금 부끄러움을 당하지 말게 하소서. 당신은 관대하시고
지극히 자비로운 분이시니 우리에게 관용을 베푸소서. 43 당신은 놀라운
업적을 이룩하신 분이시니, 우리를 구해주소서. 주님, 당신 이름이 영광
스럽게 빛나시기를 빕니다. 44 당신을 섬기는 사람을 학대하는 자들이 부
끄러움을 당하게 하소서. 그들의 콧대가 꺾이고 힘을 박탈당하여 그들로
하여금 치욕을 뒤집어쓰게 하소서. 45 당신 홀로 하느님이시고 주님이심
을 알게 하시고 당신의 영광이 온 땅에 빛남을 알게 하소서. 46 왕의 종들
은 그들을 불타는 가마 속에 집어던지고 거기에 나프다 기름과 송진과 삼
부스러기와 나뭇조각을 계속 넣었다. 47 그래서 불길이 가마 위로 마흔아
홉 자나 치솟아 올라갔고 48 또 밖으로 퍼져 나와서, 가마 주위에 있던 갈
대아 사람들을 태워버렸다. 49 그러나 주의 천사가 가마로 내려와서 아자
리야와 그의 동료들 곁으로 갔다. 그리고 불꽃을 가마 밖으로 내어몰고
50 가마 가운데서 마치 산들바람이나 이슬과 같은 시원한 입김을 그들에
게 불어주었다. 그래서 불은 그들을 다치지 못하였고 그들에게는 어떠한
아픔이나 괴로움도 미치지 않았다.

이어 칠십인역은 세 소년의 노래로 이어진다.

세 소년의 노래

51 그때에 세 젊은이는 가마 속에서 입을 모아 하느님께 영광을 드리며 하

느님을 찬미하고 찬송하는 노래를 이렇게 불렀다. [52] 우리 조상들의 주 하느님, 찬미받으소서. 영원무궁토록 주님을 높이 받들며 찬양합니다. 당신의 영광스럽고 거룩한 이름, 찬미받으소서. 영원무궁토록 그 이름 높이 받들며 찬양합니다. [53] 성스럽고 영광스러운 성전 안에 계신 주님, 찬미받으소서. 영원무궁토록 모든 것 위에 주님을 높이 받들며 영광을 올립니다. [54] 당신의 왕국을 통치하시는 주님, 찬미받으소서. 영원무궁토록 모든 것 위에 주님을 높이 받들며 찬양합니다. [55] 거룹 위에 앉으시어 깊은 곳을 살피시는 주님, 찬미받으소서. 영원무궁토록 모든 것 위에 주님을 높이 받들며 영광을 올립니다. [56] 높은 하늘에 계신 주님, 찬미받으소서. [57] 주님께서 만드신 만물이여, 주님을 찬미하여라. 주님께 지극한 영광과 영원한 찬양을 드려라. [58] 주님의 천사들이여, 모두 주님을 찬미하여라. 주님께 지극한 영광과 영원한 찬양을 드려라. [59] 천체들이여, 주님을 찬미하여라. 주님께 지극한 영광과 영원한 찬양을 드려라. [60] 하늘 위의 물들이여, 주님을 찬미하여라. 주님께 지극한 영광과 영원한 찬양을 드려라. [61] 주님의 권세들이여, 모두 주님을 찬미하여라. 주님께 지극한 영광과 영원한 찬양을 드려라. [62] 해와 달이여, 주님을 찬미하여라. 주님께 지극한 영광과 영원한 찬양을 드려라. [63] 하늘의 별들이여, 주님을 찬미하여라. 주님께 지극한 영광과 영원한 찬양을 드려라. [64] 비와 이슬이여, 모두 주님을 찬미하여라. 주님께 지극한 영광과 영원한 찬양을 드려라. [65] 바람들이여, 모두 주님을 찬미하여라. 주님께 지극한 영광과 영원한 찬양을 드려라. [66] 불과 열이여, 주님을 찬미하여라. 주님께 지극한 영광과 영원한 찬양을 드려라. [67] 겨울의 추위와 여름의 더위여, 주님을 찬미하여라. 주님께 지극한 영광과 영원한 찬양을 드려라. [68] 이슬과 우박이여, 주님을 찬미하여라. 주님께 지극한 영광과 영원한 찬양을 드려라. [69] 서리와 추위여, 주님을 찬미하여라. 주님께 지극한 영광과 영원한 찬양을 드려라. [70] 얼음과 눈이여, 주님을 찬미하여라. 주님께 지극한 영광과 영원한 찬양을 드려라. [71] 밤과 낮들이여, 주님을 찬미하여라. 주님께 지극한 영광과 영원한 찬

양을 드려라. 72 빛과 어둠이여, 주님을 찬미하여라. 주님께 지극한 영광
과 영원한 찬양을 드려라. 73 번개와 구름이여, 주님을 찬미하여라. 주님
께 지극한 영광과 영원한 찬양을 드려라. 74 땅이여, 주님을 찬미하여라.
주님께 지극한 영광과 영원한 찬양을 드려라. 75 산과 언덕들이여, 주님을
찬미하여라. 주님께 지극한 영광과 영원한 찬양을 드려라. 76 땅에서 자란
모든 것들이여, 주님을 찬미하여라. 주님께 지극한 영광과 영원한 찬양을
드려라. 77 샘물들이여, 주님을 찬미하여라. 주님께 지극한 영광과 영원
한 찬양을 드려라. 78 바다와 강들이여, 주님을 찬미하여라. 주님께 지극
한 영광과 영원한 찬양을 드려라. 79 고래와 바다에 사는 모든 것들이여,
주님을 찬미하여라. 주님께 지극한 영광과 영원한 찬양을 드려라. 80 하늘
의 새들이여, 모두 주님을 찬미하여라. 주님께 지극한 영광과 영원한 찬
양을 드려라. 81 야수들과 가축들이여, 주님을 찬미하여라. 주님께 지극한
영광과 영원한 찬양을 드려라. 82 사람의 아들들이여, 주님을 찬미하여라.
주님께 지극한 영광과 영원한 찬양을 드려라. 83 이스라엘아, 주님을 찬미
하여라. 주님께 지극한 영광과 영원한 찬양을 드려라. 84 사제들이여, 주
님을 찬미하여라. 주님께 지극한 영광과 영원한 찬양을 드려라. 85 주님의
종들이여, 주님을 찬미하여라. 주님께 지극한 영광과 영원한 찬양을 드려
라. 86 의인들의 마음과 영혼이여, 주님을 찬미하여라. 주님께 지극한 영
광과 영원한 찬양을 드려라. 87 성스러운 자들과 마음이 겸손한 사람들이
여, 주님을 찬미하여라. 주님께 지극한 영광과 영원한 찬양을 드려라. 88 아
나니야와 아자리야와 미사엘이여, 주님을 찬미하여라. 주님께 지극한 영
광과 영원한 찬양을 드려라. 주님은 우리를 지옥에서 건져주셨고 죽음의
손에서 빼내주셨으며 불타는 가마 속에서 구해주셨고 불길 속에서 구해
주셨다. 89 주님께 감사를 드려라. 주님은 선하시고 그분의 사랑은 영원하
시다. 90 주님을 경배하는 모든 이들이여, 모든 신들 위에 계시는 하느님을
찬미하여라. 그분을 찬양하고 감사를 드려라. 그분의 사랑은 영원하시다.

수산나 이야기는 다니엘서 12:13 이후에 삽입되어 있다.

1 바빌론에 요야킴이라는 사람이 살고 있었다. 2 그는 힐키야의 딸 수산나
와 결혼하였는데 수산나는 그 용모가 아름답고 하느님을 공경하며 사는
여자였다. 3 수산나의 양친이 대단히 훌륭한 사람들이어서 그 딸을 모세
의 율법에 따라 잘 키웠던 것이다. 4 한편 요야킴은 큰 부자로서 자기 집
에 넓은 정원을 가지고 있었다. 그는 누구보다도 큰 존경을 받는 사람이
었기 때문에 많은 유다 사람들이 자주 그를 찾아오곤 하였다. 5 그런데 그
해에 두 노인이 백성 가운데서 재판관으로 뽑혔다. “백성의 지도자로 자
처하는 원로들과 재판관들을 통하여 악이 바빌론에 들어왔다”라는 주님
의 말씀은 바로 이자들을 두고 하신 말씀이었다. 6 이 두 사람은 자주 요
야킴의 집을 드나들었으며 소송거리가 있는 사람들은 누구나 그곳으로
그들을 찾아갔다. 7 사람들이 모두 다녀간 다음 오정 때가 되면, 수산나는
자기 남편의 정원을 거닐곤 하였다. 8 정원에서 산책하는 수산나를 매일
눈여겨본 그 두 노인은 수산나에게 음욕을 품기 시작하였다. 9 그들은 하
늘 무서운 것도 모르고, 정당한 판단을 할 수 없을 만큼 이성을 잃어버리
게 되었다. 10 이 두 사람은 같은 욕정에 불타면서도 서로 내색을 하지 않
았다. 11 수산나와 정을 통하고 싶다는 말을 털어놓기가 몹시 부끄러웠기
때문이다. 12 그러나 그들은 여전히 매일 그 여자를 보려고 애썼다. 13 그
러다가 어느 날 그들은 “이제 점심 때가 되었으니 집으로 돌아가세”라고
말하고 헤어져 각기 다른 방향으로 떠났다. 14 그러나 그 두 사람은 제각
기 가던 길을 되돌아와서 다시 마주치게 되었다. 그들은 서로 돌아온 이
유를 묻게 되어 마침내 그들의 음욕을 고백하고는 수산나가 혼자 있을 때
에 기습할 기회를 찾기로 하였다. 15 그래서 그들은 좋은 때가 오기만을
기다리고 있었다. 그런데 어느 날 수산나가 젊은 하녀 둘만을 데리고 여
느 때와 마찬가지로 정원에 나타났다. 그날은 몹시 더워서 수산나는 정원
에서 목욕을 하려고 하였다. 16 거기에는 숨어서 수산나를 엿보고 있는 그

두 노인들 외에는 아무도 없었다. [17] 수산나는 하녀들에게, 기름과 향유를
가져오고 자기가 목욕하는 동안 정원 문을 닫아 걸라고 일렀다. [18] 그들은
수산나가 시키는 대로 정원 문을 닫고 수산나가 원하는 것을 가지러 옆문
으로 해서 집으로 들어갔다. 하녀들은 그 두 노인들이 숨어 있는 것을 전
혀 모르고 있었다. [19] 하녀들이 나가자마자, 그 두 노인은 곧 일어나서 수
산나에게로 달려가 이렇게 말하였다. [20] "자, 정원 문은 닫혔고 우리를 보
는 사람은 아무도 없소. 우리는 부인을 사모하오. 그러니 거절하지 말고
같이 잡시다. [21] 만일 거절하면 부인이 젊은 청년과 정을 통하려고 하녀들
을 내보냈다고 증언하겠소." [22] 수산나는 한숨을 내쉬면서 말하였다. "나
는 지금 함정에 빠져 사방으로부터 몰리고 있구나. 만일 내가 이자들의
말을 들어주면 그것은 곧 나에게는 죽음이다. 만일 거부하면 이자들의 손
아귀에서 벗어날 수가 없다. [23] 내가 주님 앞에 죄를 짓느니 차라리 깨끗
한 몸으로 이자들의 모략에 걸려드는 편이 낫겠구나." [24] 그리고 수산나는
크게 소리쳤다. 두 노인도 수산나를 향해서 소리소리 지르고 [25] 그중 한
사람은 달려가서 정원 문을 열어젖혔다. [26] 그 집 하인들이 정원에서 나
는 고함 소리를 듣고 무슨 일인가 하고 옆문으로 달려 나왔다. [27] 하인들
은 그 노인들의 이야기를 듣고 어리둥절하였다. 일찍이 수산나를 두고 그
와 같은 추문을 들은 적은 단 한 번도 없었기 때문이다. [28] 그 다음날 수
산나의 남편 요야킴의 집에 사람들이 모여들었다. 그 두 노인도 복수심
에 불타 수산나를 죽이리라 결심하고 그 집으로 왔다. [29] 그들은 그 곳에
모인 사람들에게 "힐키야의 딸이며 요야킴의 아내인 수산나를 불러오시
오" 하고 말하였다. 그래서 수산나를 부르러 사람이 갔다. [30] 수산나는 그
양친과 자녀들과 온 친척들과 함께 그 자리에 나왔다. [31] 그때의 수산나는
매우 우아하였고 그의 모습은 보기만 하여도 아름다웠다. [32] 수산나는 너
울로 얼굴을 가리고 나왔는데 그 악인들은 수산나의 아름다운 자태를 보
고 즐기기 위하여 너울을 벗게 하였다. [33] 그러자 수산나의 일가친척들은
모두 울음을 터뜨렸고 그 모습을 본 다른 사람들도 모두 울었다. [34] 그 두

노인은 그 자리에 모인 사람들 한가운데에서 벌떡 일어나 수산나의 머리에 그들의 손을 얹었다. [35] 수산나는 하느님을 믿고 눈물 어린 두 눈을 들어 하늘을 쳐다보았다. [36] 두 노인은 이렇게 고발하였다. “우리가 단둘이서 정원을 거닐고 있을 때, 이 여자가 하녀 두 사람을 데리고 정원으로 왔소. 그는 정원 문을 닫아걸고 하녀들을 내보내었소. [37] 그때 숨어 있던 한 젊은 청년이 그에게로 달려가 남녀가 정을 통했소. [38] 그때 우리는 정원 구석에 있었는데 거기서 범행이 벌어지는 광경을 보고 그들에게로 달려갔지요. [39] 우리는 두 남녀의 정사를 틀림없이 보았지만 그 젊은이는 놓치고 말았소. 그자는 우리보다도 힘이 센 놈이어서 문을 열어젖히고 도망쳐버렸던 것이오. [40] 그래서 이 여인을 붙잡아 그 남자가 누구냐고 물었지요. [41] 그는 입을 다물고 말하지 않았소. 이것이 우리의 증언이오.” 그 두 노인은 백성들의 원로이며 또한 재판관이었기 때문에 거기에 모인 사람들은 그들의 말을 곧이들었다. 따라서 수산나는 사형을 선고받았다. [42] 수산나는 큰 소리로 외치며 이렇게 말하였다. “영원하신 하느님, 당신은 모든 비밀을 다 아시며, 무슨 일이 일어나기 전에 다 아십니다. [43] 당신은 이들이 저에 대하여 한 증언이 거짓이라는 것을 알고 계십니다. 그들이 악의로 저를 고발하여 저는 지금 죽습니다마는 저들이 조작해낸 모든 죄는 저와 상관이 없습니다.” [44] 주님께서는 수산나의 절규를 들으시고 [45] 그가 사형장으로 끌려 나갈 때에 다니엘이라는 소년의 마음속에 성령을 불어넣어 일으키셨다. [46] 그러자 다니엘은 큰 소리로 “나는 이 부인의 죽음에 대하여 책임이 없다”라고 외쳤다. [47] 그 자리에 모인 사람들의 눈이 다니엘에게 쏠렸다. 그리고 그들은 “그 말이 무슨 소리냐?” 하고 물었다. [48] 다니엘은 군중들 한가운데 서서 이렇게 말하였다. “이스라엘의 피를 받은 여러분이 이렇게 우둔할 수가 있겠습니까? 심문하지도 않고, 확증도 없이 이스라엘의 한 여자를 처단할 수 있겠습니까? [49] 모두 재판하던 장소로 돌아가십시오. 이자들이 수산나에 대하여 모함하려고 한 증언은 모두 거짓말입니다.” [50] 사람들은 모두 급히 되돌아갔다. 원로들이 다니엘에게 말

하였다. "자, 하느님께서 너에게 원로 자격을 주셨으니 우리와 함께 앉아
서 네 생각을 말해보아라." 51 다니엘은 "저들을 심문하고 싶으니 두 노인
을 따로 떼어놓으십시오" 하고 대답하였다. 52 사람들이 그 두 노인을 따
로 떼어놓자 다니엘은 그중 한 사람을 불러서 이렇게 심문하였다. "악행으
로 늙은 당신이 전날에 저지른 온갖 죄가 이제 다 드러나게 되었소. 53 당
신은 불의한 재판을 하여 죄 없는 사람을 처벌하고 죄 있는 사람을 놓아주
었소. 무죄하고 의로운 사람을 죽이지 말라고 말씀하시지 않았소? 54 자 그
러면, 당신이 분명히 보았다니, 그 두 사람이 어느 나무 밑에서 정을 통했
소? 말해보시오." 그 노인은 아카시아나무라고 대답하였다. 55 다니엘이
말하였다. "당신이 한 거짓말 때문에 당신이 걸려들었소. 하느님의 심판
이 천사에게 전달되었소. 이제 곧 당신은 두 동강이가 날 것이오." 56 다
니엘은 그 노인을 물러가게 하고 다른 노인을 불러들여 심문하였다. "당
신은 유다 민족이 아니고 가나안 족속이오. 당신은 미모에 홀려서 정욕
때문에 당신 마음이 빗나갔소. 57 당신은 이스라엘의 뭇 여자들을 그런 식
으로 희롱해왔는데, 그들은 겁에 질려 당신의 요구를 거부하지 못했던 것
이오. 그러나 이 유다의 딸만은 당신의 악행을 참을 수가 없었소. 58 자 그
러면, 당신이 그 정사 현장을 기습하였다는데, 어느 나무 밑이었소?" 그
노인은 떡갈나무라고 대답하였다. 59 다니엘은 이렇게 말하였다. "당신도
당신 거짓말에 걸려들었소. 하느님의 천사가 칼을 손에 쥐고 당신을 두
동강이내어, 당신들 두 사람을 죽이려 하고 있소." 60 그러자 온 군중은
주님을 믿는 사람들의 구원자이신 하느님을 소리 높여 찬양하였다. 61 그
리고 그들은 다니엘의 심문을 받아 자기들이 거짓 증언했음을 자백한 두
노인에게 향했다. 62 그들은 모세의 율법대로 그 두 노인에게, 자기의 이웃
에게 덮어씌우려고 하던 것과 같은 벌을 내렸다. 그날 두 노인은 사형을 당
하고 죄 없는 한 여자는 목숨을 건졌다. 63 힐키야와 그의 아내는 딸 수산
나의 생명을 살려주신 하느님께 감사를 드렸다. 또 수산나의 누명이 깨끗
이 씻겨졌기 때문에 그의 남편 요야킴과 그의 모든 친척들도 하느님께 감

사를 드렸다. [64] 그날로부터 다니엘의 명성은 백성들 사이에 크게 퍼졌다.

마지막으로 벨과 용의 이야기는 다니엘서의 칠십인역(LXX) 끝에 첨부되어 있다.

다니엘과 벨의 사제들

[1] 아스티야게스 왕이 죽어서 그의 조상들 곁에 묻히고, 그 뒤를 이어 페
르샤의 고레스가 왕이 되었다. [2] 그 왕은 다니엘을 매우 가까이하고, 그를
다른 어떤 친구보다도 높이 평가했다. [3] 그런데 당시 바빌론에는 벨이라
는 우상이 하나 있었는데 사람들은 매일 가장 좋은 밀가루 열두 말과 양
사십 마리와 포도주 여섯 섬을 그에게 바치고 있었다. [4] 고레스 왕도 매
일 이 예식에 참예하러 가서 그 우상을 숭배하였다. 그러나 다니엘은 참
하느님을 숭배하였다. [5] 그래서 왕은 다니엘에게 왜 벨을 숭배하지 않느
냐고 물었다. 다니엘은 이렇게 대답하였다. "저는 인간이 만들어낸 우상
을 숭배하지 않습니다. 다만 천지를 내시고 모든 인간을 다스리는 권능을
가지신 살아 계신 하느님만을 숭배합니다." [6] "그렇다면 너는 벨이 매일
먹고 마시고 하는 것을 보고도 그가 살아 있는 신이 아니라고 생각하느
냐?" 하고 왕이 되물었다. [7] 다니엘은 웃으면서 "임금님, 속지 마십시오.
그 신은 속은 진흙이고 겉은 구리로 되어 있는데 먹고 마신다는 것이 웬
말씀입니까?" 하고 말하였다. [8] 이 말을 들은 왕은 크게 노하여 사제들
을 불러다놓고 이렇게 말하였다. "이 많은 음식을 누가 먹는지 말해보아
라. 그렇지 않으면 죽으리라. 너희가 그것을 벨이 먹는다는 것을 증명하
기만 하면 벨을 모독한 죄로 다니엘을 사형에 처하겠다." [9] 다니엘은 "뜻
대로 하십시오" 하고 왕에게 말하였다. 사제들의 수는 칠십 명이나 되었
고 그 외에 그들의 처자들도 있었다. [10] 왕은 다니엘을 데리고 벨의 신전
으로 갔다. 벨의 사제들은 왕에게 이렇게 말하였다. [11] "폐하! 폐하께서 친
히 먹을 것과 포도주를 차려놓으십시오. 우리는 이제 물러갑니다. 그리고

문을 잠그시고 폐하의 옥새로 봉하십시오. 내일 아침에 와보시고 벨이 이
모든 것을 잡수시지 않았으면 우리는 사형을 받아도 좋습니다. 그러나 만
일 다 잡수셨다면 모독자 다니엘을 죽이셔야 합니다." [12] 그들은 젯상 밑
에 비밀 통로를 뚫어놓고 매일 그 제물을 가져가곤 했었기 때문에 자신
만만하게 이런 말을 하였던 것이다. [13] 사제들이 나간 후에 왕은 벨이 먹
을 음식을 차려놓았다. [14] 한편 다니엘은 자기 신하들을 시켜 재를 가져오
게 하고, 그 재를 성전 바닥에 모두 뿌려놓았다. 다니엘은 이것을 왕에게
알렸다. 그리고 나서 그들은 성전을 나가 문을 닫고, 옥새로 봉인을 한 다
음 궁으로 돌아갔다. [15] 그날 저녁에도 여느 때와 같이 사제들은 처자들을
데리고 와서 이 모든 것을 먹고 마셔버렸다. [16] 다음날 아침 왕과 다니엘
은 일찍이 일어났다. [17] 왕은 다니엘을 보고 봉인이 그대로 있느냐고 물었
다. 다니엘은 "폐하, 그대로 있습니다" 하고 대답하였다. [18] 왕은 신전 문
을 열고 젯상을 살펴보고 나서 "오 벨이여, 위대하십니다. 당신은 과연 우
리를 속이지 않으셨습니다" 하고 부르짖었다. [19] 그러나 다니엘은 웃으면
서 왕이 안으로 더 들어가지 못하게 막아서고는 "바닥을 살펴보십시오.
그리고 저 발자국들을 보십시오" 하고 말하였다. [20] 왕은 "저것은 남자들
과 여자들과 어린아이들의 발자국이 아니냐?" 하고 말하면서, [21] 노한 나
머지 그 사제들과 그들의 처자들을 잡아오라고 명령하였다. 사제들은 자
기들이 젯상 위의 제물을 처분할 때 사용하던 비밀 통로를 왕에게 보여주
었다. [22] 왕은 그들을 사형에 처하고 벨을 다니엘에게 넘겨주어 그 우상과
신전을 함께 부숴버리게 하였다.

뱀을 죽인 다니엘

[23] 그 당시 바빌론에는 큰 뱀이 있었는데 사람들은 또 이것을 숭배하였다.
[24] 왕이 다니엘에게 말하였다. "너는 이것도 사람이 구리로 만든 것이라
고 하겠느냐? 보아라, 저렇게 살아 있으면서 먹고 마시고 하지 않느냐?
그 뱀을 살아 있는 신이 아니라고 할 작정이냐? 그러니 저 뱀을 숭배하여

라." 25 다니엘은 이렇게 대답하였다. "나는 나의 하느님이신 주님을 숭배
할 뿐입니다. 그분만이 살아 계신 하느님이십니다. 폐하, 폐하께서 허락
하신다면 내가 칼이나 몽둥이를 쓰지 않고 그 뱀을 죽이겠읍니다." 26 왕
은 그렇게 해보라고 허락하였다. 27 다니엘은 역청과 비계와 머리털을 한
데 섞어 끓여가지고 여러 덩어리로 만들어 뱀에게 먹였다. 뱀은 그것을
먹자 곧 죽어버렸다. 다니엘은 왕에게 "저것이 폐하께서 숭배하시던 뱀
입니다" 하고 말하였다. 28 이 말을 들은 바빌론 사람들은 미칠 듯이 화가
나서 왕을 거역하여 들고 일어나 이렇게 말하였다. "저 왕은 유다 사람
이 되어버렸다. 벨을 부숴버렸고 뱀은 죽게 하고 사제들은 사형에 처하지
않았느냐?" 29 그들은 왕에게 가서 "다니엘을 우리에게 내주시오. 그렇지
않으면 당신과 당신 가족을 죽여버리겠소" 하고 말하였다. 30 왕은 격한
군중을 보고 다니엘을 그들에게 내어주지 않을 수가 없었다.

사자 굴 속의 다니엘

31 군중은 다니엘을 사자굴 속에 던져버렸다. 다니엘은 그 속에서 엿새 동
안을 지냈다. 32 그 굴 속에는 사자 일곱 마리가 있었는데 매일 죽은 사람
둘과 양 두 마리를 먹이로 주곤 하였다. 그런데 그때는 그 엿새 동안 사자
들을 꼬박 굶겨, 틀림없이 다니엘을 잡아먹게 하였다. 33 그런데 유다에 하
바꾹이라는 예언자가 있었다. 그 예언자는 국을 끓이고 빵을 잘게 썰어가
지고 국과 빵을 바구니에 넣어 들에서 일하는 추수꾼들에게 가져가는 길
이었다. 34 그때에 주님의 천사가 나타나, "네가 가지고 가는 그 음식을 바
빌론으로 가지고 가서 사자 굴 속에 있는 다니엘에게 주어라" 하고 말하
였다. 35 하바꾹은 "주님! 저는 바빌론에 가본 적도 없고 그 굴이 어디에 있
는지도 모릅니다" 하고 대답하였다. 36 주님의 천사는 그의 머리털을 휘어
잡고 그를 번쩍 들어서 거센 입김으로 바빌론까지 날려 보내어 사자 굴 가
장자리에 내려놓았다. 37 하바꾹은 "다니엘, 다니엘, 하느님께서 보내신 음
식을 받아 먹으시오" 하고 외쳤다. 38 다니엘은 "하느님, 당신은 저를 잊지

않으셨고 당신을 사랑하는 사람들을 저버리지 않으셨읍니다" 하고 말하였다. [39] 다니엘은 일어나서 그 음식을 먹었다. 한편 하느님의 천사는 즉시 하바꾹을 제 나라로 돌려보냈다. [40] 일곱째 날에 왕은 다니엘의 죽음을 애도하려고 그 사자 굴에 와서 속을 들여다보았다. 그랬더니 다니엘이 그 속에 의젓이 앉아 있는 것이 아닌가. [41] 왕은 "다니엘의 하느님이신 주님, 당신은 위대하십니다. 당신밖에는 다른 신이 없습니다" 하고 외쳤다. [42] 그러고 나서 왕은 다니엘을 사자 굴에서 풀어주고 그 대신 다니엘을 죽이려고 하던 자들을 그 속에 처넣었다. 그들은 당장에 사자의 밥이 되었다.

칠십인역(LXX)에 첨부된 이 이야기들이 의도하는 바를 쉽게 포착할 수 있다. 다니엘의 세 친구가 불구덩이에서 하나님의 특별한 은혜로 살아나게 되었는데, 특별한 찬양이 없는 점을 아쉬워해서 그들의 찬양을 더했다. 두 번째 이야기는 다니엘의 지혜가 어느 정도인지를 잘 묘사하고 있으며, 세 번째 이야기는 의로운 다니엘이 어찌 바빌론의 우상을 가만히 둘 수 있겠는가? 그러므로 다니엘이 지혜와 신앙을 동원해 바빌론의 신들을 심판했다며 그의 업적을 높이고 있다. 물론 이 이야기들은 사실이 아니다. 그러므로 이 이야기들은 유대교와 기독교 정경에 포함되지 않았다.

5. 메시지

다니엘서는 여러 가지 다양한 신학적 교훈을 지니고 있는 책이다. 그 중 몇 가지 중요한 것들을 살펴보자.

(1) 숨겨진 하나님

다니엘서의 가장 기본적이고 포괄적인 신학적 메시지는 "우리의 눈에 비추어진 현실은 실체의 전부가 아니다"라고 요약될 수 있다. 다니엘서는 바빌론으로 끌려온 이스라엘 포로민들의 암울하고 어두운 시대를 배경으로 하고 있다. 포로민들은 자신들의 바빌론 체험을 다음과 같이 회고했다.

우리가 바빌론의 강변 곳곳에 앉아서 시온을 기억하며 울었다.
그 강변 버드나무 가지에 우리의 수금을 걸어두었더니,
우리를 사로잡아온 자들이 거기에서 우리에게 노래를 청하고,
우리를 억압한 자들이 저희들 흥을 돋우어주기를 요구하며,
시온의 노래 한 가락을 저희들을 위하여 불러보라고 하는구나.
우리가 어찌 남의 땅에서 주의 노래를 부를 수 있으랴.
예루살렘아, 내가 너를 잊는다면,
내 오른손도 수금 타는 재주를 잊을 것이다.
내가 너를 기억하지 않는다면,
내가 너 예루살렘을
내가 가장 기뻐하는 그 어떤 일보다도
더 기뻐하지 않는다면,
내 혀가 입천장에 붙을 것이다
(시 137:1–6)

다니엘서를 통해 좌절과 슬픔으로 가득 찼던 유대인 포로들의 삶에 하나님의 위로의 메시지가 찬란하게 임했다. 선지자는 하나님은 아직도 자기 백성들을 사랑하실 뿐만 아니라, 그들이 이 땅에서 눈으로 보고 체험하는 일들이 현실의 전부가 아니라는 사실을 선언한다. 여호와께서는 이스라엘의 하나님이실 뿐만 아니라 온 열방의 통치자이시며, 인류의 모든 역사가 주님의 통치 아래 진행되고 있다. 또한 다니엘의 기도(9장)는 그들이 바빌론으로 끌려온 것이 여호와께서 바빌론의 신에

게 패배한 증거가 아니라, 이스라엘과 언약을 맺은 하나님이 그 언약의 세부 사항(viz., 언약 내용을 이행하지 않을 때 내려지는 저주)을 이행하시는 것뿐이라는 사실을 밝힌다.

주의 백성이 바빌론에서 보내는 징계의 시간이 지나면 그들은 다시 약속의 땅으로 회복될 것이다. 이런 면에서 다니엘서는 "믿음은 바라는 것들의 실상이요, 보이지 않는 것들의 증거"(히 11:1)라는 히브리 기자의 증언을 실감하게 한다. 그러므로 여호와를 의지하는 사람은 어떤 연단과 시련이 와도 전혀 걱정할 필요가 없다. 하나님이 역사를 주관하시고 있을 뿐만 아니라 그들의 눈에 비추어지는 현실은 더 큰 실체의 한 부분일 뿐이기 때문이다. 그리고 이 실체는 여호와 하나님의 철저한 통제에 의해 진행되고 있다.

(2) 열방의 주인

이스라엘의 하나님 여호와는 열방의 왕들에게 존귀와 영광을 받기에 합당하신 분이다. 다니엘서는 이방 신이나 우상숭배에 대한 반박(disputation)이 아니다. 이방 신들은 책 안에서 전혀 실력을 발휘하지 못하며, 심지어 모습을 드러내지도 못한다. 여호와 외에는 신이 없기 때문이다. 다니엘은 하나님의 이름을 전략적으로 사용해 주님의 존귀함을 독자들에게 드러낸다. 그가 하나님을 부르는 방식은 크게 세 가지로 구분된다. 첫째, 구약의 다른 부분에서 사용되는 전통적인 이름들이다. 그는 기도문들에서 '여호와'(YHWH), '주'(adonai), '하나님'(elohim), '선조의 하나님' 등 성경 다른 부분에서 사용되는 칭호를 그대로 사용해 전통적인 명맥을 이어가고 있다. 비록 주의 백성들이 바빌론까지 끌려왔지만, 포로로 끌려온 그들도 이스라엘의 전통을 그대로 이어가고 있다는 것을 암시한다.

둘째, 소유격과 함께 사용된 하나님의 이름들이다. 다니엘의 세 친구가 당한 핍박 이야기(3장)와 다니엘이 사자 굴에 던져지는 이야기(6장)에서 두드러지게 나타나는 성향은 소유격의 지속적인 사용이다. '우리 하나님', '그들의 하나님', '사드락, 메삭, 아벳느고의 하나님', '나의 하나님', '다니엘의 하나님' 등이 이 이야기들을 장식한다. 생사가 불분명한 상황에서 각별하게 하나님이 '우리/나' 등 소유격과 연관되어 불리는 현상은 무엇을 의미하는가? 예수님께서도 십자가에 매달리셨을 때 "나의 하나님, 나의 하나님 어찌하여 나를 버리셨나이까?" 하고 외치셨다. 고통과 아픔이 우리의 삶에 임할 때, 우리는 과연 누구를 찾는가를 생각해보아야 한다.

셋째, 우주의 주가 되시는 하나님의 이름들이다. 이 유형은 가장 감동적인 하나님의 이름 사용이다. 다니엘서 안에서 '신들 중의 신', '왕들의 주', '지극히 높으신 이', '지극히 높으신 하나님', '살아 계신 하나님' 등이 성호로 사용된다. 특히 중요한 것은 이렇게 여호와를 부르는 사람들이 다름 아닌 이스라엘 사람들을 종교적으로 핍박하던 이방 왕들이라는 사실이다. 바빌론 제국의 느부갓네살(4:34-37)과 페르시아 제국의 다리우스 왕(6:26-27)이 유대인들의 하나님이신 여호와의 능력을 찬양하는 노래를 한다. 또한 그들은 자기 제국의 시민들이 이스라엘의 하나님을 경외하도록 명령한다. 하나님은 온 우주를 통치하시는 분이실 뿐만 아니라, 악을 선으로 바꾸실 수 있는 하나님이다.

(3) 역사

역사는 여호와께서 자신의 뜻을 펼쳐 나가는 무대에 불과하다. 이스라엘 사람들은 바빌론에 끌려왔다. 그들은 큰 혼란에 빠져 있다. 그들의 신 여호와는 그 어떤 신보다도 능력이 있고 싸움도 잘하는 용사(divine warrior)라고 성경은 가르쳤다. 그런데 하나님은 왜 자기 백성을 바빌론에게 넘겨주셨는가? 바빌론의 신들이 여호와에게는 너무 벅찬 상대였기 때문에 하나님이 바빌론 신들에게 항복하고 자기 백성을 내주신 것인가? 이런 질문이 제기될 수 있는 상황에서 다니엘은 역사는 하나님의 손에 의해 주님의 뜻에 따라 조작되어가는 것에 불과하다는 사실을 명확하게 선언한다.

하나님은 모든 것을 알고, 지배하고, 필요에 따라서는 자기 백성을 구원하시는 분이다. 하나님은 "때와 계절을 바뀌게 하시고, 왕들을 폐하기도 하시고, 세우기도 하신다. 지혜자들에게 지혜를 주시고, 총명한 사람들에게 지식을 주신다"(2:21). 하나님이 이렇게 하시는 것은 "가장 높으신 분이 인간의 나라를 지배하신다는 것과, 뜻에 맞는 사람에게 나라를 주신다는 것과, 가장 낮은 사람을 그 위에 세우신다는 것을, 사람들이 알도록 하려는 것이다"(4:17)라는 말씀은 대단한 간증이자, 책의 저작 목적을 잘 드러내고 있다. 다니엘서 전체에는 이런 성향의 가르침이 매우 많이 등장한다. 특히 7-12장을 통하여 다니엘에게 주어지는 미래에 대한 환상은 여호와께서 인간의 역사를 주장하신다는 사실을 강조한다.

핍박 앞에서 비굴하지 않았던 다니엘과 그의 친구들의 행위도 이런 점을 강조하고 있다. 그들의 용감한 행동은 무엇보다도 그들의 생사가 세상의 왕들에 의해 좌지우지되는 것이 아니라 우주를 통치하시는 분의 뜻에 따른 것이라는 사실을 드러내며, 그들이 바빌론으로 끌려와 생활하는 것 또한 여호와의 깊은 뜻이지 세상 왕들이 그렇게 한 것이 아니라는 것이다. 다니엘과 친구들이 1장에서 왕의 음식을 먹지 않고 자청해서 채소만 먹었던 일도 느부갓네살 왕이 그들의 통치자이자 그들을 먹여 살리는 주인이라는 것을 부인하는 상징적인 행동이다.

(4) 우상숭배 강요

다니엘서는 '갈등의 책'(book of tensions)이다(Longman). 바빌론의 왕들은 포로로 끌려온 이스라엘 사람들에게 정치적인 충성을 요구했다. 문제는 그들이 요구한 정치적인 충성이 종교적인 성향을 띠고 있다는 점이다. 그 당시 모든 사회에 팽배해 있던 정서를 감안하면 당연한 일이라고도 할 수 있다. 각 나라의 왕은 자신들의 수호신(들)의 아들일 뿐만 아니라, 한 나라가 다른 나라를 정복했다면, 그것은 또한 정복한 나라의 신(들)이 정복당한 나라의 신(들)을 정복한 것과 마찬가지로 여겨졌다. 그러므로 바빌론 왕들이 정복한 나라들에서 끌려온 사람들에게 바빌론의 우상들에게 절을 하도록 요구하는 것은 당연한 일이다.

비록 이 순간에는 자기 하나님께 버림을 받았지만, 온 우주를 창조하신 여호와를 유일한 신으로 섬겼던 유대인들에게 이러한 바빌론 왕의 요구는 큰 갈등을 일으킬 수밖에 없었다. 바빌론 왕에게 정치적인 충성을 보이자니 우상에게 절하는 일을 함께해야 하며, 자신들의 하나님 여호와에게만 충성을 하자니 그들의 생명이 위협을 받게 될 수 있다(cf. 3, 6장). 이러한 상황에서 저자는 분명히 외친다. “다니엘과 그의 친구들과 같은 믿음을 가지고 여호와를 의지하라!”

다니엘의 세 친구가 죽음을 무릅쓰고 느부갓네살에게 했던 간증은 큰 의미가 있다. 그들은 말하기를 “이 일을 두고서는, 우리가 임금님께 대답할 필요가 없는 줄 압니다. 만일 그렇게 된다면, 임금님, 우리를 지키시는 우리 하나님이 우리를 활활 타는 화덕 속에서 구해주실 것입니다. 비록 그렇게 되지 않더라도, 우리는 임금님의 신들은 섬기지도 않고, 임금님이 세우신 금 신상에게 절을 하지도 않을 것입니다”(3:16–18, 새번역).

여호와의 주권에 전적으로 자신들의 삶을 내던지고, 살려주셔도 그분을 찬양할 것이요, 죽게 내버려둬도 그분을 찬양할 것이라는 이들의 간증은 우리에게도 큰 도전이 되어야 한다. 다니엘과 친구들의 신앙적 모범은 안티오쿠스 4세를 통해 이스라엘에 행해졌던 무시무시한 종교적 핍박을 이겨내는 데 큰 도움을 주었다. 우리의 신앙생활도 이런 것이 아닐까? 히브리서 11–12장은 우리 이전에 이미 믿음의 경주를 달린 수많은 사람들이 우리를 응원하고 있다고 한다. 우리도 다음 세대에게서 "그들은 진실했고 신실했다"는 평가를 받을 수 있기를 소망해본다.

6. 개요

다니엘서의 구조는 상당히 단순하다. 처음 여섯 장은 여러 왕국에 대한 꿈과 해몽으로 구성되어 있으며, 나머지 여섯 장은 미래에 있을 일에 대한 계시이다. 처음 여섯 장에 전개되는 꿈 이야기들의 핵심은 각 해몽이 이방 왕들의 하나님에 대한 고백을 포함하고 있다는 것에 있다. 그만큼 다니엘서는 하나님을 온 열방의 왕이시고 세계 역사를 주관하시는 분이라는 표현을 하고 있는 것이다. 다니엘서는 다음과 같이 구분될 수 있다.

I. 꿈과 해몽(1:1–6:28)
- A. 다니엘과 세 친구(1:1–21)
- B. 느부갓네살의 꿈(2:1–49)
- C. 세 친구의 증언(3:1–30)
- D. 느부갓네살의 교만과 심판(4:1–37)
- E. 벽에 쓰인 글(5:1–31)
- F. 다니엘과 사자 굴(6:1–28)

II. 미래에 대한 비전(7:1–12:13)
- A. 네 짐승 비전(7:1–28)
- B. 양과 염소 비전(8:1–27)
- C. 다니엘의 회개 기도(9:1–27)
- D. 하늘의 사자(10:1–11:1)

E. 근동의 역사와 세상의 종말(11:2-12:13)

다니엘서는 두 개의 언어(히브리어와 아람어)를 사용하면서도 통일성이 있는 흐름과 짜임새를 보이고 있다. 책의 전반부(1-6장)는 다니엘이 바빌론에서 살면서 어떻게 바빌론 왕들의 꿈을 해몽해주었는가를 중심으로 구성되어 있다. 후반부(7-12장)는 하나님이 다니엘에게 보여주신 비전들을 중심으로 형성된다. 두 부분 모두 환상/꿈이 중심을 차지하고 있다는 공통점을 지니고 있다.

또한 주제로도 두 부분은 매우 밀접한 연관성을 보인다. 전반부는 사람의 눈에 보이는 것이 실체의 다가 아니며, 보이지 않는 곳에서 인류의 역사를 주관하시는 하나님을 의식해야만 세상의 역사를 제대로 이해할 수 있다고 한다. 후반부는 하나님이 다니엘에게 장차 세상에 있을 일을 미리 보여주심으로써 세상을 지배하고 지휘하는 이가 다름 아닌 이스라엘의 하나님 여호와라는 사실을 강조한다. 두 부분 모두 하나님의 절대적인 주권을 강조하는 것이다.

이 같은 책의 전반적인 메시지는 바빌론으로 끌려와 사는 유대인 포로민들에게 매우 의미심장한 교훈을 주었을 것이다. 그들이 바빌론으로 끌려온 것은 이스라엘의 하나님 여호와가 바빌론의 신 마르두크에게 패했기 때문이 아니라, 인류의 역사를 주관하시는 하나님이 그들을 의도적으로 바빌론으로 보내셨기 때문이다. 그렇다면 주의 백성에게는 소망이 있다. 하나님이 마음만 먹으면 언제든 자기 백성을 다시 약속의 땅으로 데리고 가실 것이다. 그러므로 다니엘서는 바빌론으로 끌려온 유대인들에게 미래에 대해 상당히 긍정적인 메시지를 선포하고 있다. 책은 자연스럽게 다음과 같이 두 부분으로 구분된다.

A. 꿈과 해몽(1:1-6:28)

B. 미래에 대한 비전(7:1-12:13)

엑스포지멘터리

선지서 개론

호세아

EXPOSItory comMENTARY

호세아

에브라임이여 내가 어찌 너를 놓겠느냐
이스라엘이여 내가 어찌 너를 버리겠느냐
내가 어찌 너를 아드마같이 놓겠느냐
어찌 너를 스보임같이 두겠느냐
내 마음이 내 속에서 돌이키어
나의 긍휼이 온전히 불붙듯 하도다(11:8)

에브라임아 내가 네게 어떻게 하랴
유다야 내가 네게 어떻게 하랴
너희의 인애가 아침 구름이나
쉬 없어지는 이슬 같도다
…
나는 인애를 원하고
제사를 원하지 아니하며
번제보다
하나님을 아는 것을 원하노라(6:4, 6)

성경은 우리가 서로 사랑해야 한다는 말씀을 반복적으로 한다. 특히 부부간의 사랑을 매우 각별하게 표현하고 있다. 그리스도께서 교회를 사랑하는 것처럼 아내를 사랑하라고 남편에게 권면한다(엡 5:25). 우리가 어떻게 사랑해야 그리스도가 교회를 사랑하는 만큼 아내를 사랑할 수 있을까? 즉, 교회(성도)를 향한 하나님의 사랑은 얼마나 크고 열정적인 것일까? 더 나아가 하나님의 사랑은 도대체 얼마나 끈질기고 간절하기에 세상의 그 무엇도 우리를 하나님의 사랑에서 끊을 수 없다고 하는 것일까?(롬 8:39) 이런 질문은 하나님 사랑에 대해 생각해 본 사람이라면 누구나 한 번쯤 던져보는 것이다.

구약성경에서 이 질문에 대해 가장 확실한 답을 제시하는 것이 호세아서다. 우리는 호세아서에서 도저히 사랑할 수 없는 사람을 사랑하시는 하나님을 만난다. 선지자의 삶과 메시지를 통해서 누군가를 한 번 사랑하시면 끝까지 포기하지 않으시는 하나님의 열정과 헌신을 경험한다. 하나님이 전능하신 분이라도, 누구를 사랑하는 것, 특히 도저히 사랑할 수 없는 사람을 사랑하는 일은 결코 쉽지 않다. 하나님은 자기 백성을 사랑하는 것 때문에 엄청난 대가를 치르신다. 호세아서에서 가장 믿고 사랑했던 아내에게 배신당하고 어찌할 바 몰라 발을 동동 구르는 한 남편의 눈물로 범벅이 된 얼굴을 본다. 자신이 아내를 위해 해 준 모든 것을 아내가 빼돌려 정부에게 가져다 바치는 장면을 목격하고 낙심하는 남편을 만난다. 모든 것을 바쳐 사랑한 아내의 외도에 분노하는 남편을 목격한다. 잘못했다며 다시는 안 그러겠다는 아내를 용서해도 다시 정부를 찾아갈 것을 알면서, 제발 그렇게 되지 않기를 간절히 소원하며 또다시 용서하는 속 좋은, 그러나 한없이 처량한 남편을 본다. 이처럼 호세아서는 온갖 아픔과 수치에도 외도하는 아내를 끝까지 포기하지 않고 기다리는 한 남편의 이야기이다. 그러나 남편의 무한한 사랑과 용서에도 아내는 결국 남편과 아이들을 버리고 가출한다. 원래 창녀였던 아내는 가출한 후 줄곧 몸을 팔다가 늙어 이제는 몸을 팔 수도 없게 되었다. 포주는 그녀가 더는 창녀로 이용가치가 없다며 노예로 팔기로 한다. 그 소식을 들은 남편은 기다렸다는 듯이 세상이 팽개친 아내를 찾아가 “나는 한번도 당신을 포기한 적 없으며 아직도 당신을 사랑하니 우리 집으로 가서 다시 시작하자”며 애원한다. 이처럼 끝까지 아내를 포기하지 않는 남편은 곧 하나님이시요, 간음하고 방탕한 아내는 이스라엘이다. 이것이 호세아서가 우리에게 보여주는 하나님의 간절하다 못해 처절한 사랑이다. 이런 사랑으로 하나님은 오늘도 우리를 향해 외치신다. “나는 결코 너를 포기하지 않는다!” 이처럼 호세아서는 포기하지 않는 하나님의 자기 백성에 대한 사랑 이야기다.

호세아를 생각하면 제일 먼저 떠오르는 것은 비극적인 결혼이다. 그만큼 그의 결혼은 충격적이며 파격적이었다. 호세아서의 히브리어는 해석하기가 결코 쉽지 않다. 학자들은 일반적으로 구약 정경 중 호세아서의 히브리어를 욥기 다음으로 난해하다고 한다(Anderson & Freedman). 이야기는 선지자 호세아가 창녀와 결혼하라는 하나님의 명령을 받고 그대로 행하여 세 아이를 낳아 아주 특이한 이름들을 지어주는 것으로 시작한다. 여기까지는 별 어려움이 없다. 그러나 그 이후부터는 여러 가지 상징적이고 때로는 혼란스러운 이미지들, 소(小)설교, 애가, 그 외 다양한 주제와 양식으로 구성되어 있다(Morris). 내용 자체도 매우 난해해서 선지자는 주로 시/노래를 통해 메시지를 전한다. 사건을 중요시 여기는 이야기체(narrative)를 해석하는 것보다 감성과 상상력을 자극하는 시를 해석하는 일이 훨씬 더 어렵다. 호세아서는 시가체를 매우 광범위하게 사용하기에 선지서 중 가장 시적(詩的; poetic)인 책으로 불리기도 한다(Morris). 이러한 어려움에도 호세아서는 뒤따랐던 선지자들—이사야, 예레미야, 에스겔, 특히 예레미야에게 매우 큰 영향을 미쳤다. 호세아는 후배 선지자에게 하나님의 사랑이 어떤 것인지 깊은 인상을 주었다.

1. 선지자

호세아(הוֹשֵׁעַ)라는 이름은 '구원'이란 뜻을 지니고 있으며 "여호와께서 구원하셨다/구원하소서 오 여호와여!"(הושעיה)의 간략형으로 여겨진다(Carroll). 호세아는 주전 7–8세기 유다에서 상대적으로 흔했던 남성 이름이며, 이스라엘을 지휘하여 가나안을 정복했던 여호수아의 본명이기도 하다(민 13:8; 신 32:44). 우리는 선지자 호세아에 대해 아는 바가 거의 없지만 그는 오랫동안 사역을 했던 선지자였다(1:1). 성경은 브에리의 아들이라는 것 외에는 이렇다 할 신상정보를 제공하지 않고, 다른 선지서에서 흔히 발견되는 소명 이야기조차 없다(Dearman). 호세아는 자신이 어떤 경위를 통해 언제 어디서 선지자 소명을 받았는지도 밝히지 않는다. 물론 일부 주석가들은 하나님이 음란한 여자와 결혼하라고 명령하신 것(1:2)을 소명이라고 하지만, 그 명령을 소명으로 간주하기에는 문제가 많다. 그러므로 많은 학자들이 그 명령을 호세아가 선지자 소명을 받고 사역을 시작한 지 얼마 되지 않았지만, 사람에게 선지자로 인정을 받은 상황에서 있었던 일로 간주한다(cf. 본문 주해).

우리는 호세아가 어디에서 태어나서 죽었는지도 알 수 없다. 선지자로 부르심을 받기 전에 어떤 직업에 종사했고, 소명 받았을 때 나이가 얼마나 됐는지도 모른다. 한 주석가는 7:4–7을 근거로 선지자로 부르심을 받기 전에 빵 만드는 자(baker)였다고 하고(Knight), 다른 주석가는 레위 사람이었다고 하지만(Wolff), 큰 설득력이 없는 추측일 뿐이다. 다만 호세아가 주전 750년대에 북 왕국에서 사역을 시작했고, 아시리아의 손에 사마리아가 함락된 722년쯤에 남 왕국 유다로 이주해 그곳에서 남은 여생을 보낸 것으로 추정할 뿐이다(1:1). 호세아가 아내 고멜을 노예 시장에서 다시 사들여 온 일(3장)을 회고하면서 세세한 신상정보를 주지 않는 것을 보면 아마도 자신과 가족에 대해 자세히 언급하지 않는 것이 그의 스타일이거나 선호하는 이야기 전개 방식일 수 있다.

호세아가 이처럼 하는 것은 독자가 그의 삶에 지나친 관심을 쏟다가 정작 하나님이 선포하고자 하는 메시지를 놓치는 것은 아닌지 우려해서였을 것이다. 우리가 마음을 가다듬고 오직 하나님이 이 책을 통해 하시고자 하는 말씀에 귀를 기울일 때 저자인 호세아가 의도하는 대로 책을 읽게 될 것이다.

정경에 글을 남긴 선지자(writing prophets) 중 북 왕국에서 사역한 사람은 호세아와 아모스가 유일하다. 이 중 아모스는 남 왕국 사람으로, 잠시 북 왕국으로 원정을 가서 하나님의 말씀을 선포한 후 다시 유다로 돌아갔다. 반면에 호세아는 북 왕국 이스라엘에서 사역했을 뿐만 아니라 북 왕국 출신이었다. 호세아가 정경에 글을 남긴 선지자 중 유일하게 북 왕국 이스라엘 사람이라는 사실은 당연히 그의 사역이 갖는 희소성과 중요성의 가치를 높여 준다.

호세아가 북 왕국 출신이었다는 점이 책의 난해함을 어느 정도 설명해 줄 수 있겠다. 어떤 언어든지 사용 중에는 계속 변화한다. 이스라엘은 솔로몬의 죄에 대한 하나님의 심판으로 주전 931년에 남 왕국 유다와 북 왕국 이스라엘로 나뉘었다. 두 자매 나라는 처음에는 동일한 히브리어를 사용했다. 그러나 세월이 지나며 이스라엘과 유다의 교류가 줄어들면서 두 나라의 히브리어는 점차 문법의 세세한 부분이나 표현 방식에서 조금씩 차이를 보이기 시작했다. 이와 같은 언어적 변화가 지속되는 가운데 호세아는 통일 이스라엘이 남과 북으로 나뉜 지 170여 년 만에 사역을 시작했고, 자연히 북 왕국 이스라엘 출신이었기에 북 왕국 이스라엘의 히브리어를 사용했다. 반면에 오늘날 우리에게 전수된 히브리어 성경은 거의 대부분 남 왕국 유다의 히브리어로 기록되어 있다. 그러므로 남 왕국식 히브리어에 익숙해져 있는 우리에게 북 왕국 히브리어를 사용한 호세아와 책은 당연히 낯설고 어려울 수밖에 없다(Dearman). 게다가 호세아서는 구약 정경 중 가장 보존이 되지 않은 책에 속한다(Anderson & Freedman). 이 같은 이유로 호세아서는 구약에서 가장 해석하기 어려운 책 중 하나라는 명성을 갖게 된다(Seow).

750년대 중반에 사역을 시작한(Smith, Carroll) 호세아는 대단한 문장가였고, 저서를 보면 언어의 달인(wordsmith)일 뿐만 아니라(Dearman), 모세오경, 여호수아, 사사기 등에 대해 매우 박식했음을 드러내고 있다. 즉, 호세아는 그 시대의 정경으로 철저한 '말씀 교육'을 받았던 것이다. 우리는 종종 "하나님은 준비된 자를 사용하신다"는 말로 서로를 격려하는데, 호세아의 삶은 이러한 원리가 매우 적절한 사실로 드러나는 좋은 본이다. 또한 책의 난해함과 광범위한 이미지와 상상력 등을 감안했을 때 호세아 선지자는 매우 명석하면서도 미묘한 사고를 지녔던 것으로 본다.

2. 저자

책의 중심인물이 호세아 선지자이기 때문에 무조건 책의 저자로 볼 수는 없다. 호세아가 메시지를 선포했을 뿐 문서 형태로 남기지 않았던 것을 훗날 다른 사람이 정리해 책을 집필했을 가능성을 완전히 배제할 수 없기 때문이다. 구약의 선지서가 추종하면서 형성된 제자 혹은 추종자에 의해 정리되고 문서화되었다는 주장은 학자들 사이에 상당히 널리 알려진 설이다. 상당수의 학자는 호세아서의 경우에도 책의 대부분, 혹은 상당 부분이 호세아에게서 비롯되었지만, 메시지가 실제적인 문서로 남게 된 것은 그의 제자 혹은 추종자가 기울인 노력의 대가였던 것으로 추정한다(Mays, Wolff). 한 학자는 호세아서의 대부분이 포로기 이후 다른 사람에 의해 저작된 것이라고 주장하기도 한다(Yee). 이러한 주장의 출발점은 선지자가 하나님 이름으로 말씀을 선포하기는 했지만, 선포한 말씀을 글로 옮기지는 않았다는 근거 없는 주장에서 시작했다(Macintosh). 그러나 이러한 주장은 오늘날 많은 지지를 받지 못하고 있다. 특별히 호세아는 선포자(orator)였을 뿐만 아니라 문필가

(writer)였다는 평가가 지배적이다(Anderson & Freedman, Dearman).

문제는 성경 그 어디를 봐도 선지자가 말씀만 전하고 메시지를 문서화하지 않았다는 주장을 입증할 만한 증거가 특별히 없다는 것이다. 물론 예레미야 36장에 의하면 경우에 따라 선지자를 대신해서 글을 써 줄 사람을 채용한 경우가 있었던 것이 확실하다. 예레미야의 경우, 바룩이란 서기관을 고용해 이런 일을 하게 했다. 그러나 이러한 사실이 선지자들이 사역을 마친 먼 훗날 따르던 제자들이 메시지를 최종 정리했다는 증거로는 사용할 수 없다. 반면에 상당수의 선지자가 왕의 역대지략을 맡아 기록하던 서기관들이었던 것으로 추정한다. 이사야는 히스기야 왕에 대한 기록을 정리했고(대하 26:22), 다윗의 업적은 선지자 사무엘, 나단, 갓 등이 정리했다(대상 29:29). 역대기 기자는 이 외에도 많은 선지자가 왕의 업적에 대한 책을 남긴 것으로 기록하고 있다(대하 9:29; 12:15; 13:22; 32:32; 33:19). 아마도 이들은 선지자이면서 동시에 서기관들이었을 것이다. 만약에 선지자들이 이 정도로 광범위한 문서 저작을 할 수 있는 능력과 시간적 여유도 있었다면, 그들이 왜 자신의 메시지를 제자에게 정리하라고 맡겼겠는가? 그러므로 성경적 증거는 오히려 선지자들이 직접 책을 저술해서 남겼을 가능성을 지지한다.

호세아가 호세아서를 집필했는가, 아니면 제자들이 훗날 집필한 것인가와 상관없이 생각해볼 또 하나의 이슈는 오늘날 우리에게 전수된 호세아서가 원작 그대로인가, 아니면 세월이 지나면서 여러 차례의 개정 과정을 통해 수정된 것인가다(Carroll). 대부분 비평학자는 호세아서가 완성된 다음에도 여러 차례의 개정을 거치며 부분적으로 삽입 또는 편집되기도 했다고 주장한다(Seow, cf. Carroll). 이들이 책에서 주목하는 부분은 유다에 대한 발언이다. 호세아는 북 왕국 이스라엘에서 사역한 선지자였는데, 일부러 남 왕국 유다를 언급할 필요가 있겠는가 하는 논리다. 그러므로 호세아서는 두 차례의 주요 개정 과정을 거쳤고, 이 개정 작업들은 한결같이 유다를 중심으로 행해졌다고 생각한다(Childs,

Yee, Judaica).

두 차례의 개정을 주장하는 학자에 따르면 호세아서는 8세기 말에 기본 형태를 갖췄다. 선지자 호세아가 선포한 메시지가 이때 한 권의 책으로 모아진 것이다. 그러다가 7세기 요시야 왕 시대(643-641 BC)에 첫 번째 개정 작업이 이루어졌다(Yee). 이 개정 작업은 신명기적인 관점에서 행해졌으며 친유다적인(pro-Judah) 성향을 띠고 있었다. 근본적으로 남 왕국 유다를 이미 망해버린 북 왕국 이스라엘과 분류하고 대조하기 위해 행해진 편집 작업이었다(Emmerson). 이때 삽입/편집된 주요 텍스트는 "그러나 내가 유다 족속을 긍휼히 여겨 그들의 하나님 여호와로 구원하겠고 활과 칼이나 전쟁이나 말과 마병으로 구원하지 아니하리라 하시니라"(1:7)와 "그 후에 이스라엘 자손이 돌아와서 그들의 하나님 여호와와 그들의 왕 다윗을 찾고 마지막 날에는 여호와를 경외하므로 여호와와 그의 은총으로 나아가리라"(3:5)이다(Mays). 그러므로 첫 번째 개정 작업은 요시야의 종교개혁을 더욱 격려하는 역할을 했다.

두 번째 개정 작업은 바빌론 포로기(586-539 BC) 때 이루어졌으며 원래 북 왕국 이스라엘에게 선포된 심판과 정죄의 메시지를 남 왕국 유다로 옮기는 작업이었다. 이때 삽입/편집된 주요 텍스트는 "이스라엘의 교만이 그 얼굴에 드러났나니 그 죄악으로 말미암아 이스라엘과 에브라임이 넘어지고 유다도 그들과 함께 넘어지리라"(5:5)와 "또한 유다여 내가 내 백성의 사로잡힘을 돌이킬 때에 네게도 추수할 일을 정하였느니라"(6:11)이다(Garrett). 바빌론에서 행해진 개정 작업은 하나님이 유다를 내치신 일의 정당함을 입증하는 것이 주목적이었다. 하나님이 범죄한 이스라엘을 타국으로 내치신 일을 정당화하는 이 개정 역시 불순종에는 반드시 심판이 따른다는 신명기적 사상을 바탕으로 한 작업이었다(Yee).

그러나 이러한 주장을 뒷받침할 만한 역사적 단서나 근거는 없다. 또한 개정을 주장하는 사람들은 선지서들이 미래에 있을 일에 대해 예언과 경고를 선포한 것이 아니라, 사건이 일어난 다음에 이 일들이 마치 앞으로 일어날 일처럼 조작한 역사서에 불과하다는 입장을 고수한다. 자세히 살펴보면 이러한 학자들의 편견은 '인간은 미래의 일을 예언할 수 없다'는 전제를 바탕에 두고 있다. 결국 이러한 주장은 학자들의 경험에서 나온 추측(educated guess) 혹은 초자연적 현상(예: 예언)을 부인하는 편견에 불과하다. 반면에 구약의 선지자는 가까운 미래뿐만 아니라 먼 미래도 예언할 수 있었던 사람들로 묘사한다.

호세아가 북 왕국 출신이었지만 남 왕국 유다와 그 나라를 통치하는 다윗 왕조에 큰 관심을 지닌 것에는 합리적인 이유가 있다. 호세아는 분명히 북 왕국을 대상으로 사역한 사람이었다. 그러나 그는 다른 선지자들처럼 사마리아에 있는 왕은 정치적인 사생아에 불과하며(7장), 예루살렘에 있는 다윗의 후손만이 여호와께서 세우신 정당한 왕이라는 사실도 알고 있었다. 선지자에게 이러한 확신을 준 것은 다윗 언약(삼하 7:1-16)과 야곱이 죽기 전 아들들을 불러놓고 유다 지파에서 통치자가 끊이지 않을 것이라고 선언한 말씀이었다(창 49:10). 호세아가 정경의 내용, 특히 창세기에 대해 매우 박식했다는 사실이 이러한 가능성을 더욱더 높여 준다.

호세아는 비록 북 왕국의 멸망을 경고하는 소명을 받았지만, 남 왕국 유다만이라도 죄의 노예가 되어 타국으로 끌려가는 일이 없기를 간절히 원했다(4:15). 다윗의 집안만이 이스라엘을 구원할 유일한 소망이라는 것을 잘 알고 있었기 때문이다(3:5). 그러나 불행하게도 유다 역시 죄로 가득했기에 머지않아 종말을 맞이할 것을 선지자는 이미 예측하고 있었다(6:11). 선지자의 이러한 두 나라의 관계에 대한 이해를 전제할 때, 유다를 염두에 둔 개정설은 별로 설득력이 없어 보인다.

일부 학자들은 호세아서 안에서 발견되는 '긍정적이고 소망적인 메시지'는 그의 것이 아니라고 한다. 호세아는 이스라엘의 멸망만을 경고한 '파멸의 선지자'(prophet of doom)였기에 곳곳에서 발견되는 소망과 회복에 대한 메시지는 훗날 다른 사람(들)이 삽입한 것이라는 주장이다. 그러나 이러한 논리 역시 성경에서 목격하는 증거들과 상반된다. 성경에 책을 남긴 모든 선지자(writing prophets)는 한 가지(심판 혹은 회복)가 아니라 두 가지(심판과 회복)를 동시에 선포했다. 선지자들이 두 가지를 동시에 선언하는 것은 당연한 일이다. 선지자들이 선포한 메시지는 죄인을 회개시켜 다가오는 심판을 피하고, 다시 하나님 백성으로 회복시키는 것이 근본 목적이기 때문이다. 선지자는 청중에게 항상 '생명의 길과 죽음의 길'을 동시에 제시했다. 또한 선지자가 한 가지 메시지만 선포할 수 있었다고 전제하는 것은 선지자의 창의력이나 미래관을 매우 비관적으로 평가하는 편견에 불과하다. 선지자들은 단순하고 일방적인 심판 혹은 소망적 메시지뿐만 아니라 두 가지가 섞인 복잡한 메시지도 전할 수 있는 능력과 사명이 있었다는 것을 인정해야 한다. 실제로 대부분 선지서에서 심판과 소망은 매우 역동적인 관계를 유지하며 전개되는 주제다. 호세아서의 경우도 마찬가지다.

그러므로 호세아서는 한 저자가 오늘날 우리가 전수받은 형태 그대로 집필한 것으로 간주하여 해석하는 것이 가장 바람직하다. 실제로 대부분의 학자들이 호세아서의 내용을 면밀하게 분석한 후 이 책이 호세아 선지자가 활동했던 주전 8세기 이후에 저작되었을 가능성을 배제한다(Gisin, Anderson & Freedman, Dearman). 특히 기진(Gisin)은 호세아서의 모든 것이 주전 720년대에 최종적으로 정리된 것이라 하고, 스위니(Sweeney)는 호세아서의 대부분이 735-732년에 있었던 아시리아의 가나안 침략 바로 전에 이스라엘이 아시리아와의 관계를 정리하도록 하기 위해 기록되었다고 한다(8:9; 10:6; 11:5, 11; 12:1; 14:3). 만일 우리가 이들의 주장을 액면 그대로 수용한다면, 호세아는 메시지만 선포한 설교자였을 뿐만 아니라 메시지를 글로 남긴 저자가 확실하다.

3. 역사적 정황

선지자 호세아는 남 왕국 유다의 왕 웃시야(792-740 BC), 요담(750-732 BC), 아하스(735-716 BC), 히스기야(716-687 BC) 시대와 북 왕국 이스라엘의 왕 여로보암 2세(793-753 BC) 시대에 사역한 것으로 밝히고 있다(1:1). 호세아가 북 왕국 왕 여로보암 2세 통치의 마지막 시대에 시작해서 남 왕국 왕 히스기야가 통치를 시작할 때쯤까지 사역한 것으로 간주하면, 아마도 주전 750-710년대에 40-50년 동안 사역한 것으로 추정한다. 사역을 일찍 시작했다고 생각하는 학자는 755년(Smith), 늦게 시작했다고 생각하는 주석가들은 750년을(Yee) 호세아가 사역을 시작한 원년으로 본다. 모두 750년대를 지목하고 있다. 또한 호세아가 히스기야 시대까지 살았다는 것은 722년 북 왕국의 멸망을 지켜본 것을 암시한다. 이러한 사실은 비록 선지자가 북 왕국 이스라엘에서는 홀로 하나님 말씀을 전했지만, 사역을 시작한 지 10여 년이 지난 후에 남 왕국 유다에서는 이사야와 미가가 선지자 사역을 시작했음을 뜻한다.

호세아의 사역 시기는 크게 세 시대로 구분할 수 있다. (1) 강력한 왕 여로보암 2세의 마지막 통치를 중심으로 한 이른 시대, (2) 이스라엘이 엄청난 정치적 혼란을 겪은 중간 시대, (3) 이스라엘이 최후를 맞이한 마지막 시대(Smith). 다음 도표에서 보듯이 한 나라의 운명은 통치하는 리더의 능력에 의해 결정된다 해도 과언이 아니다. 리더십이 그만큼 중요하다는 것은 역사가 끊임없이 입증하는 사실이다.

	유다	이스라엘	아시리아
이른 시대	웃시야: 강함	여로보암 2세: 강함	아술단: 약함
중간 시대	요담/아하스: 약함	베가: 약함	디글랏 블레셀: 강함
마지막 시대	아하스: 약함	호세아: 약함	디글랏 블레셀—살만에셀: 강함

첫째, 이른 시대. 북 왕국의 여로보암 2세는 이스라엘의 북쪽 인접 국가인 시리아와 아시리아가 내부적인 갈등으로 약화되었을 때 정치 무대에 등장했다. 그는 이스라엘을 아주 오랫동안 능률적으로 다스렸던 정치적 능력과 수단이 뛰어난 통치자였다. 여로보암은 시리아의 벤하닷(Ben-Hadad II)이 죽자 이스라엘의 영토를 다메섹(Damascus) 근교까지 확장했다(왕하 14:25-26). 영토 확장은 곧 경제 부흥으로 연결됐고, 장기집권에서 비롯된 정치적인 안정으로 이스라엘은 역사상 가장 찬란한 경제적인 르네상스를 맞이했다(Bright). 남 왕국에서는 웃시야가 매우 큰 군대를 재건했으며, 유다의 영향력은 주변 국가까지 뻗어나갔다(대하 26:1-15). 두 자매 나라는 건국 이래 최고의 힘과 재력을 갖춘 나라가 되었다.

비록 여로보암이 경제적인 부흥을 가져왔지만 모두 만족하는 것은 아니었다. 부유한 사람은 많은 것을 누리게 되었지만 서민의 상황은 풍요로움에서 멀어져 있었으며 날이 갈수록 고충과 어려움이 더해갈 뿐이었다(cf. 아모스서). 있는 자는 사치스러운 생활과 잔치와 쾌락을 일삼았고, 매우 만족한 삶을 살며 교만에 빠졌다(4:1-5:7). 반면 가난한 자의 형편은 날이 갈수록 더 어려워져 심지어는 자신을 노예로 파는 실정이 되었다. 빈익빈 부익부(貧益貧 富益富) 현상이 극대화된 것이다.

종교적으로는 혼합주의(syncretism)가 시대를 지배했다. 부자를 중심으로 형성된 이스라엘의 지도층은 길갈과 벧엘에 있는 성소에 이방인의 풍습을 끌어들여 여호와 종교와 혼합했다(4:15-5:7; 9:15). 선지자는 이러한 종교적 혼합주의가 이스라엘을 멸망에 이르게 한 가장 큰 원인이라고 한다(McComiskey). 더 나아가 여호와께 예배를 드리는 사람 중 대다수는 이제는 여호와를 의지하지 않고 종교 예식 자체를 의지하기 시작했다(8:13; 6:6). 종교가 부패하니 사회가 부패하기 시작했다. 사람들은 여호와께서 요구하시는 의를 행하는 것보다 자신을 위해 부를 쌓는 데 집착하기도 했다(12:8-9[7-8]). 어느 정도 부를 쌓은 사람들은 하나님을 의지하기보다 자신의 힘과 군사력에 마음을 두기 시작했다(10:13-14; 8:14). 부유하게 될수록 더 많은 성소를 세우고 더 많은 악을 행했다. 이즈음 북 왕국에서 제작된 것으로 보이는 한 동상에 이러한 글이 기록되어 있다. "사마리아의 여호와와 그의 아내 아세라가 너를 축복하기를 원한다." 당시 이스라엘에서 유행하던 영적 혼합주의를 잘 드러내고 있다.

둘째, 중간 시대. 여로보암의 지속적이고 안정적인 통치가 막을 내리자 이스라엘은 곧 정치적인 혼란에 빠져들었다. 이 시대를 실제적인 무정부(virtual anarchy) 시대로 보아도 문제가 없을 정도다(Smith). 여로보암의 대를 이은 왕들은 계속 살해당했고, 이러한 이스라엘의 내부적인 혼란과 디글랏 블레셀 3세(Tiglath-pileser III)(745-727 BC), 살만에셀 5세(Shalmaneser V)(727-722 BC), 사르곤 2세(Sargon II)(722-705 BC)의 통치 하에 활기를 되찾은 아시리아의 위력이 북 왕국의 운명을 결정지었다. 여로보암 이후로 이스라엘의 남은 30년의 역사 동안 6명의 왕이 등극하지만 세 명은 통치 기간이 2년 이하였고, 네 명은 살해당했고, 한 명은 유배당했다(왕하 17:4-5). 호세아의 메시지는 나라의 이런 혼란을 반영하고 있고(5:1; 7:5-7; 8:4; 9:15; 13:10-11), 이 시대에 이스라엘은 국가로서의 면모를 모두 잃어버리고 급속도로 몰락하는 상황이었다.

여로보암이 죽자 아들 스가랴가 주전 753년에 아버지의 대를 이어 왕이 되었다. 그는 등극한 후 6개월 만에 살룸에게 암살당했고, 이 일로 주전 841년경에 시작된 예후 왕조가 90여 년 만에 막을 내렸다. 스가랴를 살해하고 왕위에 올랐던 살룸 역시 오랫동안 왕권을 누릴 수 없었다. 살룸이 이스라엘 왕이 된 지 한 달 만에 므나헴이 그를 살해하고 왕이 된 것이다. 므나헴은 주전 752-742년에 걸쳐 10년 동안 이스라엘을 통치했다. 그가 통치하는 동안 이스라엘의 국제적 입지와 경제적 하락세가 계속되었다. 므나헴은 아시리아가 자신의 정권에 정당성을 인정하는 대가로 은 1,000달란트(=34t)를 디글랏 블레셀에게 바쳤다

(왕하 15:17–22). 이 엄청난 금액이 세금으로 징수되었으니 백성의 고통이 어느 정도였을지 쉽게 짐작할 수 있다.

므나헴의 뒤를 이어 아들 브가히야가 이스라엘 왕이 되었다. 그는 주전 742–740년 사이에 2년 동안 이스라엘을 다스린 후 이스라엘 군대의 지휘관이었던 르말랴의 아들 베가에 의해 살해되었다. 므나헴을 살해하고 이스라엘 왕이 된 베가의 통치 기간을 조명하는 일은 쉽지 않다. 열왕기하 15:27에 의하면 20년 동안 통치했다. 그러나 만약 베가가 740년에 통치를 시작했고, 북 왕국이 722년에 막을 내렸다는 점을 감안하면 앞뒤가 맞지 않는다. 왜냐하면 북 왕국 이스라엘의 마지막 왕은 호세아였고 10년을 통치하다가 나라가 종말을 맞았기 때문이다. 성경을 필사하던 사람(들)의 실수로 빚어진 결과일 수 있고, 아니면 성경에는 기록되어 있지 않지만, 750년대부터 북 왕국이 둘로 분열되어 한쪽은 므나헴이, 다른 쪽은 베가가 통치해 온 것으로 볼 수도 있다. 한 가지 확실한 것은 그의 통치가 늦어도 732년에는 막을 내려야 한다는 것이다(Thile). 베가는 외교적으로 반아시리아(anti–Assyrian) 정책을 펼쳐나갔고, 시리아의 르신(Rezin)과 동맹을 맺고 아시리아에 대항했다. 베가는 남 왕국 유다의 요담 왕과 아들 아하스가 친아시리아(pro–Assyrian) 정책을 펼쳐나가자 시리아와 함께 유다를 공격했다.

이스라엘 왕 베가는 시리아 왕 르신과 함께 친아시리아 정책을 지향했던 유다 왕 아하스를 제거하고, 다비엘의 아들(lit., '바보의 아들')을 꼭두각시 왕으로 세우려는 계획을 가지고 있었다(사 7장). 르신과 베가의 군대는 유다 군 12만 명을 죽이고 20만 명을 포로로 잡아갔다(대하 28:6–8). 공격을 받은 아하스는 즉각 아시리아의 왕 디글랏 블레셀에게 엄청난 돈을 보내며 도움을 요청했다. 원래부터 아시리아는 가나안 정치에 개입할 기회를 호시탐탐 노리고 있었는데, 아하스의 도움 요청이 결국은 꿩 먹고 알 먹는 기회를 제공하는 꼴이 되었다. 디글랏 블레셀은 즉각 군대를 파견해 유다를 압박하던 시리아–이스라엘 연합군을 쉽게 물리쳤다. 이 일로 시리아는 곧바로 멸망했고 영토는 아시리아의 주로 편승되었다. 그러고는 도움을 요청한 아하스에게 엄청난 세금을 징수해 갔다(대하 28:20-21). 유다는 스스로 아시리아의 속국이 된 것이다(Carroll).

셋째, 마지막 시대. 별 어려움 없이 시리아를 멸망시키고 아시리아의 주로 편승시킨 아시리아가 북 왕국 이스라엘을 향해 진군해오자, 상황을 지켜보던 엘라의 아들 호세아가 베가를 살해하고 이스라엘의 왕권을 장악했다. 그는 즉시 디글랏 블레셀에게 항복했고, 이 일로 이스라엘은 아시리아에게 엄청난 벌금을 바쳤지만, 국가의 운명을 잠시 연장할 수 있었다. 그러나 이스라엘 왕 호세아는 곧 비밀리에 이집트와 반아시리아적인 협상을 진행했다. 이러한 상황에서 디글랏 블레셀이 주전 727년에 죽자 호세아는 아시리아에 바쳐야 할 조공을 바치지 않았다(왕하 17:4). 디글랏 블레셀의 뒤를 이어 아시리아의 왕이 된 살만에셀(Shalmaneser V)이 이 사실을 알게 되자 북 왕국을 침략했다. 사마리아는 2년 동안 아시리아 군의 포위를 견디어 냈다. 사마리아가 포위된 상태에서 살만에셀은 죽고 아들 사르곤이 뒤를 이어 사마리아 포위를 계속했다. 결국 사마리아는 사르곤의 손에 의해 주전 722년에 붕괴되었다. 여로보암이 솔로몬의 죄로 인하여 이스라엘의 10지파를 끌고 나가 나라를 세운 지 210년경 일이었다. 아시리아의 기록에 의하면 이 사건을 계기로 이스라엘 사람 2만 7,290명이 메소포타미아 지역으로 끌려갔다.

4. 다른 책과의 관계

호세아서가 선지서 16권 중 가장 일찍 문서화된 책에 속한다는 것은 호세아의 뒤를 이어 사역한 후배 선지자에게 큰 영향을 미쳤을 가능성을 시사한다. 실제로 호세아서가 소선지서 12권 중 가장 먼저 등장하는 것은 소선지서의 전반적인 메시지와 분위기에 결정적인 영향을 미쳤기 때문이라는 것이 학자들의 생각이다(Sweeney, Nogalski). 이 섹션에서는 호세아서와 소선지서, 모세오경, 예레미야서의 관계를 간략하게 생각해 보고자 한다.

(1) 호세아서와 소선지서

최근 들어 학자들의 관심이 정경의 내용뿐만 아니라 순서에도 집중되고 있다. 예를 들면 지난 20-30년 동안 시편을 연구하는 학자들은 다섯 권으로 구성되어 있는 시편 150편 전체 혹은 일부가 편집상의 의도와 메시지 전개를 위해 순서가 정해진 것이라 생각하고 이 주제에 대해 많은 논문을 출판했다. 지난 2000년 동안 시편은 특별한 목적이나 흐름 없이 임의적으로 모아져 순서가 정해진 것이라는 생각이 지배적이었던 상황에서 매우 도전적이고 신선한 사고의 전환이라고 할 수 있다. 연구가 아직 초보 단계에 머물고 있지만, 이 주제에 대한 출판물을 살펴보면 상당한 설득력을 지니고 있다는 생각을 하게 된다.

이러한 구약학계의 전반적인 분위기 속에서 일부 학자는 소선지서 12권의 순서에도 관심을 가지기 시작했다(Nogalski, Sweeney). 그동안 소선지서 12권이 시대와 저자가 각각 다른 독립적인 책들이었는데 함께 모아지면서 특별한 이유 없이 순서가 정해진 것으로 생각해 왔다. 학자들은 소선지서의 순서가 각 책의 분량이나 연관된 선지자의 활동 시기에 의해 결정된 것이 아니라는 점을 이미 오래전부터 인식하고 있었다. 만일 선지자의 활동 순서에 따라 책의 순서가 정해졌다면, 분명 아모스서가 호세아서를 앞서야 한다.[1] 그러나 실제로 호세아서와 요엘서

1 탈무드는 호세아서가 제일 먼저 문서화되었으며, 그 뒤에 아모스서와 미가가 문서화되었다고 했다(Baba Batra 14b, Pesahim 87a, Sota 48b). 그렇다면 호세아서가 제일 먼저 등장하는 것은 시대적인 순서에 따른 것이라고 볼 수 있다. 그러나 소선지서 12권의 순서에 대해 탈무드가 설명하지 못하는 부분도 많다.

다음에 아모스서가 등장한다. 만일 책의 분량에 따라 순서가 정해졌다면 호세아서와 아모스서 사이에 끼어 있는 요엘서는 한참 뒤로 물러나야 한다. 그러므로 각 책의 길이나 선지자의 활동 시기로 소선지서 12권의 순서를 설명하는 것은 부적절하다.

최근 들어 소선지서 12권이 독립적인 책들이지만, 한 세트로 모아지고 순서가 정해질 때 편집자(들)이 구상하고자 하는 메시지를 염두에 두고 의도적으로 순서를 정했다고 생각하기 시작했다(Carroll). 소선지서 12권이 서로 유기적인 관계를 유지할 뿐만 아니라 12권의 책이 하나가 되어 발전시키고 전개하는 주제와 메시지가 있다는 것이다. 쉽게 말해 12권을 한 권의 책으로 보기 시작한 것이다. 그래서 소선지서를 '열둘의 책'(Book of the Twelve)이라고 부르기를 좋아한다. 이 명칭이 소선지서 12권의 연결성과 유기적인 연합을 강조한다고 생각하기 때문이다.

호세아서가 소선지서 12권 중 제일 앞에 오면서 '열둘의 책'에 어떤 기여를 하고 있는가를 생각해 보자. 무엇보다 소선지서가 어떻게 읽혀야 하는가에 대한 지침을 담고 있다(Sweeney). 호세아는 고멜과 결혼하여 아이들을 낳는데, 이 이야기는 단순히 개인적인 이야기로 끝나지 않고 하나님과 이스라엘의 관계를 상징하는 은유(metaphor)이기도 하다. 호세아가 음란한 아내 고멜을 간음했다고 비난하지만 끝까지 포기하지 않고 고멜을 다시 맞아들여 결혼생활을 지속한 것처럼, 하나님도 다른 신들을 좇아 '남편' 여호와를 버린 '아내' 이스라엘을 맹렬히 비난하시지만, 끝까지 포기하지 않으시고 돌아올 것을 호소하신다는 것이 호세아서의 기본 메시지다. 하나님이 범죄한 이스라엘/유다를 맹렬하게 비난하시지만, 죗값을 치르고 나면 다시 옛날처럼 관계를 회복해 주실 것이라는 메시지가 소선지서 12권 전체의 맥을 연결하는 중심 주제이기도 하다. 그런 면에서 호세아서는 '열둘의 책'의 중심 메시지가 무엇이고, 어떻게 읽혀야 하는가에 대해 미리 분위기와 맥을 잡아준다. 더욱이 호세아서의 메시지는 12권 중 마지막 책인 말라기서의 중심 주제가 이혼이라는 점과 깊은 연관성이 있어 보인다. 첫 번째 책 호세아가 이혼 위기에 와 있는 하나님과 이스라엘의 관계를 세상에 드러내고 있다면, 마지막 책 말라기는 이혼 위기에 와 있는 이 둘의 관계가 어떻게 해결점을 찾았는가에 대해 언급하고 있다(Sweeney). 이혼을 싫어하시는 하나님은 어떤 경우에도 이스라엘과 이혼하지 않으실 것을 선언하고 다짐하신 것이다. 물론 하나님의 이러한 결정은 결코 쉽게 내려진 것이 아니었다. 엄청난 고민과 고통을 겪으신 다음 내리신 결론이며, 나머지 10권의 책은 하나님이 어떤 경로를 통해 어떻게 이러한 결정을 하게 되셨는가를 전개하고 있다고 볼 수 있다.

'열둘의 책'은 역사적인 배경과 정황에 있어서 중요한 공통점을 지니고 있다. 대선지서(이사야, 예레미야, 에스겔, 다니엘)는 바빌론이 고대 근동을 지배하는 시대를 배경으로 하고 있으며, 하나같이 바빌론의 손에 망하게 될 유다의 운명을 경고한다. 반면에 소선지서 12권은 대부분 아시리아의 손에 고통을 당하거나 망하게 될 이스라엘과 유다의 운명에 관한 책이라는 점이다. 이러한 맥락에서 요나와 나훔이 아시리아에 대해 메시지를 선포한 것도 우연은 아닐 것이다.

위에서 본 것처럼 호세아서는 분명 뒤따르는 나머지 소선지서들과 유기적인 관계를 유지하며 '열둘의 책'을 어떻게 읽을 것인가에 대해 많은 해석적 지표와 이 책들에서 전개될 주제를 제시하고 있다. 소선지서 12권의 순서 자체가 어떤 메시지나 의미를 구상하기 위해 정해졌다는 생각 자체가 매우 신선한 발상이며 연구 가능성이 매우 높다고 생각된다. 다만 아직은 연구가 초보 단계에 있기에 시간이 더 지나야 의미 있는 결과물이 출판될 것으로 본다.

한 가지 염두에 두어야 할 것은 마소라 사본(MT)과 칠십인역(LXX)의 소선지서 12권의 순서가 다소 다르다는 점이다. 차이는 두 가지인데, 요엘과 미가의 위치다(다음 도표를 참조하라). 물론 히브리어 성경과 칠십인역을 최종적으로 편집한 사람들이 조금은 다른 신학적 메시지와 주제 전개를 염두에 두고 순서를 정한 결과다.[2] 그럼에도 이 두 버전이 서로 차이를 지니고 있다는 사실은 어떤 결과가 제시되든 간에 두 버전의 차이점을 설득력 있게 설명할 수 있는 것이어야 한다.

마소라 사본	칠십인역
호세아	호세아
요엘	아모스
아모스	미가
오바댜	*요엘*
요나	오바댜
미가	요나
나훔	나훔
하박국	하박국
스바냐	스바냐
학개	학개
스가랴	스가랴
말라기	말라기

(2) 호세아서와 오경

호세아 선지자는 모세오경에 기록된 율법과 이스라엘 역사에 대한 지식과 이해를 바탕으로 메시지를 전하고 있기에 율법에 대한 이해가 없이는 호세아서를 바르게 해석하기가 어렵다. 그는 자신이 사역하던 사회가 당면한 여러 가지 문제들은 이스라엘이 하나님의 율법을 등한시하거나 어긴 것에서 비롯된 것임을 확고히 하고 있다(Brueggemann). 특히 창세기와 출애굽기가 호세아서와 깊은 연관을 가지고 있다는 것이

2 학자들은 이러한 차이를 다음과 같이 설명한다. 칠십인역은 탈무드가 제시한 것에 따라 각 선지서가 저작된 역사적 순서를 따른 것이고, 마소라 사본은 '여호와의 날' 등의 주제를 중심으로 메시지를 전개한 것이 이러한 차이를 가져왔다고 하지만, 잘 설명되지 않는 부분이 많다.

일반적인 견해다. 예를 들면, 호세아서는 다음 도표에서와 같이 창세기의 내용을 언급하고 있다(Garrett). 전체적인 정황을 고려할 때 호세아는 창세기를 매우 잘 알고 있었고, 그것을 매우 적절하게 인용해 자신의 책을 전개해 나갔다.

호세아서	창세기 구절과 내용
1:10	22:17 아브라함의 축복
2:18	1:20–25 야생 짐승의 창조
4:3	1:20–25 야생 짐승의 창조
6:7	3:6 아담의 죄
6:9	34:1–31 세겜의 멸망
9:6	47:29 이집트에서 장사됨
9:14	49:25 가슴과 탯줄에 대한 축복
11:8	14:2(19장) 평지 도시의 멸망
12:2–5	25:19–35:15 야곱의 일생
12:12–13	30:25–31:16 야곱의 양 떼
13:15	41:2, 18 바로의 꿈

호세아서는 출애굽기의 내용과 출애굽 사건에 대해 2:15; 5:7; 6:7; 7:1; 7:13; 8:4–6; 9:10; 10:9–10; 11:1–4; 12:9–10; 13:4–6 등에서 인용하거나 언급한다. 하나님은 시내 산에서 자신을 "나는 스스로 있는 자"(אֶהְיֶה)로 소개하셨다(출 3:14). 그러나 호세아서에서는 하나님은 이스라엘의 죄 때문에 자신은 "[너의] 하나님이 아니다"(לֹא־אֶהְיֶה)라고 하신다(호 1:9). 정황상 두 문구의 번역과 의미는 다르지만, 히브리어로는 둘 다 같으며 유일한 차이는 호세아서에서는 부정사(לֹא)가 앞에 붙었다는 점이다. 시내 산에서 스스로 이스라엘의 하나님이 되어주신 여호와께서 호세아서에서는 관계를 청산하기를 원하신다.

호세아는 다른 민족의 구원이나 심판에 대해 관심이 없었다. 오로지 이스라엘과 하나님의 언약 관계를 중심으로 메시지를 전하고 있다. 그렇기 때문에 '여호와'(יהוה)라는 언약적 이름을 38차례나 사용하며 '하나님'(אֱלֹהִים)이란 칭호를 사용할 때 대체로 관계 접미사를 붙여 '나의, 너희의 하나님' 등으로 부른다. 하나님(אֱלֹהִים)이란 단어를 관계접미사 없이 사용하는 것은 세 차례에 불과하다. 그만큼 이스라엘과 하나님과의 관계를 부각시키고자 하는 것이다. 이처럼 호세아가 하나님과 이스라엘의 관계에 초점을 맞추는 것은 시내 산에서 맺어진 언약을 전제하고 있다는 것이 대부분의 주장이다.

호세아 2:9-10은 신명기 28장에 대한 지식을 바탕으로 하고 있으며, 호세아 4:2는 십계명을, 호세아 9:9는 사사기 19-21장을 배경으로 하고 있다. 또한 호세아서의 가장 기본적인 비유라 할 수 있는 간음한 아내 이스라엘은 모세오경이 배교(apostasy)를 매춘행위로 표현하는 것과 직접적인 연관이 있다는 것이 기정사실이다(출 34:11-16; 레 17:7; 20:4-6; 신 31:16; cf. 삿 2:16-17). 오경과 연관해 기억할 것은 호세아서 안에서는 지식과 충성이 가장 중요한 신학적 강조점에 속한다는 점이다(2:19-20; 4:1, 6; 5:4; 6:1-3, 4, 6; 8:1-2; 10:12; 12:6; 13:6). 호세아에게 오경에 기록된 율법은 이러한 것들의 바탕이자 출처다.

(3) 호세아서와 예레미야서

호세아가 문서 선지자 중 가장 일찍 사역한 사람 중 한 명이다 보니 그의 사역이 후배 선지자에게 큰 영향을 미쳤을 가능성이 매우 높다. 특별히 호세아가 예레미야에게 미친 영향에 주목한다. 예레미야는 호세아가 사역을 시작한 지 150여 년 후에 남 왕국에서 사역을 시작했지만, 그가 남긴 책을 보면 주제나 내용이 호세아서와 매우 흡사하다는 결론에 도달한다. 예레미야서의 내용이 얼마나 많이 호세아서의 내용을 반영하고 있는지 한 학자는 예레미야를 호세아의 '영적 아들'(Jacob), 다른 학자는 '가장 충성스럽게 [호세아를] 답습한 자'(most devoted imitator)라고 부른다(Morris). 이러한 차원에서 예레미야서는 북 왕국을 대상으로 선포된 호세아서를 확대해 남 왕국에 선포한 것으로 간주될 수 있다. 이처럼 예레미야가 호세아로부터 많은 영향을 받았다는 것은 예레미야가 호세아와 그의 글에 대해 많은 것을 알고 있었다는 점을 전제한다.

5. 이슈들

호세아서를 연구할 때 이슈가 되는 것 중 네 가지를 생각해 보고자 한다. 첫째는 텍스트의 불확실성이다. 호세아서가 매우 난해한 부분을 많이 지니고 있어서 일부 학자들은 본문을 수정하기까지 하는데, 이러한 행위가 합당한가? 만일 합당하다면 어느 정도 범위까지 본문 수정을 허용해야 하는가? 둘째는 거침없는 비유와 상상력이다. 호세아는 선지자 중에도 매우 상상력이 풍부한 사람이다. 물론 상상력이 풍부하다는 것은 매우 좋은 일이고 작품에 긍정적 영향을 미치는 것이 일반적이겠지만, 심판하시는 하나님을 옷을 삭게 하는 좀과 구더기(5:12)로 묘사하는 것은 하나님을 거룩하게만 생각해 왔던 사람에게는 충격적이지 않을 수 없다. 셋째는 호세아의 결혼이다. 일부 학자들은 호세아가 고멜과 결혼한 일은 실제 일이 아니라고 주장하고 나섰다. 넷째는 호세아서가 여성을 비하하고 희생물로 삼고 있다는 일부 여성 신학자의 주장이다. 이 네 가지의 주장과 근거를 하나씩 살펴보자.

(1) 텍스트의 불확실성

이미 언급한 것처럼 호세아서는 해석하기가 매우 난해한 책이다. 상당수의 학자들은 호세아서에서 사용되는 히브리어를 가장 어려운 수준의 것이라고 주장한다(Carroll). 책에서 사용된 히브리어 단어의 의미가 확실치 않은 것도 많다. 또한 구약성경에서 단 한번만 사용되는 단어들(hapax legomena)이 호세아서 안에는 매우 많다(2:12, 15; 3:2; 5:2, 13; 7:9; 8:6, 13; 9:14; 10:6-7, 10; 12:5; 13:5, 14-15). 여기에 호세아서에서 사용되는 단어 중 성경의 다른 부분에서는 별로 사용되지 않는 단어까지 더하면 호세아서에는 문제가 될 수 있는 해석과 동사분해(parsing)를 지닌 구절이 매우 많다. 문법도 매우 어려운 수준인데 경우에 따라 한 문장에서 서로 상반되는 문법을 사용하기도 한다. 문제를 더욱 가중시키는 것은 호세아서가 지나치게 문구를 생략하는(elliptical) 성향을 가지고 있어 뜻을 파악하기가 매우 어렵다는 점이다. 또한 과거에 일어났던 일에 대한 간접적인 언급(allusion)이 책의 곳곳에 퍼져 있어 해석의 어려움을 더한다.

호세아서의 사본 실태도 해석에 큰 어려움을 더한다. 호세아서가 오늘날까지 전수되면서 잘 보존되지 않아 매우 많은 부패(corruption)를 지니고 있기 때문이다(Harper). 실제로 호세아서는 구약 정경 중 원문 보존이 가장 빈약한 책에 속한다. 고대 사본을 새로이 발굴한다 해서 이런 문제가 해결될 것 같지도 않다. 예를 들면 호세아 1:7-2:5를 기록한 텍스트가 사해 사본 중에서 발견된 적이 있는데(4QXII), 문제를 안고 있는 마소라 사본과 거의 흡사해서 마소라 사본의 부패를 바로잡는데 별로 도움이 되지 않았다. 또한 많은 고대 번역본도 호세아서만큼은 번역가들도 매우 어려워하고 있음이 역력하다는 것이 일반적인 견해다(Seow). 즉, 고대 번역가들도 호세아서의 난제를 해결하지 못했다.

그러므로 많은 사람이 호세아서를 해석하고 주해하면서 본문 교정(emendation)을 자유로이 시도했다(Soggin). 이러한 노력이 때로는 좋은 결과를 내놓았지만, 오히려 더 혼란과 논란을 초래한 경우가 많았다. 본문을 연구하다 보면 본문 교정이 꼭 필요할 때가 있다. 그러나 전반적으로 학자들이 주장하는 본문 교정의 상당 부분은 그 필요성이 의심스럽다(Harper). 그러므로 호세아서를 주해하면서 본문 교정은 최대한으로 제한하는 것이 바람직하다. 우리는 호세아서가 어려운 이유가 본문의 문제가 아니라, 대부분 우리가 호세아의 세계와 언어에 대해 익숙하지 않아서 빚어진 일이라는 점을 인정해야 한다.

또한 이미 언급한 것처럼 호세아서가 다른 선지서보다 어렵게 느껴지게 된 것은 글을 남긴 선지자 중 호세아가 유일한 북 왕국 출신이라는 점이 크게 작용하고 있는 듯하다(Macintosh). 그러므로 호세아서가 구약의 다른 책에 비해 난해한 것은 이러한 지역적인 차이가 언어에 반영된 것이기 때문이며, 우리가 북 왕국에서 사용되었던 히브리어에 대해 별로 아는 바가 없기 때문일 수도 있다. 이 점 때문에 일부 학자 사이에는 호세아서의 히브리어를 우가릿어(Ugaritic) 배경에서 연구하려는 정서가 조성되기도 했다.

(2) 이미지와 비유

호세아는 상상력의 대가다. 온갖 이미지와 비유를 동원해 메시지를 청중의 마음에 각인시키는 언어의 달인(wordsmith)이다(Dearman). 그가 언어 구사에 매우 능통했다는 사실은 구약성경에서 단 한번 사용되거나 거의 사용되지 않는 히브리어 단어들이 호세아서에 매우 많이 있다는 점에서도 역력히 드러난다.

선지자가 여호와 하나님에 대해 사용하는 이미지도 매우 다양하다(Oestreich, Kruger). 어떤 것은 매우 전통적인가 하면, 어떤 것은 매우 충격적이면서도 본문의 내용과 직접적인 연관성이 없어 보이는 것도 있다(Landy, Eidevall). 저자가 이렇게 충격적인 이미지를 사용해 메시지를 전하는 것은 청중의 집중력을 끌어모아 하나님의 말씀을 더 강력하고 확실하게 전하고자 한 데서 비롯된 것이다. 전통적인 맥락에서 선지자는 여호와를 남편(2:2), 아버지(11:1), 치유자(14:4) 등으로 묘사한다. 또한 여호와 하나님을 새 사냥꾼(7:12), 사자(13:7), 곰(13:8), 이슬(14:5), 왕성한 나무(14:8), 심지어는 좀과 구더기(5:12)에 비유하기도 한다. 하나님이 이스라엘을 심판하시는 날, 옷을 삭이는 좀과 썩은 살을 갉아 먹는 구더기처럼 그들을 괴롭히고 벌하실 것이라는 뜻이다. 의미 전달은 더할 나위 없이 효과적이지만, 전혀 기대하지 못한 섬찟하고 비위를 자극하는 비유들이다. 충격적인 것은 호세아가 이러한 비유들을 하나님께 적용한다는 사실이다(Oestreich).

선지자가 책에서 사용하는 하나님에 대한 은유는 긍정적인 것과 부정적인 것으로 구분될 수 있다(Kruger). 긍정적인 것으로는 용서와 자비로 가득한 로맨틱한 남편(2–3장), 치유자(6:1–2, 14:4), 소생시키는 단비(6:3), 사랑하는 부모(11:1–4, 14:3–4), 보호하는 사자(11:10–11), 생기를 주는 이슬(14:5), 풍요로운 잣나무(14:8) 등이 있다. 부정적인 것으로는 시기하는 남편(2:2–13), 사정없이 파괴하고 먹어 치우는 야생동물(5:14–15; 13:8), 분노하는 목자(4:16), 파괴하는 나방이나 좀(5:12), 무시무시한 사자(5:14; cf. 13:7–8), 새 사냥꾼(7:12), 소에게 멍에를 지게 하는 농부(11:4) 등이 있다.

여호와의 아내 이스라엘에 대한 비유와 은유도 매우 다양하다. 선지자는 하나님과 맺은 언약을 위반한 이스라엘을 간음한 아내(1–3장), 고집이 센 암소(4:16; 10:11), 순식간에 증발하는 이슬(6:4; 13:3), 순간적으로 사라지는 안개와 연기(6:4; 13:3), 뜨거운 화덕(7:3–7), 불에 탄 떡(7:8), 어리석은 비둘기(7:11; 11:11), 어리석은 농부(8:7), 사용할 수 없는 그릇(8:8), 길을 잃은 나귀(8:9), 열매를 맺지 못하는 과일 나무(9:10, 16), 나쁜 포도나무(10:1), 쓸모 없는 가지(10:7–8), 불순종하는 아이(11:1–4), 아이를 낳지 못하는 여인(13:13) 등으로 묘사한다. 모두 부정적인 비유다. 그러나 긍정적인 비유도 있다. 훗날 하나님이 이스라엘과 다시 결혼하실 것(2:14–20)과 이로 인해 이스라엘이 다시 열매를 맺는 나무와 아름다운 꽃이 될 것이라는 비유다(14:5–7).

선지자 호세아의 특징은 아무런 예고도 없이 아주 쉽게, 자주 이미지의 사용과 적용 방향을 바꾼다는 것이다(Yee). 호세아서를 읽고 해석하기가 어려운 이유 중 하나는 바로 이미지가 예고 없이 순간적으로 바뀌기 때문이다. 예를 들면 호세아는 7:4-7에서 이스라엘을 아주 뜨거운 화덕으로 비유한다. 이러한 비유는 이스라엘이 방탕과 악한 계략으로 '뜨겁다'(가득하다)는 의미다. 그러나 7:8에서는 이스라엘이 더는 열을 발하는 화덕이 아니라 화덕 속에서 타는 빵 조각으로 묘사된다.

(3) 호세아의 결혼

호세아서는 하나님이 선지자에게 음란한 여인과 결혼하여 음란한 자식을 낳으라고 명령하시는 일로 시작한다. 여기까지는 확실하다. 그러나 이 말씀이 정확히 무엇을 선지자에게 요구하며 호세아는 어떤 방식으로 이 명령에 순종했는가에 대해서는 학자들의 의견이 분분하다. 또한 3장의 여인과 1장의 고멜은 같은 여인인가? 아니면 서로 다른 여인인가? 그동안 최소한 여덟 가지의 해석이 제시되었다(Rowley, Sherwood, Baumann).

첫째, 호세아 1-3장은 비유 혹은 풍유이다(Keil). 또한 이 모든 일은 환상 속에서 일어난 일이다(Calvin, Abraham Ibn Ezra, David Kimchi, Maimonides). 호세아는 실제로 창녀와 결혼한 것이 아니라는 해석이다. 그러므로 이 이야기는 호세아의 삶에서 실제로 있었던 일이 아니며 모든 것이 비유이거나 환상 속에서 일어난 일이다(Young). 이러한 견해를 고수하는 것은 이 이야기가 실제로 있었던 일이라면 내용이 너무 충격적이고, 거룩한 선지자는 결코 그런 여자와 결혼할 수 없다는 전제 때문이다. 또한 이 해석에 의하면 1장과 3장은 같은 사건을 다르게 묘사한 것에 불과하다.

둘째, 고멜은 호세아의 실제 아내였을 뿐만 아니라 신실한 여인이었다(Pfeiffer). 이 주장에 의하면 1장은 단순히 이스라엘의 죄악을 비난하는 은유에 불과하며, 3장에서는 호세아가 선지자적이고 상징적인 은혜의 제스처(gesture)로 험난한 인생을 살아온 한 창녀에게 자비를 베푸는 것뿐이다. 호세아가 실제로는 음란한 여자와 결혼하지 않았다고 주장하는 면에서 첫 번째 해석과 비슷하다. 1장의 고멜과 3장의 '이름 모를 창녀'(첫 번째 설은 같은 여인으로 취급하지만, 이 해석은 서로 다른 여자로 취급함)를 역사적인 인물로 간주한다는 점이다. 그러나 고멜의 음행은 호세아가 하나님의 뜻을 전하기 위해 만들어낸 가정(假定)에 불과하지 실제로 일어난 일이 아니었다(Kaufmann).

셋째, 1장과 3장은 역사성이 있는 사건들이었으며 두 명의 다른 여인들의 이야기를 회고하고 있다(Stuart). 호세아는 하나님과 이스라엘의 관계를 묘사하기 위해 우상숭배자(영적으로 음란한 자) 고멜이란 창녀와 결혼했다(1장). 그리고 훗날 또 다른 여인과 결혼했다(3장). 이 여인은 실제 창녀였으며 선지자는 하나님의 사랑과 구원에 대한 소망을 제시하기 위해 이 여인과 결혼했다(Fohrer). 이 해석은 두 번째 주장과 비슷하다. 다만 고멜이 실제로 몸 파는 여자가 아니라 영적으로 간음한 여인이었다고 주장하는 것이 다르다. 카우프만(Kaufmann)도 비슷한 주장을 한다. 호세아는 3장의 여인과 결혼하지 않았으며, 다만 하나님의 사랑을 표현하기 위해 그녀에게 선을 행한 것에 불과했다.

넷째, 호세아가 고멜과 결혼했을 때 그녀는 이미 몸을 팔고 있었다. 그녀는 호세아와 결혼하여 아들을 낳고 가출했다. 다시 옛날 직업으로 돌아간 것이다. 몸을 팔면서 두 아이를 더 낳았다. 물론 호세아의 아이는 아니었다. 고멜은 가난과 빈곤에 시달리다가 자신을 노예로 팔았다. 소식을 들은 호세아가 그녀의 주인에게 값을 치르고 집으로 데려왔다(Limburg, Smith, Garrett). 이 견해는 세 번째 것과 비슷하다. 다만 고멜과 3장의 여인을 같은 여자로 해석하는 차이점을 지니고 있다. 또한 3장의 사건이 1장 사건을 다시 설명하는 것이 아니라 그 이후에 일어났던 일이라 한다.

다섯째, 호세아가 고멜과 결혼할 때는 아직 음란한 삶을 시작하지 않은 상황이었다(Wood). 다만 호세아는 이미 하나님의 계시를 통해 그녀가 호세아와 결혼한 다음 간음할 것을 알고 있었다(Vasholz, Johansen, Harper). 이 해석은 네 번째 해석과 비슷하지만 고멜이 호세아와 결혼했을 때 몸을 팔지 않고 있었다는 점을 강조함으로써 '하나님이 어떻게 선지자에게 처음부터 음란한 여인과 결혼하라고 명령할 수 있는가'라는 난제를 피해가고 있다.

여섯째, 1장과 3장은 비유나 은유가 아닌 실제 사건을 묘사한다. 그러나 1장과 3장은 두 개의 다른 사건이 아니라, 같은 사건을 조금 다르게 묘사하는 것이다. 하나님이 호세아에게 창녀와 결혼하라고 명령하시자(1:2), 노예 시장에서 고멜을 사들였다(1:3; 3:1–3). 고멜은 호세아와의 사이에서 아이들을 모두 낳은 다음에 다시 창녀의 삶으로 돌아갔다(Gordis). 이 견해와 넷째와 다섯째 견해의 차이점은 1장과 3장을 같은 사건으로 묘사한다는 점이다.

일곱째, 고멜은 호세아의 아내였다. 그러나 그녀의 죄는 실제적인 것이 아니라 영적인 것이었다. 즉, 우상을 섬긴 것이다. 고멜이 바알 신전에서 신을 위해 몸을 팔던 신전창녀였다고 주장하는 사람도 있다(Mays).[3] 그러므로 그녀의 음탕한 생활은 비유적이고 역사적이다. 영적으로 간음했기 때문에 비유적이고, 실제로 우상을 섬김으로 여호와를 떠났기에 역사적이다(Andersen & Freedman).

여덟째, 3장은 훗날 누군가가 삽입한 이야기이고, 호세아의 삶을 조명하는 데 사용하지 않는 것이 좋다(North). 이 해석은 3장에 언급된 이야기의 역사성을 부인한다. 아울러 1장을 비유 혹은 역사적 사건으로 해석할 수 있는 융통성을 수용한다.

책의 메시지와 역사적 정황을 고려할 때 네 번째 설이 가장 설득력 있다. 하나님은 호세아를 통해 이스라엘의 현실에 대한 마음을 전하기 원하신다. 동일한 사건은 그 일을 체험한 사람들을 가깝게 만든다. 하

3 가나안 종교와 매춘의 연관성에 대하여는 버드(Bird), 데이(Day), ABD 등을 참조하라.

나님은 호세아에게 이러한 어려운 일을 요구하시고 경험하게 하심으로 하나님의 마음을 품고 이스라엘에게 그분의 말씀과 마음을 전하기 원하신다. 호세아는 불행한 결혼을 통해 하나님과 이스라엘의 관계를 이해할 수 있었으므로 그분을 대신해서 메시지를 전할 자격이 있었던 것이다. 호세아의 첫 아이는 선지자의 자식이었지만, 둘째, 셋째는 호세아의 자식이 아니었을 가능성이 매우 높다. 선지자가 둘째를 '사랑받지 못할 자', 셋째를 '내 백성[자식]이 아니다'로 이름한 것은 이러한 가능성을 고조시킨다. 게다가 아내 이스라엘은 남편 여호와와 결혼한 상태에서 우상을 숭배했고 그 우상과의 사이에서 자식들(우상 숭배자들)을 낳았다. 이러한 정황은 고멜이 호세아와 결혼한 상황에서 다른 남자와의 사이에 아이를 낳은 것과 큰 차이가 없다.

(4) 호세아서의 여성관

포스트모더니즘이 지향하는 것 중 하나가 다양성이다. 시대의 정신과 분위기가 이렇다 보니 성경해석도 포스트모더니즘의 영향을 많이 받고 있다. 이제는 한 해석적인 관점만 고집하지 않고 여러 가지 해석 방법이 동시다발적으로 진행되고 있다. 그렇다 보니 예전 해석방법론이 보지 못했거나 간과했던 것을 드러내는 장점이 있는 동시에 일부 방법론은 전통적인 관점에 의한 해석을 위협하기도 한다.

구약 연구에 있어 가장 참신하게 기여하면서도, 전통적인 입장을 고수하는 해석가를 불편하게 하는 방법론이 '여성신학적' 성경해석이다. 예를 들면 사사기 연구에서 여성신학적인 해석의 기여를 무시하고는 저자가 제시하고자 하는 메시지를 제대로 파악하기가 쉽지 않다. 반면에 구약의 역사적·문화적 배경이 매우 남성 중심적이고 여성의 정당한 지위를 인정하지 않는 듯하기에 이러한 배경을 바탕으로 해석해온 사람들을 불편하게 할 수 있는 가능성이 다분하다.

구약 정경 중 호세아서가 여성신학자들의 집중적인 관심을 받게 된 것은 1–3장이 묘사하고 있는 '남편–아내 이야기' 때문이다. 여성신학자들은 호세아 1–3장이 당시 이스라엘 사회가 실제로 여자를 어떻게 대했는가를 반영하고 있다고 주장한다(Yee, Schüngel–Straumann, Wacker). 그들에 의하면 호세아는 여자의 성(sexuality)을 매우 악한 것으로 간주하고 있으며, 아내 고멜은 공개적으로 학대와 폭행을 당하고 쫓겨났다가 빈정대는 남편의 배려로 겨우 집으로 돌아오게 되었다고 한다. 이스라엘 사회가 이처럼 여자를 비하하는 것은 선조 시대 때부터 있었던 일이며, 호세아도 이 같은 전통을 이어받아 여자에 대해 매우 부정적이고, 더 나아가 여자를 증오하는 책을 남겼다고 한다.

이러한 주장을 우리는 어떻게 생각해야 할까? 논의를 시작하기 전에 마음에 두어야 할 것은 창조주 하나님이 인간을 창조하실 때 남자만이 아니라, 남자와 여자 모두 자신의 모양과 형상대로 창조하셨다는 사실이다(창 1:26–27). 남자뿐만 아니라 여자도 하나님의 모양과 형상에 따라 창조되었다는 것은 모든 여성비하와 미움(misogyny)은 비(非)성경적인 사고이고, 창조주를 미워하는 행위이다. 그러므로 성경을 하나님 말씀으로 믿는 사람은 성(性) 때문에 여자를 미워하거나 비하하는 일은 없어야 한다. 오늘날 우리 사회의 법도 이 같은 행위를 금지한다.

그렇다면 선지자가 아내 고멜이 저질렀던 죄를 덮지 않고 낱낱이 고하는 것을 어떻게 이해해야 할까? 선지자는 청중이 이해할 수 있는 개념과 사고의 범위 내에서 하나님 말씀을 전하려고 한다. 그래서 청중의 일상에서 흔히 찾을 수 있는 도구를 발견했는데, 다름 아닌 호세아와 고멜의 파경에 이른 부부관계였다. 하나님도 이 같은 의도에서 호세아에게 음란한 여자와 결혼하라고 명령하셨다(1:2). 선지자가 하나님과 이스라엘의 관계를 가장 적절하게 묘사하는 예를 청중이 익숙한 삶에서 찾다 보니 자신과 아내 이야기를 하게 된 것이지, 여자를 미워하거나 싫어해서 고멜을 예로 삼은 것은 아니다.

성경 저자는 독자의 이해를 돕기 위해 일상에서 많은 예와 비유(metaphor)를 수집해 메시지를 전한다. 문제는 모든 예와 비유는 어느 순간에는 더는 전하고자 하는 메시지와 일치하지 않는다는 것이다. 그러므로 우리는 호세아와 고멜의 관계를 예로 들어 이야기하고 있지만, 그가 경험한 일이 하나님이 이스라엘에게 전하고자 하는 메시지를 100% 반영하고 있다고 볼 필요는 없다. 그러므로 '호세아와 고멜 이야기'는 제한된 범위에서 이해해야지, 전하고자 하는 모든 메시지로 볼 필요는 없고, 더욱이 그가 여자를 증오하는 사람이라는 주장은 설득력이 없는 말이다(Kelle). 예와 비유는 한계를 지닌 것으로 이해해야지 그 이상의 의미는 아니다.

문제를 제기하면서 여성신학자들이 간과하기 쉬운 중요한 것은 정경의 문화 코드(cultural code)이다. 구약은 지금부터 수천 년 전에 저작된 작품이다. 이 작품들은 저자가 있고, 저자가 살았던 역사적·문화적 정황을 반영하고 있다. 그렇기 때문에 해석이 필요한 것이다. 여성신학자들의 문제 제기의 상당 부분은 이러한 문화적 격차(gap)를 고려하지 않은 데서 비롯되었다(Keefe, cf. Myers). 21세기의 문화적 관점으로 수천 년 전의 작품을 해석하는 것은 옳지 않다. 먼저 작품의 역사적·문화적 정황을 숙지한 다음에 해석하도록 노력해야 한다. 이렇게 하면 여성신학자들이 제시하는 문제의 상당 부분이 해결될 것이다.

6. 신학과 메시지

호세아가 뒤를 이은 문서 선지자(writing prophets)에게 미친 영향은 대단하다. 그의 영향력은 한 세대에서 끝나지 않고 에스겔 시대까지 지속되었다. 그러므로 호세아서의 영향력을 평가할 때 책의 작은 규모와는 대조적으로 큰 영향력을 발휘했다고 주장한다(Judaica). 호세아서를 신학적으로 요약하는 것은 매우 어렵다는 것이 일반적인 견해다. 이는 하나님과 이스라엘의 관계에 대해 매우 광범위하게 언급하고 있기 때문이다. 호세아가 전개하는 여러 가지 주제 중 몇 가지만 간략하게 생각하고 이것이 오늘날 우리의 삶에 어떤 의미와 도전을 제시하는지 생각해 보자.

(1) 언약

대부분의 선지자처럼 호세아도 이스라엘 백성이 시내 산 언약을 준수하지 않고 있는 것에 대한 비난을 기초로 메시지를 전개한다(Brueggemann). 그러므로 호세아서를 이해하기 위해서는 언약과 율법에 대한 이해가 필수적이다(Stuart). 호세아는 특히 언약의 불순종이 가져올 저주에 대해 지속적으로 경고한다(Day, Fensham). 한 예로 선지자는 "아무리 먹어도 배부르지 않고, 아무리 음행을 하여도 자손이 불어나지 않을 것이다. 이 백성이 다른 신들을 섬기려고 나 주를 버렸기 때문이다. 나의 백성은 음행하는 일에 정신을 빼앗겼다"(4:10-11, 새번역)라고 선언한다. 이 텍스트에서 언급하는 배고픔과 자식을 낳지 못하는 것은 신명기 28:17-18과 32:24-28에 기록된 언약적 저주를 바탕으로 하고 있다(Fensham). 이스라엘이 아시리아의 손에 멸망하게 된 것은 아시리아가 강자고 이스라엘이 약자여서가 아니라, 그들이 하나님과 맺은 언약을 준수하지 않았기 때문이다. 범죄한 이스라엘이 정작 두려워할 강자는 아시리아가 아니라, 아시리아를 진노의 막대기로 사용하여 이스라엘을 벌하려고 하시는 여호와다. 이스라엘이 두려워하는 강자 아시리아는 사실 여호와께서 언약을 위반한 이스라엘을 훈계하기 위해 사용하시는 도구에 불과하다.

우리는 예수님을 구주로 영접하는 순간 하나님과 언약을 맺었다. 성경은 '새 언약'이라 하기도 하고 '은혜의 언약'이라고도 한다. 언약은 여러 조항으로 구성되어 있다. 이 조항들 중 언약을 준수하면 얻게 될 좋은 결과와 이행하지 않으면 치러야 할 대가도 있다. 문제는 많은 사람이 주님을 영접할 때 누리게 될 축복만 생각한다는 점이다. 물론 순종하려고 노력하고 하나님을 닮아가려는 삶에는 주님의 축복이 임할 것이다. 그러나 언약에는 불순종하는 자에게 징계를 가한다는 '어두운 면'이 있다. 축복과 저주(징계)는 언약의 양면성인 것이다. 그러므로 예수님을 영접한 자가 하나님과 맺은 언약에 따라 살지 않으면 마음을 돌이켜 순종하는 삶을 살 때까지 믿지 않는 자보다 더 큰 곤경에 처할 수도 있다. 이 복음의 '어두운 면'을 피하려면, 하나님의 부르심을 받아 구원을 입은 자들은 그분의 부르심에 합당한 삶을 살도록 노력해야 한다.

(2) 위기에 처한 하나님과 이스라엘의 관계

호세아가 음란한 고멜과 결혼한 것은 개인적인 삶의 이야기로만 끝나지 않는다. 불행한 결혼은 여호와와 이스라엘의 관계를 상징한다. 하나님이 시내 산에서 이스라엘과 언약을 맺은 것은 곧 남편 여호와께서 아내 이스라엘을 맞이한 것을 의미하기 때문이다. 즉, 구약에서 결혼과 언약은 매우 밀접한 관계를 가지고 있으며 호세아의 곤고한 부부관계는 위기에 처한 이스라엘과 하나님의 언약 관계를 잘 묘사하고 있다. 두 사람의 부부관계에 제삼자가 침범할 수 없듯이 이스라엘과 하나님의 관계에도 침입자가 있을 수 없다. 문제는 고멜(이스라엘)이 사랑하는 자는 남편 호세아(하나님)가 아니라 다른 남자(들)라는 사실이다. 이런 측면에서 고멜의 행동은 곧 이스라엘이 이방 신들을 좇아 나선 일을 비유하고 있다. 그러므로 고멜은 이스라엘과 지도자, 여러 가지 사회적 제도, 문화를 상징한다(Garrett). 그렇다면 고멜의 자녀들은 누구를 의미하는가? 이스라엘의 타락한 지도자, 제도, 종교적으로 오염된 문화에서 양육된 이스라엘 사람이다. 불행하게도 그들은 선민으로서 갖추어야 할 기본 성향 세 가지-하나님을 아는 지식(knowledge of

God), 진실성(integrity), 자비(compassion)—중 하나도 갖지 못했다. 이스라엘은 지니고 추구해야 할 것은 하나도 지니지 못했으면서 자기 이권을 추구하기에 바쁘다. 여호와의 선민이기에 하나님의 사랑과 자비를 무조건적이고 무한적으로 받을 권리가 있다고 생각한 것이다. 그러나 이 시대 사역했던 선지자들은 한결같이 불의한 제도와 오염된 신앙의 산물인 자녀들에게 그들의 '어머니 이스라엘'로부터 자유하여 '아버지 여호와'를 찾아야 살 수 있다고 선언한다. 원래 이스라엘 종교와 문화는 백성을 하나님께 인도하는 역할을 해야 하는데, 어느덧 이 제도는 주의 백성이 하나님께 나아오는 것을 막는 걸림돌이 된 것이다. 그러므로 하나님과 이스라엘의 부부관계가 위기에 이르렀다(Watts).

그렇다면 앞으로 여호와와 이스라엘의 결혼이 지속될 수 있는 길은 없는가? 정부와 놀아나 부부관계를 파경에 이르게 한 아내 이스라엘에게는 남편 하나님과의 결혼을 지속하려는 의지가 없으며 결혼 관계를 파경에서 보호할 능력이 없다. 이 결혼이 어떻게 될 것인가는 전적으로 남편이신 하나님께 달려 있다(Baumann). 다행히 남편 하나님은 아내 이스라엘을 절대 포기하지 않겠다고 선언하시고 적절한 행동을 취하신다. 하나님의 일방적인 용서와 은총으로 관계가 유지될 수 있었던 것이다. 그러나 그 과정에서 하나님은 결정을 내리시기까지 매우 고통스러워하신다. 간음한 아내 이스라엘을 다시 사랑하기 위해 남편 하나님은 엄청난 대가를 치르시는 것이다(Sherwood).

구약에는 여러 장르의 책들이 있고 모두 이스라엘을 향한 하나님의 의지와 애틋한 감정을 전하지만, 특별히 선지서는 하나님의 마음을 잘 표현하고 있다. 전반적으로 우리는 하나님의 고뇌와 눈물을 선지서들을 통해 본다. 죄를 짓고 심판받는 이스라엘을 피해자로, 그들을 벌하시는 하나님을 가해자로 생각할 수 있다. 그러나 선지자들은 오히려 하나님이 피해자라는 사실을 명확히 한다. 그래서 학자들은 선지서에서 중심 주제 중 하나로 '하나님의 고통'(suffering of God)을 논한다

(Frethheim). 이사야가 묘사하는 하나님은 애지중지 키운 자식에게 배신당하고 눈물짓는 부모의 모습이다(사 1:2-4). 호세아와 예레미야가 제시하는 하나님은 외도하는 아내 때문에 '내가 도대체 뭘 잘못했기에 당신이 이러느냐?'며 자책하고 신음하는 남편이다. 그러므로 선지서를 읽을 때 하나님이 여호와 종교에 대해 제시하는 기풍(ethos) 혹은 말씀(logos)에도 관심을 가져야겠지만, 하나님이 결코 사랑할 수 없는 백성을 사랑하시면서 겪는 아픔과 연민(pathos)에도 더욱 귀를 기울여야 한다. 호세아서는 특별히 그렇다.

정경 중 자신이 가장 사랑하는 사람들의 죄 때문에 고통 속에서 신음하시는 하나님을 가장 잘 묘사하는 선지서들 중에서도 호세아서는 매우 특별하다. 이 책은 선지서 중에서도 순간적으로 변하고 흔들리는 하나님의 감정을 잘 묘사해 놓았다. 그러므로 호세아서를 읽을 때 하나님의 연민(pathos)과 고통(suffering)을 예민한 마음으로 묵상해야 한다. 호세아서를 선지자의 의도에 따라 읽어 내려가다 보면 우리는 하나님의 눈물을 목격하게 될 뿐만 아니라, 하나님과 하나 되어 우리의 죄를 아파하며 울고 있는 자신을 발견할 것이다.

(3) 형식으로 치우쳐버린 여호와 종교

호세아 시대를 살았던 사람들은 이스라엘 종교 예식의 근본 의미와 정신을 망각해 버렸다. 물론 그들은 매우 종교적인 삶을 살았다. 종교적인 절기를 잘 지키고(2:11, 13), 번제와 제물을 끊임없이 바쳤고(5:6; 6:6), 제단도 계속 세웠다(10:1). 그러나 이러한 외형적인 종교 예식은 내부적인 영적 부패를 가리는 연막에 불과했다. 호세아는 제사장을 맹렬하게 비난한다. 제사장의 의무는 하나님 말씀을 잘 가르치고 올바른 예배를 권장하는 것에 있는데, 당시 여호와 종교 제사장이라는 사람이 일반 백성과 다를 바 없이 타락했기 때문이다(4:9). 제사장은 윤리적인 면에서는 오히려 사회 전반의 타락을 주도했다(4:4-9). 가장 도덕적이고 모범이 되어야 할 제사장이 가장 타락했으니 종교도 타락할 수밖에 없다. 결과적으로 호세아가 사역하던 시대에는 제사장의 주도하에 종교적인 혼합주의가 성행했다. 성소에는 여호와의 제단 바로 옆에 바알에게 바치는 제단이 세워졌으며 여호와의 백성이 봄철 추수에 대해 하나님 여호와가 아니라, 우상인 바알에게 감사했다(2:11-13). 사람들은 그 외 이방 종교들에서 도입된 종교적 예식을 통해 온갖 음란을 저지르고 있다(4:12-14). 심지어 이스라엘은 송아지 신상들에게 입을 맞추었다(13:2). 모든 것이 여호와 종교에 종사하는 제사장의 집도 아래 이루어지고 있는 일이었다.

이처럼 이방 풍습에 물들어 있는 여호와 종교와 종교적 혼합주의는 우상숭배처럼 하나님을 분노케 하고 아프게 한다. 성경에서 지속적으로 강조되는 것 중 하나가 하나님은 오직 한 분이시니 우리는 몸과 마음을 다하여 그분만 사랑해야 한다는 사실이다(신 6장). 또한 하나님은 자신이 질투하는 하나님이니 절대 다른 신들을 옆에 두지 말라고 하셨다. 주의 백성은 오직 여호와만 경배하고 섬겨야 한다는 뜻이다. 그런데 종교적 혼합주의에 빠져 있는 주의 백성이 하나님을 여러 신들 중 하나라고 한다! 그래서 다른 종교 예식에서 좋아 보이는 것은 하나님의 의중과 상관없이 여호와 종교의 예배와 제사에 도입했다. 심지어 하나님께 예배드리며 동시에 바알과 아세라에게 제물을 바쳤다. 당시 영적 상황이 이러하니 자기 백성을 지켜보시는 하나님이 얼마나 열불나고 자존심이 상하셨겠는가? 하나님은 자신만이 신들 중의 신이요, 왕들 중의 왕이라고 하셨는데, 이스라엘은 인정하지 않고 하나님을 여러 신들 중 하나로, 왕들 중 지극히 평범한 자로 대한 것이다.

우리는 예배의 본질과 정신을 놓치고 외형적인 것에 치중하면 어떤 결과가 초래되는가를 호세아서를 통해 뼈저리게 인식해야 한다. 당시 이스라엘 사람은 하나님께 예배드렸지만 하나님과 교제하지 못했고,

예배를 통해 하나님을 만나지 못했으며, 그분의 음성도 듣지 못했다. 그래서 예배가 하나님을 경험하는 수단이 아니라 주의 백성이 치러야 할 대가이자 의무라고 생각하기 시작했다. 관심이 예배의 본질에서 예배 예식과 겉치레로 옮겨간 것이다. 하나님이 특별히 택하신 소수에게만 예배를 통해 그분과 교통하고 즐길 수 있는 특권을 주셨는데, 의무적으로 되다 보니 주의 백성에게 예배는 이제는 그들만이 누릴 수 있는 특권이 아니라 지고 가야 할 짐이 되어버렸다. 어느덧 이스라엘에게 하나님은 숭배자에게서 예식 절차에 따라 제물이나 요구하는 평범한 신들 중 하나로 전락해 버린 것이다.

(4) 하나님에 대한 지식

호세아는 이스라엘의 근본적인 영적 문제는 하나님에 대한 지식이 없는 것에서 비롯되었음을 지속적으로 강조한다. "이스라엘 자손아, 주의 말씀을 들어라. 주께서 이 땅의 주민들과 변론하신다. 이 땅에는 진실도 없고, 사랑도 없고, 하나님을 아는 지식도 없다…내 백성이 나를 알지 못하여 망한다. 네가 제사장이라고 하면서 내가 가르쳐 준 것을 버리니 나도 너를 버려서 네가 다시는 나의 성직을 맡지 못하도록 하겠다. 네 하나님의 율법을 네가 마음에 두지 않으니, 나도 네 아들 딸들을 마음에 두지 않겠다"(4:1, 6, 새번역). 하나님을 아는 지식(knowledge of God)은 단순히 하나님에 관한 지식(knowledge about God)이 아니다. 사랑과 순종으로 하나님과 관계를 맺는다는 의미다. 하나님이 노예와 속박의 땅 이집트에서 이스라엘에게 구원을 베푸신 후, 이스라엘은 하나님의 명령과 계시에 순종하겠다고 다짐하며 그분과 언약을 맺었다. 즉, 하나님을 알며 살아가겠다고 약속한 것이다. 그러나 세월이 지나면서 하나님을 아는 지식을 예식과 제사로 대체해 버렸다. 그 무엇과도 바꾸지 말아야 할 본질적인 것이 어이없게도 부수적인 것에 의해 대체된 것이다. 그러므로 하나님을 아는 고상한 지식을 회복해야 한다. 즉, 하나님의 뜻에 순종하며 살아가는 것이 무엇을 의미하는지를 다시 배우고 실천해야 하는 것이다. 우리는 하나님에 대한 무지함이 어떤 결과를 초래할 수 있는지를 기억하고 이러한 일이 없도록 더욱더 하나님을 알아가야 한다. 다행히 이스라엘이 하나님을 알고 그분의 풍요로우심을 누릴 수 있는 날이 다가오고 있다(2:20; 6:3; 8:2). 모두 하나님이 베푸시는 일방적인 용서와 은혜의 결과다.

(5) 이스라엘의 배은망덕

선지자는 이스라엘과 하나님이 처음 만났을 때부터 자신의 시대에 이르기까지 지나온 역사를 회상하며 이스라엘의 망은(忘恩)을 비난하고 있다. "내가 이스라엘을 처음 만났을 때에, 광야에서 만난 포도송이 같았다…그러나 바알브올에 이르자, 그들은 거기에서 그 부끄러운 우상에게 몸을 바치고, 우상을 좋아하다가 우상처럼 추악해지고 말았다"(9:10, 새번역). 은혜를 베푼 자에게 배신을 당한 하나님이 다음과 같이 탄식하신다. "나는 저 광야에서, 그 메마른 땅에서, 너희를 먹이고 살렸다. 그들을 잘 먹였더니 먹는 대로 배가 불렀고, 배가 부를수록 마음이 교만해지더니, 마침내 나를 잊었다"(13:5-6, 새번역). 뿐만 아니라 이스라엘은 하나님이 그들을 위해 행하신 일에 대해서도 바알에게 영광을 돌렸다. "바로 내가 그에게 곡식과 포도주와 기름을 주었으며, 또 내가 그에게 은과 금을 넉넉하게 주었으나, 그는 그것을 전혀 모르고 그 금과 은으로 바알의 우상들을 만들었다"(2:8, 새번역). 이스라엘의 비뚤어진 마음과 관점은 하나님이 베푸신 은혜에 대해 배은망덕을 저지르고 있는 것이다.

그래서 선지자는 '돌아오라'(שוב)는 동사를 지속적으로 사용한다(5:4; 6:1; 7:10; 11:5). 히브리어에는 우리가 이해하는 '회개'를 뜻하는 단어가 없다. 이 개념에 가장 근접한 단어가 '돌아오다'이다. 이 동사가 구상하고 있는 이미지는 가던 길에서 180도 돌아서서 떠난 곳으로 다시 오는 것이다. 만일 이스라엘이 돌아오지 않으면 하나님을 아는 지식이 부족해서 심판받아 멸망할 것이다(4:6). 하나님이 배은망덕한 이스라엘을 내버려두지 않으실 것이기 때문이다. 또한 호세아는 언젠가는 이스라엘의 하나님에 대한 지식이 더 완전해져서 하나님의 풍요를 경험하게 될 것을 소망으로 제시한다(2:20). 회개는 곧 우리가 하나님을 바로 알 때 가능하다. 하나님이 지식을 더 완벽하게 해주실 것이고, 이 지식으로 그들이 회개할 수 있게 되기 때문이다. 결국은 이스라엘의 배은망덕은 하나님이 해주셔야 비로소 완전한 치료가 된다.

유대교-기독교의 성향을 한 마디로 요약하면 '기념하는 종교'라고 할 수 있다. 우리는 지난날 하나님이 베풀어주신 은혜를 끊임없이 묵상하고 기념해야 할 필요가 있다. 하나님이 우리를 위해 하신 일을 두루두루 기념하며 감사하는 것은 그분의 은혜를 입은 우리의 당연한 본분이다. 그러나 지난날 하나님이 베풀어주신 은혜를 기념하는 일은 결코 과거에만 국한된 것이 아니다. 지난날의 은혜를 묵상하면 할수록 현재와 미래에 대한 불안감과 불확실성을 해소해 준다. 과거의 일에 대한 묵상이 현재와 미래에 영향을 미치는 것이다. 어떻게 이런 일이 가능한가? 지난날 우리가 경험한 하나님의 은혜를 하나하나 묵상하다 보면 하나님이 구원하시고 오늘에 이르기까지 우리를 위해 얼마나 수고하셨는가를 깨닫게 된다. 만일 하나님이 오늘 혹은 미래에 우리를 버리신다면 이때까지의 모든 수고가 열매를 맺지 못하고 수포로 돌아가게 될 것이다. 하나님이 이런 무의미한 투자를 하실 분이신가? 결코 아니다. 그러므로 과거에 베풀어주신 은혜를 기념하면 현재와 미래에 대한 확신이 생기는 것이다. 그래서 시편에 보면 이스라엘이 위기를 맞이할 때마다 함께 모여 예배를 드리며 하나님이 출애굽 때와 광야 시절에 베풀어주신 은혜를 기념한 후 현실과 미래에도 지속될 하나님의 은혜에 대한 확신으로 마무리되는 노래들을 많이 보게 된다(시 80편 외).

(6) 심판과 구원

위의 여러 주제가 보여주는 것처럼 이스라엘은 타락할 대로 타락해 있다. 그러나 놀라운 것은 하나님의 사랑은 이런 이스라엘의 타락을 덮고도 남는다는 것이다. 시내 산에서 하나님이 이스라엘과 세우신 언약으로부터 불순종에 대한 심판과 순종에 대한 축복이 시작된다. 물론 축복에는 하나님의 은혜로운 구원이 속해 있다. 이스라엘의 불순종은 여러 가지로 표현이 되었지만, 배교(apostasy)에서 절정을 이룬다. 그들은 하나님을 섬기는 진정한 예배를 버리고 이방 신들을 숭배했다. 특히 지도자들이 가장 심각하게 하나님을 배신했다. 제사장(4:6; 5:1; 6:9; 10:5), 선지자(4:5), 정치적 리더(5:1, 10; 7:3–7; 9:15)들이 이스라엘의 배교를 주도했다. 타의 모범이 되어야 할 리더가 왜 이런 죄를 짓고 있었는가? 가장 기본 문제는 하나님을 아는 지식이 없다는 점이었다(4:6). 자신과 언약을 맺으신 전능하고 참 하나님이신 여호와를 제대로 알지 못했기 때문에 이방 신들을 쉽게 따르게 된 것이다(5:13; 7:8–10; 8:9). 그러므로 하나님을 알지 못하는 백성을 심판하실 것을 선언하신다. 생각해보면 참으로 안타까운 일이다. 처녀 이스라엘은 시내 산에서 하나님과 결혼했는데, 정작 남편을 모른다니! 우리가 하나님 백성이라고 자부한다면 이러한 과오는 범하지 않아야 한다. 선지자는 앞으로 다가올 하나님의 심판을 일종의 광야생활로 표현한다. 이스라엘은 약속의 땅에서 쫓겨나 광야에 머물게 될 것이다(2:14). 물론 이러한 경고의 성취는 북 왕국에게는 주전 722년에, 남 왕국에게는 586년에 찾아왔다. 그러나 동시에 매우 강력한 구원과 소망의 메시지를 전하고 있는 책이 호세아서다. 그 대표적인 예가 다음 말씀이다.

에브라임이여 내가 어찌 너를 놓겠느냐
이스라엘이여 내가 어찌 너를 버리겠느냐
내가 어찌 너를 아드마같이 놓겠느냐
어찌 너를 스보임같이 두겠느냐
내 마음이 내 속에서 돌이키어
나의 긍휼이 온전히 불붙듯 하도다(11:8)

위의 말씀에서 하나님의 어떤 모습을 보는가? 호세아서는 하나님을 아내에게 배신당하고 신음하는 남편의 모습으로 묘사한다고 했다. 그런데 놀라운 것은 이 남편이 자신과 아이들을 버리고 창녀의 길로 돌아선 아내를 끝까지 버리지도, 잊지도 못하고 아내의 일 때문에 괴로워한다는 사실이다. 더 놀라운 것은 남편은 이미 정부의 손에 놀아나다가 이제는 이용 가치가 없다 하여 노예로 팔려 나온 아내를 찾아가 손을 끌어당기며 다음과 같이 애원한다는 사실이다. "여보, 제발 이제는 집으로 갑시다. 우리 다시 시작합시다. 집에는 아이들이 있고 내가 있소. 당신이 새 삶을 다시 시작할 수 있도록 내가 도와주겠소. 당신을 집으로 데려가기 위해 재산을 처분해서 당신의 몸값을 만들어 왔소. 당신의 포주에게 지불할 테니 나와 집으로 갑시다. 우리 다시 시작합시다. 나는 당신을 결코 포기하거나 이렇게 내버려둘 수 없소. 그렇게 하기에는 나는 당신을 너무나도 사랑합니다." 간음한 아내 이스라엘을 향한 남편 하나님의 사랑은 이처럼 애절하고 깊다.

고멜은 더는 이용 가치가 없다며 포주마저 내버린 자기를 사러 노예 시장을 찾아온 남편을 통해 평생 처음으로 용서와 사랑이 어떤 것인가를 체험했다. 그리고 처음으로 회개의 눈물을 흘리며 자신을 끝까지 사랑하는 남편을 다시는 배신하지 않겠다고 다짐했다. 고멜은 남편의 손에 이끌려 집으로 돌아온 후 다시는 방황하지 않았다. 오직 남편만을 사랑하며 살았다. 그렇기 때문에 호세아 3장 이후로 고멜을 포함한 호세아의 가족 이야기가 나오지 않는다. 행복한 가정이 되었기에 더 이야기할 필요가 없었던 것이다.

이 과정에서 우리는 남편의 사랑과 헌신을 이해하기가 어렵다. 어찌 이런 음란하고 방탕한 아내를 포기하지 않고 끝까지 사랑할 수 있단 말인가? 인간의 생각으로는 도저히 납득이 가지 않는다. 혹시 남편 하나님께도 어떤 문제가 있어서 아내 이스라엘을 이렇게 처절하게 사랑한 것은 아닌가? 성경은 하나님께는 그 어떤 문제나 잘못이 없었다는 사실을 확실히 한다. 그리고 기억하라. 이 포기하지 않는 사랑이 방황하는 고멜의 마음을 녹이고 감동시켰다는 사실을 말이다. 나는 이 책의 독자에게 묻고 싶다. 당신은 이런 사랑을 경험해 보았는가? 이런 사랑을 할 수 있는가? 이런 체험을 해보았거나, 이런 사랑을 할 수 있는 사람은 행복한 사람이다. 호세아는 자신의 책을 통해 우리에게 이렇게 선포한다. "하나님은 당신을 이처럼 사랑하신다!"

7. 개요

호세아서는 구조를 파악하기가 매우 어려운 책으로 정평이 나 있다. 이 때문에 학자들이 나름대로 통일성과 연합성을 전제하고 구조를 제시하지만 서로 현저한 차이를 지닌다. 일부 학자들은 호세아서를 1-3장과 4-14장으로 구분하지만(Garrett), 대부분은 1:1-3:5, 4:1-11:11, 11:12-14:9[마소라 사본으로는 12:1-14:10] 등 세 섹션으로 구분한다. 그러나 이와 같은 거시적인 구분 아래 각 섹션의 세세한 구조는 학자에 따라 천차만별이다(Yee, Dearman).

구조를 파악하는데 하나의 단서가 되는 것은 선지자가 세 자녀들을 시작으로 3이라는 숫자를 매우 중요시하며 지속적으로 사용하고 있다는 점이다. 물론 항상 완벽하게 3을 구상하는 것은 아니다. 그러나 우연이라고 하기에는 3이라는 숫자가 구조에 상당한 영향을 미쳤다는 것이 확실하다. 호세아서의 장·절 구분은 마소라 사본(MT)과 번역본 사이에 다소 차이를 보인다. 본문 주해에서는 우리가 익숙해져 있는 번역본의 구분을 사용할 것이다.

I. 호세아와 가족(1:1–3:5)
   A. 표제(1:1)
   B. 아내 고멜(1:2–2:1 [1:2–2:3])
   C. 결혼의 의미(2:2–23 [2:4–25])
   D. 고멜을 다시 집으로(3:1–5)

II. 하나님과 이스라엘(4:1–11:11)
   A. 여호와의 백성에 대한 논쟁(4:1–3)
   B. 간음하는 백성(4:4–5:4)
   C. 이스라엘과 유다에 대한 경고(5:5–6:11a)
   D. 정치와 외교가 몰락을 재촉함(6:11b–7:16)
   E. 다가오는 포로생활(8:1–9:9)
   F. 이스라엘의 과거, 현재, 미래(9:10–11:11)

III. 하나님과 백성(11:12–14:9 [12:1–14:10])
   A. 하나님의 백성에 대한 비난(11:12–12:14 [12:1–15])
   B. 배은망덕한 이스라엘의 소망(13:1–16 [13:1–14:1])
   C. 하나님의 돌아오라는 호소(14:1–9 [14:2–10])

엑스포지멘터리
선지서 개론

요엘

EXPOSItory comMENTARY

요엘

12 여호와의 말씀에
너희는 이제라도 금식하고 울며 애통하고
마음을 다하여 내게로 돌아오라 하셨나니
13 너희는 옷을 찢지 말고 마음을 찢고
너희 하나님 여호와께로 돌아올지어다
그는 은혜로우시며 자비로우시며
노하기를 더디하시며 인애가 크시사
뜻을 돌이켜 재앙을 내리지 아니하시나니
(2:12–13)

28 그 후에 내가 내 영을 만민에게 부어 주리니
너희 자녀들이 장래 일을 말할 것이며
너희 늙은이는 꿈을 꾸며
너희 젊은이는 이상을 볼 것이며
29 그때에 내가 또 내 영을
남종과 여종에게 부어 줄 것이며
(2:28–29)

요엘서는 사도 베드로가 자신의 시대에 강하게 역사하신 성령의 사역을 설명하며 인용한 요엘 2:28-29 말씀 때문에 그리스도인 사이에 유명해진 책이다(행 2장). 사도 바울은 "누구든지 여호와의 이름을 부르는 자는 구원을 얻으리니"(욜 2:32)라는 말씀을 복음의 핵심으로 삼았다(롬 10:13). 교회는 사순절이 시작되는 재의 수요일(Ash Wednesday)이면 성도에게 요엘 2:12-19를 묵상하도록 했다. 그러나 대부분의 사람은 요엘서가 '여호와의 날'을 중심 주제로 삼아 전개된다는 것 외에는 별로 아는 바가 없다. 요엘서는 우리가 교회에서 설교나 성경공부를 통해 자주 접하는 책이 아니기 때문이다.

최근 들어 소선지서 12권의 논리적 구조를 연구하고 논하는 학자들 사이에서나마 요엘서의 중요성이 새롭게 부각되고 있지만, 아직도 여러 가지 해석적 난제들로 요엘서를 편안하게 접근하고 묵상하기에는 다소 부담스러운 부분이 있다(Sweeney, Nogalski). 심지어 한 학자는 요엘서를 '구약 석의의 문제아'(problem child of the Old Testament exegesis)라고 부르기도 한다(Merx). 요엘서가 어떤 문제를 안고 있기에 이런 타이틀을 갖게 된 것일까? 최소한 세 가지 이유에서이다. 첫째, 요엘서의 시대적 배경이 아직도 논쟁이 되고 있다(Lattimore, Myers, Thompson, Treves). 무엇보다 요엘이 활동했던 시대적인 정황에 대해 명확한 역사적 힌트를 주지 않기 때문이고, 성경의 다른 부분도 이 선지자에 대해 어떤 정보도 제공하지 않는다.

둘째, 요엘서가 유다의 역사 속에 이미 성취되었던 일을 주제로 하고 있는가, 아니면 아직도 성취되지 않은 미래의 일을 예고하고 있는가? 일부에서는 책의 모든 내용을 유다의 역사를 배경으로 읽어야 한다고 하지만, 요엘서 전체를 종말론적으로 읽어야 한다고 주장을 펼치기도 한다. 물론 중도에 서서 요엘서의 일부는 이스라엘 역사를 배경으로, 나머지는 아직도 성취를 기다리고 있는 종말론적으로 해석해야 한다는 주석가도 허다하다. 이처럼 다양한 입장이 제시되는 것은 요엘서 자체가 명확한 입장을 제공하지 않기 때문이다.

셋째, 요엘서의 통일성 문제를 제기하는 사람도 많다. 어떤 학자는 1장을 기록한 사람이 결코 3장을 저작할 수 없다고 주장한다. 반면에 다른 주석가는 요엘서는 비록 짧지만 하나님의 심판, 종말론적 사건, 주의 백성의 미래에 대한 내용을 논리정연하게 다루고 있는 통일성 있는 책으로 간주한다.

이러한 혼란에도 불구하고 요엘서는 책의 규모에 비해 여러 면에서 매우 중요한 선지서로 인정을 받는다. 책의 메시지가 때와 장소를 초월하여 언제, 어디서든지 주의 백성에게 시사하는 바가 많기 때문이다. 특히 옷을 찢지 말고 마음을 찢고 하나님께 돌아오라는 말씀은 매너리즘에 젖어 있는 주의 백성에게 참으로 신선한 도전이다.

1. 선지자

'요엘'(יוֹאֵל)이란 이름은 대체로 '여호와가 하나님이시다'로 풀이되지만, 마지막 두 글자가 동사 '맹세하다'(אָלָה)에서 비롯된 것으로 이 이름이 '여호와께서 맹세하시다'라는 뜻을 지닌 것이라고 주장하기도 한다(Sweeney). '요엘'은 구약 시대에 두루 사용된 인기 있는 남자 이름이었다(McKenzie). 그러나 만일 그의 이름이 대부분 학자들이 풀이하는 것처럼 '여호와가 하나님이시다'라는 뜻을 지녔다면, 여호와의 주권이 위협받을 때 가장 의미 있게 불려졌을 것이다. 그래서 한 주석가는 요엘이 사역하던 시대에 바알이 여호와의 위치를 위협하고 있었다는 추측을 내놓기도 했다(Crenshaw). 요엘서는 선지자의 아버지가 브두엘(פְּתוּאֵל)이었다는 사실 외에는 어떤 정보도 제공하지 않는다. 선지자에 대한 정보가 거의 주어지지 않는다는 것은 아마도 청중에게는 상당히 잘 알려져 있어서 추가 설명이 필요 없기 때문이었을 것이다.

비록 요엘 선지자에 대해 많은 것을 알지는 못하지만, 그의 활동이 예루살렘을 중심으로 펼쳐졌다는 것은 책의 곳곳에서 암시되는 듯하다(1:9, 13, 16; 2:1, 15, 32; 3:1, 16, 17). 그는 성전에 대해 익히 알고 있었고, 성전 예배에 대해 깊은 관심을 표한다. 그래서 그를 '성전/예식 선지자'(temple/cultic prophet)라고 부르기도 한다(Kapelrud, Ahlström). 그러나 만일 '성전 선지자'라는 표현이 성전에서 사례를 받으며 사역했다는 것을 전제한다면, 구약성경과 역사적 증거들이 이 주장을 배척하는 듯하다(Dillard). 그러므로 '성전 선지자'라는 표현은 다른 선지자보다 예루살렘 성전에서 진행되는 예식에 대해 잘 알면서 성전에서 벌어지는 일에 대한 각별한 관심을 가졌던 예언자를 뜻하는 것으로 제한되어야 한다.

요엘의 관심이 성전과 예배에 집중되어 있어서인지 다른 선지서에서 흔히 발견되는 중요한 주제 하나가 아예 빠져 있다. 바로 자신이 몸담고 있던 사회에 대한 비판이다. 요엘서에는 어떤 사회적 윤리에 대한 문제 제기도 발견되지 않는다. 뿐만 아니라 다른 선지자와 달리 사회 정의에 대한 열정도 보이지 않는다(Birch). 요엘은 무엇보다도 임박한 '여호와의 날'에 모든 관심과 에너지를 쏟고 있다. 아마도 여호와의 날이 매우 임박했다고 생각했기에 사회적 부패에 대해 문제를 제기해야 할 필요성을 느끼지 못했던 것 같다. 잠시 후 여호와의 날이 임하면 이 문제들은 자연스럽게 정리될 것으로 생각했기 때문이다.

2. 역사적 정황

요엘서에 언급되어 있는 가장 중요한 역사적 사건은 메뚜기 떼의 습격이다. 그는 유다 사람에게 메뚜기 떼의 피해를 최소화하기 위해서는 여호와께 돌아가야 한다고 말한다(1:4). 메뚜기 떼는 유다와 예루살렘에 엄청난 피해를 끼친 재앙이었으며, 이 자연재해의 여파는 몇 년 동안 지속된 것으로 생각된다(2:25). 드디어 메뚜기 떼로 인한 위기가 어느 정도 해소되었을 때, 선지자는 여호와의 구원을 찬양하는 노래를 불렀다(2:18-27). 이것이 요엘서가 기록하고 있는 메뚜기 떼 사건이다.

문제는 이 사건이 언제 있었던 일인가를 밝히는 것이다. 학자들이 제시하는 시대가 매우 광범위하다. 초기 왕정 시대(early monarchy)에서부터 늦은 포로 후기 시대(late postexilic)까지 요엘서의 메뚜기 떼 습격 사건의 역사적 배경으로 제시된다. 그러므로 요엘서의 역사적 배경에 대한 논의는 성경의 그 어느 책보다도 범위가 넓다(Garrett). 주전 701년에 있었던 아시리아의 침략 혹은 598년과 588년에 있었던 바빌론의 유다 침략 사건이 책의 배경이 되고 있다고 주장하는가 하면(Stuart), 주전 6세기 말에서 4세기 초까지를 주장하기도 한다(Birch, Achtemeier). 그만큼 요엘서의 시대적 배경을 논하는 것은 난해하다는 뜻이다. 학자들의 주장을 요약하자면 다음과 같다(Prinsloo, Allen).

시대	학자
9세기, 요아스 시대	K. A. Credner, G. C. Aalders, E. J. Young, M. Bič
7세기 말	A. S. Kapelrud, C. A. Keller, K. Koch, D. A. Garrett, R. D. Patterson
6세기 초	W. Rudolph
6세기 말-5세기 중반	W. F. Albright, J. M. Myers, B. Reicke, G. A. Ahlström, L. Allen, R. B. Dillard, W. A. VanGemeren, D. W. Baker
5세기 말-4세기 중반	A. Weiser, H. W. Wolff, J. A. Bewer, F. R. Stephenson, M. A. Sweeney, E. Achtemeier, J. L. Crenshaw
3세기 초	M. Treves
2세기	B. Duhm

요엘서가 히브리 정경에서 호세아서와 아모스서 사이에 있다는 것이 이 책의 시대적인 배경을 암시하는 증거로 제시된다. 호세아서와 아모스서 둘 다 주전 8세기 중반을 역사적 배경으로 하고 있으니, 요엘서도 주전 8세기 작품일 것이라는 주장이다(Wolff). 그러나 칠십인역(LXX)은 요엘서를 미가서 뒤에 두고 있다. 또한 12소선지서가 시대적인 순서로

나열되었다는 주장을 뒷받침할 만한 증거가 없다. 그러므로 이 주장은 설득력이 없어 보인다.

요엘서가 호세아서와 아모스서 사이에 존재하는 이유는 뒤에 언급될 12소선지서(the book of twelve) 안에서의 중요한 역할 때문이다. 또한 3:16의 "나 여호와가 시온에서 부르짖고 예루살렘에서 목소리를 발하리니 하늘과 땅이 진동되리로다 그러나 나 여호와는 내 백성의 피난처, 이스라엘 자손의 산성이 되리로다"와 3:18의 "그날에 산들이 단 포도주를 떨어뜨릴 것이며 작은 산들이 젖을 흘릴 것이며 유다 모든 시내가 물을 흘릴 것이며 여호와의 전에서 샘이 흘러 나와서 싯딤 골짜기에 대리라"는 말씀이 요엘서를 뒤따르는 아모스 1:2의 "여호와께서 시온에서부터 부르짖으시며 예루살렘에서부터 음성을 발하시리니 목자의 초장이 애통하며 갈멜산 꼭대기가 마르리로다"와 아모스 9:13의 "여호와께서 가라사대 보라 날이 이를지라 그때에 밭 가는 자가 곡식 베는 자의 뒤를 이으며 포도를 밟는 자가 씨 뿌리는 자의 뒤를 이으며 산들은 단 포도주를 흘리며 작은 산들은 녹으리라"와 흡사하고, 두 책 모두 두로, 블레셋, 에돔을 언급하기 때문일 것이다(Allen, Barton).

비록 요엘이 자신의 사역 시대에 대한 역사적 정황을 직접 제공하지는 않지만, 책에서 발견되는 다음 사항을 생각해보자. 첫째, 선지자들이 책을 시작하며 그들이 사역했던 시대를 독자가 가늠할 만한 정보–예를 들면 통치하던 왕의 이름–등을 제공하는 것이 일상화되어 있는데(사 1:1; 호 1:1; 암 1:1), 요엘서의 표제에는 어떤 왕의 이름도 언급되어 있지 않다. 아마도 요엘이 사역하던 시대에는 유다에 왕이 없었기 때문으로 추측한다. 요엘의 사역 시대는 제사장과 장로가 왕을 대신해 나라를 통치하고 있었다고 보는 것이다(Barton). 물론 표제에서 왕(들)의 이름이 빠져 있는 이유가 훗날 성경을 필사했던 사람의 실수로 인한 것임을 완전히 배제할 수는 없다. 그러나 만일 이런 실수 때문이 아니라 요엘의 사역 시대에 왕이 없어서 표제에 그 어떤 왕의 이름도 언급되지 않는다고 생각한다면, 유다에 왕이 없었고, 왕을 대신해서 제사장과 장로가 나라를 다스리던 때는 바빌론 포로 후기 시대다.

둘째, 이미 언급한 것처럼 선지자가 성전과 예식에 대해 익히 알고 있음을 감안하면, 그가 사역하던 시대에 예루살렘에 성전이 있었음이 확실하다. 그렇다면 성전이 파괴되어 폐허로 남아 있었던 주전 586-515년은 요엘서의 역사적 정황에서 배제할 수 있다. 선지자는 또한 예루살렘 성벽의 존재를 언급한다. 그렇다면 예루살렘 성전과 성벽은 바빌론군에 의해 주전 586년에 불태워지고 폐허가 되었다가 성전은 520년대에, 성벽은 느헤미야에 의해 440년대에 재건되었으므로 586-440년대는 요엘서의 역사적 배경 논의에서 배제될 수 있다. 만일 요엘의 사역 시대가 586년 이전이라면 사울이 보좌에 오른 1050년 이후로 이스라엘과 유다에는 계속 왕이 있었으므로, 1100년대로 거슬러 올라가야 한다. 요엘이 1100년대에 사역했을 가능성은 별로 없어 보인다. 일반적으로 아모스가 글을 남긴 선지자(writing prophets) 중 처음이었다고 하는데, 그의 사역이 760년대에 시작되었던 점을 감안하면 요엘은 아마도 포로기 이후에 사역했을 것이다.

셋째, 요엘서는 구약성경의 다른 선지서와 공통 용어를 사용하고 있다. 다음 도표를 참조하라. 도표에 나열된 것 외에도 요엘과 다른 선지서가 공통적으로 사용하고 있는 용어가 많다(Myers, Barton).

요엘서	다른 선지서
1:15	사 13:6; 겔 30:2-3; 옵 15; 습 1:7
2:2	습 1:14-15
2:3	사 51:3; 겔 36:35
2:6	나 2:10
2:11	말 3:2, 23
2:13	욘 4:2; cf. 출 34:6
2:14	욘 3:9

2:20	사 45:5, 6, 14, 18, 21, 22; 46:9; 렘 1:14ff.
2:28	겔 39:29
2:31	말 4:5
2:32	옵 17
3:1	렘 33:15; 50:4, 20
3:2	사 66:18; 슥 14:2
3:5	옵 17
3:8	사 1:2; 22:25; 25:8; 렘 13:15; 옵 18
3:10	사 2:4
3:16	암 1:2; 사 13:13
3:17	겔 36:11
3:18	암 9:13

물론 이러한 표현들이 선후배 선지자 사이에 전통적으로 사용되어 왔던 것이라고 할 수도 있지만, 누가 먼저 사용했느냐의 우위를 가리자면 요엘이 다른 선지서를 인용했을 확률이 훨씬 더 높다(Lattimore, Myers, Gray). 그렇다면 이 부분 역시 요엘서가 포로 후기 시대에 완성된 책이라는 것을 암시한다.

넷째, 요엘 선지자는 유다와 예루살렘을 중점적으로 논한다. 물론 이스라엘이란 이름이 종종 사용되기도 하지만(2:27; 3:2, 16), 요엘서 안에서 이스라엘은 이제 북 왕국을 의미하는 용어가 아니라 단순히 하나님 백성을 뜻한다. 그러므로 요엘서가 기록되었을 때는 북 왕국 이스라엘이 존재하지 않던 시대였다고 잠정적으로 결론지을 수 있다(Sweeney, Birch). 이스라엘이라는 용어가 유다를 뜻하는 단어로 활성화된 것은 포로 후기 시대 일이다(Dillard).

위와 같은 정황을 감안할 때, 요엘서는 포로기 이후 유다를 역사적 배경으로 하고 있는 것이 거의 확실하다. 물론 모든 사람이 이러한 추론에 동의하지는 않을 것이다. 델리츠(Delitzsch)는 "둠(Duhm), 메르스

(Merx), 스타데(Stade) 등이 요엘서의 저작 연대를 포로기 이후 시대로 끌어내린 것은 근대 비평학이 산출한 가장 썩은 과일 중 하나"라고 혹평했다. 그러나 책 안에 제시된 여러 자료를 분석해볼 때 요엘서는 주전 5세기 중반, 느헤미야가 성벽을 재건하고 난 이후에 기록된 책이 아닐까 싶다(VanGemeren). 본 주석은 요엘서가 주전 5세기 말 혹은 4세기 초반부에 저작된 것으로 간주할 것이다. 물론 요엘서의 역사적 배경과 저작 연대는 어떤 학설도 설득력을 얻지 못하고 있는 것이 오늘날의 실정이다(Thompson, Prinsloo).

3. 다른 책과의 관계

최근 들어 소선지서 12권의 통일성에 대한 관심이 높아지고 있다. 지난 2000여 년 동안 소선지서는 특별한 편집적 의미나 통일성을 염두에 두고 구성된 것이 아니라 임의로 순서가 결정되고 그 순서에 따라 나열된 것으로 생각되었다. 그러나 정경에 속한 각 책의 통일성뿐만 아니라 각 책 사이의 관계와 연결성이 관심을 받게 되면서부터 책의 순서까지도 학계의 연구 대상이 되었다. 예를 들면, 작은(micro) 규모에서는 시편의 한 섹션을 구성하고 있는 몇 편의 시들의 연결성과 통일성을 연구하는 논문이 쏟아져 나오고 있다. 큰(macro) 규모에서는 소선지서 12권 사이의 유기적 관계가 연구되고 있다(Ben Zvi, Nogalski, Sweeney).

소선지서 12권의 연결성과 통일성의 가능성에 대해서는 이미 히브리어 정경이 우리에게 전수될 때부터 암시되었다. 왜냐하면 히브리어 성경은 원래 12소선지서를 한 권으로(the book of twelve) 취급했기 때문이다. 정경이 소선지서 12권을 한 권으로 취급하는 순간부터 이 책들의 상호 관계를 암시 혹은 전제했던 것이다. 그러므로 최근 10여 년 동안 많은 관심을 받고 있는 이 주제는 지난 2000여 년 동안 학계가 이미 수용하고 있었던 것이 새로이 조명되고 있는 것에 불과하다.

소선지서 12권의 순서에 따른 구조를 연구하는 데 있어서 걸림돌이 될 수 있는 요소가 하나 있다. 바로 마소라 사본이 제시하는 소선지서의 순서와 칠십인역이 제시하는 순서가 다르다는 점이다. 칠십인역은 호세아–아모스–미가–요엘–오바댜–요나 등등으로 나열하고 있는 반면, 마소라 사본은 호세아–요엘–아모스–오바댜–요나–미가 등등의 순서로 구성되어 있다. 요엘과 미가의 순서가 서로 다른 것이다. 그러나 마소라 사본과 칠십인역이 각 책의 순서를 다르게 하고 있는 것을 걸림돌로 보지 않고, 오히려 각 책의 편집자(들)의 신학과 관점을 반영하고 있는 것으로 생각한다. 다음 도표를 참조하라.

마소라 사본	칠십인역
호세아	호세아
요엘	아모스
아모스	미가
오바댜	*요엘*
요나	오바댜
미가	요나
나훔	나훔
하박국	하박국
스바냐	스바냐
학개	학개
스가랴	스가랴
말라기	말라기

많은 학자들이 칠십인역의 순서(호세아–아모스–미가–요엘–오바댜–요나 등등)가 대체로 저작 연대의 시대적인 순서를 반영하고 있다는 잠정적인 결론에 도달했다. 그들에 의하면 주전 8세기에 활동했던 선지자인 호세아·아모스·미가가 먼저 등장하고, 그다음 요엘·오바댜·요나와 나

머지 소선지서가 순서대로 나열되어 있다는 것이다. 그러나 이러한 주장에는 문제가 있다. 먼저, 호세아서와 아모스서의 위치가 바뀌었다. 아모스는 자신의 사역 시대를 여로보암과 웃시야(암 1:1) 왕 때로 기록하고 있는 것에 반해 호세아는 여로보암, 웃시야, 요담, 아하스, 히스기야(호 1:1)의 시대로 밝히고 있기 때문이다. 또한 요엘과 오바댜의 경우 여호사밧(욜 3:2, 12; 대하 20:20–26)과 엘리야의 사역과 관계가 있었던 오바댜(왕상 18:1–19)라는 9세기의 인물과 연관되어 있을 가능성도 배제할 수 없다(Sweeney).

그러므로 위와 같은 문제를 의식한 학자들은 대체로 소선지서의 순서가 저작된 시대적 순서에 의해 결정되었다는 주장에 북 왕국, 남 왕국, 예루살렘에 대한 관심 요소를 더한다. 이 주장에 의하면 칠십인역의 처음 3권(호세아, 아모스, 미가)은 북 왕국의 운명에 관한 말씀을 선포하고 있다. 그다음 책인 요엘, 오바댜, 요나, 나훔, 하박국은 열방이 남 왕국과 예루살렘에 취할 액션(침략과 파괴)에 관한 말씀이며, 스바냐, 학개, 스가랴와 말라기는 대체로 예루살렘의 회복에 관한 말씀이라는 것이다.

이러한 구조–처음 3권은 북 왕국에 관한 말씀, 요엘 등 4권은 열방이 남 왕국과 예루살렘에 취할 액션에 관한 말씀, 나머지 5권은 예루살렘의 회복에 관한 말씀으로 구성된 점–에서 요엘은 예루살렘이 받을 위협과 최종 회복을 패러다임적으로(paradigmatically) 선포하고 있다(Nogalski). 시대와 정황에 상관없이 언제든지 적용될 수 있는, 즉 예루살렘의 종말이 아시리아, 바빌론, 혹은 페르시아에 의해 온다 해도 전혀 무리 없이 적용될 수 있는 말씀이 요엘서인 것이다. 한 걸음 더 나아가 요엘서는 앞으로 있을 인류의 최종 종말에도 적용될 수 있을 것이다. 이런 패러다임적 성향을 감안하여 요엘서는 다분히 익명성을 지니고 오늘까지 전수되었다(Sweeney).

마소라 사본에서 발견되는 소선지서도 결코 시대적인 순서에 의해 나열된 것은 아니다. 칠십인역의 순서는 북 왕국-열방-유다와 예루살렘 등의 주제적 변화에 따라 결정된 것과는 달리, 마소라 사본의 소선지서 순서는 근본적으로 예루살렘과 유다에 대해 지속적이고 끊임없는 관심을 표하고 있다(Nogalski). 호세아서는 북 왕국 이스라엘의 경험을 통해 남 왕국 유다를 권고하고 있으며, 그 뒤를 잇는 요엘서는 역시 익명성을 다분히 유지하면서 언제 어느 나라를 통해서도 임할 수 있는 여호와의 날에 의한 예루살렘의 심판과 회복을 예고하고 있다. 하나님이 징계의 도구로 사용하실 나라의 정체는 밝히지 않지만, 예루살렘과 유다가 징계의 대상이 될 것임은 명백하게 드러내고 있는 것이다.

요엘서를 뒤따르는 아모스서는 북 왕국의 몰락을 통해 다윗의 장막을 다시 세우는 기회로 삼고 있다(암 9:11-15). 오바댜는 예루살렘에 가혹한 행위를 저지른 에돔을 비난하고 있고, 요나는 훗날 예루살렘과 유다에 위협을 가할 아시리아에 임한 하나님의 자비를 증언하고 있다. 미가서는 북 왕국의 몰락을 예루살렘의 몰락과 회복의 모델로 제시하고 있고, 나훔서는 교만한 태도로 예루살렘을 핍박한 아시리아의 종말을 고하고 있다. 하박국은 유다의 몰락을 주도한 바빌론의 멸망을 선언한다. 스바냐서는 예루살렘의 정결을 요구하고, 학개서는 성전 재건을 권고한다. 스가랴서는 예루살렘 회복 과정을 제시하고, 말라기서는 예루살렘의 최종 정화를 예고한다.

이러한 마소라 사본의 12소선지서 구조 속에서 요엘서는 아모스서, 오바댜서, 요나서, 미가서, 나훔서와 스바냐서를 인용함으로써 요엘서를 뒤따르는 책과의 관계성을 형성하고 있다(Bergler). 한 주석가는 요엘서가 20곳에서 다른 선지서에서 사용되는 문구를 33차례나 인용하고 있는 것으로 결론짓는다(Barton). 또한 마소라 사본에서는 예루살렘에 임할 심판과 도성의 회복이 소선지서 12권을 하나로 묶고 있는 중심 주제이고, 요엘서는 어떻게 이런 일이 진행될 것인가에 대한 프로그램을 제시한다(Sweeney).

4. 통일성

요엘서의 통일성에 대해 처음으로 문제가 제기된 것은 1872년이었다. 프랑스 학자 베르네(Vernes)는 요엘서가 1:1-2:27과 2:28-3:21로 구분되어야 한다고 주장했다. 그 이후 일부 학자 사이에 논쟁이 진행되다가 둠(Duhm)이 1911년에 요엘서의 통일성을 부인하며 요엘서는 최소한 두 사람에 의해 저작되었다는 주장을 내놓았다. 그에 의하면 1:1-2:27의 대부분은 포로기 이전(pre-exilic) 시대에 살았던 한 선지자가 자신이 살던 지역에 임한 메뚜기 떼의 피해를 목격하고 하나님의 메시지를 선포한 것을 모아놓은 것이다.

둠은 요엘서가 이러한 형태로 전수되어 오다가 마카비 시대(주전 2세기)에 살았던 한 종말론적 메시지의 주창자(apocalypticist)가 자신의 책에 요엘서를 삽입하여 탄생시킨 것이 오늘날 요엘서로 알게 된 책이라고 했다. 주전 2세기에 살았던 종말론자에게 여러 선지서 중 유독 요엘서가 매력적으로 보였던 것은 요엘서가 여호와의 날에 대해 포괄적으로 묘사하고 있기 때문이었다. 둠은 2:28-3:21, 1:15, 2:1-2, 2:10-11을 종말론자가 저술한 것이라고 주장했다. 그의 학설은 일부 수정을 거친 후 상당수 학자의 지지를 받기 시작했다.

둠의 학설은 그 후 많은 동의를 받았고(Bewer, Robinson, Eissfeldt, Plöger), 오늘날도 일부 지지를 받고 있다(Blenkinsopp). 특히 프뢰게르(Plöger)는 두 섹션이 포로기 이후 시대의 유대교를 양분화시켰던 신정통치파(theocratic party)와 종말론파(eschatological party)와 연관된 것이라는 학설을 내놓기도 했다.

그러나 19세기 후반부에 책의 통일성에 대한 논쟁이 시작될 때부터 요엘서의 통일성을 강력하게 주장하는 사람이 끊이지 않았고(Dennefeld, Jepsen, Kapelrud, Weiser, Keller), 최근에 이르러서는 대부분 요엘서의 통일성을 인정한다(Ahlström, Allen, Chary, Myers, Rudolph, Stuart, Thompson,

Weiser, Wolff, Barton, Smith). 물론 학자들 대부분이 요엘서를 처음부터 끝까지 한 사람이 저작한 것이라고 주장하지는 않는다. 요엘서에는 많지 않지만 어느 정도의 편집을 거친 흔적이 있다는 것이 결론이다. 그러나 이러한 작업이 오래전에 있었던 일이고, 둠이 마카비 시대에서 비롯된 텍스트라고 주장한 것마저도 주전 5–4세기에 유래한 것이라고 한다(Wolff). 특히 요엘서를 애가로 취급하는 양식 비평가는 책의 전반적인 통일성을 강력히 주장하며 둠이 1–2장에서 종말론자가 삽입한 것으로 분류했던 텍스트마저도 앞뒤 문맥과 잘 어울리기에 따로 취급할 필요가 없다고 한다(Dillard, cf. Barton).

5. 신학과 메시지

요엘서는 다른 선지서에 비해 상대적으로 매우 짧은 책이지만, 깊은 신학적 통찰력을 지녔다. 요엘은 여느 구약 선지자처럼 당대에 유다가 당면했던 국가적 위기에서 얻은 교훈을 바탕으로 주의 백성에게 미래에 있을 일을 경고한다. 선지자가 선포한 메시지 중 가장 잘 알려진 것이 '여호와의 날'이라는 개념이다. 또한 이 주제는 책의 모든 신학적 통찰력을 하나로 묶을 수 있다(Baker, cf. Nogalski). 다음 사항을 생각해 보자.

전통적으로 '여호와의 날'(יוֹם יְהוָה)에 대한 이스라엘의 이해를 성전(holy war) 개념과 연관시킨다(vonRad). 이날은 여호와께서 친히 오셔서 이스라엘을 위해 싸우시는 날로 이해되어 왔다(2:20, 3:9–11, 16). 그러므로 여호와의 날은 이스라엘의 원수에게는 두려움의 날이며, 주의 백성에게는 위로의 날이며 보상의 날로 이해되었던 것이다. 그러나 아모스 선지자는 이러한 이해를 완전히 뒤흔들어 놓았다. 아모스는 하나님 말씀대로 살지 못하는 주의 백성에게 여호와의 날은 구원이 아니요 죽음의 날이며, 빛이 아니라 어두움의 날이라고 한다(암 5:18). 그러므로 하나님 말씀에 순종하며 살지 않은 주의 백성이 여호와의 날을 기대하는 것은 스스로 죽음을 갈망하는 것과 같다.

요엘서를 주도하는 신학적 주제가 여호와의 날이다. 책에 기록된 주요 사건이 모두 이 주제와 연관되어 있다. 이야기를 시작하는 메뚜기 떼는 '여호와의 군대'이며, 이들의 등장은 엄청난 파괴와 살육을 예고한다(1:6, 15). 예루살렘을 향해 진군해 오는 군대(2:1-11)는 '어둡고 음침한 날' 곧 여호와의 날에 침략해 온다(2:1-2). 이 군대는 모든 면에서 세상의 종말을 예고하는 성향을 지니고 있다. 최고의 두려움과 공포를 조장하고 있는 것이다(3:15).

그렇다고 해서 여호와의 날이 꼭 어두움과 죽음만을 동반한 날은 아니다. 그날은 주의 백성에게는 구원의 날이기도 하다. 그날이 밝아오면 여호와께서 메뚜기 떼의 피해로 황폐한 땅을 치유하시고, 주의 백성에게는 영을 부어주실 것이다(3:18-21). 즉, 이날은 여호와께서 큰 일, 놀라운 일을 하시는 날이다(2:21, 26). 그러므로 여호와의 날은 한 사건이 일어나는 날이자 동시에 여러 가지 사건이 일어나는 날이라는 모순을 지닌다(Garrett). 메뚜기 떼의 습격은 여호와의 날을 예고하는 사건이 아니라 여호와의 날 자체이며, 북쪽 군대의 침략 역시 여호와의 날에 있을 일이다. 또한 하나님이 영을 부어주시는 일과 열방을 심판하시는 일도 여호와의 날에 있을 것이다. 요엘에게 있어서 여호와의 날은 큰 환난이 있는 특정한 날을 뜻하는 것이 아니라, 책에 기록된 모든 사건이 여호와의 날의 실현으로 간주될 수 있는 것이다. 여호와의 날은 여러 차례 부분적이면서 반복적으로 성취될 수 있는 것이다.

6. 개요

요엘서를 장과 절로 나누는 일에 있어서 특별한 문제가 있다. 원래 성경은 장과 절의 구분을 지니고 있지 않았다. 성경을 장과 절로 구분한 것은 캔터베리의 대주교(Archbishop of Canterbury)를 지낸 랭톤(Stephen

Langton)이라는 사람의 업적이다. 그는 라틴어 성경을 장과 절로 나누었고, 그 이후 영문판을 포함한 모든 번역본과 히브리어 성경도 대체로 랭톤의 선례를 따랐다. 성경의 장과 절을 구분한 것은 주후 1205년에 있었던 일이었으며, 랭톤은 요엘서를 오늘날 우리가 익숙해져 있는 것처럼 1:1-20, 2:1-32, 3:1-21 등 세 장으로 나누었다. 랭톤의 구분은 14세기에는 칠십인역에, 16세기에 들어서는 1516-1517년을 거쳐 처음으로 인쇄된 히브리어 성경인 랍비 성경(Rabbinic Bible)에까지 적용되었다.

그러나 1524-1525년에 출판된 랍비 성경 개정판은 요엘서를 랭톤이 나눈 세 장이 아니라 네 장으로 나누었다. 랍비 성경 개정판은 2:28-32를 새로운 장으로 취급하자는 것이었다. 가장 큰 이유는 많은 주석가가 요엘서는 2:28(3:1)을 기점으로 두 섹션으로 나뉜다는 주장을 내놓았기 때문이었다. 오늘날에도 요엘서를 세 장이 아닌 네 장으로 구분하는 것이 더 만족스럽다고 주장한다(Barton). 필자는 편의상 우리말 성경과 영어 성경이 따르고 있는 첫 번째 장·절 구분을 따를 것이다. 다음 사항을 참조하라.

Vulgate, 칠십인역, 1st Rabbinic Bible	2nd Rabbinic Bible
1:1-20	1:1-20
2:1-32	2:1-27 3:1-5
3:1-21	4:1-21

위 섹션에서 언급한 것처럼 전통적으로 요엘서의 구조는 심판을 경고하는 1:1-2:17과 하나님의 구원을 노래하는 2:18-3:21의 두 파트로 이해되어 왔다(Dillard, Sweeney, Allen). 그래서 요엘서를 세 장이 아닌 네 장으로 구분해야 한다는 주장이 제기되기도 했던 것이다. 그러나

최근 들어 문예 비평이 활성화되면서 여러 가지 다양한 구조가 제시되고 있다(Crenshaw, Dorsey, Garrett). 이 중 가장 눈길을 끄는 구조는 도르세(Dorsey)가 제안하는 평행적 구조다.

a. 파괴적인 메뚜기 떼의 침범(1:2-14)
  b. 메뚜기 재앙에서 비롯된 모든 피조물의 고통(1:15-20)
    c. 여호와께서 친히 메뚜기 군대를 유다에 불러들이심(2:1-11)
      d. 중심: 회개 권면(2:12-17)
a′. 메뚜기 떼의 침략으로 빚어진 파괴가 회복될 것을 약속(2:18-27)
  b′. 유다는 하나님의 영적 축복을 경험할 것(2:28-32)
    c′. 여호와께서 열방을 모두 파괴하고 유다를 회복시키실 것(3:1-21)

위 구조의 매력은 요엘서를 재앙-회개-회복/구원의 구조로 구분함으로써 회개가 유다가 당면하고 있는 운명을 반전시키는 데 획기적인 역할을 강조하는데 있다(Garrett). 즉, 요엘서는 백성의 회개를 권고하는 책이라는 것이다. 그러나 도르세가 제시하는 b-c와 b'-c'의 평행적인 구조가 정말 타당한 것인가? 이 섹션의 내용을 살펴보면 그다지 설득력 있어 보이지 않는다. 또한 이 구조는 2장에 전개되고 있는 여호와의 날에 대한 경고를 요엘 시대에 있었던 역사적인 사건 정도로 취급한다. 그러나 주해에서 보겠지만 이 섹션에는 종말적인 요소가 다분하다. 즉, 요엘이 경험한 역사적 사건이 아니라, 미래를 예고하고 있는 섹션인 것이다.

한 주석가는 1:2-2:27의 구조를 다음과 같이 교차대구법적으로 제시한다(Garrett). 그가 제시하는 구조의 취약점 역시 북방에서 오는 군대에 대해 지나치게 요엘 시대에 유다를 침략해왔던 실제 군대로 해석한다는 점이다. 뿐만 아니라 이 구조에 의하면 요엘서 저자는 북방에서 오는 군대의 침략에 대해 12절(2:1-11)을 통해 장엄하게 설명한 것과는 대조적으로 그 군대의 파괴에 대해서는 지나치게 간략하게 묘사한다(2:20). 2:20을 북방에서 온 군대에 대한 파괴로 보기에는 무언가 석연치 않다는 것이다. 실제로 이 군대의 파괴에 대해서는 2:28-3:21이 자세하게 언급하고 있다.

A. 심판: 메뚜기 재앙(1:2-20)
  B. 심판: 북방에서 오는 군대(2:1-11)
    C. 변화: 회개와 반응(2:12-19)
  B′. 용서: 북방에서 온 군대 파괴(2:20)
A′. 용서: 메뚜기의 습격을 당한 땅이 회복됨(2:21-27)

평행적인 구조를 제시하는 도르세(Dorsey)의 제안과 교차대구법적인 구조를 제시하는 개렛(Garrett)의 제안이 서로 현저한 차이점을 지니고 있는 듯하지만, 두 사람 모두 메뚜기 떼 재앙의 파괴(1:2-20)와 메뚜기들의 습격을 받은 땅의 회복에 대한 섹션(2:21-27)이 평행을 이루고 있음을 시사한다. 개렛은 두 섹션에서 다음과 같은 공통적/대조적 요소를 찾아냈다.

1:2-20	2:21-27
장로는 이 재앙에 대하여 기억하고, 슬퍼하며 자손대대로 전해야 함(2-3)	백성은 충분한 식량을 갖게 될 것이며, 다시는 수치를 당하지 않을 것(26-27)
4가지의 메뚜기 떼가 모두 먹어치움(4)	백성이 4가지 메뚜기 떼의 피해에 대해 보상받음(25)
포도주가 사라지고 기름이 떨어짐(5, 10)	포도주와 기름이 다시 풍족해짐(24b)
곡식이 파괴됨(10-11, 17)	곡식이 잘 자라 타작마당이 가득 참(24a)
땅이 마름(12, 17)	비가 옴(23)
나뭇잎들이 모두 먹힘(12, 19b)	나무들이 열매를 맺음(22b)

짐승들이 죽음(18, 20)	짐승들이 풀을 뜯음(22a)
땅이 '타 들어감'(19–20)	땅이 '두려워하지 않음'(21)

필자는 요엘서를 세 섹션으로 구분하고자 한다. (1) 당면한 재앙: 메뚜기 떼(1:1–20), (2) 임박한 재앙: 여호와의 날(2:1–17), (3) 하나님의 응답(2:18–3:21). 이 세 섹션은 시제적으로 과거/현재–가까운 미래–먼 미래 등의 차이를 보인다. 또한 당면한 재앙(1:1–20)은 이미 이스라엘이 자연재해로 경험한 메뚜기 떼의 습격이다. 두 번째 섹션인 2:1–17에서는 그들이 경험한 자연재해인 메뚜기 떼와 앞으로 치러올 적들이 한데 섞여 잘 구분되지 않는다. 그러다가 세 번째 섹션(2:18–3:21)에서는 전적으로 미래/종말에 있을 일들을 언급한다. 요엘은 유다에 임한 자연재해를 논하는 일에서(1:1–20), 주의 날에 대한 영감을 얻었고(2:1–17), 급기야 종말에 대한 환상을 받게 되었다(2:18–3:21). 선지자는 분명 세 섹션을 통해 현재(자연재해)에서 미래(종말)를 한 폭의 그림으로 보게 된 것이다. 이러한 부분을 감안해 다음과 같은 구조를 바탕으로 요엘서를 주해할 수 있다.

I. 당면한 재앙: 메뚜기 떼(1:1–20)
  A. 표제(1:1)
  B. 재앙의 범위와 영향(1:2–14)
  C. 탄식과 기도(1:15–20)
II. 임박한 재앙: 여호와의 날(2:1–17)
  A. 다가오는 재앙(2:1–11)
  B. 재앙에 대한 대비(2:12–17)
III. 하나님의 응답(2:18–3:21[4:21])
  A. 당면한 메뚜기 떼 재앙에 대해(2:18–27)
  B. 임박한 여호와의 날에 대해(2:28–3:21[3:1–4:21])

엑스포지멘터리
선지서 개론

아모스

EXPOSItory comMENTARY

아모스

21 내가 너희 절기를 미워하여 멸시하며
너희 성회들을 기뻐하지 아니하나니
22 너희가 내게 번제나 소제를 드릴지라도
내가 받지 아니할 것이요
너희 살진 희생의 화목제도
내가 돌아보지 아니하리라.
23 네 노랫소리를 내 앞에서 그칠지어다
네 비파소리도 내가 듣지 아니하리라
24 오직 정의를 물같이,
공의를 마르지 않는 강같이 흐르게 할지어다(5:21-24)

보라 날이 이를지라
내가 기근을 땅에 보내리니
양식이 없어 주림이 아니며
물이 없어 갈함이 아니요
여호와의 말씀을 듣지 못한 기갈이라(8:11)

아모스는 우리에게 글을 남긴 선지자(writing prophets) 16명 중 가장 먼저 사역한 사람이다(Stuart, McComiskey & Longman). 아모스가 제공하는 유다와 이스라엘 왕의 이름(1:1)과 선지자가 언급하고 있는 큰 지진이 주전 760년경에 가나안을 강타했다는 고고학자의 발굴을 토대로(Yadin), 765-760년경에 사역을 했던 것으로 간주한다(Mays, Finley, G. Smith, cf. Sweeney).[1] 아모스가 사역을 시작한 지 약 10년 후에 호세아가 뒤를 이어 북 왕국 이스라엘을 상대로 하나님 말씀을 전했다. 공교롭게도 글을 남긴 선지자 16명 중 처음 두 명은 모두 북 왕국 이스라엘을 상대로 사역했다. 그러나 호세아는 남 왕국 출신인 아모스와 달리 북 왕국 사람이었다.

자신의 이름으로 정경을 남긴 선지자 중 선구자였던 아모스는 후배 선지자에게 두 가지 새로운 전통을 세워주었다. 첫째, 선포한 메시지를 문서화하는 일이다. 아모스가 선지자 사역을 시작하기 전에도 이스라엘에는 여러 선지자가 있었다. 대표적인 예로 아모스보다 100여 년 먼저 사역했던 엘리야와 엘리사를 생각할 수 있다. 그러나 이스라엘 역사 속에 빛나는 이 선지자들은 자신이 선포한 메시지를 글로 남기지 않았다. 하나님이 선포하라고 주신 메시지를 문서화한 것은 아모스가 처음이었다. 아모스가 처음으로 자신의 메시지를 문서화한 이후 이스라엘 선지자들이 선포한 메시지를 문서화하는 것은 일반화되었다.

둘째, 아모스는 여호와의 선지자로서 외쳐야 할 메시지 중에 정의와 공평의 실현이라는 금자탑을 우뚝 세웠다(G. Smith). 아모스는 온 세상의 창조주이신 여호와께서 특별히 사랑한 백성이라 할지라도, 하나님이 주신 비전에 따라 정의롭고 공평한 공동체를 이루며 살지 못하면 하나님의 심판을 받아 멸망할 것이라고 선언한다. 물론 아모스보다 먼저 이런 메시지를 전한 선지자들이 있었을 수도 있지만, 오

1 아모스의 사역 시기를 다소 늦게 보는 학자도 760-750년으로 본다(Gowan).

늘날 우리에게 내려오는 정경 중에 이처럼 사회윤리와 나라의 운명을 함께 묶는 경우는 아모스가 처음이다. 이 한 가지 사실만을 고려해도 아모스서는 가장 중요한 선지서에 속하는 책이라고 평가한다(Gowan).

아모스의 메시지는 참으로 충격적이었다. 이스라엘은 아모스가 사역을 시작할 때까지 이렇게 생각해왔다. 시내 산에서 하나님과 언약을 맺은 백성은 그들이 형성한 사회가 얼마나 불의하고 불공평한가에 상관없이, 각 개인의 삶이 얼마나 비윤리적인가에 상관없이 오직 여호와의 선민이라는 사실로 하나님의 무조건적인 축복을 누릴 수 있다고 생각했다.

이러한 상황에서 "하나님이 주신 윤리적인 기준대로 살지 않으면 하나님이 너희를 심판하실 것이다!"라는 아모스의 메시지는 평온한 마을 한복판에 터진 폭탄과 같은 충격을 안겨 주었다. 선지자의 선언은 이스라엘 사람이 하나님에 대해 알고 있던 모든 것을 파괴했으며, 하나님과 관계에 대해 위기감을 조성하기에 충분했다. 여호와께서 주신 축복을 즐긴답시고 신나게 파티를 하고 있던 사람에게 하나님은 축복한 적이 없으시며, 오히려 그분의 심판이 바로 코앞에 와 있다며 회개를 요구한 것이다.

아모스가 이스라엘에게 선포한 메시지는 당시에 참으로 충격적이었지만, 결코 새로운 것은 아니었다. 하나님은 오래전에 시내 산에서 이스라엘을 자기 백성으로 삼으셨을 때 정의와 공평이 지배하는 사회에 대한 비전을 주셨다. 이스라엘은 공의와 정의로 세상을 밝히는 공동체가 되어야 한다는 것이었다. 그러나 세월이 지나면서 주의 백성은 거룩한 비전을 망각했고 각자 자신의 이익만을 추구하는 세속사회와 전혀 다를 바 없는, 결코 하나님의 공동체라고 할 수 없는 나라로 전락했다. 이런 상황에서 아모스가 이스라엘이 오랫동안 잊고 살았던 비전, 곧 공의와 정의가 하수처럼 넘치는 세상을 만들어가라던 하나님의 옛 비전을 주의 백성에게 상기시키고 있다. 그의 외침은 이스라엘 공동체에게 새로운 진리를 제시하는 것이 아니라 초심으로 돌아가자는 호소였던 것이다.

선지자는 자신의 책에서 이스라엘이 오래전에 하나님께 받은 거룩한 비전을 다시 회복하여 건강한 공동체를 만들어가는 것은 선택사항이 아니라 필수사항이라는 사실을 누누이 강조한다. 아모스는 만일 이스라엘이 하나님 말씀을 거부하고 계속 죄가 만연한 사회를 지속시킨다면 하나님이 그들을 이 땅에서 내치실 것이라 한다. 이스라엘이 공의와 정의를 실현하는 사회를 만들어가는 것은 자신의 생존을 위해서라도 꼭 필요하다. 아모스의 이런 가르침은 매우 강력하고 인상적인 언어와 가난하여 인권이 유린당한 자에 대한 배려와 열정을 통해 이스라엘 공동체에게 선포되었다. 사회의 도덕적 타락이 그 사회의 운명을 결정짓는다는 아모스의 가르침은 뒤를 이어 하나님 말씀을 선포한 모든 선지자에게 지대한 영향을 미쳤다(Gowan).

1. 선지자

선지자의 이름 '아모스'(עָמוֹס)는 '아마시야'(עֲמַסְיָה)(대하 17:16)를 줄인 것으로 '여호와의 짐을 진 자'(Miller & Hayes)로 혹은 '여호와가 보존하는 자'(one sustained by Yahweh)라는 뜻을 지닌 것으로 풀이된다(Hubbard, Sweeney). 그가 남 왕국에 살다가 어떻게 해서 북 왕국을 방문하여 하나님의 말씀을 선포하게 되었을까는 아직도 상당 부분 미스터리로 남아 있다. 한 가지 확실한 것은 남 왕국 사람으로 북 왕국에 가서 청중이 매우 싫어하는 메시지를 선포하고도 안전할 수 있었던 것은 이름처럼 '여호와께서 그를 보존하셨기' 때문이다.

구약의 예언자 전통은 아모스로 인해 새로운 궤도에 오르게 되었다(McComiskey & Longman, Niehaus). 선지자의 메시지를 통해 공동체의 윤리적 성향이 선지자 사역의 기초로 우뚝 서게 된 것이다. 물론 나단(삼하 12장)과 엘리야(왕상 21장)가 이 부분의 선구자 역할을 한 것이 사실이다. 그러나 모세(신 28장) 이후로 한 나라의 안전과 생존을 그 나라 백성의 윤리/도덕성에 연결시키는 사례는 아모스가 처음이다. 아모스는 확신을 가지고 청중에게 선포했다. "사회적인 부패를 개혁하지 않으면 너희는 분명히 죽는다."

아모스는 드고아(תְּקוֹעַ)(Tekoa)(1:1)에서 하나님의 소명을 받았다. 아모스는 구약에 등장하는 책을 남긴 16명의 선지자(writing prophets) 중 유일하게 하나님의 소명을 받아 선지자가 되기 전 자신의 직업이 무엇이었는가를 밝힌다. 옛 학자들은 부유함을 신랄하게 비난하는 아모스의 메시지와 그의 직업을 설명하는 히브리어 단어들에 근거해 이 선지자를 아주 가난한 노동자 혹은 농부로 간주했다. 아직도 그렇게 이해하는 사람들이 있기는 하다(Sweeney).

그러나 아모스가 자신의 직업을 설명하는 단어에 대한 더 깊은 연구와 이해에 근거해 최근에는 그가 가난한 농부가 아니라 부유한 혹은 최소한 중류층 사업가였던 것으로 간주한다(Paul, Finley, Gowan). 게다가 아모스는 매우 빼어난 문장력을 보이고 있고, 국제정세와 이스라엘 정치·사회 전반에 대한 포괄적인 지식을 가지고 있던 것으로 보아 가난한 시골 농부는 아니었음이 확실하다. 물론 시골 농부라고 해서 국제정세에 박식하지 않고 달필가가 아니라고 전제할 수는 없다. 그러나 당시 문맹률이 90%에 달했던 점을 감안할 때, 아모스가 보여주고 암시하는 여러 가지 정황이 무지하고 배우지 못한 시골 농부는 아니었던 것은 거의 확실하다.

아모스가 자신의 직업을 설명하며 사용하는 세 단어의 의미를 살펴보자. 첫째, 아모스는 자신을 '목자'(נֹקֵד)라고 한다(1:1). 히브리어는 일상적으로 '목자'를 뜻할 때 '로에'(רֹעֶה)라는 단어를 사용하지 여기에서의 '노케드'(נֹקֵד)를 사용하지 않는다. 이 히브리어 단어는 성경에서 한 번 더 사용되는데 열왕기하 3:4에서 모압 왕 메사를 설명할 때 사용한다. 그는 왕으로서 당연히 큰 짐승 떼를 소유했지 가난한 목자는 아니었을 것이다.

둘째, 선지자는 목자를 뜻하는 다른 히브리어 단어 '보케르"(בּוֹקֵר)를 사용해 자신을 소개한다(7:14). 이 '목자'(בּוֹקֵר)와 1:1에서 사용한 '목자'(נוֹקֵד)의 차이는 1:1에서 사용한 단어(נוֹקֵד)가 양, 염소 등 몸집이 작은 짐승 떼를 소유한 것을 뜻한다면, 7:14에서 사용한 단어(בּוֹקֵר)는 소처럼 몸집이 큰 가축을 소유한 자를 뜻한다(cf. 새번역의 '집짐승을 먹이는 자'). 그동안 이 단어(בּוֹקֵר)의 의미가 정확하게 규명되지 않은 것은 성경에서는 유일하게 여기서만 사용되기(hapax legomenon) 때문이었다. 최근 들어 이 단어가 주변 국가 언어에서 사용될 때 몸집이 큰 짐승들(소)의 소유를 의미하는 것으로 밝혀졌다. 때로는 소와 양을 사고파는 상인(livestock dealer)을 의미하기도 했다(Finley). 그러므로 아모스는 몸집이 작은 짐승뿐 아니라 소처럼 몸집이 큰 짐승 떼도 소유했던 것이다(Craigie).

셋째, 아모스는 자신을 '[뽕나무를] 재배하는 자'(בּוֹלֵס)라고 한다(7:14). 이 단어 역시 성경에서는 이곳에서 딱 한 번 사용되는 단어다. 선지자는 이 단어를 사용해 자신을 '뽕나무'(שִׁקְמִים)(sycamore figs, 새번역의 '돌무화과'가 더 정확한 번역) 농장을 가진 자로 소개하고 있다. '뽕나무/돌무화과'는 키가 약 12m까지 자라는 상록수로 과일 모양은 무화과나무 열매와 비슷하며 크기는 조금 작다. 돌무화과는 수확하기 3-4일 전에 날카로운 칼로 과일에 미리 상처를 주면 단맛을 내는 과일이 되었다. 돌무화과는 당시 사회에서 '가난한 자의 과일'로 알려져 있었다(Finley). 이러한 사실에 근거해 아모스가 가난한 농부였을 것이라는 추측이 시작되었다. 그러나 당시 돌무화과는 대부분 짐승의 사료로 사용되었다(Craigie, B. Smith). 아모스가 많은 짐승을 소유하고 있었으니 사료 농장을 소유하는 것도 당연하다. 다윗 왕의 종들 중 하나가 왕을 위해 감람나무와 '뽕나무'를 관리했다(대상 27:28). 밀, 보리와 함께 이 나무의 열매는 그 당시에 좋은 상품성을 지니고 있었다(시 78:47; 사 9:10).

아모스는 자신을 몸집이 큰 짐승과 몸집이 작은 짐승을 돌보는 목자라고 하며 동시에 돌무화과 재배자라고 하는데, 두 직업은 활동 지역에 연관해 재미있는 상황을 제공한다. 드고아의 동쪽은 사람이 살 수 없는 황량한 땅이지만, 서쪽은 양과 염소를 칠 만한 언덕들이 있었다(G. Smith). 돌무화과는 요단 계곡에서도 재배되었지만, 가나안의 등뼈라 할 수 있는 산악지대의 서쪽(지중해 방향) 낮은 지역(Shephelah)이나 해변에서 주로 재배되었다(왕상 10:27; 대하 1:15; 9:27). 드고아는 예루살렘에서 남동쪽으로 15㎞ 정도 떨어진 곳에, 가나안 지역의 등뼈 역할을 하는 산악지대의 동편에 위치했으며 사해를 내려다보는 고지대였다(Gowan). 아모스의 돌무화과 농장이 요단 계곡에 있었든, 서쪽 낮은 지역에 있었든 간에 그가 집에서 농장까지 오가기에는 결코 만만한 거리가 아니다. 특히 서쪽 해안지역에 농장이 있었다면, 이곳으로 이동하기 위해 중간에 있는 산을 오르내려야 한다는 것을 감안할 때, 드고아에 살던 아모스가 서쪽 낮은 지역에 있는 돌무화과 농장으로 매일 출퇴근했을 가능성은 희박하다. 아마도 드고아에서 살면서 돌무화과 농장은 다른 사람에게 돌보도록 했을 것이다(Finley). 그렇다면 당시 상당한 규모의 농장과 짐승 떼를 거느린 부자였을 가능성이 매우 높다. 아모스는 오늘날의 비즈니스맨이었을 것이다.

우리는 아모스를 정경에 책을 남긴 최초의 선지자로 간주한다. 그렇다면 자신의 직업에 대해 벧엘에 있는 성소의 책임자였던 아마샤에게 했던 말을 어떻게 풀이할 것인가? 아모스는 아마샤에게 다음과 같이 말한다.

> 14 나는 선지자가 아니며
> 선지자의 아들도 아니라

나는 목자요
뽕나무를 재배하는 자로서
15 양 떼를 따를 때에 여호와께서 나를 데려다가
여호와께서 내게 이르시기를
가서 내 백성 이스라엘에게 예언하라 하셨나니
(7:14–15)

아모스는 이 스피치에서 자신에 대해 네 가지를 밝힌다. (1) 나는 선지자가 아니다, (2) 나는 선지자의 아들도 아니다, (3) 나는 목자다, (4) 나는 돌무화과 나무를 재배하는 자다. 이슈는 아모스가 자신을 선지자가 아니라고 주장하는가, 아니면 아마샤가 생각하는 선지자와는 질적으로 다른 선지자라고 주장하는 것인가이다. 문제는 14절에 동사가 없다는 점에서 시작되었다. 동사가 없는 상황에서는 아모스의 선언을 과거형 혹은 현재형으로 해석하느냐에 따라 의미가 달라지기 때문이다. 만일 13절 후반을 근거로 본문을 현재형으로 해석하면 아모스는 이스라엘 왕 주변에 머물면서 하나님을 대변하지 못하는 '직업 선지자'와는 다르다고 주장하는 것이 된다(Auld). 이렇게 해석할 경우, 본문은 다음과 같이 해석될 수 있다. "나는 현재 선지자가 아니며, 선지자 단체의 멤버도 아니다. 나는 현재 짐승을 치는 목자이며, 돌무화과 나무를 재배하고 있다."

만일 15절을 근거로 본문을 과거형으로 해석하면 아모스는 하나님께 소명을 받았을 때 선지자가 아니었음을 회고한다(Mays). 그는 소명을 받을 때까지 특별히 선지자 훈련을 받은 경험도 없었고, 경제적으로나 그 어떤 이유에서도 선지자로 나설 만한 동기가 없었다는 것이다(Finley). 이 해석을 따를 경우 본문은 다음과 같이 해석할 수 있다. "나는 말씀을 선포하라는 부르심을 받았을 때 선지자가 아니었으며, 선지자 단체의 멤버도 아니었다. 나는 그저 짐승을 치는 목자였으며, 뽕나무를 재배하던 농부였다."

아모스가 선지자 소명을 받기 전 자신이 처한 상황에 대해 증거한 내용을 어떻게 해석하든, 한 가지 확실한 것은 비즈니스맨이었던 그가 선지자로 부르심을 받은 것은 이스라엘의 상황이 그만큼 절박했다는 것을 시사한다. 하나님이 얼마나 급하셨는지 '전문 사역자'가 아니라 '평신도'였던 그를 선지자로 세우신 것이다.

> 폐쇄된 농민층의 한 사람이 예언자 그룹에 들어왔다는 것은 오로지 여호와에 의한 매우 놀라운 소명과 연결시켜 말하려는 것이었다. 그가 예언자도 아니고(또는 아니었고?) 어떤 예언자 단체에도 속하지 않았다는(암 7:14) 주장은 나비(예언자)들의 신분을 격하시키려는 의도가 아니고 오로지 농부에게 본래 허락되지 않았던 일, 즉 돌연 영감으로 말하는(הִנָּבֵא, 7:15) 일에 종사하게 된 기이한 일로서 설명하려는 것뿐이다. 즉, 여호와가 농부들로부터 한 사람을 물색해내야 했다는 것은 아모스의 소명이 여호와의 긴급한 대책이었음을 말한다. 소명은 그 어떤 토론도 불허하는 하나의 사실이다(von Rad).

선지자에 대한 정보를 정리해 보자. 아모스는 북 왕국 이스라엘을 상대로 말씀을 선포했지만 북 왕국 사람이 아니라 유다 땅 드고아 출신이었다. 그는 상당한 규모의 돌무화과 농장과 짐승 떼를 경영하는 비즈니스맨이었다. 아모스는 하나님의 명령을 받고 잠시 북 왕국을 방문해 말씀을 선포했지만, 말씀 선포가 끝난 후에도 북 왕국에 살며 평생 그곳에서 말씀을 선포했을 가능성은 전혀 없다. 길어봤자 아모스가 몇 달, 짧게는 2-3주 정도 북 왕국 이스라엘에 머물며 말씀을 전한 후 자기 집이 있는 유다의 드고아로 돌아간 것으로 생각한다(Mays, Craigie, G. Smith, Simundson). 그는 드고아로 돌아가서도 선지자 사역을 계속했을 것 같지는 않다. 아마도 본래 직업인 비즈니스맨으로 다시 돌아갔으리라는 것이 상당수 학자들의 결론이다. 그렇다면 우리는 아모스를 오늘날 개념으로 '평신도'라고 생각할 수 있다. 하나님이 평신도를 선지자로 부르셨다는 것이 놀랄 만한 일은 아니다. 다니엘도 평신도였으니 말이다. 또한 아모스가 잠시 북 왕국을 방문하여 말씀을 전했다는 사실은 그가 성경에 기록된 최초의 선교사(G. Smith) 혹은 단기선교사임을 뜻한다(Craigie).

선교사가 문화와 종교가 다른 사회에서 하는 사역의 효율성은 상당 부분 그 사회의 문화를 얼마나 잘 알고 이해하느냐에 의해 결정된다고 해도 과언은 아니다. 효과적인 사역을 위해 선교사가 문화를 이해하고자 한다면 그 사회에서 어느 정도의 시간을 보내며 사회 곳곳을 돌아보아야 하며, 풍습도 경험해 보아야 한다. 그래서 일부 선교단체는 선교사를 파송하기 전에 선교지를 사전답사하여 준비하는 팀을 보낸다(일명 '갈렙 프로젝트'라고 불리기도 함). 북 왕국에 선교사로 간 아모스는 이 모든 일을 제대로 했다(G. Smith). 그는 이스라엘 사람이 하나님을 예배하는 벧엘 성전에 가보았으며(7:10-17), 사마리아에서 행해진 장례식에도 가보았다(Paul, cf. 6:1-7). 선지자는 북 왕국의 부자가 가난한 사람을 얼마나 학대하는가도 옆에서 지켜보았다(2:6-8; 3:9-10). 아모스는 이스라엘 사람이 익숙해져 있는 전투구호 소리도 익히 알고 있었다(1:3-2:6). 아모스는 자신이 선포하는 메시지의 효과를 극대화하기 위해 최선을 다했던 선교사—선지자였던 것이다.

2. 역사적 정황

선지자 아모스의 활동시기는 유다의 웃시야(792-740 BC)와 이스라엘의 여로보암 2세(793-753 BC)가 통치하던 시대다(1:1; Thiele). 북 왕국의 여로보암 2세는 40여 년의 통치(아버지 요아스와 10년을 통치)를 통해 이스라엘에 평화, 안정, 경제적 번영을 안겨 주었다(Bright). 또한 이스라엘과 유다의 생존을 위협하던 전쟁도 이 시대에는 다시는 존재하지 않았다. 북쪽으로는 아시리아 제국이, 남쪽으로는 이집트가 내부적인 어려움 때문에 계속 쇠퇴해가는 실정이었다(Finley). 그러므로 외부 강대국의 간섭을 상당 부분 무시할 수 있었던 팔레스타인 지역은 이 시대에 상대적인 평화와 번영을 누릴 수 있었다.

이스라엘에서 경제적인 부흥은 곧 정권의 종교적인 정당성으로 이어졌다. 여로보암이 이스라엘에게 전에 누려보지 못한 자유와 부를 안겨주자 많은 사람이 무조건적으로 그를 지지했다(G. Smith). 일각에서는 그를 마치 메시아처럼 대하기도 했다. 예나 지금이나 정치가 '정치적으로 옳은'(politically correct) 발언을 결정한다. 벧엘에 있던 성전지기 아마샤는 자신이 관리하는 성소를 두고 '이곳은 왕의 성소이며 왕실'이라고 한다(7:13). 아마샤의 논리는 벧엘 신전은 곧 여로보암의 소유이니 이곳의 주인인 여로보암을 비방하는 말을 하지 말라는 것이다. 어느덧 이 성소의 주인이 여호와에서 여로보암으로 바뀌어 있다. 종교가 스스로 잘 나가는 정치가의 하수인이 되기를 자청한 것이다. 이 상황에서는 백성에게 이 성소의 참 주인이신 여호와의 말씀이 들리지 않는다. 아니, 스스로 듣기를 거부한다는 평가가 더 옳을 것이다. 이런 분위기에서 아모스가 여로보암이 통치하는 북 왕국이 심판을 받아 망할 것이라고 선언했으니, 그 파장이 얼마나 컸겠는가 상상해 보라.

이처럼 성소의 주인이 바뀌는 일이 옛날 고대 이스라엘에서만 있었던 일일까? 한국 교회도 만만치 않다. 일부 교회에서는 담임 목회자가 곧 주인(owner)이다. 물론 주인의식을 가지고 열심히 일하는 것을 문제 삼는 것이 아니다. 목회자가 자신의 분수를 모르고 교회의 주인이신 예수님의 자리에 올라와 있는 것이 문제라는 것이다. 말로는 공동체이고 하나님의 교회라고 하지만, 재정관리나 교회운영 방침을 결정하는 데 있어서 목회자가 마치 자기가 소유한 기업의 CEO처럼 행세하는 것을 본다. 심지어 일부 성도는 담임 목회자가 하나님인 것처럼 착각한다. 상황을 이렇게 만든 것은 분명 [담임] 목회자의 책임이다. 교회의 주인은 하나님이심을 기억해야 한다. 교회는 그 어떤 성도나 목회자의 소유물이 아니다.

또한 한국 교회의 정치권에 대한 발언도 갈수록 강해지고 있다. 친(親)정권적인 발언이든, 반(反)정권적인 발언이든 상관없이 교회가 정치에 관심을 갖는 것은 바람직하지 않다. 교회의 역사가 증언하듯 교회가 정치와 놀아나다 보면 교회는 자신도 모르는 순간에 벌써 정권의 하녀가 되어 있는 사실을 깨닫게 될 것이다. 마치 아모스 시대 벧엘에 있던 성소가 그랬던 것처럼 말이다. 우리는 종교개혁이 남긴 신앙의 유산 중 하나는 교회와 정치의 철저한 분리 원칙임을 기억해야 한다.

유다와 이스라엘은 정치적으로도 더는 서로를 견제하지 않고 상당한 안정을 유지하며 지냈다. 아모스의 경우를 생각해봐도 이런 사실이 잘 입증된다. 남 왕국 사람으로서 선지자가 별 어려움 없이 북 왕국으로 건너가서 하나님 말씀을 선포하고 있다.[2] 또한 그의 메시지는 북 왕국뿐만 아니라 주변 여러 나라의 국경에 제한받지 않고 왕래할 수 있는 자유로움을 전제하고 있다(5:5). 그러나 아모스는 언약 백성의 지속적인 안정과 평화를 위해서는 두 자매 나라가 하나가 되어 다윗 왕국을 재건해야 한다고 주장한다(9:11-12).

이스라엘이 경제적 부흥을 누리게 된 또 다른 동기는 이스라엘이 이때 길르앗과 요단 강 건너편에 있던 도시들을 점령했기 때문이다(Gowan). 이 지역은 이집트에서 시작해 시리아를 거쳐 바빌론으로 이어지는 '왕의 대로'(King's Highway)가 통과하고 있었다. 그러므로 이 지역은 지나가는 상인들로부터 세금이 많이 징수되는 곳이었다. 역사적으로 이스라엘과 시리아는 이 지역의 통치권을 놓고 지속적으로 다투었다. 그러나 주전 801년 이후로는 시리아가 쇠퇴해가는 상황이었기

2 이미 언급한 것처럼 이때 유다가 이스라엘에게 조공을 바치는 상황이었고, 유다의 성인 남자는 1년에 세 차례씩 벧엘에 있는 성소를 찾아가 예배를 드려야 했다고 하지만(Sweeney), 그렇게 단정할 만한 역사적 근거는 없다(Bright).

에 이스라엘이 이 지역의 통치권을 차지하게 된 것이다(Bright). 이 지역의 통치권을 얻게 된 이스라엘은 전에 없던 경제적인 부흥을 맞게 되었다. 이 시대의 사마리아를 발굴해 보면 고고학적인 증거들이 이들의 부유함을 입증한다. 사마리아 성에서만 500개 이상의 상아(ivory)조각이 발굴됐다(3:15 참조). 므깃도에서도 상아조각이 300개, 키프로스의 살라미스(Salamis in Cyprus)에서는 상아로 만들어진 침대(6:4 참조) 등이 발굴됐다. 상아는 가나안에서 생산되지 않았으며, 전량 아프리카에서 수입되는 귀중품이었다. 그러므로 당시 가나안 지역에 수입되는 사치품이 이처럼 흔했다는 것은 그들의 생활이 얼마나 윤택했는가를 보여준다.

3. 다른 책과의 관계

아모스서는 구약 정경 중에서도 특별히 오경과 밀접한 연관성이 있다. 선지자들이 시내 산 언약의 중재자라는 점을 감안할 때 아모스가 시내 산 언약의 내용을 담고 있는 오경을 익히 알고 있는 것은 당연하다. 아모스도 이스라엘이 하나님의 벌을 받아야 하는 이유 중 하나를 하나님과 맺은 언약을 어겼다는 점에서 찾기 때문이다. 그러므로 아모스서 역시 오경을 연상케 하는 이미지와 문구로 가득 차 있다. 다음은 한 주석가(Niehaus)가 오경과 아모스서의 연관성을 규명하면서 찾아낸 50여 개의 문구와 이미지 중 간추린 것이다.

구절(암)	문구/개념	오경
1:9	언약을 기억하라	출 2:24; 6:5; 레 26:42–45
2:4	규례를 지키라	출 15:26; 신 4:40
2:7	정의 왜곡	출 23:6
2:10; 9:7	이집트에서 너를 데리고 나왔다	출 3:8
2:10	땅을 유산으로	창 15:7; 민 33:53; 신 2:31
3:7	그의 종 선지자들	신 34:5, 10

4:4	3일/3년마다 십일조	신 14:28; 26:12
4:5	제물을 바침	레 1:9
	누룩이 들어간 빵을 감사제물로	레 2:11; 7:12–15
	서원제	레 22:17–25
4:6	여호와께 돌아오라	신 4:30; 30:2
4:9	병충해	신 28:22
4:10	내가 재앙을 너희에게 보냈다	레 26:25; 신 28:20–21, 48
4:12	너의 하나님을 맞을 준비를 하라	출 19:15–17
5:4	여호와를 찾으라	신 4:29
5:6	여호와는 태우는 불이시다	신 4:24
5:11	집과 포도원에 대한 저주	신 28:30, 39
5:20	언약적 저주 어두움	신 28:29
5:27	먼 곳으로 귀양	신 28:36, 64–68; 29:27
7:2	메뚜기 떼의 습격	출 10:12, 15
8:5	거짓 저울과 무게	레 19:35, 26; 신 25:14
8:11	기근	신 28:48
	여호와의 말씀 고갈	신 4:28–29; 32:20
9:15	여호와 너희의 하나님	출 8:24; 레 11:44; 민 10:9; 신 1:10

아모스가 당시 이미 정경화되었던 오경에서 이처럼 많은 영향을 받은 것처럼, 책을 남긴 선지자 중 최초로 사역을 했던 그가 뒤를 이어 사역한 후배 선지자에게 지대한 영향을 미쳤을 것 또한 당연한 일이다. 실제로 아모스가 호세아, 미가, 이사야, 스가랴, 스바냐, 예레미야, 에스겔 등에게 많은 영향을 미쳤다고 평가한다(Gowan). 아모스서의 많은 영향력 중 이 섹션에서는 소선지서 중 아모스서 앞뒤에 위치한 책과의 관계를 생각해보자.

마소라 사본의 소선지서 12권의 배열에 따르면, 아모스서는 호세아서, 요엘서 다음의 세 번째로 등장한다. 요엘서의 주제가 메뚜기 떼의 습격과 머지않아 임할 열방의 침략이었는데, 아모스서에서도 메뚜기 떼의 습격(7:1-3)이 머지않아 이스라엘이 열방의 손에 멸망하게 될 것의 서곡으로 사용된다. 또한 요엘서가 예루살렘의 회복을 꿈꾸며 포도주가 넘쳐 흐르는 산을 노래했던 것처럼(욜 3:18), 아모스서도 다윗 왕조의 통치 아래 이스라엘이 회복되며 그들의 산이 포도주로 넘쳐흐를 날을 꿈꾼다(9:11-15).

아모스는 에돔에 임할 심판(1:11-12)과 이 나라에 대한 심판의 필요성을 강조하여(9:12) 에돔에 대한 심판을 중심 주제로 노래하는 오바댜를 기대하게 한다. 아모스서와 요엘서, 오바댜서는 여호와의 날이 위로와 회복의 날이 아니라 심판의 날이 될 것을 경고한다는 공통점을 지니고 있기도 하다(욜 1:15; 암 5:18-20; 옵 1:15). 세 책 모두 주의 백성은 그동안 어떻게 살아왔든 상관없이 여호와의 날이 임하면 무조건 하나님의 축복과 위로를 받게 될 것이라고 생각했던 이스라엘의 여호와의 날에 대한 전통적인 기대를 뒤집어놓은 책이다.

아모스서는 호세아서와도 연관이 있다. 이미 언급한 것처럼 아모스가 호세아보다 10년 정도 먼저 사역을 시작했다. 그러나 정경의 순서를 정리한 사람은 독자가 호세아서를 먼저 읽은 다음에 아모스서를 읽도록 했다. 호세아서는 이스라엘이 당면하게 될 심판과 그 뒤에 있을 회복의 당위성을 이스라엘과 하나님의 관계에서 찾는다. 아모스서는 한걸음 더 나아가 만일 이스라엘이 회복을 원한다면 벧엘에 있는 성소를 제거해야 한다고 한다. 호세아서는 죄로 가득 찬 이스라엘의 현실에 대해 별다른 기대를 하지 않지만, 아모스서는 그들이 벧엘 문제를 해결할 정도의 능력은 가지고 있는 것으로 기대하는 것이다. 아모스는 이스라엘에게 벧엘을 파괴하고 예루살렘으로 가서 여호와를 찾을 것을 권면했다(Sweeney). 그러나 호세아는 이 같은 권면을 아예 하지 않는다. 그렇다면 아모스가 호세아보다 약 10년을 앞서 사역했으니, 이스라엘은 아모스가 말씀을 선포하던 시대만 해도 회복/개혁의 가능성을 지녔다고 할 수 있다. 그러나 이후 10년 동안 개혁은커녕 오히려 더 부패하여 호세아가 메시지를 선포할 때에는 회복/개혁의 가능성이 아예 배제된다. 10여 년 사이에 이스라엘의 영적 상황이 나쁨(worse)에서 최악(worst)으로 치달은 것이다.

아모스서가 미가서를 기대하게 하는 면도 있다. 아모스서는 북 왕국 이스라엘 멸망의 최종 목적이 다윗 왕조의 회복에 있음을 시사한다. 미가서는 더 나아가 북 왕국 이스라엘의 심판과 회복을 장차 있을 남 왕국 유다의 심판과 회복의 모델로 간주한다(Sweeney). 이스라엘과 유다는 분명 심판받아 멸망할 것이지만, 두 나라 모두 다시 한 나라로 회복될 것이며, 다윗의 후손이 이 나라를 통치할 것이라는 예언이 선지자들의 공통적인 가르침이다. 아울러 하나님의 공의와 정의를 이 땅에 하수처럼 넘치게 하라는, 아모스의 사회적 윤리를 회복하라는 호소가 미가에게 깊은 영향을 미친 것이 확실하다. 미가서에도 정의와 공평 문제가 얼마나 강조되는지 미가를 '남 왕국의 아모스'라고 부르기도 한다(Allen).

아모스서가 구약의 여러 선지서와 유기적인 관계를 유지하고 있는 것과는 대조적으로 신약은 아모스서를 그다지 많이 인용하지 않는다. 아모스 5:25-27이 사도행전 7:42-43에, 아모스 9:11-12가 사도행전 15:16-17에 인용되는 등 두 차례가 전부다. 초대교회 교부도 아모스서를 많이 인용하지 않았다. 실제로 19세기에 이르기까지 교회는 아모스서에 대해 별다른 관심을 보이지 않고 방치하다시피 했다. 이렇게 된 것에는 아모스서의 강렬한 메시지가 한몫했다고 주장한다(Gowan). 교회는 구약에서 주로 위로와 소망의 메시지를 얻기 원했는데, 아모스서는 소망과 위로에 대해 크게 언급하지 않기에 자연스럽게 교회의 가르침에서 상당히 소외될 수밖에 없었다는 것이다. 반면에 하나님의 정의와 공평한 사회에 대해 많은 것을 선포하는 아모스서의 핵심 메시지는 "내 백성 이스라엘의 끝이 이르렀다"(8:2)인데, 교회는 이 말씀을 어떻게 적용하고 사용해야 하는가에 대해 암담해 했다.

4. 통일성

한 주석가는 아모스서가 주전 750–450년 사이에 최소한 여섯 차례의 편집/개정을 거친 책이라고 한다(Wolff, cf. Jeremias). 주장하는 바를 요약하면 아모스서는 이 기간에 다음과 같은 역사적 순서에 따라 여섯 차례 편집과 수정을 거쳤다. (1) 신탁(3–6장), (2) 환상(7:1–8; 8:1–2; 9:1–4)과 열방에 대한 심판 선언(1:3–2:16), (3) 편집자들이 첨부한 것(7:10–17; 8:4–14; 9:7–10; 5:13–15; 6:2; 7:13), (4) 전(前)신명기적 편집(4:13; 5:8–9; 9:5–6; 3:14b, c, 5:6; 4:6–13), (5) 신명기적 편집(2:10–12; 5:25; 3:1b; 8:11–12), (6) 포로기 이후 편집(6:5; 9:11–15). 그러나 아모스서가 300여년에 거쳐 여섯 차례나 수정되고 편집되었다는 주장을 입증할 만한 그 어떤 증거도 없다. 게다가 이처럼 아모스서를 세분화하는 것은 비평학자 사이에도 많은 지지를 얻지 못하고, 볼프(Wolff)가 이런 결론에 도달하기 위해 사용하는 방법이나 원칙도 대부분 인정받지 못한다(Andersen & Freedman, Paul, Gowan, Sweeney). 그의 논리와 주장이 설득력을 얻지 못한 것이다. 또한 본문의 의미를 연구하는 입장에서는 아모스서를 이렇게 편집 시기에 따라 세분화하는 것은 본문을 해석하는 데 어떤 도움도 되지 못한다는 점이 가장 큰 문제다.

아모스서의 변(진)화를 다음과 같이 설명하기도 한다(Watts). 1:1이 언급하는 아모스 선지자가 1–6장에 기록된 내용을 구두로 선포한 것을 벧엘에 살던 추종자들이 문서화시켰으며, 주전 722년에 북 왕국이 멸망하자 이 문서를 유다로 옮겼다는 것이다. 왓츠(Watts)는 환상과 아마샤와 아모스의 대립을 기록하고 있는 7장은 1–6장을 문서화했던 추종자들이 직접 저작한 것이며, 그러므로 아모스를 3인칭으로 묘사하고 있다고 주장했다. 더 나아가 8–9장에 기록된 내용은 아모스가 북 왕국에서 돌아와 유다에서 계속한 사역의 결과이며 책의 마지막을 장식하고 있는 소망의 메시지는 주전 722년에 사마리아가 멸망한 후에 선언된 것이라고 한다. 이처럼 아모스 1–7장과 8–9장은 서로 따로 보존되다가 바빌론 포로생활이 끝난 이후 소선지서 12권이 한 권으로 묶일 때 비로소 한 권으로 편집되었다는 것이다(Watts).

대부분은 위에 제시된 왓츠(Watts)의 주장에 문제를 제기한다. 무엇보다 그의 주장에는 입증할 수 없는 가설적 요인이 너무 많다는 것이 문제다(G. Smith, B. Smith, cf. Niehaus). 아모스가 선포한 메시지를 추종자들이 문서화했다는 주장도 근거가 없다(Paul). 게다가 8–9장이 아모스 선지자가 유다로 돌아온 이후에 선포한 메시지일 가능성을 전적으로 배제할 수는 없지만, 1–7장에 기록된 것이 선포된 시기에 같은 곳에서 선포되었을 가능성을 배제할 필요는 없다(Paul, Gowan). 대체로 아모스 선지자가 두 곳에서 말씀을 선포한 것으로 추정하는데, 1–6장은 사마리아에서, 7–9장은 벧엘에서 선포한 말씀을 모아놓은 것이라 한다(G. Smith). 결과적으로 오늘날에 이르러서 대부분은 아모스서 전체를, 혹은 매우 미세한 부분을 제외하고는 모두 8세기에 북 왕국에서 말씀을 선포했던 선지자 아모스에서 비롯된 것이라고 한다(Niehaus, G. Smith, B. Smith, Simundson; Paul). 아모스서는 주전 8세기에 남 왕국 유다에 살던 한 선지자가 북 왕국 이스라엘을 잠시 방문하여 선포한 메시지를 문서화해 놓은 것이고, 한 사람의 작품으로 볼 수 있는 통일성을 충분히 지니고 있는 책이다(McComiskey & Longman, Paul, Gowan).

5. 신학과 메시지

아모스서는 성도에게 정경의 그 어느 책보다 강력한 윤리적 요구를 하고 있는 책이다. 하나님 백성은 삶에서 거룩하고 의로우신 하나님을 닮아가야 하기 때문이다. 뿐만 아니라 선지자는 주의 백성이 드리는 예배도 문제 삼는다. 아모스는 주의 백성의 삶은 예배와 일치되어야 한다고 말한다. 선지자는 이스라엘이 하나님의 뜻에 따라 정의와 공평을 추구하며 살아가야 하는 현실적인 이유도 제공한다. 그렇게 살지 않으면 이스라엘이 위로와 축복을 받을 좋은 날로 기대하고 있는 여호와의 날이 심판하고 정죄하는 날이 될 것이기 때문이다.

선지자가 제시하고 있는 다양한 메시지 중 다음 다섯 가지만 생각해 보고자 한다. (1) 이교와 혼합된 예배, (2) 형식화되어버린 종교, (3) 부(富)와 의(義)의 관계, (4) 사회적 정의와 공평, (5) 여호와의 날. 이 모든 주제를 통해 아모스는 주의 백성이 여호와 종교의 본질을 회복할 것을 호소하고 있다.

(1) 이교와 혼합된 예배

북 왕국 이스라엘이 지향하던 여호와 종교의 가장 근본 문제 중 하나는 온갖 이교도적인 풍습과 예식을 여호와 종교와 함께 섞어 종교 혼합주의를 행하고 있었다는 것이다. 이스라엘이 여호와를 완전히 버린 것은 아니었다. 비록 바알과 아세라 등 다른 신도 숭배했지만, 벧엘, 길갈, 브엘세바 등 종교 중심지를 정기적으로 방문해 여호와께 제물을 바치고 예배를 드렸다(4:4; 5:5). 정해진 절기에 따라 헌물과 십일조도 드렸다(4:4). 매년 몇 차례씩 종교 절기와 성회로 모였다(5:21–23). 문제는 여호와께 예배드리기 위해 찾아가던 성소가 모두 이교도적인 풍습과 예식의 영향을 받아 이런 곳에서는 다시는 여호와께서 받으실 만한 예배를 드릴 수가 없었다는 것이다. 그래서 선지자는 벧엘(lit., '하나님의 집')을 벧아웬(lit., '죄의 집')이라고 비난하며 청중에게 성소를 찾지 말 것을 당부한다. 이런 곳은 찾아가 예배를 드릴수록 용서와 축복을 받는 것이 아니라 오히려 죄만 더 쌓게 된다는 것이다.

우리는 선지자가 이스라엘이 벧엘 등에서 여호와께 드렸던 예배를 절대 드리지 말고 아예 찾지도 말라고 한 것에서 두 가지 교훈을 얻는다. 첫째, 잘못된 예배는 드리지 않음만 못하다는 사실이다. 아모스가 이스라엘에게 예배를 멈추라는 것은 그들이 예배를 드릴수록 죄를 쌓아가기 때문이었다. 우리는 예배를 너무 쉽게 생각하는 경향이 있다. 흠이 있고 부족한 예배라도 드리는 것이 안 드리는 것보다 좋다는 생각이다. 물론 경우에 따라 이런 자세가 중요할 때가 있다. 그러나 아모스 선지자는 분명하게 말한다. 이교도적인 예식으로 오염된 예배나 하나님의 정의를 공동체에 실현하라는 요구에 어떤 윤리적 혹은 도덕적 책임도 느끼지 않는 위선적인 자가 드리는 예배는 예배자에게 득이 되는 것이 아니라 오히려 해가 될 것이라고 선언한다.

둘째, 하나님이 받으시는 예배는 하나님 말씀에 따라 주께서 원하시는 방식대로 드리는 예배라는 사실이다. 이스라엘은 선호하는 바에 따라 하나님께 드리는 예배를 온갖 이교도적인 것으로 도배했다. 선지자는 이 모든 일이 부질없는 짓일 뿐만 아니라 그들이 드리는 예배를 하나님이 결코 받으실 수 없도록 오염시켰다고 한다. 이스라엘은 하나님을 위한 예배는 하나님이 원하시는 대로 드려야 한다는 사실을 잊고 있었던 것이다. 우리는 예배가 누구를 위한 것인가에 대해 끊임없이 질문해야 한다. 하나님께 예배를 드리지만, 결국 하나님과 상관없이 예배자만을 위한 예배로 드리는 경우가 허다하기 때문이다. 만일 우리가 드리는 예배가 우리를 위한 것이 아니고 하나님을 위한 예배라면, 분명 먼저 하나님을 기쁘시게 하는 예배가 되어야 할 것이다. 하나님이 받으시는 예배는 하나님이 제시한 기준에 따라, 하나님이 원하시는 방식대로 드려지는 예배다. 사람이 불편함을 감수하는 부분이 있더라도, 하나님이 제시하신 방식대로 드리는 예배가 되어야 할 것이다.

(2) 형식화되어버린 종교

이사야가 이스라엘이 성전에서 드리는 예배에 대해 하나님의 불편한 심기를 토로했다면(사 1:11-15), 아모스는 아예 백성이 성지(聖地)로 예배드리러 가는 것 자체를 막는다. 아모스는 그 당시 이스라엘 백성이 여호와께 예배드리기 위해 끊임없이 찾았던 성지 벧엘, 길갈, 브엘세바에 대해 다음과 같이 선언한다. "벧엘을 찾지 말며 길갈로 들어가지 말며 브엘세바로도 나아가지 말라"(5:5). 더 나아가 선지자는 비아냥거리는 투로 이 성지에서 드려지는 예배와 제물이 의미를 상실했을 뿐만 아니라 오히려 하나님 앞에 죄를 범하는 행위라고 한다. "너희는 벧엘에 가서 범죄하며 길갈에 가서 죄를 더하며 아침마다 너희 희생을, 삼일마다 너희 십일조를 드리며 누룩 넣은 것을 불살라 수은제로 드리며 낙헌제를 소리내어 선포하려무나"(4:4-5).

이 아모스 텍스트를 구약 안에서 발견되는 제사와 예배에 대한 가장 강력한 비난으로 간주한다. 여호와를 기념하고 찬양하기 위해 드리는 예배라도 얼마나 잘못될 수 있는가를 지적해주는 말씀이기도 하다. 어떻게 생각하면 선지자의 발언은 마치 신성모독(blasphemy)처럼 들린다. 현대적 감각을 더한다면, "교회에 가서 죄 짓고, 기도원에 가서 반역하라! 새벽기도 때마다 헌금 드리고, 예배 때마다 십일조를 드려보아라. 또한 드리는 감사 헌금에 대해 남들에게 떠벌려라. 하나님이 잘해 주실 것이다!" 본질을 놓친 예배는 드리지 않는 것이 오히려 낫다는 것이 선지자의 외침이다.

여호와께서는 주의 백성이 드리는 예배에 대하여 왜 이렇게 분노하시는가? 이미 위에서 언급한 것처럼 이교적인 풍습이 이스라엘 예배를 오염시켰기 때문이지만, 이스라엘 사람이 여호와 종교를 형식화시켜 버렸기 때문이다. 오늘날로 하면 이스라엘은 일명 율법주의에 빠져 있었던 것이다. 하나님은 이스라엘에게 경건하고 서로를 돌보며 살라고 율법을 주셨다. 율법은 선민(選民) 공동체가 존중해야 할 원칙이고 하나님 백성의 윤리적 지침이었다. 그런데 이스라엘은 하나님의 율법을 단지 예배와 종교생활에 관한 것으로 전락시켰다. 때에 따라 예배를 드리고 십일조를 성소에 들여놓는 것은 그들에게 율법이 제시하는 중요한 요구사항이었지만, 공동체를 형성하고 있는 사람을 어떻게 존중하고 사랑하는가는 율법과 무관한 일이었다. 아모스 시대의 이스라엘은 율법의 정신과 취지는 완전히 상실한 채, 겉으로 드러나는 율법의 요구 사항 몇 가지만 준수하는 것으로 자신들의 율법에 대한 의무를 다한 것으로 생각하기에 이르렀다.

사람은 왜 율법주의에 빠지는 것일까? 율법주의에 빠지면 무엇보다 신앙생활이 훨씬 쉬워지기 때문이다. 율법이 요구하는 윤리적 기준대로 살아가는 것은 여간 어려운 일이 아니다. 하나님은 모든 일에 있어서 결과보다 과정과 의도를 중요시 여기시기에, 율법대로 살아간다는 것은 일상생활에서 많은 고민/묵상과 노력을 필요로 했다. 율법주의에 빠지면 더는 이런 '거룩한 고민'은 하지 않아도 된다. 표면적으로는 율법주의도 하나님 뜻대로 살아가는 것을 규정하는 듯하다. 율법주의가 취하는 가장 기본 형태가 하나님 백성으로서 '해야 할 일과 하지 말아야 할 일'(do's & don'ts)에 대한 정의이기 때문이다. 하나님 백성으로서 해야 할 일과 해서는 안 될 일을 정의해 어떻게 해야 율법을 준수하며 살아가는 것인가에 대한 성도의 고민을 덜어주는 것이 율법주의의 가장 큰 매력이다.

그러나 율법주의는 많은 문제를 안고 있고 결코 하나님이 백성에게 기대하시는 삶을 지향하는 지침이 될 수 없다. 율법주의적인 삶이 안고 있는 가장 큰 문제 두 가지를 생각해보자. 첫째, 율법주의는 결과를 중요시할 뿐 과정에는 별 관심이 없다. 사람이 때에 따라 십일조를 성전에 들여놓는 것이 중요하지 그들의 수입이 어디서, 어떻게 발생한 것인가는 알려 하지 않는다. 심지어는 부정한 방법으로 수입을 올린 것의 일부가 십일조로 드려졌다는 사실을 알게 되더라도 눈을 막고 귀를 막아 묵인해 버린다. 법을 적용하는 일에 있어서도 '이에는 이, 눈에는 눈'이 중요할 뿐 범죄자의 개인 형편은 헤아리지 않는다. 결국 율법주의의 핵심은 율법이 사람을 위해 있는 것이 아니라 사람이 율법을 위해서 있게 되는 것이다.

둘째, 율법주의가 한동안 진행되다 보면 그나마 윤리적인 삶에 관한 것은 모두 사라지고 결국 종교생활에 대한 것만 남는다. 율법주의는 주의 백성이 사회와 가정에서 어떤 삶을 사는가에는 관심이 없고 결과에만 치중하다 보니 주의 백성이 일주일 동안 어떻게 살았는지보다 정한 때에 예배드리러 오는 것과 올 때 십일조를 가지고 오는 것이 더 중요하다. 성도도 율법주의에 빠지면 편안하다. 하나님 백성으로서 어떻게 살아가야 하는가를 고민할 필요가 없기 때문이다. 때에 따라 헌금을 바치고, 예배를 드리는 등 몇 가지 종교생활의 기준만 준수하면 하나님 앞에 의무를 다한 것으로 생각한다. 율법의 윤리적 요구에는 관심도 없고, 지킬 필요도 느끼지 못하게 되는 것이다. 어느덧 종교 예식 참여가 '거짓 자신감'(false sense of confidence)을 조성하고 있었다(Hoffmon).

한 예로 선지자가 사역하던 시대에 이스라엘의 부자는 아무런 거리낌 없이 폭리를 취해 남에게 돈을 빌려주었고, 담보로 잡아두었던 옷을 제단 옆에 펼쳐놓고 그 위에 앉아 서민들로부터 벌금과 이자로 거두어들인 포도주를 즐기기에 이르렀다(암 2:8). 가난한 자를 착취해 얻은 부가 하나님의 축복이라며 하나님과 자신에게 건배를 들고 있는 것이다! 율법주의에 빠진 이스라엘은 어떤 사회적 책임이나 도덕적 문제의식도 없이 신앙과 삶을 이분화했기 때문에 이런 일이 가능했다. 오늘날 우리 교회는 이와 같이 율법주의가 안고 있는 문제에서 자유로운가? '자유롭다'고 쉽게 단정할 만한 상황이 결코 아니다.

이처럼 여호와 종교가 형식주의에 빠져 있는 정황에서 아모스서가 이스라엘 역사와 선지자의 가르침에 어떤 영향을 미쳤는가는 다음과 같이 평가된다.

> 토라의 문헌과 고전적 예언자 이전의 예언자의 글 속에 표현된 옛 전승, 다시 말해서 한 국가의 궁극적 운명을 결정짓는 근본적 범죄는 우상숭배의 죄라고 강조한 옛 전승과는 달리, 고전적 예언자의 등장과 함께 한 국가의 운명을 결정짓는 새로운 기준이 나타나게 되었다. 새로운 기준이란 '도덕적 청렴'(moral rectitude)이었다. 이스라엘의 장래와 운명은 본질적으로 근본적인 도덕적 자세에 의해 결정되었다. 부도덕과 비윤리적 행위는 궁극적으로 한 국가를 파멸로 인도할 것이다(Paul).

(3) 부(富)와 의(義)의 관계

율법주의에 빠져 있던 이스라엘 사람은 누리고 있던 물질적인 부유, 정치적 안정은 여호와 하나님이 그들의 신앙생활에 만족하셔서 내려주는 축복으로 생각했다. 한걸음 더 나아가 그들에게 '축복'으로 내려진 부유가 하나님이 그들을 의롭게 생각하시는 것의 증거로 생각했다. 논리는 이러했다. 이스라엘이 전에 없던 물질적인 풍요로움을 누리고 있었다. 이 모든 풍요로움은 여호와께서 내려주신 축복이었다. 그렇다면 하나님이 왜 이들을 축복하셨겠는가? 하나님이 그들을 인정하셨기 때문이다. 하나님이 왜 이스라엘을 인정하셨는가? 그들이 의롭기 때문이 아니었겠는가! 그러므로 '부유=의'라는 번영복음(prosperity gospel)의 공식이 성립된 것이다. 이러한 상황에서 유례없는 풍요로움을 누리던 자들의 영적 교만을 상상해보라. 자신감이 넘치다 못해 자만감에 빠져있었다(6:1). 마치 하나님 나라가 자신들을 통해 이 땅에 임한 것처럼 말이다. 아모스 선지자는 이들이 주장하는 공식, 곧 '부유=의' 공식의 기호(=)에 가차없이 '아니다'(/)는 선을 그어 공식을 '부유≠의'로 바꾸어 버린다. 그들이 풍요를 누리며 잘사는 것과 하나님이 인정하셨다는 것은 결코 동일시될 수 없다는 것이다. 아모스는 나르시시즘(narcissism, 자애[自愛])에 빠져 있는 이스라엘 사회(특히 상류층과 권력가)에게 상류층이 저지르고 있는 사회적인 악(social injustice)에 대해 소리를 높이고 있다(2:6; 8:5-6).

풍요로움과 연관해 당시 이스라엘 사회가 안고 있는 가장 큰 문제는 모든 사람이 잘 사는 것이 아니었다는 점이다. 빈익빈 부익부(貧益貧 富益富) 현상이 심각한 수준에 도달해 있었다. 부자는 주체할 수 없을 정도의 부를 쌓았지만, 가난한 자의 삶은 어렵기만 했다. 부유함이 의로움에 대한 여호와의 보상으로 간주되던 사회에서 이러한 현상이 어떠한 결과를 초래했을 것인가 생각해보라. 남을 착취하고 등을 쳐서 부자가 된 사람은 종교적인 의인으로 대접을 받았고, 힘없고 돈 없는 사람은 예배드리러 가서도 죄인이 되어 숨을 죽이고 있어야 했다.

이런 신학적 착각이 아모스 시대의 사람만 앓던 병은 아니다. 한국을 포함한 많은 나라의 기독교인이 오늘날 똑같은 병을 앓고 있지 않은가? 생각해보라. 이제는 대부분 교회에서 더는 그리스도를 위한 고난과 헌신을 화두로 삼지 않는다. 성공하여 잘 먹고 잘 사는 게 중요하다. 그렇다 보니 간증 집회에도 주로 사회에서 성공한 사람이 불려 다닌다. 어떤 방법, 어떤 가치관으로 성공했는지 검증도 하지 않은 채 말이다. 풍요로움이 하나님의 축복으로만 간주되고, 가난은 죄라는 생각이 우리 주변에 도사리고 있는 한, 현대 교회 역시 아모스 시대의 신학적 병을 그대로 앓고 있는 것이다.

(4) 사회적 정의와 공평

아모스 선지자는 사회적 정의와 공평에 대해 세 가지 측면에서 조명한다. 첫째, 이스라엘이 사회적 정의를 추구하는 것은 곧 하나님의 성품을 닮아가는 것을 뜻한다. 정의는 하나님으로부터 시작된다. 그러므로 한 사회가 정의를 추구하고 실현하려면 하나님과 깊은 교제에서 비롯되어야 한다는 것이 선지자의 주장이다. 주의 백성에게 하나님과 교제가 있으면 당연히 그분의 성품을 닮아가려는 노력이 있기에 정의를 추구하게 된다는 것이다. 또한 아모스는 심판하시는 하나님을 강조하여 사회가 하나님의 성품(공의를 행하는 것)을 반영하지 않을 때 어떤 재앙이 일어날 수 있는지 분명히 경고하고 있다. 또한 공의에 대한 창조주 하나님의 염려는 국경을 초월한다. 하나님과 상관없는 나라 사이에 불의가 행해질 때도 하나님은 가만히 침묵하지 않으신다는 것이 선지자의 가르침이다(1장).

둘째, 이스라엘의 사회적 정의 추구는 사회를 구성하고 있는 각 개인의 삶에서 시작되어야 한다. 아모스는 상인, 제사장, 부자의 잘못을 적나라하게 드러냄으로써 이스라엘 사회가 정의를 추구하는 일에 있어서 각 개인의 책임이 얼마나 중요한가를 강조한다. 특히 지도층의 개인적 책임 완수가 결정적이다. 남이야 어떻든 나 한 사람이 먼저 개혁될 때 사회는 개혁된다는 것이다. 그래서 아모스는 개인의 책임을 매우 중요하게 여긴다. 또한 남을 속이고 울리는 일이 결코 용납될 수 없는 것은 이런 행동들이 하나님의 성품과는 거리가 멀기 때문이다. 선지자는 하나님을 알고 섬기는 백성은 공의와 정의를 추구하는 삶을 살아야 하는 개인적인 책임이 있다고 한다. 하나님 백성은 왕이신 여호와를 닮아가야 하기 때문이다.

셋째, 이스라엘이 사회적 정의와 공평을 추구하는 일에 있어서 사회 구조도 중요한 역할을 한다. 개인이 모여서 이루어지는 것이 사회다. 하나님 백성이 모여서 이렇게 살아야 한다고 제시된 지침이 바로 모세의 율법이다. 그러나 이런 율법이 사회에서 제도적으로 무시되면 어떻겠는가? 그 사회는 당연히 부패하게 된다. 한때 이스라엘 사회는 제도적으로 정의와 공평을 중요시 여기는 사회였다. 그러나 아모스 시대에 자리잡은 이스라엘 사회는 이제는 공동체적 공의와 정의를 지향하지 않았다. 이 같은 이스라엘의 사회적·경제적 구조는 전통적인 가치관에 위배된다. 이스라엘은 단순히 각자 개인의 이익만을 추구하는 사람들로 형성된 사회가 아니었다. 그들은 여호와의 신정통치를 인정하고 지향하는 특별히 선별된 백성이었다. 하나님은 모세를 통하여 이미 오래 전에 이 공동체에게 삶에 대한 지침을 주셨다. 그러나 이런 지침이 아모스 시대에 와서 완전히 무너져 내리고 있다. 이러한 사회적 현상은 이스라엘이 스스로 선민의 정체성을 부인하는 행위이다. 그러므로 선지자는 옛날 가치관, 즉 여호와가 주셨던 가치관으로 돌아가자고 호소한다. 아모스는 "과거로 돌아가자"고 외치고 있는 것이다.

(5) 여호와의 날

성경에서 가장 먼저 '여호와의 날'(יוֹם יְהוָה)이라는 용어를 사용하는 책이 아모스서다(5:18–20). 아모스가 이 개념을 최초로 제시하지 않았지만(von Rad), 선지자는 당시 유행하고 있던 여호와의 날에 대한 이해를 획기적으로 조정하고 있다(B. Smith). 당시 사람은 여호와의 날이 이스라엘을 위해 무조건 좋은 날로만 생각했다. 그날이 되면 이스라엘은 하나님의 선민이라는 한 가지 이유만으로 많은 위로와 보상을 받을 것으로 생각했다. 아모스는 이런 사람의 기대가 잘못되었으니 당장 바꾸라고 한다. 이스라엘은 여호와의 날이 빛의 날이라며 그날을 학수고대했지만, 아모스는 그날은 오히려 어두움의 날, 심판의 날일 뿐만 아니라 그 누구도 피할 수 없는 무서운 날이므로 기대할 것이 아니라 두려워해야 한다고 한다.

원래 하나님 백성에게 여호와의 날은 좋은 날이다. 하나님의 위로와 보상이 있는 날이기 때문이다. 그러나 사람이 정의롭고 신실하게 살 때만 이런 축복을 기대할 수 있는 것이지, 하나님 백성이라도 하나님 뜻대로 살지 않으면 상이 아닌 벌을 받는 날이 여호와의 날이다. 그러므로 아모스는 선민 우월주의적 사상에 빠져 있는 이스라엘에게 정신 차리라는 메시지를 선포한다. 다행인 것은 심판과 징계만이 그날의 전부는 아니라는 것이다. 하나님을 경외하고 사랑하는 자에게 여호와의 날은 회복과 풍요와 평안의 날이기도 하기 때문이다(9:11-15).

6. 개요

아모스서는 숫자 '7'을 중심으로 형성된 책이라 해도 과언이 아닐 정도로 숫자 7을 중심으로 한 텍스트를 많이 담고 있다. 한 학자는 최소한 11개의 7을 중심으로 한 섹션을 구분해 냈다. 다음 도표를 참조하라(Limburg).

내용	본문
이스라엘의 이웃 7나라에 대한 심판 선언	1:3–2:5
이스라엘의 죄를 설명하는 7개의 문구	2:6–8
심판을 피할 수 없다는 점을 강조하는 7개의 문구	2:14–16
수사학적인 질문 7개	3:3–6
냉소적인 권면에서 사용된 7개의 명령문	4:4–5
하나님의 심판을 설명하는 7개의 1인칭 동사	4:6–13
여호와의 위대한 사역을 찬양하는 7개의 동사	5:8–9
이스라엘의 형식적인 예식 행위 7가지	5:21–23
부자의 죄를 비난하는 7개의 동사	6:4–6
부자가 하는 짓 7가지	8:4–8
여호와의 심판을 설명하는 7개의 1인칭 동사	9:1–4

여기에 다음 내용을 추가할 수 있다(Andersen & Freedman).

하나님의 심판을 피하지 못하는 7종류의 군인	2:14–16
다가오는 심판을 경고하는 7개의 문구	3:14–15

7가지 재앙	4:6-11
재앙 신탁에 사용된 7개의 분사	6:1-11
7번 등장하는 이름 '이스라엘'	7:9-17
7개의 '만일…거기에서'(אִם מִשָּׁם) 문구	9:2a-4a

이처럼 선지자는 숫자 '7'을 매우 광범위하게 사용하여 메시지를 구성하고 있다. 선지자의 '7'에 대한 집착과 책에서 '들으라!'는 명령문이 3:1, 13; 4:1; 5:1; 8:4에 등장하면서 책을 섹션으로 구분한다는 점에 착안하여 '신적 선포 양식'(divine speech formulas)을 근거로 책을 7 파트로 나눈다. 1:1-2; 1:3-2:16; 3:1-15; 4:1-13; 5:1-6:14; 7:1-8:3; 8:4-9:15(Limburg). 다른 학자 중에는 책을 5-9파트로 구분하는 사람도 있다(Simundson; Gowan). 그러나 9장으로 구성된 책을 지나치게 세분화시킨다는 지적이 있다. 심지어 한 주석가는 1:1-2를 제외한 나머지 부분(1:3-9:15)을 네 파트로 구성된 한 섹션으로 취급한다(Sweeney). 그러나 이러한 접근 방식도 6장에서 7장으로 넘어가면서 보이는 현저한 차이를 무시하는 경향이 있기에 크게 설득력이 있다고 생각되지는 않는다.

대부분은 아모스서를 2-3섹션으로 구분하는 단순한 모형을 선호한다. 아모스서를 (1) 메시지(1-6장)와 (2) 환상(7-9장) 등 두 섹션으로 구분(B. Smith)하기도 하지만, 상당수는 (1) 열방에 대한 심판 선언(1-2장), (2) 메시지(3-6장), (3) 환상(7-9장) 등 세 섹션으로 구분한다(Niehaus, G. Smith, Hasel, Jeremias). 전자는 1-6장을 하나로 묶는 반면 후자는 이 부분을 1-2장과 3-6장으로 구분하는 차이를 보일 뿐 책의 주요 구분점을 7장으로 인식하는 공통점을 지녔다. 아모스서를 세 섹션과 끝맺는 말(epilogue)로 보는 견해도 있다. (1) 재앙의 책(1-4장), (2) 비난의 책(4-6장), (3) 환상의 책(7:1-9:6), + 끝말(9:7-15)(Andersen & Freedman). 그러나 책을 1-2장, 3-6장, 7-9장 등 세 파트로 분류하는 것이 제일 많은 지지를 받고 있다. 실제로 열방에 대한 심판 선언(1-2장)을 이스라엘을 향해 선포한 메시지(3-6장)에서 구분하여 따로 취하는 것은 합리적이라 생각된다. 본 주석에서는 다음과 같은 구조를 바탕으로 본문을 주해해 나가고자 한다.

I. 표제와 총론(1:1-2)

II. 이스라엘과 이웃 나라에 대한 심판(1:3-2:16)
   A. 열방에 대한 심판(1:3-2:3)
   B. 유다와 이스라엘에 대한 심판(2:4-16)

III. 경고와 심판(3:1-6:14)
   A. 이스라엘에 임할 심판(3:1-4:3)
   B. 오염된 예배와 깨닫지 못하는 백성(4:4-13)
   C. 죽은 나라 이스라엘에 대한 애가(5:1-17)
   D. 심판 선언(5:18-6:14)

IV. 종말에 대한 환상과 권면(7:1-9:15)
   A. 철회된 심판(7:1-6)
   B. 철회되지 않은 심판(7:7-9:10)
   C. 회복된 이스라엘의 축복된 미래(9:11-15)

엑스포지멘터리

선지서 개론

오바댜

EXPOSItory comMENTARY

오바댜

네가 독수리처럼 높이 오르며
별 사이에 깃들일지라도
내가 거기서 너를 끌어내리리라
나 여호와가 말하였느니라
(1:4)

네 형제의 날, 그가 재앙을 받던 날에,
너는 방관하지 않았어야 했다.
유다 자손이 몰락하던 그날,
너는 그들을 보면서 기뻐하지 않았어야 했다.
그가 고난받던 그날,
너는 입을 크게 벌리고 웃지 않았어야 했다.
(1:12, 새번역)

오바댜서는 구약에서 가장 짧은 책으로 고작 21절로 구성되어 있다. 그러나 오바댜서가 안고 있는 해석적 이슈는 책의 분량에 어울리지 않게 크다는 것이 일반적인 견해다. 한 학자는 1948년 자신의 저서에서 "오바댜서는 책의 짧음에 걸맞지 않게 많은 문제를 안고 있으며, 이 문제들은 모두 쉽게 해결될 것이 아니다"라고 선언했다(Vriezen, cf. Forher). 제롬(Jerome)도 이미 오래전에 오바댜서에 대해 비슷한 말을 남겼다. "오바댜서의 어려움은 책의 길이에 반비례한다"(*quanto brevis est, tanto difficilis,* its difficulty is in inverse proportion to its length)(cf. Mason). 최근에 출판된 오바댜서 주석도 이러한 정서를 반영하는 듯하다. 1996년에 Anchor Bible 주석 시리즈에 출판된 라아비(Raabe)의 오바댜서 주석은 310쪽에 달하며, 같은 해에 출판된 벤즈비(Ben Zvi)의 오바댜서 모노그래프는 309쪽에 달한다!

오바댜서가 이처럼 무한한 도전을 주는 이유는 크게 두 가지다. 첫째, 오바댜서는 어느 시대, 어떤 사건을 역사적 배경으로 삼고 있는지 확실하지 않다. 물론 비평학적 시각에서 이 책을 연구하는 사람은 오바댜서가 짧은 책이지만 한 사람의 작품이 아니라 오랜 세월이 지나면서 여러 편집자에 의해 내용이 추가되기도 하고 편집되기도 했다고 주장한다. 반면에 책 전체를 한 사람의 작품으로 취급하는 학자들 사이에도 이 책의 역사적 배경에 대해서는 의견이 분분하다. 둘째, 오바댜서는 규모에 걸맞지 않게 많은 신학적 주제를 제시하고 있다. 한 학자는 이 이슈에 대해 이렇게 말한다. "이 짧은 책은 여러 선지자적인 주제–이스라엘의 원수에 대한 여호와의 심판, 여호와의 날, 이는 이 눈은 눈으로 갚아주는 표준화된 심판의 원리(*lex talionis*), 분노의 컵 비유, 시온 사상/신학, 이스라엘의 영토 소유, 여호와의 왕권–을 매우 간결하면서도 명확하게 논한다"(Raabe).

1. 선지자

'오바댜'(עֹבַדְיָה)는 '오밧야후'(עֹבַדְיָהוּ)를 줄인 이름이며 '여호와의 종/여호와를 섬기는 자'라는 뜻을 지녔다(Pagán). 오바댜는 이 책을 제작한 저자의 이름이라는 것이 전통적인 견해이지만, 오바댜가 여호와 종교와 연관해서 특정한 사역을 하는 지위의 호칭일 수 있다고 생각하는 주석가도 있다(Baker). 성경에는 이 이름을 가진 사람이 12명이나 된다(왕상 18:4; 대상 3:21; 7:3; 8:38; 9:44; 9:16; 12:9; 27:19; 대하 17:7; 34:12; 스 8:9; 느 12:25). 이들 중 상당수가 제사장이었으며, 선지자로 사역한 사람은 없었던 것으로 생각된다. 일부 학자들은 오바댜서의 저자가 엘리야 시대에 이세벨의 손에서 100명의 여호와 종교 선지자를 동굴에 숨기고 보살폈던 아합의 부하라고 주장한다(Keil, Niehaus). 이 견해는 바빌론 탈무드(Sanhedrin 39b)에서 시작된다. 그러나 선지자 오바댜를 엘리야와 연관시키고자 하는 의도에서 비롯된 것이며, 이렇다 할 결론을 내리기에는 증거가 너무 부족하다. 우리는 이 선지서를 저작한 사람이 누구였는지 확실히 알 수 없다. 그는 자신의 모습을 드러내지 않는 그림자 같은 사람이기 때문이다(Baker).

우리는 다만 선지자의 이름이 오바댜였고, 그는 여호와를 매우 경외했던 사람이며, 하나님이 머지않아 에돔에 벌을 내리실 것을 선포했다는 사실을 알고 있을 뿐이다. 선지자가 자신을 단순히 '오바댜'로 소개하는 것으로 보아 선지자의 청중에게는 추가 설명이 필요 없을 정도로 잘 알려진 것으로 추정된다. 오바댜는 예루살렘 성전에서 행해지는 종교 예식에 대해 어느 정도 익숙했던 것으로 보이며, 선지서에서 흔히 발견되는 열방에 대한 심판 선언 양식을 잘 알고 있었다. 특별히 에돔에 대한 심판 선언에 대해 깊은 관심과 이해를 지닌 선지자였다. 오바댜도 아모스처럼 전문적인 선지자는 아니었는데, 특별하고 한정된 기간 동안의 사역을 위해 하나님의 부르심을 받은 것으로 생각된다(Pagán).

2. 역사적 정황

에돔은 사해의 남쪽에 위치한 남북으로 120㎞, 동서로 20㎞에 달하는 조그만 나라였다(Pagán). 에돔은 대체로 붉은 색을 띠는 산과 바위로 이루어져 있었기에 나라의 이름이 히브리어로 붉은 색을 뜻하는 '에돔'으로 불렸을 가능성이 있다(Armerding). 에돔은 동쪽과 남쪽으로는 사막에 접해 있고, 서쪽으로는 사해에서 아카바만(Gulf of Aqaba)까지 이르는 산악 지대를 접하는 위치에 있었다. 북쪽으로는 세렛(Zered) 강이 에돔과 모압의 영토를 구분하는 자연적인 경계선이 되었다. 에돔은 야곱의 쌍둥이 형 에서에서 비롯된 족속이며, 쌍둥이 형제는 태어나기 전부터 어머니의 뱃속에서 갈등을 빚었다(창 25장). 에서는 야곱이 20년 만에 라반의 집에서 돌아올 때 이미 에돔 지역에 정착하여 살고 있었다(창 36장).

책의 역사적 배경은 당연히 저자의 시대와 연관되어 있다. 그러나 이미 언급했듯이 오바댜서의 경우 저자가 어느 시대에 살았던 사람이며, 이 책이 어떤 역사적 사건과 시대를 배경으로 하고 있는지를 가늠하는 것이 거의 불가능하다. 선지자가 자신이 사역하던 시대에 군림했던 왕의 이름이나(사 1:1; 렘 1:2-3; 호 1:1), 괄목할 만한 사건(암 1:1)을 전혀 제공하지 않기 때문이다. 고고학 자료에 의하면 에돔은 주전 13세기 이전에 이미 안정된 나라로 자리매김을 했고(Armerding), 성경의 출애굽 이야기에서도 그들을 언급한다(민 21:4, 12; 신 2:12-13). 한 가지 확실한 것은 에돔이 유다에 엄청난 피해를 입힌 사건이 이 책에서 선포되는 메시지의 배경이 되고 있다는 점이다. 그렇다면 에돔이 이스라엘/유다의 역사에 개입한 때가 언제였는가? 한 학자는 구약 시대에 유다와 에돔이 갈등을 빚은 일이 6차례 있었다고 한다. (1) 다윗의 아들 압살롬의 반역, (2) 르호보암 왕 때 있었던 이집트의 바로 시삭(Shishak)의 침략, (3) 여호람 왕 시대 때 있었던 블레셋-아랍 연합군 침략, (4)

북 왕국 이스라엘의 침략, (5) 느부갓네살의 597년 침략, (6) 느부갓네살의 586년 침략이다(Cresson). 여기에 아하스 왕 시대 때 있었던 에돔의 침략(대하 28:16-18)을 더할 수 있다. 이렇다 보니 오바댜서 저작 연대에 대한 추측도 매우 다양하다. 오바댜서가 주전 9세기 후반에 저작된 것이라는 견해(Keil, Orelli, Young, Kaiser, Niehaus, cf. Harrison)에서 시작하여, 예루살렘이 함락된 직후인 바빌론 포로생활의 초기 시대라는 주장(Barton, Smith, Rudolph, Stuart, Baker)도 있고, 포로 이후 시대(6세기 말이나 5세기 초반)라는 추측도 있다(Wellhausen, Pfeiffer, Allen, Pagán, cf. Harrison).

한 학자는 오바댜 선지자가 에돔을 비난하는 것은 이스라엘을 대적하는 모든 원수의 상징으로 사용한 것이지 실제로 에돔이 유다에게 치명타를 입혀서는 아니라고 주장한다(Bartlett). 구약을 아무리 살펴보아도 에돔이 유다에게 심각한 해를 가한 적이 없으며 고고학적인 자료를 분석해 보아도 에돔이 유다를 침략한 흔적이 없다고 결론지었다. 그러므로 오바댜의 에돔에 대한 비난은 이미 일어난 침략과 배반에 관한 것이 아니라 앞으로 있을 수도 있는(possible) 침략을 상상하며 선포한 것이라고 한다. 책의 모든 내용이 오바댜라는 시인의 상상력에서 비롯된 작품이라는 것이다. 벤즈비(Ben Zvi)도 이러한 견해를 전적으로 수용한다. 에돔은 언급될 때마다 유다 사람의 마음을 뒤집어놓기에 충분한 '기호 단어'(code word)라는 것이다. 마치 '일본' 하면 일부 한국 사람의 속이 뒤집어지는 것처럼 말이다. 이 관점과 비슷한 측면에서 한 학자는 오바댜서가 전적으로 비(非)역사적(ahistorical)이며, 정기적으로 이스라엘이 성전에 모여 적을 저주하기 위해 낭독할 목적으로 제작된 예배식(liturgy)이라고 주장한다(Bič). 그러나 만일 발트렛(Bartlett)이 주장하는 것처럼 에돔이 한 번도 유다에게 심각한 피해를 입힌 적이 없었다면, 에돔이 유다 사람의 감정을 자극하는 기호 단어가 되었다는 사실을 납득하기가 어렵다(Glazier-McDonald, Barton). 에돔이 언젠가 유다에게 실제적 피해, 그것도 매우 큰 피해를 입혔기에 이런 위치를 차지하게 된 것이라고 생각된다.

만일 우리가 성경에 언급된 내용만으로 평가를 내린다면 위와 같은 다양한 가능성 중에서 예루살렘이 함락된 직후에 선포된 메시지로 보는 것이 가장 설득력 있어 보인다. 바빌론 군에 의해 예루살렘이 함락되던 주전 586년에 에돔도 정복자 사이에 있었다(시 137; cf. 사 34:5-17; 63:16; 렘 49:7-22; 겔 25:12-14; 35:2-15; 말 1:2-5; 애 4:21-22). 예루살렘을 공격하던 바빌론 군의 앞잡이가 되었기 때문이다. 예레미야서에 의하면 바빌론의 지배 아래 있던 가나안의 국가들이 시드기야 즉위 4년째 되던 해(594 BC)에 예루살렘에 모여 종주국 바빌론의 손아귀에서 벗어나는 묘안을 논의했는데, 이 모임에 에돔도 참석했다(렘 27장).

그렇다면 불과 몇 년 사이에 에돔이 어떻게 유다의 아군에서 적군의 앞잡이로 변하게 되었을까? 예나 지금이나 "오늘의 아군이 내일의 적이 될 수 있다"는 정치적 처세술을 생각하면 해답을 찾는 일이 어렵지 않다. 바로 몇 년 전에 유다와 반역을 논하던 에돔으로서는 바빌론 사람의 진노를 피하고 생존하기 위해 선택의 여지가 없었다. 바빌론의 예루살렘 원정에 적극적으로 동참해야만 살아남을 수 있었다. 그러므로 에돔은 오늘의 평안을 위해 옛 우정과 신의를 저버렸던 것이다. 오바댜 선지자는 에돔에 대해 바로 이 부분을 문제 삼는다(7절).

유다의 최후를 회고하고 있는 예레미야서에서 오바댜서와 흡사한 내용을 발견한다. 예레미야 49:7-22, 특히 7, 9, 14-16은 오바댜 1-7과 평행을 이루고 있다(Raabe, Ben Zvi). 오바댜가 예레미야서를 인용했다는 견해(Dicou, Sweeney)가 있는가 하면, 예레미야가 오바댜서를 인용하고 있다는 주장도 있다(Peckham). 아예 두 선지자가 동일한 출처를 개별적으로 인용하고 있다는 제3의 입장을 고수하는 사람도 있다(Ben Zvi, Barton). 역사적 정황을 그리는 데 있어서 누가 누구를 인용하고 있는가는 중요하지 않다. 확실한 것은 두 선지서가 같은 시대, 같은 사건을 반영하다 보니 생긴 현상이다. 또한 예루살렘이 함락되기 직전에 시드기야는 야밤에 성을 탈출하여 아라바 쪽으로 가다가 바빌론 군에게 체포되었다(왕하 25:4-5; 렘 39:4-5). 아라바가 에돔과 유다의 경계선 지역이라는 점을 감안하여 에돔이 시드기야의 탈출을 돕지 않았거나 일부러 방해한 것으로 추정한다(Sweeney). 시드기야가 바빌론 군에 체포된 일에 에돔이 일조했을 가능성이 있다는 것이다.

오바다서의 저작 연대를 그 시점으로 가늠하는 또 한 가지 중요한 단서는 선지자가 책에서 에돔의 멸망을 미래에 있을 일로 예언하고 있다는 점이다. 한때 유다와 함께 반역을 꿈꾸었던 에돔은 바빌론 사람과 화평하기 위해 주전 586년에 있었던 바빌론 군의 예루살렘 공략에 앞장섰다. 그러나 이러한 노력에도 에돔은 주전 553년에 바빌론 왕 느부갓네살에 의해 멸망했다(Raabe). 이후에도 에돔이라는 이름이 유지되며 신약시대에 와서는 이두미아로 알려졌지만, 단지 지역의 이름일 뿐, 에돔 족속은 느부갓네살의 손에 멸망한 이후 다시는 힘을 발휘하지 못하는 민족이 되었다. 이런 내용을 종합해 볼 때, 예루살렘이 바빌론 손에 멸망하게 된 주전 586년 사건 이후, 그러나 에돔이 멸망하게 된 553년 이전이 오바다서의 저작 연대로 가장 설득력 있어 보인다(Baker, Armerding, cf. Barton).

3. 다른 책과의 관계

선지서 중 상당수가 열방에 대한 심판 선언(Oracles Against Nations=OAN)을 담고 있다. 선지서의 OAN에 에돔은 단골 국가로 등장한다. 이사야 21:11-12, 예레미야 49:7-33, 에스겔 25:12-14, 아모스 1:11-12, 말라기 1:2-5 등이 모두 에돔을 비난한다. 비록 짧은 책이지만, 오바다서는 한 걸음 더 나아가 책 전체가 에돔에 대한 심판 선언으로 구성되어 있다. 실제로 오바다 1:1-4는 예레미야 49:14-16과 내용뿐만 아니라 사용하는 동사도 비슷하다. 더 나아가 오바다 1:5-6은 예레미야

49:9-10과 매우 비슷하다(Allen). 그러므로 예레미야서가 오바댜서를 혹은 오바댜서가 예레미야서를 인용하고 있다고 한다(Raabe). 반면에 두 책이 공통적으로 인용하고 있는 제3의 출처를 주장하는 사람도 있다(Stuart, Ben Zvi, Barton). 사용하는 언어와 이미지에 있어서 오바댜서가 요엘서와도 밀접한 관계가 있다고 생각하는 학자도 있다(Pagán).

선지서 중에 이스라엘이 아니라 이방 나라가 중심 주제가 되는 책들이 있다. 요나와 나훔은 아시리아를 상대로 사역하고 신탁을 선포한 선지자이다. 오뱌댜의 관심이 오직 에돔이라는 점에서 이 선지서와 공통점을 지니고 있다. 그러나 오바댜서와 다른 책과의 표면적인 연관성보다는 좀 더 유기적인 관계를 생각해보자.

오바댜서는 다른 소선지서와 상당히 밀접한 관계를 유지하고 있다. 수년 전만 해도 소선지서로 알려진 12권의 책이 우연히 혹은 특별한 의도 없이 임의로 그 순서가 정해졌다는 생각이 학계를 주도했다. 물론 아직도 12소선지서는 우연히 묶인 것이며 어떠한 편집적인 의도를 논하기에는 증거가 불충분하다고 주장하는 사람도 있다(Ben Zvi, Barton). 그들이 제시하는 증거 중 가장 중요한 것은 12권의 순서가 고대 시대에 확고히 고정된 것이 아니라는 점이다. 벤즈비(Ben Zvi)는 고대 문헌에서 네 가지의 서로 다른 소선지서 순서를 발견했다. (1) 오늘날 모든 성경이 따르는 마소라 사본 방식, (2) 칠십인역(LXX) 방식-오바댜서가 호세아서, 아모스서, 미가서, 요엘서 뒤에 옴, (3) 위경 중 이사야의 승천기(*The Ascension of Isaiah*)에 암시된 순서-오바댜서가 7번째의 책으로 등장하며 요나서와 하박국서 사이에 옴, (4) 위경 중 선지자의 일대기(*The Lives of the Prophets*)의 순서-호세아서, 미가서, 아모스서, 요엘서 다음에 오바댜서가 등장함. 소선지서가 특별한 목적 없이 순서가 정해진 것이라고 주장하는 사람도 한 가지는 동의한다. 앞부분에 나오는 책들은 대체로 포로시대 이전에 저작된 것이며, 마지막 부분에 등장하는 책들은 포로시대 이후의 작품이며, 저작 연대를 추정하기 어려운 책들은 상당히 유동성을 지니고 이곳저곳에 등장한다는 점이다(Barton).

그러나 최근 들어, 특히 지난 20여 년 동안 이 책들이 이러한 순서를 지니게 된 것은 우연이 아니며 편집자(들)에 의해 소선지서 12권의 전체 통일성과 메시지를 구상하기 위해 의도적으로 된 일이라는 주장이 많은 설득력을 얻고 있다. 이 분야에서 특별히 많은 연구를 하고 있는 학자는 노갈스키(Nogalski), 하우스(House), 코긴스(Coggins), 스위니(Sweeney) 등이 있다. 이 중 하우스(House)는 12소선지서가 이스라엘의 불행으로 시작했다가 이스라엘의 구원으로 끝나는 구조를 지닌 것이 마치 코미디(comedy, 처음에는 불행이나 재해로 시작했다가 끝에 가서는 행복하게 되는 유형을 지닌 희극 장르를 뜻함)와 같다고 한다. 하우스의 주장에 동의하든 하지 않든, 각 소선지서가 12권의 책 가운데서 어떤 역할을 하고 있는가를 논하는 것은 어느덧 학계의 필수적인 연구 과제가 되었다. 이 섹션에서는 먼저 마소라 사본의 순서에 따른 오바댜서의 역할, 그다음 칠십인역(LXX) 순서에서 오바댜서가 기여하는 바를 살펴보고자 한다.

마소라 사본의 순서에 의하면 오바댜서는 주전 8세기 작품이라 할 수 있는 아모스서와 요나서 사이에 끼어 있다. 이러한 이유에 근거하여 오바댜서의 저작 시기를 주전 8세기로 본다(Raabe). 반면에 오바댜서의 저작 시기와 연관시키지 않고 마소라 사본의 순서를 설명하기도 한다. 먼저 오바댜서 바로 앞에 등장하는 아모스서와의 관계를 생각해보자. 이스라엘이 에돔 땅을 차지하게 될 것이라는 아모스 9:11-15와 오바댜서는 깊은 관계를 지니고 있다. 특히 오바댜서는 아모스 9:12에 대한 '매우 결정적인 주석'이라고 평가하기도 한다(Allen, cf. Smith, Sweeney).

오바댜서는 뒤에 등장하는 요나서와는 어떤 연관성을 유지하고 있는가? 두 책 모두 이스라엘을 괴롭혔던 이방 나라를 상대로 하나님 말씀을 선포한다는 공통점을 지녔다. 오바댜서는 열방에 대한 하나님의 분노를 적나라하게 표현하며 여호와의 날에 임할 심판을 극대화한다. 오바댜서를 읽다 보면 하나님은 마치 이스라엘만 사랑하고 열방은 모두 미워하는 분으로 생각될 수 있다. 하나님에 대한 이 같은 오해를 상당히 보완하고 분위기를 완화시키는 책이 요나서다(Sweeney). 요나서는 하나님이 열방을 무조건 미워하는 것은 아니며, 오히려 이스라엘을 가장 심하게 괴롭혔던 아시리아에게도 긍휼을 베푸시는 분이심을 강조한다. 그러므로 오바댜서를 읽고 하나님에 대한 이해에 있어서 한쪽으로 치우칠 수 있는 독자의 마음에 바람직한 균형을 잡아주는 책이 요나서다.

칠십인역(LXX)의 소선지서 순서는 이렇게 풀이된다. 맨 처음 등장하는 호세아서, 아모스서와 미가서는 머지않아 북 왕국 이스라엘에 임할 여호와의 심판을 먼 훗날 남 왕국 유다와 예루살렘에 임할 하나님의 심판을 모델로 삼는다(Sweeney). 그다음에 등장하는 요엘서는 여호와의 열방에 대한 심판이 있기 전에 예루살렘이 위협받을 것이라 한다. 그러나 침략자가 누구인지는 밝히지 않은 채 매우 평이한 언어로 이런 사실을 예언한다(Bergler). 요엘서의 뒤를 잇는 오바댜서는 요엘서의 예언을 구체화하여 에돔을 통해 예루살렘에 심판이 임할 것이라 한다. 오바댜서는 또한 포로가 되어 타국으로 끌려간 주의 백성이 언젠가는 예루살렘과 유다로 돌아와 에돔의 행위에 보복할 것을 노래한다. 이후 칠십인역도 마소라 사본의 순서처럼 요나서가 오바댜서를 뒤따르면서 아시리아와 같은 나라도 여호와의 긍휼을 경험할 수 있다는 점을 강조한다. 오바댜서에 묘사된 에돔에 대한 여호와의 분노가 무조건적이고 절대적인 것은 아니며, 에돔과 이스라엘의 좋지 않은 관계를 역사적인 배경으로 삼아 균형 있게 이해되도록 한다.

오바댜서는 요엘서와도 밀접한 관계를 유지하고 있다. 요엘 3:2와 3:14의 "내가 온 열방을 모으리라…여호와의 날이 가까웠도다"라는 말씀이 오바댜 1:15의 "여호와의 날이 모든 나라에 가까웠도다"와 매우 유사하다. 또한 요엘 3:19는 에돔을 여호와의 분노의 대상으로 언급하는데, 오바댜서는 이 주제를 한층 더 발전시켜 책 전체를 에돔에 임할 하나님의 심판을 예언한다. 그러므로 "오바댜 1:1-14은 요엘 3:19에 대한 주석 같고, 오바댜 1:15-21은 아모스 9:12에 대한 주석 같다"고 평가한다(Wolff). 심지어 오바댜서는 요엘서와 비슷한 메시지를 전할 뿐 아니라 같은 구조를 지닌 요엘서의 축소판이라고 생각하기도 한다(Barton).

4. 신학과 메시지

오바댜서의 메시지를 제대로 이해하려면 세상에 태어나기 전부터 시작되었던 야곱과 에서의 경쟁 관계를 염두에 두어야 한다(창 25장). 오랜 세월 동안 임신하지 못했던 리브가가 아이를 가졌지만 이해되지 않는 부분이 있어서 하나님께 기도할 때, 하나님은 다음과 같이 말씀하셨다. "두 민족이 너의 태 안에 들어 있다. 너의 태 안에서 두 백성이 나뉠 것이다. 한 백성이 다른 백성보다 강할 것이다. 형이 동생을 섬길 것이다"(창 25:23; 새번역).

하나님의 말씀은 에서가 팥죽 한 그릇 때문에 야곱에게 장자권을 팔아 넘긴 일을 통해 성취되기 시작했다. 야곱이 속임수를 써서 아버지 이삭으로부터 에서에게 가야 할 장자의 축복을 가로챈 다음, 이삭은 에서의 자손에 대해 다음과 같은 '축복'(?)을 빌어줄 수밖에 없었다. "네가 살 곳은 땅이 기름지지 않고, 하늘에서 이슬도 내리지 않는 곳이다. 너는 칼을 의지하고 살 것이며, 너의 아우를 섬길 것이다. 그러나 애써 힘을 기르면, 너는, 그가 네 목에 씌운 멍에를 부술 것이다"(창 27:39-40, 새번역).

비록 에서의 후손인 에돔이 이삭의 축복을 받지는 못했지만, 여호와께서는 에서의 후손에게 신실하셨다. 신명기 2:12는 에서의 후손이 세일에 거하던 호리 사람을 몰아내고 그 땅을 차지한 것으로 기록하고 있지만, 잠시 뒤에는 실제로는 여호와께서 에돔의 원수를 멸하시고 그 땅을 주신 것이라고 회고한다(신 2:21-22). 에돔에 대한 여호와의 배려는 이스라엘에게 에돔의 땅을 차지하지 말라고 금하는 말씀에서도 엿볼 수 있다. "그때에 주께서 나에게 말씀하시기를 '너는 이 백성을 데리고 오랫동안 이 산 부근에서 떠돌았으니, 이제는 방향을 바꾸어서 북쪽으로 가거라' 하셨다. 또 백성에게 지시하라고 하시면서 말씀하시기를 '너희가 세일에 사는 에서의 자손, 곧 너희 친족의 땅 경계를 지나갈 때에는, 그들이 너희를 두려워할 터이니, 매우 조심하여라. 그들의 땅은 한 치도 너희에게 주지 않았으니, 그들과 다투지 말아라. 세일 산은 내가 에서에게 유산으로 주었다. 먹을거리가 필요하면 그들에게 돈을 주고 사서 먹어야 하고, 물이 필요하면 돈을 주고 사서 마셔야 한다'라고 하셨다"(신 2:2-6, 새번역). 물론 에돔에 대한 여호와의 특별한 배려는 이스라엘 백성이 자신의 영토를 지나가는 것을 허락하지 않았을 뿐만 아니라 오히려 큰 군대를 일으켜 싸우러 나왔을 때 효력을 잃었다(민 20:20-21).

세월이 지나면서 이스라엘은 에돔을 통치하게 되었다. 그러나 에돔은 이스라엘의 통치에 반기를 들었다(왕하 8:20-22; 대하 21:8-10). 그들이 이스라엘의 통치권에서 벗어난 것은 "그러나 애써 힘을 기르면, 너[에돔]는, 그[이스라엘]가 네 목에 씌운 멍에를 부술 것이다"(창 27:40)라는 예언의 성취였다. 이런 갈등에도 이스라엘과 에돔은 형제 국가였다. 그들은 형제애로 하나가 되어야 하는 이웃이었다. 그런데 에돔은 유다가 이방인의 손에 당하는 것을 방관했을 뿐만 아니라 오히려 앞장서서 적을 도왔다. 유다는 당연히 형제로부터 배신당한 느낌이었고, 이런 정황이 바로 오바댜서의 배경이 되고 있다.

오바댜서는 위와 같은 배경을 바탕으로 읽지 않으면 사랑하기 힘든 책이다(Barton). 표면적으로 볼 때는 외국인/이방인에 대한 강렬한 미움 외에는 다르게 보이는 것이 없다. "만일 우리가 오바댜서를 높은 이상으로 평가한다면, 우리는 원시적/원초적인 미움을 발견할 뿐이다"(Wolff). 그러나 에돔을 포함한 열방에 대한 하나님의 극렬한 미움을 유일신주의를 지향했던 이스라엘의 종교적 배경에서 해석한다면 크게 문제될 것이 없다는 것이 일반적인 평가이다(Barton).

여호와께서 이스라엘을 특별히 선택하여 자신의 백성으로 삼으셨다는 것이 유대교의 고백이었다. 그렇다면 하나님이 자신의 백성을 괴롭히는 자를 벌하고 심판하시는 것은 당연한 일이다. 오히려 선택받은 백성의 고통과 신음에 침묵하시는 것이 문제가 될 수 있다. 또한 성경은 여호와께서 온 세상을 통치하신다는 사실을 누누이 선포한다. 그러므로 세상의 통치자가 백성을 위해 인류의 역사에 참견하고 백성이 당한 것에 대해 보복하는 것은 당연한 일이 아닐까! 즉, 열방에 대한 하나님의 심판은 여호와께서 온 세상을 다스리시는 것과 이스라엘의 하나님 되심을 입증하는 사건이다.

하나님이 이스라엘을 괴롭힌 열방을 심판하시는 방법은 어떠한가? 한마디로 '이는 이, 눈은 눈'으로 갚는 원칙(lex talionis)에 준한다(Armerding, cf. 출 21:23-24). 영어로는 이런 현상을 '문학적 정의'(poetic justice)라 하며 오바댜 1:15b에 잘 표현되어 있다. "네가 한 대로 당할 것이다. 네가 준 것을 네가 도로 받을 것이다." 신약에서 예수님은 이런 원리를 긍정적으로 변화시켜 황금률(golden rule)로 우리에게 주셨다. "남에게 대접을 받고자 하는 대로 너희도 남을 대접하라"(눅 6:31). 그러므로 오바댜서는 박해받는 자와 박해하는 자, 배반당한 자와 배반한 자에게 매우 중요한 메시지를 전하고 있다. 또한 국가적 위기를 체험하고 있는 애꿎은 사람(innocent bystanders)과 위기를 이겨낸 사람에게 강력한 메시지를 선포하고 있다(Limburg).

오바댜서의 '이는 이, 눈은 눈' 원칙은 각 나라가 서로를 존중하여 에돔이 유다를 박대한 것처럼 해서는 안 된다는 원리를 제시하는 것으로 이해될 수 있다. 그러나 선지자는 여기서 각 나라 간의 일반 정치 원리를 논하는 것이 아니다. 오바댜의 메시지는 에돔과 유다의 독특한 '혈육관계'(blood tie)에서 해석해야 한다(Cresson, Barton). 또한 '시온 신학'(Zion

Theology)도 메시지에 적절한 배경을 그려주고 있다(Raabe, Ben Zvi). 시온은 하나님이 거하시며 자신의 이름을 두기 위해 선택하신 특별한 곳이다. 그런데 이 시온이 침략을 받았다. 그것도 다름 아닌 이스라엘의 형제 국가로부터! 예루살렘을 정복한 열방은 시온을 나누어 가지려고 제비를 뽑았다(11절). 예루살렘이 하나님께, 이스라엘 백성에게 어떤 의미를 가진 곳인가를 생각할 때, 결코 용서할 수 없는 일이다(Barton).

5. 개요

대부분은 오바댜서가 다음과 같이 두 섹션으로 나누어지는 것에 동의한다. (1) 세월이 이미 너무 지난 시대를 살고 있는 우리는 알지 못하지만 선지자의 청중은 익히 알고 있었던 유다에 대한 에돔의 반역 행위에 대한 비난과 심판 선언(1-14절), (2) 열방에 대한 일반적인 심판과 유다의 회복에 대한 신탁(15-21절). 두 섹션은 또한 여호와께서 1-14에서 에돔을 징계하기 위해 열방을 들어 쓰셨는데, 15-18에서는 열방 자신이 하나님의 징계의 대상이 되고 있다는 연결성도 지닌다. 이외에도 여러 가지 이유로 오바댜서의 저작권과 저작 단계에 대해 각기 다른 입장이 있지만, 오바댜서를 통일성 있는 한 권의 책으로 취급하고 해석해야 한다는 이해가 더 지배적이다(Snyman, Raabe, Niehaus, Baker).

벨하우젠(Wellhausen)은 오래전에 15절을 구성하고 있는 문장의 순서가 바뀌었다는 견해를 내놓았다(Ben Zvi). "내가 모든 민족을 심판할 주의 날이 다가온다"(15a절)는 16절부터 시작되는 열방에 대한 심판 선언의 시작으로, "네가 한 대로 당할 것이다. 네가 준 것을 네가 도로 받을 것이다"(15b절)는 14절까지 선포된 에돔에 대한 비난을 결론으로 간주했던 것이다. 대부분은 벨하우젠의 주장을 수용한다(Raabe, Ben Zvi, Barton, Pagán). 히브리어의 문법과 이 구절 전후에 선포되는 메시지의 내용을 감안할 때, 설득력이 있다.

학자들이 제시하는 오바댜서의 구조는 매우 다양하다. 간단히 두 섹션으로 나누는가 하면(Young), 거의 20단계로 형성된 구조를 제시하기도 한다(Smith). 오바댜서가 '계약 파괴 소송'(Covenant Lawsuit) 양식을 취하고 있다고 생각하는 학자들은 이 장르에 걸맞은 대안을 제시하기도 한다(Niehaus, cf. Huffmon). 다음과 같은 대칭 구조도 매우 매력적으로 보인다(Snyman, Barton).[1]

A. 에돔의 파멸(1:2–9)
  B. 에돔의 유다에 대한 행위(1:10–14, 15b)
    C. 열방에 임할 여호와의 날(1:15a, 16–17)
  B′. 에돔과 유다의 여호와의 날(1:18)
A′. 유다의 회복과 구원(1:19–21)

책이 짧다 보니 섹션화하는 일이 큰 의미를 지니고 있지는 않다. 본 주석에서는 다음과 같은 구조를 바탕으로 본문을 주해하고자 한다.

I. 에돔을 멸하실 여호와의 계획(1:1–4)
II. 여호와께서 에돔 파괴를 약속함(1:5–10)
III. 에돔이 유다에게 저지른 잘못(1:11–14)
IV. 다가오는 여호와의 날(1:15–21)

---

1 오바댜서를 교차대구법적 구조로 접근하기는 하지만, 섹션을 나누는 일에 있어서 현저하게 다른 구조를 제시하는 경우도 있다. 한 주석가는 다음과 같은 구조를 제시한다(Pagán).

A. 하나님이 에돔을 겸손케 하실 것이다(1:1–4)
  B. 에돔은 아군에 의해 침략당하고 버림받을 것이다(1:5–7)
    C. 형제 자매의 죽음에 침묵한 죄로 에돔은 심판을 받을 것이다(1:8–11)
    C′. 에돔은 예루살렘이 함락할 때 유다의 멸망을 기뻐하지 말았어야 하며, 생존자들을 잡아다 적에게 넘기지 말았어야 했다(1:12–14)
  B′. 주의 백성은 시온 산에서 다스리기 위해 돌아올 것이다(1:15–18)
A′. 하나님이 주의 백성을 구원하실 것이다(1:19–21)

엑스포지멘터리

선지서 개론

요나

EXPOSItory comMENTARY

요나

7 왕과 그의 대신들이 조서를 내려 니느웨에 선포하여 이르되 사람이나 짐승이
나 소 떼나 양 떼나 아무것도 입에 대지 말지니 곧 먹지도 말 것이요 물도 마
시지 말 것이며 8 사람이든지 짐승이든지 다 굵은 베 옷을 입을 것이요 힘써
하나님께 부르짖을 것이며 각기 악한 길과 손으로 행한 강포에서 떠날 것이라
9 하나님이 뜻을 돌이키시고 그 진노를 그치사 우리가 멸망하지 않게 하시리라
그렇지 않을 줄을 누가 알겠느냐 한지라(3:7-9)

10 여호와께서 이르시되 네가 수고도 아니하였고 재배도 아니하였고 하룻밤에
났다가 하룻밤에 말라 버린 이 박넝쿨을 아꼈거든 11 하물며 이 큰 성읍 니느웨
에는 좌우를 분변하지 못하는 자가 십이만여 명이요 가축도 많이 있나니 내가
어찌 아끼지 아니하겠느냐 하시니라(4:10-11)

소선지서 중 잘 알려진 책에 속하면서도 동시에 가장 많은 논쟁을 불러일으킨 책 중 하나가 요나서다. 고작 48절로 구성되어 있는 짧은 책에 걸맞지 않는 명성이라 하겠다. 요나서가 왜 이러한 위치에 오르게 되었는가? 무엇보다도 책이 전하고자 하는 메시지보다는 책이 갖는 역

사성과 현실성에 초점을 맞추다 보니 일어나는 현상이다. 즉, 하나님이 요나서를 통해 무엇을 말씀하시고자 하는지가 관심 대상이 아니라, 요나서에 등장하는 물고기의 정체, 사람이 정말 물고기 뱃속에서 3일을 살 수 있는가, 요나서는 일종의 비유인가 아니면 실제로 있었던 일인가, 심지어는 박넝쿨을 해치운 벌레는 어떤 것일까 등등이 해석의 초점이 되었기 때문이다.

불행하게도 요나서의 이야기 전개에서 별로 중요하지 않은 사소한 것이 연구 주제로 부각되다 보니 진정한 책의 메시지는 뒷전으로 밀려나게 되었던 것이다. 또한 일부 학자 중에는 "'요나'라는 단어는 불행과 개인적인 재난을 떠오르게 하는 주문(hocus-pocus)에 불과하다… 많은 사람에게 요나서는 고대 신화 혹은 고래에게 먹히고도 살아남은 사나이에 관한 믿기지 않는 이야기에 불과하다"(Kennedy)고 폄하했다. 이러한 이유들로 요나서는 교회와 기독교인에게 일종의 '잃어버린 축복'(missed blessing)이 되어버렸다(Smith & Page).

요나서가 해석자를 당혹하게 하는 이유는 요나가 그동안 우리가 구약에서 접해왔던 선지자와는 매우 다른 성향을 지닌 사람이기 때문이다. 일반적으로 선지자는 죄인을 주께 돌아오도록 하는 말씀 선포를 천직으로 삼은 사람이었다. 그런데 요나는 니느웨에 가서 신탁을 선언하라는 하나님의 말씀을 거역했다. 또한 요나는 죄인을 불쌍히 여기는 선지자적인 긍휼도 가지지 않았다. 그가 선포한 하나님의 신탁은 고작 2분의 1절의 분량에 불과하다. "사십 일만 지나면 니느웨가 무너진다!"(3:4) 더 나아가 요나는 "그러므로 심판을 피하기 위해서는 회개하라"는 말도 덧붙이지 않는다. 하나님이 그에게 니느웨의 멸망을 사전에 알리라고 하신 것은 만일 회개하고 주님을 찾으면 용서하실 것을 전제로 하고 있는데도 말이다. 요나가 이 사실에 대하여 침묵한 것은 니느웨 사람이 회개하는 것을 원치 않았기 때문이다. 오히려 요나는 하나님이 니느웨 사람을 용서하신 것을 문제 삼는다. 죄인의 회개를 유도하는 전형적인 선지자상(像)과는 매우 상반되는 모습을 보이고 있다.

책이 질문으로 끝난다는 것도 난제로 여겨졌다. “이 큰 성읍 니느웨를, 어찌 내가 아끼지 않겠느냐?”(4:11) 그 외 여러 가지 문제가 요나서를 해석하기 어려운 책으로 남겨 두었다. 그럼에도 불구하고 요나서가 전하고자 하는 메시지는 명확하다는 것이 일반적인 결론이다(Cary). 요나서는 메시지의 내용에 있어서 오늘날 가장 시사성 있는 성경에 속한다(Kendall).

1. 선지자

요나서와 연관된 선지자는 ‘아밋대의 아들 요나’(יוֹנָה בֶּן־אֲמִתַּי)다. 이 사람에 대해서는 열왕기하 14:25에 언급되어 있다. “그러나 그는 이스라엘의 국경을 하맛 어귀로부터 아라바 바다까지 회복하였다. 이것은 주 이스라엘의 하나님이 그의 종인 가드헤벨 사람 아밋대의 아들 요나 예언자에게 말씀하신 그대로였다”(새번역). 이 말씀에 의하면 요나는 북왕국 이스라엘의 왕 요아스의 아들 여로보암(793–753 BC)이 주전 8세기 전반에 이스라엘의 영토를 회복할 것과 시리아에 속했던 하맛 어귀에서부터 아라바 바다까지 통치하게 될 것을 예언했다. 그러나 열왕기는 선지자가 가드헤벨(גַּת הַחֵפֶר) 출신이라는 것 외에는 이렇다 할 정보를 주지 않는다. 가드헤벨은 갈릴리에 속해 있는 세보리스(Sepphoris)에서 동쪽으로 4㎞ 떨어진 곳으로 오늘날에는 엘메쉬하드(El Meshhad)로 알려져 있는 가드헤벨 언덕(Tel Gath Hefer)이다(ABD).

반면에 요나서를 열왕기에 등장하는 ‘아밋대의 아들 요나’가 저작했다거나, 실제로 그와 연관되어 있는 책이라는 것에 대해 부정적인 입장을 취하는 사람이 많다(Allen, Sweeney, Landes, Mogonet, Soggin). 게다가 요나서를 예언서가 아니라 풍유(allegory) 혹은 비유(parabolic)로 간주하는 사람도 있는데, 대부분 열왕기의 선지자 요나와 전혀 상관없는 사람이 훗날 그의 이름을 빌려서 만들어낸 작품이라고 생각한다. 이 책을 역사성이나 실제성이 없는 풍유 혹은 비유로 생각하는 데는 책이 믿기 어려운, 동화책에서나 볼 듯한 사건들로 가득 차 있고, 책 속에서 언급하고 있는 일이 실제 있었던 일이라고 단정하기 쉽지 않기 때문이다. 게다가 선지자의 이름 '요나'(יוֹנָה)를 문자적으로 풀이하면 '비둘기'라는 뜻을 지니고 있는데, 이 이름이 선지자의 실제 이름으로는 적절하지 않다고 생각한다(Harrison; Fohrer).

만일 우리가 하나님이 이 세상에 종종 기적을 베푸신다는 것을 믿는다면, 첫 번째 문제(책이 믿기지 않는, 동화책에서나 볼 듯한 사건들을 담고 있다는 것)는 자연적으로 해결될 것이며, 아래에서 설명하는 것처럼 요나서가 아시리아의 한 시대(아시리아가 매우 쇠약했던 시대)에, 특히 니느웨에 일식이 있었던 주전 763년 직후를 배경으로 해석하면 학자들이 제시하는 역사적인 문제는 대부분 해결될 수 있다. 또한 요나가 선지자의 이름으로 적절하지 않다고 생각된다면 열왕기에 등장하는 '아밋대의 아들 요나' 역시 적절한 이름이 아니기에 역사성도 거부해야 한다. 대부분의 비평학자도 열왕기의 요나가 실제 인물이라는 것에는 이의를 제기하지 않는다. 그러므로 똑같은 기준을 적용한다면 요나서의 요나가 선지자라는 것이 문제가 될 수 없다.

2. 장르

요나서는 선지서 중에서도 가장 독특한 책이다(Youngblood). 일반적인 선지서는 선지자가 하나님을 대언해서 선포한 말씀으로 구성되어 있다. 반면에 요나서에는 선지자가 선포한 메시지는 고작 2분의 1절에 불과하며, 나머지는 선지자와 하나님 사이에 있었던 일에 대한 이야기다. 문제는 요나 이야기의 장르를 무엇으로 규정하느냐이다. 전통적으로 요나서에 대하여 제기한 논쟁은 요나가 니느웨에서 말씀을 선포하여 니느웨 사람이 회개한 것이 실제로 있었던 일이었는가에만 국한되어 있었다. 그러나 근대에 와서 요나서의 장르와 정경적인 목적까지 논쟁의 범위가 확대되었다. 기독교뿐 아니라 유대교 주석가 역시 이 책이 단순히 이야기(story)인지 아니면 역사적인 사건을 바탕으로 저작된 역사서(history)인지에 대해 많은 논란을 거듭해 왔다(Simon).

상당수의 중세기 유대인 학자들은 사람이 물고기 뱃속에서 한 시간도 있을 수 없다는 이유로 이 이야기는 선지자적인 환상 속에서 있었던 일이라고 주장했다(Ibn Ezra, Ibn Caspi, Maimonides, cf. Sasson). 최근에는 대부분이 요나서를 실제로 있었던 일을 바탕으로 저작된 역사서보다 교훈을 주기 위해 꾸며낸 이야기 정도로 취급한다. 요나서를 가르치는 것을 염두에 두고 역사적인 인물을 중심으로 구성된 이야기(fictitious story)로 취급하는 사람도 있고(Limburg), 비유와 같은 이야기(parable-like story)라 부르는 학자도 있다(Childs). 학자들은 요나서에 대해 10여 가지의 다양한 장르를 제시하지만(Alexander, cf. Trible), 주류를 이루는 견해는 크게 다음의 네 가지다(Salters).

(1) 미드라쉬(Midrash)

가장 먼저 이러한 주장을 펼친 사람은 부데(Budde)이며 최근 들어 트리블(Trible)에 의해 활성화되고 있다. 미드라쉬는 성경의 일부를 주해하는 것으로써 주석가가 처한 상황에 성경을 쉽게 적용시키기 위한 것을 목적으로 삼았다. 미드라쉬는 율법적인 규례를 포함하지만, 대체로 하나님의 행위(acts of God)를 높이는 이야기로 구성되어 있다(Trible). 요나서를 미드라쉬로 보는 학자들은 성경적인 근거로 열왕기하 14:25, 이사야서 일부, 예레미야 18:8, 에스겔서, 요엘 2:13-14, 아모스 7:9, 11, 혹은 오바댜서 등을 제시했다(Budde, cf. Knight). 트리블은 요나서가 "주께서는 은혜로우시며 자비로우시며 노하기를 더디하시며 인애가 크시사 뜻을 돌이켜 재앙을 내리지 아니하시는 하나님"이라고 선언하는 요나 4:2(cf. 출 34:6)를 근거로 한 미드라쉬라고 주장한다. 그녀에 의하면 요나서는 '역사적 핵심'(historical core)을 상상력에 의거해 꾸민(embellished by imagination) 전설(legend) 양식을 취하고 있는 내러티브(narrative)라고 한다. 역사적 핵심이란 선지자 요나의 이름과 이야기 속에서 언급된 지역 이름을 말한다. 이 역사적 핵심을 바탕으로 이야기 전체가 요나의 일생과 전혀 상관없이 유래되었거나 혹은 이야기 일부가 요나의 일생에서 비롯되었을 수 있으며, 점차 시간이 지나면서 전설, 신화, 전래동화(folk–tale)의 형태로 꾸며졌다는 것이다(Trible).

요나서가 다소 미드라쉬적인 성향을 지니고 있다는 것에 일부 학자들도 동의한다(Wolff). 그러나 대부분은 요나서 전체를 미드라쉬로 구분하는 것에 문제를 제기한다. 무엇보다도 미드라쉬는 주후 400년대 때부터 1200년대까지 꽃을 피웠던 해석 방법이기 때문이다(Sasson). 설령 요나서가 포로기 이후 시대에 저작된 것이라 할지라도 시대적으로 너무 이른 것은 사실이다. 게다가 요나서는 성경에 언급된 정보를 해석하는 2차 자료(secondary material)가 아니라, 원래의 정보를 제공하는 1차 자료(primary material)의 성향을 띠고 있다(Stuart). 트리블이 요나서를 전설(legend)로 읽자고 제안한 것에 대해 대부분은 "우리가 가지고 있는 것은 요나에 대한 이야기가 아니라, 하나님이 어떻게 요나를 대하셨는가에 관한 이야기"라며 부정적인 입장을 취한다(Wolff).

(2) 풍유(allegory)

요나서를 풍유로 취급하는 주석가들은 요나서의 성향이 이스라엘 삶의 일부를 반영하고 있다고 생각한다(Wright, cf. IDB). 다른 학자는 요나서를 풍유적인 성향을 띤 비유(parable)라고 하기도 한다(Allen). 이러한 관점은 요나(יוֹנָה)의 이름이 '비둘기'라는 뜻을 지니고 있다는 것에서 출발하며 이스라엘을 비둘기로 묘사하는 성경 구절과 연관시킨다(시 74:19; 호 7:11; 11:11). 요나서를 풍유로 해석하는 학자들은 요나를 삼킨 물고기는 포로기에 이스라엘을 '집어삼킨' 바빌론으로 간주되며(렘 51:34, 44), 하나님이 바빌론에게 자기 백성을 집어삼키게 하신 것은 주의 백성이 니느웨 사람으로 표현된 이방인에 대한 전도적/선교적 소명을 감당하지 않아서다. 요나가 니느웨로 가지 않고 다시스로 도주했던 것은 이스라엘의 직무유기를 뜻하며, 물고기가 요나를 내뱉은 일은 포로기를 마치고 본국으로 돌아오는 이스라엘을 상징한다(Wright, IDB).

그러나 요나서를 풍유로 간주하기에는 문제점이 많다. 구약에 풍유가 종종 등장하는 것은 사실이다(겔 17장; 23장; 슥 11:4–17). 그러나 구약에서 발견되는 풍유는 매우 짧으며, 그 이야기가 풍유의 성향을 가졌음이 명백하게 드러난다. 풍유는 성향상 등장 요소가 갖고 있는 강한 상징성과 허구성으로 인해 청중이 듣자마자 깨달을 수 있어야 효과적이다(Stuart). 그러나 요나서는 이러한 요구사항을 충족시키지 못한다. 또한 풍유는 세상에서 찾을 수 있는 예화나 비유를 통해 영적인 혹은 하늘의 진리를 설명하는 것을 목적으로 하는데, 요나서처럼 하나님을 주요 등장인물로 사용하면 목표를 성취하는 데 있어서 역효과를 발휘한다는 것이 일반적인 견해이다(Baldwin, Smith & Page).

한 국가를 비둘기에 비유하는 일이 이스라엘에만 국한되는 것은 아니었다(렘 48:28; 나 2:7). 고대 근동의 한 문헌에 의하면 이스타(Ishtar) 여신의 성지로 알려진 니느웨가 거룩한 새인 비둘기로 묘사된다(Oesterly & Robinson). 이스라엘이 열방에 대한 사명을 감당하지 않아서 포로가 되어 끌려갔다는 관점도 설득력이 없다. 이스라엘은 우상을 숭배하고 도덕적으로 부패하는 등 하나님 말씀에 순종하지 않아서 바빌론과 아시리아로 끌려간 것이지, 결코 열방에 대한 전도적 책임을 이행하지 않아서 그렇게 된 것이 아니다. 이는 구약의 가르침과 맞지 않다.

만일 요나서가 풍유라면 갈릴리가 아닌 유다 출신 선지자가 사용되는 것이 바람직하다. 왜냐하면 바빌론으로 끌려간 사람은 유다 사람이지 북 왕국 사람이 아니기 때문이다. 또한 요나를 삼킨 물고기(2:1-11)는 요나(이스라엘)를 구원하는 도구였지, 결코 벌하는 회초리가 아니었다. 이 외 여러 가지 정황을 참조할 때, 요나서를 풍유로 해석하는 것은 설득력이 없다(Burrows).

(3) 교훈적 소설/비유(didactic fiction/parable)

요나서는 비유(parable)거나 단편 소설(novella, short story)이라고 한다(Sweeney, Landes, Bewer, Emmerson). 풍유적인 해석이 이야기에 등장하는 모든 요소와 현실을 연결하는 것에 비해, 비유로 해석하는 사람은 대체로 이야기 전체를 통해 한 가지 교훈을 얻고자 한다. 그러나 이 관점에서 요나서를 해석하는 주석가들이 모두 책의 메시지에 동의하는 것은 아니다. 학자들은 여러 가지 다양한 해석을 제시한다. 첫째, 요나서는 매우 편협한 세계관과 자신만이 여호와의 사랑과 긍휼을 독점하고 있다는 선민사상을 추구하던 포로기 이후의 이스라엘 공동체의 신학에 문제를 제기하기 위하여 저작된 작품이라고 주장한다(Bewer). 둘째, 요나서는 여호와의 변함없는 회개 촉구(call to repentance)를 염두에 두고 쓰여진 작품이라는 주장이 있다(Landes). 셋째, 이 책의 중심 주제는 성취되지 않은 예언이며, 저자는 요나서를 통해 하나님은 언제든지 계획을 수정하실 수 있는 자유, 특히 은혜를 베푸시는 자유는 결코 제한될 수 없다는 점을 강조한다는 주장이 있다(Emmerson). 넷째, 요나서는 하나님이 더는 이스라엘과 이방인을 차별하지 않으시기에 여호와를 섬기는 것은 의미가 없다고 주장하는 유대인 신자를 코미디적인 짧은 이야기(novella)를 통해 격려하기 위하여 쓰여진 책이라는 해석도 있다(Wolff).

위와 같은 노력에도 불구하고 요나서가 모든 청중이 쉽게 포착할 수 있는 한 가지 핵심 주제를 다루는 책이라는 것에 대해 회의적인 입장을 취한다(Trible, Bruckner, Craigie, Baldwin). 요나서는 매우 복잡한 구성과 다양한 주제로 구성되어 있기에 단순한 구성과 한 가지 주제를 중심으로 형성되는 비유와는 구분되어야 한다고 생각한다(Smith & Page, Limburg).

림버그(Limburg)는 요나서를 "하나님이 세상을 창조하시고, 유지하시고, 구원하신다"는 교훈을 가르치고, 이러한 가르침에 대한 적절한 반응으로 주의 백성과 세상 민족이 여호와를 찬양하도록 유도하기 위하여 저작된 단순한 교훈적 소설(didactic story)이라고 주장한다. 그는 요나서가 여섯 가지의 신학적 주제를 가르치고 있다고 한다. (1) 자연을 다스리시는 하나님의 주권, (2) 부르짖는 자를 구원하시는 하나님 은혜, (3) 세상 모든 민족에 대한 하나님의 염려와 관심, (4) 심판에 대한 계획을 수정할 수 있는 하나님의 권한, (5) 유일하고 진정한 하나님으로서의 독특성, (6) 감사, 증언, 찬양의 정당성이다. 우리는 요나서가 이와 같은 교훈을 담고 있다는 것에는 전적으로 동의하지만, 책이 소설이라는 데는 동의할 수 없다. 이 책의 저자가 역사성을 전제하고 이야기를 진행해 나가고 있기 때문이다.

요나서를 역사성이 없는 소설로 취급하는 것은 이 책에는 현실에서 일어날 수 없는 믿기지 않는 요소가 매우 많다고 생각하기 때문이다. 요나가 물고기 안에서 3일을 거하며 감사기도를 하는 일, 니느웨의 엄청나게 큰 규모, 요나가 니느웨 사람과 자유자재로 말할 수 있었던 일, 니느웨 사람이 합심하여 회개한 일 등은 실제로 있었던 일로 간주하기에는 너무나도 황당하다고 생각하는 것이다(Mitchell et al.). 그들에게 요나서는 실제로 있었던 일을 회고하고 있는 역사서라고 하기에는 도저히 믿을 수 없는 사건을 너무나 많이 담고 있는 책이다.

그러나 문제는 실제가 아닌 허구를 중심으로 한 소설이 진리를 가르치는 데 적절한 도구로서 정경에 포함될 수 있는가이다. 사람들은 실제로 있었던 역사적인 일에 더 민감한 반응을 보이며 도전을 받는다. 청중은 실제로 일어난 일에 그만큼 더 심각하게 대처하는 것이다(Stuart). 요나서를 읽다 보면 이 이야기는 하나님이 인류의 역사 속에서 행하신 일이라는 생각을 떨쳐버릴 수 없다. 하나님은 역사를 통해 사역하시는 분이라는 점을 감안할 때 더욱 그렇다. 요나서는 이야기가 아니라 계시인 것이다. 게다가 기적을 믿지 못해 요나서를 소설로 취급하는 것은 그럴 만한 물증이 있어서가 아니라, 한쪽으로 치우친 신앙관에서 비롯되는 선입견이기에 큰 설득력이 없다.

(4) 역사(History)

오늘날 많은 사람이 요나서를 비역사적이라고 일축하지만, 이러한 학계의 정서는 19세기에 들어서면서 시작된 것이다. 그 이전에는 거의 모든 주석가가 요나서의 역사성을 전제하고 책을 해석해 나갔다. 요나서를 역사적인 사실에 근거한 것으로 간주하는 증거는 무엇인가? 첫째, 요나서는 역사의 한순간을 배경으로 삼고 있다. 열왕기에 의하면 '아밋대의 아들 요나'는 실제로 존재했던 인물이며, 사역했던 주전 8세기 전반부의 니느웨의 형편도 요나서가 묘사하고 있는 것과 일치하는 부분이 많다(cf. 다음 섹션). 둘째, 책을 시작하는 첫 번째 문장이 역사적인 정황 외에는 그 무엇도 전제하지 않고 시작한다(Alexander). 그러므로 누구든지 이 책을 읽기 시작할 때부터 아무런 거리낌 없이 이 책이 실제로 있었던 일을 묘사하고 있다는 생각을 하게 된다. 만일 요나서가 다르게 읽히기를 원했다면 분명한 사인이 있었을 것이다.

셋째, 예수님도 요나서의 역사성을 전제하고 있다. "요나가 사흘 낮과 사흘 밤 동안을 큰 물고기 뱃속에 있었던 것과 같이, 인자도 사흘 낮과 사흘 밤 동안을 땅속에 있을 것이다. 심판 때에 니느웨 사람이 이 세대와 함께 일어나서, 이 세대를 정죄할 것이다. 니느웨 사람은 요나의 전도를 듣고 회개하였기 때문이다"(마 12:40-41, 새번역). 예수님 말씀을 살펴보면 그 어디에도 요나서를 풍유나 소설로 이해하는 부분이 없다. 이 부분을 감안하고, 전통적으로 초대교회 교부 때부터 주석가들이 요나서가 실제로 있었던 일을 전하고 있다는 전제하에 해석해 왔다는 점을 고려할 때, 요나서는 역사적 사실을 바탕으로 하나님 말씀을 전하고 있는 책으로 보는 것이 바람직하다(Baldwin, Smith & Page, Youngblood, Cary).

3. 역사적 정황

요나서의 저작연대에 대하여는 매우 다양한 시기가 제시된다. 가장 빠르게 보는 사람은 주전 8세기를, 가장 늦게 보는 사람은 주전 3세기를 주장한다. 무려 600년의 견해 차이를 보인다. 요나서를 어떤 장르의 책으로 보느냐에 따라 이처럼 다양한 저작연대가 제시되고 있다. 다음 도표를 참조하라(Limburg, Trible).

저작시기	학자
8세기	Hasel, Kaufmann, Bruckner, Smith & Page, Baldwin
7세기	Rosenmüller
6세기	Landes
5세기	Bickerman, Fretheim
5–4세기	Allen
4–3세기	Wolff, Simundson
3세기	Eiselen, Lacocque

위에 한 그룹의 학자들을 더해야 한다(Limburg, Sasson, Trible). 이들은 요나서가 언제 저작되었는지에 대하여 별로 관심이 없으며, 책의 메시

지를 해석해 나가는 데도 중요하지 않다고 생각한다. 요나서는 열왕기에 언급된 선지자 요나와 전혀 상관없으며, 책이 언급하고 있는 일이 실제로 역사 속에서 있었던 일이 아니라고 단정하기 때문이다. 그래서 다른 학자들이 제시하는 요나서의 저작연대에 대하여 논하고 평가도 하지만, 정작 자신들은 저작연대에 대한 언급을 회피한다. 요나서의 역사성을 부인하는 입장에서 저작연대를 논하는 것은 적절하지 않다고 생각하기 때문이다.

그러나 요나서가 실제로 있었던 일을 묘사하고 있다고 생각하는 주석가들은 책 전체는 아니더라도 최소한 일부는 열왕기의 선지자 요나에서 유래된 것이라고 생각한다(Smith & Page, Ellison, Simon, Bruckner, Baldwin, Youngblood, Cary). 만일 요나가 이 책을 저작했다면, 훗날 자신의 죄를 회개하고 편협한 생각을 교정한 후 근신하면서 부끄러운 자신의 모습을 예로 삼아 하나님의 열방에 대한 사랑을 기록했다고 할 수 있다. 아울러 우리는 이 책이 다른 사람(들)(viz., 요나를 추종했던 사람/그의 제자)이 선지자 요나의 삶에 있었던 일을 바탕으로 저작했을 가능성도 배제할 수는 없다. 이 경우 우리는 누가 이 책을 썼는지 알 수 없지만, 요나의 선지자 사역에 대하여 잘 알고 있었던 사람(들)임은 확신할 수 있다. 요나서가 역사서라는 입장을 고수하는 주석가들이 주장하는 것처럼, 요나서와 연관된 사람이 열왕기에 언급된 아밋대의 아들 요나이고 당대에 책에 기록된 예언을 했다면, 요나는 주전 8세기 전반부에 사역했던 사람이다. 이때 아시리아는 내부적으로 심각한 어려움을 겪고 있었다(Smith & Page). 아시리아는 아다드니라리(Adad-nirari III)(810-783 BC) 왕이 죽은 후 디글랏블레셀(Tiglath-pileser III)(745-727 BC)이 왕권을 잡을 때까지 매우 혼란스러운 시기를 맞았다. 아시리아는 아람사람(Arameans)과 우랄타 사람(Urartians)을 상대로 생존을 담보로 싸워야 했다. 뿐만 아니라 주전 765-759년에는 나라에 기근이 들었고, 763-760년, 746년에는 내부적인 반란이 있었다(Wiseman). 이 모든 일이 8

세기 중반에 접어드는 아시리아 왕의 권력을 매우 쇠약하게 만들었다(Alexander).

이 기간(781–745 BC)에 아시리아는 정치적으로 거의 마비 상태였으며(Roux), 아시리아의 중요한 군주도 중앙정권에 대하여 예전과 같은 충성이 아니라 형식적인 관계만을 유지하고 있었다(Hallo). 아마도 이러한 정황 때문에 요나서는 '아시리아의 왕'이란 호칭보다 '니느웨의 왕'(3:6)이라는 표현을 선호한 것으로 생각된다(Smith & Page).[1] 뿐만 아니라 이 시나리오에 근거하여 '왕이 대신들과 더불어 내린 칙명'(3:7)이라는 특이한 말도 설명될 수 있다(Grayson). 정상적인 상황에서는 왕이 대신의 권위에 편승해서 칙명을 내릴 필요가 없다. 그렇다면 요나가 니느웨를 방문했을 때에는 '니느웨의 왕'의 권한이 상당히 약화되었기에 대신(주 총독?)과 함께 공동으로 칙명을 내려야 했던 것이라고 생각할 수 있다(Lawrence). 이러한 정황을 감안하면 요나는 주전 781–759년 사이에 니느웨를 방문했던 것으로 생각된다(Roux, Grayson).

아시리아 기록에 의하면 아수르단(Ashur-dan III, 771–754 BC) 왕 때인 763년에 니느웨 지역에 일식(solar eclipse)이 있었다. 일식이나 월식을 신들의 경고로 간주했던 고대 근동의 문화적 배경을 감안할 때, 요나가 이 일식 직후에 니느웨를 찾았다면, 그만큼 니느웨 사람이 메시지에 긍정적으로 반응했을 것으로 생각한다(Wiseman, Lawrence). 이 시기를 배경으로 요나서를 읽는다면 책에 기록된 니느웨 왕과 백성이 선지자 말씀에 기대 이상의 반응을 보인 사실에 대해 충분히 설명할 수 있다. 아시리아의 혼란과 무력함은 쿠데타로 정권을 잡은 디글랏블레셀이 주전 745년에 왕으로 취임하면서 막을 내린다. 그는 정권을 잡은 후 종속국

1 많은 학자들(Allen)이 요나서가 '아시리아의 왕'이 아니라 '니느웨의 왕'으로 표기하는 것과 왕이 단독으로 칙령을 내리는 것이 아니라 대신과 더불어 내리는 것을 요나서 저자가 역사를 잘 알지 못해서 빚어진 일이라고 생각한다. 왕이 대신과 함께 칙령을 내리는 것은 페르시아 제국에서 흔히 있었던 일이라는 점에 근거하여 이 책이 페르시아 시대 때 저작된 것이라는 주장도 있다(Simon).

단속에 나섰으며 유다와 이스라엘도 그의 손에 많은 고통을 당했다(왕하 15-16장). 대를 이은 살만에셀(Shalmaneser V, 727-722 BC)은 사마리아를 파괴하고 주민을 인질로 잡아갔다(왕하 17장). 요나서는 이러한 역사적 배경을 바탕으로 전개되고 있다.

4. 다른 책과의 관계

요나서가 표면적으로는 선지자의 이름을 언급하고 있는 열왕기하 14:25와 밀접한 관계가 있다. 또한 요나서는 다른 소선지서와의 관계에서 역할을 발휘한다. 마소라 사본의 순서에 따르면 요나서는 소선지서 중 다섯 번째, 칠십인역(LXX)의 순서에서는 여섯 번째로 등장하는 책이다. 요나서는 마소라 사본과 칠십인역 순서에서 오바댜서의 바로 뒤에 등장한다. 오바댜서에서 에돔은 매우 강력한 비난과 정죄를 받았는데, 자칫 잘못하면 에돔에 대한 하나님의 태도가 그분의 열방에 대한 일반적인 자세로 간주될 수 있는 위험을 안고 있다. 이러한 정황에서 요나서는 오바댜서를 뒤따르며 하나님은 니느웨(아시리아)와 같은 악명 높은 이방 나라에게도 용서와 은혜를 베푸실 수 있는 분이심을 부각시킨다. 그러므로 요나서는 오바댜서에서 에돔으로 대표되는 열방에 대하여 선포된 강력한 심판 메시지의 범위를 상당 부분 제한시키고 있다(Sweeney). 하나님이 모든 열방에게 분노하시는 것은 아니며, 니느웨처럼 하나님의 자비와 용서의 대상이 될 만한 이방 국가도 얼마든지 있다는 것을 보여주는 것이다.

마소라 사본에서 요나서의 뒤를 잇는 책은 미가서다. 이 순서에 따르면 요나서가 니느웨 사람에게 베풀어주신 하나님의 은혜는, 미가서가 경고하고 있는 유다와 이스라엘의 심판에도 불구하고 궁극적인 목적을 암시한다. 비록 미가 선지자가 하나님의 백성에게 혹독한 심판을 선언하고 있지만, 요나서는 심판 후에는 회복이 꼭 임할 것이라는 확신을 주고 있다(Sweeney). 왜냐하면 비록 미가서에서 유다와 이스라엘이 하나님의 맹렬한 심판의 대상이 되지만, 요나서는 이방인인 니느웨 사람에게 자비를 베푸신 하나님이 자기 백성인 이스라엘과 유다를 영원히 버리지 않고 회복할 것이라는 기대감을 갖게 하기 때문이다. 이런 차원에서 요나서는 맹렬한 심판을 선언하는 미가서를 하나님 사랑에서 비롯된 책망으로 이해하게 한다.

칠십인역의 순서에서 요나서의 뒤를 따르는 책은 나훔서다. 나훔서는 이스라엘과 유다에 행한 죄 때문에 하나님의 심판을 받아 멸망하는 니느웨에 대한 노래다. 요나서와 나훔서는 메시지의 대상으로 니느웨를 언급하고 있다는 공통점을 지닌 책이다. 이 순서에 의하면 니느웨가 하나님 앞에서 신실하고, 회개하는 한 그분의 은혜의 대상이 되지만(요나서), 죄에 대한 회개가 없을 때는 징벌의 대상이 될 것(나훔서)을 경고한다. 또한 요나서는 요엘 2:12-14이 제시한 질문, 즉 하나님은 백성/국가가 회개하면 이미 선포된 심판이라도 되돌릴 수 있는지에 대해 긍정적으로 답하고 있다(Salters).

5. 통일성

요나서의 통일성에 대해서는 크게 문제를 제기하지 않는다. 유일하게 논쟁이 되는 것은 2:2-9에 기록된 요나의 기도이다. 한편의 시를 형성하고 있는 이 기도가 원래 요나서의 일부였는지, 아니면 훗날 삽입된 것인지가 이슈가 되고 있는 것이다. 학자들은 세 가지 가능성을 논한다. (1) 요나서 저자가 이 시를 직접 제작하여 책에 포함했다, (2) 요나서 저자가 다른 사람이 저작한 시를 이 책에 포함했다, (3) 편집자가 훗날 이 시를 삽입했다(Salters). 학계는 지난 200년 동안 이 문제에 대해 끊임없는 논쟁을 벌여 왔으며, 불과 20-30년 전만 해도 이 노래는 훗날 편집자에 의하여 삽입된 것이라는 견해가 주류를 이루었다.

그러나 최근에 들어서는 이 시의 저자가 누구든지 알 수는 없지만, 요나서가 저작될 때부터 책의 일부였다는 주장이 주류를 이룬다(Landes, Christensen, Magonet, Brichto, Limburg). 그래서 이 시에 대한 질문까지 바뀌었다. 전에는 "누가 이 시를 저작해서 삽입한 것인가?"라고 질문했는데, 이제는 "이 시가 책에서 어떻게 기능하는가?"라는 질문으로 바뀌었다(Trible). 물론 이 논쟁이 완전히 해결된 것은 아니다. 한 학자는 이 이슈에 대하여 매우 재치 있게 표현한다. "물고기가 요나를 소화하는 데 어려움을 겪은 것처럼 학자들은 요나의 기도를 소화하는 데 어려움을 겪고 있다"(Ackerman). 몇십 년이 더 흐르면 다시 삽입설이 각광을 받을 수도 있다. 특별한 이유 없이 학계의 입장이 시간이 흐르면서 변한다는 것이 신기할 뿐만 아니라, 학문이 때에 따라서는 얼마나 허구인가를 보여주는 듯해서 씁쓸하다.

요나서의 끝맺음은 매우 특이한 방식을 사용한다. 하나님이 더운 뙤약볕에서 안식처를 제공했던 박넝쿨이 마르자 화를 내는 요나에게 "네가 수고도 아니하였고 재배도 아니하였고 하룻밤에 났다 하룻밤에 말라 버린 이 박넝쿨을 아꼈거든 하물며 이 큰 성읍 니느웨에는 좌우를 분변하지 못하는 자가 십이만여 명이요 가축도 많이 있나니 내가 어찌 아끼지 아니하겠느냐?"(4:10-11)라는 질문을 던지시며 갑작스럽게 끝을 맺고 있다. 그래서 상당수의 학자는 요나서를 두고 원래 더 긴 책이었으며 그 뒷부분에 여호와의 질문에 대한 요나의 대답과 그 이후의 일을 수록하고 있었는데 세월이 지나면서 이 부분이 손실된 것이라고 주장하기도 했다(Wolff). 그러나 책을 끝맺고 있는 하나님의 마지막 질문은 답이 필요한 것이 아니라 책의 전체적인 메시지를 제대로 전달하려는 수사학적인(rhetorical) 질문이다. 그러므로 책이 질문으로 끝난다고 해서 미완성작이라는 주장은 설득력이 없다.

요나서의 현재 형태가 설득력 있는 평행적인 구조를 지니고 있다는 것이 학자들의 일치된 의견이기도 하다(Sasson, Trible, Smith & Page). 요나서의 구조와 진행이 매우 예술적이라고 극찬하는 사람도 많다(Craig). 요나서는 축과 균형을 매우 예술적으로 사용한 문학의 좋은 예라는 평가도 있다(Stuart). 또는 처음부터 끝까지 수사학의 극치를 이루고 있다는 학자도 있다(Brichto). 학자들이 극찬하고 있는 요나서의 평행적인 구조를 뒷받침하는 것 중 몇 가지를 생각해 보자.

첫째, 요나서를 살펴보면 평행적인 구조 안에서 일관성 있게 사용되는 주요 단어가 있다. 1장은 하나님이 요나에게 "일어나(קום)…가서(הלך)…외치라(קרא)"(1:2)고 명령하는 것으로 시작한다. 하나님의 명령을 받은 요나는 '일어나'(קום) 갔다(1:3). 그러나 하나님이 명령하신 대로 니느웨로 간 것이 아니라 하나님의 얼굴을 피하려고 다시스로 가기 위해 욥바로 내려갔다. 하나님은 도망가는 요나의 마음을 돌이키기 위해 그가 탄 배 앞에 큰 폭풍을 일으키셨다. 배에 탄 사람들이 모두 살아남기 위해 안간힘을 쓰는 동안 선장은 잠을 자고 있는 요나를 깨워 하나님(אֱלֹהִים)께 기도하라고 요청한다. 선장은 당면하고 있는 무시무시한 폭풍 뒤에 하나님이 계심을 의식하고 있다(1:6). 선원들은 자신들을 괴롭히고 있는 풍랑이 요나 때문에 일어난 일이며 요나를 바다에 던져야만 잠잠해질 것을 알면서도 던지기를 주저하다가 결국에는 자신들이 '멸망하지 않기 위해' 요나를 바다에 던진다.

1장과 평행을 이루고 있는 3장도 여호와께서 요나에게 "일어나(קום)…가서(הלך)…선포하라(קרא)"로 시작한다(3:2). 1:3과 같이 하나님의 명령을 받은 요나는 이번에도 '일어나'(קום) 갔다(3:3). 그러나 1장과는 다르게 요나는 하나님 말씀대로 니느웨로 갔다. 그리고 거기서 다가오는 하나님의 심판을 선포한다(קרא)(3:4). 요나의 경고를 전해 들은 왕이 굵은 베옷을 입고, 온 백성에게 하나님(אֱלֹהִים)께 금식하며 기도하라고 선포한다(3:4-9). 이와 같이 주요 단어 사용과 순서에 있어서 1장과 3장은 매우 밀접한 평행 관계를 유지하고 있다.

둘째, 요나서는 평행적인 구조 안에서 같은 순서로 사건을 진행하고 있다. 1장과 3장이 구체적인 단어 사용에 있어서 평행을 이루고 있다면, 2장과 4장은 같은 순서로 사건을 전개해 나감으로써 이야기 흐름 안에서 주제의 통일성을 유지하고 있다. 먼저, 2장은 하나님의 자비로움으로 구원받은 요나의 모습으로 이야기를 시작한다(1:17).[2] 이야기는 하나님의 예기치 않은 구원에 대하여 요나가 드리는 감사기도로 연결되고(2:1ff), 하나님이 요나의 기도를 들으시고 물고기로 하여금 그를 토해내게 하시는 것으로 끝을 맺는다. 2장과 대조를 이루는 4장은 하나님의 자비로움에 분노하는 요나의 모습으로 이야기를 시작한다(4:1). 그리고 2장과 같이 4장도 요나의 기도로 이야기가 진행되고(4:2–3), 하나님이 요나의 기도를 들으시고 반문하시는 것으로 연결된다(4:4). 4:5–11은 다시 한 번 불만에 가득 찬 요나와 요나의 기도, 하나님의 요나의 기도에 대한 반문의 반복이라 생각된다.

셋째, 여러 개의 주요 단어가 반복적으로 언어유희(wordplay)를 곁들여 사용됨으로써 요나서 전체에 통일성을 부여하고 있다. 그중 두 단어–'위대한'(גָּדוֹל)과 '악한'(רָעָה)–의 사용을 살펴보자.[3] 먼저, 형용사 '위대한'(גָּדוֹל)은 요나서 안에서 14차례 사용된다. 이 중 여덟 차례는 '거대한/커다란'의 의미를 가지고 사용되었다(1:4[2x], 10, 12, 16; 1:17; 4:1, 6). 그리고 여섯 차례는 니느웨와 성의 리더들을 언급할 때 '중요한/위대한'의 의미로 사용되었다(1:2; 3:2, 3, 5, 7; 4:11). 저자는 이 단어가 갖는 두 가지의 의미를 염두에 두고 사용해 독자의 주의를 환기시키고 있다. 그러므로 독자는 요나서를 읽어내려갈 때 니느웨의 거대한 규모에 관심을 빼앗길 것이 아니라 하나님과 도시의 관계의 중요성을 인식

---

2 우리말이나 영어 성경에는 1장 마지막 절이 17절이다. 그러나 히브리어 성경에서는 이 구절(1:17)이 2장을 시작하고 있다(2:1). 요나서의 구조를 고려할 때, 히브리어 성경의 장절 나눔이 더 적절한 것 같다. 여기서도 히브리어 성경의 장절 나누기에 기초를 두고 설명해 나가고 있다.

3 이 외에 '가다'(ירד)(1:3, 5; 7; cf. 1:5에서 발견되는 이 단어에 대한 언어유희[wordplay] וַיֵּרָדַם [그리고 그가 깊이 잠들었다]), '예비하다'(מנה)(2:1; 4:6, 7, 8) 등이 있다.

하고 이야기를 이해해 나가야 한다. 이 같은 의도는 '악한'(רָעָה)의 반복적인 사용에도 잘 나타나고 있다. '악한'(רָעָה)은 요나서 안에서 총 아홉 차례 사용되고 있다. 하나님 앞에 상달된 니느웨의 '죄악'(1:2), 폭풍을 통하여 선원들에게 임한 '재앙'(1:7, 8), 니느웨 왕이 베옷을 입고 온 백성으로 하여금 돌아서라고 명한 '나쁜 길'(3:8)의 의미로 사용되고 있는 것이다. 하나님은 니느웨 사람이 '나쁜 길'에서 돌아선 것을 보고(3:10), 그들에게 내리겠다고 한 '재앙'을 내리지 않으셨다(3:10). 그러나 하나님의 행동이 요나에게는 '매우 나쁜 일'(개역성경은 '심히 싫어하고'로 번역)로 여겨졌다. 위와 같이 '악한'(רָעָה)이라는 단어를 다양한 뉘앙스를 가지고 사용하고 있을 뿐만 아니라 이 단어를 요나, 배의 선원들, 니느웨 사람, 하나님과 연관해서 사용함으로써 다양한 언어유희(wordplay)를 보여주고 있다. 이 언어유희를 통해 작품에 통일성을 더할 뿐만 아니라, 니느웨는 요나가 생각하는 것만큼 전적으로 악한 도시가 아니며, 따라서 하나님이 니느웨가 고통을 당하지 않도록 자비를 베푸시는 것이 매우 당연하다는 주장을 펼치고 있다.

요나 1-2장과 3-4장이 평행적인 구조를 지니고 있지만, 점진적으로 발전해 나가는 성향도 있다. 대표적인 예가 '점층적 문구'(growing phrase) 현상이다(Magonet). 요나서가 같은 개념이나 표현을 반복하면서 동시에 증대되거나 확장하는 것을 지적하는 표현이다. 태풍/바람에 대한 묘사를 생각해보자. 하나님이 바다에 바람을 주시니 "바다에 태풍이 일었다"(וַיְהִי סַעַר־גָּדוֹל בַּיָּם)(1:4). 잠시 후 "바다에 파도가 점점 더 거세게 일어났다"(הַיָּם הוֹלֵךְ וְסֹעֵר)(1:11). 드디어는 "바다에 파도가 그들 주변에서 점점 더 거세게 일어났다"(הַיָּם הוֹלֵךְ וְסֹעֵר עֲלֵיהֶם)(1:13). 저자가 선원들의 두려움을 묘사하는 일에서도 똑같은 기법을 사용한다. "뱃사람들은 두려움에 사로잡혔다"(וַיִּירְאוּ הַמַּלָּחִים וַיִּזְעֲקוּ)(1:5)…"그들은 겁에 질려서 그에게 소리쳤다"(וַיִּירְאוּ הָאֲנָשִׁים יִרְאָה גְדוֹלָה)(1:10)…"사람들은 주를 매우 두려워하게 되었다"(וַיִּירְאוּ הָאֲנָשִׁים יִרְאָה גְדוֹלָה אֶת־יְהוָה)(1:16). 니느웨를 묘사하는 일에서도 같은 현상이 발견된다. '큰 성읍'(הָעִיר הַגְּדוֹלָה)(1:2; 3:2)…'하나님께 아주 큰 성읍'(עִיר־גְּדוֹלָה לֵאלֹהִים)(3:3)…'십이만 명도 더 되고 짐승들도 수없이 많은 이 큰 성읍'(שְׂרֵה רִבּוֹ אָדָם אֲשֶׁר לֹא־יָדַע בֵּין־יְמִינוֹ לִשְׂמֹאלוֹ וּבְהֵמָה רַבָּה
הָעִיר הַגְּדוֹלָה אֲשֶׁר יֶשׁ־בָּהּ הַרְבֵּה מִשְׁתֵּים־עֶ)(4:11).

6. 신학적 메시지

요나서는 1–2장과 3–4장이 구조적인 평행을 이루고 있을 뿐만 아니라(cf. 다음 섹션), 중요한 단어의 반복적인 사용이 책에 통일성을 더해준다. 책의 중심 주제는 시대와 장소를 초월해서 지속되는 질문에 답하고 있다. "만일 죄인들이 회개한다면, 하나님이 그들의 행동에 대한 대가를 요구하지 않고 용서해 주실 것인가?"(Bruckner). 이외에도 요나서는 매우 다양한 신학적 주제를 내포하고 있다. 요나서의 신학적 주제 중에는 전통적인 히브리어 성경의 가르침을 재확인하는 것과, 신선한 도전으로 받아들여질 수 있는 새로운 신학적 방향을 제시하는 것이 있다. 그중 몇 가지만 간추려 살펴보자.

(1) 온 인류에게 임하는 하나님의 은총

하나님의 선택된 백성으로서 그분과 특별한 관계 때문에 이스라엘은 역사적으로 항상 국수주의에 빠지기 쉬운 위험에 처해 있었다. 마치 자신들만이 하나님의 토라를 독식하고 여호와의 은혜에 특허를 낸 것 같은 착각에 빠질 수 있는 그들에게 요나서는 신선한 도전을 주었다. 요나서는 여호와 하나님과 이스라엘이 특별한 관계임에도 창조주 하나님의 은총은 결코 그들에게만 제한되지 않았다는 사실을 강조한다. 책의 평행적인 구조를 고려할 때, 풍랑을 만난 선원들은 니느웨 백성들과 평행을 이루고 있는 열방을 상징하고, 요나는 하나님의 선민인 이스라엘을 대표하고 있다(Magonet).

이런 상황에서 요나는 여호와의 축복을 챙기면서, 열방에게 임해야 할 하나님의 자비를 막으려는 이스라엘의 태도를 적나라하게 묘사하고 있다. 니느웨에 은총을 베푸시는 하나님께 화를 내는 요나에게 여호와께서는 "이 큰 성읍 니느웨를 내가 어찌 아끼지 아니하겠느냐?"(4:11)라고 반문하며 요나의 잘못된 선입견을 교정하신다. 요나서는 독자에게 "요나와 같이 되지 말라"는 권면을 통해 여호와께서는 온 인류에게 은총을 베풀기를 원하신다는 것을 확실히 드러내고 있다. 여호와께서 이스라엘과 특별한 관계를 맺고 있는 것은 사실이지만, 하나님은 결코 이스라엘만이 독점할 수 있는 분이 아니시다.

(2) 이방인에게 자비를 베푸시는 하나님

요나서는 위에서 언급된 국수주의적인 이스라엘의 잘못을, 이스라엘을 상징하는 요나와 열방을 대표하는 선원들과 니느웨 사람을 묘사하는 과정에서 간접적으로 드러내고 있다. 심한 풍랑이 배를 위협했을 때, 그 배에 타고 있던 이방인은 모두 간절히 기도하고 있었다. 반면 우주의 창조주이신 여호와를 섬긴다는 요나는 기도하기는커녕 이방 선장이 깨워 기도하도록 책망할 때까지 깊이 잠들어 있었다(1:6). 풍랑이 요나로 인해 비롯된 것을 알게 된 선원들에게, 요나는 자초지종을 말하고 자기를 바다에 던지는 것만이 유일한 살 길이라고 했다(1:9-12). 요나의 생명을 지키려는 선원들은 그를 풍랑에 내던지는 것을 주저하며 자신들의 힘으로 할 수 있는 최선을 다해 보았다(1:13). 그러나 모든 것이 허사로 돌아가자 마지못해 여호와께 부르짖어 "여호와여 구하고 구하오니 이 사람의 생명 까닭에 우리를 멸망시키지 마옵소서. 무죄한 피를 우리에게 돌리지 마옵소서. 주 여호와께서는 주의 뜻대로 행하심이니이다"라고 말하며 요나를 바다에 던졌다(1:14-15).

요나를 바다에 던져 폭풍을 잠잠케 하는 쉬운 방법이 있는데도 끝까지 안간힘을 다해 그의 생명을 보존하려던 이방인의 선함이 잘 묘사되고 있다. 드디어 풍랑이 멈췄을 때, 배에 타고 있던 모든 이방인이 여호와를 크게 두려워하여 여호와께 제물을 드리고 서원하며 섬길 것을 약속했다(1:16). 이 사건을 통해 이방인도 적절한 기회만 주어지면 여호와를 섬길 자세가 되어있을 뿐만 아니라, 이스라엘 사람이 생각하는 정도로 악한 사람이 아닌 것을 드러내고자 한다.

니느웨 사람을 묘사하는 일에서도 이런 성향이 잘 드러나 있다. 요나는 마지못해 니느웨로 갔다. 니느웨는 '3일을 걸어야 하는' 거대한 도시였지만, 요나는 단지 '하룻길만' 다니며 건성으로 하나님의 심판을 선포했다(3:3–4). 요나는 그들이 여호와 앞으로 돌아오는 것을 원하지도 않았고, 기대하지도 않았다. 그런데 건성으로 전한 메시지가 온 니느웨 성을 발칵 뒤집어놓았다! 왕을 포함한 가장 높은 사람부터 가장 비천한 사람까지 모든 백성이 베옷을 입고 여호와 앞에 통곡하며 참회한 것이다(3:5–6). 심지어 짐승까지 베옷을 입고 금식하며 근신했다(3:7). 이방인도 기회만 주어지면 얼마든지 회개하고 하나님을 섬길 수 있다는 사실을 강조하고 있다.

이러한 주장은 오직 자신들만이 여호와를 제대로 섬길 수 있다는 착각에 빠져있던 이스라엘 사람에게 큰 충격을 주었을 것이다. 하나님은 이스라엘의 하나님이실 뿐만 아니라 그 누구라도 그를 찾는 자를 환영하고 자기 백성으로 삼을 의향이 있으며, 온 열방의 찬양과 감사를 받기에 합당하신 분이라는 것을 확실히 하고 있다. 물론 요나도 하나님 은혜는 이스라엘에만 제한될 수 없으며 자유로이 열방에게도 베풀어질 수 있다는 사실을 알고 있다. 애초에 니느웨로 가기를 꺼려한 것도 바로 이러한 하나님의 자비와 인애가 싫어서였다고 밝히고 있다(4:2).

(3) 온 세상을 창조하신 여호와

왜 하나님은 이스라엘의 국경을 초월해서 열방까지 자비를 베풀기를 원하시는가? 그 이유는 여호와가 온 우주를 창조하신 하나님이기 때문이다. 풍랑이 요나 때문에 일어났다는 것을 알고 나서 그의 정체에 대해 의아해하는 선원들에게 요나는 "바다와 육지를 지으신 하늘의 하나님 여호와를 경외하는 자"라며 자신을 창조주 하나님을 섬기는 자라고 밝힌다(1:9). 도망하는 요나를 돌이키기 위하여 하나님은 큰 바람을 바다 위로 보내셔서 태풍이 일게 하신다(1:4). 여호와는 자연만물을 지배하고 지휘하시는 분이다. 바다에 던져진 요나를 구출하려고 하나님은 큰 물고기를 보내셨고(1:17), 나중에 그 물고기에게 요나를 육지에 토해내도록 명령하셨다(2:10). 하나님은 세상의 모든 짐승과 물고기를 다스리시는 분이다.

화를 내며 죽기를 자청하는 요나를 가르치기 위해 하나님은 박넝쿨을 준비하셨고(4:6), 다음날 벌레 한 마리가 그 박넝쿨을 먹어버리도록 계획하셨다(4:7). 여호와는 큰 짐승뿐만 아니라 조그만 박넝쿨과 심지어는 벌레까지 주관하고 다스리는 창조주이신 것이다. 그리고 이 섬세한 여호와의 창조 섭리와 통치력을 강조하기 위해 이 책에 등장하는 것—물고기, 박넝쿨, 벌레, 뜨거운 동풍—이 모두 여호와께서 예비하신(מנה) 것들임을 밝히고 있다(2:1; 4:6, 7, 8).

이와 같이 세상의 모든 것이 여호와의 간섭과 통제 밑에 있으며 우주만물이 그분에 의해 창조되었다는 것을 여실히 드러내고 있다. 이렇게 우주의 창조주가 선택한 민족인 이스라엘뿐만 아니라 자신의 피조물인 열방이 망하지 않기를 바라는 것은 당연하다. 그래서 창조주 하나님은 요나를 니느웨로 보내 회개하게 하셨다. 특히 니느웨는 요나 시대에 근동 지역의 최강자로 자리를 굳혔던 아시리아 제국의 수도였다. 여호와는 조그맣고 보잘것없는 나라 이스라엘의 하나님이실 뿐만 아니라 대 아시리아 제국의 성패도 좌우하는 절대적인 능력을 지닌 창조주이신 것이다.

(4) 하나님의 주권과 종의 의지

우리는 주변에서 "하나님은 준비된 종을 쓰신다"는 말을 자주 듣는다. 물론 맞는 말이다. 그러나 요나서는 하나님의 역사가 결코 이 한 가지 원리만으로 실현될 수 없음을 드러낸다. 성경을 살펴보면 하나님은 그의 역사를 이루기 위해 여러 모양의 사람을 사용하셨던 것을 보게 된다. 그러나 요나같이 준비되지 않았던 종이 있었을까? 물론 성경에는 하나님의 명령을 쉽게 받아들이지 않았던 사람도 더러 있었다. 모세(출 3:10-4:17), 엘리야(왕상 19:1-18), 예레미야(렘 1:4-10) 등이 대표적인 예다. 그들은 자신이 지니고 있는 한계 때문에 하나님 명령을 받아들이려 하지 않았다. 그러나 요나의 불순종은 이러한 차원에서 비롯된 것이 아니다. 그는 이 모든 사람을 초월하는 새로운 차원의 노골적인 불순종을 시도한 사람이다.

하나님은 요나에게 니느웨가 있는 동쪽으로 가라고 하셨다. 그러나 소명을 받은 요나는 하나님의 낯을 피하여 정반대 쪽인 서쪽, 곧 욥바에서 배를 타고 다시스(오늘날의 스페인?)가 있는 쪽으로 도망갔다(1:3). 또한 이런 요나의 행동은 하나님을 정면으로 거역하는 것이다. 이 점을 강조하기 위해 요나가 다시스로 갈 때 '하나님의 낯을 피하여' 그곳으로 갔다고 한다(1:3). 다시스로 가고자 한 요나는 하나님이 주신 소명을 거부한 것이다(Trible). 그러나 요나가 하나님 앞에서 도망갈 수는 있어도 하나님의 손아귀를 벗어날 수는 없었다. 하나님은 자연을 지배하시는 절대적인 주권과 섭리에 따라 요나를 물고기의 뱃속에 가두셨다. 그리고 요나에게 일차적인 항복을 받아내셨다. 요나가 여호와의 구원에 대해 감사 찬양을 한 것이다(2:2-9).

그러나 이 노래를 통해 묘사되고 있는 요나의 감사가 진정한 것인가는 논란이 많다. 3-4장에 묘사된 요나의 마음 자세가 1장의 모습과 비교해 크게 바뀌지 않았기 때문이다. 그러므로 물고기가 요나를 육지에 토해낸 이유는 평소에는 기도하지 않던 요나가 궁지에 몰려서야 기도하고[4] 또한 기도 내용이 너무 간사스러워 속이 매스꺼워진 물고기가 요나를 토해버렸다는 해석도 가능하다. 어찌 되었건 3-4장에 비추어진 요나의 모습이 2장에 묘사된 기도를 해석하는 데 상당히 부정적인 영향을 끼치고 있음은 사실이다.

물고기의 배에서 나온 요나는 어쩔 수 없이 니느웨로 갔다. 니느웨는 3일을 걸어야 두루 살필 수 있는 거대한 도시였다. 요나는 니느웨 사람이 여호와의 은혜를 입어 용서받는 것을 꺼려했지만 하나님의 손에서 벗어날 수 없음을 깨달았기에 마지못해 단 하루만 메시지를 전했다(3:3-4). 마음을 다해 경고한 것이라기보다 대충 말씀을 선포하는 시늉만 낸 것이다. 그것도 "회개하라"보다는 "망한다"라는 일방적인 메시지만 선포했다(3:4). 역시 요나는 즐거운 마음으로 사역에 임하기보다는 하나님의 주권에 마지못해 끌려가고 있다. 그리고 자신이 가장 염려했던 결과, 즉 선포된 하나님의 심판이 거두어지는 일이 현실로 드러났을 때, 요나는 하나님께 "차라리 죽여달라"고 소리쳤다. 그러나 하나님은 요나를 죽이지 않고 가르치며 잘못된 관점을 교정하기를 원하셨다.

요나서는 하나님의 절대 주권과 그의 종 요나의 인간적 의지가 빚어내는 갈등을 잘 묘사하고 있다. 실제로 니느웨가 하나님의 구원을 받은 것보다 요나와 하나님 사이에 빚어진 갈등에 초점을 맞추고 있다. 이 사실은 책이 48절로 형성된 반면에 요나가 실제로 니느웨에 전한 메시지의 분량은 고작 2분의 1절에 달한다는 것을 통해 잘 나타내고

4 거의 모든 영어 번역본이 2:1을 시작하는 접속사 ו를 "then"(그제서야)으로 번역하고 있다(NRSV, KJV, NKJV, ASV, RSV). 즉, 요나는 물고기 뱃속에 들어가서야 하나님께 기도했다는 의미다.

있다(3:4). 하나님이 끝까지 니느웨로 가기를 싫어했던 요나의 강한 의지를 꺾으면서까지 사용하신 것을 통해 경우에 따라 하나님은 '준비되지 않은 종'도 하나님의 절대 주권으로 굴복시켜서 쓰실 수 있음을 강조한다. 하나님의 주권과 섭리는 결코 한 가지 방법으로 제한할 수 없으며 경우에 따라서는 인간의 상상과 기대를 초월하는 방법을 사용하기도 하신다.

요나서는 하나님을 온 우주를 창조하고 통치하는 창조주로 묘사한다. 그분은 국수주의를 싫어하는 분이며 그분의 은혜는 국경과 민족을 초월하기에 누구든지 마음을 다해 주님을 찾으면 하나님은 기쁘게 맞아들이는 분이다. 물론 이것이 건강한 민족주의를 배척하는 것은 아니다. 그러나 한국 교회에 잠재적으로 도사리고 있는 민족 우월주의를 향해 강도 높은 경고가 되어야 한다. 또한 요나서는 하나님이 경우에 따라서 자신의 종의 의지를 완전히 꺾으면서까지 역사하신다는 것을 가르친다. 하나님은 준비된 사람을 쓰시지만, 필요에 따라서는 준비되지 않은 사람도 쓰시는 것이다.

7. 개요

이미 통일성 섹션에서 언급한 것처럼 요나서는 1장과 2장이 한 쌍이 되고, 3장과 4장이 다른 쌍이 되어 서로 평행을 이룬다. 이는 1장과 3장, 2장과 4장이 서로 닮은 꼴이라는 의미다. 실제로 1장과 3장은 문학적인 도구를 사용할 때도 평행을 이룬다(Youngblood). 크고 작은 풍자(satire) 사용이 그것인데 그중 대표적인 한 예를 생각해 보자. 풍랑을 만나 두려움에 휩싸여 있는 이방 선원들은 목숨을 부지하기 위해 인간이 할 수 있는 최선을 다하며(배의 무게를 줄이기 위하여 물건을 바다로 내던지는 것) 필사적으로 기도하고 있다(1:5). 그러나 그 누구보다도 열심히 기도해야 할 하나님의 종 요나는 배에서 깊은 잠에 취해 있다(1:5). 이런 하나님의 종을 선장이 깨워서 책망하며 기도하라고 명령한다. 이방인이 하나님의 선지자에게 기도하라며 책망하는 것은 성경 다른 곳에서 선지자와 이방인에 대해 접하는 내용과는 사뭇 다르다. 물고기 뱃속에서 극적으로 나오게 된 요나는 마지못해 니느웨로 가 다가오는 하나님의 심판을 선포한다(3:4). 그는 마음속으로 아무도 그의 음성을 들어주지 않을 것으로 생각했고 또 그렇게 되기를 원했다. 그래서 요나는 도시 곳곳에서 메시지를 전하면서 도시의 이쪽 끝에서 저쪽 끝까지 가려면 3일은 걸어야 하는 큰 성인 니느웨에서 단 하루만 메시지를 전한다(3:3-4). 그러나 요나의 무성의하고 간단한 메시지에 대한 니느웨의 반응은 의외였다. 왕을 포함한 온 백성이 베옷을 입고 금식하며 하나님께 매달리는 것이 아닌가!(3:5-6) 심지어는 말 못하는 짐승도 굵은 베옷을 입고 금식을 했다!(3:7) 즉, 1장과 3장은 매우 흥미로운 풍자들로 구성되어 있는 것이다.

1장과 3장에서 문학적인 도구인 풍자가 효과적으로 사용된 것처럼 2장과 4장에서도 한 도구가 매우 효율적으로 사용되고 있다. 일종의 과장법인 '그로테스크'(grotesque) 기법을 사용했다. 하나님은 큰 물고기를 보내셔서 바다에 던져진 요나를 삼키게 하고, 요나가 그 물고기 안에서 3일을 머물게 하신다. 요나를 삼킨 물고기의 정체는 중요하지 않다. 주석들을 살펴보면 물고기의 정체에 지나친 관심을 쏟다가 결국에는 물고기만 보고 그 물고기를 보내신 하나님을 보지 못한 경우가 많다. 단순히 요나가 특별한 해를 입지 않고 3일을 머물면서 기도할 수 있는 여건을 갖춘 물고기를 언급하고 있을 뿐이다. 그러나 어떤 물고기가 요나를 3일 동안이나 위액으로 삭이지 않고 살아남게 할 수 있었을까? 일종의 '그로테스크한 물고기'였던 것이 분명하다.

4장 역시 2장의 거대한 물고기 못지 않은 그로테스크한 요나의 반응이 있다. 하나님이 니느웨에 선언하신 재앙을 거두자 "매우 싫어하여 성내며"(4:1) 여호와께 자기를 죽여 달라고 소리지른다(4:3). 선지자로서 정도를 넘어선 지나친 반응이 아닌가? 반면에 요나는 더위에서 보호해주는 박넝쿨을 보고 "크게 기뻐했다"(4:6). 그러다가 박넝쿨이 벌레에 먹히자 요나는 다시 한 번 죽기를 구하며 "사는 것보다 죽는 것이 내게 나으니이다" 하고 하나님께 죽여 달라고 기도했다(4:8). 벌레 먹은 박넝쿨 하나 때문에 사람이—그것도 하나님의 선지자가—죽음을 구한다는 것은 그로테스크한 반응이 아닌가?

위와 같은 평행구조는 다음과 같은 이야기 전개에도 역력히 드러난다. (1) 이야기 무대(a stage)(1:1–3; 3:1–4), (2) 절정 전(前)단계 사건(a prepeak episode)(1:4–16; 3:5–10), (3) 절정 사건(a peak episode)(2:1–11; 4:1–11)(Longacre & Hwang, cf. Youngblood). 이처럼 1–2장과 3–4장이 서로 평행을 이루고 있는 상황은 이 섹션들이 사용하는 용어를 비교해 놓은 다음 도표에서도 그대로 나타난다(Magonet, cf. Trible).

1장	3장
여호와의 말씀이 요나에게 임하니라(1절) 소명: 일어나…가서…외치라(2절) 요나의 반응: 일어나–다시스로 가니라(3절) 임박한 재앙–큰 폭풍(4절) 임박한 재앙에 대한 사공들의 반응(5절) 선장이 폭풍에 대하여 하나님(אֱלֹהִים)께 부르짖으라 명령(6절) 선원들이 여호와의 뜻을 찾음(7–13절) 선원들이 여호와께 "우리를 멸망시키지 말라"고 기도(14절) 폭풍이 잠잠해짐(15절)	여호와의 말씀이 요나에게 임하니라(1절) 소명: 일어나…가서…선포하라(2절) 요나의 반응: 일어나–니느웨로 가니라(3절) 임박한 재앙 예언–니느웨에 외침(4절) 임박한 재앙에 대한 니느웨인의 반응(5절) 왕이 온 나라에게 베옷을 입고 하나님(אֱלֹהִים)께 부르짖으라 선포(6–8절) 왕이 니느웨 사람에게 하나님(אֱלֹהִים)께 '우리가 멸망치 않도록' 기도하라 명령(9절) 하나님이 '돌이키심'(10절)
2장	**4장**
요나가 구출되다 요나가 기도하다 하나님이 응답하시다	요나가 화를 내다 요나가 기도하다 하나님이 응답하시다

위 분석에서 4장을 4:1–4와 4:5–11등 둘로 나누어 요나서를 6파트가 아닌 7파트로 구분하는 학자들은 다음과 같은 평행적인 구조를 제시하기도 한다(Dorsey, Youngblood).

A. 무대 설정(stage setting)(1:1–4a)
  B. 절정 전(前)단계 사건(1:4b–2:1b)
    C. 절정 사건(2:1c–2:11)
A′. 무대 설정(stage setting)(3:1–3b)
  B′. 절정 전(前)단계 사건(3:3c–10)
    C′. 절정 사건(4:1–4)
      D. 절정 후(後) 사건(4:5–11)

그러나 평행 구조의 대안으로 이야기가 전개되는 장소와 등장인물에 기초하여 다음과 같은 구조가 제시될 수도 있다(Limburg, Youngblood, cf. Watson).

A. 이스라엘에서: 주님과 요나(1:1–3)
  B. 바다에서: 요나와 선원들(1:4–16)
    C. 고기 뱃속에서: 주님과 요나(1:17–2:10)
  B′. 니느웨에서: 주님, 요나, 니느웨 사람들(3:1–10)
A′. 니느웨 성 밖에서: 주님과 요나(4:1–11)

이 주석에서는 1–2장과 3–4장의 평행 관계를 염두에 두어 다음과 같은 분석을 바탕으로 본문을 해석해 나가고자 한다.

I. 요나가 하나님의 말씀을 거역함(1:1–16)
  A. 요나의 소명과 도주(1:1–3)

B. 요나가 풍랑을 만남(1:4-6)
C. 요나의 소명과 도주가 밝혀짐(1:7-10)
D. 요나가 풍랑에 던져짐(1:11-16)

II. 하나님이 요나를 구하심(1:17-2:10[2:1-11])
A. 요나가 구출됨(1:17-2:1)
B. 요나의 감사 찬양(2:2-9)
C. 요나가 땅 위를 걷게 됨(2:10)

III. 요나가 하나님의 말씀에 순종함(3:1-10)
A. 하나님의 니느웨에 대한 명령(3:1-3)
B. 요나의 말씀 선포와 니느웨의 반응(3:4-9)
C. 하나님의 니느웨에 대한 대응(3:10)

IV. 요나의 불만과 하나님의 반응(4:1-11)
A. 선지자의 항의(4:1-4)
B. 하나님의 실물교육(4:5-9)
C. 하나님의 응답(4:10-11)

엑스포지멘터리
선지서 개론

미가

EXPOSItory comMENTARY

미가

[6] 내가 무엇을 가지고 여호와 앞에 나아가며
높으신 하나님께 경배할까
내가 번제물로 일 년 된 송아지를 가지고 그 앞에 나아갈까
[7] 여호와께서 천천의 숫양이나 만만의 강물 같은 기름을 기뻐하실까
내 허물을 위하여 내 맏아들을,
내 영혼의 죄로 말미암아 내 몸의 열매를 드릴까
[8] 사람아 주께서 선한 것이 무엇임을 네게 보이셨나니
여호와께서 네게 구하시는 것은
오직 정의를 행하며 인자를 사랑하며
겸손하게 네 하나님과 함께 행하는 것이 아니냐
(6:6–8)

[2] 베들레헴 에브라다야
너는 유다 족속 중에 작을지라도
이스라엘을 다스릴 자가 네게서 내게로 나올 것이라
그의 근본은 상고에, 영원에 있느니라

3 그러므로 여인이 해산하기까지 그들을 붙여 두시겠고
그 후에는 그의 형제 가운데에 남은 자가 이스라엘 자손에게로 돌아오리니
4 그가 여호와의 능력과 그의 하나님 여호와의 이름의 위엄을 의지하고
서서 목축하니 그들이 거주할 것이라
이제 그가 창대하여 땅 끝까지 미치리라
(5:2–4)

미가는 남왕국 유다를 향한 하나님의 사회정의에 대한 지침과 그 요구를 채우지 못하는 당대 정권을 향해 유감없이 비난을 퍼부었던 선지자다. 그의 가슴에서는 하나님의 거룩한 분노가 폭발하고 있었고, 그의 입에서는 이 분노가 말씀의 불이 되어 죄로 얼룩진 사회에 유황불을 쏟아 내고 있었다. 이러한 이유에서 미가는 "남왕국의 아모스"라고도 불린다(Allen). 또한 동시대에 사역했던 선지자 이사야가 남긴 책의 분량에 비하면 미가서는 1/10 밖에 되지 않지만, 내용에 있어서는 이사야서만큼이나 명확하고 호소력이 있다 해서 미가서를 "작은 이사야서"라고 부르기도 한다. 마치 신약 학자들이 종종 갈라디아서를 "작은 로마서"로 부르는 것처럼 말이다.

선지자 미가는 비록 다른 책에 비해 상대적으로 짧은 책을 우리에게 남겼지만, 그의 책은 구약의 매우 중요한 신학적인 주제 세 가지를 논하고 있다. 곧 정의, 평화, 그리고 메시아다. 카터(Jimmy Carter)는 미국 대통령으로 취임하던 1977년 1월, "여호와께서 네게 구하시는 것이 오직 공의를 행하며 인자를 사랑하며 겸손히 네 하나님과 함께 행하는 것"(미 6:8 개역)이라는 말씀이 펼쳐진 성경에 손을 얹고 선서했으며, 취임 연설에서 이 말씀을 인용하였다(Limburg). 1959년 소련은 유엔(UN)에 동으로 된 동상을 선사했는데, 한 사람이 망치를 사용하여 칼을 쟁기로 바꾸는 모습이었다. 높이가 2.7m에 달하던 이 동상 밑에는 "우리는 칼을 쳐서 보습을 만들 것이다"라는 미가 4:3(cf. 사 2:4)의 말씀이 새겨져 있었다. 또한 우리가 크리스마스 때마다 부르는 "오 베들레헴 작은 골 너 잠들었느냐"로 시작하는 찬송가 역시 미가 5:2의 예언을 배경으로 한 것이다. 마태가 미가의 이 예언을 예수 그리스도께서 직접 성취한 것으로 해석했기 때문이다(마 2:6). 이처럼 미가서는 이 세상 각계각층의 사람들에게 다양한 도전과 소망을 주는 주제들로 가득 차 있다.

1. 선지자

미가서 1:1과 예레미야 26:18은 그를 "모레셋 사람 미가"(מִיכָה הַמֹּרַשְׁתִּי)라고 부른다. 일반적으로 선지자가 자신의 계보나 아버지의 이름을 밝히는 것에 비해 미가는 부모의 이름을 밝히지 않는다. 집안이 별로 내놓을 것이 없어서였을까 아니면, 너무나 잘 알려졌던 사람이라 별다른 소개가 필요 없었던 것일까? 사실은 다른 이유가 있는 듯하다. 그는 자신의 가문보다는 출생지와 연관되어 알려지는 것을 선호했다. 족보가 아니라 출신지와 연관해서 자신을 밝히는 선지자로는 미가 외에도 아모스와 나훔이 있다. 이 선지자들과 미가의 사역을 비교해 보면 한 가지 공통점이 있다. 세 선지자 모두 자신의 고향을 떠나 다른 곳에서 사역을 했다는 점이다. 아모스는 드고아를 떠나 북왕국으로 갔으며, 나훔은 아시리아의 니느웨를 찾아가 말씀을 선포했다. 미가는 고향 모레셋을 떠나 예루살렘에서 사역했다(Mays). 이 세 선지자들이 자신의 계보보다는 출신 지역과 연관되어 알려진 것은 그들이 정상적인 활동 영역을 벗어나 타 지역에서 사역했기 때문일 것이다. 또는 미가가 고향을 떠나 예루살렘으로 가게 된 동기는 그가 살던 성이 아시리아의 왕 산헤립의 손에 넘어갔기 때문이었을 수 있다(Sweeney).

모레셋(lit. "소유물, 재산")(Sweeney)은 예루살렘에서 남서쪽으로 35㎞ 떨어진 곳으로서, 해발 400m에 달하는 고지대의 작은 요새였으며 블레셋 사람들의 도시인 가드에서 15㎞ 정도밖에 떨어지지 않은 접경

지대에 있었다. 세블라 지역의 경계선이기도 한 이곳에 위치한 모레셋은 지중해 연안을 내려다보고 있었으며, 아스가(Azekah)에서 라기스(Lachish)까지 이어지는 주요 도로가 이곳을 지났다. 이처럼 전략적으로 중요한 지역이었기에 르호보암은 예루살렘이 서쪽에서 공격당하는 일을 방지하기 위하여 이곳을 요새화하였다. 모레셋은 결코 평범한 시골 도시가 아니었다(Mays). 요새화된 이후의 모레셋은 군사적 요충지였기에 종종 예루살렘에서 관료들과 군인들이 이곳을 순방했다. 그러나 이들의 노력에도 불구하고 모레셋은 아시리아의 산헤립이 주전 701년에 점령한 유다의 46개 성읍 중에 속하게 되었다(cf. ANET).

미가에 대하여 우리는 별로 아는 바가 없다(cf. Mason). 심지어 미가가 선지자였는지에 대하여 반문하는 학자들도 있다. 미가가 자신의 소명에 대하여 언급하지 않으며, "왕"이란 말 대신에 "두령과 치리자"를 사용하는 것, 그리고 그의 최고의 관심사가 "정의"라는 것을 근거로 그가 모레셋 지역의 유지 혹은 장로였다는 주장이 제시되기도 했다(Wolff; Carrera). 학자들에 따라 미가는 성전(聖殿) 선지자(성전에 머물면서 예배자들에게 하나님의 신탁을 예언해 준 선지자)라고 하기도 하고(Kapelrud), 모레셋에 많은 땅을 가진 지주였다고 하기도 한다(Rudolph). 그러나 대부분의 학자들은 미가가 전통적인 이스라엘의 선지자 대열에 속한다고 생각한다(Weiser; Mays; van der Woude). 한 가지 확실한 것은 미가는 성전이나 왕궁보다는 사람들이 모여 있는 시장과 도심에서 사역했던 선지자였다는 점이다(Mason).

선지자는 자신의 책에서 개인적인 정보나, 사역 중에 일어난 일에 대하여 전혀 언급하지 않는다. 다만 그는 자신이 여호와의 대변인으로 활동했으며, 요담(750-732 BC), 아하스(735-716 BC), 히스기야(716-687 BC)가 유다를 통치할 때 사역했다고 밝힐 뿐이다(1:1). 이 딜레(Thiele)의 연대들에 의하면 미가는 최고 50여 년 동안 사역을 했던 것으로 생각되지만, 그가 남긴 글의 분량은 사역 기간에 비해 상대적으로 적다. 이러한 이유에서 그가 매우 짧은 기간 사역했으며 아마도 그 기간이 산헤립이 예루살렘을 침략했던 주전 701년의 몇 개월이었을 것이라는 추측도 있다(Mays).

미가(מִיכָה)는 구약 시대에 상대적으로 널리 사용된 이름이었으며 "누가 여호와와 같으랴?"(여호와를 누구에게 비교하겠는가?)라는 의미를 지녔다. 그가 강조하고자 하는 믿음의 공동체를 향한 하나님의 관심을 묘사하는 데 매우 적절한 이름이다. 고대 근동의 신들은 대체로 인간의 삶에는 관심이 없었다. 그러나 이스라엘의 하나님 여호와는 다르시다. 그분은 자신의 백성들에게 매우 관심이 많으셔서 그들이 잘하면 세상의 그 누구보다도 기뻐하시지만, 잘못하면 분노하는 분이시다. 그러므로 하나님의 분노는 주의 백성들을 향한 애정과 관심의 표현이다.

미가는 공의와 정의 실현에 매우 갈증이 나 있던 사람이었다. 선지자는 여호와 종교가 이스라엘의 정치적/사회적 삶에 영향을 미치지 않는다면, 아무런 의미가 없다고 생각했다(Mason). 그는 힘과 권위를 누렸던 예루살렘의 권세가들을 대상으로 메시지를 선포하며(cf. 2:1f., 8f.; 3:1, 5, 9, 11; Mays), 지배층이 하나님이 세워 주신 기준들을 버리고 자신들의 이익만을 추구하며 힘없는 자들을 제물로 삼는 것에 분을 토했다(Allen). 선지자는 두령과 치리자들이 피로 예루살렘을 세워 나가고 있다고 비난한다(3:9f.). 그는 두 차례나 선지자들이 자신의 직분을 상업적으로 사용하고 있다는 말을 한다(3:5, 11). 제사장들도 예외는 아니었다(3:11). 썩어빠진 관료들과 종교 지도자들을 비난하는 미가는 서민의 관점에서 이 일을 수행하고 있었다(Mays; Allen). 그는 이들의 폭력에 희생되고 고통당하고 있는 백성들에 대한 깊은 관심뿐만 아니라 심적으로 그들과 함께하고 있다는 점을 그의 글에서 보여 주고 있다. 그는 권력자들에 의해 땅과 집을 잃고 심지어 자존감까지 잃게 된 서민들과 함께 호흡하고 있었던 것이다(2:1, 8f.; 3:2f.).

같은 시대에 같은 지역에서 사역했던 미가와 이사야의 메시지를 비교해 보면 한 가지 확연히 드러나는 차이점이 있다. 이사야는 사회 윤리뿐만 아니라 여호와 종교를 부패시키는 배교 행위, 정권의 외교 정책, 왕족들의 횡포에 대해서 관심을 보이지만, 미가는 오직 한 가지 주제에만 메시지의 초점을 맞춘다는 점이다. 즉, 지도자들의 물질에 대한 욕심과 이 경건치 못한 욕망이 빚어내는 정의에 대한 무관심만을 부각시킨다. 물론 이사야서에 비해 미가서가 짧은 책이기 때문에 이러한 현상이 포착되는 것이라 생각할 수 있지만, 미가의 관심이 그만큼 사회정의에 편중되어 있음을 의미하는 것으로 이해하는 것이 바람직하다.

선지자 이사야는 상류층 출신이라는 것이 학자들의 일반적인 결론이다. 그래서 그는 왕실에 자유자재로 드나들 수 있었으며 당시 주요 관료들 및 제사장들과도 섞일 수 있었다. 반면에 미가는 시골에 살던 서민 출신이었다(Mason). 그렇다면 이 두 선지자가 동일하게 사회정의를 외치지만, 이사야는 상류층의 관점에서, 미가는 서민의 관점에서 메시지를 외치고 있다는 것을 알게 된다. 한 선지자는 위에서 아래로 내려다보며, 다른 선지자는 아래에서 위를 올려다보며 똑같은 주제를 다루고 있는 것이다. 미가는 리더들의 혹독한 정책이 서민들에게 어떤 영향을 미치고 있는가를 정확히 알고 있었다. 일부 학자들은 히스기야의 종교개혁이 미가의 말씀 선포에서 비롯된 것이라고 생각한다(Kirkpatrick; Allen).

2. 역사적 정황

미가는 1:1에서 자신이 유다의 요담(750-732 BC), 아하스(735-716 BC), 히스기야(716-687 BC) 왕 시대에 사역했음을 밝히고 있다. 일부 학자들은 미가가 요담 왕 시대에 사역하지 않았다고 단정지으며(cf. Mason), 심지어 미가가 히스기야 시대에만 사역했다고 결론짓기도 한다(Mays). 그러나 대부분은 미가가 아무리 늦어도 아하스 시대에는 사역을 시작했던 것으로 생각한다(Thomas). 한 주석가는 미가의 사역 시대에 대하여 주전 725-690년을 제안한다(Smith). 대부분 학자들은 미가가 주전 730년대에는 사역을 시작했을 것으로 생각한다(Wolff; Limburg). 미가는 이사야 선지자의 뒤를 잇는 후배로 간주되기도 한다(Simundson).

이 시대는 남왕국 유다의 웃시야 왕과 북왕국 이스라엘의 여로보암 왕 때부터 시작된 괄목할만한 경제적 성장이 부분적으로나마 지속되던 때였다. 북왕국의 여로보암과 남왕국의 웃시야는 안정적인 정치, 지속적인 경제 구조 변화와 상업화를 통하여 두 왕국에 큰 경제적 부흥을 가져왔다. 그러나 과거에 경험하지 못했던 경제적 부흥은 이기주의, 인간적인 성취를 위해 종교를 이용하려는 열망, 개인적-사회적 가치관의 파괴 등 많은 후유증을 동반했다(Allen). 또한 이스라엘과 유다 사람들은 옛적에 하나님과 맺은 언약에 따라 살아가는 것에 대해 더 이상 관심을 가지지 않았다.

경제적 부흥이 가져온 또 하나의 문제는 분배 문제였다. 지배층을 비롯한 상류층은 경제적 르네상스를 누리고 있었던 것에 반해 서민들의 삶은 점점 어려워만 갔다. 선지자들과 제사장 등 종교적 지도자들도 당시의 분위기에 흠뻑 젖어들어 서민들에게 별다른 관심을 가지지 않았다. 우리는 이 시대 서민들의 애환과 고충을 미가를 통해서 들을 뿐 아니라, 동시대 선지자 이사야를 통해서도 듣는다(사 1:23; 3:12, 15; 5:8; 10:1f.).

웃시야의 죽음과 함께 시작된 것은 아시리아의 제국적 팽창과 야망이었다. 과거에도 아시리아는 서쪽과 남쪽으로 영향력을 행사했지만, 웃시야가 통치하던 시대에는 내부적인 갈등으로 인하여 국제무대에서의 영향력을 거의 행사하지 못하고 있었다. 요담의 통치가 시작되면서 지난 수십 년 동안 국제 정치에 관심을 가질 여력이 없었던 아시리아가 주전 746년 "아시리아의 나폴레옹"(Allen)이라고 불리는 디글랏빌레셀(Tiglath-pileser III)이 왕위에 오르면서 강력한 군사력을 앞세워 주변 국가 정복에 나섰다. 아시리아가 특별히 위협적이었던 것은 그들의 잔인성 때문이었다. 가나안 지역의 국가들이 대체로 자치 군대를 가지고 있었던 것에 비해, 아시리아는 많은 용병을 거느리고 있었다. 이 용병들은 속국들이 바치는 조공으로 유지되었기에 이를 위해 각 나라들로부터 큰 액수를 징수했을 뿐만 아니라, 거부하거나 반역하는 국가는 무차별하게 짓밟고 용병들로 하여금 약탈하게 했다. 한 예로 라기스의 한 구덩이에서 산헤립이 잔인하게 처형했던 1,500여 명의 유골이 그의 군대가 버린 쓰레기와 범벅이 되어 발굴되었다(Waltke).

아시리아의 국제적 야심에 위협을 느낀 북왕국 이스라엘과 시리아가 반(反)아시리아 연합전선을 펼치고 남왕국 유다의 왕 아하스에게도 이 동맹에 가입할 것을 강요했다. 그러나 아하스는 그들의 요구를 거부하였고, 이에 화가 난 이스라엘의 왕 베가와 시리아의 왕 르신은 주전 733/732년경에 예루살렘을 침략했다. 그들은 아하스를 제거하고 꼭두각시 왕을 유다에 세우려 했다(cf. 사 7장). 예루살렘이 연합군에 포위된 상황에서 이사야 선지자는 아하스를 찾아가 하나님의 구원을 선포했지만, 왕은 하나님이 아닌 아시리아 왕을 믿기로 했다. 믿음에서 비롯된 해결책보다는 외교적인 방법을 동원했던 것이다. 아하스는 많은 돈을 아시리아 왕에게 보내고 예루살렘을 포위하고 있는 연합군을 물리쳐 달라고 부탁했다. 아하스의 부탁은 아시리아에게 일석이조(一石二鳥)의 좋은 기회를 제공했다. 거금도 받고, 아시리아를 견제하기 위하여 연합전선을 펼치고 있는 아시리아의 적인 이스라엘과 시리아를 치게 된 것이다.

이 일로 인하여 아시리아는 가나안 정치에 깊이 관여하게 되었으며, 그들을 가나안 땅으로 초청한 유다도 속국으로 만들어 버렸다. 아시리아는 호세아가 북왕국 이스라엘의 왕 베가를 암살하고 왕이 되자 호세아로부터 많은 돈을 받고 그를 이스라엘의 왕으로 인준해 주었으며 매년 큰 액수의 조공을 요구했다. 호세아가 이스라엘의 왕으로 인준받기 위하여 디글랏빌레셀에게 지불한 금액은 금 10달란트에 은 1,000달란트에 달했다(ANET, 282-88). 선지자들의 관점에서 볼 때, 아시리아의 성지(聖地) 점령은 놀랄 만한 일이 아니었다. 이것은 이스라엘 두 왕국의 지속된 죄에 대하여 하나님이 경고하신 대로 징계를 받고 있는 것에 불과했기 때문이다(cf. 레 26; 신 28:15-68).

이때부터 유다는 100여 년 후 바빌론이 근동의 슈퍼파워로 부상할 때까지 아시리아의 지속적인 지배에 시달려야 했다. 아시리아는 가나안 지역에 발을 들여 놓은 지 불과 1-2년 만에 시리아를 정복하였으며, 10년 후인 주전 722년에 북왕국 이스라엘이 그들의 손에 최후를 맞았다. 호세아가 아시리아에 조공을 바치던 것을 멈추자 살만에셀(Shalmaneser V, 726-722 BC)이 주전 725년에 이스라엘을 공격해 왔으며, 사마리아가 포위된 상태에서 그가 주전 722년 12월에 죽자, 후계자 사르곤(Sargon II, 722-705 BC)(일부 학자들은 사르곤이 살만에셀을 살해한 것으로 추측한다)이 대를 이어 성을 함락시켰던 것이다(cf. 왕하 17장). 아시리아 사람들은 재정복한 국가에서 반역이 재발되는 것을 방지하기 위하여 제정한 정책에 따라 북왕국 이스라엘 사회의 상류층을 비롯한 많은 사람들을 끌고 갔으며, 이스라엘 땅에는 다른 곳의 주민들을 끌고 와 국제결혼을 강요했다. 사르곤이 이때 북왕국에서 끌고 간 사람의 숫자는 2만 7,290명으로 기록되어 있다(왕하 17:6; cf. 왕하 16:9). 이때 북왕국 이스라엘 사람들 중 상당수가 남왕국 유다의 수도 예루살렘으로 피신해 예루살렘의 인구가 상당히 증가하기도 했다(Simundson). 열왕기 저자는 북왕국이 망한 이유에 대하여 긴 신학적 해석을 제시한다(왕하 17:7-23). 이스라엘이 하나님께 온갖 죄를 다 지었기 때문에 일어난 일이라는 것이다. 그 외에도 아시리아는 주전 721-720, 714-701년에 가나안 지역 평정에 나섰다.

유다는 자매 나라 이스라엘이 당했던 지속된 어려움과 최종적 멸망이 종교적인 이유에서 비롯된 것임을 깨닫지 못했다. 아하스는 노골적으로 아시리아의 신을 섬겼을 뿐만 아니라, 자신의 아들마저 불사르는 이교적인 행위를 마다하지 않았다(cf. 왕하 16:3, 9-18). 왕이 전심을 다해서 여호와 하나님께 매달려야 할 때에 이처럼 가증스러운 짓을 하고 있었으니, 이 나라의 미래가 불투명한 것은 당연한 것이다. 유다는 또한 아시리아에 대항하는 것이 얼마나 큰 대가를 요구하는가에 대한 정치적 교훈도 얻지 못했다. 이집트의 압력과 블레셋, 페니키아 등 주변 국가들의 꾐에 넘어가 유다의 왕 히스기야가 이들과 함께 아시리아에 반기를 들었던 것이다. 이 반(反)아시리아 동맹국에 므로닥발라단의 바빌론도 참여했다(Waltke). 이사야는 히스기야의 외교 정책을 강력하게 비난했지만 아무 소용없었다(cf. 사 20장).

그때 아시리아는 사르곤이 통치하고 있었다. 사르곤은 가나안 지역 국가들의 반역을 잠재우기 위하여 주전 712년에 서쪽으로 진군하기 시작했다. 히스기야는 아시리아의 침략에 대비하여 예루살렘과 아시리아 군이 예루살렘으로 진군할 때 이용할만한 길목의 성읍들을 요새화하였다. 이 프로젝트 역시 많은 돈을 필요로 했는데, 모두 세금으로 충당했기 때문에 서민들의 고통은 이루 말할 수 없었다(Simundson). 이때 완성된 프로젝트들 중 하나가 예루살렘의 식수(食水)를 성 밖에 있는 샘에서 성안으로 끌어오게 하는 실로암 터널이었다.

산헤립의 지휘 아래 아시리아의 군대는 주전 703-701년 사이에 반역에 가담한 가나안 지역의 나라들을 하나씩 점령해 나갔다. 유다도 주전 701년에 풍전등화(風前燈火)의 위기를 맞았지만, 다행히 하나님이 그들을 도우셨으므로 멸망하지 않았다. 기록에 의하면 이때 산헤립은 유다에 속한 46개 성읍을 별다른 저항 없이 접수하였으며 예루살렘만 남겨둔 상태였다. 아시리아 군에게 포위된 예루살렘에는 평상시 인구보다 3-4배 가량 많은 사람들이 살고 있었다(Broshi). 유다 사람들이 아시리아 군의 정복을 피해 이 도성으로 몰려든 것이다. 그러나 예루살렘은 아시리아의 손에 넘어가지 않았다. 산헤립이 남긴 기록에도 그가 예루살렘에 입성했다는 말은 없다.

"나의 멍에에 항복하지 않은 유다 사람 히스기야의 요새 도시 46개와 많은 마을들을 점령했다.…나는 이 도시들을 포위하고 정복했다. 노획물로 20만 150명을 이곳[아시리아]으로 끌어 왔다. 나는 새를 새장에 가두듯이 히스기야를 그의 왕족 도시 예루살렘에 가두었다"(ANET).

유다가 위기를 모면할 수 있었던 것은 히스기야의 지속적인 종교개혁과 믿음에서 비롯된 축복의 결과였다. 그는 왕이 된 후 그의 아버지 아하스가 폐쇄했던 예루살렘 성전 문을 다시 열고 보수했다(대하 28:24; 29:3-5). 미가가 사역을 시작한 시기를 요담 왕 시대로 본다면 미가의 주요 사역이 유다와 이스라엘이 아시리아로부터 이와 같은 위기를 맞고 있을 때에 이루어졌음을 추측할 수 있다(Mason). 히스기야는 종교를 개혁했을 뿐만 아니라 아시리아 군의 침략에 대비하여 예루살렘 성 밖에 있는 기혼 샘에서 성안으로 물을 끌어들이는 터널을 만들었다(왕하 20:20-21). 길이가 550m에 달하는 이 터널에는 실로암 기념문(Siloam Inscription)이 새겨져 있으며 주전 702년에 완공된 것으로 추측된다(ANET; cf. Gibson).

국제 정세가 불안하니 유다의 내부 정세도 좋을 리 없었다. 가뜩이나 빈익빈 부익부(貧益貧 富益富) 현상이 두드러지고 경제정의가 실현되지 않던 상황에서 불안한 국제 정세는 하나님 백성이라는 공동체 정신을 갈수록 약화시켰다. 결과적으로 사회 전반에는 한탕주의뿐만 아니라 남에게 해를 입혀서라도 자신의 욕구를 채우고자 하는 사고가 팽배해졌다. 그러므로 있는 자들은 더욱더 갖기 위하여 고리대금업 등을 통하여 가난한 자들을 착취했으며, 권세가들은 뇌물을 받고 힘있는 자들과 부유층의 손을 들어주었다. 정의를 수호하는 일에 전력을 다해야 할 사람들이 자신들에게 주어진 권력을 남용하여 사회의 "작은 자들"

을 울렸던 것이다(Mason). 이렇게 혼란한 시대가 선지자 미가가 사역하던 시대였다.

3. 다른 책들과의 관계

미가서가 때로는 "작은 이사야서"로, 선지자가 "남왕국의 아모스"라는 별명으로 불리는 것은 이 책들과의 밀접한 연관성을 전제한다. 실제로 미가서는 내용 면에서 공의와 정의를 맹렬하게 부르짖는 아모스서와 깊은 연관이 있다. 또한 미가 4:1-3은 이사야 2:2-5과 거의 흡사하다. 그래서 학자들은 미가서가 이사야서를, 혹은 이사야서가 미가서를 인용한 것으로 생각하기도 하고, 제3의 출처를 두 선지자가 인용한 것이라고 하기도 한다. 미가와 이사야가 거의 같은 시대에 사역했다는 점을 고려할 때 충분히 가능한 일이다. 그러나 미가서와 나머지 정경들과의 연관성은 미가서가 12소선지서에서 어떤 위치에 있는가를 바탕으로 생각해 보아야 한다.

미가서는 12소선지서들 중 마소라 사본에서는 여섯 번째로 등장하고 칠십인역에서는 세 번째로 등장하는 책이다. 미가서의 내용이 북왕국이 아시리아에 의하여 멸망하는 것을 남왕국 유다가 장차 체험할 심판의 모델로 삼고 있다는 점(1-3장)과, 유다와 예루살렘이 바빌론으로 끌려갈 것이지만 훗날 시온이 온 세상의 중심으로 회복될 것을 노래하는 것(4-5장)은 마소라 사본과 칠십인역의 12소선지서 순서에서 미가서가 갖는 중요한 역할을 드러낸다(Sweeney).

미가서는 마소라 사본에서 오바댜서와 요나서를 뒤따르고 있는데, 오바댜서는 여호와의 열방에 대한 심판을, 요나서는 하나님의 이방 국가들에 대한 자비를 강조하는 책이다. 미가서의 뒤를 잇는 책은 나훔서, 하박국서, 스바냐서 등이다. 나훔서는 니느웨의 멸망을, 하박국서는 바빌론의 위협을, 스바냐서는 심판을 받은 유다에게 하나님의 말씀에 순종할 것을 호소한다. 이러한 순서 속에서 미가서는 이스라엘과 유다가 먼저 아시리아와 바빌론에 의하여 고통을 당한 후에 영광스러운 회복을 체험할 것을 선포한다(Sweeney).

칠십인역에서 미가서는 호세아서와 아모스서를 뒤따른다. 이 두 책은 북왕국에 대한 심판을 예언한다. 미가서를 뒤따르는 책들은 요엘서, 오바댜서, 요나서 등이다. 요엘서는 여호와께서 어떻게 시온을 열방의 위협에서 구원하실 것인가를, 오바댜서는 하나님이 열방의 상징인 에돔을 심판하실 것을, 요나서는 하나님이 열방을 대표하는 아시리아에게 자비를 베푸실 것을 선언하는 책들이다. 이러한 구조 속에서 미가서는 북왕국 이스라엘의 멸망은 남왕국 유다와 예루살렘뿐만 아니라 온 열방에 임할 심판의 예고임을 선언한다(Sweeney). 또한 이스라엘 자매 나라들과 열방들의 심판 중심에 서 있는 미가서가 열방이 시온과 함께 평안할 것이라는 비전을 함께 제시하는 것은 여호와의 세상에 대한 최종적인 계획을 부각시키는 칠십인역의 소선지서 구조에 적절한 것이다(Sweeney).

4. 통일성

대부분의 학자들은 1-3장이 8세기 선지자 미가에게서 비롯되었다는 것에 동의한다. 그러나 4-7장의 저자권에 대하여는 추측이 난무하다(cf. Wolff; Limburg; Mays). 미가서의 통일성에 대하여 처음으로 문제가 제기된 때는 1881년이며 스타데(Bernhard Stade)라는 학자에 의해서였다(Harrison). 그는 4-7장이 포로시대나 포로기 이후 시대에 저작된 것이며 8세기 선지자 미가의 글이 아니라고 주장했다. 그는 주의 백성들에게 공의와 정의를 행하여 하나님의 심판을 멈추도록 하라는 6-7장의 말씀은 도저히 미가에게서 비롯된 것이라 볼 수 없다고 주장했다. 그 후 많은 학자들이 그의 주장을 수용하며 크게 여섯 가지의 이유를 제시했다(cf. Davis). 그러나 이러한 결론 역시 전제 조건들에서 비롯된 것이지 어떠한 역사적 증거나 언어적인 물증이 있어서 내려진 결론은 아니다. 그래서 오늘날에 와서는 비평학자들도 편집 비평의 결과에 대하여 문제를 제기한다(Hillers).

미가서가 오랜 세월을 거치면서 여러 사람에 의해 편집되었다며 텍스트를 시대별로 세분화시킨 일은, 19세기 말부터 20세기 중반까지 구약 학계를 휩쓸었던 이스라엘 종교의 "진화적 성향"에 의한 선입견에서 비롯된 것일 뿐이다. 오히려 미가가 히스기야를 설득시켰다는 예레미야서 26:18의 말씀을 사실로 수용한다면 이 섹션들은 미가 선지자로부터 비롯되었다는 것이 확실하다(Sweeney). 그러므로 이것은 별로 설득력 있는 주장이 아니며, 1:1에서 주어진 정보에 근거하여 미가가 모두 저작한 것으로 보는 데 별다른 문제가 없다(Waltke; Barker; Allen).

5. 신학과 메시지

대체로 선지자들은 권세가들에게는 경고와 비난을, 그리고 이 권세가들에게 농락당하는 자들에게는 위로와 소망을 제시한다. 미가서도 이러한 성격의 메시지를 전하고 있다(cf. 5:2). 미가 선지자가 전하고자 하는 중심 메시지를 한마디로 요약한다면 다음과 같다. "여호와께서 불변의 멸망을 사마리아와 예루살렘과 유다의 도시들에 내리려 하신다"(Wolff). 누르는 자들과 짓눌린 자들이 함께 망할 것이라는 경고가 이 책의 중심을 이루고 있는 것이다. 미가는 자신이 전하는 메시지의 성향을 하나님이 언약 백성에게 소송을 제기하는 것(1:2-7; 2:6-11; 3:1-4, 9-12; 6:1-16)과 여호와께서 그들의 죄에 대하여 심판을 내리실 것(3:8) 등을 역설하면서 부각시킨다. 뿐만 아니라 미가서에는 다른 선지서에서 자주 접하는 권면(exhortation)이나 가르침(instruction)이 보이지 않는다(예, "여호와께 돌아오라")(Clendenen). 아마도 죄의 심각성과 임박한 심판을 부각하기 위하여 권면을 뺀 듯하다.

그는 사마리아의 멸망은 앞으로 예루살렘과 유다의 성읍에 임할 하나님의 심판의 전초전에 불과하다고 한다(1:6). 사마리아는 파괴될 것이며(1:6), 예루살렘도 멸망할 것이며, 성전이 서 있던 언덕은 황무지로 변할 것이다(3:12). 현재 권력을 누리고 있는 권세가들은 모든 재산을 잃게 될 뿐만 아니라 노예가 될 것이다(2:3ff.). 이스라엘의 자녀들이 강제로 끌려갈 것이며(1:16), 이스라엘은 이방인 군대에 의하여 점령당할 것이다(1:15). 하나님은 심지어 하나님과 가장 가까이 서 있다고 자부하는 사람들에게서 당신 자신을 거두시고 완전한 침묵으로 대체하신다(3:4, 7, 12). 재앙은 다름 아닌 여호와께로부터 오는 것이기 때문에 피할 길도 없다.

재앙에 대한 책임이 정치, 사회, 그리고 종교 지도자들에게 있다는 것이 선지자의 주장이다. 유다의 수도 예루살렘에서 남서쪽으로 40㎞ 떨어진 작은 마을 출신인 선지자가 예루살렘을 찾았을 때 그의 눈에 들어온 것은 끊임없는 지도층의 부패와 타락이었다. 가난한 자들의 대변인으로서 미가는 권력을 남용하고 오용하여 서민들을 괴롭히는 자들에게 분노를 쏟아냈다. 이기적이고 사치스러운 생활을 하는 자들이 아무리 귀한 제물을 하나님께 바친다 해도 하나님께는 그들이 단지 서민들의 피를 빨며 사는 흡혈귀에 지나지 않는다는 것이다(Robinson). 미가는 또한 임박한 하나님의 심판에 대하여 지도자들에게 책임을 추궁했다. 비록 책임 추궁은 지도자들이 받지만, 대가는 모든 백성이 치러야 하는 것이 공동체의 현실이었다. 그러므로 온 이스라엘과 유다를 삼킬 심판은 남녀노소(男女老少), 빈부귀천(貧富貴賤)을 따지지 않고 주의 백성들에게 임할 것이라는 메시지가 선포되고 있다.

6. 구조와 개요

미가서를 작은 단위로 나누는 것은 매우 쉽다. 학자들은 미가서를 약 20개의 단위(discourse/pericope)로 나눈다. 이 작은 섹션들은 또한 균형이 잡힌 대칭적인 구조로 묶을 수 있다. 문제는 이 작은 단위들을 최종적으로 묶는 대칭 구조가 어떤 것이냐 하는 점이다. 학자들은 다양한 제안을 했다(cf. Hagstrom; Willis). 첫 번째 제안은 미가서를 1–3장(심판), 4–5장(소망), 그리고 6–7장(심판) 등 세 섹션으로 나누는 것이다(Simundson). 그러나 이 제안은 책의 최종적인 형태보다는 역사 비평학적인 측면에서 얻어진 결과에 의존한다. 즉, 두 번째와 세 번째 섹션이 서로 다른 시대에 저작되어 미가서에 첨부된 것이기 때문에 이 각 섹션들이 통일성을 지닐 것이라는 전제에서 비롯된 것이다(Hagstrom). 또한 각 섹션은 소망과 심판을 함께 담고 있다.

두 번째 제안은 1–3장, 4–5장, 6:1–7:7, 7:8–20 등으로 네 등분하는 것이다(Wolff). 첫 번째 섹션(1–3장)은 죄와 심판을 선언하며, 두 번째 섹션(4–5장)은 예루살렘과 이스라엘의 구원 약속이다. 세 번째 섹션(6:1–7:7)은 포로기 이후 시대에 살던 사람이 미가의 메시지를 자신이 살고 있는 시대적 상황 속에서 해석한 것이며, 7:8–20은 온 백성이 예배에서 고백한 내용이라고 한다. 이 제안 역시 역사 비평학적인 시각에서 본 책의 진화 과정에 근거를 둔 것일 뿐이다.

세 번째 제안은 책을 1–5장, 6–7장 등 두 섹션으로 구분하는 것이다. 이 경우 1–5장은 열방에 선포된 말씀으로, 6–7장은 이스라엘에게 선포된 것으로 간주된다(Mays). 이 두 섹션은 "들으라"는 동일한 문구로 시작하며, 언약소송 양식을 취하는 공통점이 있다. 문제는 이처럼 미가서를 2등분할 경우 각 섹션에 있는 다양한 내용들이 제대로 반영되지 않는다는 점이다(Barker).

네 번째 제안은 1–2장, 3–5장, 6–7장 등 미가서를 세 섹션으로 구분하는 것이다(Allen; Waltke; Barker; Willis; Childs). 각 섹션은 "들으라"는 말로 시작되며, 각 섹션마다 심판으로 시작해서 소망으로 끝나는 공통점을 지녔다. 또한 1–2장(A)–3–5장(B)–6–7장(A')의 구조를 지니고 있으며, A에 속한 1–2장과 6–7장에서는 심판이 많은 비중을 차지하고 있는 반면에 B를 형성하고 있는 3–5장에서는 구원이 큰 비중을 차지한다(Willis). 다섯 번째 제안은 미가서를 1:1–16, 2:1–5:15, 6:1–16, 7:1–20 등으로 4등분 하는 것이다(Sweeney).

위 다섯 가지 제안들 중 가장 많은 학자들의 지지를 받고 있는 것은 1–2장, 3–5장, 6–7장 등 세 섹션으로 구분하는 네 번째 제안이다. 이 제안의 장점은 문체적 변화와 주제적 통일성, 변화를 적절하게 배합했다는 것이다. 간단히 요약하자면 다음과 같은 구조로 구분할 수 있다(cf. Childs).

A. 첫 번째 사이클 1. 심판(1:2–2:11)
2. 구원(2:12–13)
B. 두 번째 사이클 1. 심판(3장)
2. 구원(4–5장)
C. 세 번째 사이클 1. 심판(6:1–7:7)
2. 구원(7:8–20)

위에서 제시된 책의 주요 섹션 구분을 바탕으로 이 책에서는 다음과 같은 분석을 기본으로 하고자 한다.

Ⅰ. 주께서 정의를 세우기 위하여 오심(1:1–2:13)
1장. 표제(1:1)
2장. 주께서 백성을 심판하심(1:2–16)
3장. 유다가 심판받아야 할 이유(2:1–11)

4장. 주께서 남은 자를 모으심(2:12–13)

Ⅱ. 예루살렘의 옛 영화가 회복됨(3:1–5:15)

1장. 예루살렘의 부패한 지도자들(3:1–12)

2장. 예루살렘의 회복과 영화(4:1–8)

3장. 예루살렘의 고통과 궁극적인 회복(4:9–5:9)

4장. 이스라엘의 정화와 열방 심판(5:10–15)

Ⅲ. 하나님께서 죄를 사하심(6:1–7:20)

1장. 비난과 심판(6:1–16)

2장. 썩은 사회에 대한 탄식(7:1–7)

3장. 확실한 소망과 기도(7:8–20)

엑스포지멘터리
선지서 개론

나훔

EXPOSItory comMENTARY

나훔

6 누가 능히 그의 분노 앞에 서며
누가 능히 그의 진노를 감당하랴
그의 진노가 불처럼 쏟아지니
그로 말미암아 바위들이 깨지는도다
7 여호와는 선하시며 환난 날에 산성이시라
그는 자기에게 피하는 자들을 아시느니라
(1:6-7)

볼지어다 아름다운 소식을 알리고
화평을 전하는 자의 발이 산 위에 있도다
유다야 네 절기를 지키고 네 서원을 갚을지어다
악인이 진멸되었으니
그가 다시는 네 가운데로 통행하지 아니하리로다 하시니라
(1:15)

나훔서는 회개와 용서 또는 소망적인 메시지는 거의 언급하지 않고

대부분 일방적으로 심판만을 선언하고 있다 하여 때로는 "혐오 찬송"(hymn of hate)으로 취급되기도 한다. 정죄와 심판을 핵심적인 주제로 다루고 있는 나훔서는 그리스도인이 그다지 반기지 않는 책이다. 오늘날 이 책은 그리스도인에게 거의 잊혀진 책이 되었을 뿐 아니라, 무한한 사랑과 자비와 용서만을 선포하는 교회에게는 당혹감과 난처함을 안겨다 준 책이기도 하다.

선지자 나훔은 유다를 잔인하게 지배하며 괴롭히던 종주국 아시리아의 멸망을 예언함으로써 머지않아 구원과 자유가 주의 백성에게 임할 것을 선언한다. 그러나 나훔의 메시지는 유다 역사의 한순간뿐만 아니라, 시간과 장소를 초월하여 언제 어디서든지 여호와의 백성을 핍박하는 악한 세력은 망한다는 것으로써, 고통당하는 주의 백성을 위로하는 책이다. 또한 약자들을 짓밟는 모든 자들에게 하나님의 심판이 반드시 있을 것이라고 경고하는 메시지이기도 하다. 때로는 하나님의 심판이 더디게 오는 것 같지만, 반드시 올 것이며, 심판이 임하는 날 사람들이 누구와 무엇을 신뢰하는가가 결정적인 이슈가 될 것이다(Bruckner). 이러한 차원에서 나훔서는 아시리아, 바빌론, 그리스, 로마 제국 등을 비롯해서 현대사에 등장하는 나치, 공산당 등 어떠한 권세와 세력이든 하나님의 백성의 자유를 구속하고 그들을 핍박하는 모든 민족들에게 경종을 울리는 메시지를 선포한다. 때로는 주의 백성을 억압하는 악의 세력이 영원히 지속될 것 같지만, 하나님의 심판을 받아 아시리아가 순식간에 멸망한 것처럼 반드시 파멸하게 될 것이라는 경고가 바로 나훔의 메시지다.

1. 선지자

이 책이 나훔이란 이름과 연관되어 있다는 것 외에 그에 대하여 알려진 것은 거의 없다. 그의 이름 나훔(נַחוּם)은 히브리어 동사 '위로하다'(נחם)(cf. 사 40:1)의 파생어이며 "느헤미야"(נְחֶמְיָה: "여호와께서 위로하셨다")의 준말일 수도 있고 "위로자"라는 의미를 지닌 이름일 수도 있다(Bruckner; cf. HALOT). 나훔의 메시지가 이스라엘을 괴롭히는 원수의 종말을 예고하는 것과 잘 어울리는 이름으로 생각된다(Bailey). 학자들은 나훔서에 근거하여 그를 위대한 사람으로(Maier), 하나님과 그의 말씀에 대하여 매우 깊은 견해를 가졌으며 역사와 사회의 흐름을 읽었던 통찰력을 지닌 선지자로(Patterson) 평가하기도 한다.

한때 학자들은 나훔이 예루살렘 성전에서 사역한 성전 선지자(cultic prophet)라고 했다(Jeremias). 그가 유다의 원수들에게 맹렬한 비난을 퍼부어댄다는 이유에서였다. 그러나 이러한 추측은 선지자들과 그들의 사역에 대한 매우 편협한 이해에서 비롯되었다는 것이 오늘날 학자들의 결론이다. 선지자들이 누구를 비난하는가가 그들의 사역의 성향이나 양상을 결정할 수 없기 때문이다(Sweeney).

나훔은 이스라엘이 아시리아의 통치하에 있을 때 태어나 사역했다. 그는 아시리아와 같은 악의 세력은 결코 오래 존속하지 않을 것이며 분명히 멸망할 것이라는 확신 속에서 메시지를 전했다. 이 과정에서 그는 아시리아의 잔인성과 반인륜적인 행위에 의로운 분노(righteous indignation)를 표출했다(Heflin). 나훔은 엘고스 사람(הָאֶלְקֹשִׁי)이었다고 기록하고 있는데(1:1), 엘고스가 어디에 위치했는지 아직까지 밝혀진 바가 없으며, 이 도시(지역)가 아시리아, 갈릴리, 유다의 일부였을 것이라는 추측만 난무할 뿐이다(cf. Sweeney).

2. 역사적 정황

책 안에서 발견되는 몇 개의 역사적 힌트로 나훔서의 저작 연대를 주전 663년에서 612년 사이로 가늠할 수 있다(cf. Floyd). 3:8-10은 나훔이 고대 이집트의 수도였던 테베(노아몬)가 아시리아의 손에 함락된 직후에 활동했음을 시사하고 있다. “네가 어찌 노아몬보다 낫겠느냐 그는 강들 사이에 있으므로 물이 둘렸으니 바다가 성루가 되었고 바다가 방어벽이 되었으며 구스와 애굽은 그의 힘이 강하여 끝이 없었고 붓과 루빔이 그를 돕는 자가 되었으나 그가 포로가 되어 사로잡혀 갔고 그의 어린 아이들은 길 모퉁이 모퉁이에 메어침을 당하여 부서졌으며 그의 존귀한 자들은 제비 뽑혀 나뉘었고 그의 모든 권세자들은 사슬에 결박되었나니”. 테베(Thebes)는 나일 강 상류에 위치했으며 험한 지형과 나일 강에 의하여 보호되었던 천연요새로서 도저히 공략할 수 없는 도시로 여겨졌다. 그러므로 아시리아 군이 주전 663년에 이 성을 탈취한 것은 매우 대단한 업적으로 평가되었다(Floyd).

고대 근동 자료에 의하면 아시리아의 수도 니느웨가 메대 사람들에 의하여 주전 625년에 정복당한 일이 있었다. 상당수의 학자들은 나훔이 바로 이때를 전후로 메시지를 선포했을 것으로 간주하기도 한다(Soggin; Kaiser; Cathcart; Roberts). 그러나 니느웨는 다시 주전 612년에 메대-바빌론 연합군에게 함락되어 다시는 과거의 영광을 회복하지 못했다. 몇몇 학자들은 나훔이 주전 612년에 있었던 니느웨의 멸망 이후에 자신의 책을 정리한 것이라고 주장한다(Fohrer; Eissfeldt; Ackroyd; Weiser). 그러나 대부분의 학자들은 나훔서가 니느웨의 주전 612년 멸망을 가까운 미래의 일을 암시하고 있는 것으로 해석한다(Sweeney; Achtemeier; Bailey). 나훔이 메시지를 선포한 연대가 이보다 한참 전이었다는 주장도 있다(Meier; Longman; Rudolph).

성경에서 때로는 “불”로 알려지기도 한 디글랏빌레셀(Tiglath-pileser III, 745-727 BC)이 아시리아의 왕위에 오른 후 아시리아는 고대근동의 제국으로 자리를 잡았다. 종주국의 위치에서 군림했던 아시리아는 단순히 종속국들의 정치에 관여하며 조공을 받는 데에 그치지 않고 그들의 사회, 종교에도 영향력을 행사한 나라였다. 이런 상황에서 약소국가인 유다와 이스라엘의 처지는 당연히 어려울 수밖에 없었다.

열왕기하는 유다의 아하스와 이스라엘의 므나헴이 디글랏빌레셀과 어떤 관계에 놓여 있었는지 잘 묘사하고 있다. 북왕국의 므나헴은 디글랏빌레셀로부터 자기 정권의 정당성을 인정받기 위하여 그에게 은 1,000달란트를 주었다. "앗수르 왕 불이 와서 그 땅을 치려 하매 므나헴이 은 천 달란트를 불에게 주어서 그로 자기를 도와주게 함으로 나라를 자기 손에 굳게 세우고자 하여 그 은을 이스라엘 모든 큰 부자에게서 강탈하여 각 사람에게 은 오십 세겔씩 내게 하여 앗수르 왕에게 주었더니 이에 앗수르 왕이 되돌아가 그 땅에 머물지 아니하였더라"(왕하 15:19-20). 유다 왕 아하스는 시리아의 르신과 이스라엘의 베가가 반아시리아 반역에 가담하지 않은 그를 치기 위하여 예루살렘을 공략했을 때, 사람을 보내 디글랏빌레셀의 도움을 받아 위기를 모면했다. 이 일이 있은 후 아시리아의 신을 숭배하는 제단이 예루살렘에 세워졌으며(왕하 16:10-16), 이들의 정치-경제적인 압박은 나훔 선지자가 활약하던 시대까지 지속되었다.

아하스 시대부터 유다는 100여 년 동안 아시리아의 종속국으로 존재했다. 아시리아는 유다 사람들에게 있어 그들을 억압하는 혹독하고 무자비한 종주국이었다. 이스라엘에게 한없이 잔인하기만 했던 아시리아는 니느웨를 중심으로 형성된 나라였다. 니느웨는 도시 중심을 흐르는 코서(Khoser) 강에 의하여 남과 북으로 나뉜 곳이었다. 북쪽 지역은 면적이 남쪽 지역의 두 배에 달했으며, 13㎞의 성벽으로 둘러싸였던 니느웨의 면적은 1,800에이커(1에이커=4,046㎡=1,250평: 총 225만평) 정도 되었다. 당시 도시국가치고는 매우 큰 규모라 할 수 있다. 고고학자들은 니느웨가 주전 5000년부터 도시로 존재했으며 3000년 이후부터 이 도시에 이스타르(Ishtar) 여신의 신전이 있었다고 말한다.

이스라엘이 한창 가나안에 정착하던 주전 1400-1200년에 이르러 살만에셀(Shalmaneser I)과 디글랏빌레셀(Tiglath-pileser I)이 대단한 규모의 건축사업을 통하여 니느웨의 규모를 키웠다. 주전 700년경에 산헤립이 니느웨에 새 궁궐을 세우고 아시리아의 수도로 삼으면서 도시는 최고의 전성기를 맞이하게 되었다(이때까지 아시리아의 수도는 앗술이었다). 산헤립은 도시에 정원들을 세웠고 약 50㎞에 달하는 수로 시스템을 건설하였다. 그의 후계자들인 에살핫돈(Esarhaddon)과 아술바니발(Ashurbanipal)도 꾸준히 건축 사업을 지속해 나갔다. 특히 아술바니발의 도서관은 수만 점의 흙판 문서가 보존된 상태에서 발굴되어 고고학자들과 역사가들에게 매우 중요한 자료를 제공하고 있다.

히스기야가 유다를 통치하던 시대에 산헤립은 유다를 공략하여 히스기야를 예루살렘에 마치 '새를 새장에 가두듯이' 가두어 둔 적이 있었다. 다행히 하나님의 기적적인 개입으로 유다는 풍전등화(風前燈火)의 위기를 모면했다(cf. 사 36-39장; 왕하 18장). 그러나 산헤립이 유다에서 철수한 다음에도 아시리아의 영향력은 유다 땅에서 지속되었다. 므낫세(697-643 BC)는 바알과 아세라를 중심으로 한 아시리아의 종교를 지향했으며(왕하 21:3), 그의 아들 아몬은 암살될 때까지 2년 동안 아버지보다 더한 배교행위를 지향했다(왕하 21:21). 아몬이 왜 암살을 당했는지 정확히 알 수는 없지만, 아마도 유다의 외교 정책에 변화를 추구하던 자들의 음모에 의하여 저격되었을 것이다(Malamat).

아몬의 아들 요시야가 왕이 되었을 때(641 BC) 아시리아는 유다의 종주국으로 이미 100여 년 동안 군림해 오던 상황이었다. 아마도 이때 대부분의 유다 사람들은 옛적 다윗시대에 누렸던 정치적·종교적 독립을 갈망했을 것이다. 이러한 갈망 속에서 아시리아의 마지막 왕 아술바니발(Ashurbanipal)이 주전 627년에 죽자, 요시야는 마치 기다렸다는 듯이 종교개혁을 단행했다.[1] 그는 예루살렘에서 이방 종교들의 흔적을 뿌리뽑고자 했으며 바알 제단과 아세라 상들을 자신이 보는 앞에서 부수도록 했다(대하 34:3-7). 이 같은 행위는 아시리아의 신들을 거부하며

---

1 역대기 저자는 요시야가 즉위 8년이 되던 해에 이미 '어린 나이'로 종교개혁을 시도했다고 기록하고 있다(대하 34:3).

므낫세의 종교적 혼합주의를 지탄하는 것을 의미했다(Bright).

이런 정황에서 볼 때 주전 627년은 고대 근동뿐만 아니라 이스라엘의 역사 속에서도 매우 중요한 해였다. 이해 아술바니발의 죽음은 곧 아시리아의 쇠퇴로 이어졌다. 그의 죽음은 아시리아의 내부적 갈등으로 이어졌고, 반(半)유목민(seminomad)으로 분류되는 키메리오스족(Cimmerians), 스키타이족(Scythians), 메대족(Medes) 등이 압력을 가해 왔다. 지금까지 아시리아의 속국으로 있었던 바빌론에서는 느보(Nabopolassar)가 왕이 되었으며 주전 623년에는 아시리아로부터 독립을 선언하였을 뿐만 아니라, 아예 아시리아 공략에 나섰다. 아시리아는 주전 614년에 앗술을 메대 사람들에게 빼앗겼으며, 주전 612년에는 느보가 이끄는 바빌론과 메대의 연합군이 수도 니느웨를 공격해서 취했다. 그들은 여세를 몰아 주전 610년에 하란을 함락시켰으며, 605년에는 갈그미스 전투를 통하여 아시리아를 지도에서 지워 버렸다.

아술바니발이 죽은 주전 627년에 유다에서는 예레미야와 스바냐, 두 선지자가 사역을 시작했다. 선지자들은 이처럼 국제 정세가 불안한 시기에 유다가 하나님과의 관계를 회복해야 한다고 호소했다. 나훔의 메시지는 이 같은 역사적 배경과 잘 어울린다. 나훔은 예레미야나 스바냐보다 더욱더 강도 높게 아시리아의 종말을 선언함으로써 앞으로 하나님의 백성인 유다가 진정한 종교의 자유를 누리게 될 것이니 그때를 위하여 미리 준비하라는 권면을 하고 있다. 게다가 성전을 보수하던 제사장 힐기야가 주전 621년에 율법책을 발견한 사건은 이러한 기대와 함께 종교개혁 의지를 더욱더 확고하게 하였을 것이다. 율법책이 발견된 후에 이스라엘은 유월절을 지키고 점술가들을 그들의 영토에서 몰아냈다. 이러한 노력을 높이 평가한 열왕기 저자는 요시야를 전무후무(前無後無)한 왕으로 평가하였다. "요시야와 같이 마음을 다하며 뜻을 다하며 힘을 다하여 모세의 모든 율법을 여호와께로 돌이킨 왕은 요시야 전에도 없었고 후에도 그와 같은 자가 없었더라"(왕하 23:25).

유다의 왕 요시야의 통치 기간(641-609 BC)이 나훔 선지자의 사역 후반기와 겹친다는 점을 감안하면, 당시 아시리아의 지배하에 힘들어하던 요시야 왕이 나훔 선지자의 메시지를 통하여 큰 위로를 얻었을 것을 충분히 상상할 수 있다. 요시야는 종주국으로 섬기기를 힘들어하고 괴로워하던 아시리아가 곧 망하는 것이 하나님의 뜻이라는 메시지를 들을 때마다 아마도 앓던 이가 빠지는 시원함을 느꼈을 것이다. 그러나 그는 아시리아의 최종적인 종말은 지켜보지 못하고 주전 609년에 므깃도에서 죽었다. 아시리아가 주전 625년에 제국의 위상이 흔들리기 시작했지만, 주전 605년에야 갈그미스에서 이집트의 도움에도 불구하고 바빌론-메대 연합군에 패하여 지도에서 사라졌기 때문이다.

3. 다른 책들과의 관계

나훔서가 니느웨를 중심 주제로 다루고 있다는 것은 요나서가 니느웨 사람들에게 심판을 경고한 것과 비슷하다(욘 3:4). 또한 두 책 모두 질문으로 마무리되는 점도 비슷하다(욘 4:11; 나 3:19). 반면에 내용적으로 요나서는 소망적인 질문으로 끝나지만, 나훔서는 절망적인 질문으로 마무리 된다는 점이 인상적이다. 요나서와 나훔서 둘 다 하나님을 심판하시는 분이시며 용서하시는 분으로 묘사하는 것에서도 같다. 그러나 나훔서가 강조하는 것은 심판하시는 하나님이며, 요나서가 강조하는 것은 용서하시는 하나님이다. 니느웨 사람들은 여호와의 신탁을 선언한 두 히브리 선지자들에게 각기 다른 반응을 보였다. 요나가 경고했을 때에 그들은 회개하여 재앙을 면했다. 그러나 나훔이 심판을 선언했을 때에는 귀담아 듣지 않아 멸망했던 것이다.

때로는 나훔서가 다른 선지서들의 여러 사상과 문체를 반영한 일종의 선지자적 칸타타로 여겨지기도 한다(Fohrer). 특히 한 주석가는 나훔서와 이사야서의 관계에 대하여 다음과 같은 공통점들을 제시한다(Armerding).

테마	나훔	이사야
사자(使者)가 온다	1:15(cf. 12)	52:7
더 이상 침략이 없다	1:15	52:1(51:22–23)
족쇄에서 자유	1:13	52:2
고통에서 자유	1:12	51:21
노예로 팔림	3:4	52:3
사자(使者)양식	1:12	52:3
취함	3:11	51:21
파괴	3:7	51:19
파멸	3:19	51:19
칼	2:13; 3:3, 15	51:19
하나님의 진노	1:2, 6	51:17, 20, 22
위로, 애통	3:7	51:19
위안, 위로	3:7	51:19
바다를 말림	1:4	50:2
레바논, 바산, 갈멜	1:4	33:9
보복	1:2	59:17–19
폭풍과 지진	1:3–6	29:6
마르는 식물	1:4	33:9; 50:2
물이 마름	1:4–5	42:15
좋은 소식을 전하는 자의 발	1:15	52:1, 7
노획	2:9–10	24:1, 3
떨림	2:10	21:3–4
벌거벗음의 부끄러움	3:5–7	47:2–3
누가 위로할 수 있는가?	3:7	51:19
회오리바람과 불	1:3, 6	66:15–16

나훔서는 요나서와 이사야서 외에도 선지서, 특히 소선지서들과 일맥상통하는 부분이 있다. 나훔서는 소선지서 12권 중 일곱 번째 책이며, 미가서의 뒤를 잇는 책이다. 미가서는 하나님이 이스라엘과 유다를 심판하신 후에 예루살렘을 세계의 중심지로 회복시킬 계획을 선포

하셨다. 나훔서는 이스라엘과 유다가 회복되는 데 가장 큰 문젯거리인 아시리아의 멸망을 예언하는 일을 통해 미가의 예루살렘 회복 메시지를 뒷받침한다(Sweeney). 니느웨의 몰락은 곧 예루살렘 회복의 시작을 알리는 신호탄인 것이다. 나훔서의 뒤를 잇는 하박국, 스바냐, 학개, 스가랴, 말라기 등이 이 회복 프로그램의 추가적인 단계와 세부 사항을 전개해 나가고 있다.

소선지서 12권의 순서에서 나훔서는 요엘서, 오바댜서, 요나서 등을 뒤따르고 있는데, 이 책들은 하나같이 열방에 대하여 언급한다. 요엘서는 종말에 하나님이 에돔을 심판하는 일을 통해 온 열방을 심판하실 것을 선언했다. 오바댜서 역시 에돔을 표적으로 심판 메시지를 전한다. 요나서에 접어들면서 열방의 상징이 에돔에서 니느웨로 바뀌었다. 요나서는 하나님이 회개하는 니느웨에게 용서와 자비를 베풀 것을 선언하시지만, 나훔서가 뒤따르면서 니느웨가 요나의 메시지를 듣고 회개하여 일시적으로 재앙은 면했지만, 그들이 회개에 합당한 열매를 맺지 못하여 마침내 멸망했음을 알린다(Sweeney). 결국 열방은 하나님의 심판을 받기에 합당하며, 나훔서를 뒤따르는 소선지서들이 이 열방을 몰락시키시는 하나님의 계획을 점차로 드러내는 것이다.

4. 통일성

니느웨의 종말을 예고하고 있는 나훔서의 문학성에 대하여 학자들은 이구동성으로 극찬한다. 폰라드(von Rad)는 나훔의 시적(詩的) 감각은 구약의 그 어느 시인보다도 뛰어나다고 평가하는가 하면, 19세기의 학자 로트(Lowth)는 소선지서들 중에서 나훔과 같이 문장력이 뛰어나고 언어 운용을 잘하는 선지자는 없다고 단언했다. 또한 학자들은 나훔서에서 다른 선지서들에서는 찾아볼 수 없는 독창성과 창의력을 감지하는가 하면, 크고 작은 문학적인 기술들을 많이 포착했다.

그러나 모든 사람들이 나훔서를 한 선지자의 걸작품으로 보지는 않는다. 나훔서의 내용 중 어느 부분이 나훔 선지자에게서 비롯된 것이며, 어느 부분을 다른 사람(들)이 삽입한 것인가에 대하여 상당한 논란이 있다. 한 학자의 말을 빌리자면 "비평학자들은 나훔서의 47절 중 거의 모든 절에 다른 사람의 글이 삽입되어 있다고 주장해 왔다"(Maier)라고 한다. 즉, 나훔서는 아주 오랜 전통의 편집과 재편집을 반영하고 있다는 것이다(Jeremias; Schulz; Renaud; Seybold; Sweeney). 또한 나훔서는 여러 사람의 메시지로 구성되어 있으며, 이 모든 메시지가 아시리아의 멸망이라는 공통분모로 묶여 있다고 한다(Seybold; Roberts). 그러나 이러한 주장은 크게 설득력이 없음이 첫째, 진화론을 중심으로 한 전제(presupposition)에서 비롯된 것이요, 둘째, 역사적인 증거가 전혀 없으며, 셋째, 비평학자들 자신들도 전혀 공감대를 형성하지 못하고 있는 데서 드러난다(cf. Jeremias; Schultz; van der Woude; Floyd). 또한 이들이 주장하는 것처럼 나훔서가 여러 저자의 다른 메시지들을 모아 놓은 책이라면, 짜임새 있는 구조와 흐름이 있을 리 만무하다. 비록 학자들마다 제시하는 구조들이 서로 다르기는 하지만, 주석가들은 나훔서에서 명확한 구조와 흐름을 포착한다(Floyd). 어느 순간 나훔서의 통일성에 문제를 제기했던 학설들은 더 이상 큰 지지를 받지 못하게 된 것이다.

통일성보다 더 중요한 이슈는 책의 장르(Genre)를 무엇으로 이해하는가다. 나훔은 자신이 남긴 문서를 "묵시 책"(סֵפֶר חֲזוֹן)이라 부른다(1:1). "묵시"는 책에 기록된 내용이 선지자에게서 비롯된 것이 아니라, 하나님께로부터 받은 것임을 밝히는 용어이다. "책"이라는 단어는 상당히 독특하다. 선지자들 중에서 자신의 작품을 책으로 구분하는 것은 나훔서에서만 보이는 현상이다. 선지자들이 처음에는 구두로 말씀을 선포했고, 차차 그 말씀이 책으로 정리되었다는 것이 일반적인 학계의 의견인데 반해 나훔서는 선지자가 처음부터 이미 집필된 책으로 하나님의 메시지를 선포했을 가능성을 제시한다(Longman & Dillard). 여기까지는 확실한데, 그 다음이 논란의 대상이 된다. 나훔이 남긴 책의 장르는 무엇인가?

한때 독일 학자들 중 일부는 나훔을 "혐오 찬송"(hymn of hate)이나 했던 거짓 선지자로 취급했다(Jepsen; Marti; cf. Smith). 그러나 이러한 주장은 근거가 없을 뿐만 아니라 매우 어리석은 해석이다. 나훔서를 단순히 사람에 관한 책으로 여긴다면 이러한 해석도 완전히 배제할 수는 없겠지만, 나훔서에서 화산 터지듯이 터지는 하나님의 심판 선언은 그 메시지의 초점을 이스라엘의 하나님께 맞추고 있기 때문이다. 즉, 나훔서는 인간의 앙갚음이나 복수에 관한 책이 아니라, 하나님에 관한 책이다(Actemeier). 니느웨가 유다의 원수이기 때문에 심판을 받는 것이 아니라, 하나님의 원수이기 때문에 심판을 받는 것이다(Heflin). 만일 유다가 하나님을 대적한다면, 유다 역시 아시리아와 동일한 운명을 맞이하게 될 것이다. 여호와께서 온 세상에 있는 모든 사람들에게 공평하게 심판하실 것을 선언하는 책이 나훔서인 것이다(Baker). 나훔의 메시지가 심판을 선고하기 시작한 지 한참 후인 2:8에 가서야 니느웨의 이름을 언급하는 것도 이러한 책의 성향을 증거하고 있다(Longman & Dillard).

나훔서를 종말론적 찬양시로 보는 학자들도 있다(Schulz; Renaud). 그들의 주장에 의하면 나훔은 니느웨의 멸망을 역사의 한순간을 장식한 사건으로만 보지 않고, 이 사건을 인류가 경험하게 될 종말론적인 사건으로 승화시켰다는 것이다. 요한계시록에서 바빌론이 하나님을 대적하는 악의 세력의 결집인 것처럼, 나훔서에서는 니느웨가 세상의 모든 악을 상징한다. 그러므로 하나님이 니느웨를 멸하시는 것은 곧 종말에 하나님이 모든 악의 세력을 물리치고 주의 백성을 구원하실 것을 뜻한다는 것이다(Childs). 이들이 증거로 제시하는 것은 1:2-8이 나훔서 곳곳에 묘사된 전쟁과 재앙을 모두 종말론화(eschatologize)하는 기능을 하고 있다는 것과, 2:1에서 사용된 "파괴하는 자/벨리알"(בְּלִיַּעַל)이라는 단어가 니느웨를 사탄적인 인물 벨리알로 의인화하고 있다는 점이다(Jeremias; Renaud). 그러나 대부분의 학자들은 나훔 시대에 벨리알이 사탄적인 상징으로 자리를 잡았다는 것에 대하여 매우 회의적이며, 1:2–8이 나훔서에 기록된 전쟁들을 종말론화한다는 것에도 문제를 제기한다(Floyd; Sweeney).

또한, 나훔서가 성전에서 예배 때 사용된 예언적 예식(prophetic liturgy)이었다고 주장하는 학자들도 있다(Humbert; Fohrer; Haupt). 이들에 의하면 나훔서는 예배를 드리러 오는 자들에게 하나님이 그들을 괴롭히는 원수들을 벌하시고 평안을 주실 것을 선언하는 일종의 선언문이었다고 한다. 일부 학자들은 이 설을 한 단계 더 발전시켜 나훔서는 아시리아의 멸망을 축하하는 예배에서 처음 사용된 후 이스라엘의 신년 예배 때마다 하나님의 백성들을 대적하는 모든 원수들의 종말을 경고하는 예식서로 읽혔다고 주장했다(Eaton; Watts; Kaiser). 그러나 학자들은 이 주장을 거의 수용하지 않는다(Harrison; Childs; Floyd). 그럼에도 불구하고 나훔서가 신명기 32장, 시편 78편과 비슷한 장르를 따르고 있기 때문에 예배 예식에서 정기적으로 사용되었을 가능성이 크다는 것이 학자들의 결론이다. 결론적으로, 나훔서와 같은 책이 과연 이스라엘의 예배에서 어떻게 사용되었을까 하는 것은 학자들을 겸손케 하는 질문으로 남겨져 있다 할 수 있다.

필자는 나훔서를 선지자의 신탁들이 전통적인 예언 양식에 따라 구성되어진 예언서로 간주하고자 한다. 최근에 한 주석가는 나훔서가 우리말 성경들이 "말씀"이라고 번역하고 영어 성경들이 "burden"이라고 번역한 "마사"(מַשָּׂא) 장르에 속한다고 했다(Floyd). 그러나 그가 이 장르를 정의하는 것을 보면 예언서에 대한 전통적인 이해와 크게 다르지 않다.

5. 신학적 메시지

여호와를 대적하는 자들은 심판을 피하지 못할 것이라는 나훔의 메시지는 심판하는 하나님이 어떤 분이신가를 중심으로 전개된다. 또한 심판을 받는 자들이 저지른 죄는 어떤 것이며, 하나님의 심판이 주의 백성에게는 미래를 소망할 수 있는 근거가 된다는 점도 강조한다. 총괄적으로, 나훔서는 다음과 같이 네 가지의 신학적 주제들을 중심으로 선포되었다. (1) 하나님의 주권, (2) 하나님의 성품, (3) 죄, (4) 소망.

(1) 하나님의 주권

선지자는 아시리아의 갖은 간섭과 속박 속에서 살아가던 주의 백성에게 여호와의 주권을 상기시킨다. 물론 백성을 설득하는 것이 쉬운 일은 아니었다. 그들은 지난 100여 년 동안 지속되어온 종주국 아시리아의 폭행과 만행에 염증을 느끼며 해방될 날을 위하여 꾸준히 기도해 왔음에도, 이렇다 할 응답을 받지 못해 패배와 좌절에 젖어 있었던 사람들이었다. 심지어 "여호와는 아시리아의 신들보다 약한 신이 아닐까?"라는 질문을 서슴없이 내뱉기까지 하는 이스라엘에게 선지자는 그들의 하나님 여호와가 바로 역사의 주인이시고 통치자이시라는 사실을 강력하게 선포한다.

하나님의 주권과 연관하여 나훔서는 하나님의 엄격하심(severity)을 설명하고 있는데, 이스라엘 사람들은 하나님의 엄격하심이 선민인 자신들에게만 적용되는 것으로 이해해 왔다. 그러나 선지자는 하나님의 엄격하심이 주의 백성뿐만 아니라 세상의 모든 나라에게 동일하게 적용된다는 점을 시사한다(Armerding). 바로 여호와께서 온 세상의 창조주이시기 때문에 하나님의 백성과 상관 없어 보이는 이방인들도 하나님의 엄격한 심판의 대상이 되는 것이다. 그러므로 하나님의 엄격하심은 곧 주의 백성과 열방에 대한 하나님의 주권의 표현인 것이다.

나훔서는 주권자 하나님의 선처(kindness)도 강조한다. 하나님의 호의는 그의 백성들을 구할 능력과 의지가 표현될 때 드러난다(Armerding). 이스라엘은 지난 100여 년 동안 하나님의 의지를 확인할 수 없었다. 이제 나훔은 그들이 가장 두려워하던 적 아시리아의 멸망을 선언함으로써 주의 백성이 기다려 왔던 구원이 임박했음을 선언한다. 선지자는 아시리아의 멸망이 여호와께서 하시는 일이라는 사실을 강조하여 그동안의 하나님의 침묵은 하나님의 주권과 무관함을 선언한다. 아시리아가 이스라엘을 억압할 수 있었던 것은 단지 여호와께서 자기 백성들을 징계하는 진노의 도구로 사용했기 때문이며(cf. 사 10:5), 이사야 선지자가 이미 예언했던 "아시리아 왕의 종말"이 이제야 제 때를 맞은 것뿐이었다(cf. 사 10:12).

나훔서에 의하면 여호와의 주권은 자연(1:4-6, 8), 세상의 나라들(1:3, 6-10, 15; 2:1, 3-7)에까지 미친다. 세상의 모든 역사가 하나님의 통치권 밑에 있다(1:12; 2:13; 3:5-7). 필요에 따라서 여호와는 때를 기다리시지만(1:3), 백성의 충성을 요구하기 위하여 교만하고 탐욕스러운 나라에게는 신앙에 상관없이 철퇴를 가하신다(1:2-3, 8-10, 14; 2:13; 3:5-7, 11-19). 그러나 진실한 자들에게는 소망과 확신을 주신다(1:7-8, 12-13, 15; 2:2). 선지자 시대에 아시리아는 세계를 영원히 지배할 듯했겠지만, 니느웨의 잔해가 증언하는 것처럼 아시리아의 운명은 세상의 주권자이신 여호와께 최종적인 결정권이 있었다. 여호와께서 악의 상징인 니느웨를 멸망시키셨기에 아시리아는 더 이상 세상에 존재하지 않는다.

(2) 하나님의 성품

나훔은 하나님을 시기와 복수심이 강한 분으로, 동시에 매우 선한 분으로 묘사한다. 이 성품들은 서로 상반되는 것 같지만, 여호와께서는 자기 백성의 평안을 위해 끝까지 원수를 갚아주심으로써 그들에게 최고의 선을 베푸신다는 것이다. 나훔서 메시지의 중심 사상은 정의의 하나님 여호와께서 결코 부정과 압박을 묵인하지 않으실 것이라는 점이다(Roberts). 나훔은 여호와의 보편성(universality)(1:12-14; 2:14; 3:5), 정의(justice)(1:2-3), 전능(omnipotence)(1:4, 9), 위엄(majesty)(1:3, 5), 자비(mercy)(1:3, 7, 12), 그리고 신실하심(faithfulness)(1:7)을 매우 감동적인 아름다움으로 표현하고 있다(Maier). 선지자는 압박을 멈추게 하기 위해서는 압박하는 자를 제거해야 한다고 한다. 뿐만 아니라 큰 믿음을 지니고 있는 자는 항상 분노하는 자라고 주장한다(Bailey). 다시 말해, 하나님을 사랑하고 인류를 사랑하는 자들은 모두 억압, 비인도적 행위, 잔인함, 악행을 미워하고 경멸해야 한다는 것이다(Calkins).

(3) 죄

나훔서에서 악이 소개되고 또 악이 심판을 받는 것은 일종의 수미쌍관(首尾雙關, inclusio)구조로 되어 있다(Actemeier). 죄는 하나님을 격노케 한다(1:6). 유다는 죄 때문에 고통을 당하고 있다(1:12). 나훔 시대에 세상을 통치했던 아시리아 제국은 하나님의 도덕적 기준은 고사하고 기본적인 외교적 윤리마저 무시한 채 만행을 저지르고 있었다(3:4, 19). 나훔은 아시리아가 자신의 만행, 도덕적 해이, 폭행, 피흘림, 거짓, 사기, 그리고 무엇보다도 하나님을 거부한 것을 통해서 스스로 멸망의 길을 걷고 있다는 것을 선언한다. 선지자는 한 나라가 군사력과 무력을 자신의 안보(security)로 삼고 우상으로 숭배하는 것은 이미 죄가 그 나라를 지배하고 있음을 뜻하며, 이런 나라는 분명히 멸망하게 될 것이라고 선언한다. 하나님이 결코 죄를 방관하지 않으실 것이기 때문이다.

죄에 관해 말하자면, 죄를 정의하는 율법을 가진 자들만이 죄를 짓는 것이 아니다. 율법이 없는 자들은 양심에 기초하여 기본적인 인간의 권리와 가치가 어떤 것인가를 알고 있다(cf. 롬 1-3장). 어떤 나라나 민족이라도 이러한 기본적인 권리와 가치를 부인하면 하나님의 심판을 면할 수 없다는 것이 선지자가 선포하는 메시지다. 아시리아가 심판을 받는 이유도 바로 여기에 있다.

(4) 소망

나훔서는 여호와께서 니느웨를 심판할 수 있는 능력을 갖고 계실 뿐만 아니라, 심판하겠다는 의지도 가지고 계심을 확인한다. 또한, 메시지의 대상은 니느웨지만, 실제로 메시지를 듣는 청중은 그들에게 고통을 당하는 유다 사람들이라는 사실을 통해 또 다른 목적을 이루고자 하신다. 즉, 나훔서는 이스라엘을 위로하는 데 주 목적이 있는 책이다. 비록 주의 백성이 마치 영원히 군림할 것 같은 압제자들로부터 고통을 당하고 있지만, 하나님은 분명히 그 압제자들을 몇 년 안에 심판할 것을 선언함으로 유다를 위로하고자 하는 것이다.

아시리아에 대한 선지자의 예언이 성취된 이후부터 나훔서는 압제당하는 모든 자들에게 시대와 문화를 초월해서 소망의 횃불이 되었다(Bailey). 아시리아와 니느웨는 단지 역사 속에만 존재했던 한 나라와 도시가 아니라, 시대를 막론하고 착취와 압제를 행하는 자들의 상징이 되었던 것이다. "나훔에게 니느웨는 하나의 평범한 도시가 아니었고, 아시리아는 또 하나의 천한 문명이 아니었다. 니느웨와 아시리아는 하나님의 계획과 그의 백성을 방해하고 억제하려는 최종적이고 초자연적인 악을 상징했다. 그러므로 아시리아의 멸망은 하나님의 승리의 사인(sign)이자, 하나님의 힘과 정의가 세상의 모든 악의 세력을 물리칠 것이라는 소망의 바탕이 되었던 것이다"(Watts).

6. 개요

나훔서는 47절로 구성된 짧은 책이지만 구조를 파악하는 것은 결코 쉽지 않다는 것이 학자들의 공통된 생각이다. 기본적인 틀이나 구성 요소들이 포착되기는 하지만 이것들을 어떻게 해석하고 소화하느냐는 별개의 문제인 것이다. 한 주석가는 나훔서를 크게 두 섹션(1:1–2:11; 2:12–3:19)으로 나누는가 하면(Floyd), 세 섹션(1:1–10; 1:11–2:1; 2:2–3:19)으로 나누는 학자도 있다(Sweeney). 나훔서가 세 개의 주요 섹션으로 구성되었다고 보는 다른 주석가는 1:2–2:2를 아시리아의 유죄와 이스라엘의 무죄를 선고하는 법정 드라마로 간주한다(Baker). 그리고 2:3–10, 3:2–3은 3:1에 표현된 장송곡(dirge)을 중심으로 한 구체적인 니느웨의 포위와 전쟁을 묘사하는 것으로 이해한다.

로버츠(Roberts)는 네 개의 연관된 오라클이 나훔서의 구조를 형성하고 있다고 생각한다. (1) 유다에게 선포된 확신(1:2–2:1), (2) 아시리아의 왕에게 선포된 경고(2:2–14), (3) 니느웨를 향한 "화" 선포(3:1–17), (4) 아시리아의 왕에게 선포된 경고(3:18–19). 마이어(Maier)도 나훔서를 "아시리아의 멸망"이라는 테마에 초점이 맞추어진 네 개의 메시지로 구성된 책으로 해석하지만, 섹션화하는 텍스트의 범위에서는 현저한 차이를 보이고 있다. 그의 제안은 다음과 같다. (1) 표제(1:1), (2) 시작하는 노래(1:2–8), (3) 니느웨의 종말에 대한 예언(1:9–2:1), (4) 니느웨 종말의 참담함(2:2–14), (5) 니느웨에 대한 선지자적 비난(3:1–19). 더 나아가 나훔서를 최소한 일곱 섹션으로 구성된 것으로 보는 사람도 있다. 이처럼 나훔서를 섹션으로 구분하는 것과 전체적인 구조를 제시하는 일은 학자들에 따라 천차만별이며, 심지어 텍스트가 어떻게 세분화되어야 하는지에 대해서도 주도적인 여론이 형성되어 있지 않다.

이같이 혼란스러운 상황에서도 나훔서에 대하여 짜임새 있는 구조를 제시하는 학자들도 있다. 패터슨(Patterson)은 나훔서에 대하여 매우 짜임새 있는 구조를 제시한다. 그는 나훔서가 각 주요 섹션(1:15; 3:18-19)과 작은 섹션(2:13; 3:7)을 사자(使者)의 활동/비활동(activity/inactivity)에 대한 일종의 '후렴'으로 마치고 있다고 본다. 그는 반복적인 구조로 테마(1:2; 2:1-2), 점진성(1:2-10; 2:3-10; 3:1-7), 그리고 적용(1:11-15; 2:11-13; 3:8-19) 등을 제시한다. 악트마이어(Achtemeier)는 시작하는 노래(1:2-11)와 책의 마지막 부분을 장식하고 있는 심판 선언(3:14-19)이 히브리어 단어 "악"(רָעָה)을 중심으로 일종의 수미쌍관 구조를 형성하고 있다고 주장한다. 그리고 그 중심부에는 네 개의 심판 신탁이 있는 것으로 간주한다(1:12-15; 2:1-13; 3:1-7, 3:8-13). 이 네 개의 신탁은 하나같이 "보라"로 시작하는 하나님의 말씀으로 끝을 맺는다(1:15; 2:13; 3:5, 13).

아머딩(Armerding)은 다음과 같은 교차대구법적 구조를 제시한다. 그러나 면밀히 검토해 보면 상당히 산만하고 다소 억지스러운 느낌을 준다.

주제	1장	2-3장
	판결(judgment) A	판결 A'
악에 대하여	1:11	3:19
물을 통하여	1:8	2:6, 8
불을 통하여	1:6	2:4; 3:13, 15
파괴	1:10	3:13, 15
취함	1:10	3:11
예외	1:7(신뢰하는 자)	2:2(이스라엘/야곱)
	선고(sentence) B	선고 B'
사자(使者)양식	1:12	2:13; 3:5
대상	1:14	3:13; 3:5
결과: 파멸	1:14-15	2;13; 3:16
더 이상 없음	1:14-15	2:13
종말: 혐오와 수치	1:14	3:5
	반응(Response) C	반응 C'
산 위에서	1:15	3:18
선포	1:15	3:13; 3:19

필자는 나훔서가 세 섹션으로 구성되어 있다고 생각하며, 각 섹션은 나훔서 3장을 이루는 각각의 장을 반영하고 있다고 간주한다. 즉, 첫 번째 섹션은 1장으로, 두 번째 섹션은 2장으로, 세 번째 섹션은 3장으로 구성되어 있다는 것이다. 이러한 이해 속에서 필자는 다음과 같이 본문을 분석할 것을 제안한다.

Ⅰ. 표제(1:1)

Ⅱ. 하나님의 분노(1:2-15)
1장. 하나님의 복수(1:2-3a)
2장. 하나님의 능력(1:3b-6)
3장. 하나님의 징벌(1:7-11)
4장. 하나님의 두 말씀(1:12-14)
5장. 분노의 의미(1:15)

Ⅲ. 하나님의 심판(2:1-13)
1장. 약속: 멸망(2:1-2)
2장. 니느웨를 침략하는 자들(2:3-5)
3장. 약탈 당하는 니느웨(2:6-10)
4장. 성취: 사자 니느웨의 멸망(2:11-13)

Ⅳ. 잔인한 니느웨가 끝장남(3:1-19)
1장. 피를 흘리는 도시에 화가 임함(3:1-3)
2장. 창녀처럼 수모를 당하는 니느웨(3:4-7)
3장. 별 볼일 없는 니느웨(3:8-13)
4장. 부패와 기쁨(3:14-19)

엑스포지멘터리
선지서 개론

하박국

EXPOSItory comMENTARY

하박국

[2] 여호와께서 내게 대답하여 이르시되
너는 이 묵시를 기록하여 판에 명백히 새기되
달려가면서도 읽을 수 있게 하라
[3] 이 묵시는 정한 때가 있나니
그 종말이 속히 이르겠고 결코 거짓되지 아니하리라
비록 더딜지라도 기다리라
지체되지 않고 반드시 응하리라
(2:2–3)

[17] 비록 무화과나무가 무성하지 못하며 포도나무에 열매가 없으며
감람나무에 소출이 없으며 밭에 먹을 것이 없으며
우리에 양이 없으며 외양간에 소가 없을지라도
[18] 나는 여호와로 말미암아 즐거워하며
나의 구원의 하나님으로 말미암아 기뻐하리로다
[19] 주 여호와는 나의 힘이시라
나의 발을 사슴과 같게 하사

나를 나의 높은 곳으로 다니게 하시리로다

(3:17–19)

하박국서는 양식과 내용에 있어서 선지서들 가운데 매우 독특한 위치를 차지한다. 선지서는 대체로 선지자가 여호와의 계시를 받아 백성들에게 말씀을 선포하는 형식으로 기록되어 있으나, 하박국서는 선지자가 하나님께 드리는 질문과 그 질문에 대한 여호와의 답변으로 구성되어 있다. 하박국서의 중심은 백성들에게 선포하는 선지자의 메시지에 있는 것이 아니라, 선지자가 백성들의 대표가 되어 그들이 안고 고민하는 문제에 대하여 하나님께 질문을 하고 그 질문에 대한 하나님의 응답을 기록하는 형태를 취하는 데 있다.

내용에 있어서도 하박국은 다른 선지자들처럼 이스라엘이 당면한 현실적인 문제를 언급하는 것이 아니라, 그들이 안고 있는 철학적이고 원론적(原論的)인 고민거리를 다루고 있다. 그는 "공의와 정의의 하나님이 창조하시고 다스리시는 이 세상에 왜 부정과 악행이 성행하는가?"라는 의문으로 번뇌한다. 물론 그에게도 주변으로부터 전통적이고 때로는 틀에 박힌 듯한 대답이 주어졌을 것이다(cf. 욥의 세 친구). 그러나 선지자는 이러한 대답에 만족할 수 없었다. 그는 이 문제에 대하여 여호와 하나님과 직접 대화함으로 답을 얻고자 했다. 이러한 차원에서 하박국 선지자는 때로 욥과 비교되기도 한다. 자신에게 전해져 온 그 어떤 전통도 당연시하지 않고 그칠 줄 모르는 몸부림으로 하나님께 나아가는 노력과 선지자로서의 역할을 다하려는 태도는 그에게 "종교철학자"(the philosopher of religion)라는 타이틀을 안겨 주기도 했다(Heflin).

1. 선지자

하박국 선지자는 그의 저서를 벗어나서는 전혀 알려지지 않은 사람이다. 게다가 그는 자신의 계보나 고향에 대해서도 전혀 언급하지 않고 오직 이름만 밝힐 뿐이다(cf. 1:1). 외경에 다니엘서와 연관된 "벨과 용"(*Bel and the Dragon*)이라는 책이 있다. 이 책의 표제에서 하박국 선지자가 언급되는데 그는 레위 지파 사람이며, 여호수아라는 사람의 아들이라고 기록되어 있다. 이 책에 의하면 하박국은 유다에 살고 있었는데, 어느날 들에서 추수하는 사람들을 위하여 죽을 끓이고 있었다. 그런데 갑자기 천사에게 이끌려 바빌론으로 가게 되었고, 그곳에서 사자 굴에 감금되어 있는 다니엘에게 자기가 끓인 죽을 주어 먹게 하였다.

물론 이 모든 것이 역사적 신빙성이 없는 이야기이므로 그가 레위 지파 사람이며, 그의 아버지가 여호수아라는 이름을 가졌다는 것도 믿기 어렵다(Bruce). 그러나 이것이 유대인의 전승 중에서 하박국 선지자의 정보를 제공하는 유일한 출처가 되므로 중요하다 할 수도 있다. 외경인 '벨과 용'이 하박국을 레위 지파 사람으로 인식하는 이유는 선지자가 "파수하는 곳"(מִשְׁמֶרֶת)에서 활동하고 있었고(합 2:1), 이 히브리어 용어가 제사장들이 성전에서 불침번을 서거나 사역할 때 사용되는 용어였기 때문일 것이다(대상 23:32; 대하 7:6, 8:14, 35:2; 느 12:9, 13:30)(Sweeney). 하박국이 다니엘에게 자신이 쑨 죽을 전달해 준 이야기는 위경인 "선지자들의 삶"(*Lives of the Prophets*)에서도 반복되지만, 이 책은 하박국을 레위 지파가 아니라, 시므온 지파 사람이라고 한다.

하박국(חֲבַקּוּק)이라는 이름의 의미에 관하여 학자들의 견해는 둘로 나누어져 있다. 일부는 그의 이름이 아카디아어로 정원 식물의 이름인 함바쿠쿠(*hambaqùqu*)에서 비롯된 것이라고 한다(Noth; Rudolph; Roberts; cf. Bruce; Sweeney). 반면에 다른 주석가들은 그의 이름이 히브리어 동사 "껴안다"(חבק)에서 파생된 것이라 하여 그의 이름을 "껴안는 자"로 풀이한다(Luther; Bailey; Bruckner). 이런 이름 풀이는 이미 오래 전부터 있었으며, 이에 근거하여 중세기 때 일부 학자들은 하박국이 엘리사에게 친절을 베풀었던 수넴 여인의 아들이었다고 주장하기도 했다. 이 주장의 근거는 다음과 같다. 열왕기하 4장을 보면 수넴에는 엘리사에게 친절을 베푼 임신하지 못한 부인이 있었다. 여인의 호의에 답례하기 위하여 엘리사는 그를 불러 놓고 "내년 이맘때가 되면, 부인께서는 한 아들을 안을 것이오"라고 예언한다(왕하 4:16, 새번역). 이 예언에서 "안다/껴안다"를 뜻하는 히브리어 단어가 하박국의 이름이 파생된 동사 "껴안다"(חבק)이기 때문이었다!

만일 하박국이라는 이름이 "껴안는 자"라는 뜻을 지녔다면, 이 의미는 책의 내용과 잘 어울린다고 보여진다. 그는 정의로운 하나님이 통치하시는 세상에 불의와 불공평이 난무한 현실에 대하여 질문을 던졌다. 하나님은 그에게 답을 하셨다. 물론 선지자가 기대했던 명쾌하고 명확한 답은 아니었다(cf. 본문 주해). 그럼에도 불구하고 하나님을 직접 만난 것으로 만족한 그는 하나님의 대답을 그대로 받아들이고 "껴안았다"(lit., "하박국했다"). 사실 선지자의 질문은 답을 받았다기보다는 하나님을 만나는 순간 "녹아내려" 더 이상 문제가 되지 않았던 것이다. 욥의 경험처럼 말이다(cf. 욥 38-42장).

하박국을 소개하는 표제(1:1)도 다른 선지서와 비교할 때 독특한 점을 지니고 있다. 대체로 선지서의 표제에서는 선지자의 이름만 밝힐 뿐인데, 하박국서는 선지자의 이름과 함께 "[그] 선지자"(הַנָּבִיא)라는 전문 용어를 함께 사용하고 있는 것이다. 그래서 그가 성전(聖殿) 예언자였다고 주장하는 학자들 중 일부는 이 타이틀이 그가 성전에서 지녔던 직책/보직을 뜻하는 것으로 풀이하기도 한다.

하박국서의 후반부가 성전에서 드려진 예배나 예식에서 사용된 노래와 용어를 포함하고 있다고(cf. 3:1, 3, 9, 13, 19) 생각하는 학자들은 그가 예루살렘에 거주하던 성전 예언자(cultic prophet)였거나 성전 찬양대의 일원이었다는 추측을 내놓았다(Mowinckel; Eaton; Szeles; Smith; Barber; Bruckner). 역대상 25:1에 의하면 성전에서 사역하는 자들에게는 "수금과 비파와 제금을 잡아 신령한 노래를 하게 하였다"라고 했는데, 개역과 새번역이 "신령한 노래를 하는 자들"로 번역하는 단어는, 히브리어 단어 "נִבְּאִים" 의 문자적 의미로 볼 때 "예언하는 자들"이란 뜻이다. 그래서 대부분의 영어 번역본들과 공동번역은 이 단어를 "수금과 비파와 제금을 가지고 예언하는 자들"로 번역하였다(NIV; NAS; NRS; TNK). 즉, 성전에는 여호와의 뜻을 구하기 위하여 찾아온 백성들에게 악기를 연주하며 예언하는 예언자들이 있었는데, 하박국도 이 부류에 속했던 것으로 추정하는 것이다(Szeles). 만일 하박국이 성전 예언자였다면, 그는 하나님의 계시를 성전에서 진행되는 예배 도중 정해진 순서에 따라 선포했을 것이다(Tournay; Petersen; Sweeney).

만일 학자들의 이러한 추측이 신빙성 있는 것이라면, 선지자들 중 유독 하박국만이 신정론(神正論, theodicy)을 이슈화시키는 것을 어느 정도 이해할 수 있게 된다. 그는 심각한 문제를 안고 성전을 찾아와 여호와의 뜻을 구하는 수많은 성도들, 특히 억울한 일을 당하고 고통받는 자들의 하소연과 탄식을 들으면서 의로우신 하나님이 통치하는 세상에서 왜 이런 일들이 일어나는가에 대하여 많은 고민을 했을 것이다. 고통 속에서 신음하는 자들과 함께하다 보니 어느덧 그들의 아픔이 선지자 개인적인 번뇌가 되어 있었던 것이다. 그래서 선지자는 하나님께 원론적이고 철학적인 문제에 대하여 질문을 드리게 되었다.

왜 의인이 고통 받아야 하는가? 왜 악인이 성행하는가? 물론 그가 하나님께 이런 질문을 드리는 것은 그분의 능력을 의심하거나 믿지 못해서가 아니다. 다만 그가 섬기는 하나님에 대한 자신의 지식과 주의 백성이 당면한 현실이 조화를 이루지 못하는 것에 대하여 설명을 구하는 것일 뿐이다. 그러므로 두 차례(1:3, 13)에 걸쳐 하나님께 질문했던 하박국이 책을 마무리할 때는 개인적인 깊은 신앙으로 어떤 일이 있어도 선하신 하나님의 통치를 믿고 기다리겠다는 확신의 노래를 부르는 것이다(3:17-18). 반면 하박국을 오늘날 교회에서 경배와 찬양을 인도하는 찬양 사역자처럼 필요에 따라 새 노래를 작곡하고 편곡하여 성전 예배를 인도했던 사람으로 해석하는 주석가도 있다(Heflin).

2. 역사적 정황

하박국서가 과연 어느 시대를 배경으로 삼고 있는가에 대하여 일부 학자들은 도저히 알 수 없다는 입장을 고수하지만(R. Smith), 대부분의 학자들은 상당히 다양한 연대들을 제시해 왔다. 이른 연대를 주장하는 학자들은 주전 701년에 있었던 아시리아 왕 산헤립의 유다와 예루살렘 침략 시대를 제시한다(Budde). 또 늦은 연대를 주장하는 사람들은 주전 332–323년대에 근동 지역을 정복했던 알렉산더 대왕 시대를 배경으로 하고 있다고 주장한다(Duhm). 그러나 대부분의 학자들은 주전 650–600년대를 하박국서의 역사적 배경으로 제시한다(Thompson; Bruce; Patterson; Bullock; Bailey). 이 같은 다양한 제안들 중 누구의 주장이 가장 설득력 있는가를 결정하는 데 있어서, 책의 표제들(1:1; 3:1)이 이렇다 할 정보를 제공하지 않기 때문에, 그의 메시지 안에서 바빌론의 유다에 대한 위협(cf. 1:6)과 선지자가 1장에서 비난하는 "악한 자들"의 정체가 누구인지를 밝히는 것이 결정적인 단서가 된다고 보여진다.

선지자는 하나님이 유다의 죄악을 바빌론을 통해서 심판하실 것이라고 선포한다. 그렇다면 하박국의 예언은 아무리 늦어도 주전 586년 이전에는 선포되었을 것이다. 왜냐하면 하박국이 경고하고 있는 일이 역사적으로 이 해에 성취되었기 때문이다. 많은 학자들이 하박국의 바빌론 침략 예언이 주전 597년에 느부갓네살이 반역한 유다와 예루살렘을 평정하고 여호야긴을 인질 삼아 바빌론으로 끌고 간 일을 배경으로 한다 해서 하박국의 활동 시기를 늦어도 주전 600년대로 간주한다.

그렇다면 바빌론이 언제부터 유다의 생존을 위협하기 시작한 것일까? 역사적 자료들에 의하면 아시리아는 주전 745년 이후로 100여 년 이상 고대 근동의 군주로 군림했다. 이 기간 동안 이집트를 포함한 대부분의 국가들은 아시리아에게 조공을 바치며 연명해 갔다. 그러다가 이집트는 주전 655년 독립을 선언하면서 더 이상 조공을 바치지 않았고, 나아가 자신들과 아시리아 사이에서 완충 지대 역할을 하고 있던 가나안 지역 국가들에게 정치적인 영향력을 행사하기 위해 많은 노력을 기울이기 시작했다. 그러나 아시리아는 반역한 이집트를 응징할 수 없었다. 동쪽에서 바빌론과 메대가 아시리아를 견제하고 있었기 때문이다. 그러던 중 주전 627년 아시리아의 마지막 왕으로 알려진 아술바니발(Asshurbanipal)이 죽자 제국은 순식간에 몰락하기 시작했다. 호시탐탐 기회를 엿보던 바빌론에서는 느보(Nabopolassar)가 독립을 선언했을 뿐만 아니라, 메대 군과 함께 동쪽에서부터 아시리아 제국의 영토를 침략하여 빼앗기 시작했다.

이때 아시리아는 워낙 약화되어 있었기 때문에 제대로 싸워보지도 못하고 계속해서 후퇴했다. 서쪽으로 행진을 계속하던 바빌론-메대 연합군은 주전 614년에 아시리아의 옛 수도 앗술(Asshur)을, 주전 612년에는 새 수도 니느웨(Nineveh)를 각각 정복했다. 아시리아는 더 이상 바빌론의 상대가 될 수 없었다. 최후로 주전 609년에 아시리아의 마지막 주요 도시였던 하란(Haran)이 바빌론-메대 군의 손에 함락되었다. 이 광경을 지켜보던 이집트 사람들이 드디어 야심을 드러냈다.

주전 650년대에 아시리아로부터 독립한 이후 아시리아와 적대적 관계를 유지하던 그들이 아시리아의 패잔병들을 도와 바빌론과 싸우기 위하여 주전 609년에 원정 길에 나선 것이다. 그들은 바빌론을 물리침으로써 고대근동의 새로운 군주 자리를 차지하려 했다. 드디어 주전 605년에 유프라테스 강 어귀에 위치한 갈그미스에서 아시리아-이집트 연합군이 바빌론을 대항하여 전투를 벌였다. 처음에는 바빌론-메대 연합군이 불리한 듯 했으나, 전투는 이들의 대승으로 끝났다. 이 일로 인하여 아시리아 제국은 더 이상 지구상에 없는 나라가 되었으며, 이집트는 본국으로 돌아갈 수밖에 없었다. 바빌론 군은 여세를 몰아 이집트를 치기 위하여 가나안 지역에 입성했다.

바빌론 군을 이끌고 가나안을 지나 이집트 국경까지 원정갔던 사람이 바로 바빌론의 왕자 느부갓네살이었다. 같은 해인 주전 605년 가을에 가나안의 남쪽 이집트 접경지대에서 바빌론 군과 이집트가 다시 대결했지만, 이번에는 무승부였다. 그때 느부갓네살에게 아버지 느보가 죽었다는 소식이 전해졌다. 그는 왕권을 차지하기 위하여 신속하게 바빌론으로 귀국했다. 느부갓네살이 가나안 지역에 머무는 동안 이집트와 동맹을 맺고 있던 유다의 여호야김 왕은 가나안 지역을 지나던 바빌론 군에 항복했으며, 그들에게 충성할 것을 맹세했다. 바빌론 군은 유다의 귀족들 중에서 일부를 인질 삼아 바빌론으로 끌고 갔다. 이때 바빌론으로 끌려간 유다 사람들 중에 다니엘과 세 친구가 있었다(단 1:1).

이처럼 국제 정세가 긴박하게 돌아가는 상황에서 유다의 형편은 어떠했는가? 경건했던 왕 히스기야가 죽은 후 수십 년 동안 유다는 헤어날 수 없는 영적 어두움의 늪에 빠져 있었다. 유다의 왕들 중 가장 영적으로 부패했던 므낫세가 오랫동안 통치하면서 여호와 종교를 거의 뿌리뽑다시피 했다(왕하 21장). 므낫세는 백성들에게 가나안과 아시리아의 신들을 숭배할 것을 강요했으며, 심지어 자기 아들을 암몬 사람들의 우상인 몰렉에게 번제로 바쳤다(왕하 21:6). 므낫세는 정치적으로도 군주 아시리아의 지배에 적극적으로 동조한 속국의 왕이었다. 아시리아가 주전 667년에 이집트 정복에 나섰을 때와 주전 663년에 이집트의 수도 테베(Thebes)를 정복했을 때에도 므낫세는 유다의 군대를 동원해 주었다.

므낫세가 55년의 장기 집권을 마치고 주전 643년에 죽자 그의 아들 아몬이 뒤를 이어 유다를 통치했다.[1] 그는 아버지와 비교하여 크게 다

1 필자가 사용하는 연대는 모두 딜레(Thiele)의 연대들이다. cf. E. Thiele, The Mysterious Numbers of the Hebrew Kings(1st ed.; New York: Macmillan, 1951; 2d ed.; Grand Rapids: Eerdmans, 1965; 3rd ed.; Grand Rapids: Zondervan/Kregel, 1983).

를 바가 없었으며, 결국 2년 후 그의 지배를 반대하던 세력에 의하여 암살당했다. 아몬의 아들 요시야가 주전 641년 왕이 되었을 때 그의 나이 8살이었다. 요시야의 어린 시절에 대하여는 별로 알려진 것이 없다. 경건한 원로들이 그의 통치를 도왔던 것으로 추정될 뿐이다. 요시야가 즉위한 때를 기점으로 아시리아 제국은 약화되기 시작했으며, 제국의 쇠퇴는 유다에게 정치적인 독립과 종교개혁의 기회를 선사했다. 아술바니발이 주전 627년에 죽자 요시야는 대대적인 종교개혁과 정책상의 변화를 시도했다. 요시야는 이미 주전 631년부터 하나님을 찾기 시작했으며, 통치한 지 16년째 되던 해이면서 동시에 아술바니발이 죽던 해인 주전 627년에는 산당을 제거하고 아세라 목상을 제거하는 등 광범위한 종교개혁을 단행했다(대하 34:3-7).

요시야의 종교개혁은 세 부분에 역점을 두었다. (1) 이방 종교와 풍습을 뿌리뽑으려는 꾸준하고 지속적인 노력, (2) 남왕국 유다뿐만 아니라, 이미 망해 버린 북왕국 이스라엘 영토에 이르는 모든 산당을 제거하는 것, (3) 예루살렘에 여호와 종교 예식과 예배를 중앙집중화하는 것(Bright). 요시야는 이때 아시리아의 종교와 풍습도 이스라엘 영토에서 제거했는데, 그의 행위는 아시리아의 종속국 신분을 부인하고 정치적인 독립을 선언하는 것이나 다름 없었다(Ahlstrom). 요시야의 아시리아에 대한 반역이 이미 시작된 것이다.

요시야의 종교개혁에 큰 힘을 실어준 것이 바로 힐기야 제사장이 성전을 보수하던 중 발견한 여호와의 율법책이었다. 그때가 주전 621년이며, 이 책은 여선지자 훌다를 통한 하나님의 말씀과 함께 종교개혁을 가속화했다. 이 기간 동안 요시야가 아시리아의 응징을 전혀 받지 않은 것은 위에서 밝힌 것처럼 아시리아가 이미 쇠퇴해 가고 있었기 때문이다. 12년 후인 주전 609년에 이집트의 바로 느고(Neco)가 대군을 이끌고 아시리아의 패잔병을 돕는다는 명목으로 가나안 땅을 지날 때, 요시야가 그의 앞길을 막았다. 이집트와 유다의 군대 규모와 모든 것을 비교할 때, 요시야의 행위는 자살 행위(Bright)나 다름 없는 어리석은 짓이었다(Roux). 그러나 무모하게만 보였던 요시야의 행보는 실제로 이집트가 아시리아의 패잔병들을 돕는 일을 4년 동안이나 지연시키는 결과를 가져왔다. 그래서 일부 학자들은 그가 생명을 바쳐가면서까지 유다를 괴롭게 했던 아시리아의 부활을 막았다고 평가한다(Rowton).

요시야가 죽자 유다 사람들은 그의 맏아들 엘리아김을 제쳐놓고 여호아하스를 왕으로 세웠다. 그들이 그렇게 한 이유는 엘리아김은 이집트에 항복할 것이며, 여호아하스는 아버지 요시야의 뒤를 이어 유다의 독립을 위하여 투쟁을 계속할 것이라고 생각했기 때문이다(Robinson). 이집트의 바로 느고도 같은 생각이었다. 그래서 그는 여호아하스를 이집트로 끌어갔고 그의 형 엘리아김을 왕으로 세웠다. 그리고 자신의 영향력을 과시하기 위하여 엘리아김의 이름을 여호야김으로 바꾸기도 했다(왕하 23:34-35). 여호야김은 매우 난폭한 독재자였다. 그는 예루살렘에서 무죄한 자의 피를 흘렸으며(왕하 24:4), 예레미야는 그를 악하고 잔인하며 자신의 왕궁을 늘리는 것에만 관심을 가졌던 왕으로 묘사한다(렘 22:13-19). 기록에 의하면 여호야김은 유다의 왕들 중 유일하게 여호와의 선지자를 처형한 사람이었다. 역사상 가장 타락한 것으로 평가되는 므낫세도 여호와의 선지자는 죽이지 않았던 것을 감안할 때, 그의 난폭함이 어느 정도였는지 짐작할 수 있다.

학자들은 일반적으로, 하나님이 예루살렘에서 성행하고 있는 부정과 부패, 힘없고 연약한 자들을 착취하고 억압하는 지도자들을 언제까지나 지켜보고만 계실거냐는 하박국의 탄식이 바로 여호야김 정권을 염두에 둔 것이라고 간주한다(Heflin; Bailey; Hiebert; Bruce; Bruckner; Sweeney). 이로써 그는 나훔, 스바냐, 그리고 예레미야와 동시대에 예루살렘에서 사역했음을 알 수 있다. 이 시대는 영적으로 매우 어두웠으며, 공의와 정의는 조금치도 찾아볼 수 없는 시대였다.

3. 다른 책들과의 관계

하박국서는 마소라 사본과 칠십인역의 12소선지서 순서에서 동일하게 여덟 번째로 등장하는 책이다. 니느웨의 멸망을 외치고 있는 나훔서를 뒤따르며, 유다와 예루살렘 주민들이 이방 신들을 버리고 여호와께 돌아오지 않으면 혹독한 심판을 피할 수 없다고 경고하는 스바냐서의 앞에 있다. 하박국서에는 두 개의 표제가 등장하고 있지만(1:1; 3:1), 이것들은 그 어떤 역사적 배경에 대한 정보도 주지 않는다. 그러나 책의 내용을 살펴보면 근동의 정치적 무대에 신진 군주로 발돋움하고 있는 바빌론이 유다와 예루살렘을 위협하고 있는 상황을 배경으로 하고 있음이 역력하다. 그러므로 하박국서의 표제가 역사적 배경에 대하여 아무런 정보도 제시하지 않음에도 불구하고, 하박국서가 아시리아의 멸망을 외치고 있는 나훔서와 바빌론 포로생활을 경고하고 있는 스바냐서 사이에서 연결 고리 역할을 하고 있음을 분명히 알게 된다.

나훔서는 여호와께서 유다를 가장 괴롭게 한 나라 아시리아를 치심으로써 이스라엘의 하나님이 온 세상을 통치하시는 분임이 입증될 것을 예언한다. 뒤따르는 하박국서도 여호와께서 온 세상을 통치하신다는 사실에 전적으로 동의한다. 그러나 나훔이 니느웨의 멸망이 여호와의 정의가 실현되었음을 입증하는 것이라고 결론을 내리는 것에 비해, 하박국은 부정과 부패가 만연한 유다와 예루살렘을 심판하기 위하여 바빌론 사람들이 침략해 오는 것과, 그 후 여호와의 뜻을 정의롭게 이행하지 못한 바빌론이 멸망하는 것이 바로 하나님의 정의의 실현이라고 말한다. 또한 나훔이 주의 백성을 괴롭히는 이방 국가가 망하는 것이 하나님의 정의의 실현이라고 하는 반면에, 하박국은 한 걸음 더 나아가 이방인들보다 하나도 나을 것이 없는 주의 백성들도 심판을 받을 것이라 경고한다. 이런 차원에서 하박국의 메시지는 뒤따르는 스바냐의 메시지를 준비하고 있다고 할 수 있다. 스바냐는 주의 백성들에게 하나님을 전심으로 찾든지, 아니면 그분의 심판을 받든지 둘 중 하나를 택하라고 경고한다. 고통당하는 주의 백성들이라고 해서 면죄부가 주어지는 것은 아니다. 모든 사람들은 공평하게 심판을 받게 된다. 스바냐서는 하나님이 주의 백성을 심판하시는 데 사용할 도구가 무엇/누구인가를 구체적으로 밝히고 있지는 않지만, 바빌론이 암시되고 있는 것이 확실하다.

4. 신학과 메시지

하박국 선지자를 통해 예언이 질문형으로 변하고 있다(R. Smith). 대부분의 선지자들은 하나님의 역사와 주권에 대한 확신을 백성들에게 선포했다. 반면에 하박국은 백성들을 대신해서 하나님께 질문을 던진다. 특별히 그는 신정론(神正論, theodicy)에 대하여 하나님께 질문을 던진다. 의로우시고 공평하신 하나님이 지으시고 통치하시는 세상에서 어떻게 악인이 성공하며, 어찌하여 의인들은 그들로부터 착취를 당하고 괴로워해야 하는가? 하박국은 공평과 의를 지향하고 본질로 삼는 사회가 갖는 가장 기본적이고 실제적인 문제를 제기한다. 그러나 그는 결코 하나님의 의로우심을 의심하여 질문을 던지는 것은 아니다. 그의 논지를 자세히 살펴보면 그는 하나님의 정의를 의심하기보다는 오히려 그분의 공의와 정의를 전제하고 하나님께 질문하고 있음을 알 수 있다.

(1) 세상과 섭리

그는 하나님의 의로우심을 신뢰할 수 없거나 그분의 능력을 믿을 수 없어서 고민하는 것이 아니라, 오히려 전적으로 믿고 있기에 이러한 사실에 상충되는 듯한 현실이 빚어내는 혼돈에 대하여 진솔한 의문을 제기하고 있는 것이다. 그러므로 하박국서는 (1) 하나님의 공의에 관한 책이 아니며, (2) 인간의 의심이나 불신에 대한 책도 아니고, (3) 세상 악의 권세 앞에 무력하게 당해야만 하는 인간의 연약함에 관한 책은 더더욱 아니다. 하박국서는 그 무엇보다도 하나님의 계획에 관한 책이며, 또한 이 세상에서 그 계획이 어떻게 실현되어 가는가에 대해 쓰여진 책이다(Achtemeier). 이 책은 곧 하나님의 섭리(providence)에 관한 책인 것이다. 그러므로 하박국서는 부조리와 부패로 찌든 세상에서 우리가 어떻게 공의와 정의의 하나님에 대한 믿음과 확신을 유지할 수 있는가에 대한 교훈을 주는 책이다.

선지자는 하나님은 선하시며, 공의를 사랑하시고, 악을 미워하시는 것을 전적으로 믿고 있다. 하박국은 하나님이 그의 백성, 특히 의로운 자들을 매우 사랑하신다는 것을 확신한다. 그렇다면 하나님은 그의 백성들의 고통에 대하여 아무런 조치도 취하지 않으시는가? 왜 하나님은 묵묵히 지켜보기만 하시는가? 이에 선지자는, 하나님은 뒷짐 지고 묵묵히 지켜보고만 계시는 분이 아니시며 설령 악이 걷잡을 수 없이 세상을 휘젓고 지배하는 것처럼 느껴지는 순간이 온다 해도 그분은 항상 이 세상의 일에 깊이 관여하고 계시며, 그분의 계획대로 모든 일을 진행해 나가신다고 답한다.

왜 악이 이 세상에 존재하는가? 어떻게 하나님의 계획 속에 악이 포함되어 있단 말인가? 선지자는 하나님이 자신의 계획을 성취하기 위해서 때로는 악을 사용하신다는 것을 인정하지만, 그 계획 자체가 본질적으로 악하거나 악을 내포하고 있다는 주장은 수용하지 않는다. 왜냐하면 그분은 선하시고, 선한 계획을 진행해 나가시기 때문이다. 그렇다면 하나님은 선하기는 하시지만 악을 퇴치하거나 거부하기에는 너무나 무능력하여 자신의 백성들이 악의 세력에게 피해당하는 것을 지켜보고만 계시는 것인가? 선지자는 이러한 가능성도 단호히 부인한다. 하박국도 다른 선지자들처럼 여호와를 이스라엘이라는 제한된 테두리를 초월하신 온 세상의 창조주이자 주권자로 묘사함으로써 이 세상에는 그 어떤 신(神)도, 권세가도 여호와와 견줄 수 없다고 단언한다. 그분은 이스라엘을 보호하고 인도하는 분이시지만, 또한 바빌론 사람들도 통치하는 분이신 것이다.

그렇다면 믿음과 현실 사이에서 빚어지는 차이는 무엇을 뜻하고 있는가? 여호와를 신뢰하는 믿음은 분명히 선포와 약속을 통하여 알게 되지만, 체험적인 믿음은 공평과 공의를 사랑하시는 여호와 하나님은 전지전능하시고 그의 백성을 무척 사랑하신다는 사실을 깨달을 때 갖게 된다. 이처럼 하나님이 적극적인 관심과 사랑으로 백성들을 지켜보시기 때문에, 앞으로도 우리는 의롭고 공평한 대우를 받을 수 있도록 하나님이 배려를 아끼지 않으실 것을 기대할 수 있다. 그러나 하박국 선지자가 처한 현실은 주의 백성들의 삶이 얼마나 불의에 의하여 위축되어 있고 악인들에 의하여 유린당하고 있는가를 극명하게 보여 준다! 이러한 믿음과 현실의 대립을 어떻게 이해해야 한단 말인가?

하박국 선지자는 이 믿음과 현실의 대립의 원인을 아주 간단하게 설명한다. 우리는 "사이/진행 과정"(in between/in the meantime)에 살고 있기 때문이라는 것이다(cf. Achtemeier). 선지자들은 오랜 세월 동안 하나님에 대하여 많은 것을 계시하고 선포했다. 하나님이 의와 공평을 사랑하시기에 공의와 공평으로 그의 백성들을 다스리실 것이라는 가르침도 이러한 선포의 한 예가 된다. 그러나 계시되고 선포되었다고 해서 인간의 현실에서 즉각 성취되고 완성되는 것은 아니며, 점차로 완성되어가, 언젠가(viz., 종말 때)는 완전히 성취될 것이다. 하나님이 의와 공평으로 이 세상을 통치하시고 다스리실 날이 분명히 올 것이다. 옛적 선포가 그대로 성취되는 날이 다가오고 있다. 그러나 그날이 올 때까지 우리는 과거에 있었던 '계시/선포'와 미래에 있을 '성취/완성'의 "사이/진행 과정"을 살아가고 있는 것이다. 우리가 바로 이 '사이/진행 과정'에서 살고 있는 한, 믿음과 현실은 항상 대립한다는 것이 하박국 선지자의 신학적 통찰이다. 그러므로 하박국서는 시대와 장소를 초월해서

'사이/진행 과정'을 살아가고 있는 모든 주의 백성들의 책인 것이다.

그렇다면 "사이/진행 과정"을 살아가는 주의 백성들은 어떤 자세로 현실에 임해야 하는가? 믿음과 현실이 빚어내는 갈등에 어떻게 대처해야 하는가? 선지자는 가르침과 자신이 취하는 태도를 통하여 그의 책을 읽는 주의 백성들에게 여러 가지 실제적인 제안과 가르침을 제시하고 있다. 다음 사항들을 생각해 보라.

(2) 축복

사람들은 흔히 평안, 건강, 장수, 풍요로움, 공의 등 우리가 삶에서 누릴 수 있는 '축복들'의 유무(有無)를 하나님과의 관계에 대한 지표로 삼는다. 이것을 많이 누릴수록 하나님이 우리의 삶을 인정하시는 것으로 생각하며, 그렇지 않으면 하나님이 우리를 징계하고 계신 것이라고 생각하는 것이다. 그런데 하박국 선지자는 하나님과 건강한 관계를 유지하면서도 이러한 '축복들'을 누리지 못했다. 오히려 그는 고통과 궁핍함에 시달리고 있다. 그러나 그는 좌절하지 않았다. 혼란과 갈등에 휩싸인 그는 오히려 이 문제에 대하여 하나님께 진솔하게 의문을 제기했다(1:13). 선지자는 하나님의 성품에서 흠집을 찾아내려는 의도에서 질문을 던지는 비평가가 아니라, 자신이 갖고 있던 하나님에 대한 이해와 이와 상반되는 현실 사이에서 빚어지는 갈등에 대하여 하나님의 설명을 요구했던 것이다. 그 결과, 선지자는 고통과 궁핍함을 통해 하나님에 대한 새로운 이해를 갖게 되었으며, 하나님과의 관계가 새로운 차원으로 승화되었다. 하박국은 더 이상 하나님이 인간에게 내려주시는 축복들로 인해 기뻐하는 것이 아니라, 오히려 그분 존재 자체를 기뻐하며 즐길 수 있는 신앙을 갖게 되었던 것이다(Bruce).

이와 같은 하박국의 신앙은 욥과 비교될 수 있으며, 우리에게 깊은 감동을 더해 준다. 욥은 자신이 왜 고통을 당해야 하는가에 대해서 하나님의 설명 듣기를 원했다. 드디어 하나님이 회오리바람 속에서 말씀하셨다. 그러나 하나님의 대답은 일종의 동문서답(東問西答)에 불과했다. 그리고 욥은 자신의 생이 끝날 때까지 그 이유를 알지 못했다. 그러나 평소에 남을 통해 듣기만 하던 하나님을 직접 체험한 그에게 있어 그동안의 고민은 더 이상 문제가 될 수 없었다. 그는 하나님을 만났고, 그분에 대한 새로운 이해를 터득했기 때문이었다. 하박국도 비슷한 경험을 했다. 3:17-18에 기록된 선지자의 고백을 생각해 보자. "비록 무화과나무가 무성하지 못하며 포도나무에 열매가 없으며 감람나무에 소출이 없으며 밭에 먹을 것이 없으며 우리에 양이 없으며 외양간에 소가 없을지라도 나는 여호와를 말미암아 즐거워하며 나의 구원의 하나님으로 말미암아 기뻐하리로다." 애초에 그로 하여금 하나님께 질문하게 했던 어려운 상황이 모두 원만하게 해결되어서 이러한 고백을 하고 있는가? 결코 아니다.

하박국이 책을 시작할 때 당면했던 어려운 현실은 책이 끝날 때까지 하나도 변하지 않았다. 변한 것은 다만 하박국뿐이다. 하나님의 공의와 하나님과의 관계에 대한 새로운 이해가 그에게 임했을 때, 그는 더 이상 가시적인 것에 매이지 않고 새로운 차원에서 하나님과의 관계를 누릴 수 있었던 것이다. 하나님의 백성들은 불의와 부조리로 가득 찬 세상을 살아가며 많은 질문을 가슴에 담는다. 힘들고 어려울 때마다 "천국에 가면 하나님께 이 모든 것들에 대하여 반드시 물어보리라!"며 자신을 달래기도 한다. 그러나 하박국은 그의 경험처럼 하나님을 만나는 순간 이 모든 것이 다 녹아내려 더 이상 문제가 되지 않기에 질문할 필요도 없을 것이라고 말해 주는 것이다.

(3) 신앙과 질문

성도들은 "무조건 믿어라!" 혹은 "덮어놓고 믿어라!"는 권면을 주고받는다. 누군가 이해되지 않는 부분을 무리하게 이해하려고 하거나 전통적인 가르침에 반론을 제기할 때 자주 사용하는 권고이기도 하다. 그러나 하박국 선지자는 이러한 권면을 받아들이지 않았다. 이것이 하나님을 전적으로 신뢰하고 그분이 어떤 분이신지를 아는 신앙인으로서 취할 자세는 아니라고 생각했던 것이다. 이 권면들은 표면적으로는 하나님에 대한 신뢰를 요구하는 믿음의 강요로 보일 수도 있다. 그러나 실제로는 자칫 잘못하면 하나님이 '불편해하실 부분'에 대하여 "쉬! 쉬!" 하며 그냥 넘어가려는 행위가 되기도 한다. 하박국 선지자는 하나님은 그가 혼란스러워하는 부분을 충분히 흡족하게 정리해 주실 수 있는 분이라는 것을 확신했다. 이러한 배경에서 선지자는 전해 내려온 가르침에 만족하지 않고, 남들이 대체로 침묵하기 원하는 부분에 대하여 문제를 제기했던 것이다. 이해하지 못하고, 납득이 가지 않는데도 모든 것이 평안한 것처럼 행세하는 것은 믿음이 아니라 위선이라는 것이다. 그러므로 그는 신앙인으로서 기본적인 권리를 행사하고자 했다. 그 결과로 하박국서가 탄생하지 않았는가!

이사야서 또한 믿음의 사람일수록 하나님께 이적의 증거를 구한다고 우리에게 가르친다. 이사야서 안에서 불신과 믿음의 표상으로 대조되는 아하스와 히스기야의 차이점이 바로 여기에 있다. 하나님을 신뢰하기를 거부하던 아하스는 하나님이 그를 구원하실 것이라는 징조로 원하는 이적을 구하라는 권면을 거부했다. 그는 심한 책망을 면할 수 없었으며, 선지자는 그에게 일방적으로 "임마누엘" 징표를 주었다(사 7장). 반면에 그 누구보다도 확고히 하나님을 신뢰하던 히스기야는 해시계, 무화과 열매의 이적을 받고도 또 하나의 징조를 구했다(사 38장). 불신에서 비롯되는 기적 요구는 문제가 될 수 있겠지만, 하나님이야말로 우리가 구하는 표적을 주실 수 있는 분이라는 확신 속에서 비롯되는 징표 요구는 믿음의 고백이 되는 것이다. 하박국은 믿음생활에 있어서 질문하는 것은 중요하며 성장의 계기가 될 수 있다는 점을 강조한다.

하나님은 진솔하게 그를 찾는 질문자들을 기꺼이 반기실 것이다.

(4) 의인과 믿음

"의인은 그의 믿음으로 말미암아 살리라"(2:4)는 하박국서를 매우 유명하게 만들었던 구절이다. 바울은 복음을 논하면서 이 말씀을 인용했다(롬 1:17). 또한, 루터는 이 말씀을 묵상하면서 얻은 감동과 확신을 종교개혁의 발판으로 삼았다. 하박국서에서 이 말씀은 어떤 위치를 차지하고 있는가? 하박국이 신앙과 현실에 대한 모든 의문을 극복할 수 있었던 결정적인 계기가 바로 이 고백에서 드러나는 믿음의 힘이었다고 해도 과언은 아닐 것이다. 그렇다면 선지자가 말하는 믿음이란 무엇인가? 믿음이란 세상이 어떻게 진행되어 가든지 여호와만이 세상을 주관하시고 통치하시는 분이심을 고백하는 것이다. 믿음이란, 비록 그의 백성들은 제대로 이해하지 못한다 할지라도 하나님은 유일하며 거룩하고 순수하신 분이심을 확신하는 것이다. 믿음이란 언젠가는 선하신 하나님의 의와 공평이 온 세상을 지배할 것이라는 신념이다. 그러므로 믿음이란 오늘을 살면서 부조리한 현실 앞에서도 좌절하지 않고 그때를 기대하며 꿋꿋하게 살아가는 태도인 것이다. 의인은 바로 이러한 믿음으로 현실을 헤쳐나가며 당당하게 사는 자를 말한다.

(5) 하나님의 역사

우리는 모두 하나님이 필요에 따라서는 기적을 통하여 자신의 계획을 펼쳐 나가신다는 사실을 고백한다. 그러나 하박국은 여호와께서 계획을 펼치시는 가장 기본적인 방법으로 인간 대리인(agent)을 사용하신다는 점을 강조한다. 필요에 따라서 우리는 자신의 계획을 진행해 나가시는 그분의 손과 발의 역할을 감당하는 자가 될 수도 있다. 그렇다면 하나님은 자신의 도구가 되기를 자원하는 자들만을 사용하시는가? 하박국은 경우에 따라서 여호와를 인정하지 않는 악한 세력마저도 그분의 계획을 성취해 나가는 도구로 사용하신다는 것을 역설한다. 선지자가 "하나님의 백성들 사이에 어찌 악이 성행하며 율법이 해이해지고 공의가 시행되지 못하는 것을 지켜보기만 하십니까?"(1:1-4)라고 탄식하자 하나님은 주의 백성들 가운데 악을 행하는 자들을 징계하시기 위하여 무시무시한 갈대아(바빌론) 사람들을 개입시키실 것을 선포하셨다(1:5-11). 표면적으로는 문제보다 처방이 더 가혹한 것처럼 생각되는 대안이다(Bruce). 그러므로 악인을 심판하기 위하여 더 잔악한 악인을 끌어들이시는 하나님의 공의에 대한 하박국 선지자의 반문이 계속된다.

이 과정에서 우리는 성경의 여러 곳에서 제시되는 한 가지 원리를 발견하게 된다. 하나님은 자신의 계획을 이루어 나가시는 과정에 있어서 어떠한 세력이라도 사용하실 수 있다는 것이다. 거룩한 자들만이 하나님께 쓰임을 받는 것이 아니라, 필요에 따라서는 가장 추한 자들까지도 하나님에 의하여 사용될 수 있다. 그러나 하나님이 사용하셨다 해서 사용당한 자/것이 정당화될 수는 없다. 아시리아, 바빌론 모두 하나님이 자신의 백성들을 징계하시는 데 사용하신 "진노의 막대기들"이었다. 그들이 모두 주의 도구로 쓰임을 받았던 것이다. 그러나 그들의 역할이 끝나는 순간, 그들은 하나님께로부터 더 크고 혹독한 징계를 받았다는 것이 선지자들의 일반적인 가르침이다. 하박국도 이러한 원리를 다시 한 번 확인해 주고 있다. 그 누구도 하나님께 쓰임 받았다 해서 자만에 빠져서는 안 된다. 왜냐하면 하나님이 인정하시는 것과 사용하시는 것은 별개의 문제이기 때문이다. 하나님은 이 세상의 그 어떤 세력도 사용하실 수 있으며, 경우에 따라서 그의 사용하심이 그분만이 온 세상의 통치자이며 주권자임을 드러내시고자 하는 의도일 수도 있다.

5. 개요

하박국서의 통일성과 구조를 논할 때 가장 큰 이슈가 되는 것은 3:1-19의 출처와 기능이다. 스미스(Smith & et al.)를 포함한 상당수의 비평주의 학자들은 3장을 하박국 선지자가 사역을 마친 먼 훗날-바빌론에서 돌아온 귀향민들이 예루살렘에 새로이 정착한 후 한참 동안의 세월이 흐른 후에-저작되어 이 책에 첨부된 것이라고 주장했다. 이렇다 할 역사적 근거나 자료에서 비롯된 학설이 아니라, 3장의 장르가 책의 다른 부분과 너무 다르다는 이유에서였다. 1-2장의 장르는 여느 선지서 양식과 다를 바 없는 선포된 말씀인데, 3장은 시편과 흡사한 노래로 구성되어 있기 때문이었다. 또한 음악적인 용어와 지시(3:1, 3, 9, 19)가 선지서에 등장한다는 것을 납득하지 못했다. 아직도 이러한 입장을 취하는 주석가들이 있지만(Hiebert), 최근 들어서 대부분의 학자들은 3장이 하박국 선지자가 예루살렘의 마지막 날들을 지켜보며 저작한 것이라고 결론짓는다(Achtemeier; Gowan; Haak; Roberts; Sweeney; Bruckner; Bailey; Bruce).

학자들이 이러한 결론을 내리는 이유는 3장이 선지자가 1-2장에서 제기한 문제에 대한 적절한 답으로서의 기능을 하므로 3장이 없다면 하박국서의 완성도가 많이 떨어지기 때문이다. 또한 하박국 선지자가 3장에 기재된 노래를 지으면서 이미 오래 전부터 전해 내려온 여호와의 현현과 승리에 관한 용어들을 많이 사용했다는 것이 이 학자들의 견해다. 이 노래가 모세와 미리암의 노래 등 이스라엘의 가장 오래된 노래들의 이미지와 언어들을 인용하고 있다고 생각되기 때문이다.

하박국서를 읽다 보면 비교적 단조로운 흐름으로 진행되어 가는 듯한 느낌을 받는다. 거의 모든 학자들이 특별한 어려움 없이 하박국서를 다음과 같이 여섯 단원으로 세분화한다. 그러나 이 단원들을 어떻게 묶느냐 하는 것에는 의견이 분분하다. 전체를 짜임새 있는 구조로 묶는 부분에서 서로 동의하지 못하고 있는 것이다. 일부 극단적인 견해를 지닌 학자들은 하박국서는 특별한 구조나 흐름 없이 모든 잡동사니가 모아진 것에 불과하다고 한다(Carroll). 그러나 대부분 학자들은 이들의 주장에 동의하지 않는다(Achtemeier; Gowan; Bruce; Roberts; Sweeney).

1. 여호와의 정의에 대한 하박국의 첫 번째 질문(1:1-4).
2. 하박국의 질문에 대한 여호와의 응답(1:5-11)
3. 여호와의 정의에 대한 하박국의 두 번째 질문(1:12-17)
4. 하박국의 질문에 대한 여호와의 응답(2:1-5)
5. 다섯 개의 재앙(2:6-20)
6. 하박국의 노래(3:1-19)

많은 학자들이 하박국서를 세 섹션으로 구분한다. 그러나 세부적인 내용은 현저한 차이를 지니고 있기도 하다. 브루크너(Bruckner)는 1:1-17, 2:1-20, 3:1-19 등 세 섹션으로 구분한다. 반면에 대부분의 학자들은 전통적으로 다음과 같이 세 섹션으로 구분한다(Childs; Rudolph; Armerding; Elliger).

A. 선지자와 여호와의 대화(1:1-2:5)
   1. 선지자의 첫 번째 질문(1:1-4)
   2. 여호와의 첫 번째 응답(1:5-11)
   3. 선지자의 두 번째 질문(1:12-17)
   4. 여호와의 두 번째 응답(2:1-5)
B. 다섯 개의 재앙(2:6-20)
C. 하박국의 노래(3:1-19)

위의 구조에 대하여 문제를 제기하는 사람들은 A, B, C섹션의 상호관계가 명백하지 않다고 지적한다. 마치 서로 연결 고리가 결여된 세 섹션이 임의로 하나로 묶인 듯한 느낌을 받는다는 것이다. 또한 표제로 사용되고 있는 1:1과 3:1의 역할이 이 구조에서는 무시되고 있다는 점이 문제로 제기된다(Sweeney). 대체로 표제는 책을 섹션화하는 데 있어서 가장 기초적인 역할을 한다. 하박국서에서는 이처럼 가장 기본적인 섹션 표시가 두 군데밖에 사용되지 않고 있는데, 이는 만일 책이 섹션으로 구분되려면 이 표제들을 중심으로 구분되어야 한다는 의미를 담고 있다. 또한 장르상, 1–2장의 내용은 "말씀"(מַשָּׂא)(1:1)이며 3장은 "기도"(תְּפִלָּה)(3:1)라는 것을 감안할 때 하박국서를 두 섹션으로 구분하는 것이 바람직하다는 것이다(Bruce; Robertson; Heflin; Sweeney; Szeles).

A. 하나님과의 대화(1:1–2:20)
   1. 선지자의 첫 번째 질문(1:1–4)
   2. 여호와의 첫 번째 응답(1:5–11)
   3. 선지자의 두 번째 질문(1:12–17)
   4. 여호와의 두 번째 응답(2:1–5)
   5. 다섯 개의 재앙(2:6–20)
B. 하박국의 노래(3:1–19)

이와 같은 구조를 선호하는 학자들은 책에 대한 접근이 상당히 새로워졌다는 주장들을 하지만, 실제로 첫 번째 구조와 별 차이는 없으며, 본문을 주해함에 있어서도 이렇다 할 영향을 미치지 않는다. 또한 하나님과 선지자와의 대화는 상대적으로 짧게 진행되는 것에 비해 다섯 개의 재앙에 대한 선언(2:6–20)은 상당히 길게 지속되고 있다. 그러므로 "하나님과 선지자와의 대화"와 재앙 선언의 관계에 대해 좀 더 깊이 연구되어야 할 것이다. 뿐만 아니라 텍스트의 분량을 감안한다면 마치 재앙에 대한 언급이 여호와와 선지자 사이에 오가는 대화의 목표 혹은 결과가 되는 듯하다는 것도 다시 검토되어야 한다.

베일리(Bailey)는 하박국서 전체를 짜임새가 느슨한 탄식시로 간주한다. 그에 의하면 하박국서의 성향과 진행이 탄식시와 매우 비슷한 점이 많다는 것이다. 그는 다음과 같은 증거를 제시한다. 히버트(Hiebert)도 하박국서가 탄식시에서 흔히 사용되는 용어와 이미지를 활용하고 있다고 주장한다.

탄식시 요소	하박국서
기원(invocation)(시13:1)	1:2
도움 요청(Plea to God for help)(시13:1–2)	1:2, 17; 2:1
항의(Complaints)(시13:2)	1:3–4, 13–16; 2:6–19
하나님 신뢰 고백(Statement of trust in God)(시54:4)	1:12; 2:20
선지적 선포(Prophetic Oracle) (시14:3–4; 89:3–4, 19–37; 91:14–16)	1:5–11; 2:2–5
죄의 고백(Confession of sin)(시69:5) 혹은 무죄 확신(Assertion of Innocence)(시17:3)	
원수 저주(Curse of enemies or imprecation) (시109:8–9)	2:6–19
하나님의 응답 확신(Confidence in divine response)	3:2
찬양 혹은 축복(Hymn or Blessing)	3:3–19

위에 제시된 증거들이 슬픔을 표현하는 시라면 어디서나 발견되는 너무나도 보편적인 것들이며, 또한 탄식시의 요소들도 일관성 있게 순서적으로 나열되어 있지 않음을 쉽게 알 수 있다. 그러므로 하박국서 전체가 탄식시의 구조에 바탕을 두고 형성되었다는 주장은 더 많은 증거를 필요로 한다. 물론 책의 전반적인 분위기는 분명히 탄식시의 성향을 내포하고 있기는 하다. 저자는 지금 하나님의 침묵과 자신이 스스로 해결할 수 없는 신학적 문제를 껴안고 고민하고 있으며, 이 과정에서 그는 하나님 앞에서 신음하고 있는 것이다. 그러므로 하박국서가 탄식시 성향을 띠는 것은 당연하다(cf. Hiebert). 그러나 이와 같은 제안은 책의 흐름, 성향을 이해하는 데 약간의 도움은 되겠지만 구조를 파악하는 데는 도움이 되지 않는다.

최근 들어 성경의 전반적인 대칭 구조(symmetric structure)에 대한 연구가 활성화되고 있으며, 하박국서도 예외는 아니다. 도르세이(Dorsey)는 3:1-19를 1-15절과 16-19절로 구분한 후 다음과 같은 구조를 제시한다.

a. 하박국의 첫 번째 항의: 얼마 동안이나 주님의 정의를 기다려야 합니까?(1:2-4)
  b. 여호와의 첫 번째 응답: 바빌론의 군대가 온다(1:5-11)
    c. 하박국의 두 번째 항의: 어떻게 악한 바빌론 군대를 사용하실 수 있습니까?(1:12-17)
      d. 중앙: 악인이 벌을 받을 테니 기다리라. 그러나 의인은 믿음으로 살리라(2:1-5)
    c′. 여호와의 두 번째 응답: 재앙들이 악인들(바빌론)에게 임하리라(2:6-20)
  b′. 여호와의 마지막 응답: 여호와의 군대가 온다(3:1-15)
a′. 첫 번째 항의에 대한 하박국의 최종적인 각오: 내가 하나님을 기다리리라(3:16-19)

이와 같은 구조의 장점은 개신교 전통에서 하박국서를 유명하게 만들었던 "의인은 믿음으로 살리라"는 말씀이 책의 중심 사상일 뿐만 아니라 구조적으로도 중앙에 놓여 있다는 것을 시사해 준다는 점이다. 그러나 문제는 도르세이가 주장하는 것처럼 2:6-20이 여호와의 두 번째 응답이 아니라, 2:1-5이 두 번째 응답으로 이해되는 것이 더 자연스럽다는 점이다. 뿐만 아니라 대부분의 학자들은 3장을 한 편의 통일성 있는 노래로 간주하고 있는데, 1-15절과 16-19절로 나누어 구조를 분석하는 일은 조금 더 신중해야 할 부분으로 여겨진다.

이처럼 책을 6단원으로 세분화하는 것에는 대부분 동의하지만, 세분화된 단락들을 어떻게 서로 연결하여 책의 전체적 짜임새를 이해할 것인가에 대하여는 의견이 다양하다. 지금까지 제시된 하박국서 구조에 관한 여러 입장들은 각각의 어려움을 안고 있다. 어쨌든 필자는 각 문단의 나눔과 구분이 가장 자연스럽고, 다섯 재앙 선포(2:6-20)가 하나님의 말씀이 아니라 바빌론에게 압제당한 민족들의 입술을 통해 선포되는 비웃음(taunt)으로 간주되기에(cf. Amerding; Patterson; Bailey) 이 섹션이 따로 구분되어 다루어지는 것이 바람직하다고 생각하여 첫 번째 제안을 선호한다.

그렇다면 세 섹션(A, B, C)의 상호 관계를 어떻게 이해할 것인가? A 섹션인 하나님과 선지자의 대화(1:1-2:5)는 책의 "왜 악인들이 성행하는가?"라는 기본적인 논제를 제시하고 있으며, B섹션의 악인들에게 임할 다섯 개의 재앙(2:6-20)은 앞 섹션(A)에서 제시된 질문에 대해 "악인들은 꼭 망하게 될 것이다"라는 하나님의 확고한 의지를 선포한다. C 섹션인 3:1-19은 악인을 향한 하나님의 확고한 의지가 선지자로부터 여호와의 정의에 대한 새로운 확신과 고백을 자아내도록 하는 것으로 이해하는 것이 바람직할 것이다. 필자는 하박국서를 다음과 같이 구분할 것을 제안한다.

Ⅰ. 표제(1:1)

Ⅱ. 선지자와 여호와의 대화(1:2-2:5)
  1장. 선지자의 첫 번째 질문(1:2-4)
  2장. 여호와의 첫 번째 응답(1:5-11)
  3장. 선지자의 두 번째 질문(1:12-17)
  4장. 여호와의 두 번째 응답(2:1-5)

Ⅲ. 다섯 개의 재앙(2:6-20)
  1장. 착취하는 자에게(2:6-8)

2장. 거짓 평안을 추구하는 자에게(2:9-11)

3장. 억울한 피를 흘리는 자에게(2:12-14)

4장. 술 취한 자와 폭력을 일삼는 자에게(2:15-17)

5장. 우상을 만드는 자에게(2:18-20)

Ⅳ. 하박국의 노래(3:1-19)

1장. 하박국의 고백과 간구(3:1-2)

2장. 분노하신 하나님의 현현(3:3-15)

3장. 하나님의 현현에 대한 선지자의 반응(3:16)

4장. 선지자의 하나님에 대한 확신과 신뢰(3:17-19)

엑스포지멘터리
선지서 개론

스바냐

EXPOSItory comMENTARY

스바냐

[12] 그 때에 내가 예루살렘에서 찌꺼기 같이 가라앉아서
마음속에 스스로 이르기를
여호와께서는 복도 내리지 아니하시며
화도 내리지 아니하시리라 하는 자를
등불로 두루 찾아 벌하리니
[13] 그들의 재물이 노략되며 그들의 집이 황폐할 것이라
그들이 집을 건축하나 거기에 살지 못하며
포도원을 가꾸나 그 포도주를 마시지 못하리라
(1:12–13)

[16] 그날에 사람이 예루살렘에 이르기를
두려워하지 말라 시온아
네 손을 늘어뜨리지 말라
[17] 너의 하나님 여호와가 너의 가운데에 계시니
그는 구원을 베푸실 전능자이시라
그가 너로 말미암아 기쁨을 이기지 못하시며

너를 잠잠히 사랑하시며
너로 말미암아 즐거이 부르며 기뻐하시리라 하리라
(3:16-17)

스바냐는 구약의 그 어느 선지자보다도 '여호와의 날'(יוֹם יְהוָה)이라는 주제에 사로잡혀 있는 사람이다. 그는 또한 '여호와의 날'에 대하여 가장 상세하게 설명하고 있는 선지자이다(Baker). 스바냐는 처음부터 끝까지 이 주제만을 논하고 있다. 그의 책은 온 세상을 파멸에 몰아넣는 심판에 대한 비전으로 시작하며(1:1-6), 이 파괴의 날을 '여호와의 날'이라고 정의한다(1:7-18). 선지자는 청중들에게 이날을 준비하라고 지시한 후(2:1-3), 이날이 열방(2:4-15)과 유다(3:1-5)를 어떻게 파멸에 이르게 할 것인가를 묘사한다. 다행히 모든 것이 절망적은 아니다. 스바냐는 열방에 대한 심판이 절정에 달하는 2장에 슬며시 소망의 씨앗들을 심어 놓더니(2:6-7, 9, 11), 3:6-20에서는 회복에 대한 기대가 절정에 달하게 한다. 여호와의 날은 두렵고 떨리는 심판의 날이지만, 동시에 주의 백성들이 구원과 회복을 기대할 수 있는 소망의 날이기도 한 것이다.

스바냐는 여호와의 날이 심판의 날이라는 것을 역설함으로써 주의 백성이 하나님 앞에 의롭게 살아야 한다는 점을 강조한다. 하나님을 경외하지 않고 소외된 자를 돌보지 않는 사람은 지속적인 평안을 누리지 못한다. 여호와의 날이 임하면 그들이 온전하지 못할 것은 물론 오히려 심판을 받게 될 것이기 때문이다. 오래전에 아모스 선지자가 말한 것처럼 주의 백성에게도 여호와의 날은 빛의 날이 아니라 어둠의 날이 될 수 있으며, 위로의 날이 아니라 정죄와 심판의 날이 될 수 있다. 각자의 삶 속에서 공의와 정의를 사랑하시는 하나님의 말씀에 얼마나 잘 순종하며 살았느냐에 의해서 위로의 날 혹은 심판의 날이 결정되는 것이다. 중요한 사실은 여호와의 날이 인류의 종말에 최종적으로 임하지만, 그 이전에 수많은 여호와 날이 부분적으로 혹은 모형으로 우리의 삶에 임할 수 있다는 것이다.

여호와의 날은 고통과 괴로움 속에서 나날을 보내는 사람들에게는 소망의 날이다. 하나님을 의지하기 때문에 이 세상에서 핍박을 받는 자들에게는 더욱더 그렇다. 현실이 아무리 어렵더라도 역사를 주관하시고, 인류의 종말을 당신의 계획대로 이끌어 나가실 여호와를 신뢰하면 여호와의 날에 주께서 그들을 위로하시고 축복하실 것이라는 확신이 있기 때문이다. 그러므로 오늘 이 순간 하나님의 섭리에 대하여 이해되지 않는 부분이 있다 하더라도 믿고 기다려야 한다. 불의와 악인들의 만행으로 얼룩진 현실은 성도들에게 지치지 않는 믿음을 요구하는 것이다. 스바냐서는 하나님께서 악을 심판하시는 날과 함께 주의 백성들을 위로하시고 회복하시는 날을 노래함으로써 주의 백성들에게 흔들리지 않는 믿음으로 현실에 임할 것을 권고한다.

1. 선지자

우리는 스바냐서를 벗어나서는 이 선지자에 대하여 어떠한 정보도 얻지 못한다. 더욱이 그는 표제(1:1)에서만 자신의 신분을 밝힐 뿐, 책의 나머지 부분에서는 자신의 인적 사항에 대하여 전혀 언급하지 않는다. 선지자는 자신을 '히스기야의 현손이요 아마랴의 증손이요 그다랴의 손자요 구시의 아들'로 밝히고 있는데, 선지자가 자신의 집안 배경을 언급하면서 이처럼 상세히 4대까지 거슬러 올라간 것은, 다른 선지자들과 비교해 볼 때 매우 이례적인 일이다. 물론 선지자가 단순히 자신의 집안 내력에 대하여 자랑스럽게 생각하여 이렇게 했을 가능성을 배제할 수는 없다(Craigie). 그러나 스바냐가 이처럼 자세히 서술한 것은 4대째 거슬러 올라가서야 밝혀지는 유명한 조상 히스기야 때문일 것이다(J. Smith; G. Smith; Baker).

대부분 주석가들은 이 히스기야가 미가 선지자의 권면에 회심하여 요시야의 종교개혁에 버금가는 개혁을 단행했던 히스기야 왕이라고 생각한다(Bennett; Berlin; Sweeney; Bailey; Motyer). 그렇다면 스바냐는 왜 히스기야의 이름은 밝히면서 '왕'이라는 단어는 함께 사용하지 않는 것일까? 아마도 그의 청중들이 선지자가 왕족이라는 것을 이미 알고 있었기 때문에 히스기야를 왕으로 표기할 필요를 느끼지 않았기 때문일 것이다(Motyer). 스바냐가 왕족이었을 가능성은 그가 왕의 삶에 대하여 익히 알고 있고(1:8), 그의 메시지가 대체로 왕자, 재판관, 선지자, 제사장 등을 포함한 예루살렘과 유다의 상류층과 지도층을 겨냥했다는 점에서 엿볼 수 있다(cf. 1:8-9; 3:3-4).

선지자는 표제에서 자신을 구시의 아들이라고 밝히는데 '구시'(כּוּשִׁי)는 오늘날 에티오피아나 아프리카 사람을 뜻한다 해서 그를 아프리카 사람의 후손으로 간주하는 사람들도 있다(Rice; Blenkinsopp; Bennett). 그의 어머니나 할머니가 아프리카 사람(viz., 흑인)이었을 것이라는 추측이다. 그래서 선지자가 자신의 계보를 4대까지 거슬러 올라가는 것은 그가 단순히 아프리카 사람으로 취급되거나 오해받는 것을 방지하기 위한 노력의 일환이라고 보는 사람들도 있다(Fohrer).

구스라는 이름이 꼭 에티오피아나 아프리카만을 뜻하는 것은 아니다. 성경에서 구스는 사람의 이름으로 사용되기도 한다(렘 36:14; cf. 시 7:1의 '베냐민 사람 구스'). 하박국 3:7에서 구산(구스)이 미디안과 평행을 이루고 있다는 점에 근거하여 구스는 미디안 지역에 있는 도시이거나 미디안의 다른 이름이라고 이해하는 주석가들도 많다(Patterson; Robertson; Baker; Bruckner). 민수기 12:1에서 미리암과 아론은 모세가 '구스 여인'(אִשָּׁה כֻשִׁית)과 결혼했다는 것을 문제 삼는다. 그런데 모세의 아내 십보라는 미디안 여인이었지, 에티오피아 사람이 아니었다. 그러므로 스바냐가 모세의 아내 십보라처럼 미디안의 구스 여인의 자손이었을 가능성을 배제할 수 없다.

선지자의 이름 '스바냐'(צְפַנְיָה)는 "여호와께서 숨기시다"라는 뜻을 지니고 있는데, 이 이름의 뉘앙스는 "여호와께서 귀하게 여기시다," 혹은 "여호와께서 보호하시다" 등으로 이해된다(Berlin; Floyd). 하나님께서 소중하게 여기시기 때문에, 하나님께서 보호하시기 위하여 숨긴다는 의미를 지녔다는 것이다. 그가 전하는 중심 메시지에 잘 어울리는 이름이다. 온 세상에 불 같은 심판이 임할 여호와의 날에도 하나님은 그분을 사랑하는 자들은 숨기실 것이기 때문이다.

스바냐는 예루살렘 성에 대하여 잘 알고 있으며(1:10-13), 성전에서 행해지는 예식(1:7-8), 성전 조직(1:8-6; 3:3-4) 등에 대하여도 익히 알고 있었다. 또한 그는 예루살렘 주민들에 대한 애착과 염려(3:7, 14, 17; 1:12-13)로 가득했으며, 예루살렘에 살면서 성전과 왕족들과 상당한 연결 고리들을 가지고 있던 사람이었다. 그래서 학자들은 스바냐가 미가와 이사야처럼 예루살렘에 거주했던 '도시 선지자'(city prophet)였던 것으로 추정한다(Bennett). 비록 스바냐가 미가와 이사야처럼 예루살렘에 거주하기는 했지만, 이 선지자들처럼 서민들의 삶에 대하여는 그다지 많은 관심을 보이지 않는다(Motyer). 그는 지형적으로 유다와 예루살렘 상류층 인사들을 대상으로 사역했기 때문이다.

선지자가 왕족이었을 가능성에 근거하여, 그가 어린 요시야에게 영적인 영향력을 행사하여 왕으로 하여금 전심으로 여호와를 따르게 했을 것이라는 추측도 있다(Motyer). 스바냐의 또 한가지 중요성은 미가, 이사야 선지자가 히스기야 왕 시대에 유다와 예루살렘에 대하여 말씀을 선포한 이후 약 70여 년 만에 다시 유다와 예루살렘을 대상으로 말씀을 선포한 첫 선지자라는 점이다. 하나님은 70여 년 동안 지속된 침묵을 깨시고 스바냐를 통하여 유다와 예루살렘에게 다시 말씀하신 것이다.

2. 역사적 정황

스바냐서는 유다의 포로기 이후에(Ben Zvi), 심지어는 주전 200년경에 저작된 것이라는 주장도 있지만(L. Smith & Lacheman), 대체로 학자들은 스바냐를 유다 왕 요시야 시대에 사역했던 선지자로 간주한다(Achtemeier; Williams; Hyatt; Bennett; Motyer; Sweeney; Bailey; Bruckner). 가장 큰 증거는 책의 표제(1:1)가 이때를 지목하고 있다는 점이다. 성경의 기록에 의하면 요시야는 8세에 왕위에 올랐는데 그때가 주전 641년쯤 된다(cf. 왕하 21:19–23:30; 대하 33:21–35:26). 그의 아버지 아몬은 실패한 쿠데타에 의하여 희생되었으며, 이 쿠데타는 '땅의 백성들'에 의하여 진압되었다(왕하 21:24).

성경에는 아몬 암살 사건이 어떤 목적에 의하여 진행되었는지 기록이 없지만, 일부 학자들은 예루살렘의 반아시리아파(anti-Assyrian) 정치인들이 친아시리아 정책을 펴던 유다의 정책상의 변화를 유도하기 위하여 그를 암살한 것으로 추측한다(Malamat). 암살자들이 신속하게 처단된 것은 친아시리아 정책을 지향하던 세력도 만만치 않았다는 것을 뜻하지만, 아몬의 죽음이 유다의 외교정책에 상당한 변화를 가져온 것은 사실이다. 이 사건에서 엿볼 수 있듯이 유다에서 다윗 왕조가 지속되고 있지만 매우 불안하고 불확실하게 유지되고 있으며, 왕들이 영향력을 행사하는 사람들에 의하여 좌지우지되고 있음을 짐작 할 수 있다. 특히 요시야가 8세에 왕이 되었기에 외부적인 압력은 더했을 것이다.

요시야가 넘겨받은 유다와 예루살렘에는 매우 심각한 수준의 우상숭배와 이방인의 풍습이 자리잡고 있었다. 실제로 유다는 주전 7세기의 3/4을 매우 심각한 영적—정치적 퇴보 속에 보냈다(Kaiser). 므낫세(697–643)가 적극적으로 추진했던 '아시리아 모방 프로젝트'와 이 같은 우상숭배와 이방 풍습에 기꺼이 순응했던 아몬(643–641)의 통치 결과였다. 하나님께서는 '므낫세의 죄 때문에'(왕하 24:3) 이미 유다가 여호와의 품을 떠나 돌아올 수 없는 곳까지 갔음을 시사하시고 심판을 준비하셨다. 심지어 요시야가 성전에서 발견된 율법 책의 말씀대로 포괄적인 종교개혁을 단행했지만, 하나님의 심판을 돌이키기에는 역부족이었다. 여 선지자 훌다를 통한 하나님의 말씀은 심판이 요시야의 시대에 임하지 않을 것이라는 사실만 확인해줄 뿐, 머지않은 미래에 심판이 임할 것을 확고히 했다(왕하 22:15-20).

요시야가 왕위에 오른 지 12년째 되던 해(대하 34:3) 혹은 18년째 되던 해(왕하 22:3)에 요시야의 지시에 따라 성전을 보수하던 힐기야 제사장이 성전에서 오래된 책을 발견하였다. 다름 아닌 하나님의 율법이 기록된 책이었다. 요시야는 이 책에 기록된 율법을 바탕으로 포괄적이고 대대적인 종교개혁과 국가쇄신을 단행하였다. 이때가 주전 621년이다. 이 책이 정확히 무슨 책인지 알 수는 없지만 요시야가 단행한 개혁의 핵심은 산당을 제거하고 예루살렘 성전에서만 여호와를 예배하도록 하는 것이었다. 그래서 학자들은 요시야의 개혁이 오직 한 곳에서만 하나님께 예배를 드리라는 신명기 12장의 내용과 매우 흡사하다 하여 이 책이 신명기 사본이었던 것으로 생각한다.

학자들은 스바냐가 백성들에게 이방인들의 우상숭배와 사회적 부조리에서 스스로를 정결하게 하라고 권면하는 부분도 신명기적 사고와 일치한다고 생각한다(Sweeney). 뿐만 아니라 유다가 아직도 이방인들의 우상숭배에서 자유롭지 못하다는 것은 스바냐가 요시야 왕의 종교개혁이 아직 시작되지 않은, 곧 요시야 즉위 초기시대에 사역했다는 것을 암시하는 듯하다. 또한 우상을 버리고 오직 여호와를 찾으라는 선지자의 권면(2:1-3)은 요시야의 종교개혁에 가속도를 붙이는 효과를 발휘했을 것이다.

요시야가 대대적인 종교개혁을 단행할 수 있었던 것은 아시리아 제국의 쇠퇴와 맞물려 있었다. 아시리아는 지배하는 속국들에게 자신들의 종교를 적극적으로 강요하지는 않았다(Cogan). 그러나 일정한 압력은 있었던 것으로 알려졌으며, 이미 유다의 상류층은 아하스 왕 시대부터 상당한 범위에서 이들의 종교와 풍습을 받아들였던 것으로 생각된다. 약소국가의 지배층이 '선진국'의 풍습과 가치관을 모방하고자 하는 것은 예나 지금이나 흔히 볼 수 있는 현상이다.

그러므로 이미 깊이 뿌리내린 이방 종교와 풍습을 타파하는 것은 여간 어려운 일이 아니었을 것이다. 그것은 정치적인 도박이라 할 수도 있다. 자칫 잘못하면 종주국에 대한 반역으로 간주될 수 있기 때문이다. 그럼에도 불구하고 요시야가 이러한 모험을 시도할 수 있었던 것은 그의 주변에 경건한 사람들이 많이 있었다는 것과, 아시리아의 급속한 몰락이 동반했기 때문이라는 것이 학자들의 일반적인 추측이다.

아시리아 제국의 쇠퇴는 이미 650년대부터 그 징후가 나타나기 시작했다. 러시아 남쪽지역에서 출발한 유목민/방랑족인 스키티아인들(Scythians)이 근동지역에 기하급수적으로 정착하면서 아시리아 사람들과 '불편한 평화' 내지는 긴장관계를 유지했다. 그때까지 아시리아의 속국으로 있었던 이집트의 바로 프삼틱 1세(Psamtik I, 664–610BC)가 655년에 아시리아에게 조공 바치기를 거부했고 급속도로 쇠약해진 아시리아는 속수무책으로 이집트의 반역을 지켜보아야만 했다.

아시리아의 쇠퇴를 지켜보던 유다도 슬그머니 독립을 추구하기 시작했다(Bright). 이러한 정황에서 아시리아는 마지막 왕 아술바니발이 627년에 죽은 후 리더십의 부재로 순식간에 몰락하기 시작했다. 바빌론은 625년에 독립을 선언했을 뿐만 아니라 메대군과 합세하여 제국의 동쪽에서 압박을 가하기 시작했다. 불과 10여 년 사이에 바빌론은 아시리아의 수도 앗술과 니느웨를 점령하였으며, 여세를 몰아 605년에 갈그미스(Carchemish)에서 아시리아로부터 최종적인 승리를 거두었다.

아술바니발의 죽음과 함께 시작된 아시리아의 몰락이 그때까지 아시리아를 군주로 섬기던 유다를 비롯한 근동지역의 약소국가들에게 독립을 꿈꾸게 하는 계기가 될 수도 있었겠지만, 실제로는 이들에게 매우 비극적인 결과를 가져다 주었다(Malamat). 아시리아의 공백을 바빌론이 순식간에 메워버렸기 때문이다. 각 나라들을 착취하고 학대하는 데 있어서 바빌론이나 아시리아나 별반 다를 바가 없었던 것이다.

성경은 요시야가 통치하던 유다의 독립국가에 대한 꿈도 순식간에 산산조각 났음을 암시한다. 요시야가 종교개혁을 단행하면서 정치적으로도 아시리아와의 관계에서 돌이킬 수 없는 곳까지 갔을 것을 짐작할 수 있다. 성경은 요시야가 자신의 종교개혁의 범위를 이스라엘의 북단 납달리까지 펼쳤다고 한다(대하 34:6-7). 그런데 북 왕국 이스라엘의 영토는 이미 100년 전인 722년에 북 왕국이 멸망하면서 아시리아의 주로 편입되었다. 그렇다면 이 말씀은 아시리아 왕의 종속자로 있던 요시야가 아시리아의 땅을 군사적으로 정복했음을 시사하는 대목이다(Aharoni). 훗날 이집트의 바로 네고가 대군을 이끌고 아시리아의 패잔병을 돕겠다고 진군할 때, 요시야가 무모한 짓인 줄 알면서도 그의 앞길을 막아서야 했던 이유를 짐작할 수 있다. 만일 아시리아가 이집트의 도움을 받아 다시 군주로 부활한다면, 그는 반역죄로 처단 받을 수밖에 없는 상황이었던 것이다.

스바냐는 이와 같이 급변하고 불안정한 국제정세를 배경으로 말씀을 선포했다. 그가 예루살렘과 유다에게 전하는 메시지는 오직 이스라엘의 왕이신 하나님만 바라보라는 것이었다. 이것만이 살 길이고, 미래를 보장받을 수 있는 길이며, 환난 때 하나님의 구원을 기대할 수 있는 길이기 때문이다. 국제적인 혼란과 갈등을 여호와의 날의 전초전으로 삼아 철저한 믿음으로 그날을 대비할 것을 호소하고 있는 것이다.

3. 다른 책들과의 관계

스바냐서는 마소라 사본과 칠십인역(LXX)의 12소선지서 목록에서 9번째로 등장하는 책으로서 바빌론의 출현과 유다 정복을 예언하고 있는 하박국서를 뒤따르는 책이다. 또한 주전 586년 바빌론의 손에 무너진 예루살렘 성전 재건과 다윗 왕조의 회복 가능성을 시사하고 있는 학개서 바로 앞에 등장하는 책이기도 하다. 스바냐서를 앞서는 하박국서는 바빌론의 출현과 그들에 의한 예루살렘 파괴를 논하고, 스바냐서를 뒤따르는 학개서는 바빌론 군에 의하여 폐허가 되어버린 예루살렘과 성전을 재건하는 것을 염두에 두고 쓰여진 책이다. 이 점에 근거하여 스바냐서가 묘사하고 있는 여호와의 날에 임하는 심판을 바빌론 사람들이 예루살렘과 성전을 파괴하고 유다 백성을 포로로 잡아간 일로 해석해야 한다고 주장하는 주석가들도 있다(Sweeney). 선지자가 사역하던 시대가 그때쯤이라는 사실을 감안하면 충분히 설득력 있는 주장이다. 그러나 스바냐서가 그때의 일을 근거로 아주 먼 미래에 온 세상에 임할 '여호와의 날'에 대한 메시지를 전하고 있다는 사실도 의식해야 한다.

스바냐서가 바빌론 포로시대에 호세아서, 아모스서, 미가서의 최종 편집형태에 결정적인 영향을 미쳤다는 주장이 있다(Nogalski). 이 설에 의하면 바빌론으로 끌려온 한 신명기적 사가가 소선지서를 편집하는 과정에서 포로기 이전 선지서인 호세아서, 아모스서, 미가서 등을 포로기 이후 선지서인 요엘, 오바댜, 나훔, 하박국, 학개, 스가랴 1-8, 말라기 등과 같은 목록에 포함시키는 데 스바냐서가 결정적인 역할(the turning point from pre-exilic to post-exilic situations)을 했다는 것이다. 포로기 이전 선지서를 신명기적 사가와 연결하는 것은 이 책들의 내용이 여호와의 심판, 특히 최종적으로는 예루살렘의 멸망에 대한 신학적 근거를 제시하고 있으며, 예루살렘 멸망의 신학적 타당성이 신명기서에 근거한 것이라고 생각하기 때문이다. 우리가 이 노갈스키의 주장과 전제에 전적으로 동의할 수는 없지만, 스바냐서가 포로기 전과 후의 선지서들을 구분하는 전환점이라는 것은 나름대로 타당성 있는 결론이라 생각된다. 왜냐하면, 스바냐가 메시지를 선포한 후에 곧 예루살렘이 그의 신탁대로 멸망하기 때문이다.

편집자의 역할을 최소화하면서 스바냐서가 12소선지서의 구조에서 어떤 역할을 하는가를 논하는 주장도 있다. 이 학설은 소선지서 12권을 3파트로 구분한다. 스바냐서는 두 번째 섹션의 마지막 책으로서 나훔서, 그리고 하박국서와 함께 언약적—우주적 심판을 강조한다(House). 이러한 구조에서 스바냐서는 호세아서—미가서가 예고했던 온갖 재앙과 심판의 실체를 확인해 줄뿐만 아니라 나훔서와 하박국서에서 시작된 대학살에 대한 예언을 완성한다. 예를 들자면 하박국 3:16b는 유다가 결코 바빌론을 통한 하나님의 심판을 피할 수 없을 것이라고 선언하는데, 이러한 흐름 속에서 스바냐서는 바빌론군이 어떻게 예루살렘을 파괴할 것인가를 설명하고 있다(Nogalski). 뿐만 아니라 3:8-20은 학개서—말라기서가 예고하는 회복의 전주곡 역할을 한다. 이처럼 소선지서의 테마 전개 차원에서 스바냐서의 역할은 매우 결정적인 것이다(House).

4. 신학과 메시지

스바냐의 말씀은 크게 세 가지로 정리된다: (1)하나님의 진노 선포; (2)온 세상에 임할 파괴 선언; (3)다가오는 회복에 대한 신탁(House). 이 세 가지 메시지에 통일성을 주는 주제가 바로 '여호와의 날'(יוֹם יְהוָה)이다. 구약에서 여호와의 날을 예고하는 선지자는 많다. 그러므로 그의 메시지는 신학적으로 볼 때 크게 혁신적인 것은 아니라 할 수 있다(Motyer). 하지만 스바냐가 예고하고 있는 심판은 그 어떤 선지자의 것보다 강렬하다(Heflin). 선지자에 의하면 여호와의 날은 임박한, 그리고 매우 두려운 범우주적인 날이며 유다와 열방뿐만 아니라 자연까지도 파괴되는 날이다. 여호와의 날이 임박했다는 것과 범우주적인 파괴를 초래할 것이라는 점이 지금까지의 역사를 감안할 때 서로 상충되는 일로 생각될 수 있다(Bailey). 왜냐하면 스바냐가 말씀을 선포한지 이미 2600여 년이 흘렀지만, 아직까지 범우주적인 파괴를 가져온 여호와의 날은 없었기 때문이다. 그러나 선지자의 말씀을 생각해보면 크게 문제가 되지 않는다.

스바냐는 여호와의 날에 대하여 두 가지 차원에서 말씀을 선포한다. 첫째, 선지자는 여호와의 날이 자신의 시대에 임박했음을 의식하고 있었다 (1:7, 14). 이 두려운 날이 임할 때 멸망할 나라로 유다, 블레셋, 모압, 암몬, 구스, 아시리아 등을 구체적인 예로 들고 있다. 그런데 이날이 다름 아닌 바빌론의 가나안 침략과 근동지역의 평정으로 성취되었던 것이다(Chisholm). 둘째, 스바냐가 선포하는 여호와의 날에 임할 파괴는 그 규모가 범우주적이며, 이스라엘뿐만 아니라 열방의 구원도 동반한다는 점에서 그의 시대를 지나 먼 훗날에 성취될 것이라는 점을 암시하고 있다. 즉, 선지자가 여호와의 날의 임박함과 이날의 범우주적인 파장을 하나의 통일성 있는 그림으로 묶고 있지만, 실제로는 임박한 일과 먼 훗날에 있을 일을 적절하게 조화시켜 놓은 것에 불과하다.

스바냐는 여호와의 날을 매우 확실한 군사적 용어들로 묘사해 나간다. 여호와의 날은 천군천사를 다스리시는 만군의 여호와께서 이스라엘의 적들과 전쟁을 하셔서 절대적으로 승리하시는 날이다. 누구도 그분을 대적하여 싸울만한 상대가 되지 못한다. 그러나 하나님께서 구체적으로 누구를 적으로 삼아 싸우시는가에 대해서는 언급이 없다. 뿐만 아니라 확실히 추정할 수 있는 역사적 정황도 제공하지 않는다. 그래서 일부 학자들은 이렇게 말한다: "스바냐가 자신을 아예 역사에서 떼어낸다⋯ 스바냐가 선포하는 여호와의 날은 전적으로 초자연적인 현상이다"("Zephaniah tears himself loose from history altogether⋯ The Day of the Lord assumes what we call 'the supernatural'"(G. Smith). 스바냐는 분명히 역사의 흐름 속에 살았던 사람이지만, 그가 선포한 메시지의 유일한 목표는 인류의 종말이었던 것이다(Motyer).

그렇다면 스바냐가 선포하는 여호와의 날의 최종 목표는 무엇인가? 하나님께서 무엇을 이루시기 위하여 범세계적인 심판을 진행하시는가? 무엇보다도 자신의 백성을 포함한 세상 만민들이 하나님의 은혜에 의하여 회복되어 여호와께 참예배를 드리게 하기 위함이다(Bruckner).

이러한 사실은 여호와의 날이 주의 백성들에게는 위로의 날이지만, 열방에게는 심판의 날일 뿐이라고 생각하는 자들에게는 신선한 도전이 될 것이다(cf. Rudolph). 스바냐는 그날이 오면 여호와의 심판이 열방뿐만 아니라 이스라엘에도 임할 것이며, 회복 역시 이스라엘에게만 임하는 것이 아니라 온 열방에게 임할 것을 명백히 하고 있다(cf. Patterson).

선지자가 묘사하는 여호와는 진정 전쟁에 능하신 하나님이지만, 동시에 세상 모든 민족을 포함한 온 세상을 창조하신 창조주이자 이들을 다스리시는 왕이므로 하나님께서 이방인을 구원의 대상에 포함시키시는 것은 당연한 일이다(Bennett). 그런데 왜 주의 백성은 심판을 받아야 하는가? 무엇보다도 그들 중에 있는 모든 악한 사람들을 제거하고 오직 경건한 자들을 남은 자들로 구분하기 위함이다(House). 선지자들이 자주 언급하는 남은 자 사상의 최종적인 성취를 위해서 여호와의 날은 꼭 임해야 하는 것이다.

온 인류에게 이처럼 끔찍하면서도 기대가 되는 날을 계획하신 여호와는 과연 어떤 분이신가? 스바냐서는 다른 선지서처럼 철저히 하나님과 그의 성품에 중점을 두고 있다. 심지어는 책이 여호와의 이름이 담긴 문구로 시작해서 여호와의 이름으로 끝이 난다. 일종의 '수미쌍관'(首尾雙關, inclusio)구조를 형성하고 있는 것이다(Baker). 다른 선지자들이 하나님을 심판하시는 통치자와 간음하는 아내 때문에 분노한 남편의 모습으로 묘사했는데 스바냐서에서는 이러한 하나님의 모습이 결실을 맺고 있다. 다른 선지자들이 하나님의 경고를 주로 선포했다면, 스바냐는 하나님의 말씀보다는 행위를 부각시킴으로써 그분은 결코 공언(空言)을 하는 분이 아니시며, 하신 말씀은 꼭 실천에 옮기는 분이라는 것을 역설한다(House).

이와 같은 스바냐의 메시지는 당시 유다 사람들 사이에 팽배해졌던 신학적인 문제를 불식시키기에 충분했다. 예루살렘 사람들은 여호와와 이방 신들의 근본적인 차이를 희석시키려 했다(1:4-5). 그들은 또한 하나님을 선도, 악도 행하지 않는 무능하거나 무관심한 분으로 간주했다. 그러나 스바냐는 하나님은 착취, 폭력, 피흘림 등을 싫어하시는 분이라는 것을 알고 있다(1:9; 3:1, 3). 이스라엘 백성들은 하나님의 오래 참으심을 그분의 무능함으로 착각하는 범죄를 저질렀던 것이다(House).

스바냐가 하나님의 무한한 능력만큼이나 부각시키는 주제는 인간의 죄이다(Patterson). 선지자가 지적하고 있는 가장 근본적인 인간의 죄는 역시 교만이다(2:10; 3:11)(Helfin; Watts). 교만은 유다와 열방 구분 없이 온 인류가 안고 있는 문제이다. 교만은 하나님의 신적 권위에 반역하며(3:1-4), 인간의 무례(2:15; 3:1-2, 4), 우상숭배(1:4-6, 8-9), 불의(1:7-13; 3:3-5) 등에서 영향력을 드러낸다. 또한 교만은 사람으로 하여금 하나님이나 이웃을 위하여 사는 것이 아니라 전적으로 자신을 위하여 살게 한다(1:6, 12). 교만한 자들은 대체로 하나님의 존재를 부인하는 것이 아니라 자신들의 행위에서 그분의 능력을 부인한다(Baker). 결국 교만의 가장 근본적인 문제이자 최종적인 종착역은 하나님을 불신하는 것이며 하나님께서는 이러한 교만을 결코 용납하지 않으신다. 그러므로 그분의 진노를 피하고자 하는 사람들의 유일한 소망은 자신의 연약함을 인식하고 하나님 앞에 무릎을 꿇는 것이다.

5. 개요

스바냐서도 구약의 다른 책들처럼 한때는 학자들로부터 통일성을 거부당했다. 이미 19세기부터 책의 일부가 스바냐가 저작한 것이 아니라는 주장이 제기되었던 것이다(Eichhorn). 심지어는 2-3장에서 2:12-15만을 제외한 나머지 모두가 스바냐의 작품이 아니라고 하는 학자도 있었다(Schwally). 그러나 최근 들어서는 대부분의 주석가들이 스바냐서 전체가, 혹은 거의 모두가 한 사람의 작품이라는 것에 공감한다(Sweeney; Craigie; Motyer; Bruckner; Bailey). 더 나아가 스바냐서가 한 선지자가 선포했던 말씀을 정리한 것으로서 통일성을 지닌 작품이라고 주장하는 학자들도 많다(Heflin; cf. Achtemeier; Roberts; Berlin).

스바냐서를 하나의 드라마로 보는 학자는 드라마적 통일성을 주장하기도 한다(House). 여기서 드라마는 무대에 올려진 연극을 뜻하는 것이 아니라, 하나님과 선지자가 서로 주고받는 교차적 스피치를 뜻한다. 스바냐서 전체가 선지자와 하나님께서 주고받는 시적(詩的) 대화로 구성되어 있다는 것이다. 대화의 중심은 여호와의 날이다. 이 주제가 1:1-7에서 소개되고 여호와의 날에 대한 여러 가지 문제가 논의되고 난 다음(1:8-2:11), 드디어 절정에 달하며(3:6-13), 결론으로(3:14-20) 마무리 된다는 것이다. 독창적이기는 하지만 하우스(House)의 제안은 스바냐서가 지닌 스피치의 다양한 특성을 고려하지 않았기 때문에 많은 사람들의 지지를 받지 못했다(Floyd).

전통적으로 학자들은 스바냐서가 세 부분으로 구성되어 있다고 생각했다: (1)유다와 이스라엘에 대한 심판(1:2-2:3); (2)열방에 대한 심판(2:4-3:8); (3)유다와 열방의 구원(3:9-20)(Childs; Achtemeier; Ben Zvi; Bennett). 이 관점은 스바냐의 메시지가 근본적으로 여호와의 날을 중심되는 신학적 주제로 삼고 있다는 이해에서 비롯된 것이다. 반면에 책의 수사학적, 구문론적, 그리고 의미적 요소들과 성향들이 책을 두 파트로 구분한다고 생각하는 주석가들도 있다. 이 경우 1:2-18은 여호와의 날에 대한 선언이며, 2:1-3:20은 여호와를 찾으라는 권면이 된다. 이 권면은 요시야의 종교개혁을 돕기 위한 것이며, 예루살렘 성전에 진정한 예배가 회복되는 것, 이스라엘 왕국의 회복, 그리고 예루살렘에서 서민들이 정당하고 공평한 대우를 받게 하는 것을 목적으로 하고 있다(Sweeney).

스바냐서를 각 파트로 나누는 일에 있어서 학자들 사이에 가장 논란이 되고 있는 구절은 2:4이다: "가사는 버림을 당하며 아스글론은 폐허가 되며 아스돗은 대낮에 쫓겨나며 에그론은 뽑히리라." 블레셋의 네 도시의 멸망을 예고하고 있는 이 말씀은 내용으로 보아 5절부터 시작되는 열방에 대한 심판선언의 일부로 간주되는 것이 당연하다. 문제는 이 문장 앞에 '그러므로/왜냐하면'(כִּי)이 붙어 있다는 점이다. 이 소사(particle)는 앞에 선포된 말씀의 결과나 타당성을 설명하는 문장을 시작할 때 흔히 사용된다. 그러므로 블레셋의 네 도시가 망하는 것은 2:1-3에서 선지자가 예루살렘 주민들에게 회개하라고 권면하는 동기가 되는 것이다: "만일 여호와께 돌아오지 않으면 너희도 블레셋이 멸망하는 것처럼 망하게 될 것이다"(Bennett; cf. HUCA).

만일 블레셋의 네 도시가 이미 망해버렸다면 선지자가 이들의 멸망을 예로 들어 경고하는 논리가 납득이 간다. 그러나 열방에 대한 심판 선언(2:5-3:8)에 언급된 나라들처럼 아직 망하지 않은 상태에서 유독 블레셋의 멸망만 지적하면서 예로 삼는다는 것이 쉽게 이해되지 않는다. 그러므로 구문론적으로 조금 거친 부분이 있기는 하지만, 2:4를 열방에 대한 심판 선언에 포함하는 것이 합리적인 듯하다(Sweeney; Motyer).

스바냐서는 1:2-2:3, 2:4-3:8, 3:9-20등 세 섹션으로 나뉜다. 각 섹션은 유다를 포함한 온 세상에 대한 전반적인 예언으로 시작한 다음, 유다에 대한 특별한/구체적인 말씀으로 이어진다. 첫 번째 섹션인 1:2-2:3에서는 여호와의 날에 심판을 받아 멸망할 유다를 포함한 온 세상에 대한 말씀(1:2-18)과 이 범우주적인 심판이 유다에게 무엇을 요구하는지(viz., 철저한 회개로 그날을 준비해야 한다)가 2:1-3에 기록되어 있다.

두 번째 섹션인 2:4-3:8은 유다의 주변국가들을 중심으로 한 열방에 임할 심판 선언(2:4-15)과 이 범세계적인 재앙이 유다에게는 무엇을 의미하는가(viz., 유다도 다른 나라들과 마찬가지로 죄에 대한 대가를 치러야 한다)로 구성되어 있다. 마지막 섹션인 3:9-20은 유다의 남은 자들을 포함한 온 세상 민족들에게 임하는 하나님의 구원에 대한 말씀과(3:9-

13) 예루살렘이 이 놀라운 하나님의 구원을 기뻐하며 부를 감사의 노래(3:14-20)로 이어진다. 이러한 점을 감안할 때, 스바냐서는 다음과 같이 요약할 수 있다.

Ⅰ. 표제(1:1)

Ⅱ. 유다와 예루살렘에 대한 심판(1:2-2:3)
   1장. 온 세상에 대한 심판 선언(1:2-3)
   2장. 유다에 대한 심판 선언(1:4-13)
   3장. 두려운 여호와의 날(1:14-18)
   4장. 회개 권면(2:1-3)

Ⅲ. 열방에 대한 심판(2:4-3:8)
   1장. 열방 심판(2:4-15)
   2장. 예루살렘의 악행(3:1-5)
   3장. 무시된 하나님의 경고(3:6-8)

Ⅳ. 범세계적인 회심과 예루살렘의 구원(3:9-20)
   1장. 범세계적인 회심 약속과 남은 자들의 구원(3:9-13)
   2장. 예루살렘이 노래하는 날(3:14-20)

엑스포지멘터리

선지서 개론

학개

EXPOSItory comMENTARY

학개

4 이 성전이 황폐하였거늘
너희가 이 때에 판벽한 집에 거주하는 것이 옳으냐
5 그러므로 이제 만군의 여호와가 이같이 말하노니
너희는 너희의 행위를 살필지니라
6 너희가 많이 뿌릴지라도 수확이 적으며
먹을지라도 배부르지 못하며
마실지라도 흡족하지 못하며
입어도 따뜻하지 못하며
일꾼이 삯을 받아도 그것을 구멍 뚫어진 전대에 넣음이 되느니라
(1:4–6)

5 너희가 애굽에서 나올 때에
내가 너희와 언약한 말과 나의 영이
계속하여 너희 가운데에 머물러 있나니
너희는 두려워하지 말지어다
6 만군의 여호와가 이같이 말하노라

조금 있으면 내가 하늘과 땅과
바다와 육지를 진동시킬 것이요
7 또한 모든 나라를 진동시킬 것이며
모든 나라의 보배가 이르리니
내가 이 성전에 영광이 충만하게 하리라
만군의 여호와의 말이니라
(2:5–7)

오늘날 많은 그리스도인은 헌신과 희생은 기피하면서 하나님의 백성만이 누릴 수 있는 특권은 실컷 누리려 한다. 이러한 현상은 상당 부분 목회자들과 기독교 서적의 저자들에게 책임이 있다. 강단에서 선포되는 대부분의 메시지가 하나님 나라 확장을 위하여 성도가 감당해야 할 희생과 헌신은 기피한 채 이 세상에서 풍요로움을 누리며 즐겁게 사는 비결에 초점을 맞추고 있기 때문이다. 또 요즘 많이 팔리는 그리스도인 저자들의 책을 살펴보면 헌신과 희생이 중요한 주제가 되지 못하는 것이 사실이다. 어떤 교회는 희생과 헌신을 감수하며 하나님을 섬기는 공동체인지, 아니면 삶을 즐기기 위한 자구책(self-help)을 추구하는 자들의 집단인지 혼란스러움을 주기도 한다.

19세기만 해도 기독교 저자들의 글에서 흔히 논의되었던 헌신과 희생이 이제는 사람들이 기피하는 인기 없는 개념들로 전락한 것이 매우 안타깝다던 한 목사의 씁쓸한 고백이 생각난다. 그 분은 70–80년대에 동유럽권 나라에서 신앙 때문에 엄청난 대가를 치르고 미국으로 망명한 분인데, 미국 교회를 바라보며 이러한 평가를 했던 것이다. 미국 교회를 모방하는 데 혈안이 되어 있는 한국 교회의 분위기도 이와 크게 다르지 않다. 주변을 살펴보면 "이름 없이 빛도 없이, 부담 없이 섬기리라"는 성도들의 숫자가 급격히 늘어나고 있는 것은 교회의 대형화 추세가 남긴 후유증이라 할 수 있다.

학개서는 이러한 정서에 일침을 가하는 책이다. 하나님을 믿는다면 삶 속에서 희생과 헌신을 보이라고 요구하는 책이기 때문이다. 학개는 하나님의 일은 뒷전으로 미루고 자신의 삶과 일에만 치중하는 자들에게 회개하고 가치관을 재정비하라고 권면한다. 선지자는 청중들에게 그들의 일이 잘 풀리지 않고 계속 곤경에 처하게 된 것은 하나님의 일을 등한시한 탓이라고 말한다. 그러므로 선지자가 제시하는 해법은 간단하다. “지금까지 미루어 두었던 하나님의 일을 먼저 하라. 그리하면 하나님이 너희들의 삶을 축복하셔서 모든 것이 잘 되게 하실 것이다.” 성도의 책임은 뒤로 한 채 그저 축복만을 누리려는 자들에게 하나님 나라에 대한 철저한 희생과 헌신을 요구하고 있는 것이다. 마치 예수님이 선포하셨던 “먼저 그 나라와 그의 의를 구하라. 그리하면 이 모든 것을 너희에게 더하시리라”라는 말씀을 연상케 하는 메시지다.

1. 선지자

학개 선지자의 인적 사항에 대하여는 별로 알려진 것이 없다. 본인이 이렇다 할 정보를 제공하지 않기 때문이다. 심지어 그는 자신이 어느 집안 사람인지도 밝히지 않는다. 학개서를 벗어나서 이 선지자의 이름이 언급되는 곳은 에스라 5:1과 6:14이 전부인데, 그 구절에서도 학개에 대한 개인적인 정보는 전혀 기록되어 있지 않다. 그는 자신을 단순히 “선지자”(נָבִיא)로 밝힐 뿐이다(1:1, 3, 12; 2:1, 10). 일부 주석가들은 선지자의 집안이 문제가 많은 집안이다 보니 자신의 뿌리를 밝히지 않는 것이라고 한다(Meyers & Meyers). 그러나 학개가 귀향민들에게는 너무나 잘 알려진 사람이었기에 다른 정보를 제공할 필요가 없었다는 추측이 지배적이다. 메시지를 전달하는 자(messenger)보다는 메시지(message) 자체를 부각시키는 구약의 정서도 학개가 자신의 신상 정보를 최소화하는 일에 한몫 한 것으로 생각된다(Petersen; Motyer).

당시 예루살렘에 남아 있던 유대인들과 바빌론에서 귀향해 온 사람들 사이에 미묘하고 불편한 대립이 있었던 점과 학개 선지자가 귀향민들과 긴밀한 관계를 유지했던 것을 감안할 때, 그가 예루살렘에 거주하다가 귀향민을 맞아 선지자로 사역했다기보다는 바빌론에서 돌아온 귀향민 중 하나였을 가능성이 높다. 사역 당시 그의 나이에 대하여도 추측하기 어렵다. 일부 학자들은 2:3에 근거하여(이 구절은 그가 옛적 솔로몬 성전을 직접 보았던 경험을 전제로 하는 말이라는 해석) 그가 책에 기록된 말씀을 선포할 때 80세가 넘은 사람이었다고 주장한다. 그러나 대부분의 학자들은 이 주장을 수용하지 않는다(Craigie; Tollington). 반면에 만일 그가 젊었거나 중년층의 사람이었다면, 그는 주전 586년에 타버린 솔로몬 성전에 대하여 이야기만 들었을 뿐 직접 본 적은 없었을 것이다.

학개(חַגַּי)라는 이름은 “나의 절기/나의 축제”(my festival)라는 뜻을 지녔으며, 동사 ‘절기 제물을 드리다/순례하다’(חגג)에서 비롯되었다(cf. HALOT). 그에게 이러한 이름이 주어진 것은 아마도 그가 이스라엘의 한 종교 절기 때 태어났기 때문이라는 추측도 있다(Feinberg; cf. Wolff). 학개 선지자가 농사에서 이미지와 비유를 많이 도입하여 말씀을 선포한다는 점에 근거하여 그가 팔레스타인 지역을 한 번도 떠나본 적이 없는 농부 출신이었다고 생각하는 사람들도 있다(cf. March). 그러나 이 모든 것은 추측일 뿐, 이를 뒷받침할 만한 그 어떠한 역사적 증거도 존재하지 않는다.

2. 역사적 정황

구약의 책들 중에 저작권과 저작 연대에 대하여 학자들의 논쟁이 가장 적은 책 중의 하나가 바로 학개서다. 책의 길이가 매우 짧고, 에스라서가 그와 스가랴 선지자의 사역 시기를 확실하게 증언해 주고 있으며, 내용이 에스라서에 언급된 선지자의 사역과 동일하기 때문이다. 일부 학자들은 학개서가 처음 200여 년 동안은 구두로 전해지다가 문서화되었다는 주장도 내놓지만(Ackroyd), 많은 설득력을 얻지 못하고 있다. 역사적 근거가 전혀 없기 때문이다.

선지자는 자신의 책에서 다섯 개의 일시(日時)를 제시하고 있는데, 이 모든 날짜를 오늘날 달력으로 환산하면, 주전 520년 8월 29일(1:1)에서 같은 해 12월 18일(2:2) 사이의 날들이다. 물론 이 날짜가 학개가 겨우 4개월 동안 선지자 사역을 했다는 것을 의미하는 것은 아니다. 그는 훨씬 더 오랫동안 지속적으로 사역했지만, 그가 남긴 책은 이 4개월 동안 그에게 임한 하나님의 계시만을 기록하고 있을 뿐이다(Craigie). 선지자가 주전 515년에 있었던 성전 완공을 언급하지 않는 점으로 미루어 보아 이 책은 그 이전에 이미 문서화되었을 가능성이 크다.

학개의 사역 시기는 유토피아를 꿈꾸며 주전 538년에 바빌론을 떠나 예루살렘으로 돌아온 귀향민들에게 있어 매우 힘들고 암담했던 때였다. 세스바살의 지도하에 총 4만 9,897명이 주전 538년에 예루살렘으로 돌아왔다(스 2:1-70; cf. 느 7:6-73). 그러나 그 당시 근동의 새로운 군주가 된 페르시아 제국이 가나안 지역을 완전히 정복하지 못한 상태였기 때문에 이처럼 많은 사람들이 돌아올 수 없었다고 생각하는 학자들도 있다. 이들은 에스라 2장은 캄비세스(Cambyses)가 가나안 지역과 이집트 정복에 나선 주전 525년 이후에 있었던 일을 기록하고 있으며, 이 귀향민 무리의 리더는 세스바살이 아니라 스룹바벨이었다고 한다(Galling; cf. Beyse).

성경이 기록하고 있는 귀향민의 숫자가 너무 많다는 주장도 있다. 이 학자들에 의하면 주전 520년대 유다 전체의 인구는 2만 명 정도밖에 되지 않았다(Bright; Albright). 느헤미야 시대(440년대)에 가서도 고작 5만 명 정도였다는 추측이 있다(Broshi). 이런 주장을 펼치는 사람들 중에는 에스라 2장에 기록된 목록이 바빌론에서 돌아온 귀향민들이 아니라, 바빌론으로 끌려가지 않고 유다와 예루살렘에 남아 있던 자들의 목록이라고 하는 사람도 있다(Hermann). 이처럼 학자들 사이에 당시 예루살렘과 유다의 인구에 대하여 추측이 무성하지만, 한 가지 확실한 것은 예루살렘과 유다에는 상대적으로 작은 규모의 이스라엘 공동체가 주변 민족들로부터 많은 압력을 받으며 살고 있었다는 사실이다.

유다가 바빌론 군의 손에 망한 주전 586년에 포로가 되어 바빌론으로 끌려간 주의 백성 대부분은 다시는 조국으로 돌아갈 수 없을 것이라고 생각했지만, 하나님은 페르시아의 왕 고레스를 통하여 그들에게 은총을 베푸셨다. 고레스는 주전 539년에 큰 전쟁 없이 바빌론을 정복하고 페르시아 제국을 고대 근동의 새로운 군주국으로 세웠다. 바빌론의 마지막 지배자이었던 벨사살 정권의 부패와 방탕에 염증을 느낀 바빌론 시민들은 고레스 군에게 바빌론 군 몰래 성문을 열어 주었을 뿐만 아니라, 그가 입성할 때 마치 구세주를 맞이하는 것처럼 대대적으로 환영했다. 선두에 서서 이 모든 일을 지휘한 사람이 고레스 군대를 이끈 장군 고브리아스(Gobryas)였다. 바빌론의 신 마르둑의 제사장들은 곧 고레스를 정당한 왕으로 선포했다. 고레스는 이들의 성원에 보답이라도 하듯, 바빌론에 강제로 끌려와 살던 모든 민족에게 종교의 자유를 선포했다(대하 36:11-12; 스 1:1-4).

고레스의 칙령에 근거하여 상당수의 유대인들이 예루살렘으로 귀향했다. 그들은 스룹바벨과 세스바살의 지휘하에 모국 땅을 밟게 되었으며, 유토피아를 꿈꾸며 돌아왔다. 유다의 총독으로 임명되어 돌아온 스룹바벨은 다윗의 후손이었다. 귀향민들 중 상당수가 머지않아 하나님이 그를 통해 다윗 왕조를 다시 일으키실 것을 기대했다. 그러나 그들을 기다리고 있던 것은 냉혹한 현실뿐이었다. 유토피아에 대한 꿈은 순식간에 물거품이 되었고, 귀향민들은 생존 자체가 위협받는 상황에 처했다. 바빌론 생활이 안겨준 모든 안락과 편안함을 포기하고 오직 하나님만 바라며 돌아온 귀향민들에게 이렇다 할 축복을 내리지 않으시는 하나님에 대한 실망과 당면한 현실에 좌절한 그들은 여호와의 일에 냉담해지기 시작했다. 하나님의 일을 하기에는 삶이 너무나도 버겁다는 것이 그들의 변명이었다.

이러한 정황에서 페르시아의 정권도 세대교체를 했다. 아카메니안 왕조(Achaemenid Dynasty)의 첫 왕이었던 고레스(559-530 BC)가 죽자 그의 아들 캄비세스가 주전 530년에 즉위하여 주전 522년까지 통치했다. 캄비세스는 주전 525년에 이집트를 점령함으로써 페르시아의 통치 영역을 이집트까지 확장했다. 그가 주전 522년 제국의 서쪽 지역 원정을 마치고 본국으로 돌아오는 길에 갈멜 산 근처에서 일이 생겼다. 캄비세스가 그즈음 죽었는데, 그 이유와 죽음을 둘러싼 정황이 확실하지가 않다. 일부 학자들은 그가 주전 522년에 갈멜 산 근처에서 갑자기 죽게 되자 이 기회를 틈타 본국에서 가우마타(Gaumata)가 쿠데타를 일으켜 반란을 꾀했다고 한다(Sweeney). 반면에 대부분의 학자들은 그가 가우마타의 쿠데타에 대하여 보고를 받고 죽었다고 한다(Petersen; Motyer; March). 충격을 받아 죽은 것 같지만, 쿠데타 소식을 듣고 자살했다고 생각하는 사람들도 많다(Craigie). 캄비세스가 죽자 그의 장군이자 친척이었던 다리우스가 캄비세스 군대의 지지를 얻어 왕이 되었다. 그는 군대를 이끌고 돌아와 가우마타를 처형하고 자신의 정권을 안정시키고자 했지만 쉽지는 않았다. 다리우스의 통치가 시작된 후 2년 동안 제국의 여러 곳에서 반란이 일어났으며, 그는 이 기간의 대부분을 반란을 잠재우는 데 사용했다.

다리우스는 페르시아가 지배하던 종속국들의 지지가 필요했다. 공교롭게도 예루살렘 성전 재건은 이러한 시대적 정황과 맞물려 있었다. 그래서 일부 학자들은 다리우스가 예루살렘 성전 재건을 허락한 것은 그의 정권에 대한 유다 사람들의 지지를 확고히 하기 위한 수단이었다고 해석한다. 그러나 성전 재건 허락은 이미 확립된 페르시아의 소수민 정책이 실현된 것뿐이라는 해석이 지배적이다(cf. Sweeney).

유다의 입장에서 볼 때 주전 520년에 성전 재건을 시작한 것은 매우 다행스러운 일이었다. 왜냐하면 다리우스가 반역을 잠재운 다음에는 종속국에 대한 통치를 매우 강화했기 때문이다. 그때까지 페르시아는 각 종속국의 통치를 그 지방 출신 사람에게 위임했는데, 다리우스가 정권을 안정시킨 다음에는 모두 페르시아인이 통치하도록 했다. 성전 건축에 앞장섰던 유대인 총독 스룹바벨이 성전 완공에 대하여 기록한 에스라 6:13-22에는 언급되지 않은 것도 이 맥락에서 설명된다(Coggin). 페르시아의 정책 변화에 따라 스룹바벨이 더 이상 총독이 아니었을 뿐만 아니라, 성전이 완공되기 전에 예루살렘을 떠나야 했던 것이다. 이러한 정황을 고려할 때 다리우스 시대에는 유다 사람들이 페르시아로부터 성전 재건을 허락받는 일이 매우 어려워졌을 것은 뻔한 일이다. 하나님의 때가 페르시아의 정책 변화를 몇 년 앞선 것이다.

3. 다른 책들과의 관계

학개서는 마소라 사본과 칠십인역의 소선지서 목록에 열번째로 등장하는 책이다. 학개서 바로 앞에 등장하는 스바냐서는 예루살렘이 멸망하기 40여 년 전에 저작된 것이며, 학개서는 예루살렘이 멸망한 지 60여 년 후에 저작된 책이다. 이 두 선지서 사이에 100여 년의 세월이 흘렀던 것이다. 이토록 많은 세월이 흘렀어도 이 두 책은 역사적인 차원에서 밀접한 관계를 유지하고 있다. 스바냐 선지자는 책 전체를 다가오는 여호와의 날에 대한 메시지로 장식했는데, 이 여호와의 날은 엄청난 파괴가 동반할 것이라고 경고했다. 드디어 이 여호와의 날이 주전 586년에 유다와 예루살렘에 임했다. 그때 바빌론 군은 유다와 예루살렘을 마구 파괴했고 많은 주민들을 죽이고 나머지를 인질로 잡아 가는 등의 엄청난 피해를 입혔다. 성전은 불에 타고 성벽도 폐허가 되었다.

세월이 지나 페르시아의 고레스 왕으로 인하여 유다 백성은 다시 조국으로 돌아올 수 있었다. 그러나 돌아온 지 20년이 지나도록 사람들은 성전을 재건하려 하지 않았으며 예루살렘 성벽도 무너진 채로 있었다. 이러한 상황에서 학개가 하나님의 말씀을 받아 나서게 된 것이다. 성전 재건은 주전 586년에 임한 여호와의 날에 파괴된 하나님의 나라를 재건하는 대(大)역사의 시작을 알리는 신호탄였기 때문이다. 스바냐서는 여호와의 날이 임하면 파괴만 있을 것이라고 경고하지 않고 회복도 예언했다. 학개서에서 드디어 이 회복 사역을 시작할 것을 권고하고 있다. 그러므로 학개서가 스바냐서에서 경고했던 파괴의 복구를 권고하고 있다는 점에서, 이 두 책은 "예언-성취"라는 관계를 통해 역사적인 맥락을 같이한다 할 수 있다.

뒤따르는 스가랴서는 학개서와 같은 시기에 기록된 책이다. 학개서가 성전 재건에 주력하고 있다면, 스가랴서는 이 성전이 내포한 신학적인 의미를 선포한다. 또한 스가랴는 성전이 이스라엘에게만 중요한 종교적 구조물이 아니라 범우주적인 의미를 지닌 것임을 선언한다. 하나님은 이곳에서 악의 세력을 물리치시고 온 우주를 통치하실 것이다. 예루살렘이 온 우주의 중심이 되는 것이다. 이런 면에서 학개와 스가랴는 서로 보완하는 메시지를 전하는 선지자들이라고 할 수 있다. 그러나 선지자 학개는 강력한 카리스마를 가진 설교자였던 것으로 추정되는 반면, 스가랴 선지자는 조금은 의기소침한 환상가였던 것으로 생각된다.

4. 신학과 메시지

학개의 메시지는 예루살렘 성전 재건을 더 이상 미루지 말라는 권고에 맞추어져 있다. 주의 백성들이 여호와의 성전 재건을 통하여 하나님의 통치에 대한 증언과 간증을 하라는 것이다(March). 학개 선지자가 이처럼 성전 재건에 관심을 갖는 데에는 이스라엘 백성들이 귀향한 지 어언 20년이 다 되어 가는데도 아직도 성전이 폐허로 남아 있는 시대적인 정황이 한몫 했다. 선지자는 귀향민들이 20년이 지나도록 아직도 모국에서 뿌리를 내리지 못하고 수많은 어려움을 당하는 이유가 성전 재건이 늦어지고 있기 때문이라고 한다. 선지자가 이러한 논리를 펼치는 것에는 성전 건축이 하나님이 백성들을 축복하시도록 압박을 가하는 일종의 예식 기술(cultic technique)이거나 하나님을 기쁘게 해 드리는 일이라는 생각은 추호도 없다(Motyer). 학개에게 성전 건축은 주의 백성이 믿음 속에서 행해야 하는 순종 행위일 뿐이다. 아울러 성전 재건은 주전 586년에 있었던 예루살렘의 멸망으로 인해 끊어져 버린 이스라엘 역사의 맥을 다시 이어주는 매우 중요한 사역이라는 점을 암시하고 있다.

이스라엘 귀향민들이 재건하게 될 성전은 옛 솔로몬의 성전에 비하면 형편없이 초라한 것이었다(2:3). 그러나 이 보잘것없는 성전을 재건하는 순간 하나님은 다시 그 성전에 자신의 영광을 드러내실 것이며(1:8), 이 백성들과 함께하실 것이다(1:13). 하나님은 성전이 완성될 때 이 백성들에게 임하실 뿐만 아니라, 성전 재건이 시작되는 순간부터 공사가 끝날 때까지 모든 과정에서 이들과 함께하실 것을 약속하셨다(2:4). 성전 재건은 백성들의 노동을 필요로 하지만 하나님이 하시는 일이라는 점을 학개는 시사하고 있는 것이다. 하나님은 성전 재건을 시작한 백성들과 함께하면서 그들을 축복할 것을 선언하셨다(2:19). 학개는 귀향민들이 성전 재건을 시작하는 순간부터 하나님의 축복을 누리게 될 것이며, 완성된 성전을 그들의 삶의 중심으로 삼을 때 모든 일이 잘 될 것이라고 선포한 것이다. 학개의 관점에서 성전 재건은 귀향민들이 경험한 과거, 현재, 미래의 모든 문제를 해결할 수 있는 가장 유력하고 유일한 해결책이었던 것이다.

학개가 이처럼 귀향민들에게 더 이상 성전 재건 사업을 보류하지 말고 당장 시작하라고 호소하는 것에는 크게 두 가지 이유가 있었다. 첫째, 성전이 지니고 있는 상징적인 의미와 중요성 때문이다. 둘째, 귀향민들이 성전 재건을 통하여 이스라엘의 과거, 현재, 미래를 연결해야만 선택된 민족 이스라엘의 역사의 맥이 흐르게 되기 때문이다.

먼저 성전이 이스라엘의 삶과 종교에 어떤 의미를 지니고 있는지 간략하게 살펴보자.[1] 광야에서 장막 형태로 존재하기 시작한 후부터 성전은 이스라엘의 종교, 사회, 정치, 교육 등 모든 분야에 영향을 미쳤다. 백성들은 이곳에 와서 제물과 기도를 드리며 여호와를 향한 충성과 사랑을 고백했다. 제사장은 이곳에서 주의 백성들에게 하나님의 말씀을 선포하고 가르쳤으며 가난하고 소외된 자들을 성전의 재정으로 보살피기도 했다. 왕을 포함한 정치인들이 하나님의 자문이나 도움이 필요할 때면 성전을 찾아와 기도하고 제물을 드렸다. 이스라엘은 여호와의 신정(神政)을 지향했던 공동체였으므로 하나님이 계신 곳으로 간주되었던 성전이 그들 삶의 구심점이 되는 것은 당연한 일이었다.

그렇다면 성전이 어떤 상징성과 신학적 중요성을 지녔기에 이스라엘의 모든 사람들이 삶의 사계절 내내 성전을 찾았던 것일까? 무엇보다도 성전이 이스라엘 세계의 중심에 위치했기 때문이다. 하나님이 이스라엘을 세상 모든 나라들로부터 특별히 택하신 이후 이스라엘의 삶은 성전을 중심으로 회전하기 시작했다. 심지어 바빌론 사람들에게 파괴된 예루살렘 성전을 생각하며 에스겔 선지자는 언젠가 이스라엘 지파들이 회복되어 다시 가나안 지역에 정착하게 되면 "성소는 그 중앙에 있을 것"이라고 예언하고 있다(겔 48:8). 성전은 이스라엘이 국가로 탄생할 때부터 시작하여 멸망해 버린 이스라엘이 완전히 회복될 먼 미래에 이르기까지 이스라엘 세계의 중앙에 위치했으며, 이스라엘의 삶은 성소를 중심으로 형성되었던 것이다.

성전은 또한 이스라엘에게 하늘과 땅이 만나는 곳이었다. 여호와께서는 시내 산에서 이스라엘과 맺으신 언약의 조건에 따라 정규적으로, 그리고 지속적으로 백성들을 만날 수 있는 공간이 필요했으며 성전이

---

1 솔로몬 시대 때 건축된 성전의 건축 과정과 신학적 의미와 중요성에 대한 자세한 언급은 2002년 1월호 『그말씀』에 실린 필자의 「솔로몬 성전의 건축과 신학적 의미」를 참고하라.

그 기능을 감당하였던 것이다. 아론의 두 아들이 부정함으로 인하여 하나님 앞에서 죽은 다음, 여호와께서는 모세를 통해 아론에게 함부로 지성소에 들어오지 말 것을 당부하셨다(레 16장). 이스라엘의 가장 거룩한 자들이라고 할 수 있는 제사장들마저도 자칫 잘못하면 죽임을 당할 수 있다는 것이었다. 왜 제사장들이 죽게 되는가? 하나님이 설명하기를 "내가 구름 가운데서 속죄소 위에 나타남이라"라고 하셨다(레 16:2). 하나님이 그의 백성들을 만나려고 임재하시는 곳이 바로 성전이었으며, 이 성전을 통해 하늘의 하나님이 땅에 거하는 그의 백성들의 기도를 들으셨던 것이다.

아울러 성전은 하늘의 축소판이었다. 하나님은 모세를 시내 산으로 부르신 다음 성막에서 사용할 도구들을 디자인하고 만드는 방법을 알려 주셨다(출 25장). 여호와께서 모형과 규격 등을 상세히 가르쳐 주신 다음 모세에게 당부하셨다: "너는 삼가 이 산에서 네게 보인 양식대로 할지니라"(출 25:40; cf. 25:9). 하나님은 모세에게 성전에서 사용할 도구들을 어떻게 만들 것인가를 가르쳐 주시면서 동시에 무언가를 보여 주셨던 것이다. 히브리서 기자는 이 말씀을 직접 인용하면서 다음과 같이 말한다. "그들이 섬기는 것은 하늘에 있는 것의 모형과 그림자라 모세가 장막을 지으려 할 때에 지시하심을 얻음과 같으니 이르시되 '삼가 모든 것을 산에서 네게 보이던 본을 따라 지으라 하셨느니라'"(히 8:5). 성경은 이처럼 성전이 하늘에 있는 실체의 복사본/축소판임을 암시하고 있다. 이와 같이 성전은 세상에 속해 있으면서도 세상의 것과는 전혀 다른 하늘의 실체를 반영하므로 이스라엘 사람들은 이곳을 세상에서 가장 거룩한 공간으로 여기게 되었다. 백성들은 성전을 보면서 하늘의 실체를 상상할 수 있었을 뿐만 아니라 하나님이 계시는 하늘을 맛볼 수 있었다. 성전은 하늘나라의 축소판이었기 때문이다.

마지막으로 성전은 하나님의 내재적-초월적 임재의 상징이었다. 솔로몬의 헌당 기도가 고백하는 것처럼 하나님은 결코 어떤 공간에도 제한될 수 없는 자유로운 분이시다. "하나님이 참으로 땅에 거하시리이까 하늘과 하늘들의 하늘이라도 주를 용납하지 못하겠거든 하물며 내가 건축한 이 성전이오리이까"(왕상 8:27). 그럼에도 불구하고 성경은 성전을 하나님의 거처라고 말하고 있다. "내가 그들 중에 거할 성소를 그들이 나를 위하여 짓되"(출 25:8). 성전이 하나님의 전이 될 수 없으면서 또한 어떻게 동시에 하나님의 처소라는 말인가? 하나님의 초월성(transcendence)과 연결하여 말할 때는 그분의 범우주적인 초월성과 절대적인 거룩하심이 이 세상의 그 어떤 장소나 건물도 그분을 감당할 수 없게 한다. 결과적으로 성전은 하나님의 전이 될 수 없는 것이다. 그러나 이스라엘의 통치자로서 백성들 사이에 내재하실(immanent) 때 하나님의 거처지는 분명히 성전이었다. 하나님은 성전에서 백성들을 만나셨고 판결을 내려 주셨다. 뿐만 아니라 하나님의 내재는 이스라엘의 안보, 번영과 필연적인 관계가 있었기에 여호와께서 그들 사이에 내재하신다는 것은 이스라엘의 생존에 매우 중요한 전제 조건이었다. 이러한 내재적 기능을 강조하기 위하여 하나님은 성전에 가시적인 현상으로 임하시고는 하셨다(출 40:34-35, 38; 25:8; 레 9:22-24; 16:2; 민 9:15-23; 왕상 8:10-13; 대하 7:1-3). 온 이스라엘이 보는 앞에서 성전에 임하시는 모습을 보여줌으로써 하나님은 이들 사이에 내재함을 확인해 주셨던 것이다.

이와 같이 성전이 갖고 있는 여러 상징성이 학개로 하여금 당대 사람들에게 희생과 대가를 치르더라도 하나님의 집을 재건하라는 하나님의 메시지를 선포하도록 했다. 그러나 두 번째 이유, 즉 선지자들이 성전을 통하여 귀향민들의 과거, 현재, 미래를 연결해야 이스라엘 민족의 역사의 맥이 흐르게 되는 것을 의식했던 것이야말로, 선지자들로 하여금 백성들에게 성전의 중요성을 새롭게 부각시키도록 하는 더 큰 동기가 되었던 것으로 생각된다. 바빌론에서 돌아온 이스라엘의 후손들에게 가장 중요한 신학적 질문은 "우리는 누구인가?"라는 정체성에 관한 것이었다. 이 질문은 몇 개의 작은 질문들로 세분화될 수 있다. (1) 포로 이전 시대의 이스라엘(pre-exilic community)과 포로 생활을 끝내고 조상들의 땅을 찾아온 귀향민들(post-exilic community)은 어떤 관계가 있는가? (2) 옛적에 여호와께서 이스라엘 민족과 맺으셨던 언약은 귀향민들의 시대에도 유효한가? (3) 하나님이 다윗에게 축복으로 내려주셨던 다윗 언약은 이 시대에도 의미가 있는가?

학개와 스가랴를 포함한 포로 후기 시대의 성경 저자들은 이 질문에 하나같이 긍정적으로 답하고 있다. 귀향민들은 예루살렘 멸망 이전 시대의 이스라엘 백성들의 맥을 잇고 있으며, 하나님이 오래 전에 선조들과 맺은 언약이 아직도 유효하고, 이미 다윗 왕실이 사라진 이 순간에도 다윗 언약은 유효하다는 것이다. 그들이 확신을 가지고 이처럼 대답할 수 있었던 것에는 성전 재건 사역이 큰 역할을 담당했다. 이스라엘이 광야에서 한 국가로 출범할 때 하나님은 그들에게 장막을 주셨고 훗날 솔로몬을 통하여 장막을 성전으로 대체하셨다. 오랜 세월 동안 이스라엘의 끊임없는 범죄에도 불구하고 하나님은 이스라엘의 회중에 성전을 유지하심으로써 이 백성들과 함께하고 계신다는 것을 상징적으로 보여 주셨다. 그러나 주전 586년 여름에 예루살렘이 바빌론 사람들에 의하여 함락되고, 이스라엘 사람들이 포로가 되어 끌려갔을 때, 여호와의 성전도 불에 탔다. 이스라엘이 한 국가로 출발할 때부터 이들과 함께했던 장막/성전이 파괴되었다는 것은 약속의 땅에서의 이스라엘의 역사가 막을 내린 것을 의미했다. 그러나 어느덧 60여 년의 세월이 지난 이 순간, 포로로 끌려간 자들의 후손들이 예루살렘으로 돌아와 여호와의 전을 재건하고 있다. 예루살렘 함락으로 끊겼던 이스라엘 역사의 맥이 다시 연결되는 순간이다. 이러한 관점에서 스룹바벨과 세스바살이 귀향민들을 이끌고 예루살렘으로 돌아올 때, 그들의 선조가 바빌론 사람들에게 빼앗겼던 성전 기구들을 모두 챙겨서 바빌론을 출발하는 것은 매우 큰 상징적 의미를 지니고 있다. 그들이 주전

586년에 끊긴 선민 역사의 맥을 잇기 위하여 빼앗겼던 물건들을 되찾아 예루살렘으로 돌아오고 있었던 것이다!

성전 재건은 하나님을 위한 것일 뿐 아니라 귀향민들을 위한 것이기도 했다. 그래서 하나님은 학개와 스가랴를 통하여 재건 사업에 미지근한 자세를 취하고 있던 이들에게 강력하게 도전하셨다. 재건된 성전을 통하여 이들에게 복을 내려 주시기 원하셨던 것이다. 성전 재건이 주전 586년에 단절된 역사를 이어주는 것을 의미하므로 귀향민들은 당연히 하나님과 특별한 관계를 누렸던 그들의 조상들처럼 하나님의 선민의 맥을 이어가게 된다. 또한 이들이 하나님의 선민의 맥을 이어가기에 하나님이 옛적에 시내 산에서 그들의 조상들과 맺은 언약이 아직도 유효하다는 결론을 내리게 되었다(cf. 학 2:5-9). 성전은 이처럼 과거의 이스라엘과 포로후기 시대 예루살렘 공동체를 여러 차원에서 연결시키는 역할을 하고 있는 것이다.

그러나 학개 선지자에게 성전은 단순히 과거와 현재를 연결하는 도구에 불과한 것이 아니었다. 그는 성전을 통하여 하나님의 선민들의 현재가 그들의 미래와도 연결된다는 것을 잘 알고 있었다. 이 부분에 대한 선지자의 자각은 그가 성전과 연관해서 미래에 대한 예언을 선포하는 데서 잘 드러난다. 학개는 메시아의 오심의 서곡이라 할 수 있는 열방 심판이 성전 재건 이후에 올 것을 선언하고 있다(2:20-23). 선지자는 하나님의 인류에 대한 계획과 미래에 있을 주의 구원 사역의 실체는 성전이 재건되지 않는 한, 현실로 드러날 수 없다고 하는 것이다. 학개 선지자는 무엇 때문에 이처럼 성전 재건이 귀향민들이 당면하고 있는 모든 과거, 현재, 미래 문제의 해결책이며 하나님의 약속을 성취하는 데 있어서 필수적인 요소라고 생각하는가? 무엇보다도 성전이 여호와의 신적 왕권의 상징이며 그 어떠한 인간 왕도 여호와의 절대적 통치를 나눠 가질 수 없기 때문이다.

5. 구조와 개요

학개서는 38절로 구성되어 있는 매우 간략한 책이며 다섯 개(1:1-11; 1:12-15; 2:1-9; 2:10-19; 2:20-23)의 짤막한 메시지들을 담고 있다. 학개서를 이처럼 다섯 개의 작은 메시지로 구분하는 데에 있어서 선지자가 책에서 제시하는 날짜들이 결정적인 역할을 한다. 대체로 선지서 안에서 선지자들이 자신들이 메시지를 받은 날짜를 말할 때는 특별한 상황이 없는 한 새로운 섹션의 시작을 의미하는 큰 표시(macro-marker)로 이해되기 때문이다. 학개서의 경우 1:15만이 예외다. 1:15에 제공된 날짜가 새로운 섹션을 시작하는 것이 아니라 이미 선포된 말씀(1:12-14)이 언제 선포되었는가를 밝혀 주는 역할을 한다. 학개는 다음과 같은 날짜를 제공하고 있다.

구절	페르시아 제국의 날짜	오늘날의 날짜
1:1	다리우스 왕 이년 여섯째 달, 1일	520년 8월29일
1:15	다리우스 왕 이년 여섯째 달, 24일	520년 9월 21일
2:1	그 해(다리우스 2년) 일곱째 달, 21일	520년 10월 17일
2:10	다리우스 왕 이년 아홉째 달, 24일	520년 12월 18일
2:20	그 달(다리우스 2년 아홉째 달), 24일	520년 12월 18일

그런데 학개서의 장르는 시가체(poetry)인가 아니면 내러티브(narrative)인가? 학자들의 대답이 명쾌하지 않다. NIV, NRS, TNK 등 대부분의 번역본은 학개서를 내러티브로 간주한다. 한 주석가는 학개서를 "짧은 변증론적 역사적 내러티브"(brief apologetic historical narrative)라고 부른다(Rudolph; cf. March; Sweeney). 학개서를 내러티브로 간주하는 학자들 중 일부는 학개가 역대기의 영향을 많이 받았다고 주장한다(Beuken). 그러나 만일 이 두 책이 서로 연관성이 있다면 학개서가 역대기에 영향을 미친 것이지, 역대기가 학개서에 영향을 미쳤다는 주장은 설득력이 없

다(Baldwin; Motyer). 다른 학자들은 학개서가 역대기가 아니라 열왕기의 스타일과 더 밀접한 연관성이 있다는 결론을 내린다. 학개서와 비슷한 스타일의 다른 성경적 예는 열왕기하 22-23장, 예레미야 26; 36; 37-41장 등에서 발견되며 신명기적 사가/학파와 깊은 연관성을 지닌 것이라고 한다(Mason).

최근에 와서는 학개서의 상당 부분을 시가체로 간주하는 학자들이 많다. 우리 성경 중 새번역은 학개서의 반 이상을 시가체로 간주한다. 모티어(Motyer)도 책의 대부분을 시가체로 이해한다(cf. Craigie). 당분간 학개서의 장르에 대한 학자들의 논쟁은 지속될 것으로 보이며, 우리가 여기서 이 이슈를 자세하게 논하는 것은 이 책의 목적에 부합하지 않는다. 이 책에서는 새번역의 장르 분류를 따를 것이다.

선지자는 자신의 책을 통하여 귀향민들이 당면하고 있는 이 모든 문제가 성전 재건을 미루어 왔기 때문이라고 선언한다. 아무리 즐기려 해도 만족하지 못하고(1:6), 아무리 노력해도 풍요로움이 없고(1:9; 2:16), 심지어 기근과 질병이 그들의 농작물을 엄습하게 된 것도(1:10-11; 2:17) 모두 그들이 성전 재건을 기피해 온 것과 연관이 있다는 것이다. 그러므로 그는 첫 번째 메시지인 1:2-11에서 이들이 당면하고 있는 문제의 해결책을 제시한다. 이 섹션의 구조를 살펴보자.

A. 문제: 성전 재건 방관(1:2)
  B. 질문: "성전이 무너져 있는데 너희만 완성된 집에 살고 있을 때냐?"(1:3-4)
    C. 많이 뿌려도 거두지 못했다(1:5-6)
      D. 그러므로 성전을 지어라(1:7-8)
    C'. 많이 거두기를 바랐어도 거두지 못했다(1:9a-b)
  B'. 질문: "왜 못 거두는지 아느냐?" 성전을 무너진 대로 방치하고 있기 때문이다?(1:9c-d)

A′. 심판: 기근과 가뭄(1:10–11)

책의 첫 메시지를 통해 학개는 이들의 궁핍함이 하나님의 집을 건축하는 것을 꺼려한 결과라고 담대하게 선포하고 있다. 그렇다면 만일 이들이 성전을 재건하면 모든 문제가 해결될 것인가? 선지자에 의하면 의심의 여지가 없다. 그는 책을 구성하고 있는 다섯 개의 메시지를 "성전을 지으라는 권면(1) – 백성들의 순종(2) – 축복 약속(3)" 순으로 나열함으로써 이러한 사실을 강조한다. 필자는 다음과 같은 구조로 구분할 것이다. 책의 제 1부(1:1–11)는 질문형으로 각 부분의 요지를 가장 쉽게 설명할 수 있기 때문에 질문들을 사용하고자 한다.

Ⅰ. 비난과 성전을 지으라는 권면(1:1–11)
- 1장. 아직 성전을 재건할 때가 아니라고?(1:1–2)
- 2장. 성전이 폐허가 되어 있는데도 잠이 오냐?(1:3–4)
- 3장. 지난날의 곤핍함을 생각해 보라(1:5–6)
- 4장. 성전을 지어라(1:7–8)
- 5장. 왜 못 거두었는지 아느냐?(1:9–11)

Ⅱ. 백성들의 순종적인 반응과 성전 재건 시작(1:12–15)

Ⅲ. 하나님의 격려와 약속(2:1–23)
- 1장. 성전 재건 사역에 대한 재확인과 격려(2:1–9)
- 2장. 하나님의 축복 약속(2:10–19)
- 3장. 메시아의 모형 스룹바벨(2:20–23)

엑스포지멘터리
선지서 개론

스가랴

EXPOSItory comMENTARY

스가랴

만군의 여호와께서 말씀하시되
이는 힘으로 되지 아니하며
능력으로 되지 아니하고
오직 나의 영으로 되느니라
(4:6)

7 만군의 여호와가 말하노라
칼아 깨어서 내 목자, 내 짝 된 자를 치라
목자를 치면 양이 흩어지려니와
작은 자들 위에는 내가 내 손을 드리우리라
8 여호와가 말하노라
이 온 땅에서 삼분의 이는 멸망하고
삼분의 일은 거기 남으리니
9 내가 그 삼분의 일을 불 가운데에 던져
은 같이 연단하며 금 같이 시험할 것이라
그들이 내 이름을 부르리니 내가 들을 것이며

나는 말하기를 이는 내 백성이라 할 것이요
그들은 말하기를 여호와는 내 하나님이시라 하리라
(13:7–9)

사노라면 슬픔이나 좌절이 없을 수 없는 것이 인생이다. 그리스도인도 이러한 현실에서 예외일 수는 없다. 그러나 우리는 밝은 미래를 꿈꾸며 소망을 벗삼아 살기에 세상 사람들보다는 암담한 현실에 대하여 조금 더 긍정적으로 생각할 수 있고 지혜롭게 난관을 극복할 수 있다. 문제는 고통과 역경이 지속될 때다. 고난의 터널을 지나다 보면 머지않아 서광이 비쳐 길을 밝혀주리라 기대하지만 이 터널이 도대체 끝이 날 것 같지 않다는 느낌이 들면 당혹스러워진다.

스가랴서는 어둠 속을 헤매며 이제나저제나 하나님의 구원의 빛이 임하지 않을까 하는 기대를 안고 살다가 지쳐버린 이스라엘 백성들에게 임한 하나님의 말씀이다. 하나님은 선지자를 통해 자신의 지난날의 침묵이 결코 무관심을 뜻하는 것이 아니며 적절한 때를 기다려 온 것이라고 하신다. 선지자는 학개의 사역과 병행하여 바빌론으로부터 돌아온 이스라엘 백성들이 성전 건축을 하도록 격려하고 있다. 또한 장차 오실 메시아에 대한 소망과 그들을 괴롭히던 열방의 멸망을 선포함으로써 주의 백성들에게 미래에 대한 소망을 제시한다. 학개의 사역이 성전 재건을 바탕으로 한 현실적인 이슈들을 다루었다면, 스가랴의 사역은 성전 재건의 중요성과 의미에 관한 비전들을 중심으로 펼쳐진다(Sweeney).

스가랴서는 묵시적인 성향을 띠고 있어서 환상과 메시지의 범위에 있어 소선지자들 중 그 누구의 것보다도 광범위하다. 환상의 범위가 넓은 만큼 그의 예언을 해석하는 것도 만만치가 않다. 그의 비전과 말씀은 메시아에 대한 구체적인 예언을 많이 담고 있으나 해석이 매우 어렵다는 것도 학자들이 동감하는 부분이다.

스가랴서는 신약에서 가장 많이 인용하는 구약의 책에 속한다. 신약은 스가랴서를 70여 차례나 직접 인용하거나 암시한다(Craigie). 그중 1/3은 복음서에서 인용되며, 나머지의 대부분은 요한계시록에서 인용된다. 신약의 저자들이 예수 그리스도의 삶과 사역을 상당 부분 스가랴 선지자의 메시아에 관한 예언의 성취로 보았기 때문이다. 스가랴의 메시지 중에서도 특별히 목자에 대한 신탁이 신약 저자들에 의해서 자주 언급된다.

1. 선지자

스가랴(זְכַרְיָה)라는 이름은 "여호와께서 기억하시다"라는 의미를 지녔으며 구약에서만 29명이 이 이름으로 불릴 정도로 흔한 이름이었다. 소선지서 12권 중 끝에서 두 번째 책의 저자로 알려진 스가랴는 말라기, 학개와 함께 바빌론 포로시대 이후에 예루살렘에서 사역했던 선지자였다. 그는 혈통상 에스겔, 예레미야처럼 제사장의 후손이기도 했다(cf. 느 12:1; 12:16). 실제로 그의 책에는 그가 자신의 제사장 경험을 바탕으로 메시지를 전한 흔적이 곳곳에 배어 있다(Sweeney)(cf. 2:1-4; 4:1-15; 5:1-4; 5:5-11; 6:1-15; 11:4-17).

스가랴는 바빌론에서 태어났으며 스룹바벨, 세스바살 등이 페르시아 왕 고레스의 종교 자유 선포에 힘입어 바빌론에서 거주하던 유다 백성들을 이끌고 예루살렘으로 귀향할 때 그 무리에 섞여 있었던 사람이었다. 이때 스가랴는 어린아이였을 것으로 추정된다(cf. Boda). 기록에 의하면 그의 아버지는 베레갸였으며 할아버지는 잇도였다. 그러나 그가 베레갸의 아들이 아니라 "잇도의 아들/후손"(בֶּן־עִדּוֹא)으로 자주 표기되는 것은 그의 아버지가 일찍 죽었기 때문이라는 추측도 있다(Feinberg).

이에 대하여 한 주석가는 스가랴가 잇도의 아들인데, 베레갸(בֶּרֶכְיָה)의 아들로 묘사되는 것은 그를 이사야의 아들 마헬살랄하스바스의 탄생을 목격한 것으로 기록되어 있는 여베레기야(יְבֶרֶכְיָהוּ)의 아들 스가랴와 연관시키기 위해서라고 한다(Sweeney)(cf. 사 8:1-4). 스가랴의 사역을 이사야서와 연관시키는 것은 그의 사역과 메시지가 이사야가 예언한 것들의 실현이라는 점을 강조하기 위해서라는 것이다. 역사적으로 베레갸(בֶּרֶכְיָה)와 여베레기야(יְבֶרֶכְיָהוּ)가 같은 사람이라는 점을 입증할 길은 없지만, 이 두 이름이 같은 이름의 다른 유형일 가능성은 충분하다. 스가랴서가 예레미야, 에스겔, 호세아, 아모스, 학개 등 다른 예언서들을 인용하고 있는 점을 고려하면, 스가랴의 사역과 이사야서의 연관성은 가능한 일이다(cf. Sweeney). 한 가지 확실한 것은 그는 상당한 세력과 영향력을 행사했던 집안의 자손이었다는 점이다.

스가랴는 학개가 예루살렘에서 선지자 사역을 시작한 지 2개월 만에 자신의 사역을 시작한 것으로 추정되며 그때가 페르시아의 다리우스 1세 (Darius I Hystaspes, 521-486 BC)가 근동의 대부분 지역을 통치하기 시작한 이듬해인 주전 520년이었다(cf. 학 1:1; 슥 1:1). 스가랴가 얼마 동안이나 사역을 했는지는 알 수 없다. 이처럼 스가랴가 예루살렘으로 돌아온 귀향민 공동체에서 상당한 영향력을 행사했던 선지자였음은 확실하지만, 실제로 그에 대한 정보는 매우 미흡한 수준에 머물러 있다.

2. 역사적 정황 [1]

유다 백성들을 강제로 바빌론으로 끌고 가 그곳에 정착시켰던 바빌론이 부패와 타락에 휘청거리다가 결국 주전 539년에 고레스의 페르시아군에 의하여 멸망했다. 고레스는 이미 주전 550년대부터 바빌론이 견제해야 하는 세력이 되었으며 주전 538년에 이르러서는 서아시아 지역에서 이집트에 이르는 모든 지역이 그의 통치 아래 있게 되었다(Bright). 그의 세력 확장에 결정적인 기여를 했던 바빌론 정복은 사실은 가장 싱

1 학개서의 역사적 정황도 참고하라.

거운 전쟁이었다. 고레스가 주전 539년에 바빌론에 입성하자 바빌론 사람들은 그들의 정부에 얼마나 환멸을 느껴왔는지 고레스를 메시아로 환호했다고 한다. 별다른 저항 없이, 많은 피를 흘리지 않고 바빌론 제국을 접수한 고레스는 이듬해인 주전 538년에 바빌론에 끌려와 억류되어 있던 모든 민족들에게 칙령을 내려 본국으로 돌아가 조상들이 섬기던 신들을 섬길 수 있는 자유를 주었다(cf. 대하 36:22-23; 스 1:1-4; 6:3-5).

바빌론의 그발 강 유역에 거주 지역을 형성하며 살고 있던 유대인들은 이 소식을 매우 반갑게 받아들였으며 곧바로 상당수의 사람들이 다윗 계열의 왕자 세스바살(스 1:8, 11)의 지휘 아래 예루살렘으로 돌아왔다. 세스바살이 다윗 계열의 왕자이며, 예루살렘의 총독으로 임명받고(스 5:14) 귀향하게 되었다는 것은 그와 함께 돌아오는 자들의 발걸음을 가볍게 했을 뿐만 아니라, 머지않아 포로시대 이전 선지자들이 예언했던 메시아 시대의 도래를 암시하는 것으로 기대했을 것이다.

그는 예루살렘에 도착하자마자 곧장 성전 재건 사업을 시작했다. 에스라 5:16은 그가 성전의 기초를 다진 것으로 기록하고 있다. 그러나 에스라 3:8과 스가랴 4:9은 성전의 기초를 다지는 사업을 주도했던 사람이 스룹바벨이라고 한다. 어떤 일이 벌어진 것인가? 세스바살은 예루살렘에 돌아오자마자 주전 538년에 일을 추진한 것으로 생각된다. 반면에 에스라 3:8은 스룹바벨이 첫 귀향민이 예루살렘으로 돌아온 지 2년이 지난 주전 536년에야 일을 착공한 것으로 기록하고 있다. 학자들은 대체로 세스바살이 주전 538년에 성전 건축을 시작했다가 실패한 것을 2년 후에 스룹바벨이 다시 착공한 것으로 해석한다(McComiskey). 왜 세스바살이 실패했을까? 세스바살에 대한 언급이 에스라서에서도 일찍 사라진다는 점을 근거로, 그가 예루살렘으로 돌아왔을 때는 이미 연로했으며 더 이상 효과적인 리더십을 발휘할 수 없는 상황에 처했기 때문이라고 추정하는 학자가 있다(Bright). 그러나 정확한 이유는 알 수 없다.

귀향민들은 그들이 돌아오기만 하면 예루살렘에 여호와의 통치가 임하며 이방인들이 온갖 선물을 가지고 시온을 찾아올 것을 기대했다. 그러나 그들을 기다리고 있었던 것은 예루살렘의 혹독하고 힘겨운 현실이었다. 예루살렘과 유다 지역에 살고 있던 이방인들은 그들을 괴롭혔으며 경제적으로도 매우 어려운 형편이었다. 그들은 속히 여호와의 성전을 재건해야 한다는, 그래야 여호와의 통치가 속히 실현될 수 있다는 생각에 사로잡혀 있었다. 그러나 그들의 조급한 마음에도 불구하고 주위 사람들의 시비와 방해로 성전 재건은 중단되었다(스 4:1-24). 이 사건은 귀향민들을 깊은 좌절의 늪에 빠뜨리기에 충분했다(cf. 스 4:4). 결국 성전의 기초공사는 주전 536년에 마무리되었지만, 성전 건물의 건축은 주전 520년에야 재개될 수 있었다. 성전의 기초가 16년 동안이나 방치되어 있었던 것이다.

고레스가 죽은 후 그의 아들 캄비세스(Cambyses, 529-522 BC)가 뒤를 이어 왕이 되었다. 그는 이미 근동의 넓은 지역을 장악하고 있던 페르시아 제국에 이집트의 영토를 더했다. 그는 이집트 원정에서 돌아오던 길에 페르시아의 수도 수산에서 가우타마(Gautama)라는 사람이 캄비세스의 살해된 형이라 주장하며 왕권을 차지했다는 소식을 접했다. 무슨 이유였는지는 알 수 없지만, 소식을 접한 캄비세스는 스스로 목숨을 끊었다. 그때가 주전 522년이다. 이 일이 있은 후 페르시아 군의 장군이며 히스타스페스(Hystaspes) 왕족 출신이었던 다리우스가 등극을 선포하고 나아가 가우타마를 살해함으로써 자신의 왕권을 굳히게 되었다. 그가 바로 다리우스 1세이며 그의 통치 기간은 주전 521-486년이었다.

다리우스가 왕이 된 다음에도 페르시아 제국은 여러 번의 반역과 쿠데타에 시달렸다. 이집트에서 메데에 이르기까지 많은 민족들이 반역을 꾀했다. 그중 가장 심각한 도전은 닌딘투벨(Nindintu-bel)이 시작한 바빌론의 반역이었다. 다리우스가 이 반역들을 제압하는 데 어느 정도의 시간이 걸렸는지 정확히 알 수 없다. 그러나 그가 통치를 시작한 지

2년 만에 스가랴에게 하나님의 말씀(1:7-17)이 임한 것을 생각할 때, 다리우스는 2년 안에 제국을 평정한 것으로 생각된다.

그 즈음 패배감과 좌절감이 예루살렘에 살던 귀향민들을 괴롭히고 있었다. 지연되는 메시아 왕국을 생각할 때마다 하나님에 대한 실망은 걷잡을 수 없었으며, 참담하고 절망적인 경제적 현실을 대하며 실의에 빠졌던 것이다. 스가랴는 하나님의 말씀과 계시로 이들을 위로하기를 원했다. 동시에 그는 엄중하게 경고했다. 그들의 옛 선조들을 멸망에 이르게 했던 영적인 질병이 새로이 형성된 이 공동체를 위협하고 있다는 것이었다.

3. 다른 책들과의 관계

바빌론 포로기 이후에 사역했던 스가랴의 신탁으로 구성되어 있는 이 책이 포로기 혹은 포로기 이전 시대에 활동했던 선지자들의 영향을 받은 것은 당연한 일이다. 스가랴는 성전 재건이 하나님의 온 세상에 대한 주권을 확인하는 계기가 되어 페르시아 제국의 멸망을 가져오는 촉매가 될 것이라고 말한다. 이 과정에서 스가랴는 이사야서의 예언을 상당 부분 인용하여(cf. 사 34:16-17; 29:11-12; 8:16) 자신의 신탁은 결코 새로운 것이 아니라, 이사야가 예언한 것들의 성취일 뿐임을 강조한다(Sweeney). 스가랴가 청중들에게 그들의 선조들이 걸었던 죄의 길에서 돌이키라고 권면하는 것은 이사야의 메시지를 그대로 반영하는 것이며(cf. 사 1:2-31), 특히 스가랴 7-8장은 이사야 1-2장의 내용을 바탕으로 선포된 것이라 해도 과언이 아니다. 스가랴는 “순/싹”을 자주 언급하는데(cf. 3, 4, 6장), 이 이미지 역시 이사야 11:1-16과 예레미야 23, 33장 등에 근거를 둔 것이다. 또한 이사야서와 예레미야서가 거짓 예언과 목자의 고난에 대하여 예언하는데, 스가랴서에서도 이들은 중요한 주제들이다(cf. 11장; 13장).

스가랴서는 미가서에 제시된 내용들과도 깊은 연관이 있다. 미가는 다윗 계열의 왕이 하나님의 도구가 되어 열방을 심판할 것이며 또한 열방을 시온으로 이끌어 와 그곳에서 하나님께 복종하고 주님을 경배하게 할 것이라는 원대한 비전을 제시한다. 스가랴도 미가의 비전에 전적으로 동의하며 이야기를 전개해 나간다. 언젠가는 열방이 전쟁무기를 농기구로 바꿀 것을 노래하는 스가랴 8:20–23이 동일한 주제를 다루고 있는 이사야 2:2–4과 미가 4:1–5 중에서 미가서 텍스트를 근거로 하고 있다는 점도 스가랴가 미가서의 비전에 전적으로 동의하고 있음을 시사한다(Sweeney). 미가 2:12–13이 여호와께서 주의 백성을 타국으로 내치신 후 목자가 되어 다시 그들을 인도하여 약속의 땅으로 인도하실 것이라고 하는 것도 스가랴서와 밀접한 연관이 있다.

스가랴 1–8장은 학개서와도 깊은 연관이 있다. 물론 학개, 스가랴, 말라기가 같은 시대에 사역했다는 점에서 연관성을 보여 준다고 생각할 수 있지만, 이들의 연관성은 단순히 동시대에 사역했기 때문에 생긴 일이 아니라 누군가가 의도를 가지고 이 책들을 함께 놓고 최종적으로 정리했기 때문이라고 생각한다. 특히 학개에서 스가랴 8장까지는 합작(composite work)의 성향이 역력하다는 것이 많은 학자들이 내리는 결론이다(Meyers & Meyers; Sweeney; Coggins). 이 두 책을 서로 독립적인 책으로 보기에는 제시하고 있는 날짜들을 포함해서 너무나도 많은 부분에 연관성을 갖고 있다는 것이다. 즉 이 두 권의 책은 다리우스 왕의 통치 초기 시대를 살아가던 유대인들에게 실제적이고 현실적인 프로그램뿐만 아니라 그들을 괴롭히던 주변 사람들에 대하여도 미래지향적인 소망을 제시함으로써 이스라엘의 존재성과 정체성을 확립하고 있다는 것이다. 학개서와 스가랴서 7–8장의 연관성에 대하여 다음 도표를 참고하라(Meyers & Meyers).

내용	학개서	스가랴서
날짜	1:1, 15; 2:1, 10, 18, 20	7:1
선포적 질문	2:11ff.	7:3ff.
"만군의 여호와의 전"	1:14	7:3; 8:9
"땅의 백성"	2:4	7:5
땅의 황폐	1:6	7:14
"남은 자들"	1:12, 14; 2:2	8:6, 11, 12
담대하라	2:4(x3)	8:9–10
성전 재건	1:2; 2:18	8:9
집/전 = 성전	1:2; 2:3, 7, 15, 18	8:9; 7:3
품삯	1:6	8:10
사람/짐승	1:11	8:10
넉넉한 씨앗 뿌림/성전 건물	1:6–11; 2:18–19	8:12
땅/소산; 하늘/이슬	1:10	8:12
축복	2:19	8:13
"두려워 말라"	2:5	8:13
"열방들"	2:7, 22	8:13, 22, 23
옷자락	2:12	8:23
엘로힘	1:12(x2), 14	8:8, 23

4. 통일성

스가랴서는 구약에서 가장 많은 비평학자들의 연구 대상이 되었던 책들 중 하나다. 아직까지도 1–8장과 9–14장의 관계가 학자들 사이에 논란이 되고 있다(cf. Childs; Coggins). 이 두 섹션은 한 사람에 의하여 기록되었다고 보기에는 스타일이나 내용이 너무나도 다르다는 것이다. 그러므로 대부분의 학자들은 제1스가랴서와 제2스가랴서로 구분한다(Ollenburger; Meyers & Meyers). 심지어 일부 학자들은 1, 2, 3스가랴서로 구분하기도 한다(Achtemeier).

1–8장과 9–14장의 내용면에서의 차이점들을 생각해 보자. 첫째,

1–8장에서는 열방이 평안을 누리고 있다(1:11, 15; 2:4; 6:8). 그러나 9–14장에서는 큰 혼란에 빠져 있다(9:15; 12:9; 14:1–3). 둘째, 1–8장에서는 가까운 미래에 대한 소망이 중심적인 요소로 부각되고 있는데 후반부에서는 모두 사라질 뿐만 아니라 여호와께서 백성들과의 언약을 거부하시며 그들을 버리신다(11:10–11). 상황이 절망적인 것이다. 셋째, 전반부를 구성하고 있는 범우주적인 환상이 후반부에서는 종말적인 심판 선언으로 대체되고 있다. 넷째, 전반부에서 접하지 못했던 단어들과 문장 스타일이 후반부에서 포착된다. 뿐만 아니라 전반부에서 자주 사용되었던 "여호와의 말씀이라", "하나님께서 말씀하셨다" 등의 표현이 후반부에서는 등장하지 않는다.

스가랴서의 비평학은 이미 17세기에 초석이 놓였다. 스가랴서 1–8장과 9–14장의 현저한 차이에 고심하고 있던 미데(Meade, 1586–1638)는 마태복음 27:9이 스가랴 11:13을 인용하면서도 저자를 예레미야로 밝히고 있는 점에 근거하여 스가랴 9–11장의 저자는 예레미야이며, 12–14장은 스가랴가 저작한 것이라고 주장했다. 그러나 그의 주장은 학자들의 큰 관심을 받지는 못했다.

미데가 이슈를 처음 언급한 지 100여 년이 훨씬 지난 1785년에 이르러 뉴컴(Newcome)은 9–11장이 예루살렘 파괴 이전에 기록된 것이라고 주장했다. 그는 두 가지 증거를 제시했다. 첫째, 9–11장의 메시지 성격이 호세아서와 매우 비슷하며 에브라임(북왕국)이 이 섹션에서는 아직도 한 국가로서 독립성을 유지하고 있다는 점이다. 둘째, 9–11장이 지목하고 있는 백성들의 적이 아시리아와 이집트라는 것이다. 뉴컴은 더 나아가 12–14장은 요시아 왕이 죽은 이후에 기록된 것이라고 했다.

베르톨트(Bertholdt, 1812–19)는 뉴컴이 책의 후반부를 9–11장과 12–14장으로 구분한 것을 한층 더 발전시켰다. 그는 9–11장은 이사야의 아들 마헬살랄하스바스의 탄생을 목격한 여베레기야의 아들 스가랴(cf. 사 8:2)가 남긴 것인데 유사한 이름 때문에 이곳에 삽입되었다고 주장했다. 이처럼 비평학의 초기 시대에는 9-14장이 포로시대 이전에 기록된 것이라는 공감대가 형성되었다.

그러나 18세기 말에 가서는 학자들의 생각이 다른 방향으로 전환되기 시작했다. 1797년에 코로디(Corrodi)는 9-14장이 스가랴 선지자의 시대가 한참 지난 후에 저작된 것이라 주장했으며 아이흐혼(Eichhorn, 1823-24)도 9:1-10:12이 스가랴의 시대로부터 많은 시간이 지난 후에 기록된 것이며 이 본문이 알렉산더 대왕이 시리아-팔레스타인 지역을 정복하는 사건을 회고하고 있다고 생각했다. 뿐만 아니라 그는 14장이 마카비(Maccabee) 시대에 근거한 것이며 주전 161년에 기록된 것이라는 추측을 더했다.

아이흐혼의 주장은 스가랴서 학계에 큰 영향을 미쳤다. 스타데(Stade, 1881-82)는 아이흐혼의 주장을 한 단계 더 발전시켰다. 그는 9-14장이 여러 사람들이나 출처에서 비롯된 것이 아니라 한 사람에 의하여 정리된 통일성 있는 작품이며 알렉산더 대왕이 죽은 지 얼마 되지 않아 저작된 것이라 주장했다. 오늘날에도 상당수의 학자들은 9-14장이 알렉산더 대왕이 시작했던 헬라 시대를 바탕으로 저작된 것으로 보고 있다. 그들이 제시하는 가장 중요한 증거는 9:1-8이 주전 332년에 있었던 알렉산더 대왕의 시리아-팔레스타인 원정과 너무나도 흡사하다는 점이다. 알렉산더의 헬라 제국이 쇠퇴한 후에도 이스라엘의 선지자들 사이에서는 헬라 제국이 주의 백성의 최종적인 원수를 상징하는 테마(motif)로 자리잡았다고 간주하는 것이다.

그러나 모든 사람이 이와 같은 결론에 동의하는 것은 아니다. 상당수의 학자들이 다른 견해를 펼치고 있다. 폴진(Polzin)과 힐(Hill)은 10-14장이 주전 515-475년 사이에 저작되었으며, 스가랴가 활동했을 시대에 살았던 다른 사람(들)에 의하여 집필되었다고 주장한다. 라다이(Radday)와 비크만(Wickmann)은 책에 대한 컴퓨터 통계를 통해 책 전체가 괄목할 만한 통일성을 지녔다는 결론을 내렸다. 반면에 포트노이

(Portnoy)와 피터센(Petersen)은 이 같은 결론에 반론을 제기했다. 이처럼 스가랴 9–14장에 대한 학자들의 견해가 아직도 분분하다.

많은 학자들이 문학적인 연구를 통해 책의 통일성을 연구한다. 라마르세(Lamarche, 1961)는 9–14장의 연구에 구조학(literary structuralism)을 적용시켜 이 섹션이 다양한 장르의 디스코스(discourse)로 구성되어 있지만 주제적으로는 교차대구법을 형성하는 섬세함을 드러내고 있다는 결론을 내렸다. 그는 이 섹션이 주전 500–480년 사이에 최종적으로 정리된 것이라 주장했다. 발드윈(Baldwin)도 라마르세의 방법과 결론에 동조했으며 9–14장에서뿐만 아니라 1–8장에서도 이러한 교차대구법적 구조를 발견했다(cf. Kline).

오트센(Otzen, 1964)은 역사적–비판적(historical–critical) 방법을 적용하여 9–10장은 요시아 시대에, 11장은 예루살렘 함락 직전에, 12–13장은 포로시대 초기에, 14장은 늦은 귀향시대에 저작된 것이라고 주장했다. 핸슨(Hanson, 1975)은 세 가지의 연구 방법을 적용하여 이 섹션에서 가장 오래된 텍스트는 9:1–17이며 6세기 중반에, 가장 늦게 저작된 것은 14장으로 늦어도 주전 425년에는 기록된 것이라 주장했다. 차일즈(Childs, 1979)는 9–14장과 1–8장의 직접적인 연관성을 부인하면서도 주제면에서 깊은 관계가 있다고 결론지었다. 그는 9–14장이 이미 1–8장에서 언급된 종말에 대한 신학을 더 깊이 발전시키며 설명하고 있다고 주장했다.

보수적인 학자들은 9–14장이 해석상의 난제를 포함하고 있다는 사실이 이슈가 아니라 9–14장이 과연 스가랴 선지자에게서 비롯된 메시지인가를 논쟁의 초점으로 보아야 한다고 생각한다. 이미 언급된 문제들과 차이점들은 특별한 어려움 없이 모두 설명될 수 있다(cf. McComiskey, 1015–17). 크래이기(Craigie)는 1–8장과 9–14장의 차이를 시간적인 차이에서 비롯된 것으로 설명한다. 내러티브(narrative)를 중심으로 형성된 1–8장이 기록된 다음 최소한 10여 년이 지난 다음에

9–14장이 시가체(poetry)로 집필되었다는 것이다. 그는 장르와 시대적인 차이가 이 두 섹션의 차이를 불가피하게 만들었다고 한다.

다른 학자들은 1–8장을 독립적인 책으로 간주하기에는 결론 부분이 너무 미약하다고 생각한다. 또한 만약에 1–8장과 9–14장이 각각 다른 저자에 의하여 저작되었다 하더라도 이 두 섹션이 편집자에 의하여 한 권으로 묶였고 이렇게 해서 우리에게 전해진 사실을 쉽게 무시할 수 없다는 주장이다(Sweeney). 스가랴서가 두 권이 아니라 한 권으로 우리에게 전해졌다는 사실은 이 책이 한 선지자에 의하여 저작되었다는 점에 대해서는 학자들의 공감대가 성숙될 때까지 잠시 보류하더라도, 책 전체를 하나의 통일성 있는 작품으로 간주하여 해석하는 것이 매우 바람직한 것임을 알려주는 것이라 할 수 있다. 1–8장과 9–14장의 연결성에 관해서는 다음 도표를 참고하라(McComiskey).

테마	1–8장	9–14장
열방들에 내재하시는 여호와	1:15; 2:12, 15; 6:8; 8:7	9:1–7, 13; 10:9–10; 1:10; 12:1–4, 9; 14:3, 13–15
주의 백성에 이방인이 포함됨	2:15; 6:15; 8:22	9:7; 14:16
오실 왕	6:11–12	9:9
문제 있는 지도력	7:2–3	10:1–3; 11:4–5, 8
예루살렘을 위한 주의 개입	1:14–17; 2:2–4, 2:16; 8:3–4, 8	12:1–3, 8; 14:4–5, 10
죄로부터의 최종적인 정결	3:4–5, 9	12:10–13:1
예루살렘의 평안	2:9	14:11
격동하는 열방	1:12	14:2–3

5. 신학과 메시지

성전 재건의 중요성에 대하여 매우 강력한 메시지를 선포했던 학개와 같은 해에 사역을 시작했던 스가랴 선지자 역시 귀향민들에게 성전 재건의 신학적 중요성을 중심으로 메시지를 전개해 나간다.[2] 그러나 이 두 선지자의 메시지에는 분명한 차이가 있다. 학개는 아직 시작되지 않은 성전 건축을 독려하기 위해서 메시지를 선포하기 시작했고, 스가랴는 이미 시작된 성전 공사를 마무리하는 것이 주의 백성에게 무엇을 시사하는가를 중심으로 메시지를 선포한다는 점이다. 스가랴 선지자는 성전 재건이 무엇보다도 하나님과 백성의 관계 회복에 큰 영향을 끼칠 것이라고 한다. 선지자가 이 메시지를 어떻게 전개하는가를 스가랴의 하나님과 공동체에 대한 이해를 중심으로 생각해 보자.

선지자들은 신탁과 비전을 통해 끊임없이 주의 백성들이 하나님에 대하여 갖고 있던 지식을 수정하도록 했다. 스가랴는 자신의 책에서 무엇보다도 하나님의 은혜와 자비를 부각시키고자 한다. 여호와는 자기 백성을 사랑하시며 열방으로부터 그들을 구원하여 그들이 약속의 땅에 다시 뿌리를 내리고 살기를 원하신다. 하나님은 백성들에게 자비와 위로를 주시며(1:13, 16; 10:6), 그들이 두려워하지 않고 강해지도록 권면하신다. 자비로우신 하나님은 말로만 백성들을 위로하시는 것이 아니라 이미 그들을 위하여 사역하고 계시다. 주님은 주의 백성과 그들의 땅을 회복시키시며(1:7–17), 주의 백성이 지고 있는 열방의 멍에를 벗기시고(1:18–21; 6:1–8), 외부의 위협으로부터 그들을 보호하신다(2:1–5). 하나님은 또한 자기 백성을 열방의 손에서 구원하실 뿐만 아니라(2:6–13), 비난으로부터 그들을 변호하시고 죄로부터 그들을 정결케 하신다(3장). 하나님의 영을 통해 그들에게 능력을 주실 뿐만 아니라(4장), 밝은 미래도 약속하신다(8:1–13).

성경에서 하나님의 자비와 은혜는 선민사상과 밀접하게 연관되어 있다. 주께서 이스라엘을 선택하시고 사랑하신 것은 주의 백성의 노력에 근거한 것이 아니라 전적으로 그분의 주권에 의한 것, 곧 그분의 은혜와 자비에 근거한 결정이기 때문이다(1:17; 2:12; 3:2). 하나님은 자신

2 성전의 신학적 의미는 학개서 서론의 「신학과 메시지」 섹션을 참조하라.

의 구원 사역을 선민에게만 제한하시지 않고 온 세상 백성들에게도 베푸신다. 스가랴는 이방인들도 하나님의 백성이 될 날을 노래하고 있는 것이다(2:11; 8:13, 20-23; 9:7; 14:16-19). 하나님이 이스라엘과 열방에 은혜를 베푸실 수 있는 것은 그가 우주의 창조주이시며 통치자이시기 때문이다. 그러나 열방이 하나님의 백성이 되기 전에 먼저 죄 문제가 해결되어야 한다(1:18-21; 6:1-8; 9-14장).

하나님이 주의 백성들을 위해 베푸시는 가장 큰 은혜는 공동체를 회복시키는 일이다. 스가랴는 이스라엘이 바빌론 포로생활이 안겨다 준 고통에서 벗어나 하나님 백성 공동체를 세워 나갈 것을 확신한다. 이스라엘이 바빌론에 억류되어 있던 동안에도 꿈을 포기하지 않은 것은 포로생활이 끝나면 그들을 다시 가나안으로 인도하여 새로운 공동체를 세우실 것이라는 하나님의 약속을 믿었기 때문이다. 선지자는 드디어 이 약속이 성취될 때가 임했음을 선언한다.

스가랴는 장차 회복될 공동체를 노래한다(2:4, 6, 7; 8:3, 7-8; 9:11-13). 그러나 하나님 백성 공동체가 회복되려면 아직도 몇 단계를 거쳐야 한다. 먼저, 하나님의 임재가 다시 주의 백성과 함께해야 한다(1:16-17; 2:1-5, 10-13). 바빌론에서 돌아온 주의 백성은 하나님이 오래 전에 선택한 도성인 예루살렘에 성전을 재건해야 한다(1:14-17; 2:1-5, 12; 6:9-15). 성전을 재건하면 하나님은 다윗 왕조를 다시 일으키실 것이며(3:8-9; 6:9-15; 9:9-10), 다윗 왕조를 통해 공동체를 통치하게 하실 것이다. 남은 자들로 구성된 공동체는 하나님과의 언약을 갱신할 것이며(8:8; 13:9), 여호와께서는 공동체를 정결하게 하실 것이다(3:1-5, 9; 13:1; 14:20-21). 주께서는 회복된 공동체에게 물질적인 풍요로움을 주시고(2:1-5; 8:4-5, 9-13; 9:17; 10:1), 세상을 정복할 능력도 주실 것이다(1:15, 18-21; 2:7-9; 9:1-8, 13-16; 10:3-7; 12:2-9; 14:1-15). 공동체의 회복은 이스라엘에게 기쁨을 줄 뿐만 아니라(8:18-19), 범세계적인 의미를 지니게 된다. 하나님에 의하여 정복된 온 열방도 언약 공동체에 속하게 될 것이기 때문이다(2:11; 8:20–23; 9:7, 10; 14:16–21). 전능하신 여호와께서 하시는 일이다.

6. 개요

스가랴서의 저작권에 대하여는 많은 논란이 있지만, 책의 구조에 대하여는 학자들 사이에 상당한 공감대가 형성되어 있다. 전반부의 중심을 이루고 있는 환상 섹션(1:7–6:15)은 8개로 구성되어 있다. 많은 학자들이 이 8개의 환상들 중 제사장 여호수아에 관한 환상(3:1–10)은 원래 나머지 7개의 환상들로 짜임새 있게 구성된 섹션에 추가 삽입된 것으로 추정한다(Meyers & Meyers; Ollenburger; Achtemeier). 이 학자들에 의하면 1:7–6:15의 환상은 다음과 같이 구분될 수 있다.

환상 1: 세상을 돌아보는 말들
환상 2: 네 뿔과 네 일꾼들
환상 3: 다림줄을 지닌 사람
선지적 환상: 여호수아와 제사장의 옷
환상 4: 촛대와 두 올리브 나무
환상 5: 나는 두루마리
환상 6: 에바
환상 7: 네 마차

위에서 보는 것처럼 이 환상들은 3세트로 구성되어 있다. 처음(1–3)과 마지막(5–7)에 3환상들이 각기 한 조가 되어 등장하며, 중간에 나오는 두 환상을 감싸는 교차대구법적인 구조를 형성한다(A–B–A'). 처음 세 환상(A; 1–3)과 마지막 세 환상(A'; 5–7)은 내용과 구조에 있어서 서로 깊은 연관성을 지녔다. 예를 들자면 말들이 환상 1과 환상 7에 등장하며, 환상 2와 환상 6은 구조적 통일성을 지니고 있고, 환상 3과 환상 5는 선포적 문구(oracular material)를 포함한다.

처음 세 환상(A)과 마지막 세 환상(A')의 순서는 서로 정반대(inverse) 관계를 형성한다(a–b–c–c'–b'–a'). 첫째 환상(a)은 마지막 환상과(a'), 둘째 환상(b)은 여섯째 환상(b')과, 셋째 환상(c)은 다섯째 환상(c')과 서로 스타일 면에서 상호 보완 관계를 유지하고 있는 것이다. 중심이 되고 있는 선지적 환상과 환상 4에는 이러한 공통분모가 존재하지 않기 때문에 학자들은 선지적 환상이 나중에 삽입된 것으로 생각하는 것이다. 처음 세 환상과 마지막 세 환상은 스타일뿐만 아니라 공통적 주제로도 연관되어 있다. 특히 환상의 범위(scope)에 있어서 각 쌍 중 하나는 다른 환상의 것과 동일한 것이다. 다음을 참고하라(Meyers & Meyers).

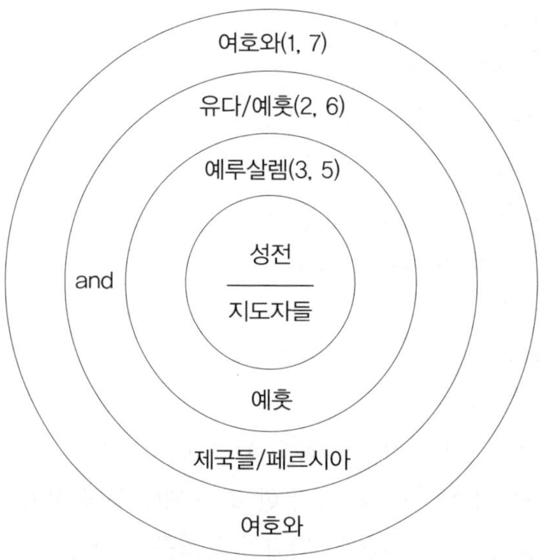

뿐만 아니라 다음과 같이 환상의 범위가 대조될 수도 있다.

1. 우주적: 여호와의 전지(全知) 7. 우주적: 여호와의 전능(全能)
2. 국제적: 유다와 제국들 6. 국제적: 예훗과 페르시아
3. 국가적: 예루살렘의 영역 5. 국가적: 예훗의 통치
선지적 환상 + 4. 예루살렘의 리더십과 성전

이와 같은 구조는 이 환상들이 중앙에 놓여 있는 환상들(선지적 환상과 넷째 환상)에 초점을 맞추고 있음을 뜻한다. 스가랴 선지자의 최종적인 관심사는 예루살렘 성전과 리더십 회복에 있는 것이다. 그러므로 비록 중앙에 놓여진 두 환상만이 예루살렘 성전을 언급하고 있지만, 구조적으로는 모든 환상이 한 세트의 성전 비전으로 평가될 수 있는 것이다.

책의 전반부를 마무리하고 있는 7:1-8:23도 교차대구법적 구조를 지니고 있다(Ollenburger). 다음 도표를 참고하라.[3]

A. 사절단이 금식에 대하여 질문함(7:1-3)
B. 금식에 대한 하나님의 응답(7:4-6)
C. 조상들의 죄(7:7-12a)
D. 조상들에 대한 심판(7:12b-14)
E. 권면(8:9-13)
D′. 현재와 미래에 임할 구원(8:1-8, 14-15)
C′. 공동체의 죄(8:16-17)
B′. 금식에 대한 하나님의 선포(8:18-19)
A′. 사절단이 여호와를 찾음(8:20-23)

도르세이는 스가랴서에 대하여 다음과 같이 세분화된 구조를 제시한

3 E와 D′의 텍스트 순서가 조금 다르다.

다. 물론 어떤 부분은 너무 지나치게 끼워 맞추려는 의도가 역력하게 드러나지만, 일단은 흥미로운 구조다.

회개를 위한 외침(1:1–6)

선지적 환상(1:7–6:8)

A. 네 기수(1:7–21)
  B. 다림줄을 지닌 남자(2:1–13)
    C. 여호와의 집이 정결하게 됨(3:1–10)
      D. 중심: 성전이 완성되리라!(4:1–14)
    C′. 모든 죄인의 집이 저주를 받음(5:1–4)
  B′. 에바를 지닌 여자들(5:5–11)
A′. 네 마차(6:1–8)

금식에 대한 메시지(7–8장)

A. 벧엘에서 온 사람들(7:1–3a)
  B. 금식(7:3b–6)
    C. 의와 공평에 대한 과거의 외침(7:7–14)
      D. 중심: 성전을 재건하라!(8:1–13)
    C′. 의와 공평에 대한 현재의 외침(8:14–17)
  B′. 금식(8:18–19)
A′. 여러 도시에서 온 사람들(8:20–23)

이스라엘의 회복 예언(9:1–11:3)

A. 레바논과 다른 나라들에 임할 심판(9:1–7)
B. 여호와께서 성전으로 돌아오심(9:8–10)
C. 여호와께서 이스라엘을 구원하시고 회복하심(9:11–17)
D. 여호와께 호소하라!(10:1–2b)
C′. 여호와께서 이스라엘을 구원하심(10:2c–7)
B′. 여호와께서 포로들이 돌아오게 하심(10:8–12)
A′. 레바논과 다른 지역에 임할 심판(11:1–3)

목자와 두 지팡이(11:4–17)

A. 나쁜 목자들이 대체됨(11:4–6)
B. 선한 목자의 사역(11:7–8a)
C. 선한 목자가 '은혜' 지팡이를 부러뜨림(11:8b–10)
D. 선한 목자가 수모를 당함(11:11–13)
C′. 선한 목자가 '연합' 지팡이를 부러뜨림(11:14)
B′. 나쁜 목자의 사역(11:15–16)
A′. 나쁜 목자가 돌아옴(11:17)

이스라엘의 미래 회복(12–14장)

A. 세상의 모든 나라가 모여듦(12:1–4)
B. 유다의 지도자들이 강건해짐(12:5–9)
C. 다윗 집안의 회개(12:10–14)
D. 죄 사함과 부정함(13:1–2)
C′. 다윗 집안의 회개(13:3–6)

B′. 유다의 지도자가 찔림을 당하고 양들이 흩어짐(13:7–9)
A′. 세상의 모든 나라가 모여듦(14:1–21)

위 내용을 고려하여 필자는 다음과 같은 구조로 구분하고자 한다.

Ⅰ. 하나님께 돌아오라는 선포(1:1–6)

Ⅱ. 스가랴가 본 환상들(1:7–6:15)
1장. 세계적 변화에 대한 환상들(1:7–2:13)
2장. 회복과 임재에 대한 환상(3:1–4:14)
3장. 심판과 정결에 대한 환상(5:1–11)
4장. 네 마차(6:1–8)
5장. 제사장과 싹(6:9–15)

Ⅲ. 금식과 축제에 관한 말씀(7:1–8:23)
1장. 사절단이 금식에 대하여 질문함(7:1–7)
2장. 선지자의 응답(7:8–14)
3장. 하나님께서 시온을 번성케 하실 것(8:1–8)
4장. 강건하라는 권면(8:9–17)
5장. 금식이 축제가 될 것(8:18–19)
6장. 열방이 예루살렘으로 몰려올 것(8:20–23)

Ⅳ. 회복과 파멸(9:1–11:17)
1장. 시온의 회복(9:1–17)
2장. 유다와 이스라엘의 회복(10:1–12)
3장. 나무와 목자들이 슬퍼함(11:1–3)
4장. 목자의 이야기(11:4–17)

Ⅴ. 백성들의 운명: 전쟁, 정결, 재창조(12:1–14:21)

1장. 전쟁과 정결(12:1–13:1)

2장. 거짓 선지자와 목자가 제거됨(13:2–9)

3장. 왕에 대한 찬송(14:1–21)

엑스포지멘터리

선지서 개론

말라기

EXPOSItory comMENTARY

말라기

내 이름을 멸시하는 제사장들아
나 만군의 여호와가 너희에게 이르기를
아들은 그 아버지를,
종은 그 주인을 공경하나니
내가 아버지일진대
나를 공경함이 어디 있느냐
내가 주인일진대
나를 두려워함이 어디 있느냐 하나
너희는 이르기를
우리가 어떻게 주의 이름을 멸시하였나이까 하는도다
(1:6)

1 만군의 여호와가 이르노라
보라 용광로 불 같은 날이 이르리니
교만한 자와 악을 행하는 자는 다 지푸라기 같을 것이라
그 이르는 날에 그들을 살라

그 뿌리와 가지를 남기지 아니할 것이로되
[2] 내 이름을 경외하는 너희에게는
공의로운 해가 떠올라서 치료하는 광선을 비추리니
너희가 나가서 외양간에서 나온 송아지 같이 뛰리라
[3] 또 너희가 악인을 밟을 것이니
그들이 내가 정한 날에 너희 발바닥 밑에 재와 같으리라
만군의 여호와의 말이니라
(4:1–3)

1. 선지자

구약의 선지서들 중 마지막 책의 저자인 말라기는 자신의 사생활에 대해 전혀 기록을 남기지 않았다. 심지어 말라기가 사람의 이름인지도 확실하지 않다는 것이 학자들의 일반적인 견해다. 왜냐하면 말라기(מַלְאָכִי)는 "나의 사자/특사"라는 뜻을 지니고 있는 일반적인 단어이기 때문이다. 게다가 말라기서 안에서 선지자의 이름은 단 한 차례 사용되는데 바로 책을 시작하는 역사적 표제(1:1)에서다. 개역성경은 1절을 "여호와께서 말라기로 이스라엘에게 말씀하신 경고라"고 번역함으로써, 말라기를 인명(人名)인 고유명사로 번역하지만, 동시에 이러한 해석의 불확실성을 각주를 통해 이 단어가 "나의 사자"라는 일반명사로도 번역될 수 있음을 인정한다(cf. Schuller). 즉 "여호와께서 '나의 사자/특사'를 통하여 이스라엘에게 말씀하신 경고라"는 해석도 가능한 것이다. 그래서 중세기의 일부 랍비들은 말라기(viz., 하나님의 사자)가 율법학자 에스라였다는 주장을 내놓았었고, 오늘날에도 이러한 주장을 상당 부분 수용하는 학자도 있다(Sweeney). 그러나 만일 말라기가 하나님이 보내신 '사자'를 뜻하는 일반명사라고 해도 우리는 이 '사자'가 누구였는지 알 길이 없다.

번역본들을 살펴보면 칠십인역을 포함한 대부분의 초기 헬라어 버전들은 말라기를 일반명사로 간주하여 'ἀγγέλου αὐτοῦ'('그의 사자의')로 번역했다. 반면에 후기 헬라어 버전들 중 시마쿠스(Symmachus)와 테오도시온(Theodotion)은 고유명사로 여겨 'μαλαχιου'('말라기의')로 번역했다. 아람어 번역본 중 요나단 탈굼(Targum Jonathan)은 1:1을 "나의 사자 서기관 에스라를 통하여…"라고 해석하고 있으며 이러한 관점은 제롬(Jerome)과 라쉬(Rabbi Rashi, 1040–1105), 그리고 칼빈(Calvin)에 의하여 지속되었다. 그러나 요나단 탈굼은 주후 5세기에 제작된 것이며 대체로 과장적인(expansionistic) 성향을 띠는 번역본이라는 것을 감안할 때, 이 번역본이 제시하는 것은 중세기 유대인들 사이에 유행했던 구약에 대한 사색적 역사화(speculative historicizing) 작업의 결과로서 어떠한 증거에 근거한 것은 아니라고 봐야 한다.

위-에피파니우스(Pseudo-Epiphanius), 도로테우스(Dorotheus), 시루스(Ephraem Syrus), 헤시키우스(Hesychius), 이시도루스(Isidorus) 등 초대교회 교부들은 말라기를 스블룬 지역의 한 마을 출신 레위 사람이라고 주장하기도 했다(Smith). 그러나 이들의 주장을 뒷받침할 만한 어떤 증거도 없다. 만일 말라기(מַלְאָכִי)가 "말라기야훼"(מַלְאָכִיָהוֶה; "여호와의 사자"), "말라기야후"(מַלְאָכְיָהוּ; "야후의 사자") 혹은 "말라기야"(מַלְאָכְיָה; "'야'의 사자") 등 하나님의 성호를 접미사로 사용하는 이름들 중 가장 짧은 형태의 유형이라면 이것이 고유명사일 수도 있다. 구약에는 이러한 형태의 사람이름이 수백 가지가 등장한다.

일부 학자들은 말라기라는 이름/명사가 3:1의 "보라 내가 내 사자를 보내리니"(הִנְנִי שֹׁלֵחַ מַלְאָכִי)라는 문구에서 비롯된 것이라고 주장하지만 별로 설득력이 없어 보인다. 왜냐하면 3:1이 언급하는 "내 사자"(מַלְאָכִי)는 훗날 여호와의 날이 임하기 전에 주의 길을 예비하러 보냄을 받게 될 자이며, 말라기서의 메시지를 전하는 선지자와는 구분되어야 하기 때문이다.

어떤 학자들은 말라기서를 독자적인 선지서로 간주하지 않고 스가랴서 혹은 소선지서 전체에 대한 첨부(appendage)로 간주한다(Hill). 이들이 제시하는 증거로는 "여호와의 말씀이 하드락 땅에 내리며"(מַשָּׂא דְבַר־יְהוָה בְּאֶרֶץ חַדְרָךְ)(슥 9:1), "이스라엘에 관한 여호와의 경고의 말씀이라"(מַשָּׂא דְבַר־יְהוָה עַל־יִשְׂרָאֵל)(슥 12:1) 등이 "여호와께서 말라기를 통하여 이스라엘에게 말씀하신 경고라"(מַשָּׂא דְבַר־יְהוָה אֶל־יִשְׂרָאֵל)(말 1:1)와 흡사하다는 것이다. 그러나 이러한 구조의 문구는 선지서에서 자주 발견되는 것으로(cf 학 1:1), 말라기서의 통일적 구조 및 목적과 내용이 이 책이 스가랴서의 한 부분이었다는 것을 부정하는 증거로 생각된다(cf. Hugenberger). 또한 스가랴서와는 내용면에서도 매우 현저한 차이를 지니고 있다.

이미 살펴본 것처럼 "말라기"가 선지자의 이름이 아니라 일반명사라는 주장을 뒷받침할 만한 증거는 없다. 따라서 "말라기"를 이 책을 남긴 선지자의 이름으로 간주하는 전통적인 입장을 고수하는 데 별 문제가 없어 보인다(Baldwin; Kaiser). 비록 우리가 말라기 선지자의 삶에 대하여 아는 바가 전혀 없지만, 그는 소선지서의 마지막 책을 우리에게 남겨 주었다.

2. 역사적 정황

말라기서의 시대적 상황도 요엘서, 오바댜서, 요나서, 나훔서, 하박국서처럼 책의 내용을 참작하여 추측해야 한다. 저자가 구체적인 시대를 언급하지 않고 있고 시대적인 정황을 추측할 만한 역사적 힌트도 별로 주지 않기 때문이다. 학자들은 말라기서가 언급하는 이슈들이 에스라-느헤미야가 고민했던 것이라는 점을 감안하여 말라기가 그들의 시대에 매우 근접해 살았던 것으로 추정한다(Dumbrell; Kaiser). 에스라가 바빌론에서 귀향한 때가 주전 458년이고 느헤미야가 예루살렘에 도착한 해를 주전 444년으로 볼 때(cf. Cross), 말라기서는 아마도 주전 460

년대에 저작된 것으로 생각된다(Stuart; Craigie; Coggins). 반면에 일부 학자들은 말라기서가 느헤미야의 첫 번째 예루살렘 방문(444 BC)과 두 번째 방문(433 BC) 사이에 선포된 말씀이라고도 하며(Verhoef), 말라기가 언급하는 문제가 시대와 장소를 초월해서 어느 세대든지 일어날 수 있다는 점을 감안하여 광범위하게 페르시아 시대(주전 530–330년대)로 정하기도 한다(Schuller).

그러나 말라기서가 에스라–느헤미야 시대에 완성된 책이라고 결론짓는 데는 몇 가지 단서들이 있다. 첫째, 말라기 1:10과 3:1–8은 성전이 존재하는 것을 전제하고 있다. 뿐만 아니라 새 성전이 완성되고 제사장들이 제사를 드리기 시작한 지 어느 정도의 시간이 흘러 종교 예식이 예루살렘 성전에 자리잡은 것이 확실하다는 것을 말해 준다. 이 성전은 스룹바벨 등의 노력으로 인하여 주전 516년에 건축된 두 번째 성전을 말한다. 이것은 말라기서가 400년대에 기록되었을 가능성이 매우 크다는 것을 보여 준다. 둘째, 말라기 1:2–6은 에돔이 유다 땅에 대한 소유권을 상실한 것에 대해 말하고 있다. 이 사실은 말라기서가 구체적으로 제시해 주는 역사적 자료로서 유일한 것이다(Bartlett). 예루살렘이 6세기에 바빌론의 손에 함락된 후 에돔이 유다 땅을 차지하다시피 했다. 그러나 책 안의 역사적 정황이 이와 다른 것으로 보아 5세기 즈음의 시대를 반영하고 있음을 알 수 있다. 셋째, 말라기서는 이스라엘 사람들이 이방인들과 결혼한 것을 비난하고 있다(2:11–12). 이스라엘 사람들의 이방인들과의 결혼은 에스라–느헤미야 시대에도 커다란 사회 문제였다(스 9–10; 느 10:30; 13:1–3, 23–27). 넷째, 말라기는 가난한 자들을 착취하는 것을 포함한 이스라엘 사회의 부조리와 부패를 비난하고 있는데, 이러한 문제들 역시 느헤미야가 뿌리뽑으려 했던 것들이다(느 10:32–39; 13:10–13). 이 외에도 말라기 1:6–2:9이 느헤미야의 시대에 있었던 제사장들의 부패와 비슷한 상황을 연상케 하는 것(cf. 느 13:4–9, 29–30)과 말라기서가 레위와 세운 언약을 언급하는 것(2:4), 느헤미야도 레위와의 언약에 대하여 회고하고 있는 것(느 13:29) 등은 말라기서가 에스라-느헤미야 시대를 배경으로 하고 있음을 암시한다.

주전 5세기 중반의 유다는 생활 여건이 결코 만족할 만한 곳이 아니었다(느 9:32-37). 바빌론으로 끌려간 사람들 중 첫 번째 귀향민 행렬이 주전 538년에 예루살렘에 도착했다(대하 36장; 스 1-2장). 그들이 예루살렘에 도착했을 때, 유다의 영토는 고작 30㎞×40㎞에 달하는 작은 땅에 불과했으며 인구는 겨우 15만 명 정도였다(Yamauchi). 바빌론에서 돌아온 이스라엘 사람들은 매우 혹독한 현실 앞에 좌절했다. 바빌론 포로 생활을 정리하고 본국으로 돌아가기만 하면 당장 여호와의 영적-육체적 축복이 임할 것을 기대하며, 제2의 출애굽을 재현하면서 예루살렘에 입성했던 귀향민들은 부귀영화가 아니라 생존 자체를 위협하는 고난과 싸워야 했다. 성전이 재건된 지 50여 년이 지났지만 솔로몬의 성전과는 비교할 수 없을 정도로 초라했으며(cf. 학 2:3), 초라한 성전은 귀향민들의 궁핍함을 그대로 나타내 주는 '지표'(barometer)로 받아들여졌다.

귀향민들이 예루살렘에 도착하자 주변에 살고 있던 민족들은 그들을 반겨주기는커녕 조직적인 협박과 공갈을 일삼았다(cf. 스 4-5장). 예루살렘 성전과 성벽을 재건하는 일에서도 주변 민족들이 가장 큰 걸림돌이었고 위협적인 존재였다. 그러나 드디어 주전 516년에 귀향민들은 하박국과 스가랴 선지자의 말씀 선포와 권면에 힘입어 성전을 재건할 수 있었다(스 6:14; 슥 2:10-13; 6:9-15; 8:9-23). 물론 옛적 솔로몬이 건축한 것에 비하면 매우 보잘것없는 것이었지만, 일단 귀향민들이 이루어낸 첫 번째 종교적 개가였다(스 3, 6장).

성전이 재건된 다음에는 이렇다 할 진전된 상황은 없었다. 예루살렘 성벽이 무너져 내린 잔해는 성안 곳곳에 산재해 있었고, 사람들은 폐허더미를 헤쳐가며 이곳 저곳에서 듬성듬성 살고 있었다. 학개서, 느헤미야서(5장), 말라기서(3:8-12) 등을 종합해 볼 때, 귀향민들은 성공적인 농업사회를 이룩하지 못했으며 지속되는 가뭄, 병충해 등에 큰 피해를 입어서 경제 여건은 날이 갈수록 악화되고 있었다. 가난은 귀향민들 중 소수를 제외한 거의 모든 사람을 강타했다(느 1:3; 2:3, 17; 4:2; 5:1–5; 9:36–37; 말 3:5).

정치적으로 유다는 페르시아 제국의 120주(province) 중 보잘것 없는 하나에 불과했다. 선지자들이 6–7세기에 예언했던 메시아는 아직 모습을 보이지 않았으며 실제로 유다는 마카비 시대에 잠시 독립을 맛본 것 외에는 항상 다른 나라의 통치를 받고 있었다. 페르시아 제국이 끊임없이 징수하는 세금, 공물 등은 가뜩이나 어려운 경제를 넘어뜨리기에 충분했다. 그러나 귀향민들이 체험하고 있던 영적 공허와 패배감에 비하면 경제적 어려움은 그렇게 심각한 사안에 속한 것이 아니었다. 학개와 스가랴 선지자는 초기 귀향시대인 주전 520년대에 말씀을 선포하였으며 메시아가 오실 것과 하나님이 이스라엘과 함께 거하실 것을 예언했다. 이 예언이 제대로 이해되고 실현된다면 명확하고 분명한 진실로 드러나지만, 잘못 이해되고 적용된다면 결과는 잔인한 조롱(mockery)을 초래할 수밖에 없었다.

이스라엘은 바빌론에서 돌아온 후 다시는 밖으로 드러나는 우상숭배(formal idolatry)는 하지 않았다. 물론 이 시대의 문헌들에서 우상숭배에서 비롯된 풍습을 답습하는 성향이 조금 엿보이기는 하지만 에스라서, 느헤미야서, 말라기서 등에서 우상숭배에 대한 언급이 전혀 없는 데서 이 사실을 확인할 수 있다. 그러나 이스라엘이 우상숭배에서 자유했다 해서 자동적으로 생동감 있는 유대교적 정통신학을 갖게 된 것은 아니었다. 오히려 윤리적, 종교적 냉담으로 얼룩진 신앙생활에 시달리고 있었기 때문에 그들은 과거에 기드온이 제시했던 신학적 질문(삿 6:13)과 비슷한 "하나님이 변하셨는가?"라는 질문을 하지 않을 수 없었다.

말라기가 비난하고 있는 제사장들의 부패와 타락은 선지자가 살던 시대의 종교성을 상징하는 것이었다. 그들은 스스로 제사에 대한 율법들을 어겼을 뿐만 아니라 여러 가지 형태의 직무유기죄를 범하고 있었다(1:6-2:9). 심지어 제사장들은 흠이 있는 짐승들도 제물로 허용하였는데, 그들이 이렇게 한 것은 백성들을 위한 배려라기보다는 단순히 자신들의 삶을 윤택하게 하는 방편이었다(1:12-14; 2:13; 3:4). 결국 제사장들과 성도들이 공모하여 율법을 범하는 결과를 초래했다(4:4). 그렇다면 성도들은 자신들의 어려운 형편을 참작하여 배려해 주는 듯한 제사장들을 존경했는가? 아니다. 오히려 백성들은 제사장들을 업신여겼다(2:9).

3. 다른 책들과의 관계

말라기서는 선지서들 중 마지막으로 등장하는 책으로서 다른 선지서들에서 전개되고 발전되어 온 주제들의 결론 역할을 할 뿐만 아니라(cf. Hill; Sweeney), 오경의 결론으로 이해되기도 한다(Redditt). 이사야서 이후 여러 선지서들이 이스라엘과 유다의 멸망과 이들이 타국으로 끌려갈 것을 예고했는데, 말라기서는 이 모든 일은 이미 과거에 있었던 일이며, 끌려갔던 자들이 다시 본국으로 돌아와 살고 있는 상황을 배경으로 하고 있다. 또한 소선지서를 시작하는 호세아서는 하나님과 이스라엘의 관계를 이혼 위기를 맞이한 부부로 묘사했는데, 이혼은 말라기서 안에서 중요한 주제로 부각된다. 또한, 말라기서 바로 앞에 등장하는 학개서와 스가랴서는 성전 재건 중에 쓰여진 책들로 머지않아 성전이 완공될 것을 기대하는데 반해, 말라기서는 이 성전이 완성되었을 뿐만 아니라 그곳에서 예배를 드리기 시작한 이후 이미 상당한 시간이 흘렀음을 암시한다.

이와 같이 말라기서는 여러 선지서들과 상당한 연관성을 지니고 있지만, 특히 이 선지서와 오경과의 관계는 괄목할 만하다. 말라기 선지자는 오경에 대하여 많은 것을 알고 있었을 뿐만 아니라 자신의 메시지를 구성하는 데 있어서도 오경을 많이 인용하였다. 특히 신명기와는 다음과 같이 9가지의 연관성을 지니고 있다(Hugenberger).

1	구약에서 말라기와 신명기만이 온 이스라엘 사람들에게 선포하는 것으로 시작한다.
2	말라기는 신명기적 권면으로 끝을 맺고 있을 뿐만 아니라 호렙 산을 언급하고 있다. 호렙 산은 시내 산에 대한 신명기적 이름이다(신 4:10–14).
3	말라기와 신명기는 비슷한 표현을 통하여 이스라엘에 대한 여호와의 특별한 사랑을 강조한다(말 1:2–5; 신 4:37; 7:6–10).
4	말라기의 여호와라는 성호 사용(1:6–2:9)은 신명기의 '이름 신학'을 반영하고 있다.
5	구약에서 말라기와 신명기는 하나님의 '아버지 되심'을 독창적으로 강조한다(말 2:10; 신 8:5; 14:1; 32:6).
6	말라기가 제사장들과 레위 사람들에 대한 구분을 확고히 하지 않고 사용하는 것은 신명기의 저작 성향을 반영하고 있으며, 레위와의 언약에 대한 언급(말 2:8)은 신명기 33:8–11을 배경으로 하고있다.
7	말라기의 십일조에 대한 염려(3:6–12)는 제대로 십일조를 드릴 때 축복을 약속한 신명기 26:19과 비슷하다.
8	말라기가 이스라엘을 하나님의 특별한 소유(3:17)로 비유하는 것은 학자들이 말하는 '하사'(grant)를 반영하고 있으며 신명기 7:6; 14:1–2; 26:18 등에서 사용되는 개념이다. 아울러 신명기 14:1–2은 말라기 3:17처럼 이스라엘을 아들로 묘사하고 있다.
9	말라기에서 강조되는 언약에 대한 용어들은 신명기의 언약에 대한 표현들과 비슷하다.

말라기서는 또한 모세오경에 등장하는 저주와 축복에 대한 많은 암시를 포함한다. 이러한 현상은, 선지자들은 새로운 축복과 저주를 만들어내는 자들이 아니며 이미 모세의 율법을 통해 주어진 것들을 사용하는 자들이었음을 고려하면 쉽게 이해된다. 오경은 이스라엘이 가나안 땅에 입성해서 누릴 축복과 훗날 하나님의 심판에 의해서 이방 나라로 끌려갔다가 돌아와 누리게 될 축복을 구분한다. 오경은 총 27가지의 저주와 10가지의 회복 후 축복(restoration blessings)을 언급하고 있는데(Stuart), 이중 상당수가 말라기서 안에서 발견된다. 오경이 언급하고 있

는 27가지 저주(curses)와 회복 후에 약속된 축복 10가지는 다음과 같다.

27가지 저주

저주	레위기	신명기
1. 하나님의 진노와 거부	26:17, 24, 28, 41	4:24–25; 29:20, 24, 27–28
2. 예배의 거부와 파괴	26:31	
3. 전쟁과 파괴 a. 일반적 현상 b. 포위	 26:17, 25, 33, 37 26:25–26, 29	 28:25, 49, 52; 32:23–24, 30, 41–42 28:52–53, 55, 57
4. 두려움, 테러, 공포	26:16–17, 36–37	28:66–67; 32:35
5. 원수와 이방인들로부터 박해	26:16–17, 32	28:31, 33, 43–44, 48, 68; 32:21
6. 농작물 피해와 비생산성 a. 가뭄 b. 병충해 c. 일반적 징계	 26:19 26:20	 28:22–24 28:38–42 28:17–18, 22, 40; 29:23
7. 굶주림과 흉년	26:26, 29, 45	28:53–56; 32:34
8. 질병, 전염병, 오염	26:16	28:21–22, 27–28, 35, 59–61; 29:22; 32:24, 39
9. 황폐 a. 거룩한 장소들 b. 도시와 마을들 c. 땅/나라	 26:31 26:31, 33 26:32–35, 43	 28:51; 29:23
10. 불에 의한 파괴		28:24; 32:22
11. 들짐승에 의한 피해	26:22	32:24
12. 파괴와 불임 a. 가족 b. 목축 c. 인구	 26:22 26:22 26:22, 36	 28:18, 59 28:18, 51 4:27; 28:62; 32:36
13. 추방과 유배 a. 백성 b. 왕	 26:33–34, 36, 38–39, 41, 44	 4:27; 28:36–37, 41, 63–64, 68; 29:28; 30:4; 32:26; 28:36
14. 유배 중 강제적 우상숭배		4:28; 28:36, 64

저주	레위기	신명기
15. 허무	26:16, 20	28:20, 29–31, 33, 38–41
16. 수치와 불명예	26:19	28:20, 25, 37, 43–44, 68
17. 재산 빼앗김과 빈곤		28:31
18. 가족을 잃음		28:30, 32, 41; 32:25
19. 무능함과 실족	26:36–37	28:29, 32; 32:35–36, 38–39
20. 심리적 고통		28:20, 28, 34, 65–67
21. 평안과 안식 부재		28:65
22. 시신이 매장되지 못함		28:26
23. 평지에 있는 도시들처럼 됨		29:23
24. 죽음과 파괴	26:36, 39	4:26; 28:20–22, 44, 48, 51, 61; 29:20; 30:15, 18–19; 31:17; 32:25–26, 35, 39, 42
25. 일반적이고 비구체적 저주		4:30; 28:20, 24, 45, 59, 61, 63; 29:18, 19, 21–22; 31:17, 21, 29; 32:23, 35
26. 일반적 징계, 저주, 응보	26:41, 43	28:16, 20–21, 27; 30:19; 32:35, 41, 43
27. 복합적 징계	26:18, 21, 24, 28	

10가지 회복 후 축복(restoration blessings)

저주	레위기	신명기
1. 여호와의 은혜, 자비, 임재 회복	26:42, 45	4:29, 31; 30:3, 9
2. 언약 갱신	26:42, 44–45	4:31
3. 참예배 회복과 신실함		4:30; 30:6, 8
4. 인구증가		30:5, 9
5. 농산물의 풍요로움	26:42	30:9
6. 일반적 풍요, 건강, 부 회복		30:3, 5, 9; 32:39
7. 유배지에서의 귀향과 땅 재소유		30:3–5
8. 통일		30:3–4

9. 원수들과 이방인들 제압		30:7
10. 자유와 죽음과 파괴에서 회복	26:44	30:6; 32:39

위 도표를 통해 언급된 27가지 저주와 10가지 축복 중 상당수의 축복과 저주가 말라기 안에서 언급된다. 다음 도표를 참고하라.

말라기의 내용	유형	축복/저주 내용
"에서는 미워하였으며"(1:3)	저주 1	하나님의 진노와 거부
"그의 산들을 황폐하게 하였고 그의 산업을 광야의 이리들에게 넘겼느니라"(1:3)	저주 9c	땅/나라의 황폐
"그들은 쌓을지라도 나는 헐리라"(1:4)	저주 15	허무
"사람들이 그들을 일컬어 악한 지역이라 할 것이요 여호와의 영원한 진노를 받은 백성이라"(1:4)	저주 16	수치와 불명예
"너희는 눈으로 보고"(1:5)	축복 9	원수들과 이방인들 제압
"내가 너희 중 하나인들 받겠느냐"(1:9)	저주 1	하나님의 진노와 거부
"너희 손으로 드리는 것을 받지도 아니하리라"(1:10)	저주 2	예배의 거부와 파괴
"내 이름을 위하여 분향하며 깨끗한 제물을 드리리니"(1:11)	축복 3	참예배 회복과 신실함
"떼 가운데 수컷이 있거늘 그 서원하는 일에 흠 있는 것으로 속여 내게 드리는 자는 저주를 받으리니"(1:14)	저주 25	일반적이고 비구체적 심판
"내가 너희에게 저주를 내려 너희의 복을 저주하리라"(2:2)	저주 2	예배의 거부와 파괴
"내가 너희에게 저주를 내려"(2:2)	저주 15	허무
"내가 너희의 자손을 꾸짖을 것이요"(2:3)	저주 12a	가족 파괴와 불임
"똥 곧 너희 절기의 희생의 똥을 너희 얼굴에 바를 것이라"(2:3)	저주 16	수치와 불명예
"너희로 모든 백성 앞에 멸시와 천대를 당하게 하였느니라"(2:9)	저주 16	수치와 불명예
"여호와께 제사를 드리는 자도 여호와께서 야곱의 장막 가운데서 끊어 버리시리라"(2:12)	저주 2	예배의 거부와 파괴

말라기의 내용	유형	축복/저주 내용
"또 너희의 구하는 바 주가 갑자기 그의 성전에 임하시리니"(3:1)	저주 1	하나님의 진노와 거부
"그의 임하시는 날을 누가 능히 당하며 그가 나타나는 때에 누가 능히 서리요"(3:2)	저주 24	죽음과 파괴
"그는 금을 연단하는 자의 불과 표백하는 자의 잿물과 같을것이라"(3:2)	저주 10	불에 의한 파괴
"그가 은을 연단하여 깨끗하게 하는 자 같이 앉아서 레위 자손을 깨끗하게 하되 금, 은 같이 그들을 연단하리니 그들이 의로운 제물을 나 여호와께 바칠 것이라"(3:3)	축복 3	참예배 회복과 신실함
"내가 심판하러 너희에게 임할 것이라"(3:5)	저주 26	일반적 징계, 저주, 응보
"나도 너희에게로 돌아가리라"(3:7)	축복 1	여호와의 은혜, 자비, 임재, 회복
"너희가 저주를 받았느니라"(3:9)	저주 26	일반적 징계, 저주, 응보
"너희의 온전한 십일조를 창고에 들여 나의 집에 양식이 있게 하고… 너희 밭의 포도나무 열매가 기한 전에 떨어지지 않게 하리니"(3:10–11)	축복 5	농산물의 풍요로움
"너희 땅이 아름다워지므로 모든 이방인들이 너희를 복되다 하리라"(3:12)	축복 6	일반적 풍요, 건강, 부 회복
"그들을 나의 특별한 소유로 삼을 것이요"(3:17)	축복 1	여호와의 은혜, 자비, 임재 회복
"사람이 자기를 섬기는 아들을 아낌 같이 내가 그들을 아끼리니"(3:17)	축복 10	자유와 죽음과 파괴에서 회복
"보라 용광로 불 같은 날이 이르리니"(4:1)	저주 10	불에 의한 파괴
"내 이름을 경외하는 너희에게는 공의로운 해가 떠오라서 치료하는 광선을 비추리니 너희가 나가서 외양간에서 나온 송아지 같이 뛰리라"(4:2)	축복 6	일반적 풍요, 건강, 부 회복
"너희가 악인을 밟을 것이니"(4:3)	축복 9	원수들과 이방인들 제압
"내가 와서 저주로 그 땅을 칠까 하노라"(4:6)	저주 9c 와 24	땅/나라 황폐; 죽음과 파괴

4. 신학과 메시지

말라기서가 전하고자 하는 신학적 메시지는 다양하지만, 저자의 초점은 무엇보다도 주의 백성들이 하나님에 대하여 느끼고 있는 소외감과 배신감을 해소하는 데 맞추어져 있다. 하나님은 예나 지금이나 변함없이 그들을 사랑하시며, 많은 관심을 이스라엘에게 쏟고 계신다. 이 사실은 저자의 저작 스타일에도 역력히 배어 있다. 말라기서는 총 55절로 형성되어 있는 짧은 책인데 그중 47개 절이 여호와의 신적 일인칭(神的, divine I) 문장들로 구성되어 있다(Kaiser). 비율로 볼 때 그 어느 책보다도 하나님이 직접 선포하시는 말씀이 큰 비중을 차지하는 책이다. 이스라엘이 아무리 믿으려 하지 않고 문제를 제기한다 하더라도 결코 지워지거나 바뀔 수 없는 진실은 하나님이 그들을 무척 사랑하시며 주의 백성에 대하여 지대한 관심을 가지고 계신다는 것이다. 선지자는 하나님의 사랑을 의식하지 못하는 이스라엘을 깨닫게 하기 위하여 다음과 같은 주제들을 중심으로 말씀을 선포한다.

(1) 변함없는 하나님의 관심

주로 귀향민들과 그들의 후손들로 구성된 말라기 선지자의 청중들은 바빌론에서 귀향할 때부터 기대했던 회복과 번영이 실현되지 않자 현실에 대해 환멸감(disillusionment)을 느꼈고, 동시에 하나님에 대해 실망과 배신감을 느꼈다. 이미 지적한 대로 이러한 상황에 처해 있는 자들에게 가장 근본적인 신학적 이슈는 "하나님이 아직도 우리에게 관심을 가지고 계시는가?"였으며 이 질문은 바빌론에서 하나님의 구원의 손길을 바라다가 지쳐 버린 그들의 조상들의 신음 소리이기도 했다(cf. 사 40:27).

말라기 선지자는 이 질문에 대해 먼저 "여호와가 말씀하셨다"라는 표현을 25차례나 사용함으로써 긍정적으로 답하고 있다(1:2, 6, 8, 9, 10, 11, 13, 14; 2:2, 4, 8, 16; 3:1, 5, 7, 10, 11, 12, 13, 17; 4:1, 3). 말라기는 하나님이 그들에게 관심이 없으셨다면 이 질문을 받고도 침묵하셨을 것이라고 생각한다. 그러나 선지자는 하나님이 이들에 대해 많은 관심을 갖고 계셨음을 알기 때문에 이 짧은 책(55절로 구성) 안에서 25차례나 "여호와가 말씀하셨다"라는 표현을 사용하는 것이다. 그러므로 선지자의 선포는, 하나님은 지쳐 있는 백성을 절대로 무관심으로 대하지 않으시며, 과거 그들의 조상과 동일하게 그의 절대적인 관심이 말라기의 시대를 살아가는 아브라함의 후예들에게 그대로 적용되고 있다는 것을 드러내는 것이다.

그렇다면 이 백성들에게 말씀하신 하나님은 어떤 분이신가? 이스라엘 사람들은 그분이 과거에 자신의 선조들과 언약을 맺었던 분이심을 기억해야 했다. 그들의 열조를 온 세상 뭇 백성들과 구별하여 은혜를 베푸신 그분은 바로 여호와 하나님이시고, 약속한 것들을 번복한 적이 없는 신실한 주님이심을 사람들은 깨달을 필요가 있었던 것이다. 그래서 선지자는 그분을 "여호와, 언약의 하나님"이라고 21차례나 언급함으로써 이러한 사실을 확인하기 원했다(1:1, 2, 4, 5, 7, 13; 2:11, 12, 13, 14, 17; 3:3, 4, 6, 13, 16; 4:5). 이 성호는 여호와께서 과거에 그들의 선조들과 언약을 맺으셨고, 그분은 아직도 그 언약을 소중히 여기시는 분이라는 사실을 강조한다.

말라기는 또한 하나님을 "만군의 여호와"라고 24차례나 부른다(1:4, 6, 8, 9, 10, 11, 12, 14; 2:2, 4, 7, 8, 12, 16; 3:1, 5, 10, 12, 14, 17, 19; 4:3). 다윗이 골리앗을 향해 나갈 때 사용한 "만군의 여호와"라는 표현(삼상 17:45)은 여호와가 과거에 이스라엘과 맺은 언약에 제시된 대로 이 백성을 보호하시고 그 어떤 대적의 손에서도 구하실 수 있는 능력의 주님이심을 강조한다. 능력과 신실하심을 겸비하신 여호와께서 그들에게 가장 인격적인 방법으로 이 백성들을 찾아오셨던 것이다. 하나님은 때로는 자식에게 서운함을 느끼시는 아버지로 말씀하셨고(1:6; 2:10), 때로는 백성들로부터 외면당한 왕의 모습으로 이들을 찾아오셨다(1:14).

물론 고대근동의 문화적 배경을 고려하면 이 표현들은 일차적으로 언약관계를 상기시키는 호칭이지만, 말라기서 안에서는 하나님과 이 백성 사이의 특별한 관계를 묘사하는 것이다. 여호와께서는 경우에 따라 사랑하시고(1:2; 2:11), 미워하시고(1:3; 2:13, 16), 분개하시고(1:4), 괴로워하시고(2:17), 기뻐하시거나 불쾌해하시고(1:10, 13; 3:4), 책망하시고(2:3, 17; 3:11), 축복하시며(1:2-5; 2:2; 3:10-12), 저주도 하시는 분이시다(1:4, 10, 13-14; 2:2, 9, 12, 13, 15, 16; 3:9, 11, 12). 선지자는 이러한 표현들을 통하여 여호와가 그들 곁에 매우 가까이, 인격적으로 다가와 계심을 선언한다.

그중에서도 선지자가 백성을 향한 하나님의 무한한 관심을 확실하게 표현하는 방법은 매우 광범위한 하나님의 신적 일인칭 사용이다. 말라기서는 55절로 구성된 매우 짧은 책이지만 그럼에도 불구하고 47절이나 여호와께서 일인칭을 사용하여 "내가/나"로 시작하는데, 이는 말라기서가 그 어느 선지서보다도 확실하고 구체적으로 하나님과 인간의 만남을 묘사하고 있다는 것을 말해 준다. 왜 하나님이 그들에게 가까이 와 계시는가? 이 백성을 향하신 하나님의 관심이 너무나 크시기 때문이다. 주님은 이 백성들과 함께하실 뿐만 아니라 가장 가까운 곳에서 그들을 지켜보는 하나님이시다. 그럼에도 불구하고 백성들은 하나님은 자기들을 외면하고 내버려 두는 분이시라고 생각했다.

(2) 변함없는 하나님의 사랑

선지자는 하나님이 아직도 관심으로 가득 찬 눈으로 이 백성을 지켜보고 계시다고 선포하지만 그의 청중들은 쉽게 설득되지 않았던 것 같다. 대부분의 사람들은 "관심을 갖고 있는 것과 사랑한다는 것은 별개 문제다"라는 논리를 주장했는데 그 대표적인 구절에서 백성들은 "설령 그분이 우리에 대한 관심을 갖고 계신다 할지라도 그분은 우리를 사랑하시는가?"라고 반문한다(1:2). 이 질문에 대해 선지자는 하나님의 말씀으로 대응한다. "나는 너희를 사랑한다. 나 여호와가 말한다"(1:2). 하나님은 자신의 모든 인격을 걸고 그의 백성을 얼마나 사랑하는가를 선포하신다. 하나님이 이스라엘을 사랑하신다는 증거로 제시되는 것은 하나님이 에서와 야곱 형제 중 야곱과 그의 자손(이스라엘)을 얼마나 사랑했는지, 하나님의 에서와 그의 자손을 향한 관심은 '미움'으로 밖에 표현이 안 된다는 것이다(1:2-3). 선지자는 하나님께서 자신들을 버리셨다고 원망하는 백성들에게 잠시 모든 것을 멈추고 스스로를 위로하려고 고안해 낸 패배감을 버린다면 하나님의 그들을 향한 사랑이 얼마나 큰지 쉽게 깨닫게 될 것이라고 선언한다(Kaiser).

이러한 여호와의 깊은 사랑이 모든 사람들에게 똑같이 적용되지는 않을 것이다. 선지자는 주의 날이 이르면 하나님의 사랑은 한 부류의 사람들에게만 제한될 것이라고 강조한다. 여호와의 사랑을 받을 사람들은 "주를 경외하며, 주의 이름을 존중하는 사람들"이다(3:16). 그렇다면 무엇이 주를 경외하고 그의 이름을 존중하는 일인가? 이에 대해 선지자는 하나님의 사랑을 의심하지 않는 것(cf. 1:2), 여호와를 아버지로, 주인으로, 위대한 왕으로 공경하는 것(1:6, 14), 자기의 사명과 책임을 잘 감당하는 것(2:7-9; 3:7-12), 모든 약속과 언약에 신실한 것(2:10-16), 예배에 있어서 형식이나 의무감에 매이지 않는 것(1:7-8, 13-14; 3:3-4), 세상에서 공의를 행하는 것이 주님을 경외함이라고 말하고 있다(2:17-3:5).

여호와는 이러한 삶을 사는 자들을 사랑할 뿐만 아니라 매우 특별한 마음을 가지고 바라보신다. 그는 그들을 "특별한 소유"(סְגֻלָּה)(3:17; cf. 출 19:5, 신 7:6)로 여기시며 애지중지하실 것이다. 그래서 선지자는 여호와가 이스라엘을 무척 사랑하신다는 것을 분명히 전하고 있다. 그러나 그는 동시에 이 사랑은 결코 모든 사람들에게 똑같이 적용되는 것이 아니라 그의 "특별한 소유"가 되는 사람들에게만 임하게 될 것을 말한다. 강도에 있어서 여호와의 사랑은 과거나 지금이나 변화가 없지만, 범위에 있어서는 그 적용이 제한될 것이다. 말라기는 변함없는 여호와의 사랑이 아브라함의 자손들에게 똑같이 적용되었던 과거와는 달리 앞으로는 이스라엘 사람들 중에서도 한 부류에게만 임할 것임을 예언하고 있다.

(3) 변함없는 하나님의 언약

만일 여호와께서 아직도 이 백성에게 커다란 관심을 가지고 계실 뿐만 아니라 그토록 사랑하신다면 이들이 당면하고 있는 모든 문제들과 어려움은 무슨 의미를 지니고 있는 것일까? 이 문제에 대해 이스라엘 백성들은 그들의 궁핍하고 고통스러운 삶과, 부조리로 멍들어 있는 사회를 바라보며 "하나님이 우리를 사랑하신다면 왜 이런 일들을 허용하시는가?"라는 질문을 던지고 있다(1:2; 2:17).

선지자는 백성들이 여호와의 언약을 잘 준수하지 않음으로써 이 모든 일들이 일어나고 있음을 강조한다. 그들은 여호와의 이름을 멸시했고(1:6), 제사장들은 백성들을 잘못 가르쳤으며(2:7-8), 그 백성들은 조상들이 여호와와 맺은 언약을 욕되게 했고(2:10), 아내와 맺은 결혼 언약을 파괴했으며(2:13-16), 여호와를 괴롭게 하였다(2:17). 이들은 더 나아가 여호와의 것을 훔쳤으며(3:8-9), 비방까지 했다(3:3-4). 제사장들은 흠 있는 제물을 하나님께 드렸고(그들이 준수해야 할 가장 기본적인 언약 의식의 파괴를 뜻함), 백성들을 잘못 가르치고 있었으며(그들의 가장 중요한 언약 소명을 무시하는 행위를 뜻함), 일반 백성들은 십일조를 성전에 들여놓지 않고(그들이 준수해야 할 가장 기본적인 언약 의식의 파괴를 뜻함), 이혼을 일삼고(그들의 가장 기본적인 언약적 삶의 파괴를 뜻함) 있었다. 결국 남녀노소, 지도자나 평민 할 것 없이 모두가 하나님과의 언약을 총체적으로 파괴한 것이 당시 이스라엘의 영적 상황이었다. 그러므로 이스라엘은 먼저 자신들이 범죄에 대한 충분한 인식도 없이 하나님만을 원망하고 있는 현실에서 속히 벗어나야 했다.

이스라엘 사람들도 이 문제에 대해서는 할 말이 있었다. 선지자들이 귀향하면 누리게 될 것이라던 부귀영화는 전혀 실현되지 않았고, 예루살렘으로 돌아오기만 하면 모든 것이 잘 되리라는 기대도 완전히 무너져 내렸다. 이 와중에 그들의 부모들은 초라하지만 그나마 성전을 재건했으며, 그 성전에서 여호와께 제물을 드리고 있었다. 다소 흠이 있는 제물이지만 말이다. 물론, 아무런 흠이 없는 최상의 짐승들을 제물로 드려야 하지만 현실이 현실이니만큼 자신들은 최선을 다해 제물로 드린 것인데 하나님이 너무하시지 않느냐는 것이다. 또한 하나님께 십일조를 드려야 되는 것도 잘 알지만 지금 당장 의식주 해결이 어려운 상황에 처해 있는 이들에게는 십일조를 성전에 들여놓지 못하는 상황이 불가피한 것이었다.

그들이 자신들은 올바른 마음자세로 최선을 다하고 있음을 보여 주는 증거로 제시하는 것은, 비록 생활이 매우 궁핍하고 나름대로 여호와께 상처도 받았지만 그들은 자신들의 선조와는 달리 이런 열악한 환경에서도 이방 신들을 좇지 않고 여호와만을 섬기고 있다는 사실이었다. 즉, 그들의 입장에서는 하나님이 먼저 그들과의 약속을 준수하시지 않았기 때문에 이 모든 일들이 일어났다는 것이었다. 이 부분에 대하여 선지자는 그들에게 임한 모든 어려움의 시초는 바로 그들 자신에게 있다고 단호하게 해명한다. 선지자는 비록 그들이 선조들같이 더 이상 우상숭배는 하지 않는다 해도 여호와 종교를 활성화하지 않은 것을 심각한 문제로 보았던 것이다.

선지자는 또한 이스라엘이 당면한 모든 어려움은 그들이 하나님의 백성으로서 감당해야 할 의무를 준수하지 않은 것에 대한 하나님의 심판이라고 주장한다(3:8–12). 즉, 하나님의 악순환이 진행되고 있는 것이다. 여호와는 백성들이 자신들의 의무를 이행하지 않았기에 언약에 명시된 대로 축복을 거두어 가셨고, 백성들은 축복을 받지 못했기 때문에 하나님과의 약속을 지킬 수 없었다. 그렇다면 이 악순환을 어떻게 끊을 것인가? 선지자는 이 악순환의 고리는 당연히 먼저 이 백성이 과거에 여호와와 그들의 선조들 사이에 맺었던 언약을 준수함으로 끊어야 한다고 주장한다. 말라기는 이처럼 옛적 언약 준수가 유일한 살길임을 강력히 시사하고 있다.

이와 같이 말라기서는 과거에 이스라엘의 선조들과 하나님 사이에 맺었던 언약을 가장 기초적인 신학적 배경으로 제시한다(McKenzie & Wallace). 말라기서 안에서 이 언약의 의무 사항(stipulation)을 구체적으로 제시하는 것을 지향하기보다 당연한 것으로 전제하는 것은 그만큼 모세오경이 이 책의 바탕을 형성하고 있다는 점을 잘 드러내는 것이다. 하나님이 그의 백성을 얼마나 사랑하시며 또 이 사랑은 어떻게 표현되는가(1:2–5)는 신명기(4:32–34; 7:6–8; 10:14–25; 23:5)나 호세아서(3:1; 11:8–9; 14:5)의 '언약/사랑'의 관계로 비교될 수 있다. 이미 앞 섹션에서 언급한 것처럼 후겐버거(Hugenberger)는 9개의 말라기서와 신명기의 연결점을 제시하는가 하면, 스트워트(Stuart)는 말라기서가 모세오경에 제시된 27개의 언약적 저주(covenantal curses)와 10개의 회복 후 축복(restoration blessings)을 21차례나 언급하고 있다고 주장한다. 말라기서 안에서 시내 산 언약을 연상시키는 것들 중 다음 예들이 포함되어 있다. 흠이 없는 예물을 드려야 하는 것(1:6–14), 제사장들의 율법을 가르치는 업무(2:1–9), 이혼과 다른 민족들과의 결혼(2:10–16), 성전과 예배를 유지해 나가는 레위인들의 업무(3:6–12) 등이 바로 그것이다.

특히 말라기의 결혼에 대한 가르침은 그 소중함과 가치를 제시한다는 면에서 구약에서 흔하지 않은 높은 이상을 결혼에 부여하고 있다고 볼 수 있다. 아마도 선지자는 하나님의 백성의 결혼이 그들의 후예들만 탄생시키는 것이 아니라 하나님 왕국의 시민들을 생산해 내는 것임을 의식하고 있는 듯하다. 또한 선지자는 "인간세상에서 가장 소중하고 기본적인 언약인 결혼을 깨는 것을 이렇게 쉽게 생각하는 백성들이 눈에 보이지 않는 하나님 여호와의 언약은 어떻게 잘 준수하겠는가?" 라는 논리를 펼쳐나가는 듯하다. 말라기서의 메시지를 요약하고 있는 구조적 도표에서도 언약의 중요성이 역력하다(cf. 뒤따르는 '개요' 섹션을 참조하라).

(4) 변함없이 다가오는 여호와의 날

"여호와의 날" 신학을 제시하는 데 있어서 말라기서는 두 가지의 특징을 강조한다. 첫째, 이날은 언약적 축복이 하나님의 "특별한 소유"(סְגֻלָּה)에 임하는 날이며, 나머지 사람들에게 저주가 임하는 날이다(2:17–3:5; 3:13–4:3). 여호와의 날은 여호와의 언약의 축복을 즐길 수 있는 사람의 수를 제한하고 있다. 과거에는 이스라엘의 후손이면 누구나 다 자동적으로 이 축복의 수혜자들이 되었지만 앞으로는 그렇지 않을 것이라고 선지자는 주장한다. 둘째, 말라기는 여호와의 날이 오기 전에 먼저 그날의 도착을 알리고 사람들을 예비시키는 선구자(forerunner)가 있을 것임을 밝히고 있다(4:5). 이 선구자는 엘리야이며 세상에 먼저 와서 깨어진 인간 관계를 회복시킴으로 사람들로 하여금 이날을 준비하도록 한다(4:6).

선지자는 또한 그의 종말론을 통해서 율법과 선지자 제도를 하나로 묶고 있다. 주의 날에 대한 가르침에서 그는 모세를 언급하고 있으며(4:4), 선지자 엘리야를 지목하고 있다(4:5). 모세는 율법을 중계한 자이자 율법의 대명사이고 엘리야는 선지자의 대표적인 예이자 역시 선지제도의 대명사다. 이들이 여기서 함께 언급되는 것은 앞으로 다가올 주의 날에는 이 두 제도가 하나가 될 것임을 예언하고 있기 때문이다.

말라기 선지자의 논리는 간단하다. 모세는 이 백성에게 율법(언약의 의무 사항)을 가져다 준 사람이며, 선지자들은 준수되지 않은 율법(파괴된 언약)을 다시 이행하도록(언약을 회복시킴) 사역한 자들이기 때문에 언약을 전제로 하고 있는 여호와의 날에 대한 그의 이해에 당연히 선지자가 포함되어 있는 것이다.

말라기는 어렵고 혹독한 현실에 당면하여 하나님을 원망하는 그의 청중들에게, 이 모든 어려움은 그들이 이행해야 할 가장 기본적인 언약을 준수하지 않은 데서 비롯되었다고 선언한다. 그러므로 그들의 생각과는 달리 하나님이 변하신 것이 아니라 오히려 그분을 전적으로 믿고 의지하지 못하는 이들에게서 문제가 비롯되었다고 주장하는 것이다. 어떤 면에서 선지자의 가르침은, 오늘날 명목상으로만 하나님을 추구하고 실제로는 많은 불만을 토해 내는 그리스도인에게 도전적인 메시지를 전한다고 할 수 있다. 말라기서는 하나님께 버림받았다는 느낌을 떨쳐버릴 수 없었던 사람들에게 변함없는 그의 진한 사랑을 확인해 주고 있기 때문이다. 지난 몇 년 동안 있었던 한국 경제 사정의 악화와 교세의 침체는 많은 성도들과 교회들로 하여금 말라기서에 나오는 청중들의 심정처럼 하나님을 원망하게 만들고 있다. 이러한 한국 교회의 현실 속에서 선지자는 그 옛날 이스라엘 백성들에게 했던 것처럼 "여호와는 여러분의 삶에 무한한 관심을 갖고 있습니다"라는 메시지를 전달하고 있는 것이다.

5. 개요

후겐버거(Hugenberger)는 말라기서의 교차대구법적 구조를 다음과 같이 제시한다. 후겐버거의 구조 분석을 책의 전반적인 구조적 골격으로 받아들이는 것에 큰 문제는 없어 보인다(cf. Schuller). 대부분의 학자들 사이에 말라기서의 구조에 대한 공감대가 형성되어 있으며 몇몇 학자들은 4:4-6을 마지막 디스코스에 포함하기도 한다(Kaiser). 말라기서는 55절의 짧은 공간 속에 22개의 질문을 담고 있는데 이 질문들은 책의 구조를 파악하는 데 큰 도움이 된다.

쌍을 이루는 부분들		공통 테마
A. 표제(1:1)	A'. 요약적 권면 (4:4-6)	여호와가 이스라엘에게 할 말이 있으시다
B. 제1 논쟁 (1:2-5)	B'. 제6 논쟁 (3:13-4:3)	하나님은 악인과 의인을 구분하신다. 여호와의 언약적 사랑의 증거는 그가 악인은 심판하시고 의인은 아끼신다는 점이다.
C. 제2 논쟁 (1:6-2:9)	C'. 제5 논쟁 (3:6-12)	두 개의 단정적인 질문들로 시작한다. 부적절하고 마지못해 드리는 제물을 바치는 것을 책망한다. 축복이 저주로 바뀔 것이며 열방에서 여호와의 이름이 높아질 것이다.
D. 제3 논쟁 (2:10-16)	D'. 제4 논쟁 (2:17-3:5)	여호와가 부부간의 정절(貞節)에 대한 증인이다. 유다는 여호와께 대한 정절을 지키지 못했다.

필자는 다음과 같은 본문 분석을 바탕으로 한 것이다. 후겐버거는 표제(1:1)를 독립 유닛(unit)으로 다루지만, 여느 소선지서처럼 이 책에서는 편의상 첫 섹션에 포함시켰다.

Ⅰ. 제1논쟁(1:1-5)
  1장. 표제(1:1)
  2장. 하나님이 백성들의 의심을 질문으로 대답하심(1:2-3a)
  3장. 여호와께서 에돔을 폐허로 만드실 것임(1:3b-4)
  4장. 여호와는 편협한 수호신이 아님을 깨닫게 될 것임(1:5)

Ⅱ. 제2논쟁(1:6-2:9)
  1장. 대답을 요구하는 세 질문(1:6)
  2장. 하나님께서 질문에 대답하심(1:7-8a)

3장. 흠 있는 제물은 안 된다는 것을 알아야 함(1:8b–9)

4장. 제사장들에 대한 비난(1:10–14)

5장. 제사장들에게 임할 심판(2:1–5)

6장. 제사장들이 수치를 당할 것임(2:6–9)

Ⅲ. 제3논쟁(2:10–16)

1장. 백성들의 신실하지 못함이 제물에 끼치는 영향(2:10–13)

2장. 언약을 위하여 하나님께서 제물을 거부하심(2:14)

3장. 백성들은 신실해져야 함(2:15–16)

Ⅳ. 제4논쟁(2:17–3:5)

1장. 백성들이 하나님의 정의를 의심함(2:17)

2장. 여호와의 사자가 오면 세상에 정의를 실현할 것임(3:1–5)

Ⅴ. 제5논쟁(3:6–12)

1장. 백성들의 불순종에도 여호와는 변하지 않으심(3:6–7a)

2장. 십일조와 헌물로 하나님께 돌아올 수 있음(3:7b–12)

Ⅵ. 제6논쟁(3:13–4:3)

1장. 백성들이 하나님을 억누름(3:13)

2장. 백성들이 하나님을 섬기는 것이 쓸모 없다고 생각함(3:14–15)

3장. 신실한 사람들은 언약 갱신에 참여할 것임(3:16–4:3)

Ⅶ. 요약적 권면(4:4–6)

1장. 모세의 율법을 기억할 것(4:4)

2장. 엘리야 약속과 파괴에 대한 경고(4:5–6)